sous la direction de

Raymond GUILLIEN † et **Jean VINCENT**

Professeur honoraire
à la Faculté de Droit
de l'Université de Lyon

Professeur émerite
à la Faculté de Droit
de l'Université Jean Moulin
(Lyon III)
Doyen honoraire

LEXIQUE

DE

TERMES JURIDIQUES

avec le concours de

Jacques AZEMA
Laurent BOYER
Albert CHAVANNE
Adrien-Charles DANA
André DECOCQ
Marie-Claude FAYARD †
Joseph FROSSARD
Marie-Andrée GUERICOLA
Serge GUINCHARD
Danièle MASSOT-DURIN
Yves MAYAUD
Gabriel MONTAGNIER
Raoul PADIRAC
Jacques PREVAULT
Yves REINHARD
Henri ROLAND
André VARINARD

DALLOZ

11, rue Soufflot, 75240 Paris Cedex 05

—

CINQUIÈME ÉDITION
1981

Déjà parus :

LEXIQUE DE TERMES POLITIQUES

Instrument de travail très utile par les définitions claires, simples, complètes qu'il propose ainsi que les mises au point brèves mais précises des institutions politiques étrangères.

LEXIQUE DES SCIENCES SOCIALES

Ce lexique sélectionne, pour les définir, les principaux termes des diverses Sciences Sociales : anthropologie, sociologie, histoire, science politique, linguistique, etc.

© Jurisprudence Générale Dalloz — 1981

AVERTISSEMENT
POUR LA PREMIERE EDITION

Le présent et modeste lexique de termes juridiques tente de prendre rang parmi d'autres ouvrages de genres voisins, mais non identiques, parus depuis peu. Nombreux sont ceux, en effet, qui éprouvent le besoin de posséder un ouvrage de définitions, simple et facilement utilisable. Celui-ci est destiné à éviter cette rupture que provoque parfois dans la lecture d'un passage juridique, d'un article de journal ou de revue, l'apparition d'un mot, d'une formule dont le sens est peu connu ou totalement ignoré du lecteur.

Utile donc à tout juriste novice ou hésitant, ce petit livre est conçu spécialement pour les étudiants de première et de deuxième année de licence ou de capacité, mais aussi pour les élèves qui, dès l'enseignement du second degré, songent, plus tôt que naguère, à poursuivre des études à caractère juridique.

Or l'expérience révèle que l'initiation juridique, pour l'élève d'une classe « terminale », pour le jeune étudiant, devient de plus en plus difficile.

C'est ainsi qu'un certain fonds de formules latines, suffisamment accessible jadis grâce aux études classiques, va maintenant se perdant sans recours dans le langage ordinaire. Le fonds latin, réduit à vrai dire au minimum, se maintient encore dans le domaine du droit et sa disparition totale n'irait pas sans dommage pour la clarté des raisonnements juridiques.

Fait plus important et d'ailleurs très heureux, le recrutement des étudiants des Facultés de Droit (qu'on accepte un instant ce mot du passé) s'installe dans des milieux plus différenciés qu'autrefois. Souvent privés, dorénavant, d'une certaine éducation juridique, aussi réelle que peu perceptible, éducation venue de contacts quotidiens de tels milieux familiaux, nos étudiants ont besoin d'être aidés alors qu'ils entrent dans un monde qui leur est tout à fait inconnu. Disons qu'ils ont droit à cette aide, si élémentaire et modeste soit-elle.

Les auteurs de ce lexique n'oublient pas non plus que la « pluridisciplinarité », qu'institutionnalise la célèbre loi d'orientation du 12 novembre 1968, devrait permettre à un étudiant de puiser plus librement qu'autrefois dans des spécialités diverses. Or, il se heurtera à des difficultés sérieuses, s'il veut en particulier aborder certaines matières juridiques. On a donc tenté de parer aux premiers risques de l'éducation juridique toujours malaisée, accusée si souvent de reposer sur un vocabulaire hermétique, suranné, soupçonné de chicane et de traîtrise.

Il est exact que, dès qu'ils sont examinés sous l'angle du droit, les faits sociaux prennent une coloration propre. Si le langage des juristes semble abstrait, c'est qu'il traduit la superposition d'une science normative et d'un art. Le langage des juristes présente pour le non-initié une particularité déroutante. Le Droit est si étroitement lié aux manifestations spontanées des groupes sociaux que les instruments de la pensée juridique ont été puisés parmi les termes les plus courants, les plus communs, ceux de la vie quotidienne.

En pénétrant dans la sphère du droit, le mot usuel subit une inflexion, parfois même une mutation qui lui confère la précision technique, facteur nécessaire de la sécurité juridique, mais l'isole et le rend peu à peu incompréhensible au non-spécialiste. Ainsi en va-t-il, pour ne retenir que quelques exemples, des mots : « acte, action, aliment, compagnie, demande, exception, office, ordre ». Ce langage est étrangement « bariolé » :

certains termes gardent l'aspect du granit et défient les siècles ; d'autres s'effritent qui n'auront joué le rôle que de passerelles légères et provisoires ; d'autres encore subissent des avatars étonnants. Alors que certains sont connus de tous, en dépit de leur vêtement juridique, d'autres demeurent obstinément ésotériques. Ce vocabulaire se renouvelle sans cesse comme le prouvent les termes « bail à construction », « contrat de leasing », « de factoring ou de know how », car le droit est si profondément enraciné dans la vie économique et sociale qu'il en traduit toutes les manifestations, dans son jaillissement continu, dans son exubérance tour à tour joyeuse ou tragique.

Ces quelques remarques montrent le but qui a été visé. Ce lexique n'a aucune ambition scientifique : il ne contient que peu d'exemples, et aucune référence jurisprudentielle ou doctrinale ; il a écarté presque tous les termes correspondant aux disciplines spécialisées. Il n'est présenté qu'une liste de mots usuels, nécessaires à une initiation juridique.

Ce n'est pas sans quelque appréhension que les auteurs (1) de ce petit livre le confient au public ; ils en connaissent les limites et l'imperfection. Sans doute n'avaient-ils pas pleinement mesuré l'ampleur et la difficulté de la tâche. Leur témérité trouvera son excuse, ils l'espèrent, dans leur souci de faciliter les premiers pas, parfois hésitants, de leurs jeunes étudiants.

Lyon, le 24 juin 1970.

Raymond GUILLIEN.
Professeur honoraire
à la Faculté de Droit
de l'Université de Lyon

Jean VINCENT.
Professeur à la Faculté de Droit
de l'Université Jean MOULIN
(Lyon III)
Doyen Honoraire.

V

(1) Le lexique composé sous la direction de Monsieur le Professeur Raymond GUILLIEN (droit public), de Monsieur le Professeur Jean VINCENT (droit privé) a été rédigé :

— Pour le *droit administratif* et le *droit financier* : par Monsieur Raymond GUILLIEN, Professeur ; Monsieur Gabriel MONTAGNIER, Professeur.

— Pour le *droit civil* : par Monsieur Laurent BOYER, Professeur ; Monsieur Joseph FROSSARD, Professeur ; Serge GUINCHARD, Professeur ; Henri ROLAND, Professeur ;

— Pour le *droit commercial* : par Monsieur Jacques AZEMA, Professeur ; Mme Danièle MASSOT-DURIN, Maître-Assistant ; Monsieur Yves REINHARD, Professeur.

— Pour le *droit constitutionnel* et le *droit international public* : par Monsieur Raoul PADIRAC, Maître-Assistant.

— Pour le droit *international privé* et le *droit rural* : par Monsieur Jacques PREVAULT, Professeur.

— Pour le *droit de la sécurité sociale* : par Mademoiselle Marie-Andrée GUERICOLAS, Docteur en droit, ancienne collaboratrice technique de l'Institut d'Etudes du Travail.

— Pour le *droit du travail* : par Monsieur Joseph FROSSARD, Professeur ; Mademoiselle Marie-Andrée GUERICOLAS.

— Pour le *droit pénal* et la *procédure pénale* : par Monsieur Albert CHAVANNE, Professeur ; Monsieur Adrien-Charles DANA, Assistant ; Monsieur André DECOCQ, Professeur, Doyen honoraire, Professeur à l'Université Paris II ; Mademoiselle Marie-Claude FAYARD, Maître-Assistant ; Monsieur Yves MAYAUD, Maître-Assistant ; Monsieur André VARINARD, Professeur.

— Pour la *procédure civile* : par Monsieur Henri ROLAND, Professeur ; Monsieur Jean VINCENT, Professeur.

TABLE DES ABRÉVIATIONS

Al. .... Alinéa.
Art. .... Article

C. adm............ Code administratif
C. civ. .... Code civil.
C. com. .... Code de commerce.
C. gén. imp. ...... Code général des impôts.
C. org. jud. ...... Code de l'organisation judiciaire.
C. pén. .... Code pénal.
C. proc. civ. ...... Code de procédure civile.
C. proc. pén. ...... Code de procédure pénale.
C. rur. et for. ...... Code rural et forestier.
C. séc. soc. .... Code de la Sécurité Sociale, de la santé
                     publique et de l'aide sociale.
C. transp. .... Code des transports.
C. travail .... Code du travail.
Contra .... Solution contraire.

Décr. .... Décret.
Décr.-l. .... Décret-loi.
Dr. adm........... Droit administratif.
Dr. ass. .... Droit des assurances.
Dr. civ. .... Droit civil.
Dr. com. .... Droit commercial.
Dr. const. .... Droit constitutionnel.
Dr. fin. .... Droit financier.
Dr. gén. .... Droit général (droit privé, droit pubilc).
Dr. int. priv. ...... Droit international privé.
Dr. int. publ. ...... Droit international public.
Dr. marit. .... Droit maritime.
Dr. pén. .... Droit pénal.
Dr. priv. .... Droit privé.
Dr. publ. .... Droit public.
Dr. soc........... Droit social.
Dr. trav. .... Droit du travail.

Hist. dr. .... Histoire du droit.

J. O. .... Journal Officiel.

L. .... Loi.
Liv. .... Livre.

Mod. .... Modifié.

Nouv. C. pr. civ. ... Nouveau Code de procédure civile.
N° .... Numéro.

NOTE

pour le lecteur

Au moment où une nouvelle édition du Lexique est mise sous presse, des projets de réforme ont été arrêtés par le Gouvernement qui devraient apporter des modifications importantes à un certain nombre de rubriques.

Ainsi, la tutelle exercée sur les collectivités locales disparaîtrait au profit d'un contrôle *a posteriori* ; le successeur du préfet ne pourrait, s'il constatait une illégalité, que demander l'annulation de l'acte devant la juridiction administrative. Le préfet disparaîtrait pour laisser place à un commissaire de la République dont les attributions seraient plus réduites, la tutelle administrative étant supprimée et l'exécution des délibérations du Conseil général étant désormais assurées par son président élu. La région deviendrait une véritable collectivité territoriale.

Des réformes importantes devraient être introduites également dans le droit pénal et dans la procédure pénale : modifications de la loi « Sécurité et Liberté ».

Lyon, le 10 septembre 1981

LEXIQUE DE TERMES JURIDIQUES

A

Abandon. — Dr. civ. — Acte par lequel une personne renonce à un droit.

L'abandon suppose une intention, à la différence de la perte.

Abandon d'enfant : les enfants recueillis par un particulier ou certaines œuvres spécialisées, dont les parents se sont manifestement désintéressés depuis plus d'un an, peuvent être déclarés abandonnés par le tribunal en vue de l'adoption.

Abandon de famille. — Dr. pén. — Délit correctionnel qui peut être perpétré de quatre manières différentes : 1° abandon du foyer familial par le père ou la mère qui se soustrait aux obligations découlant de l'autorité parentale ou de la tutelle légale ; 2° abandon par le mari de sa femme enceinte ; 3° abandon moral des enfants par les père et mère qui en compromettent gravement la santé, la sécurité ou la moralité ; 4° abstention de payer une pension alimentaire, fixée par justice, pendant un certain délai.

« Ab intestat ». — Dr. civ. — Sans testament.

Se dit d'une succession dont les biens sont attribués aux héritiers selon les règles légales lorsque le défunt n'a pas laissé de testament ou, lorsqu'ayant rédigé un testament, celui-ci est nul ou caduc.

« Ab irato ». — Un acte est fait *ab irato* lorsqu'il est fait dans un mouvement de colère.

Abondement. — Dr. trav. — V. *Plan d'Epargne d'entreprise.*

Abordage. — Dr. marit. — Collision de deux navires de commerce. La réglementation légale de l'abordage est, toutefois, étendue aux avaries sans collision, résultant par exemple des remous occasionnés par le déplacement de l'un des navires.

Abornement. — Dr. civ. — V. *Bornage.*

Abrogation. — Dr. publ. — Anéantissement, pour l'avenir, d'une mesure législative ou réglementaire par un acte explicitement ou implicitement contraire. — V. *Retrait, Annulation.*

Absence. — Dr. civ. — Etat d'une personne dont on ignore si elle est encore en vie. A la différence de la disparition, aucun événement particulier ne fait présumer le décès. La loi du 28 décembre 1977 vise à organiser le régime de l'absence.

1

Absentéisme. — DR. TRAV. — Phénomène traduisant, dans une période donnée, l'absence des salariés de leur lieu de travail. L'absentéisme peut être autorisé et légal (ex. congé de maternité) ou irrégulier. Le taux d'absentéisme est le rapport entre les salariés absents et les effectifs de l'entreprise à une date déterminée.

Absolution. — DR. PÉN. — V. *Excuse absolutoire.*

Abstention. — PR. GÉN. — Acte par lequel un juge renonce spontanément à connaître du procès, soit parce qu'il existe une cause de récusation en sa personne, soit parce qu'il y a pour lui un motif de conscience rendant souhaitable son abstention. — V. *Déport. Récusation.*

Abstention délictueuse. — DR. PÉN. — V. *Omission d'assistance.*

Abstentionnisme électoral. DR. CONST. — Phénomène de non-participation à une élection ou à un référendum qui se définit par la différence entre le nombre des électeurs inscrits et le total des votants (suffrages exprimés + bulletins blancs et nuls). — V. *Ces différentes expressions.*

Abus d'autorité. — DR. CIV. Contrainte morale, prenant appui sur une autorité de fait ou de droit, exercée sur une personne pour l'amener à accomplir un acte juridique.

Abus de biens sociaux. DR. COM., DR. PÉN. — Délit prévu et réprimé par la loi du 24 juillet 1966, qui punit les dirigeants de sociétés par actions ou de S. A. R. L. qui, de mauvaise foi, ont usé des biens ou du crédit de la société contrairement à l'intérêt social et dans un but personnel.

Le délit ne concerne pas les dirigeants de sociétés en nom collectif ou en commandite simple, mais a été étendu à ceux de certaines sociétés de construction.

Abus de blanc seing. — DR. PÉN. — Infraction qui consiste à inscrire frauduleusement des obligations ou décharges ou tout acte pouvant compromettre la personne ou la fortune du signataire sur un écrit signé par la victime et remis par elle au délinquant (art. 407 C. Pén.).

Abus de confiance. — DR. PÉN. — Délit consistant à détourner ou dissiper une chose remise en vertu d'un contrat de louage, de dépôt, de mandat, de nantissement, de prêt à usage ou pour un travail salarié ou non.

Abus de droit. — DR. CIV. Fait par le titulaire d'un droit de le mettre en œuvre en dehors de sa finalité.

DR. TRAV. — V. *Rupture abusive.*

« Abusus ». — DR. CIV. — Mot latin désignant l'un des attributs du droit de propriété, le droit de disposer (disposition juridique par l'aliénation ou disposition matérielle par la destruction).

Académie. — DR. ADM. —
Circonscription universitaire
englobant, d'ordinaire, plusieurs départements.

Acceptation. — DR. CIV. —
1° Acte par lequel une
personne donne son agré-
ment à une offre légale lui
permettant de se prévaloir,
si elle le désire, d'une situation juridique (acceptation
de succession).

2° Manifestation de vo-
lonté par laquelle une personne donne son accord à
une offre de contrat qui lui
est faite.

DR. COM. — Engagement
pris par le débiteur d'une
lettre de change, ou *tiré,* de
payer à l'échéance le montant de celle-ci, engagement
constaté par une signature
apposée au recto de la
lettre.

**Acceptation de succession
sous bénéfice d'inventaire.**
— DR. CIV. — Acceptation
qui, jointe à l'inventaire des
biens transmis, limite le
poids des dettes successorales à l'actif de la succession.

Accession. — DR. CIV. —
Extension du droit de propriété aux choses réputées
accessoires, qui s'unissent à
la chose présumée princi-
pale.

Si une personne construit
avec ses matériaux sur un
terrain appartenant à un
tiers, le propriétaire du sol
devient propriétaire de la
construction par accession. —
V. *Alluvion, Avulsion.*

DR. INT. PUBL. — V.
Adhésion.

**« Accessorium sequitur prin-
cipale ».** — DR. CIV. —
L'accessoire suit le principal en ce sens que le bien
principal communique sa
condition juridique au bien
qui s'agglomère à lui. —
V. *Accession.*

Accident. — SÉC. SOC. — Traditionnellement, dans le droit
des accidents du travail, l'accident est l'action soudaine
d'une cause extérieure, qui
provoque une lésion de l'organisme. La jurisprudence
récente, toutefois, paraît avoir
abandonné l'exigence de l'ex-
tériorité de la cause.

Accident de trajet. — SÉC.
SOC. — Accident survenu
au cours du trajet d'aller et
retour qu'accomplit le salarié entre d'une part son lieu
de travail et d'autre part
l'une des extrémités du trajet protégé, à savoir : la
résidence du salarié, le lieu
où il se rend habituellement
pour des raisons d'ordre
familial, le lieu où il prend
habituellement ses repas. Il
n'y a accident de trajet que
dans la mesure où le trajet
n'a pas été interrompu ou
détourné pour un motif d'intérêt personnel, étranger aux
nécessités de la vie cou-
rante, ou indépendant de
l'emploi.

Accident du travail. — SÉC.
SOC. — Accident, quelle
qu'en soit la cause, survenu
par le fait ou à l'occasion
du travail, à toute personne
salariée ou travaillant à
quelque titre ou en quelque
lieu que ce soit pour un
ou plusieurs employeurs ou
chefs d'entreprises.

« **Accipiens** ». — Dr. civ. — Mot latin désignant la personne qui reçoit un paiement ; généralement, l'accipiens est le créancier. — V. *Solvens.*

Accises. — Dr. fin. — Terme, peu usité, désignant les impôts indirects frappant de manière spécifique tel ou tel produit.

Acconier. — Dr. marit. — Entrepreneur de manutention, chargé des opérations de chargement et de déchargement d'un navire ; peut se voir aussi confier des opérations juridiques, telles que la réception des marchandises.

Accord. — Dr. gén. — Rencontre des volontés en vue de produire l'effet de droit recherché par les parties : contrat, mariage, divorce par consentement mutuel, concordat...

Accords de coopération. — Dr. int. publ. — Accords conclus entre la France et les Etats de la Communauté au moment même de leur accession à l'indépendance ou peu après, et définissant des rapports privilégiés d'aide et de coopération dans des domaines variés : politique, économique, monétaire et financier, judiciaire, culturel, technique, militaire.

Accord en forme simplifiée. — Dr. int. publ. — Traité non soumis à ratification et qui entre donc en vigueur dès la signature.

Les accords en forme simplifiée, qui connaissent un important développement à l'époque contemporaine, ne sont nullement des traités d'importance secondaire.

Accord régional. — Dr. int. publ. — Accord entre des Etats unis par une solidarité géographique en vue de renforcer leur sécurité mutuelle.

Les conditions de la compatibilité des accords régionaux avec l'O.N.U. sont définies par le Chapitre 8 de la Charte des Nations Unies.

Accord de siège. — Dr. int. publ. — Traité conclu entre une Organisation internationale et l'Etat sur le territoire duquel elle est établie, pour régler les problèmes soulevés par cette situation.

Accréditer. — Dr. int. publ. — Donner qualité à une personne pour représenter un Etat auprès d'un autre Etat (comme agent diplomatique) ou auprès d'une Organisation internationale. — V. *Agent diplomatique, Agrément, Persona grata.*

Accréditif. — Dr. com. — Nom sous lequel on désigne généralement la lettre de crédit remise par un banquier à son client pour lui permettre de toucher des fonds ou de se faire ouvrir un crédit par un banquier sur une autre place. — V. *Lettre de crédit.*

Accroissement. — Dr. civ. — Droit en vertu duquel, en cas de pluralité d'héritiers ou de légataires, la part du défaillant augmente de plein droit la part de ceux qui viennent à la succession, en proportion de leur vocation respective. Ce droit entre en mouvement, principalement, par la répudiation de l'hérédité, la renonciation à un legs ou sa caducité. Désigne aussi la clause d'un contrat prévoyant la réversibilité de la portion des prémourants au profit des survivants (rente viagère, tontine, achat en commun).

Accusatoire (Procédure). — PR. GÉN. — V. *Procédure accusatoire.*

Accusé. — PR. PÉN. — Personne soupçonnée d'un crime et traduite, pour ce fait, devant la Cour d'assises, afin d'y être jugée.

Achalandage. — DR. COM. — Partie de la clientèle davantage retenue par l'emplacement du fonds de commerce que par la personne ou l'activité du commerçant. — V. *Clientèle.*

Acompte. — DR. ADM., FIN. — Paiement partiel effectué en règlement de la fraction exécutée d'une prestation convenue. — V. *Avance.*

DR. CIV. — Paiement partiel qui est imputé sur le montant de la dette. — V. *Arrhes.*

Acquêts. — DR. CIV. — Dans le régime matrimonial de communauté légale, biens acquis à titre onéreux pendant le mariage.

Ils sont normalement communs.

Acquiescement. — PR. CIV. Fait, de la part d'un plaideur, de se soumettre aux prétentions de l'autre.

L'acquiescement à la demande emporte reconnaissance du bien-fondé des prétentions de l'adversaire et renonciation à l'action.

L'acquiescement au jugement emporte soumission aux chefs de celui-ci et renonciation aux voies de recours.

Acquit. — DR. CIV. — Mention portée sur un titre par le créancier, suivie de sa signature et destinée à prouver le paiement de la dette.

Acquit-à-caution. — DR. FIN. — Pour prévenir la fraude sur les vins et les alcools, ceux-ci ne peuvent circuler que si leur détenteur possède une sorte de quittance prouvant le paiement de l'impôt (« congé »), ou un document lui permettant, sous la garantie d'une caution, de les déplacer en suspension d'impôt (« acquit-à-caution »).

Acquittement. — PR. PÉN. — Décision de la Cour d'Assises déclarant non coupable l'accusé traduit devant cette juridiction.

Acte. — DR. CIV. — 1° En la forme, un acte est un écrit nécessaire à la validité ou à la preuve d'une situation juridique : on désigne parfois l'acte, au sens formel, par le mot *instrumentum*. — V. *Ecrit, Negotium.*

2° Au fond, un acte, désigné généralement par l'expression « acte juridique », est une manifestation de volonté destinée à produire des effets de droit. En ce sens, l'acte est appelé

parfois *negotium*. — V.
Instrumentum, Fait juridique, Fond, Forme. — V.
aussi *les différentes sortes d'actes juridiques.*

Acte administratif. — DR.
ADM. — Notion fondamentale du Droit administratif, pouvant être analysée à partir de plusieurs points de vue conduisant à des définitions différentes :
1° considéré sous l'angle de ses caractères propres :
du point de vue formel, l'acte administratif est toute décision prise unilatéralement par une autorité administrative.
du point de vue matériel, l'acte administratif est un acte visant un individu, ou des individus identifiés.
2° considéré sous l'angle de son régime juridique, l'acte administratif est tout acte relevant du Droit administratif et de la compétence de la juridiction administrative, que cet acte soit unilatéral ou conventionnel, qu'il émane ou non d'une autorité administrative.

Acte d'administration. — DR.
CIV. — 1° Au sens large, acte ayant pour but la gestion normale d'un patrimoine, en conservant sa valeur et en le faisant fructifier.
2° Au sens étroit, on oppose acte d'administration à acte de disposition : l'acte d'administration tend à maintenir les droits dans le patrimoine et ne peut de ce fait entraîner leur transmission. — V. *Acte de disposition.*

Acte d'administration judiciaire. — PR. GÉN. — V.
Mesure d'administration judiciaire.

Acte apparent. — DR. CIV. —
Acte révélant une situation juridique différente de la la situation véritable.
L'acte apparent est appelé également « acte ostensible ». — V. *Apparence, Contre-lettre, Simulation.*

Acte d'appel. — PR. CIV. —
Acte formalisant l'appel sous le régime abrogé de l'ancien Code proc. civ. — V. *Déclaration d'appel.*

Acte authentique. — DR. CIV.
Ecrit établi par un officier public (notaire par ex.) dont les affirmations font foi jusqu'à inscription de faux et dont les grosses, revêtues de la formule exécutoire, sont susceptibles d'exécution forcée.

Actes d'autorité et de gestion (distinction des). —
DR. ADM. — Théorie émise par la doctrine du XIXᵉ siècle, largement abandonnée aujourd'hui, qui fondait l'application de la compétence et du droit administratifs sur l'opposition des actes d'autorité (ou de puissance publique) mettant en œuvre les privilèges d'actions reconnus à l'Administration, et des actes de gestion ne mettant en jeu aucune des prérogatives conférées à celle-ci.

Acte d'avocat à avocat. —
PR. CIV. — Acte de procédure rédigé par l'avocat près le tribunal de grande instance et signifié à son

confrère au Palais par un huissier audiencier ; on emploie aussi l'expression acte du Palais. — V. *Acte d'avoué à avoué.*

Acte d'avoué à avoué. — PR. CIV. — Acte de procédure rédigé par l'avoué près la Cour d'appel et signifié à son confrère au Palais par un huissier audiencier. — V. *Acte d'avocat à avocat.*

Acte bilatéral. — DR. CIV. — Acte juridique résultant de la volonté de deux personnes. — V. *Acte unilatéral.*

Acte à cause de mort. — DR. CIV. — Acte juridique ne produisant d'effets qu'à la mort d'une personne. — V. *Acte entre vifs.*

Acte de commerce. — DR. COM. — Acte juridique ou fait juridique soumis aux règles du droit commercial, en raison de sa nature (ainsi l'achat pour revendre), de sa forme (ainsi la lettre de change), ou en raison de la qualité de commerçant de son auteur.

Acte - condition. — Acte dont le résultat est de rendre applicable à un individu une norme juridique (ou un ensemble de normes juridiques) qui ne lui était pas applicable jusqu'alors. L'acte-condition, qui place cet individu dans une situation juridique entièrement préétablie par le Droit, peut être un acte juridique (mariage, nomination d'un fonctionnaire) ou un fait juridique (tirage au sort d'un juré).

Acte consensuel. — DR. CIV. Acte juridique ne nécessitant pour sa formation aucune formalité particulière.

Le consensualisme est la règle. — V. *Acte solennel.*

Acte conservatoire. — DR. CIV. — Acte ayant pour objet la sauvegarde d'un droit (Ex : Renouvellement d'une inscription hypothécaire, interruption d'une prescription ...). — V. *Acte d'administration, Saisie conservatoire.*

Acte constitutif. — DR. CIV. Acte juridique créant des droits nouveaux ou modifiant une situation antérieure. — V. *Acte déclaratif.*

Acte déclaratif. — DR. CIV. Acte constatant une situation juridique préexistante. V. *Acte constitutif.*

Acte déguisé. DR. CIV. — Acte juridique destiné à demeurer secret, que les parties travestissent en un acte apparent qui ne reflète pas leur volonté (ex. Donation déguisée en vente). — V. *Acte fictif, Acte simulé, Contre-lettre.*

Acte détachable. — DR. ADM. Terme désignant, dans un acte administratif complexe, constitué d'une mesure principale et d'actes connexes, ceux de ces actes que le juge administratif accepte de soumettre à un régime contentieux distinct de celui appliqué à la mesure principale.

Acte de disposition. — DR. CIV. — Acte comportant

transmission de droits pouvant avoir pour effet de diminuer la valeur du patrimoine. — V. *Acte d'administration*.

Acte de l'état civil. — DR. CIV. — Acte instrumentaire, dressé par l'officier de l'état civil ou sous sa responsabilité, destiné à prouver l'état des personnes. — V. *État des personnes*.

Acte exécutoire. — PR. GÉN. V. *Titre exécutoire*.

Acte extrajudiciaire. — PR. CIV. — Acte dressé par un auxiliaire de justice et produisant des effets juridiques en dehors de toute procédure : ainsi une sommation de payer, un protêt, un commandement de saisie. — V. *Acte Judiciaire*.

Acte fictif. — DR. CIV. — Acte simulé par lequel les parties créent l'apparence d'un lien de droit alors qu'elles n'ont pas entendu s'obliger. — V. *Acte déguisé, Acte simulé, Contre-lettre*.

Actes frustatoires. — PR. GÉN. — Actes nuls ou inutiles dont les frais restent à la charge de l'auxiliaire de justice qui les a rédigés. V. *Dépens*.

Actes de gestion. — DR. ADM. V. *Actes d'autorité*.

Acte de gouvernement. — DR. PUBL. — Qualification à prétention explicative donnée à certains actes de l'Administration, dont les juridictions tant administratives que judiciaires se refusent à connaître et qui, soit intéressent les relations du Gouvernement et du Parlement, soit mettent directement en cause l'appréciation de la conduite des relations internationales par l'État.

Acte gracieux. — PR. CIV. — V. *Décision gracieuse*.

Acte individuel. — DR. ADM. Acte destiné à produire ses effets au profit, ou à l'encontre, d'un destinataire déterminé ou de plusieurs destinataires individualisés.

Acte d'instruction. — PR. PÉN. — Mesure d'information judiciaire utile à la manifestation de la vérité, prise ou ordonnée par une juridiction d'instruction.

Acte instrumentaire. — DR. CIV. — Écrit destiné à prouver l'existence d'une situation juridique, cette situation pouvant résulter d'un « acte » (au sens de *negotium*. — V. *Acte juridique*) ou d'un fait juridique. — V. ce mot. — V. aussi *Écrit, Negotium*.

Acte judiciaire. — PR. GÉN. — Acte lié au déroulement d'une procédure contentieuse ou gracieuse, ou tendant à une exécution forcée, émanant des parties ou de certains auxiliaires de justice (avocat, avoué, huissier de justice, greffier) : ainsi une assignation, la convocation d'un témoin, la rédaction et la signification de conclusions. — V. *Acte extrajudiciaire*.

Acte juridique. — DR. ADM., DR. CIV., DR. COM., DR. CONST., DR. INT., DR. PÉN., PR. CIV. — Manifestation de volonté destinée à produire des effets de droit. La théorie et les classifications fondamentales des actes juridiques, principalement présentées en France par l'Ecole de Bordeaux du Doyen Léon Duguit et de ses élèves (Bonnard, Vizioz, Réglade) permettent une forme de synthèse analytique de toutes les branches du droit. L'acte juridique est alors l'acte qui apporte une modification à l'ordonnancement juridique (V. ce mot). Les principales catégories d'actes juridiques sont les suivantes :

— *Actes subjectifs et actes objectifs,* différenciés par la portée individuelle des premiers (qui peuvent être aussi bien des actes unilatéraux que conventionnels) et par la portée plus large des seconds (V. acte-règle). Ces deux sortes d'actes donnent naissance respectivement à des situations juridiques subjectives et objectives (V. ce mot).

— *Actes collectifs :* ils se caractérisent par une pluralité de déclarations de volontés concordantes engagées dans la réalisation d'une opération juridique qui est généralement de Droit public (vote d'une loi, élection d'un parlementaire, référendum, par ex.), mais qui peut être aussi de droit privé (adhésions de nouveaux associés à une association préexistante par ex.).

— *Actes conventionnels :* ils se caractérisent par un concours de volontés (avec une interdépendance entre les vouloirs individuels, ce qui les distingue des actes collectifs) qui détermine tous les éléments et effets de l'acte sous réserve d'éléments complémentaires éventuellement prévus et imposés par le droit. Le contrat est l'exemple par excellence d'une convention.

— *Acte-condition.* V. ce mot.

— *Acte-règle.* V. ce mot V. aussi *Acte ; Acte instrumentaire.*

Acte juridictionnel. — Pr. Gén. D'un point de vue matériel (V. ce mot), s'entend de tout acte, quel qu'en soit l'auteur, par lequel une autorité compétente procède à une vérification de légalité sur un acte juridique ou matériel.

D'un point de vue formel (V. ce mot), cette qualification est réservée aux actes matériellement juridictionnels émanant d'une juridiction (juge, tribunal).

Un tel acte possède l'autorité de la chose jugée, la force exécutoire, un caractère le plus souvent déclaratif. Le juge qui a posé un acte juridictionnel est dessaisi. — V. *Chose jugée, Décision gracieuse, Mesure d'administration judiciaire.*

Acte mixte. — Dr. com. — Acte qui présente la caractéristique d'être commercial pour l'une des parties, et civil pour l'autre.

Ainsi, la vente d'un appareil ménager par un commerçant à un simple particulier.

Acte notarié. — Dr. civ. — V. *Acte authentique.*

Acte de notoriété. — DR. CIV.
Acte instrumentaire dressé
par un officier public
(notaire) ou un magistrat
(juge d'instance), faisant
état des déclarations de
plusieurs personnes attestant des faits notoirement
connus.

Acte du Palais. — PR. CIV.
V. *Acte d'avocat à avocat,
d'avoué à avoué.*

Acte de poursuite. — PR. PÉN. —
Procédé par lequel l'action
publique est soit mise en
mouvement par le ministère
public ou la partie civile
(réquisitoire introductif, citation directe, saisine directe,
avertissement, plainte avec
constitution de partie civile)
soit exercée par le ministère
public (réquisitoire supplétif,
définitif, à fin de reprise,
exercice des voies de re-
cours...).

Acte de procédure. — PR.
GÉN. — Acte soumis à cer-
taines formes, effectué par
un auxiliaire de justice ou
un plaideur, destiné à entamer, alimenter, suspendre ou
arrêter une instance.

Actes préparatoires. — DR.
PÉN. — Actes qui entament
matériellement le processus
criminel, comme l'achat
d'une arme pour commettre
un meurtre, mais qui ne
sont pas punissables au titre
de la simple tentative.

Actes de pure faculté. — DR.
CIV. — Actes de jouissance
que tolère le propriétaire sur
son propre fonds, par bienveillance ou esprit de bon
voisinage, insusceptibles, pour
cette raison de fonder un

droit par prescription. Synonyme d'actes de simple tolérance.

Acte recognitif. — DR. CIV.
Acte instrumentaire par
lequel une personne reconnaît l'existence d'une situation juridique attestée par
un écrit antérieur.
Il a pour effet soit de
remplacer l'acte primordial
perdu, soit d'interrompre
une prescription.

Acte-règle. — DR. PRIV., DR.
PUBL. — Acte juridique (V.
ce mot) dont l'effet est de
créer, de modifier ou de
supprimer une situation
juridique dite objective,
c'est-à-dire touchant un
nombre de personnes physiques ou morales (souvent
les deux en même temps)
constituant un groupe placé
dans un cadre juridique
absolument uniforme du
point de vue de l'acte générateur de cette situation.

Acte solennel. — DR. CIV. —
Acte juridique soumis à des
formes particulières pour
sa validité. — V. *Acte
consensuel, Formes ad vali-
ditatem.*

Acte sous seing privé. —
DR. CIV. — Acte écrit, généralement instrumentaire,
plus rarement nécessaire à
l'existence de la situation
juridique, rédigé par un
particulier et comportant la
signature manuscrite des
parties. — V. *Acte authentique, Blanc-seing.*

Acte à titre gratuit. — DR.
CIV. — Acte par lequel une
personne s'oblige ou dis-
pose d'un droit avec une

intention généreuse. — V. *Acte à titre onéreux.*

Acte à titre onéreux. — Dr. civ. — Acte par lequel chacune des parties recherche un avantage. Il ne faut pas confondre l'acte à titre onéreux et le contrat synallagmatique qui comporte des obligations réciproques : l'acte à titre onéreux, bien que procurant des avantages pour chaque contractant ne crée pas nécessairement des obligations juridiques réciproques (Ex. : remise de dettes). — V. *Acte à titre gratuit, Contrat synallagmatique, Remise de dettes.*

Actes de tolérance. — Dr. civ. V. *Actes de pure faculté.*

Acte translatif. — Dr. civ. Acte juridique transférant un ou plusieurs droits ou une universalité de droits au profit d'une personne. V. *Acte constitutif.*

Acte-type. — Dr. adm. — Nom donné à des modèles de rédaction d'actes juridiques, préparés par des autorités supérieures à celles auxquelles est imposé de manière plus ou moins directe le recours à ces sortes de formulaires.

Dans le cadre de la déconcentration, l'usage de ce procédé permet d'assurer une unité d'action très forte à l'intérieur de l'Administration.

Dans le cadre de la décentralisation, cette technique constitue au profit de l'Etat un moyen d'affaiblir la portée du principe selon lequel le pouvoir de tutelle ne comporte pas de pouvoir d'instruction. — V. *Instruction (pouvoir d' ¹).*

Acte unilatéral. — Dr. civ. Acte juridique résultant de la manifestation de volonté d'une seule personne (Ex. : testament). — V. *Acte bilatéral.*

Acte entre vifs. — Dr. civ. Acte juridique produisant ses effets du vivant des parties. — V. *Acte à cause de mort.*

Actif. — Dr. civ. — Si, familièrement, la notion recouvre l'ensemble des biens possédés par une personne, techniquement l'actif ne s'entend que de l'excédent, une fois déduit le passif. D'où résulte l'état de solvabilité qui fait obstacle aux mesures protectrices des droits du créancier (déchéance du terme, saisie conservatoire...).

Dr. com. — Ensemble des biens, mobiliers et immobiliers, des créances et sommes d'argent que possède une entreprise, qui figurent dans la partie gauche du bilan. — V. *Bilan.*

Action. — Pr. gén. — V. *Action en justice.*

Action(s). — Dr. com. — Titre négociable émis par les sociétés par actions, qui représente une fraction du capital social et constate le droit de l'associé dans la société.

Action d'apport. — Dr. com. Action remise à celui qui fait des apports en nature lors de la constitution de la société par actions ou de l'augmentation de son capital.

On l'oppose à l'action en numéraire dont le montant est libéré en espèces ou par compensation, ou qui est émise par suite d'une incorporation au capital des réserves, bénéfices ou primes d'émission.

Action associationnelle. — Pr. ADM., CIV., PÉN. — Action exercée par une association pour la défense des intérêts à caractère collectif entrant dans son objet social (protection de la pêche ou de la chasse, lutte contre l'alcoolisme, le racisme, le proxénétisme...). Sa recevabilité est discutée lorsque la loi n'a pas expressément investi le groupement du pouvoir d'agir en justice.

Action de capital. — Dr. COM. — Action dont la valeur nominale n'a pas été remboursée à l'actionnaire. On l'oppose à l'action de jouissance. — V. *Action de jouissance.*

Action civile. — Pr. PÉN. — Action ouverte à la partie lésée par une infraction en vue d'obtenir réparation du préjudice que celle-ci lui a causé. L'action civile peut être portée, au choix de la partie lésée, devant la juridiction répressive compétente sur l'action publique ou devant la juridiction civile. Elle doit être distinguée du droit de se constituer partie civile qui permet à la partie lésée de mettre en mouvement l'action publique, indépendamment de son droit à réparation.

Action confessoire. — Dr. CIV. Action réelle qui tend à la reconnaissance d'un droit à une servitude.

Action en contestation d'état. — Dr. CIV. — V. *Action d'état.*

Action « de in rem verso ». Dr. CIV. — Action permettant d'agir dans le cas d'enrichissement sans cause. — V. *Enrichissement sans cause.*

Action déclaratoire. — Pr. CIV. — Action tendant à faire reconnaître en justice, en dehors de tout intérêt né et actuel, la régularité ou l'irrégularité d'une situation juridique. Une telle action n'est pas toujours recevable. V. *Action interrogatoire, Action de jactance.*

Action directe. — Dr. CIV. Action exercée par un créancier, en son nom personnel et directement contre le tiers contractant de son propre débiteur. C'est ainsi que le bailleur peut exercer l'action en paiement du loyer contre le sous-locataire. On oppose l'action directe à l'action oblique (V. ce mot).

Action disciplinaire. — Pr. CIV. — Action dont l'objet est de réprimer un manquement aux règles déontologiques d'une profession (fonctionnaire, magistrat, avocat, officier ministériel...) dont le résultat — éventuel — consiste en une sanction de type professionnel : réprimande, blâme, suspension, révocation, etc. Se distingue à la fois de l'action publique, exercée dans l'intérêt général et de l'action civile qui n'existe qu'au profit du particulier lésé. Sa finalité est de préserver la considération due au corps auquel appartient la personne poursuivie. — V. *Déontologie, Discipline, Pouvoir disciplinaire.*

Action estimatoire. — DR. CIV. — Action par laquelle l'acquéreur d'une chose demande une diminution du prix en raison de vices cachés.

Action d'état. — DR. CIV. — Action en justice portant sur l'état d'une personne.

On distingue les actions en réclamation d'état et les actions en contestation d'état ; les premières permettent au demandeur d'obtenir en justice la reconnaissance de son véritable état alors que les secondes sont intentées par les personnes qui ont qualité pour nier devant le tribunal l'état apparent d'autrui.

L'action en réclamation d'état d'enfant légitime tend à établir un lien de filiation légitime.

Action « ad exhibendum ». — PR. CIV. — Action qui a pour objet la représentation de titres ou l'exhibition d'une chose. N'existe plus qu'à travers le pouvoir reconnu au juge d'enjoindre, à la requête de l'une des parties, la production d'un élément de preuve détenu par son adversaire, ou de tous documents en la possession d'un tiers.

Action à fins de subsides. — DR. CIV. — Action qui appartient à l'enfant naturel dont la filiation n'est pas légalement établie, pour obtenir, de celui qui a eu des relations avec sa mère pendant la période de la conception, une pension destinée à couvrir ses frais d'entretien et d'éducation.

Action immobilière. — PR. CIV. — Action par laquelle on demande la reconnaissance d'un droit réel ou personnel sur un immeuble (Ex. : revendication).

Action en inscription de faux. — DR. CIV., PR. CIV. V. *Faux, Faux incident, Inscription de faux.*

Action interrogatoire. — PR. CIV. — Action visant à mettre le défendeur en demeure de prendre parti immédiatement, alors que la loi lui concède un délai, soit pour exercer une option (l'héritier a 3 mois et 40 jours pour faire inventaire et délibérer), soit pour élever une prétention (l'incapable a 5 ans pour demander la nullité d'un engagement). Est en principe irrecevable.

Action de jactance. — PR. CIV. — Action dirigée contre une personne qui se vante publiquement d'avoir un droit contre une autre, afin de l'obliger à établir la réalité de ses allégations, sous peine d'être vouée à un silence perpétuel. Est souvent irrecevable, lorsque le plaignant ne subit pas un préjudice matériel ou moral effectif.

Action de jouissance. — DR. COM. — Titre remis à l'actionnaire au cours de la vie sociale, lorsque la société procède à l'amortissement de son capital, en remboursant par anticipation la valeur nominale des actions aux actionnaires.

Action en justice. — Pr. gén. Pouvoir reconnu aux sujets de droit de s'adresser à la justice pour obtenir le respect de leurs droits ou de leurs intérêts légitimes.

Action mixte. — Pr. civ. — Action par laquelle on réclame à la fois la reconnaissance d'un droit réel et d'un droit personnel.

Action mobilière. — Pr. civ. Action sanctionnant un droit personnel ou réel portant sur un meuble, une créance.

Action négatoire. — Pr. civ. — Action réelle par laquelle le demandeur soutient que son immeuble n'est pas grevé de servitude.

Action de numéraire. — Dr. com. — V. *Action d'apport.*

Action oblique. — Dr. civ. Action intentée par un créancier au nom et pour le compte de son débiteur négligent et insolvable. — V. *Action paulienne.*

Action paulienne. — Dr. civ. Action par laquelle le créancier demande en justice la révocation des actes d'appauvrissement accomplis en fraude de ses droits par le débiteur insolvable.

Action personnelle. — Pr. civ. — Action par laquelle on demande la reconnaissance ou la sanction d'un droit personnel, quelle qu'en

soit la source (convention, délit, loi, gestion d'affaires, enrichissement injuste).

Relative en général à un meuble corporel ou incorporel, une telle action peut, par exception, concerner un immeuble.

Action pétitoire. — Dr. civ., Pr. civ. — Action mettant en cause l'existence d'un droit réel immobilier. — V. *Action possessoire.*

Action possessoire. — Pr. civ. — Action tendant à protéger un fait juridique, la possession et même la détention paisible d'un immeuble. — V. *Action pétitoire, Complainte, Dénonciation de nouvel œuvre, Réintégrande.*

Action de priorité. — Dr. com. — Action qui confère à son détenteur certains avantages particuliers par rapport aux actions ordinaires. Ces avantages peuvent être « de nature pécuniaire » (droit d'antériorité sur les bénéfices par exemple). Ils ne peuvent pas en principe affecter le droit de vote dans les assemblées d'actionnaires sous réserve de la possibilité de conférer à certaines actions un droit de vote double.

Action publique. — Pr. pén. L'action publique est une action mise en mouvement par le ministère public ou exceptionnellement par les fonctionnaires de certaines administrations (fiscales par ex.) afin d'aboutir à l'application à l'auteur d'une infraction d'une peine ou d'une mesure de sûreté. — V. *Action civile.*

Action en réclamation d'état.
DR. CIV. — V. *Action d'état*

Action rédhibitoire. — DR.
CIV. — Action en justice
par laquelle le vendeur demande la résolution de la
vente en raison des vices
cachés de la chose.

Action réelle. — PR. CIV. —
Action par laquelle on
demande que soit reconnu
ou protégé un droit réel
principal ou accessoire sur
un immeuble, plus rarement
sur un meuble.

**Action sanitaire et sociale
(Direction départemen-
tale de l').** — DR. ADM. —
Regroupement organique,
au niveau départemental,
des services extérieurs de la
Santé Publique et de la
Population, compétent en
matière de santé et de salubrité publiques ainsi qu'en
matière d'aide sociale (appelée naguère Assistance
publique).

Action sanitaire et sociale.
SÉC. SOC. — Activités des
conseils d'administration
des Caisses de Sécurité sociale consacrées à l'amé-
lioration de la situation
sanitaire et sociale et indépendantes de la distribution
des prestations légales.

Action syndicale. — PR. ADM.,
CIV., PÉN. — Action ouverte
aux syndicats et aux ordres
professionnels leur permettant d'introduire toutes procédures relativement aux faits
portant un préjudice direct
ou indirect à l'intérêt collect-
tif de la profession qu'ils
représentent.

Actionnaire. — DR. COM. —
Titulaire d'une action de
société de capitaux. — V.
Action.

Actionnariat des salariés. —
DR. TRAV. — Accès des
salariés au capital d'une
société. Ce peut être la
société où ils sont employés
(actionnariat dans l'entreprise) ou toute autre société
(capitalisme populaire). Le
législateur s'est efforcé de
faciliter l'actionnariat des
salariés dans l'entreprise.

« Actor sequitur forum rei ».
— PR. CIV. — Le deman-
deur doit porter son action
devant le tribunal du
défendeur.

« Actori incumbit probatio ».
PR. CIV. — La preuve in-
combe au demandeur.

Adage, Aphorisme, Brocard.
Mots, en langage juridique,
tellement voisins que, rap-
prochés souvent du terme
de sentence (pris dans son
sens non juridictionnel,
voyez ce mot), parfois du
terme de proverbe, on les
tient pour quasi-synonymes.
Les nuances, toujours pour
le juriste, paraissent néanmoins importantes. Seul le
mot de brocard, de moins
en moins utilisé dans le
langage courant, désigne
toujours une formule juridique, caractérisée par son
extrême brièveté, mais sachant résumer tout le fond
d'un problème de droit
directement saisi sous ses
aspects humains. Longtemps
frappés en langage latine
(*summum jus, summa inju-
ria*), les brocards passent
en langue française (en

mariage il trompe qui peut ; le mort saisit le vif). Constamment et magnifiquement utilisés par les vieux auteurs, non sans abus, ils sont délaissés souvent, non sans abus aussi, par les auteurs modernes. Le sens du mot brocard n'est plus guère distinct de celui d'aphorisme, devenu rare en matière juridique, dont le contenu est pourtant plus sociologique. Le sens du mot brocard se perd surtout dans celui du mot adage, de beaucoup le plus employé, voire presque le seul, mais qui a une forte résonance morale. — V. *Maxime*.

« Ad exhibendum ». — V. *Action ad exhibendum*.

« Ad hoc ». — Expression voulant dire « pour cela » ; ainsi on nomme un tuteur, un administrateur, un juge « ad hoc ».

« Ad nutum ». — La révocabilité « ad nutum » est celle qui peut être prononcée à tout moment par la décision souveraine d'une seule personne ou de l'organisme habilité à cet effet.

« Ad probationem ». — Une formalité est requise *ad probationem* lorsqu'elle n'est exigée que pour la preuve de l'acte et que son inobservation n'engendre pas la nullité. — V. *Ad solemnitatem*.

« Ad solemnitatem ». — Une formalité est requise « ad solemnitatem » lorsqu'elle est exigée pour la validité même de l'acte. — V. *Ad probationem*.

Adhésion. — DR. CIV. — V. *Contrat d'adhésion*.

DR. TRAV. — Acte unilatéral par lequel les organisations professionnelles ou syndicales, ou les employeurs entendent appliquer une convention collective, soit dans son intégralité (parties normative et contractuelle), soit partiellement (partie normative seulement). L'adhésion déroge au droit commun des contrats.

DR. INT. PUBL. — 1° Acte par lequel un Etat non partie à un traité se place sous l'empire de ses dispositions. On emploie aussi le mot accession.

2° Acte par lequel un Etat entre, sur simple déclaration de volonté de sa part, dans une organisation internationale. — V. *Admission*.

Adjudicataire. — PR. CIV. — Personne qui dans une vente aux enchères de meuble ou d'immeuble porte la dernière et la plus forte enchère.

Adjudication. — DR. ADM. — Mode de conclusion des marchés publics attribuant automatiquement la commande à celui des entrepreneurs qui consent le prix le plus bas, après une mise en concurrence préalable des candidats.

Adjudication publique ouverte : type d'adjudication dans lequel tout intéressé peut se porter candidat.

Adjudication publique restreinte : type d'adjudication dans lequel l'Administration arrête discrétionnairement la liste des candidats admis à concourir.

Dr. civ., Pr. civ. — Attribution d'un bien meuble ou immeuble mis aux enchères, à la personne offrant le prix le plus élevé.

Adjudication de territoire. — Dr. int. publ. — Attribution d'un territoire à un Etat par voie arbitrale ·ou juridictionnelle.

« Ad litem ». — Pr. civ. — Expression employée pour préciser qu'un acte ou une décision sont pris « en vue d'un procès », ainsi provision, mandat « ad litem ».

Adminicule. — Dr. civ. — Elément préalable de preuve, incomplet, mais suffisamment grave pour que soit admise, en matière civile, la preuve par témoins.

Administrateur. — Dr. civ. Personne chargée de gérer un ou plusieurs biens ou un patrimoine.

Administrateur délégué. — Dr. com. — Membre du conseil d'administration chargé par ce dernier des fonctions de président du conseil d'administration en cas d'empêchement temporaire ou de décès de ce dernier.

Administrateur judiciaire. — Dr. com., Pr. civ. — Mandataire de justice désigné par un tribunal, généralement par le président statuant en référé, pour assurer la gestion provisoire d'une société civile ou commerciale, d'une association, d'un patrimoine.

Administrateur légal. — Dr. civ. — Personne qui exerce les pouvoirs attribués par la loi dans le cadre de l'administration légale. — V. ce mot.

Administrateurs - ordonnateurs. — Dr. fin. — Catégorie d'agents publics compétents :
en matière de recettes, pour liquider les créances des personnes publiques et pour émettre les ordres de recettes correspondants.
en matière de dépenses, pour engager celles-ci et, le cas échéant, les liquider et les ordonnancer.
Le titre d'ordonnateur désigne plus spécialement, en doctrine, ceux des administrateurs ayant qualité pour procéder à des ordonnancements de dépenses.

Tous les administrateurs (ou ordonnateurs) sont incompétents pour procéder au maniement des deniers publics, réservé aux comptables publics.

Administrateur provisoire. — Dr. com. — V. *Administrateur judiciaire.*

Administrateur au règlement judiciaire. — Dr. com. — V. *Syndic.*

Administrateur-séquestre. — Dr. civ., Pr. civ. — V. *Administrateur judiciaire, Séquestre.*

Administrateur de société. Dr. com. — Membre du conseil d'administration d'une société anonyme nommé par l'assemblée constitutive, ou par l'assemblée générale ordinaire, ou par les statuts pour une durée

limitée : 6 ans dans les
deux premiers cas, 3 ans
s'il y a désignation statu-
taire. Il est rééligible et
révocable à tout moment
par l'assemblée générale
ordinaire. L'administrateur
peut être une personne
physique ou une personne
morale. Dans ce dernier
cas, celle-ci se fera représenter par une personne
physique qui sera respon-
sable comme un adminis-
trateur ordinaire.

Administration. — Dr. adm.
1° Avec une minuscule :
fait, activité d'administrer.
2° Avec une majuscule :
synonyme de Service public
au sens formel du terme. —
V. ce mot. — Par extension,
synonyme de la Puissance
publique. — V. ce mot.
Dr. civ. — 1° Pouvoir
d'accomplir les actes nécessaires à la conservation et
à la mise en valeur d'un
bien ou d'un patrimoine.
2° Ensemble des actes
accomplis dans ce but.

**Administration judiciaire
(Mesures d'). — Pr. civ.**
V. *Mesures d'administration
judiciaire.*

Administration légale. —
Dr. civ. — Administration
d'un patrimoine ou d'un
ensemble de biens dévolue
par la loi à une personne
déterminée.
Les biens des enfants mi-
neurs sont administrés par
leurs parents ; le père est
administrateur légal si l'autorité parentale est exercée
par les deux parents ; dans
les autres cas, l'administration légale appartient à

celui des parents qui exerce
l'autorité parentale.

Administration de mission.
Dr. adm. — On a pris
coutume d'opposer à l'Ad-
ministration traditionnelle,
assurant le fonctionnement
des services publics dans le
cadre des règles du Droit
administratif et financier
classique et que l'on désigne
désormais sous les termes
d'Administration de gestion,
une Administration de mission dont la tâche est d'ima-
giner et de contribuer à
mettre en place les solutions
destinées à répondre à des
problèmes inédits, considérés, à tort ou à raison,
comme ne pouvant être
résolus par la seule intervention de l'Administration
traditionnelle et par le seul
recours aux techniques
administratives classiques.
L'ambiguïté de ce type
d'action administrative naît
de ce que l'Administration
de mission nécessite une
souplesse d'intervention qui
la fait généralement bénéficier d'un régime juridique
dérogeant, dans une mesure
variable, à un Droit com-
mun administratif façonné
par la loi et le juge en vue
de garantir les droits des
administrés et les exigences
de l'intérêt général.

Admission. — Dr. int. publ.
Décision d'une organisation
internationale qui accepte
un Etat comme nouveau
membre.

Admission des créances. —
Dr. com., Pr. civ. — Dans
les procédures de règlement
judiciaire et de liquida-

tion des biens, décision du juge commissaire admettant l'existence, la validité et le montant d'une créance contre le débiteur. — V. *Production des créances.*

Admission au travail. — Dr. trav. — V. *Age.*

Admonestation. — Dr. pén. — Mesure que le juge des enfants peut prendre à l'encontre d'un mineur poursuivi pour avoir commis un acte contraire à la loi pénale. Elle consiste à « gronder » le mineur à lui faire des remontrances. Mesure de sûreté de nature éducative.

Adoptant. — Dr. civ. — Qui adopte un enfant. — V. *Adopté.*

Adopté. — Dr. civ. — Qui a fait l'objet d'une adoption. — V. *Adoptant.*

Adoptif. — Dr. civ. — Qui est relatif à l'adoption. On dit parfois « parent adoptif » ou « enfant adoptif ».

Adoption. — Dr. civ. — Création par jugement d'un lien de filiation entre deux personnes qui, sous le rapport du sang, peuvent être étrangères. — V. mots suivants.

Adoption plénière. — Dr. civ. — Adoption provoquant une rupture de lien entre la famille d'origine et l'enfant adopté et assimilant ce dernier à un enfant légitime dans la famille adoptive. — V. *Adoption simple.*

Adoption simple. — Dr. civ. — Adoption laissant subsister des liens entre l'enfant et sa famille d'origine. — V. *Adoption plénière.*

Adultère. — Dr. civ. — Relations sexuelles entre un époux et une personne autre que le conjoint. Il constitue une faute, cause de divorce ; il n'est plus sanctionné par la loi pénale (loi 11 juill. 1975).

Aéronef. — Dr. com. — Appareil susceptible de se maintenir et d'évoluer dans les airs (avion, ballon, dirigeable, hélicoptère, etc...).

Dr. pén. — V. *Piraterie aérienne.*

Affacturage. — Dr. com. — Opération de crédit d'origine américaine qui consiste dans le transfert de créances commerciales de son titulaire à un « factor » qui se charge, moyennant une certaine rémunération, d'en opérer le recouvrement et qui en garantit la bonne fin, même en cas de défaillance momentanée ou permanente du débiteur.

Affaires courantes. — Dr. const. — Affaires n'impliquant pas l'engagement d'une politique nouvelle, et qu'un Gouvernement démissionnaire à la suite d'une motion de censure doit se borner à expédier.

Affaire en état. — Pr. gén. — Une affaire est dite en état lorsqu'elle est prête à être portée à l'audience des plaidoiries.

Affectation. — Dr. adm. — Synonyme de classement. — V. ce mot.

DR. FIN. — Liaison juridique, réglementée restrictivement par le droit budgétaire, établie entre une recette et une dépense au financement de laquelle est en tout ou partie destinée la perception de la ressource.

DR. CIV. — V. *Patrimoines d'affectation*.

« Affectio societatis ». — DR. COM. — Intention, qui doit animer les associés, de collaborer sur un pied d'égalité.

L'*affectio societatis* implique non seulement un esprit de collaboration mais aussi le droit, pour chaque associé, d'exercer un contrôle sur les actes des personnes chargées d'administrer la société.

Affermage. — DR. ADM. — V. *Ferme*.

Affermer. — DR. CIV. — Donner à bail un fonds rural moyennant un prix indépendant des résultats de l'exploitation. — V. *Métayage*.

Affidavit. — DR. COM., PR. CIV. — Certificat de déclaration faite sous serment devant une autorité compétente (en général étrangère) et présenté pour servir de preuve.

Affiliation à la sécurité sociale. — SÉC. SOC. — Rattachement d'une personne à une caisse de sécurité sociale.

Affirmation. — DR. GÉN. — Déclaration de sincérité et de véracité qui n'est exigée que dans les cas prescrits par la loi ; par exemple, de l'avocat dans la distraction des dépens, des créanciers qui produisent dans un règlement judiciaire ou une liquidation de biens, des rédacteurs de certains procès-verbaux (garde-pêche, garde-chasse), des tuteurs dans la reddition de leurs comptes en justice...

Affrètement. — DR. MAR. — Contrat par lequel un armateur (fréteur) s'engage moyennant rémunération à mettre un navire à la disposition d'un affréteur pour le transport de marchandises ou de personnes. — V. *Fret*.

Age d'admission au travail. DR. TRAV. — C'est l'âge auquel cesse l'obligation scolaire, soit actuellement seize ans.

Agence centrale des organismes de sécurité sociale. — SÉC. SOC. — Organisme national ayant pour fonction de gérer la trésorerie des trois caisses nationales de sécurité sociale (V. *Caisses*) et d'assumer la direction et le contrôle des unions de recouvrement (V. *Unions de recouvrement*).

Agence internationale de l'énergie atomique. — DR. INT. PUBL. — Organisation internationale créée en 1957 et reliée à l'O. N. U. S'efforce de développer la contribution de l'énergie atomique à la paix et à la prospérité, et contrôle le respect du principe de l'utilisation pacifique de l'aide qu'elle fournit. Siège : Vienne.

Agence nationale pour l'emploi. — DR. TRAV. — V. *Emploi*.

Agent d'affaires. — Dr.
com. — Personne qui,
moyennant une rémunéra-
tion, se charge profession-
nellement des intérêts des
particuliers en les conseil-
lant, et parfois en agissant
à leur place.

Agent de change — Dr.
com. — Officier ministé-
riel et commerçant auquel
le législateur a conféré le
privilège de négocier toutes
les valeurs mobilières pour
le compte de leurs clients.

Agent commercial. — Dr.
com. — Intermédiaire du
commerce, qui, en qualité
de mandataire profession-
nel indépendant, sans être
lié par un contrat de travail, négocie et conclut des
contrats au nom et pour le
compte des commerçants.

Agent diplomatique. — Dr.
int. publ. — Représentant
d'un Etat auprès d'un autre
Etat pour l'entretien des
relations officielles d'une
façon permanente (représentation et information de
l'Etat accréditant, protection
de ses intérêts et de ceux
de ses ressortissants, négociations avec le gouvernement de l'Etat de résidence).

Agent général d'assurances
Dr. trav. — Personne phy-
sique, justifiant de certaines connaissances, qui
représente une ou plusieurs
compagnies d'assurances
dans une circonscription
déterminée, en vertu d'un
contrat de nomination.

L'agent d'assurances
recherche la souscription de
contrats pour le compte de

sa compagnie et il gère
ces contrats. Dans les branches Incendie, Accidents,
Risques divers et Vie, les
agents d'assurances bénéficient d'un statut.

Agent international. — Dr.
int. publ. — Nom géné-
rique servant à désigner
toute personne par qui une
organisation internationale
agit, qu'il s'agisse d'un
collaborateur occasionnel
(expert, arbitre...) ou d'un
fonctionnaire international.
V. *Fonctionnaire international.*

**Agent judiciaire du Trésor Pu-
blic.** — Dr. fin., Pr. civ. —
Haut fonctionnaire du ministère de l'Economie et des
Finances dont les attributions
principales sont le recouvrement des créances de l'Etat
étrangères à l'impôt et au
Domaine, et la représentation
de l'Etat demandeur et défendeur devant les juridictions
judiciaires.

Agent de maîtrise. — Dr.
trav. — Catégorie profes-
sionnelle généralement prévue
par les conventions collectives. L'agent de maîtrise est
chargé de diriger, coordonner,
contrôler le travail d'un certain nombre d'ouvriers ou
d'employés dans l'exécution
de tâches dont la respon-
sabilité lui incombe (chefs
d'équipe, contremaîtres, chefs
d'atelier). La loi ne définit
pas l'agent de maîtrise et
l'assimile parfois au cadre.
— V. *Cadre.*

Agents de probation. — Dr.
pén. — Fonctionnaires des
services pénitentiaires, auxi-

liaires du juge de l'application des peines dont la mission générale est une action de prévention du crime et une action de rééducation des criminels, et dont la mission particulière est une prise en charge des condamnés avec mise à l'épreuve. Ils sont assistés par des délégués bénévoles.

Agents de police judiciaire. Dr. pén. — V. *Officiers de police judiciaire.*

Agent public. — Dr. adm. Terme générique désignant tout collaborateur d'un service public, le plus souvent administratif, associé pour une certaine durée à l'exécution directe de l'activité spécifique de celui-ci et relevant à ce titre du droit administratif.

Agios. — Dr. com. — Frais qui grèvent les diverses opérations effectuées par un banquier.

Agréé. — Dr. com., Pr. civ. Avant l'unification des professions judiciaires, auxiliaire de justice habilité par un tribunal de commerce à assister et à représenter devant lui les plaideurs. — V. *Avocat.*

Agrément. — Dr. adm., fin. Accord devant être obtenu de l'Administration pour que certaines réalisations projetées par les particuliers puissent être exécutées, ou bénéficient d'un régime financier ou fiscal de faveur.

Dr. com. — Procédure par laquelle les associés de certaines sociétés approuvent ou refusent la cession ou la transmission de parts ou d'actions à une personne ; ils peuvent ainsi s'opposer à l'admission de nouveaux associés ou à l'accroissement de la participation d'associés en place.

Le refus d'agrément entraîne le plus souvent obligation pour les associés de racheter les parts ou actions du cédant ou de les faire acquérir par un tiers. A défaut, la société procède à une réduction de son capital.

Dr. int. publ. — Acceptation, par l'Etat auprès duquel doit être accrédité un agent diplomatique, de la personne choisie à cet effet par un autre Etat. — V. *Persona grata.*

Agression. — Dr. int. publ. « Emploi de la force armée par un Etat contre la souveraineté, l'intégrité territoriale ou l'indépendance politique d'un autre Etat, ou de toute autre manière incompatible avec la Charte des Nations Unies » (Définition formulée, au terme de longs travaux, par une résolution de l'Assemblée Générale des Nations Unies du 14/12/1974 qui, dans son art. 3, donne une énumération non limitative d'actes constitutifs d'une agression).

Aide aux pays en voie de développement. — Dr. int. publ. : 1° Aide économique : aide consistant à assurer aux pays en voie de développement des débouchés et des prix stables pour leurs produits.

2° Aide financière : mise à la disposition des pays en voie de développement de ressources financières (prêts ou dons) pour leur permettre de procéder aux investissements nécessaires.

3° Aide multilatérale : aide fournie aux pays en voie de développement par les organisations internationales (par opposition à l'aide bilatérale fournie directement d'Etat à Etat). Un grand nombre d'Organisations Internationales, universelles (O. N. U., C. N. U. C. E. D., S. F. I., A. I. D., etc.) ou régionalisées (O. C. D. E., Communautés Européennes, etc.) participent à cette aide. — V. ces sigles ou ces expressions.

4° Aide technique : mise à la disposition des pays en voie de développement des connaissances techniques nécessaires à leur développement (bourses d'études, envoi d'experts, formation de cadres locaux, fourniture de matériel).

Aide judiciaire. — PR. ADM., CIV., PÉN. — Institution remplaçant l'assistance judiciaire. Grâce à elle le plaideur aux ressources modestes bénéficie, pour faire valoir ses droits en justice, du concours gratuit des avocats et officiers ministériels, de l'avance par l'Etat des frais occasionnés par les mesures d'instruction, de la liquidation en debet des droits fiscaux exigibles. Elle fonctionne devant les juridictions civiles, pénales (au profit de la partie civile), administratives. Elle ne peut

être accordée au pénal ni à l'accusé ni à l'inculpé.

Aide personnalisée au logement. — SÉC. SOC. — Aide accordée en vue de la location, de l'achat ou de la réparation de la résidence principale et versée directement aux bailleurs de logement (en cas de logements loués) ou aux organismes de prêt (en cas d'acquisition ou de réparation de logements) qui doivent nécessairement avoir conclu au préalable une convention avec l'Etat. Cette aide, créée en 1977, doit se substituer progressivement à l'allocation de logement.

Aide sociale. — SÉC SOC. — Secours apporté par les collectivités publiques aux personnes dont les ressources sont insuffisantes. L'aide sociale a succédé en 1953 à l'assistance publique. Elle prend diverses formes : aide médicale, aide aux personnes âgées, aux personnes handicapées, aide à l'enfance, etc... Elle est organisée au niveau départemental. — V. *Action sanitaire et sociale*, *Bureau d'aide sociale*, *Direction départementale*.

Aisances de voirie. — DR. ADM. — Terme générique désignant les droits reconnus aux riverains des voies publiques : droit d'accès (supprimé pour les autoroutes), de vue, d'écoulement des eaux (sous certaines restrictions). — V. *Voirie*.

Ajournement. — PR. CIV. Expression de l'ancien Code de proc. civ. pour désigner l'assignation. — V. *Assignation, Citation*.

Ajournement de peine. — DR. PÉN. — Pouvoir accordé, dans le cadre des réformes pénologiques de la loi du 11 juillet 1975, au tribunal correctionnel qui a prononcé une déclaration de culpabilité d'ajourner la décision sur la peine si certaines conditions sont réunies, notamment si le reclassement du prévenu est acquis, si le dommage est réparé ou si le trouble a cessé. — V. *Peines*.

Alibi. — PR. PÉN. — Preuve d'innocence découlant de la présence d'une personne dans un lieu différent de celui où a été commise l'infraction dont elle est soupçonnée.

Aliénabilité. — DR. CIV. — Caractéristique juridique d'un bien dont le propriétaire peut transmettre son droit ou constituer un droit réel au profit d'un tiers. V. *Inaliénabilité*.

Aliénation. — DR. CIV. — Transmission du droit de propriété ou constitution d'un droit réel qui le démembre (aliénation partielle).

Aliénation mentale. — DR. CIV. — Altération des facultés mentales telle que l'individu n'a pas pleinement conscience des actes ou des faits dont il est l'auteur.
   Le droit protège la personne atteinte d'une telle affection. V. *Démence*.

Aliéné mental. — DR. CIV. Personne atteinte d'aliénation mentale. On dit également un aliéné.

Alignement. — DR. ADM. — Mode unilatéral d'établissement par l'Administration des limites matérielles de certaines dépendances du domaine public (voies publiques, voies ferrées), par rapport aux propriétés riveraines.

Aliments. — DR. CIV. — Prestation ayant généralement pour objet une somme d'argent destinée à assurer la satisfaction des besoins vitaux d'une personne qui ne peut plus assurer elle-même sa propre subsistance. — V. *Pension alimentaire*.

Allégation. — PR. CIV. — Doit s'entendre, strictement, de l'articulation des faits de nature à fonder une prétention. Première étape de la démonstration en justice, nécessairement suivie de la production des preuves, éventuellement de la qualification juridique de ces faits. — V. *Demandeur, Pertinence*.

Alliance. — DR. CIV. — Lien juridique existant entre un époux et les parents de son conjoint. — V. *Parenté*.

Allocation. — SÉC. SOC. — Prestation en argent attribuée à une personne pour faire face à un besoin. Le droit de la sécurité sociale régit de multiples allocations. On peut citer notamment : 1° les prestations familiales énumérées à l'article 510 C. S. S. : allocations familiales (V. ce mot), complément familial (V. ce mot), allocation de logement, allocation scolaire ; 2° des allocations versées par les caisses d'allocations familiales sans être *stricto sensu* des allocations familiales, et parfois financées par des fonds spéciaux : allocation aux adultes handicapés, allocation de logement des personnes âgées, handicapées, des jeunes travailleurs, aide personnalisée au logement (V. ce mot) ; 3° des avantages non contributifs de vieillesse : allocation spéciale (V. ce mot), allocation supplémentaire du fonds national de solidarité (V. ce mot).

Allocations d'aide publique
DR. TRAV. — Allocations versées par l'Etat aux chômeurs.

Allocations de chômage. — DR. TRAV. — Aides en espèces attribuées, sous certaines conditions, aux chômeurs. On distingue :
— *les allocations de base* : aide temporaire versée à un ancien salarié en situation de chômage total, lorsque le licenciement ne repose pas sur un motif économique ;
— *les allocations spéciales* : aide temporaire attribuée en cas de licenciement pour motif économique ; elle est supérieure à l'allocation de base ;
— *les allocations de fin de droit* : aide temporaire versée aux chômeurs qui ont épuisé leurs droits aux allocations de base ou aux allocations spéciales.

Allocations familiales. — SÉC. SOC. — Prestations familiales d'entretien régulièrement versées à toute personne résidant en France pour chaque enfant à charge (V. *Enfant à*

charge) à partir du second. Le droit aux prestations familiales n'est plus lié à l'exercice d'une activité professionnelle.

Allocation spéciale des économiquement faibles. — SÉC. SOC. — Avantage de vieillesse non contributif, versé aux personnes âgées ne bénéficiant d'aucune pension ou retraite et dont les ressources n'atteignent pas un plafond déterminé.

Allocation supplémentaire du fonds national de solidarité. — SÉC SOC. — Majoration des retraites, pensions ou allocations de vieillesse des personnes âgées dont les ressources n'atteignent pas un plafond déterminé.

Alluvions. — DR. CIV. — Dépôts de terre apportés par un cours d'eau et accroissant la propriété du riverain.

Ambassadeur. — DR. INT. PUBL. — Représentant diplomatique d'un Etat, d'un souverain, auprès d'un Etat ou d'un souverain étranger. — V. *Agent diplomatique.*

Aménagement foncier. — Ensemble des actions tendant à assurer aux propriétés et aux exploitations agricoles et forestières une utilisation rationnelle. Les moyens tendant à cette fin sont divers (remembrement, interdiction des cumuls, exécution de travaux d'infrastructure, exploitation en commun des terres...). L'Etat intervient tantôt par la contrainte (ex. interdiction des cumuls), tantôt par l'incitation (ex. formation de groupements volontaires d'exploitation en commun).

Aménagement du territoire. DR. ADM. — Expression synthétique utilisée pour désigner la politique, et les moyens, visant à une utilisation économique et humaine plus rationnelle de l'espace géographique national.

Amende. — DR. CIV. — Au sens large, sanction pécuniaire prévue par une loi civile et prononcée par une juridiction civile en cas de violation de certaines règles juridiques limitativement énumérées. Dans un sens plus restreint, l'amende civile est une somme d'argent mise à la charge de l'auteur d'une faute, infligée par un particulier ayant reçu un pouvoir de type disciplinaire ; le montant de l'amende n'est pas en relation directe avec la valeur du préjudice. C'est ainsi que le chef d'entreprise pouvait naguère infliger des amendes aux salariés. — V. DR. TRAV.

DR. PÉN. — Peine pécuniaire consistant dans le paiement d'une somme d'argent au Trésor public.

L'amende pénale doit être distinguée de l'amende fiscale ayant à la fois le caractère d'une peine et d'une réparation, de l'amende civile relevant des tribunaux civils ou de commerce, et de l'amende disciplinaire sanctionnant les fautes professionnelles.

DR. TRAV. — Sanction pécuniaire à caractère disciplinaire et non contractuel, infligée au salarié par le chef d'entreprise. L'amende autrefois réglementée, a été interdite par la loi du 17 juillet 1978.

PR. CIV. — Sanction pécuniaire pouvant être mise à la charge du plaideur, soit qu'il ait simplement succombé sur un incident de procédure qu'il avait soulevé (vérification d'écriture, inscription de faux, récusation), soit qu'il ait agi ou exercé une voie de recours de façon abusive ou dans une intention dilatoire (appel, pourvoi en cassation, tierce opposition, recours en révision...).

Amendement. — DR. CONST. Modification proposée à un texte de loi au cours de sa discussion.

DR. PÉN. — Un des buts du traitement pénitentiaire, consistant à rééduquer les condamnés et à les réinsérer dans la société.

« American selling price ». DR. FIN. — Système assurant une forte protection de certains producteurs américains, notamment de produits chimiques, et consistant à asseoir les droits de douane perçus à l'entrée des U. S. A. non sur la valeur réelle des produits importés, mais sur le prix de produits similaires fabriqués aux Etats-Unis.

Lors du Kennedy round, les Etats de la Communauté Economique Européenne et la Grande-Bretagne ont différé jusqu'à la suppression de cette règle, l'application intégrale des réductions tarifaires qu'ils ont consenties. — V. « *Kennedy Round* ».

Ameubli. — DR. CIV. — V. *Ameublissement.*

Ameublissement. — DR. CIV. La clause d'ameublissement figurant dans un contrat de mariage a pour objet de faire entrer dans la communauté un ou plusieurs immeubles qui, en vertu du régime matrimonial légal, seraient propres à l'un des époux. On dit que l'immeuble, objet d'une telle convention, est ameubli.

Amiable compositeur. — PR. CIV. — Arbitre ayant reçu des parties le droit de rendre sa décision non selon le droit, mais en équité et sans observer les règles ordinaires de la procédure.

Le même pouvoir peut être donné au juge d'Etat, en matière civile, lorsque les parties ont la libre disposition de leurs droits.

Amnistie. — DR. PÉN. — Mesure d'oubli d'une infraction prise par le législateur, ayant pour effet l'extinction de l'action publique ou l'effacement d'une peine prononcée pour les infractions prévues par la loi d'amnistie, tout en laissant subsister l'action civile et ses effets.

Amodiation. — DR. CIV. — Bail d'un fonds de terre dont le paiement se fait à portion de fruits.

Amortissement de la dette publique. — DR. FIN. — Extinction progressive de la dette publique par voie de remboursement.

Amortissement financier. — DR. COM., DR. FIN. — Remboursement, normalement échelonné sur un certain nombre d'années, du capital d'un emprunt aux porteurs de titres.

Amortissement industriel. DR. COM., DR. FIN. — Technique consistant dans la constatation comptable de la dépréciation subie pendant l'exercice écoulé par un élément de l'actif d'une entreprise, assortie de la mise en réserve de la somme correspondante, en franchise d'impôt, en vue de son renouvellement ultérieur.

Ce point de vue comptable statique — l'amortissement simple enregistrement d'une perte de valeur — est aujourd'hui repoussé au second plan par une conception fiscale dynamique, encore que déformant trop souvent la réalité — l'amortissement, principal instrument d'une politique d'autofinancement de l'entreprise.

Ampliation. — DR. ADM. — Double, en la forme authentique, d'un acte administratif.

Amplitude. — DR. TRAV. — V. *Durée du travail.*

Analogie. — DR. PÉN. — V. *Interprétation stricte.*

Anatocisme. — DR. CIV. — Capitalisation des intérêts. Les intérêts, intégrés au capital, produisent eux-mêmes des revenus, ce qui tend à augmenter rapidement le poids de la dette. V. *Capital, Intérêts*.

Angarie. — DR. INT. PUBL. Réquisition, moyennant indemnité, d'un navire neutre par un Etat belligérant, dans les eaux soumises à la juridiction de ce dernier.

Le droit d'angarie a connu un élargissement dans la pratique récente (1ʳᵉ et 2ᵉ guerres mondiales), des Etats neutres l'ayant invoqué et exercé à l'égard de navires belligérants se trouvant dans leurs ports.

« Animus ». — DR. CIV. — Etat d'esprit d'une personne qui se comporte comme titulaire d'un droit sur une chose (*animus domini, possidendi*) pour l'exercer ou qui veut faire une libéralité (*animus donandi*).

On oppose l'« animus » au « corpus » (V. ce mot) qui n'est que l'exercice objectif d'un droit.

Annexe. — Pièce jointe à un acte principal en vue de le compléter (ex. : annexe d'un traité, d'un décret...) ou de le justifier (ex. : annexes déposées au registre du commerce, justifiant les inscriptions relatives à une société commerciale).

Annexes de propres. — DR. CIV. — La clause d'annexes de propres, insérée dans un contrat de mariage plaçant les époux sous le régime de communauté, a pour but de rendre propres des immeubles acquis à titre onéreux, pendant le mariage, s'ils

sont des annexes ou dépendances de biens propres. La communauté a droit à récompense pour le prix.

Annexion. — DR. INT. PUBL. Adjonction d'un nouveau territoire à un Etat.

L'annexion intervient le plus souvent à la suite d'une guerre, le vaincu étant obligé de signer un traité de paix qui ampute son territoire.

Annonce judiciaire et légale. — PR. CIV. — Publicité dans certains journaux, ordonnée par le juge ou par la loi, destinée à annoncer ou à faire connaître certains actes juridiques ou judiciaires (extrait de jugement, vente aux enchères).

Annuité. — DR. CIV. — Somme d'argent que le débiteur doit remettre annuellement au créancier en vue de se libérer de sa dette. L'annuité comprend une partie du capital augmenté des intérêts.

Annuités (d'emprunt) — DR. FIN. — Ce mot de la langue courante est mentionné ici seulement pour appeler l'attention sur le fait que, dans certaines présentations statistiques, l'annuité comprend la somme versée annuellement au prêteur au titre de l'amortissement (v. ce mot) du capital et du service des intérêts, alors que d'autres excluent les intérêts annuels.

Annulabilité. — Caractère d'un acte entaché d'un vice de forme ou de fond de nature à en faire prononcer l'annulation.

Annulation. — Anéantissement rétroactif d'un acte juridique, pour inobservation de ses conditions de formation, ayant pour effet soit de dispenser les parties de toute exécution, soit de les obliger à des restitutions réciproques.

PR. CIV. — Anéantissement d'une décision pour irrégularité de forme ou de fond, à la suite d'un appel, d'un pourvoi en cassation ou d'un recours en révision.

« A non domino ». — DR. CIV. — Expression latine signifiant que l'on a reçu un bien d'une personne qui n'en était pas propriétaire.

Antériorité. — DR. COM. — Droit ou fait plus ancien opposable à un titre de propriété industrielle et le rendant nul.

« Anticasseurs » (Loi). — DR. PÉN. — La loi dite « anticasseurs » en date du 8 juin 1970, destinée à réprimer certaines formes nouvelles de délinquance, a créé de nouvelles incriminations telles que « les actions menées à force ouverte », dans lesquelles la responsabilité pénale découle d'une participation à des rassemblements de foule au cours desquels des blessures ont été occasionnées à des personnes et des dégâts causés à des biens.

Anthropométrie. — DR. PÉN. Science qui consiste à pouvoir identifier une personne à l'aide de mensurations et de signes particuliers individuels : formes de l'oreille, du nez, du pied, diamètre bizygomatique (de pommette à pommette), etc...

Antichrèse. — DR. CIV. — Sûreté réelle permettant au créancier de prendre possession d'un immeuble et d'en imputer annuellement les fruits et les revenus d'abord sur les intérêts, ensuite sur le capital de sa créance, jusqu'au règlement de cette dernière.

Antidate. — DR. CIV., DR. COM. — Erreur ou fraude consistant à donner à un écrit juridique une date antérieure à celle de sa signature. L'antidate ne débouche sur une sanction que dans les hypothèses où la date de l'acte est déterminante, soit pour fixer la priorité entre droits concurrents, soit pour marquer le point de départ d'une situation légale ou judiciaire.

Anzus. — DR. INT. PUBL. — Organisation établie sur la base du traité d'assistance mutuelle et de sécurité du 1er septembre 1951 entre l'Australie, la Nouvelle-Zélande et les Etats-Unis.

« Apartheid ». — DR. INT. PUBL. — Politique de ségrégation raciale appliquée en Afrique du Sud en vue d'assurer la primauté des Blancs.

Apatride. — DR. INT. PRIV. Individu qui n'a aucune nationalité. On emploie aussi le terme *Heimatlos*.

Cette situation résulte généralement de la perte de

la nationalité d'origine (par ex. par suite d'une déchéance), sans acquisition d'une nationalité nouvelle.

Apériteur. — Dr. civ. — Désigne, parmi les coassureurs d'un même risque, celui qui les représente tous (société apéritrice) auprès de l'assuré, notamment pour l'établissement de la police, l'encaissement des primes et le règlement des sinistres.

Aphorisme. — V. *Adage*.

Aportionnement. — Dr. civ. Faculté reconnue à un auteur adultère, par la loi du 3 janvier 1972 sur la filiation, de procéder avant son décès au règlement anticipé des droits successoraux de l'enfant adultérin, par une attribution suffisante de biens. Cette faculté de la loi de 1972 se distingue de l'ancienne faculté d'aportionnement du Code civil de 1804, en ce sens qu'elle a seulement pour but d'éviter la présence physique de l'enfant adultérin au règlement de la succession, sans le pénaliser, alors que celle de 1804 permettait d'éliminer de la succession un enfant naturel simple, en ne lui accordant que la moitié de sa part successorale.

Apostille. — Dr. civ. — Adjonction à un acte portée en marge, en bas de page, à la fin de l'écrit. L'apostille est annoncée par le renvoi qui n'est autre que le signe graphique indiquant que le libellé du texte est modifié.

Apparence. — Dr. civ. Dr. com. — Etat d'une situation qui se présente sur la scène juridique de façon déformée.

La situation juridique apparente peut même être, en réalité, inexistante. Des motifs de sécurité juridique inclinent parfois à déduire des conséquences juridiques d'une situation apparente (héritier apparent, mandataire apparent).

Apparentement. — Dr. const. — 1° Affiliation relâchée d'un élu à un groupe parlementaire, qui requiert l'accord de ce groupe, mais n'impose pas strictement sa discipline.

Les élus d'un parti peuvent s'apparenter à un groupe proche de leurs convictions politiques lorsqu'ils sont insuffisamment nombreux pour former leur propre groupe parlementaire. — V. *Groupe parlementaire*.

2° Groupement des listes électorales présentées par différents partis en vue de gagner des sièges aux dépens des adversaires isolés (Cf. L. 9 mai 1951).

Appel. — Pr. gén. — Voie de recours de droit commun (ordinaire) de réformation ou d'annulation par laquelle un plaideur porte le procès devant une juridiction du degré supérieur.

Appel des causes. — Pr. civ. — Phase de la procédure devant le tribunal de grande instance et devant la cour d'appel, au cours de laquelle le président décide, soit de l'ouverture d'une instruction (V. *Mise en état*), soit du renvoi immédiat à l'audience des plaidoiries.

Appel en garantie. — PR. CIV. — V. *Garantie.*

Appel incident. — PR. CIV. Appel formé en réplique à l'appel principal, par la partie intimée (le défendeur en appel), et qui est dirigé contre l'appelant ou contre les autres intimés.

Sur un appel principal ou sur un appel incident provoqué par le premier, un appel incident peut aussi être formé par toute partie. même non intimée. — V. *Appel provoqué par l'appel principal.*

Appel « à minima ». — DR. PÉN. — Acte d'appel par lequel le parquet demande l'aggravation d'une peine qu'il estime insuffisante.

Appel d'offres. — DR. ADM. Mode de conclusion des marchés publics permettant à l'Administration de choisir librement son cocontractant après une mise en concurrence préalable des candidats.

Appel principal. — PR. GÉN. Appel formé par le plaideur qui a perdu un procès en première instance, comme demandeur ou comme défendeur.

Le recours peut viser tous les points du débat judiciaire ou seulement certains d'entre eux.

Appel provoqué par l'appel principal. — PR. CIV. — Dans un procès concernant plus de deux parties, appel formé par un plaideur inhabile à user d'un appel

incident, faute d'avoir été l'objet d'un appel principal. V. *Appel incident.*

Appelant. — PR. CIV. — Nom du demandeur en appel. — V. *Intimé.*

Appelé. — DR. CIV. — Personne désignée par le disposant pour bénéficier, à la mort du grevé ou pour le cas de sa déchéance ou de sa renonciation, de la restitution des biens composant la substitution.

Appellation d'origine. — DR. COM. — Nom de lieu célèbre par la qualité de ses produits. Son usage est à la disposition de tous les producteurs du lieu envisagé moyennant certaines conditions définies par la loi ou par des usages loyaux et constants.

Application immédiate des Lois. — V. Effet immédiat de la loi.

Apport. — DR. CIV., DR. COM. — Contribution initiale à la constitution d'une entité patrimoniale. Substantiel et multilatéral, quelle qu'en soit la forme (argent, nature, industrie) dans la société. Accidentel et unilatéral seulement dans les autres modes juridiques de mise en commun.

Apport partiel d'actif. — DR. COM. — Opération par laquelle une société apporte à une autre société, nouvelle ou préexistante, une partie seulement de son patrimoine, moyennant attribution, au profit de ses associés, de droits de la société bénéficiaire de l'apport.

Apport(s) en société. — DR. COM. — Biens mis en commun par les associés lors de la constitution d'une société.

Ces apports peuvent se présenter sous plusieurs formes : en numéraire, en nature ou en industrie (c'est-à-dire en travail ou en services). En contrepartie de ses apports, chaque associé reçoit des droits sociaux (parts ou actions).

Appréciation de légalité (recours en). — DR. ADM. Question préjudicielle portée devant la juridiction administrative et tendant à faire constater l'illégalité d'un acte administratif.

Apprentissage. — DR. TRAV. Formation théorique et pratique donnée à de jeunes travailleurs dégagés de l'obligation scolaire, en vue de l'obtention d'une qualification professionnelle sanctionnée par un diplôme de l'enseignement technologique. Elle est dispensée à la fois dans l'entreprise et dans un centre de formation d'apprentis.

Contrat d'apprentissage : Contrat de travail particulier par lequel un employeur agréé s'engage à assurer la formation d'un apprenti et à le rémunérer, tandis que l'apprenti promet son travail pendant la durée du contrat. Le contrat d'apprentissage est obligatoirement écrit. Il a une durée normale de deux ans.

Arbitrage. — DR. TRAV. — Procédure facultative de règlement des conflits collectifs de travail, qui consiste à confier à un tiers, choisi par les parties, la solution du conflit. — V. *Cour supérieure d'arbitrage.*

PR. CIV. — Procédure de règlement des litiges par recours à une ou plusieurs personnes privées (en nombre impair) appelées arbitres, parfois même par recours à un juge d'Etat déclaré amiable compositeur par les plaideurs. — V. *Arbitre, Amiable compositeur, Compromis, Clause compromissoire.*

DR. PUBL. — Souvent, ce mot ne désigne pas cette procédure matériellement juridictionnelle de « dire le droit » en vue de dénouer un litige juridique ; il est utilisé alors pour dénommer un authentique pouvoir de décision dont dispose telle ou telle autorité en vue de trancher souverainement une opposition de points de vue administrative ou plus souvent politique (exemple : les « arbitrages budgétaires » du Premier Ministre ou du Président de la République en matière de répartition des crédits dans le projet de loi de finances de l'année). C'est en ce sens que la pratique politique a fixé le sens du pouvoir d'arbitrage conféré au Président de la République par l'article 5 de l'actuelle Constitution.

Arbitrage international. — DR. INT. PRIV. — Lorsqu'un litige, soulevant une question de conflits de lois ou de juridictions, est porté devant un ou plusieurs arbitres, avec l'accord des parties, on parle d'arbitrage international.

DR. INT. PUBL. — V. *Règlement pacifique des conflits.*

Arbitre. — PR. CIV. — Personne privée chargée d'instruire et de juger un litige, à la place d'un juge public, à la suite d'une convention d'arbitrage. — V. *Amiable compositeur, Clause compromissoire.*

Arbitre-rapporteur. — PR. CIV. — Personne désignée naguère pour fournir au tribunal de commerce un avis technique après avoir tenté une conciliation. Cette fonction a été supprimée.

Argument. — PR. GÉN. — Raisonnement invoqué pour soutenir un moyen de procédure ou de fond. — V. *Moyen, Cause.*

Aristocratie. — DR. CONST. (Du grec *aristoi,* les meilleurs, et *cratos,* gouvernement). Régime politique où le pouvoir est détenu par une classe considérée comme l'élite. — Ex. : aristocratie militaire de Sparte, aristocratie ploutocratique de Venise.

Armateur. — DR. MARIT. — Celui qui exploite commercialement un navire.

Armes. — DR. PÉN. — Instruments servant, par leur nature, à causer des blessures corporelles à quelqu'un, dont la détention et le commerce sont réglementés et dont le port constitue une circonstance aggravante de certaines infractions comme le vol.

Armistice. — DR. INT. PUBL. Convention conclue entre belligérants pour l'interruption des hostilités, et qui, en fait, précède souvent les pourparlers de paix. Se distingue de la suspension d'armes, trêve de brève durée pour régler des intérêts pressants mais limités (par ex. évacuation des morts et blessés).

Arpentage. — PR. CIV. — Mesurage d'une terre, originairement par arpent (34,19 ares), aujourd'hui par tout autre unité du système métrique. L'arpentage est l'opération préalable de tout bornage.

Arrérages. — DR. CIV. — Somme d'argent versée périodiquement à un créancier et résultant d'une rente ou d'une pension.

Arrestation. — PR. PÉN. — Fait d'appréhender un individu en recourant, si besoin est, à la coercition, en vue de sa comparution devant une autorité judiciaire ou son administrative ou de son incarcération. Hors le cas de flagrance, l'arrestation exige un mandat (V. ce mot).

Arrêt. — PR. GÉN. — Décision de justice rendue, soit par une Cour d'appel, soit par la Cour de cassation, soit par les juridictions administratives autres que les tribunaux administratifs. — V. *Jugement.*

Arrêt de règlement. — PR. GÉN. — Décision solennelle prise par une Cour souveraine (Parlement de l'ancien régime), de portée générale, et liant les juridictions inférieures.

Il est interdit aux juridictions françaises de rendre des arrêts de règlement (C. civ., art. 5).

Arrêté. — DR. ADM. ; CONST. Décision exécutoire à portée générale ou individuelle émanant d'un ou de plusieurs ministres (arrêté ministériel ou interministériel) ou d'autres autorités administratives (arrêté préfectoral, municipal, etc.).

Arrêté de compte. — DR. CIV. — Acte par lequel une personne accepte le compte qui lui est rendu par une autre.

Arrêté de conflit. — DR. ADM. — Décision préfectorale qui tend à dessaisir une juridiction judiciaire d'un litige à l'égard duquel l'Administration l'estime incompétente, et qui porte le problème de compétence devant le Tribunal des conflits.

Arrhes. — DR. CIV. — Somme d'argent imputable sur le prix total, versée par le débiteur au moment de la conclusion du contrat et constituant un moyen de dédit.

Les arrhes sont perdues si le débiteur revient sur son engagement. Il ne faut pas confondre « arrhes » et « acompte » (V. ce mot) bien que dans la pratique les deux termes soient utilisés indistinctement.

Arrondissement. — DR. ADM. Circonscription administrative, dépourvue de personnalité juridique, se situant entre le département et le canton. — V. *Sous-préfet.*

Artisan. — DR. COM. — Celui qui exerce, pour son propre compte, un métier manuel pour lequel il justifie d'une qualification professionnelle et prend personnellement part à l'exécution du travail. Il doit être immatriculé au Répertoire des métiers (D. 2 mars 1962).

Aux yeux du fisc, la définition de l'artisan est un peu différente : est considéré comme artisan celui qui n'utilise d'autres concours que ceux de sa famille, d'un compagnon et d'un apprenti de moins de 20 ans (C. gén. impôts, art. 184-2°).

Ascendant. — DR. CIV. — Personne dont un individu est juridiquement issu.

Asile diplomatique. — DR. INT. PUBL. — Protection qu'un Etat peut assurer, grâce à l'inviolabilité des locaux diplomatiques, aux personnes objet de poursuites qui s'y sont réfugiées, en refusant de les remettre aux autorités locales ou d'autoriser celles-ci à venir les arrêter.

Assassinat. — DR. PÉN. — Crime puni de la peine de mort consistant en un meurtre commis avec préméditation ou guet-apens. V. *Meurtre.*

Assemblée constituante. — DR. CONST. — Assemblée spécialement élue pour élaborer ou réviser une constitution.

Assemblée des créanciers.
DR. COM. — Organe de la
procédure de règlement
judiciaire et de liquidation
des biens, dont l'impor-
tance n'a cessé de décroître.
Elle n'intervient aujour-
d'hui que pour délibérer
sur les offres de concordat
déposées par le débiteur
admis au règlement judi-
ciaire, dès que l'état des
créances a été arrêté.

Assemblée générale. — DR.
CIV., DR. COM. — Réunion
périodique de tous les
membres d'une association
ou d'une société (civile ou
commerciale) pour approu-
ver la gestion et prendre
les décisions les plus importantes.

Outre les assemblées
ordinaires, sont tenues des
assemblées extraordinaires
pour la modification des
statuts.

L'assemblée statue à l'unanimité (sociétés de personnes)
ou à la majorité simple
(assemblée ordinaire) ou qualifiée (assemblée extraordinaire).

**Assemblée générale des Nations
Unies.** — DR. INT. PUBL. —
Organe plénier de l'O. N. U.,
où tous les Etats membres
sont représentés sur le pied
d'égalité, et dont les compétences s'étendent à l'ensemble
des buts des Nations Unies,
mais avec la réserve que
l'Assemblée générale ne dispose que d'un pouvoir de
recommandation (sauf quand
il s'agit de la vie intérieure
de l'Organisation). — V. Conseil de Sécurité.

Assemblée nationale. — DR.
CONST. — Première
chambre du Parlement
français, élue au suffrage
universel direct. L'Assemblée nationale exerce (avec
le Sénat) le pouvoir législatif et financier : elle
contrôle le Gouvernement
(questions, enquêtes), dont
elle peut seule mettre en
jeu la responsabilité politique, soit spontanément
(motion de censure) soit sur
question de confiance posée
par le Gouvernement. En
contrepartie, elle peut être
dissoute par le Président de
la République. — V. Sénat.

**Assemblée parlementaire euro-
péenne** (ou Parlement Européen). — DR. INT. PUBL. —
Organe commun aux trois
Communautés Européennes,
composé jusqu'en 1979 de
délégués des parlements nationaux et, depuis cette date,
de 434 représentants des
peuples élus au suffrage universel direct. Emet des avis
sur les actes les plus importants des organes directeurs,
dispose d'un pouvoir budgétaire limité et contrôle l'activité de la Commission qu'elle
peut censurer. — V. Communautés Européennes.

Assemblée plénière. — PR. CIV.
— Formation de la Cour de
cassation comprenant des représentants des cinq chambres
civiles et de la chambre criminelle (25 magistrats). Elle
intervient obligatoirement
lorsqu'un second pourvoi est
fondé sur les mêmes moyens
que le premier. Sa saisine
est facultative lorsqu'il existe
des solutions divergentes soit

entre les juges du fond, soit entre les juges du fond et la Cour de cassation.

Dans tous les cas, sa décision s'impose à la juridiction de renvoi.

Elle peut, à titre exceptionnel, juger sans renvoyer. **DR. ADM.** — Plus haute formation de jugement du Conseil d'Etat, composée de membres des sections contentieuses et administratives, qui connaît en pratique des questions nouvelles les plus importantes, mais dont les arrêts n'ont d'autre force particulière que leur portée de principe.

Assesseur. — PR. CIV. — V. *Collégialité.*

Assiette (des cotisations). — SÉC. SOC. — Base de calcul des cotisations.

Assiette de l'impôt. — DR. FIN. — 1° Ensemble d'opérations administratives tendant à établir l'existence et le montant de la matière imposable, et à constater la présence du fait générateur de l'impôt, c'est-à-dire de l'acte ou de la situation qui est la condition de la naissance de la dette d'impôt.

2° L'élément lui-même retenu pour le calcul de l'impôt par l'application du tarif.

Assignation. — PR. CIV. — Acte de procédure adressé par le demandeur au défendeur par l'intermédiaire d'un huissier de justice, pour l'inviter à comparaître devant une juridiction de l'ordre judiciaire et valant, devant le tribunal de grande instance, conclusions pour le demandeur. — V. *Citation, Procédure à jour fixe, Requête conjointe.*

Assignation à résidence. — DR. INT. PRIVÉ. — Lorsqu'un étranger frappé par un arrêté d'expulsion (V. ce mot) ne peut pas quitter le territoire, il peut lui être assigné un lieu de résidence.

Assignation à toutes fins. — PR. CIV. — Citation en justice dont l'objet est double : tenter de concilier les parties, à défaut statuer sur leurs prétentions (tribunal d'instance).

Assistance. — DR. CIV. — 1) Obligation mise à la charge d'un époux de venir en aide à son conjoint par des soins attentifs, une aide matérielle et morale (comparer avec le devoir de secours, V. ce mot).

2) Mesure de protection de certains incapables majeurs placés sous le régime de la curatelle. Le curateur, par son assistance, signe les actes à côté de l'incapable, ou lui donne préalablement l'autorisation d'agir. Celui qui assiste ne représente pas. — V. *Représentation.*

Assistance des plaideurs. — PR. CIV. — A la différence de la représentation en justice qui consiste en un véritable mandat emportant pouvoir et devoir d'accomplir au nom du mandat les actes de la procédure, l'assistance est une mission de conseil et de défense du plaideur qui n'oblige en rien la partie. Sauf disposition ou convention contraire, la mission d'assistance est incluse dans le mandat de représentation. — V. *Défenseur, Représentation en justice des plaideurs.*

Assistance à l'enfance. — DR. ADM. — Ancienne dénomination de l'aide sociale à l'enfance (V. cette expression).

Assistance éducative. — DR. CIV. — Ensemble de mesures qui peuvent être prises par le juge des enfants lorsque la santé, la sécurité ou la moralité d'un mineur non émancipé sont gravement compromises. Le juge peut ordonner le placement de l'enfant hors de sa famille ou le maintenir dans son milieu en imposant le respect de certaines obligations (C. civ., art. 375 et s.).

Assistance judiciaire. — PR. CIV. — V. *Aide judiciaire.*

Assistance mutuelle. — DR. INT. PUBL. — Aide que des Etats se promettent mutuellement par traité au cas où l'un d'eux serait victime d'une agression.

Assistance publique. — SÉC. SOC. — V. *Aide sociale.*

Assistante maternelle. — DR. TRAV. — Personne qui accueille habituellement à son domicile, moyennant rémunération, un ou plusieurs mineurs confiés par des particuliers ou des personnes morales de droit privé. En fait, la catégorie des assistantes maternelles recouvre, depuis la loi du 17 mai 1977, les anciennes nourrices et gardiennes d'enfants. Agréées

nécessairement par la Direction Départementale de l'Action Sanitaire et Sociale, elles sont assimilées à des salariés et bénéficient, en conséquence, avec quelque aménagement parfois, des dispositions du Code du travail.

Assistant(e) social(e). — DR. SOC. — Personne titulaire du diplôme d'Etat d'assistant social, dont la mission générale est de faciliter l'adaptation des familles à la vie en société.

Association. — DR. ADM., DR. CIV. — 1° L'association, ou contrat d'association, est la convention par laquelle deux ou plusieurs personnes mettent en commun leurs connaissances ou leurs activités dans un but autre que de partager des bénéfices (L. 1er juillet 1901, art. 1er).

2° Personne morale issue de cette convention. Selon leur type (déclarée, reconnue d'utilité publique, composée en majeure partie d'étrangers, ou ayant son siège social à l'étranger), les associations sont soumises à un régime de surveillance administrative plus ou moins sévère. — V. *Société.*

Association d'avocats. — PR. CIV. — Contrat écrit que peuvent passer entre eux des avocats en constituant une association dans laquelle chacun demeure responsable vis-à-vis de ses clients. — V. *Société civile professionnelle.*

Association européenne de libre-échange. — DR. INT. PUBL. — Organisation internationale créée en 1960 par 7 Etats (Autriche, Danemark, Norvège, Portugal, Royaume - Uni, Suède, Suisse) qui ont décidé d'établir entre eux une zone de libre-échange. — V. cette expression.

La Finlande s'y est jointe en 1961, l'Islande en 1970. Siège : Genève.

Association pour l'emploi dans l'industrie et le commerce. — DR. TRAV. — Associations paritaires créées par convention collective, chargées d'indemniser les chômeurs (chômage total). Ces associations sont regroupées en une union nationale (V. sigle UNEDIC) qui gère les fonds résultant des cotisations patronales et ouvrières et d'une subvention de l'Etat.

Association internationale de développement. — DR. INT. PUBL. — Institution spécialisée des Nations Unies créée en 1960 et affiliée à la B.I.R.D.

Accorde des prêts à long terme (50 ans et sans intérêts) aux pays les moins avancés pour leur permettre de financer tous projets de développement (même non directement productifs). Siège : Washington.

Association de malfaiteurs. — DR. PÉN. — Délit pénal prévu par les articles 265 et s. du code pénal (loi n° 81-82 du 2.2.1981). Il s'agit d'une association de fait, d'une entente dont le but est la préparation d'un crime ou de certains délits désignés par la loi.

Association en participation. — DR. COM. — V. *Société en participation.*

Associations syndicales. — DR. ADM. — Terme générique désignant plusieurs sortes de groupements de propriétaires fonciers réunis en vue de l'exécution des travaux destinés au profit commun de leurs fonds.

Les principaux types en sont représentés par : les associations libres (qui sont de simples personnes morales de droit privé), les associations autorisées (par l'Administration, et qui sont les plus nombreuses) et les associations forcées (qui sont des établissements publics, relevant à ce titre du droit administratif et bénéficiant de prérogatives de puissance publique).

Associé. — DR. CIV., DR. COM. — Membre d'une société. — V. *Sociétaire.*

Assurance. — DR. CIV., DR. COM. — Opération par laquelle une partie, l'assuré, se fait remettre moyennant, une rémunération (la prime), pour lui ou pour un tiers, en cas de réalisation d'un risque, une prestation par une autre partie, l'assureur, qui, prenant en charge un ensemble de risques, les compense conformément à la loi de la statistique.

Assurance chômage. — DR. TRAV. — Système d'indemnisation du chômage total, à base conventionnelle, créé en 1958 par convention nationale interprofessionnelle, étendu et rendu obligatoire en 1967. Le système a été unifié par la loi cadre du 16 janvier 1979 qui a supprimé les allocations complémentaires d'aide publique, tout en imposant à l'Etat l'obligation de subventionner le régime géré par l'UNEDIC. — V. *Association pour l'emploi dans l'industrie et le commerce.*

Assurance décès. — Séc. soc. — L'assurance décès garantit aux ayants droit de l'assuré qui décède le paiement d'une somme appelée capital-décès. — V. ce mot.

Assurance invalidité. — Séc. soc. — Système légal de garantie du rique invalidité, c'est-à-dire de la réduction des deux tiers de la capacité de travail ou de gain d'un assuré social.

Assurance maladie. — Séc. soc. — Système légal de garantie du risque maladie dans le cadre de la Sécurité sociale.

Il comporte des prestations en nature (indemnisation des frais engagés pour recouvrer la santé) et parfois des prestations en espèces (versement d'un revenu de remplacement aux salariés du régime général).

Assurance maternité. — Séc. soc. — Système légal de couverture des charges résultant d'un accouchement, dans le cadre de la Sécurité sociale.

Assurance personnelle. — Séc. soc. — L'assurance personnelle vise à procurer à toute personne résidant en France et ne bénéficiant pas de l'assurance maladie-maternité au titre d'un régime obligatoire les prestations *en nature* de ces assurances. Si le bénéficiaire n'a pas les ressources nécessaires pour acquitter les cotisations, celles-ci peuvent être prises en charge par divers organismes. Cependant l'adhésion à l'assurance personnelle étant facultative, le but recherché de généralisation des soins médicaux à toute la population n'est pas réalisé.

L'assurance personnelle s'est substituée à l'assurance volontaire, qui subsiste partiellement pour les risques invalidité et vieillesse.

Assurances sociales. — Séc. soc. — Les assurances sociales ont été à l'origine (lois des 5 avril 1928 et 30 avril 1930) un système légal de garantie contre les risques maladie, invalidité, vieillesse, décès et les charges de la maternité, s'appliquant obligatoirement aux salariés du commerce et de l'industrie dont les salaires ne dépassaient pas un certain chiffre.

A partir de 1945, tout en couvrant les mêmes risques, elles ont concerné tous les salariés, quel que soit le montant de leur salaire, et elles ont constitué une des trois branches du régime général de la sécurité sociale, à côté de la branche accidents du travail et de la branche prestations familiales.

Depuis la réforme de la Sécurité sociale de 1967, l'unité des assurances sociales a été rompue, l'assurance vieillesse étant désormais gérée par une caisse nationale d'assurance vieillesse, et les autres assurances sociales par la caisse nationale maladie, qui gère également le risque accident du travail. — D'autre part, des systèmes d'assurances sociales se rapprochant plus ou moins de celui du régime général ont été mis en place dans les régimes autonomes : régimes des travailleurs indépendants non agricoles, artisans, commerçants, membres des professions libérales.

Assurance veuvage. — Séc. soc. — L'assurance veuvage garantit au veuf ou à la veuve d'un affilié à l'assurance vieillesse du régime général ou du régime agricole, ayant ou ayant eu des charges de famille, sous certaines conditions d'âge et de ressources, des prestations temporaires et dégressives qui facilitent son adaptation à sa nouvelle situation.

Assurance vieillesse. — Séc. soc. — Système de retraites du régime général de la sécurité sociale.

Il comporte le versement d'une pension aux assurés sociaux âgés d'au moins 60 ans.

Assuré social. — Séc. soc. — Toute personne affiliée à un régime légal d'assurances sociales. Primitivement, l'expression désignait l'affilié obligatoire aux assurances sociales du régime général, c'est-à-dire « toute personne salariée ou travaillant à quelque lieu que ce soit pour un ou plusieurs employeurs ».

Astreinte. — Dr. civ., pr., civ. — Condamnation à une somme d'argent, à raison de tant par jour (semaine, mois) de retard, prononcée par le juge du fond ou le juge des référés, contre un débiteur récalcitrant, en vue de l'amener à exécuter en nature son obligation.

En principe provisoire, c'est-à-dire sujette à révision, l'astreinte peut être définitive si le tribunal en a ainsi décidé.

Dr. adm. — Une loi récente (L. n° 80-539 du 16 juil. 1980 et Décr. n° 81-50 du 11 mai 1981) précise dans quelles conditions le Conseil d'Etat peut, en cas d'inexécution d'une décision rendue par une juridiction administrative, prononcer une astreinte contre les personnes morales de droit public, pour assurer l'exécution de la décision.

Atelier protégé. — Dr. trav. — Etablissement destiné à faciliter l'insertion des handicapés en milieu professionnel, par des structures proches de l'entreprise ordinaire. Les handicapés qui y travaillent sont des salariés dont la rémunération peut être inférieure au S. M. I. C., à laquelle s'ajoute une aide. Les ateliers protégés passent généralement des marchés de sous-traitance avec des entreprises de production. — V. *Centre d'aide par le travail.*

Atermoiement. — DR. COM. Forme de concordat, selon lequel le débiteur s'engage à régler intégralement ses dettes, mais avec un certain retard.

Atteinte à la liberté du travail. — DR. TRAV. — V. *Liberté du travail.*

Atteinte à la sûreté de l'Etat. — DR. PÉN. — Ensemble de crimes et de délits qui compromettent soit la défense nationale, soit les relations de la France avec l'étranger, soit la sécurité de l'Etat et la paix publique.

Atteintes à la vie privée. — DR. CIV., DR. PÉN. — Fautes civiles ou pénales lésant le droit de chaque citoyen au respect de sa personnalité dans le cadre de sa vie privée.

Attendu. — PR. CIV. — Nom donné aux alinéas de la partie d'un jugement contenant sa motivation. Chacun commence par les mots : Attendu que... — V. *Considérant.*

Attentat à la pudeur. — DR. PÉN. — Crime ou délit puni par les articles 331 et suivants du code pénal dont l'élément essentiel est une action physique contraire aux bonnes mœurs ayant pour objet le corps d'une personne de l'un ou l'autre sexe.

Atterrissement. — DR. CIV. — Mouvement de la terre dû à l'action d'un cours d'eau qui opère soit accroissement par dépôt sur la rive, soit constitution d'îles ou d'îlots par émergence au-dessus du lit. — V. *Accroissement, Alluvions, Lais et relais.*

Attestation. — PR. CIV. — Déposition écrite rédigée par une personne qui pourrait être convoquée comme témoin dans une enquête. Elle peut être produite spontanément par un plaideur ou provoquée par le juge.

Attribution de juridiction. — PR. CIV. — V. *Clause attributive de juridiction.*

Attribution préférentielle. DR. CIV. — Dans le partage d'une indivision, attribution d'un bien à celui des indivisaires qui, en vertu des critères légaux, est jugé le plus apte à le recevoir.

Aubain. — DR. INT. PRIV. Terme de l'époque féodale, désignant l'individu né hors de la seigneurie (du latin : *alibi natus*) et frappé, de ce fait, de certaines incapacités.

Audience. — PR. CIV. — Séance au cours de laquelle une juridiction prend connaissance des prétentions des parties, instruit le procès, entend les plaidoiries et rend son jugement.

Le plus souvent, l'audience est publique.

Auditeur de Justice. — PR. CIV. — Elève à l'Ecole Nationale de la Magistrature (ENM) recruté par concours, sur titres ou sur épreuves. A la sortie de l'Ecole, l'auditeur de justice est nommé magistrat.

Auditeur au Conseil d'Etat. DR. ADM. — Grade de début des membres du Conseil d'Etat.

Auditeur à la Cour des Comptes. — DR. ADM. — Grade de début des magistrats de la Cour des Comptes.

Audition des parties. — PR. CIV. — Le magistrat peut, à tout moment, et même d'office, entendre les parties en dehors d'une procédure de comparution personnelle. — V. *Comparution personnelle.*

Audition des témoins. — PR. CIV. — Devant les juridictions civiles, l'audition des témoins a lieu soit à la barre du tribunal, soit devant un juge commis à cet effet. — V. *Enquête, Témoins.*

Audition des tiers. — PR. CIV. — Le juge à la faculté d'entendre, sans formalités, les personnes qui peuvent l'éclairer ainsi que celles dont l'intérêt risque d'être affecté par la décision.

Auteur. — DR. CIV. — Celui qui transmet un droit ou une obligation à une autre personne appelée ayant cause. V. ce mot.

Authenticité. — DR. CIV. — V. *Acte authentique.*

Autocratie. — DR. CONST. Pouvoir absolu d'un homme.

Auto-défense. — DR. PÉN. — Fait pour un citoyen de prévoir la neutralisation d'une agression injuste sans respecter les conditions de la légitime défense, ex. : engin piégé susceptible de tuer le voleur éventuel ; milice privée.

Autofinancement. — DR. COM. — Politique d'une entreprise qui consiste à prélever une part importante des bénéfices distribuables pour assurer le financement des investissements.

C'est une source essentielle de financement pour les entreprises françaises, qui se manifeste par la constitution de réserves (V. ce mot).

Autonomie financière. — DR. ADM., DR. FIN. — Situation d'une collectivité ou d'un organisme disposant d'un pouvoir propre de gestion de ses recettes et de ses dépenses.

Autonomie de la volonté. — Principe de philosophie juridique en vertu duquel la volonté librement exprimée a le pouvoir de créer des obligations.

Autorisation. — DR. ADM. — Procédure permettant à l'administration une surveillance particulièrement serrée de certaines activités. Elle impose que ces activités, examinées une à une, soient formellement acceptées par l'autorité. Les conditions, selon les cas, sont plus ou moins sévères. Les suites, permettant un regard plus ou moins constant de cette autorité, sont souvent rigoureuses. C'est ici qu'il faut placer ce qu'on appelle « attribution de licence » (ex. : ouverture d'un débit de boissons, exercice de la profession de chauffeur de taxi).

Autorisations de programme. — DR. FIN. — Autorisations budgétaires qui, lorsqu'elles figurent dans des lois de finances, permettent à l'Administration de procéder à l'engagement de dépenses d'investissement (principalement), mais non de les payer.

Par dérogation à la règle de l'annualité, elles sont valables sans limitation de durée. — V. *Crédits de paiement, Lois de programme.*

Autorité judiciaire. — PR. CIV. — Expression de la Constitution de 1958 désignant l'ensemble des magistrats assurant le service de la justice civile, par opposition à la justice administrative. — V. *Judiciaire (pouvoir).*

Autorité de chose jugée. — PR. PÉN. — V. *Chose jugée, Pr. pén.*

Autorité parentale. — DR. CIV. — Pouvoir que la loi reconnaît aux père et mère sur la personne et les biens de leur enfant mineur et non émancipé. Dans la famille légitime, cette autorité est exercée en commun par le père et la mère. En ce qui concerne l'enfant naturel, elle est exercée par celui des père et mère qui l'a volontairement reconnu, s'il n'a été reconnu que par l'un d'eux ; mais si l'un et l'autre l'ont reconnu, elle est exercée en entier par la mère. L'autorité parentale remplace, depuis le 1er janvier 1971, la notion de puissance paternelle (loi du 4 janvier 1970).

Auxiliaires de la justice. PR. CIV. — Hommes de loi

dont la mission est destinée à faciliter la marche de l'instance et la bonne **administration de la justice.** V. *Avocat, Avocat au Conseil d'Etat et à la Cour de cassation, Avoué à la Cour d'appel, Greffier, Huissier de justice, Syndic.*

Aval. — DR. COM. — Garantie donnée sur un effet de commerce par une personne appelée « donneur d'aval » ou « avaliste » ou « avaliseur » qui s'engage à en payer le montant à l'échéance, si le ou les signataires pour lesquels l'aval a été donné ne le font pas.

L'opération s'apparente à un cautionnement.

Avance. — DR. ADM., DR. FIN. — Paiement partiel effectué préalablement à l'exécution même fragmentaire d'une prestation convenue. — V. *Acompte.*

Avances de la Banque de France. — DR. FIN. — Expression devenue caduque. — V. *Concours au Trésor Public.*

Avancement d'hoirie. — DR. CIV. — Donation faite à un héritier et qui s'impute sur sa part successorale.

Avant contrat. — DR. CIV. — Accord de volontés par lequel deux ou plusieurs personnes décident de réaliser dans l'avenir un contrat (par ex. : promesse de vente, promesse de prêt).

Avantages acquis (maintien des). — DR. TRAV. — Clause d'une convention collective nouvelle par laquelle certains des avantages contenus dans la convention collective précédente sont maintenus ; cette clause est interprétée de façon restrictive en droit prétorien. En l'absence d'une telle disposition, les avantages anciens ne sont pas maintenus.

Avantage matrimonial. — DR. CIV. — Enrichissement procuré à l'un des époux par le jeu des règles du régime matrimonial et échappant en principe aux règles des libéralités.

Avenant. — DR. CIV., DR. COM. — Modification apportée à un contrat antérieur ou à un contrat type.

Avenir. — PR. CIV. — Acte invitant naguère l'adversaire à se rendre à l'audience de liaison de l'instance. Supprimé depuis la procédure de la mise en état. V. *Mise en état.*

Avertissement. — DR. FIN. — Ancien nom de l'avis d'imposition. — V. ce mot.

PR. CIV. — Sanction disciplinaire. — V. *Poursuite disciplinaire.*

PR. PEN. — Moyen non formaliste utilisé par le Ministère Public pour déclencher l'action publique. Ce document, qui indique l'infraction poursuivie et le texte qui la réprime saisit le tribunal correctionnel ou le tribunal de police lorsque le prévenu comparaît volontairement.

Aveu. — PR. CIV., PR. PÉN. Déclaration par laquelle une personne tient pour vrai un fait qui peut produire contre elle des conséquences juridiques.

L'aveu est judiciaire lorsque la déclaration est faite en justice : il lie le juge. Le tribunal conserve son libre pouvoir d'appréciation en présence d'un aveu extrajudiciaire.

PR. PÉN. — Reconnaissance d'un fait délictueux par un justiciable. L'aveu ne lie pas le juge pénal.

Avis. — Terme juridique s'appliquant dans toutes les branches du droit au résultat de consultations, facultatives ou obligatoires selon le cas, demandées aux organes les plus divers (personnes ou commissions, conseils : fonctionnaires qualifiés, Conseil d'Etat, etc...). Ces consultations n'ont que rarement un caractère obligatoire dans leur contenu : on dit alors qu'une « décision sera prise sur avis conforme de... ».

Le mot avis dans un sens peu usité désigne les délibérations de certains très hauts organes, par exemple l'Office National des changes (aujourd'hui supprimé) et, surtout, le Conseil National du crédit, où est arrêtée la politique monétaire et bancaire de l'Etat, sur les facilités plus ou moins grandes qu'on accorde aux banques dans leurs activités (escompte, réserves, taux, encadrement du crédit). Ces avis de nature juridique difficile à élucider, pris en présence du Ministre des finances, sont de véritables injonctions.

Avis consultatif. — DR. INT. PUBL. — Opinion sans force juridique obligatoire que la Cour Internationale de Justice peut, à la demande d'un organe international qualifié (Conseil de Sécurité, Assemblée générale, autres organes de l'O.N.U. et Institutions spécialisées autorisées par l'Assemblée générale), donner sur toute question juridique.

Avis d'imposition. — Dr. fin. — Avis adressé à un redevable d'impôts directs perçus par voie de rôle (V. ce mot) pour l'informer du montant et des modalités de paiement de sa dette fiscale.

Avocat. — Pr. civ. — Auxiliaire de justice exerçant l'ensemble des attributions antérieurement dévolues aux professions supprimées d'avoué près le tribunal de grande instance, d'agréé près les tribunaux de commerce et d'avocat près les cours et tribunaux, c'est-à-dire cumulant les fonctions de mandataire et de défenseur des plaideurs.

L'avocat peut plaider devant toutes les juridictions et tous les conseils disciplinaires, mais doit respecter le principe de territorialité en ce qui concerne la postulation. V. ce mot. — V. *Association d'avocats*, *Collaboration* (contrat de), *Société civile professionnelles*.

Avocat au Conseil d'Etat et à la Cour de cassation. Dr. adm., Pr. civ. — Officier ministériel assistant et représentant les plaideurs devant le Conseil d'Etat et devant la Cour de cassation.

Avocat général. — Dr. intern. publ. — Auprès de la Cour de Justice des Communautés Européennes, les avocats généraux ont une mission identique à celle des commissaires du gouvernement (v. ce mot) devant les juridictions administratives.

Pr. civ. — Membre du ministère public institué auprès de la cour d'appel et de la Cour de cassation, auxiliaire du procureur général.

Avoir. — Dr. civ., com. — Ensemble des biens constituant le patrimoine d'une personne physique ou morale.

Dans le compte relatif à une personne, la colonne « AVOIR » représente ce qui est dû à cette personne, la colonne « DOIT » ce qu'elle doit à des tiers. — V. *Actif, Doit, Passif*.

Avoir fiscal. — Dr. fin. Modalité d'atténuation de la double imposition économique supportée par les bénéfices distribués par les sociétés françaises qui sont successivement imposés, dans le chef de la Société à l'impôt sur les sociétés, en tant que bénéfice réalisé, puis dans la personne de l'actionnaire à l'impôt sur le revenu en tant que dividendes (revenu des valeurs mobilières).

Dans son principe, l'avoir fiscal est constitué par une créance sur l'Etat égale à la moitié du montant du dividende et qui est déduite de l'impôt sur le revenu dû par l'actionnaire ou qui lui est remboursée s'il n'est pas imposable.

La double conséquence de l'avoir fiscal est :

d'une part que tout dividende versé par une société française se compose d'une partie en numéraire (le « coupon ») et d'une créance sur l'Etat ;

d'autre part que le taux de l'impôt dit « sur les sociétés » est ramené en fait de 50 % à 25 % pour les bénéfices distribués.

Avortement. — DR. PÉN. — Délit consistant à provoquer une interruption volontaire de grossesse au-delà de la dixième semaine ou sans respecter les conditions prévues par la loi du 31 décembre 1979.

Avoué. — PR. CIV. — Officier ministériel chargé devant les cours d'appel de postuler c'est-à-dire de faire tous les actes nécessaires à la procédure) et de conclure (faire connaître les prétentions de son client), dont le ministère est, en principe, obligatoire. V. *Avocat, Conclusions, Postulation.*

Avulsion. — DR. CIV. — Déplacement, par l'effet brusque du courant, d'une « partie considérable et reconnaissable d'un champ riverain » avec projection sur le fonds inférieur ou sur la rive opposée. A la différence de l'alluvion qui déclenche le mécanisme de l'accession, l'accrue du terrain formée par avulsion ne donne lieu à accession qu'à défaut de revendication dans le délai d'un an.

Ayant cause. — DR. CIV. Personne qui tient son droit d'une autre appelée auteur. — V. mots suivants.

Ayant cause à titre particulier. — DR. CIV. — Ayant cause n'ayant acquis de son auteur qu'un ou plusieurs droits déterminés (par opposition à une universalité qui comporte un actif et un passif). — V. *Ayant cause à titre universel, Ayant cause universel.*

Ayant cause à titre universel. — DR. CIV. — Ayant cause recevant une fraction de patrimoine composée de droits et d'obligations (actif et passif). — V. *Ayant cause à titre particulier, Ayant cause universel.*

Ayant cause universel. DR. CIV. — Personne qui a vocation à recueillir l'ensemble d'un patrimoine. V. *Ayant cause particulier, Ayant cause à titre universel.*

Ayant droit. — DR. CIV. — Expression employée parfois comme synonyme d'ayant cause. — V. ce mot.

SÉC. SOC. — Personne bénéficiant de certaines prestations sociales, en raison de leur lien avec un assuré social : lien de parenté (descendant, ascendant, conjoint) et/ou de communauté de vie et/ou de dépendance économique (personne à charge, V. cette expression).

B

Bail. — Dr. civ. — Variété de louage de choses. Le terme bail s'emploie pour désigner le louage d'immeubles, ou d'animaux susceptibles de profit pour l'agriculture. — V. *Bail à cheptel, Louage.*

Bail à cheptel. — Dr. civ. — Location d'un fonds de bétail constitué « d'animaux susceptibles de croît ou de profit pour l'agriculture », impliquant en principe partage à égalité des pertes et profits. Dans le cheptel simple, la totalité du bétail est fournie par l'une des parties ; dans le cheptel à moitié, chacun des contractants apporte la moitié des bestiaux. Le cheptel de fer est l'accessoire d'un bail à ferme, de nature immobilière (car le bétail constitue un immeuble par destination) et dont les pertes par cas fortuit sont supportées entièrement par le fermier.

Bail à colonat partiaire. — Dr. civ. — Synonyme de métayage. — V. ce mot.

Bail commercial. — Dr. com. — Bail d'un immeuble dans lequel le locataire exploite un fonds commercial ou artisanal dont il est propriétaire.

Les baux commerciaux sont soumis à un régime juridique très particulier (Décr. 30 sept. 1953), caractérisé par un droit de renouvellement, au profit du commerçant locataire, lui conférant ce que l'on appelle faussement « propriété commerciale ».

Bail à complant. — Dr. rur. — Contrat des pays de l'Ouest par lequel le preneur s'engage à planter le domaine en vigne ou à cultiver la vigne existante, moyennant partage des fruits avec le bailleur.

Bail à construction. — Dr. civ. — Contrat de bail de longue durée par lequel le preneur s'engage à édifier des constructions sur le terrain dont il a la jouissance : il bénéficie du droit de superficie. — V. *Droit de superficie.*

Bail à domaine congéable. Dr. civ. — Bail rural attribuant au fermier la propriété des constructions et des plantations qu'il a effectuées.

Bail emphythéotique. — Dr. civ. — V. *Emphythéose.*

Bail à ferme. — Dr. civ. — Bail ayant pour objet un fonds rural, conclu pour une période de neuf ans, renouvelable.

Le preneur est appelé fermier.

Bail à long terme. — Dr. civ. — Forme moderne de bail rural de longue durée (minimum de 18 à 25 ans), conçu pour des terres déjà cultivées dont le fermier désire accroître la production.

Bail à nourriture. — Dr. civ. — Contrat par lequel l'une des parties s'engage à nourrir, entretenir et loger le cocontractant sa vie durant, contre une rémunération ou, le plus souvent, l'aliénation d'un bien ou d'un capital.

Bail pastoral. — Dr. rur. — Bail de pâturage, en zone d'économie montagnarde.

Bailleur. — Dr. civ. — Dans le contrat de bail, celui qui s'engage à faire jouir le cocontractant d'une chose contre une rémunération.

Balance des paiements. — Document statistique présentant, pour une période donnée, l'ensemble des paiements intervenus entre un Etat et l'étranger.

On peut distinguer, à l'intérieur de ces mouvements, la balance commerciale correspondant au compte des biens (« transactions visibles ») et des services (« transactions invisibles ») importés et exportés, et les transferts — avec ou sans contrepartie — de capitaux et d'or monétaire.

Ballottage. — Dr. const. — Résultat non décisif obtenu dans une élection à deux (ou plusieurs) tours lorsqu'aucun des candidats (ou aucune des listes) n'a recueilli la majorité absolue.

Bannissement. — Dr. pén. Peine criminelle politique simplement infamante, consistant dans l'interdiction de résider en France.

Banque. — Dr. com. — Entreprise ou établissement qui fait profession habituelle de recevoir du public, sous forme de dépôts, ou autrement, des fonds qu'il emploie pour son propre compte, en opérations d'escompte, de crédits ou en opérations financières (art. 1er, L. 13 juin 1941).

Banque d'affaires. — Dr. com. — Banque dont l'activité principale consiste, outre l'octroi de crédits, dans la prise et la gestion de participations dans des affaires existantes ou en formation, et dans l'ouverture de crédits sans limitation de durée aux entreprises publiques ou privées qui bénéficient, ont bénéficié, ou doivent bénéficier desdites participations (L. 2 déc. 1945, art. 5, mod. par Décr. 25 janv. 1966).

Banque de crédit à long et moyen terme. — Dr. com. Banque dont l'activité principale consiste à effectuer des opérations de crédit dont le terme est au moins égal à deux ans, et à recevoir du public des dépôts de fonds qui ne peuvent pas être à vue ou à moins de deux ans.

Banque de dépôts. — Dr. com. — Banque dont l'activité principale consiste à effectuer des opérations de crédit et à recevoir du public des dépôts de fonds à vue et à terme (L. 2 déc. 1945, art. 5, mod. par Décr. 25 janv. 1966).

Banque de France. — DR.
COM. DR. FIN. — Organisme
dont le capital est entièrement détenu par l'Etat.
Celui-ci en nomme les principaux dirigeants qui disposent ensuite d'une complète
indépendance juridique à
son égard. La B. de F.
occupe dans le système
bancaire français la place
centrale, par ses nom-
breuses et importantes
fonctions lui permettant de
cumuler les rôles de :

— détentrice du mono-
pole d'émission de la monnaie fiduciaire (billets).

— banque de l'Etat, dont
elle tient le compte courant
et à qui elle consent des
avances remboursables
dans la limite d'un plafond
approuvé par le Parlement.

— banque de réescompte
au profit des autres
banques (rôle dit de
« banque des banques »).

— régulatrice des taux
sur le marché de l'argent
au jour le jour (marché
monétaire) grâce à des
ventes ou achats de titres
(open market).

La Banque de France
n'est plus, aujourd'hui, une
banque ordinaire au ser-
vice des particuliers que
pour une part infime de ses
opérations. — V. *Concours
au Trésor Public.*

**Banque Internationale pour
la Reconstruction et le
Développement (B.I.R.D.).**
DR. INT. PUBL. — Institu-
tion spécialisée des Nations
Unies créée en 1945. Favorise les investissements de
capitaux à des fins produc-
tives, au moyen de garan-
ties et de prêts. Siège :
Washington.

Banqueroute. — DR. PÉN. —
Délit commis par un débi-
teur commerçant qui ne
peut plus payer ses dettes
en raison de certaines fautes
prévues par la loi. Selon la
gravité de ces fautes, la
banqueroute est dite simple
ou frauduleuse.

Bans. — DR. CIV. — Publication du projet de mariage
par affichage à la mairie
du lieu de célébration et à
la mairie du domicile de
chacun des futurs époux.

Barreau. — PR. CIV. — Les
avocats inscrits à un tribunal de grande instance constituent un Ordre appelé barreau. — V. *Ordre professionnel.*

Bateau. — DR. COM. — Bâtiment destiné à la naviga-
tion sur les fleuves et
canaux. — V. *Navire.*

Bâtonnier. — PR. CIV. —
Chef élu d'un barreau.

Bénéfices. — DR. COM. — Excédent des éléments d'actif
sur les éléments passifs de
l'entreprise. Cette somme apparaît au passif du bilan par
une inscription qui en rétablit
l'équilibre.

Bénéfice de discussion. —
DR. CIV. — Droit accordé à
la caution poursuivie en
exécution d'exiger du créancier que les biens du débiteur principal soient préalablement discutés, c'est-à-
dire saisis et vendus.

Bénéfice de division. — DR.
CIV. — Exception de procé-

dure par laquelle, en cas de cautionnement multiple, l'une des cautions poursuivie pour le tout obtient du juge que l'action en paiement soit fractionnée entre toutes les cautions solvables au jour des poursuites.

Bénéfice d'émolument. — Dr. civ. — Droit reconnu à l'un des époux de ne supporter les dettes communes nées du chef de l'autre que dans la limite de la part d'actif qu'il recueille dans le partage de communauté (L. 13 juill. 1965).

Sous l'empire du Code civil, applicable dans sa rédaction de 1804 aux personnes mariées avant le 1er févr. 1966, ce bénéfice ne peut être invoqué que par l'épouse.

Bénéfice d'inventaire. — Dr. civ. — Droit pour l'héritier de ne supporter les dettes successorales que dans la limite de l'actif qu'il recueille.

Benelux. — Dr. int. publ. — Union douanière et économique entre la Belgique, les Pays-Bas et le Luxembourg (1944).

Beveridge. — Séc. soc. — Economiste anglais (1879-1963), auteur du Plan Beveridge, qui a inspiré de nombreux systèmes de sécurité sociale.

Bicamérisme ou bicaméralisme. — Dr. const. — Système d'organisation du Parlement consistant dans sa division en deux chambres.

Une seconde Chambre peut être constituée pour assurer la représentation soit d'une classe sociale ou d'une élite, soit des notables locaux, soit des groupes économiques et sociaux, soit des collectivités fédérées.

Aux yeux de ses partisans, la seconde Chambre est un élément d'équilibre ; elle permet d'assurer une meilleure représentation de l'opinion et garantit un meilleur travail législatif.

Bien. — Dr. civ. — 1° Tout droit subjectif patrimonial.
2° Toute chose objet d'un droit réel.

Biens communs. — Dr. civ. Biens qui font partie de la communauté entre époux et qui sont partagés en principe par moitié après la dissolution du régime matrimonial. — V. *Communauté entre époux, Biens propres.*

Biens consomptibles. — Dr. civ. — V. *Choses consomptibles.*

Biens corporels. — Dr. civ. Choses qui sont objet de droits et qui par leur nature physique font partie du monde sensible. — V. *Biens incorporels, Choses corporelles, Droit corporel.*

Biens dotaux. — Dr. civ. — Dans le régime dotal, biens de l'épouse qui, par la volonté exprimée dans le contrat de mariage, sont inaliénables et insaisissables. — V. *Biens paraphernaux.*

Biens de famille. — Dr. civ. Biens qui, par la volonté

du conjoint ou d'un ascendant sont soumis à un régime juridique permettant leur conservation dans l'intérêt de la famille.

Bien-fondé. — Pr. gén. — Conformité d'une demande en justice aux règles de droit qui lui sont applicables. Dans le cas contraire, on dit que la prétention est mal fondée ou non fondée. — V. *Recevabilité*.

Bien incorporel. — Dr. civ. Valeur économique, objet de droits, qui n'a pas de réalité sensible mais qui tire son existence de la construction juridique.
V. *Biens corporels, Droit incorporel*.

Biens insaisissables. — Pr. civ. — Tous les biens meubles et immeubles du débiteur sont, en principe, saisissables. Cependant, la loi fait échapper totalement ou partiellement certains biens à la saisie dans le but de protéger les objets nécessaires à la vie et au travail du saisi et de sa famille (art. 2092-2 et 2092-3 C. Civ., art. 592, 591-1, 593 anc. C. proc. civ.). L'insaisissabilité peut aussi être dictée par un souci d'intérêt collectif.

Biens paraphernaux. — Dr. civ. — Dans le régime dotal, biens de l'épouse qui par la volonté des époux exprimée dans le contrat de mariage, sont soumis à son administration et qui échappent ainsi à la dotalité. — V. *Biens dotaux, Biens propres*.

Biens présents et à venir. — Dr. civ. — On entend par biens présents les biens dont on est propriétaire au jour de la conclusion de l'acte juridique et par biens futurs ceux qu'on est susceptible d'acquérir par la suite. L'expression n'est technique que dans sa formulation conjonctive : elle désigne l'état actif du patrimoine tel qu'il apparaît au moment du dénouement de la situation juridique ; c'est dans ce sens qu'il faut prendre le droit de gage général reconnu à tout créancier par l'article 2092 du code civil.

Biens propres. — Dr. civ. — Dans le régime matrimonial de communauté, biens appartenant à l'un ou à l'autre des époux et qui ne tombent pas dans la masse des biens communs. A la dissolution de la communauté, chaque époux reprend ses biens propres.

Biens réservés. — Dr. civ. Dans les régimes de communauté et dans celui de la séparation de biens avec société d'acquêts, biens que la femme acquiert dans l'exercice d'une profession séparée de celle de son mari.
Ces biens sont communs, mais la femme en a l'administration, la jouissance, et en principe la libre disposition.

Bigamie. — Dr. civ., pén. — Situation d'une personne qui contracte un second mariage alors que le précédent n'est pas dissous.

Bilan. — Dr. com. — Tableau représentant l'actif et le passif d'un commerçant ou d'une entreprise à une date déterminée. — V. *Actif, Dépôt de bilan, Inventaire et bilan, Passif, Réévaluation des bilans.*

Bilan consolidé. — Dr. com. — V. *Comptes consolidés.*

Bilan social. — Dr. trav. — Document chiffré, établi par le chef d'entreprise après consultation des représentants du personnel et faisant apparaître la situation de l'entreprise dans le domaine social. La loi du 12 juillet 1977 et les textes d'application déterminent de façon rigoureuse les indicateurs du bilan, afin que des comparaisons utiles puissent être faites sur une période minimum de trois ans. Toutefois le bilan social n'est obligatoire que dans les entreprises ou établissements de 300 salariés au moins.

Billet à ordre. — Dr. com. — Titre par lequel une personne, le souscripteur, s'engage à payer à une époque déterminée une somme d'argent à un bénéficiaire ou à son ordre.

Billet au porteur. — Dr. civ., Dr. com. — Le billet au porteur, ou titre au porteur, est un titre de créance ne comportant pas le nom du bénéficiaire et qui se transmet par la tradition (remise de la main à la main). — V. *Titre nominatif.*

Billet de banque. — Dr. com., Dr. fin. — Titre au porteur émis par la Banque de France et servant de monnaie. — V. *Cours forcé, Cours légal, Monnaie.*

Billets de fonds. — Dr. com. Billets à ordre signés par l'acquéreur d'un fonds de commerce pour le paiement du prix, payables à des échéances déterminées. Ce sont des effets de commerce susceptibles d'être escomptés.

Bipartisme. — Dr. const. Système de partis dans lequel deux seulement des partis en présence ont une vocation majoritaire et alternent plus ou moins régulièrement au pouvoir, le parti vainqueur aux élections formant le Gouvernement, le parti battu constituant l'opposition. Cette alternance au pouvoir suppose l'accord des deux partis sur les données fondamentales du régime.

Bipolarisation. — Dr. const. Système dans lequel les partis tendent à se regrouper autour de deux pôles, à s'organiser en deux coalitions rivales. Terme souvent utilisé en France, sous la Ve République, pour désigner le double regroupement des forces politiques : conservateurs et libéraux d'une part, communistes et socialistes d'autre part.

Blâme. — Pr. civ. — Sanction disciplinaire. — V. *Pouvoir disciplinaire.*

Blanc-seing. — Dr. civ. — Signature apposée sur un titre avant la rédaction de l'acte.

Blocs de compétence (système des). — DR. ADM. — Système de résolution des problèmes de répartition des compétences juridictionnelles entre les deux ordres judiciaire et administratif, parfois utilisé par le juge administratif, et consistant, dans un but de simplification, à attribuer à la compétence d'un même ordre l'ensemble des litiges particuliers auquel peut donner lieu une même matière.

Bloc de contrôle. — DR. COM. — Quantité de titres donnant le contrôle de la société émétrice.

Leur négociation doit obéir à certaines règles particulières.

Bon. — DR. COM. — V. *Titre de créance.*

Bons d'achat. — DR. TRAV. — Documents remis à un salarié, à titre de rémunération, et l'autorisant à acheter des marchandises dans un magasin de l'employeur. Ce mode de rémunération est interdit par l'article L. 148-1 du code du travail.

Bon de caisse. — DR. COM. Titre nominatif au porteur ou à ordre, émis par une banque ou par une entreprise commerciale et représentatif d'un emprunt productif d'intérêts et remboursable par celui qui l'a émis à une échéance fixe.

Bon de délégation. — DR. TRAV. — Formulaire rempli par un représentant du personnel ou un délégué syndical, faisant état de son absence momentanée de son poste de travail en raison de l'exercice de son mandat. Le bon de délégation, s'il peut être imposé en vue du contrôle du temps consacré aux fonctions représentatives, ne peut en aucun cas être soumis, pour sa délivrance, à une quelconque autorisation de l'employeur.

Bons offices. — DR. INT. PUBL. — Mode de règlement des conflits internationaux consistant dans l'interposition d'une tierce puissance qui cherche à rapprocher les parties pour les amener à entamer une négociation ou à recourir à un autre mode de règlement pacifique.

Bon pour. — DR. CIV. — Formalité, aujourd'hui abrogée par une loi du 12 juillet 1980 et par laquelle celui qui s'engageait, dans un acte unilatéral non entièrement écrit de sa main à remettre une somme d'argent ou des choses qui se comptent au poids, au nombre ou à la mesure, faisait précéder sa signature des mots manuscrits « Bon pour » ou toute autre expression équivalente, afin d'éviter les abus de blancs-seings. Cette formalité se trouve remplacée par une autre consistant pour la partie qui s'engage à mentionner de sa main dans l'acte juridique constatant cet engagement la somme ou la quantité en toutes lettres et en chiffres ; en cas de différence entre les deux mentions, l'acte sous seing privé vaudra pour la somme écrite en toutes lettres. — V. *Reconnaissance de dette.*

Bons du trésor. — Dr. fin. Emprunts à court terme, émis en permanence par l'Etat pour couvrir l'excédent de ses charges sur ses ressources dû à la disparité du rythme respectif des encaissements et des décaissements, et au découvert éventuel de la loi de finances.

Il existe des Bons sur formules correspondant aux titres émis dans le public, matérialisés par des titres, et des bons en compte courant, réservés aux organismes bancaires et financiers et qui revêtent seulement la forme d'inscriptions comptables.

Boni de liquidation. — Dr. com. — Excédent d'actif apparaissant après la liquidation d'une société, lorsque les créanciers ont été payés et les associés remboursés de leur apport.

Ce boni de liquidation est partagé entre les associés et éventuellement entre les porteurs de parts de fondateur.

Bonification d'intérêt. — Dr. fin. — Aide pouvant être apportée par l'Etat à un emprunteur, consistant à prendre à sa charge une partie de l'intérêt à verser au prêteur.

Bonne foi. — Dr. civ. — Le terme est usité dans deux acceptions. La bonne foi est en premier lieu la loyauté dans la conclusion et l'exécution des actes juri-

diques. Mais la bonne foi peut être également la croyance erronée et non fautive en l'existence ou l'inexistence d'un fait, d'un droit ou d'une règle juridique.

Dr. pén. — V. *Intention.*

Bonnes mœurs. — Règles imposées par la morale sociale à une époque donnée et dont la violation est susceptible de provoquer l'annulation d'une convention.

Dr. pén. — V. *Outrage aux bonnes mœurs.*

Bonus-Malus. — Dr. civ. — Désigne, dans l'assurance automobile, la clause par l'effet de laquelle le montant de la prime est majoré ou minoré en fonction du nombre d'accidents dont a eu à répondre l'assuré.

Bordereau de collocation. — Pr. civ. — Titre délivré à chaque créancier à l'issue d'une procédure d'ordre pour lui permettre de se faire payer.

Bornage. — Dr. civ. — Délimitation de deux fonds de terre contigus.

Bourse de commerce ou de marchandises. — Dr. com. Lieu où s'effectuent des achats et des ventes, généralement à terme, de certaines marchandises courantes ayant un vaste marché (laines, café, cacao).

Bourse de l'emploi. — Dr. trav. — Organisme sans personnalité civile, créé en 1966 pour favoriser le rapprochement des offres et demandes d'emploi, grâce à un équipement perfectionné (ordinateur).

Bourse de marchandises. — Dr. com. — V. *Bourse de commerce.*

Bourse de valeurs. — Dr. com. — Lieu où se négocient, au comptant ou à terme, des valeurs mobilières par des intermédiaires officiels, les agents de change. — V. *Marché au comptant, Marché à terme.*

Bourse du travail. — Dr. trav. Ensemble des locaux mis à la disposition des syndicats par une municipalité. Les Bourses du travail, sous l'aspect institutionnel, ont perdu leur fonction de placement ; elles ont actuellement pour mission de permettre les réunions syndicales, de favoriser la documentation ; généralement un service de renseignements et d'aide aux salariés est constitué.

Boycottage. — Dr. trav. — V. *Mise à l'index.*

Brevet. — Dr. civ. — L'acte dressé en brevet est établi par le notaire en un seul exemplaire qui est remis à l'intéressé. — V. *Minute.*

Brevet d'invention. — Dr. com. — Titre délivré par les pouvoirs publics (I. N. P. I.), conférant un monopole temporaire d'exploitation (20 ans) sur une invention à celui qui la révèle, en donne une description suffisante et complète, et revendique ce monopole.

Brocard. — V. *Adage.*

Budget. — Dr. fin. — 1° Collectivités territoriales et établissements publics : Acte (V. ce mot, dans ses deux sens) par lequel sont prévues et autorisées par le collège délibérant de ces personnes juridiques les recettes et les dépenses de celles-ci pour l'année à venir.

2° Etat : terme souvent employé comme synonyme de loi de finances (V. ce mot), mais dont le sens est plus restreint : Ce n'est plus aujourd'hui un acte de décision, mais seulement un ensemble de comptes qui décrivent les ressources et les charges permanentes de l'Etat pour l'année qui vient.

Budget général : à l'intérieur de la loi de finances, et de droit commun, les prévisions de recettes et les autorisations de dépenses sont inscrites dans un compte unique appelé budget général, caractérisé par le fait que l'ensemble des recettes sert à couvrir l'ensemble des dépenses, sans affectation particulière de telles de celles-là à certaines de celles-ci, par application de la règle de l'universalité. Il représente environ les sept dixièmes du montant des lois de finances annuelles.

Budgets annexes : comptes figurant dans la loi de finances et décrivant les charges de services publics de l'Etat financées par des ressources qui leur sont affectées, correspondant aux opérations de services non dotés de la personnalité juridique et dont l'activité, en théorie du moins, tend essentiellement à fournir des biens ou des services moyennant rémunération.

Budgets autonomes : nom donné aux budgets de toutes les entités juridiques distinctes de l'Etat et fixant ainsi elles-mêmes le volume de leurs ressources et de leurs charges.

Budget économique : en matière de comptabilité économique nationale, exposé prévisionnel de l'ensemble des activités de l'économie nationale pour l'année à venir.

Budget (de) programme : mode de présentation des crédits budgétaires consistant à regrouper les actions d'un même ministère par programmes, en rapprochant pour chacun d'eux les crédits de toutes natures et les résultats physiques ou financiers attendus, le tout étant complété par une projection indicative portant sur plusieurs années.

Budget social : malgré son nom, simple document d'information regroupant la majeure partie des actions de toute nature conduites en matière sociale pendant une année donnée dans l'ensemble de l'économie nationale.

Bulletin. — Pr. civ. — Simple imprimé établi par le secrétaire d'une juridiction, aux fins de notification ou de convocation.

Bulletin de vote. — Matérialisation d'une participation à un scrutin, sous forme d'un billet, d'une feuille portant, particulièrement dans les opérations électorales, les procédures d'assemblées, de plébiscite ou de référendum, la ou les mentions traduisant la volonté juridique du titulaire du droit de voter.

Bulletins (ou votes) blancs. Votes n'exprimant par un choix positif (enveloppes vides, ou contenant deux bulletins de sens opposé ou un bulletin parfaitement vierge), mais dont la signification politique est incontestable, en ce qu'ils traduisent un refus du choix proposé, en même temps qu'une volonté de participation civique, par opposition aux abstentionnistes. Les bulletins blancs ne sont pourtant pas considérés comme des suffrages exprimés ; ils sont comptés (abusivement selon certains) avec les bulletins nuls.

Bulletins nuls. — Bulletins de vote non conformes aux prescriptions de la loi électorale et qui, de ce fait, ne sont pas valables (ex. : bulletins portant des signes de reconnaissance). N'entrent pas en ligne de compte dans le dénombrement des suffrages exprimés.

Bulletin de paie. — Dr. trav. Document obligatoirement délivré par l'employeur, au moment de la paie, à la personne qu'il emploie et qui permet à cette dernière de vérifier si elle a bien reçu son dû.

Bureau. — Dr. civ. — Organe assurant la gestion d'une association et comprenant au moins un président, un secrétaire, un trésorier, choisis parmi les membres du Conseil.

Dr. const. — Organe directeur des travaux d'une assemblée parlementaire. Il comprend : le Président, des vice-présidents (qui suppléent le président), des secrétaires (chargés de contrôler les votes et la rédaction des procès-verbaux des séances), des questeurs (chargés des problèmes d'administration intérieure).

Pr. civ. — Organe collégial fonctionnant dans le cadre d'une juridiction et dont les attributions sont tantôt administratives (bureau de la Cour de cassation), tantôt juridictionnelles (bureaux des conseils de prud'hommes), tantôt simplement judiciaire (bureaux d'aide judiciaire).

Bureau d'aide sociale. — Dr. adm. — Etablissement public communal, ou intercommunal, ayant une double mission d'instruction des demandes d'admission aux différentes formes d'aide sociale légale, et de distribution de secours en espèces ou en nature (bons de charbon, d'aliments ou autres) aux indigents, ainsi que de création de services à caractère social (tels que crèches, dispensaires, colonies de vacances).

Bureau International du Travail. — Dr. trav. — Organe administratif permanent de l'Organisation internationale du travail.

Bureau de conciliation. — Pr. civ. — Formation du conseil de prud'hommes se composant d'un représentant des employeurs et d'un représentant des salariés. Sa fonction primordiale est d'essayer de concilier les parties.

Bureau de jugement. — Pr. civ. — Formation du conseil de prud'hommes pour juger les affaires qui lui sont soumises. Elle comprend deux représentants des employeurs, deux représentants des salariés.

Bureau de placement. — Dr. trav. — Entreprise privée qui se charge de rapprocher les employeurs cherchant du personnel et les demandeurs d'emploi.

Les bureaux de placement payants ont été en principe supprimés.

Bureau de vote. — Dr. const. — Organisme, composé d'élus locaux et d'électeurs, qui, dans chaque commune ou section de vote, dirige et surveille le scrutin, reçoit les bulletins, les dépouille et dresse les **procès-verbaux.**

C

Cabinet ministériel. — Dr. const. — 1° Ensemble des membres du ministère ou gouvernement (en Grande-Bretagne une distinction est cependant faite entre le ministère, dont l'effectif est très nombreux, et le cabinet, qui ne comprend que les membres 'les plus importants du ministère).

2° Ensemble des collaborateurs immédiats d'un ministre, nommés et révoqués librement par lui (directeur de cabinet, chef de cabinet, attachés de cabinet, chargés de mission, conseillers techniques). Le Cabinet du ministre assure les rapports avec l'extérieur (Parlement, visiteurs), et avec les services administratifs relevant du ministre.

Cadastre. — Dr. civ., Dr. fin. — 1° Représentation cartographique de l'ensemble du territoire national sur une base communale et selon sa division en parcelles de propriété.

Les feuillets correspondants, soumis à une publicité sur place et par extrait, et déposés auprès de l'Administration et dans chaque mairie, se composent de trois séries de documents :

la matrice, qui énumère les parcelles appartenant à chaque propriétaire dans la commune ;

les états de section, sorte de répertoire permettant la consultation du plan ;

le plan cadastral proprement dit, qui est une carte à grande échelle.

2° Administration fiscale chargée d'établir, de mettre à jour et de conserver les documents précédents.

Cadre. — Dr. soc. — En général : salarié appartenant à la catégorie des employés supérieurs en raison de la formation reçue ou de l'exercice d'un commandement.

Pour l'application de la convention collective nationale du 14 mars 1947, instituant un régime de retraite et de prévoyance des cadres : toute personne dont la cote hiérarchique brute, telle qu'elle résulte des arrêtés de mise en ordre des salaires de 1945 et 1946, est au moins égale à 300.

Dr. trav. — Les V. R. P. font partie de la section de l'encadrement des conseils de prud'hommes (L. 18 janv. 1979). — V. *Conseil des prud'-hommes* (section de l'encadrement).

Caducité. — Dr. civ. — État d'un acte juridique valable mais privé d'effet en raison de la survenance d'un fait postérieurement à sa création. C'est ainsi que le testament est caduc si le légataire meurt avant le testateur.

Pr. civ. — Extinction du lien d'instance qui est déclarée d'office lorsque les parties n'ont pas saisi le tribunal de grande instance dans les quatre mois de l'assignation, la cour d'appel dans les deux mois de l'acte d'appel.

Si la prescription n'a pas fait son œuvre, la demande peut être recommencée et une nouvelle instance introduite.

Cahier des charges. — Dr. adm. — Document administratif détaillant, généralement avec minutie, les obligations et éventuellement les droits du titulaire de certains contrats administratifs (comme les concessions : V. ce mot) et du bénéficiaire de certaines autorisations (lotissement : V. ce mot), ou explicitant les modalités de réalisation de certaines décisions (par exemple : Z. A. C. ; V. ce mot).

Pr. civ. — Document rédigé le plus souvent par l'avocat du créancier saisissant, dans la saisie d'immeuble, et contenant toutes les conditions de la prochaine vente par adjudication.

Déposé au greffe, il peut être l'objet de contestations.

Caisse centrale de dépôts et virements de titres (C.C.D.V.T.). — Dr. com. Organisme créé par une loi du 28 févr. 1941, où

devaient être déposées obligatoirement toutes les actions au porteur qui étaient alors inscrites à un compte courant où elles perdaient leur individualité et devenaient des choses fongibles.

Ce régime fut supprimé par une loi du 5 juill. 1949 et remplacé par la *Sicovam*. V. ce mot.

Caisse des dépôts et consignations. — Dr. fin. — Puissante institution publique de crédit, revêtant la forme juridique d'un établissement public dont les organes de direction associent dans leur composition un grand nombre de représentants des Pouvoirs Publics et grands corps de l'Etat, et qui est au centre de tout un réseau d'organismes destinés à accroître l'efficacité de ses interventions.

Créée à l'origine pour recevoir les dépôts obligés des notaires et les consignations (v. ce mot), la Caisse est principalement alimentée aujourd'hui par la collecte des fonds libres des caisses d'épargne, des institutions de prévoyance et des organismes de sécurité sociale. Les emplois de ces fonds sont très diversifiés : certains sont placés au profit du Trésor, dont la Caisse est un correspondant (v. ce mot) important, la majeure partie est utilisée pour des prises de participation et des prêts au profit de personnes publiques, spécialement des collectivités locales dont elle est directement ou indirectement le principal prêteur.

Caisses d'épargne. — DR. FIN. — Institutions destinées à recevoir en dépôt et à faire fructifier l'épargne.

On distingue les caisses d'épargne ordinaires, de droit privé, qui sont des établissements d'utilité publique, et la Caisse nationale d'épargne placée sous l'autorité du ministre des Postes et Télécommunications. La majeure partie des fonds de l'ensemble des caisses doit être déposée auprès de la Caisse des dépôts et consignations, dont elle constitue la ressource essentielle.

Caisse nationale des marchés de l'Etat. — DR. FIN. — Etablissement public financier supprimé depuis 1981. — V. *Crédit d'équipement des P. M. E.*

Caisse noire. — DR. FIN. — Masse de fonds que des agents publics peuvent arriver à réunir grâce à des procédures irrégulières et qui est gérée en dehors des règles de la comptabilité publique en vue, très généralement, d'accroître les ressources budgétaires normales du service.

Caisses de sécurité sociale. — SÉC. SOC. — Organismes de gestion du régime général de la sécurité sociale. On distingue :

— la Caisse nationale d'assurance maladie des travailleurs salariés, les Caisses régionales et primaires d'assurance maladie, qui gèrent les risques maladie, maternité, invalidité, décès, accident du travail ;

— la Caisse nationale d'allocations familiales, et les Caisses d'allocations familiales qui gèrent les allocations familiales ;

— la Caisse nationale d'assurance vieillesse des travailleurs salariés, la Caisse régionale d'assurance vieillesse pour les départements du Haut-Rhin, Bas-Rhin et Moselle, affectées à la gestion du risque vieillesse ;

— enfin des Caisses générales de sécurité sociale pour les départements d'Outre-Mer.

Les Caisses *nationales* sont des établissements publics à caractère administratif.

En dehors du régime général, chaque régime de sécurité sociale possède sa propre organisation, comportant des caisses particulières : caisses de mutualité agricole, dans le régime agricole, caisses professionnelles et interprofessionnelles du régime des non-salariés non agricoles, sociétés de secours minières du régime des Mines etc...

Campagne électorale. — DR. CONST. — Ensemble des opérations de propagande qui précèdent une élection ou un référendum.

Cancellation. — DR. GÉN. — Suppression manuscrite de tout ou partie d'un acte juridique réalisée par rature, rayure, biffage. Selon les espèces et le moment où elle intervient, la cancellation opère d'elle-même ou requiert approbation. Surtout employé en matière testamentaire.

Canton. — DR. ADM. — Circonscription administrative, dépourvue de personnalité juridique, se situant entre l'arrondissement et la commune.

Cantonnement. — DR. CIV. — Réduction judiciaire de l'assiette d'une garantie pour la mieux ajuster au montant de la dette et ménager ainsi le crédit du débiteur : cantonnement de l'hypothèque, cantonnement de la saisie-arrêt.

Cantonnement de la saisie-arrêt. — PR. CIV. — Réduction de l'étendue de la saisie-arrêt par le juge des référés, à la demande du débiteur, lorsque l'objet de la saisie est disproportionné avec le montant de la créance du saisissant. Le cantonnement opère mainlevée partielle.

Capacité. — DR. CIV. — On distingue deux degrés dans la capacité juridique. La capacité de *jouissance* est l'aptitude à avoir des droits et des obligations (toute personne physique a en principe la capacité de jouissance). La capacité d'*exercice* est le pouvoir de mettre en œuvre soi-même ses droits et ses obligations. — V. *Incapacité*.

Capacité d'ester en justice. PR. GÉN. — Le recours à la justice est une prérogative si importante que la *jouissance* de la faculté d'ester (d'agir) en justice est ouverte à toute personne physique ou morale, même étrangère.

En revanche, nombreuses sont les personnes (mineures, majeures en tutelle ou curatelle) qui n'ont pas la capacité d'*exercice*, c'est-à-dire l'aptitude à faire valoir, elles-mêmes ou elles seules, leurs droits et intérêts en justice. — V. *Curatelle, Tutelle, Incapacité*.

Capital. — DR. CIV. —
1° Ensemble des biens figurant à l'actif d'un patrimoine, par opposition aux revenus qu'ils produisent. — V. DR. COM. *Capital social*.

2° Principal de la dette de somme d'argent. — V. *Intérêt*.

Capital-décès. — SÉC. SOC. Capital versé lors du décès d'un assuré social aux personnes qui étaient à sa charge totale, effective et permanente, ou, à défaut, au conjoint non séparé, aux descendants ou aux ascendants.

Capitalisation. — DR. CIV., DR. COM. — Transformation des intérêts perçus par un créancier en capital, en vue de la production de nouveaux intérêts.

SÉC. SOC. — Méthode consistant à capitaliser les cotisations versées pour le compte d'un assuré social et à les transformer en pension au moment de sa mise à la retraite. Le droit français de la Sécurité sociale a préféré au système de la capitalisation celui de la répartition. — V. ce mot.

Capital social. — DR. COM. — Comme représentant le total des apports effectués par les futurs associés pour la constitution d'une société, et dont le montant minimum est déterminé par la loi pour certains types de société.

Le capital peut être augmenté sous certaines conditions, mais le principe de l'intangibilité du capital social explique l'existence d'une réglementation plus rigoureuse des réductions de capital, dans l'intérêt des créanciers sociaux.

Capital variable. — DR. COM. — V. *Société à capital variable.*

Capitulations (régime des). DR. INT. PUBL. — (De *capitulum* : chapitre, clause). Régime, aujourd'hui disparu, en vigueur dans des pays hors chrétienté (Turquie, Egypte, Chine) et consistant en ce que les étrangers échappaient à la compétence des autorités locales et restaient soumis à celle de leurs autorités nationales (spécialement de leurs consuls).

Captation. — DR. CIV. — Manœuvres dolosives exercées sur autrui ayant pour effet d'obtenir une libéralité; elles peuvent être le fait du donataire ou d'un tiers.

Captation de parole et d'image. — DR. CIV. — V. *Atteinte à la vie privée.*

Carence. — PR. CIV. — Absence de biens meubles susceptibles de saisie entre les mains du débiteur. L'huissier de justice dresse alors un procès-verbal de carence.

DR. ADM. — On appelle carence de l'Administration l'inaction de celle-ci, spécialement dans les hypothèses où elle aurait dû agir, ce qui engage alors la responsabilité de la personne publique en cause si un préjudice est né de cette carence.

Carrières. — DR. ADM., DR. CIV. — Gisements de substances minérales définis par opposition aux mines, celles-ci étant fixées par énumération législative.

Les carrières comprennent les matériaux de construction, d'empierrement, d'amendement pour la culture des terres, etc...

Cartel. — DR. COM. — Entente formée entre diverses entreprises appartenant à la même profession qui ont intérêt à se grouper afin de mettre en commun certaines de leurs activités, dans certains domaines (achat, vente, par exemple), sans avoir pour but la recherche de bénéfices, tout en conservant chacune leur individualité et leur autonomie.

Carte de crédit. — DR. COM. — Document de format standardisé émis par des banques ou des grands magasins, permettant à son titulaire soit de régler facilement des achats ou des prestations de services chez les commerçants affiliés, soit d'obtenir des espèces auprès des établissements bancaires émetteurs. La carte de crédit est personnelle à son titulaire.

« Carte grise ». — DR. ADM. — En matière de réglementation des véhicules, appellation familière synonyme de certificat d'immatriculation. Ce document comporte notamment le numéro minéralogique du véhicule délivré

par la préfecture du domicile
du titulaire.

Carte nationale d'identité. —
Dr. adm., Dr. pén. — Document délivré par l'autorité
publique à toute personne en
faisant la demande, et dont
les mentions permettent d'établir l'identité de son titulaire
en cas de vérification d'identité
par la police. Sa possession
est facultative, et l'identité
peut être prouvée par tout
autre moyen.

Cartes de séjour. — Dr. int.
priv. — Cartes délivrées
par l'autorité administrative aux étrangers qui
séjournent en France pendant plus de trois mois.

Cartes de travail. — Dr.
trav. — Documents délivrés par les services départementaux du travail aux
travailleurs étrangers, qui
leur permettent d'occuper
un emploi salarié en
France.

« Carte verte ». — Dr. ass. —
En matière d'assurance obligatoire des véhicules, appellation
familière synonyme d'attestation d'assurance.

Cas fortuit. — Dr. civ. —
Au sens large, synonyme
de « force majeure ». — V.
ce mot.

Dans un sens étroit et
discuté, impossibilité d'exécuter une obligation tenant
à des causes internes (vice
du matériel par exemple).

Cash-Flow. — Dr. com. —
Ratio comptable qui permet de déterminer les possibilités d'autofinancement
d'une entreprise à partir des

résultats avant amortissement et du chiffre d'affaires.

Casier civil. — Dr. civ. — V.
Répertoire civil.

Casier judiciaire. — Dr.
pén. — Fiches ou « bulletins » comportant toutes
les condamnations pénales
pour crimes, délits ou contraventions de 5ᵉ classe subies par une personne et
tenus à jour au greffe du
tribunal de grande instance
du lieu de naissance du
condamné.

Cassation. — Pr. civ., pén.
Annulation par la Cour
suprême d'une décision passée en force de chose jugée
et rendue en violation de
la loi. — V. *Cour de cassation, Pourvoi en cassation, Conseil d'Etat.*

« Casus belli ». — Dr. int.
publ. — Circonstance de
nature à provoquer une
déclaration de guerre.

Causalité. — Dr. civ. —
Dans le droit des *obligations,* lien de cause à effet
entre la faute d'une personne ou le rôle d'une
chose et le préjudice subi
par un tiers.

Plusieurs facteurs pouvant intervenir dans la réalisation d'un dommage, la
doctrine s'est efforcée de
préciser cette notion ; on a
parfois soutenu que toute
cause est à l'origine de
l'intégralité du dommage
(théorie de l'*équivalence
des conditions*) ; mais on a
dit, à l'inverse, qu'il fallait
rechercher la *cause adéquate,* c'est-à-dire celle qui,

normalement, est de nature à provoquer le dommage considéré. La jurisprudence applique généralement la théorie de la causalité adéquate.

Cause. — DR. CIV.
— *Existence de la cause.*
Dans le droit des obligations, la *cause* de l'obligation du débiteur est le but immédiat et direct qui le conduit à s'engager. On oppose à la cause, ainsi définie, le *motif* qui est un mobile personnel, subjectif et lointain. La cause est, au contraire, objective ; nécessaire à la validité des actes juridiques, elle est toujours la même pour chaque catégorie d'actes (par ex. dans un contrat synallagmatique, la cause de l'obligation de l'une des parties est l'obligation de l'autre ; dans un acte à titre gratuit, la cause est l'intention libérale.
— *Licéité de la cause.*
La notion de cause, lorsqu'elle est envisagée sous l'aspect de sa licéité ou de sa légalité, recouvre les motifs personnels qui conduisent une partie à contracter. Lorsque le motif est illicite (contraire à la morale, à l'ordre public), il entraîne la nullité de l'acte à la double condition d'être la *cause impulsive et déterminante* de l'opération et d'avoir été connue de l'autre partie.

PR. CIV. — La notion de cause intervient pour fixer les éléments de la demande en justice. La cause de la demande est constituée par un ensemble de faits juridiquement qualifiés. Elle intervient aussi pour vérifier si le litige n'a pas déjà été jugé (comparaison du dispositif d'un jugement et d'une demande en justice ultérieure). V. *Moyens.*

Cause réelle et sérieuse. — DR. TRAV. — Depuis la loi du 13 juillet 1973, fait justifiant un licenciement. Elle n'est pas nécessairement une faute (ex. : longue absence pour maladie) et si elle consiste en un comportement sujet à reproche, son intensité est inférieure à celle de la faute grave (V. ce mot).

« Cautio judicatum solvi ». — PR. CIV. — Caution qu'un Français, défendeur à une action, pouvait, avant 1972, exiger d'un demandeur étranger, pour garantir le recouvrement des sommes auxquelles ce dernier pouvait être condamné à lui payer. — V. *Caution.*

Caution. — DR. CIV. — Personne qui s'engage à garantir l'exécution d'un contrat par l'une des parties au profit de l'autre.

Lorsque la caution accepte d'exécuter elle-même, dans le cas où le débiteur principal ne remplirait pas son engagement, elle est appelée caution personnelle. Lorsque la caution, au lieu de s'engager à exécuter personnellement, offre en garantie une hypothèque sur un immeuble lui appartenant, elle est dite « caution réelle ». — V. *Cautionnement.*

Pr. civ. — Un plaideur pourra parfois obtenir l'exécution provisoire d'un jugement en offrant de fournir caution ou de consigner une certaine somme. — V. *Cautionnement, Consignation.*

Cautionnement. — Dr. civ., com.

1° Contrat par lequel la caution s'engage.

2° Dépôt de fonds ou de valeurs destinés à garantir une créance éventuelle. — V. *Caution, Consignation.*

Cautionnement électoral. — Dr. const. — Somme d'argent que doit déposer le candidat à une élection et qui lui est remboursée s'il obtient un certain pourcentage de suffrages. But de l'institution : décourager les candidatures fantaisistes.

Cautionnement des ouvriers et employés. — Dr. trav. — Dépôt d'argent ou de valeurs fait par le salarié entre les mains de l'employeur au moment de la conclusion du contrat de travail pour garantir la restitution des liquidités ou marchandises que le salarié est appelé à détenir dans l'exercice de ses fonctions.

Le cautionnement est réglementé.

Cavalerie (traite de). — Dr. com. — V. *Effet de complaisance.*

Cavalier budgétaire. — Dr. fin. — Disposition législative étrangère, par sa nature, au domaine des lois de finances et abusivement introduite dans celles-ci pour des raisons d'opportunité.

Cédant-cessionnaire. — V. *Cession de créance.*

Cédule. — Dr. et Pr. civ. — Synonyme de billet. Terme de l'ancienne procédure désignant l'autorisation donnée par le juge de paix d'assigner à bref délai ou de dispenser du préliminaire de conciliation. Dans le droit des sûretés, représentait le titre hypothécaire délivré par le Conservateur des Hypothèques au propriétaire de l'immeuble, pouvant circuler comme un effet de commerce par voie d'endos, permettant ainsi la mobilisation du crédit hypothécaire.

Célibat (clause de). — Dr. trav. — Clause du contrat de travail qui prévoit la résiliation du contrat au cas de mariage du salarié.

La légitimité de la clause de célibat est discutée.

Censure. — Dr. adm. — Examen auquel le Gouvernement soumet les écrits et les spectacles avant d'en autoriser ou interdire la publication ou la représentation. En France, la censure a disparu pour la presse : la loi du 22 juillet 1881 déclare que « tout journal, tout écrit périodique peut être publié sans autorisation préalable ». Pour les spectacles, si la censure théâtrale a été abolie par le décret du 8 juin 1906, une censure cinématographique est exercée depuis 1919 par une commission de contrôle qui délivre un visa indispensable pour l'exploitation d'un film.

DR. CONST. — 1° Procédure par laquelle une assemblée parlementaire met en jeu la responsabilité politique du Gouvernement par un blâme motivé à l'adresse de ce dernier.

Le vote d'une motion de censure entraîne la démission forcée du Gouvernement. En régime parlementaire rationalisé, la censure obéit à des règles précises concernant sa recevabilité, sa discussion et son vote (Cf. Constitution de 1958, art. 49).

2° Sanction disciplinaire applicable à un parlementaire dans les conditions prévues par le règlement intérieur de l'assemblée.

PR. CIV. — Sanction disciplinaire. — V. *Pouvoir disciplinaire.*

Centimes additionnels. — DR. FIN. — Terme générique désignant, avant leur suppression par la réforme opérée en 1974, à la fois la contribution foncière des propriétés bâties et non bâties, la contribution mobilière et la contribution des patentes.

Ces impôts directs vétustes, perçus au profit des collectivités territoriales, étaient autrefois des centimes additionnels à des impôts d'Etat qui ne sont plus perçus, mais qui ont survécu comme simple base artificielle de calcul

des centimes sous le nom de principaux fictifs.

Cento (Organisation du Traité Central). — DR. INT. PUBL. — Organisation de défense du Moyen-Orient établie par le traité du 24 févr. 1955 entre la Grande-Bretagne, l'Iran, le Pakistan et la Turquie.

Centrale d'achat. — DR. COM. — Groupement de commerçants constitué sous forme de société coopérative ou anonyme, qui effectue des achats pour le compte de ses membres. La centrale d'achat agit comme un commissionnaire (V. ce mot).

Centralisation. — DR. ADM. Système d'administration reposant sur l'attribution des pouvoirs de décision à des autorités soumises, médiatement ou immédiatement, au pouvoir hiérarchique du Gouvernement.

Du point de vue de la technique d'organisation, la centralisation peut revêtir deux formes :

la concentration : système irréalisable pratiquement, rassemblant au siège du Gouvernement les autorités précitées.

la déconcentration : système pratiqué en droit positif, consistant à confier les pouvoirs de décision à celles de ces autorités qui sont en fonction dans différentes circonscriptions administratives.

Centralisme démocratique. DR. CONST. — Principe directeur de la structure des partis communistes. Ce principe signifie : *a*) élection de tous les organes dirigeants du parti, de la base au sommet ; *b*) compte rendu périodique de gestion devant les militants ; *c*) discipline rigoureuse (interdiction des fractions) dans le parti et subordination de la minorité à la majorité ; *d*) obligation stricte pour les organismes inférieurs d'appliquer les décisions des organismes supérieurs. Les points *a*) et *b*) représentent la partie démocratique du système, les points *c*) et *d*) la partie centraliste.

Centre d'aide par le travail. — DR. TRAV. — Etablissement recevant des handicapés de plus de 16 ans dont la capacité de travail est inférieure au tiers de la capacité normale et qui ne peuvent être admis dans un atelier protégé. Les activités à caractère professionnel sont complétées par un soutien médico-social et éducatif.

Centre d'étude des revenus et des coûts (C. E. R. C.). Comité composé de quelques spécialistes nommés par le Gouvernement, placé auprès du Commissariat Général du Plan. Il a pour missions de rassembler et de publier des informations sur les conditions de la croissance et les modalités de la distribution de la productivité des entreprises, ainsi que de suivre l'évolution et la répartition des différentes catégories de revenus en évaluant leurs écarts avant et après la prise en compte des prélè-

vements fiscaux et parafiscaux. Il a publié une série de rapports, trop peu connus, sur la disparité des revenus en France et à l'étranger.

Centre d'études supérieures de la sécurité sociale. — SÉC. SOC. Etablissement public national chargé d'assurer la formation du personnel d'encadrement supérieur de la sécurité sociale.

Centre Européen de la Recherche Nucléaire (C. E. R. N.). — DR. INT. PUBL. — Organisation internationale créée en 1953 dans le but de mettre en commun les ressources des Etats européens pour procéder à la recherche scientifique visant à l'utilisation pacifique de l'énergie nucléaire. Siège : Genève.

Centre National d'Etudes Judiciaires. — PR. CIV. — V. *Ecole Nationale de la Magistrature.*

Centre de formation professionnelle d'avocat. — PR. CIV. — Etablissement d'utilité publique créé auprès de chaque Cour d'appel et chargé de former les candidats ayant réussi l'examen d'entrée au Centre, en assurant la préparation du Certificat d'aptitude à la profession d'avocat, et aussi d'assurer la formation permanente des membres du barreau.

Centre de gestion agréé. — DR. FIN. — Dans le cadre de la politique d'amélioration de la connaissance des revenus des professions non salariées, il a été institué des centres de gestion agréés, dénommés associations agréées pour les professions libérales, auxquels ces professionnels peuvent confier la tenue de leur comptabilité, ce qui confère plus d'exactitude à celle-ci et confère en conséquence à ces professionnels des abattements sur leur bénéfice imposable sous certaines conditions. L'agrément est donné par l'Administration fiscale.

Centre de préparation à l'administration générale (C. P. A. G.). — DR. ADM. — V. *Institut régional d'administration.*

Certain. — DR. CIV. —
1° Qui ne peut être mis en doute (dette certaine).
2° Qui est déterminé (corps certain). — V. *Corps certain.*

Certificat d'addition. — DR. COM. — Titre de propriété industrielle délivré au titulaire d'un brevet d'invention ou d'un certificat d'utilité, pour protéger un perfectionnement de son invention, se rattachant à au moins une revendication du titre principal.
Le certificat d'addition ne donne pas lieu à paiement d'annuités distinctes de celles dues pour le titre principal et expire en même temps que ce dernier.

Certificat de conformité. — DR. ADM. — V. *Permis de construire.*

Certificat de coutume. — DR. INT. PRIV. — Attestation, délivrée par un jurisconsulte étranger (avocat, notaire, consul), affirmant l'existence d'une règle de droit ou en exposant le contenu.
Procédé utilisé fréquemment lorsque, dans un Etat étranger, n'existe pas de législation écrite, les règles de droit émanant soit de la coutume soit de la jurisprudence.

Certificat de nationalité. — DR. INT. PRIV. — Attestation, délivrée par le juge d'instance, au vu de pièces justificatives dont il est fait mention, selon laquelle un individu a la nationalité française. Sa validité peut être judiciairement contestée.

Certificat de propriété. — DR. CIV., DR. COM. — Acte par lequel un fonctionnaire ou un agent public atteste l'existence d'un droit sur une chose ou une valeur.

Certificat de travail. — DR. TRAV. — Document obligatoirement remis par l'employeur au salarié à l'expiration de son contrat de travail, et qui mentionne l'identité des parties, la date d'entrée et de sortie du salarié, la nature de l'emploi qu'il a occupé.
Le certificat doit être signé par l'employeur.

Certificat d'urbanisme. — DR. ADM. — Document informatif pouvant être demandé à l'Administration en vue de connaître si tel terrain peut, compte tenu des dispositions d'urbanisme, des servitudes administratives et de l'état des équipements publics (« viabilité »), être affecté à la construction, et spécialement être utilisé pour la réalisation d'une opération déterminée. Les renseignements qu'il comporte engagent l'Administration pendant un certain délai.

Il est prudent, avant l'acquisition d'une parcelle à bâtir, de solliciter la délivrance de ce document qui souvent peut seul renseigner sur l'existence de servitudes administratives grevant ce terrain.

Certificat de vie. — Dr. civ. Acte par lequel certaines personnes qui exercent des fonctions publiques (notaire, président de tribunal, maire) attestent l'existence actuelle d'une personne. Ce certificat doit être, en principe, présenté par tout crédirentier désireux d'obtenir le paiement des arrérages auxquels il a droit.

Certification (en matière de chèque). — Dr. com. — Procédé par lequel le tiré, en apposant sa signature au recto du chèque, bloque, sous sa responsabilité, la provision au profit du porteur, jusqu'à l'expiration du délai légal de présentation.

Césarisme. — Dr. const. — Système de gouvernement dans lequel le pouvoir politique, qui appartient théoriquement au peuple, est en fait abandonné par celui-ci à un homme de confiance qui le concentre entre ses mains et l'exerce autoritairement (Ex. : Premier et Second Empires, où l'instrument du césarisme a

été le plébiscite). — V. ce mot.

« Cessante ratione legis, cessat ejus dispositio ». — La loi cesse de s'appliquer lorsque ses motifs ont disparu.

Cessation des paiements. — Dr. com. — Etat du débiteur qui ne peut faire face à son passif exigible grâce à son actif disponible et qui se traduit par un arrêt du service de caisse.

La jurisprudence tend à exiger, pour placer le débiteur en état de règlement judiciaire ou de liquidation des biens, que la situation soit irrémédiablement compromise, ce qui atténue la différence avec l'insolvabilité (v. ce mot).

Cessibilité. — Dr. adm. — Arrêté de cessibilité : décision administrative, prise généralement sous forme d'arrêté préfectoral, individualisant les parcelles de terrain faisant l'objet d'une procédure d'expropriation pour cause d'utilité publique.

Dr. civ., com. — Qualité d'un bien, d'une part sociale, d'un titre, permettant sa cession.

Cession. — Dr. civ. — Transmission d'un droit entre vifs. — V. *Vente*.

Cession à bail. — Dr. int. publ. — Transfert temporaire de compétence opéré par un Etat au profit d'un autre Etat sur une portion de son territoire.

Procédé utilisé par les grandes puissances à la fin

du XIX° siècle pour favoriser leur pénétration économique en Chine, et repris après la seconde guerre mondiale à la faveur de la politique des bases stratégiques.

Cession de créance. — DR. CIV. — Convention par laquelle le créancier, appelé cédant, transmet sa créance contre son débiteur (débiteur cédé) à un tiers, appelé cessionnaire.

Cession de dettes. — DR. CIV. — Convention par laquelle un débiteur transmet sa dette à un tiers qui sera désormais tenu à sa place envers le créancier. La cession de dettes n'est possible que dans des cas exceptionnels.

Cession de droits litigieux. DR. CIV. — Cession d'une créance dont l'existence ou la validité fait l'objet d'un procès ou d'une contestation.

En raison des dangers que cette cession présente, le débiteur cédé peut éliminer le nouveau créancier en lui remboursant le prix réel de la cession (et non le montant nominal de la créance), avec les frais et loyaux coûts ainsi que les intérêts à compter du jour où le cessionnaire évincé s'est acquitté.

Cession de droits successifs. DR. CIV. — Convention par laquelle un héritier cède à un tiers sa quote-part dans la succession.

Cession de salaire. — DR. TRAV. — Délégation de tout ou partie du salaire faite par le salarié à un créancier, que l'employeur paiera directement.

La cession de salaire obéit à des règles strictes de quantum et de forme.

Cession de terrain contre locaux futurs. — DR. CIV. Contrat par lequel un vendeur, généralement un particulier, cède un terrain à un tiers, généralement une Société, qui s'engage à construire des édifices et à remettre certains appartements au vendeur à titre de paiement de tout ou partie du prix de vente.

Chambre. — DR. CONST. — Assemblée législative. V. *Parlement*. Dans un Parlement bicaméral, on appelait autrefois Chambre basse la Chambre élue et Chambre haute la Chambre nommée ou héréditaire.

Chambre d'accusation. — PR. PÉN. — Section de la cour d'appel statuant principalement : 1° sur appel des ordonnances du juge d'instruction ;
2° comme second degré d'instruction, en matière de crime ;
Accessoirement :
1° comme juridiction disciplinaire des officiers de police ;
2° en matière d'extradition, de réhabilitation judiciaire, de contentieux de l'amnistie, de règlement de juges...

Chambre d'agriculture. — DR. CIV. — Organisme représentatif, dans le cadre du département, des intérêts des agriculteurs, composé de membres élus exerçant principalement des attributions consultatives.

Chambre des appels correctionnels. — Pr. pén. — Formation de la Cour d'appel compétente pour statuer en appel sur les affaires jugées en premier ressort par les tribunaux correctionnels et par les tribunaux de police.

Chambre civile. — Pr. civ. Chambre de la Cour de cassation chargée de l'examen des pourvois formés en matière de droit privé (droit civil, droit commercial, droit social, procédure civile, etc.).

Il existe cinq chambres civiles qui ont reçu les noms suivants : Première, Deuxième, Troisième Chambre civile, Chambre commerciale et financière, Chambre sociale.

Chambre de commerce et d'industrie. — Dr. com. — Etablissement public composé de commerçants et d'industriels élus pour plusieurs années et chargés de défendre les intérêts généraux du commerce et de l'industrie.

Il y a au moins une chambre de commerce et d'industrie par département et une chambre régionale par région économique.

Chambre de commerce internationale. — Dr. com., Dr. int. priv., Pr. civ. — Organisme privé dont le siège est à Paris (C.C.I.).

Elle a pour objectif d'élaborer des règles conventionnelles internationales. Elle constitue avant tout un centre d'arbitrage international pour les litiges du commerce.

Chambre commerciale et financière. — Pr. civ. — Nom donné à la quatrième Chambre civile de la Cour de cassation.

Chambre de compensation. — Dr. com. — Réunion quotidienne ou pluriquotidienne des banquiers d'une même place afin de compenser leurs créances réciproques.

Chambre du conseil. — Pr. civ. — Formation de toute juridiction civile siégeant sans publicité.

Les attributions de la chambre du conseil sont le plus souvent gracieuses, mais sont parfois aussi contentieuses.

Chambre criminelle. — Pr. pén. — Chambre de la Cour de cassation chargée de l'examen des pourvois en matière pénale.

Chambre des Députés. — V. *Chambre,* Dr. const.

Chambre de discipline. — Pr. civ. — Juridiction corporative chargée de statuer sur les infractions aux devoirs professionnels tels que la chambre de discipline des avoués, des commissaires priseurs. — V. *Discipline, Pouvoir disciplinaire.*

Chambre des métiers. — Dr. com. et civ. — Etablissement public créé généralement dans un cadre départemental, chargé, par l'intermédiaire de membres élus, de représenter auprès des autorités administratives les intérêts généraux des artisans.

Chambre mixte. — PR. CIV. et PÉN. — Formation de la Cour de cassation composée de magistrats appartenant au moins à trois chambres de la Cour (au minimum 13 magistrats, le premier président et pour chaque chambre le président, le doyen, deux conseillers).

Sa saisine est *obligatoire* en cas de partage égal des voix dans une chambre.

Sa saisine est *facultative* lorsqu'une affaire pose une question relevant des attributions de plusieurs chambres, lorsqu'une affaire a reçu ou est susceptible de recevoir des solutions divergentes.

Chambres des Requêtes. — PR. CIV. — Chambre de la Cour de cassation qui, avant 1947, statuait sur la recevabilité des requêtes, avant leur examen par la Chambre civile.

Chambre sociale. — PR. CIV. — Nom donné à la cinquième Chambre civile de la Cour de cassation et à une chambre de la cour d'appel compétente pour les affaires de droit social.

Chambres réunies. — PR. CIV. — Formation de la Cour de cassation, remplacée depuis 1967 par l'Assemblée plénière. — V. *Assemblée plénière.*

Chancellerie. — DR. ADM. — Etablissement public exis-

tant dans chaque Académie, dirigé par le recteur (v. ce mot), et gérant des biens et des moyens concourant au fonctionnement de l'enseignement supérieur.

DR. CONST. — 1° Bureaux ou résidence d'un chancelier (titre donné par ex. : au Premier Ministre en R.F.A.).

2° Services du Ministère de la justice.

DR. INT. PUBL. — Bureaux d'une ambassade ou d'un consulat où l'on délivre certains actes.

Change. — DR. COM. — Echange d'une monnaie contre une autre.

Le change peut avoir pour objet une monnaie métallique ou fiduciaire ou des valeurs mobilières.

On désigne également sous ce terme le bénéfice réalisé sur la différence des cours entre les deux monnaies.

Chantage. — DR. PÉN. — Délit correctionnel consistant à extorquer à une victime des fonds ou une signature à l'aide de la menace de révélations ou d'imputations diffamatoires.

Chapitre budgétaire. — DR. FIN. — Unité élémentaire de spécialisation des crédits, groupant ceux-ci selon leur nature (dépenses de personnel ou de matériel) ou selon leur destination.

Charge. — PR. CIV. — V. *Officier ministériel.*

Chargé d'affaires. — DR. INT. PUBL. — V. *Agent diplomatique, Rang diplomatique.*

Charges. — DR. CIV. — Dans les *libéralités* : obligations imposées par le disposant au gratifié qui accepte, sous peine pour ce dernier, s'il ne les exécute pas, de perdre la libéralité.

Charges du *mariage* : dans un régime matrimonial, postes du passif, comprenant essentiellement l'entretien du ménage et l'éducation des enfants. La communauté légale supporte définitivement les charges du mariage.

DR. SOC. — Ensemble des contributions obligatoires versées par les employeurs à différents organismes à finalité sociale et liées à la masse salariale.

Charges indues. — SÉC. SOC. — Dépenses supportées actuellement par le régime général de la sécurité sociale, qui devraient normalement incomber à la collectivité et être couvertes par l'impôt (par ex. dépenses d'équipement hospitalier).

Chargeur. — DR. MAR. — Propriétaire de marchandises à transporter par mer, en cas d'affrètement partiel du navire ; lorsque l'affrètement est total, le propriétaire des marchandises est désigné par le mot affréteur. — V. *Affrètement.*

Charte. — DR. CONST. — Acte de l'ancien droit qui accordait un titre ou un privilège. En droit anglais, acte fondamental intéressant surtout les libertés publiques, concédé par le Roi sous la pression armée des barons, du Clergé, du peuple de Londres (Grande Charte de 1215). En droit français, actes constitutionnels de la Restauration (1814) et de la Monarchie de juillet (1830).

DR. INT. PUBL. — Acte constitutif d'une organisation internationale. — V. *Ex. Charte des Nations Unies.*

Charte-partie. — DR. MAR. — Ecrit qui constate un contrat d'affrètement. — V. ce mot.

Il doit contenir un certain nombre de mentions (V. C. com., art. 273, Décret du 31 déc. 1966, art. 5).

Charte sociale européenne. — DR. TRAV. — Traité international élaboré par le Conseil de l'Europe et relatif aux problèmes sociaux. Signée le 18 octobre 1961, elle ne fut ratifiée par la France qu'en 1973.

Charte du travail. — DR. TRAV. Organisation des rapports collectifs sous le régime de Vichy. Elle se caractérisait par le principe du syndicat unique et obligatoire placé sous le contrôle de l'Etat.

Chef de l'Etat. — DR. CONST. — Titre apparu dans les monarchies constitutionnelles, à une époque où le Roi avait une situation prééminente dans l'Etat, et qui a subsisté, alors même que se sont amenuisées (jusqu'à l'effacement dans certains régimes) les fonctions correspondantes. Le Chef de l'Etat peut être héréditaire (Roi) ou élu (Président de la République), individuel ou collégial (Directoire, Présidium).

Chef d'entreprise. — DR. TRAV. V. *Employeur, Entreprise.*

Chef de famille. — DR. CIV. Personne qui assure la direction matérielle et morale de la famille. En droit français, le mari est, en principe, le chef de famille. Toutefois, l'article 213 C. civ. modifié par la loi du 4 juin 1970, ne porte plus mention de cette fonction ; elle subsiste cependant toutes les fois que le mari peut prendre unilatéralement une décision dans l'intérêt du ménage (exemple : choix de la résidence).

Cheptel. — DR. CIV. — V. *Bail à cheptel.*

Chèque. — DR. COM. — Titre par lequel une personne appelée « tireur » donne l'ordre à un banquier ou à un établissement assimilé, le « tiré », de payer à vue une somme déterminée soit à son profit, soit à une troisième personne, le « bénéficiaire », ou porteur, soit à son ordre.

Chèque barré. — DR. COM. 1° Barrement général : chèque au recto duquel figurent deux barres parallèles ne comportant aucune inscription entre elles, dont le paiement ne peut être effectué par le tiré qu'à un banquier ou à un établissement assimilé, à un chef de bureau de chèques postaux, ou à un client connu du tiré.

2° Barrement spécial :

Chèque au recto duquel figurent deux barres parallèles entre lesquelles est inscrit le nom d'un banquier, dont le paiement ne peut être effectué par le tiré qu'au banquier ainsi désigné.

Chèque postal. — DR. COM. Titre établi sur une formule spéciale délivrée par l'administration des Postes, qui permet d'utiliser, selon des règles propres, un compte de dépôt ouvert et tenu par l'administration postale.

Chèque sans provision. — DR. PÉN. — Chèque soit émis sans provision préalable, soit privé de tout ou partie de sa provision après émission, soit frappé d'opposition à payement. Commis avec l'intention de porter atteinte aux droits d'autrui, ces faits constituent un délit passible des peines de l'escroquerie.

Chèque restaurant. — DR. COM. V. *Titre restaurant.*

Chèque sur le trésor. — DR. FIN. — Mode ordinaire avec le virement bancaire ou postal de règlement des dépenses publiques, sous la forme d'un chèque établi à l'ordre du créancier et tiré par l'Etat sur lui-même. — V. *Comptable assignataire.*

Chèque de voyage. — DR. COM. — Chèque tiré à l'ordre d'un de ses clients par une banque sur l'un de ses établissements, ou sur l'une de ses succursales, moyennant le versement d'une somme égale à son montant, outre une certaine commission. Ce chèque permet au porteur (le client) de toucher des fonds dans toute ville où la banque émettrice a une succursale ou un correspondant.

Chiffre noir. — Dr. pén. — Différence entre la criminalité réelle et la criminalité apparente.

Chirographaire. — Dr. civ. V. *Créancier chirographaire.*

Chômage. — Dr. trav. — Arrêt d'activité. Est en chômage, le travailleur apte au travail qui manque involontairement d'emploi. Le chômage peut être total, ou simplement partiel en cas de réduction anormale de la durée du travail.

Chômage cyclique : chômage provenant d'une grave crise économique.

Chômage frictionnel : chômage dû à une insuffisante mobilité de la main-d'œuvre.

Chômage saisonnier : chômage limité à une période de l'année et qui s'y reproduit régulièrement.

Chômage technique : arrêt d'activité d'un établissement (ou d'une partie d'établissement) dont l'approvisionnement est paralysé par un conflit collectif.

Chômage structurel : chômage causé par une modification des structures économiques.

Choses. — Dr. civ. — Objets sur lesquels peuvent exister des droits subjectifs.

Choses communes. — Dr. civ. — Choses qui ne sont pas susceptibles d'appropriation et qui sont à l'usage de tous, comme l'air, l'eau.

Choses consomptibles. — Dr. civ. — Choses qui se consomment par le premier usage, leur utilisation provoquant leur destruction (Ex. : les denrées).

Choses corporelles. — Dr. civ. — Choses du monde sensible sur lesquelles sont exercés des droit. — V. *Choses, Droit corporel, Droit incorporel, Biens corporels, Biens incorporels.*

Choses fongibles. — Dr. civ. — Choses qui sont interchangeables les unes par rapport aux autres (Ex. : 100 kg de blé et la même quantité de cette denrée, une voiture de série).

Les choses fongibles sont dites également « choses de genre ». Les choses non fongibles sont appelées « corps certains ».

Choses frugifères. — Dr. civ. — Choses produisant des fruits. — V. *Fruits.*

Choses de genre. — V. *Choses fongibles.*

Choses hors du commerce. Choses susceptibles d'appropriation dont l'aliénation est interdite : elles sont hors du commerce juridique.

Chose jugée. — Pr. gén. — Autorité attachée à un acte de juridiction servant de fondement à l'exécution forcée du droit judiciairement établi, et faisant obstacle à ce que la même affaire soit à nouveau portée devant un juge.

On parle de simple *autorité* lorsque le jugement est rendu, *de force de chose jugée,* lorsque les délais des voies de recours suspensives d'exécution (opposition, appel, pourvoi dans les rares cas où il est suspensif) sont expirés ou que celles-ci ont été employées, d'*irrévocabilité,* enfin, lorsque les voies de recours extraordinaires ont été utilisées ou ne peuvent plus l'être. L'autorité de chose jugée est *relative* ou *absolue.* Elle est le plus souvent *relative* en droit privé et dans certaines formes du contentieux administratif. Elle est invoquée par les parties au moyen d'une fin de non-recevoir (dite faussement exception de chose jugée), par les tiers à l'aide de l'exception de relativité de chose jugée.

Il y a chose jugée lorsque la même demande, entre les mêmes parties, agissant en les mêmes qualités, portant sur le même objet, soutenue par la même cause, est à nouveau portée devant une juridiction.

L'autorité *absolue* de la chose jugée est attachée aux jugements pénaux, à certains jugements administratifs.

En procédure civile, les jugements constitutifs (séparation de corps, divorce, règlement judiciaire ou liquidation des biens, par ex.)

ont une autorité absolue. Il en va de même pour les jugements rendus en matière de filiation et de nationalité.

Le juge reçoit parfois la faculté de faire mettre en cause les tiers intéressés par le procès.

Ces tiers jouissent ordinairement d'un droit d'intervention. Le recours à la tierce opposition leur permet de réagir contre l'autorité absolue d'une décision rendue en dehors d'eux.

Pr. pén. — Situation d'après laquelle une personne jugée, de façon définitive, pour une infraction pénale, ne peut plus faire l'objet de poursuites pour cette infraction, même sous une qualification différente.

Circonscription d'action régionale. — Dr. adm. — Nom donné à la Région jusqu'à la loi du 5 juillet 1972. Les C. A. R. avaient elles-mêmes succédé en 1960 aux régions de programme créées en 1955. — V. *Région.*

Circonscription électorale. Dr. const. — Portion du territoire dont la population a le droit d'élire un ou plusieurs représentants.

Les circonscriptions électorales peuvent coïncider avec les circonscriptions administratives ou être des circonscriptions spéciales.

La délimitation des circonscriptions peut aboutir à des inégalités dans la représentation (si les circonscriptions ont un nombre inégal d'électeurs) ou donner lieu à des manipulations politiques (découpage favorable à tel parti : système connu aux Etats-Unis sous le nom de « gerrymandering »).

Circonstances aggravantes. DR. PÉN. — Circonstances limitativement déterminées par la loi qui accompagnent une infraction et permettent au juge de prononcer une peine plus forte que celle qui était prévue pour l'infraction simple.

Circonstances atténuantes. PR. PÉN. — Circonstances qui accompagnent la commission d'une infraction et qui, librement appréciées par le juge, lui permettent d'abaisser la peine normalement prévue par la loi dans certaines limites, différentes selon la nature des infractions.

Circonstances exceptionnelles. — DR. ADM. — Théorie d'origine jurisprudentielle, s'analysant principalement en une extension temporaire des compétences normales de l'administration dans la mesure nécessaire pour permettre la poursuite du fonctionnement des services publics, même en présence de situations de fait exceptionnelles.

DR. CONST. — V. *Pouvoirs exceptionnels.*

Circulaires. — DR. ADM. — Instructions de service écrites adressées par une autorité supérieure à des agents subordonnés en vertu de son pouvoir hiérarchique.

Bien que juridiquement dépourvues de force obligatoire vis-à-vis des administrés en dehors du cas exceptionnel où leur auteur serait investi d'un pouvoir réglementaire, les circulaires jouent en fait un rôle majeur dans les relations de l'Administration avec les administrés.

En matière fiscale, pour des raisons de sécurité juridique, les circulaires dérogeant à la loi fiscale de façon favorable aux redevables, peuvent, malgré leur illégalité, être opposées au fisc.

Citation (en justice). — PR. CIV. — Terme générique désignant l'acte de procédure par lequel on somme une personne ou un témoin de comparaître devant un juge, un tribunal ou un conseil de discipline. — V. *Assignation.*

Citation directe. — PR. PÉN. Acte écrit par lequel le ministère public ou la partie lésée déclenche l'action publique devant le tribunal correctionnel et le tribunal de police, lorsqu'il estime qu'il n'est pas nécessaire de requérir l'ouverture d'une instruction (V. *Réquisitoire*).

Citoyen. — DR. CONST. — Individu jouissant, sur le territoire de l'Etat dont il relève, des droits civils et politiques.

Civilement responsable. — DR. CIV. — Personne devant répondre des conséquences civiles d'une infraction commise par autrui ; par ex. : chef d'entreprise et préposé ; parents et enfant mineur.

CLA — CLA

Clandestinité. — Dr. civ. Etat d'une situation juridique (ex : la possession) ou souvent d'un acte juridique (ex : formation d'un mariage, constitution d'une société) qui demeure secret alors qu'il est de l'intérêt des tiers d'en avoir connaissance. La clandestinité est sanctionnée de façon diverse.

Classement. — Dr. adm. — Dans les hypothèses où l'exigence en est requise, acte réalisant l'incorporation juridique d'un bien dans le domaine public d'une collectivité, dans la mesure où il sera ensuite suivi d'effet concret.

Classement sans suite. — Pr. pén. — Décision administrative provisoire par laquelle le ministère public retient momentanément l'exercice des poursuites pour une infraction, tout en se réservant le pouvoir de revenir sur cette décision, jusqu'à l'expiration du délai de prescription de l'action publique.

Clause. — Dr. civ. — Disposition particulière d'un acte juridique.

Clause d'agrément. — Dr. com. V. *Agrément*.

Clause attributive de compétence. — Pr. civ. — Disposition contractuelle confiant le règlement du litige à une juridiction légalement sans qualité pour en connaître, qu'il s'agisse de compétence d'attribution ou de compétence territoriale. — V. *Attribution de juridiction*.

Clause commerciale. — Dr. civ. — Clause contenue dans un contrat de mariage permettant l'attribution à l'un des époux, à la dissolution de la communauté, du fonds de commerce commun, moyennant une indemnité maintenant l'égalité du partage, ou autorisant le survivant des époux à acquérir contre indemnité aux héritiers un fonds de commerce propre au conjoint prédécédé.

Clause compromissoire. — Dr. int. publ. — Clause d'un traité stipulant le recours au règlement arbitral ou judiciaire pour les litiges concernant l'interprétation ou l'application dudit traité.

Pr. civ. — Clause insérée dans un contrat, le plus souvent commercial et privé, par laquelle les parties s'engagent à recourir à l'arbitrage pour les différends qui surgiraient entre elles. En dehors des cas légaux, cette clause est nulle.

Clause de conscience. — Dr. trav. — Disposition légale par laquelle le journaliste salarié qui quitte une entreprise de presse en raison d'un changement notable dans le caractère de l'orientation du journal, peut obtenir une indemnité, lorsque cette situation porte atteinte à ses intérêts moraux.

Clause d'échelle mobile. — Dr. civ. — Clause d'un contrat à exécution successive en vertu de laquelle la valeur d'une prestation est liée à la valeur d'un bien,

78

d'un service ou du coût de la vie.

Clause exorbitante (du droit commun). — DR. ADM. — Stipulation insérée dans un contrat passé par l'administration ou pour son compte, et dont le caractère exorbitant du droit privé entraîne la qualification administrative de ce contrat.

Pour certains auteurs, il faudrait que le contenu de cette clause soit tel qu'elle serait illicite en droit privé ; pour la jurisprudence administrative, il suffit qu'elle soit d'un type inusité dans les contrats entre particuliers.

Clause léonine. — DR. COM. — Clause privant un associé de tout droit aux profits de la société ou lui attribuant la totalité des profits, mettant à sa charge la totalité des pertes ou l'exonérant de toute contribution au passif social.

Cette clause est réputée non écrite dans le contrat de société.

Clause de la nation la plus favorisée. — DR. INT. PUBL. Clause par laquelle un Etat s'engage à étendre à son cocontractant les avantages qu'il viendrait à accorder conventionnellement par la suite à d'autres Etats. Cette clause, qui permet d'étendre les effets d'un traité à un Etat tiers, est une exception au principe de la relativité des traités.

Clause de non-concurrence. DR. COM., DR. TRAV. — Clause d'un contrat par laquelle une des parties s'interdit, dans certaines limites de temps et de lieu, d'exercer une activité professionnelle déterminée susceptible de faire concurrence à l'autre partie. Cette clause se rencontre notamment dans les contrats portant sur le fonds de commerce.

On la trouve aussi dans les contrats de travail où elle est parfois appelée clause de non-réembauchage et par laquelle, dans les mêmes limites, un salarié s'interdit, lors de son départ de l'entreprise, de s'engager chez un concurrent ou de s'établir à son compte.

Clause de non-réembauchage. — DR. TRAV. — V. *Clause de non-concurrence.*

Clause de non-rétablissement. — DR. CIV., DR. TRAV. — V. *Clause de non-concurrence.*

Clause pénale. — DR. CIV. 1° Dans un contrat, clause par laquelle le débiteur, s'il manque à son engagement, devra verser au créancier une somme d'argent dont le montant, fixé à l'avance, est indépendant du préjudice causé.

2° Dans un testament, clause par laquelle le testateur exclut de sa succession, ou du bénéfice d'un legs, l'héritier ou le légataire qui n'accomplirait pas une condition qu'il lui impose.

Clause de sécurité syndicale. — DR. TRAV. — Convention conclue entre un employeur et un syndicat et qui a pour objet de limiter la liberté d'adhésion syndicale au profit du syndicat signataire. Les atteintes à la liberté sont plus ou moins importantes, et atteignent une efficacité particulièrement redoutable dans les « closed shop » (V. ce mot). Elles sont interdites en France.

Clause de réserve de propriété. Dr. com. — Clause par laquelle un vendeur — pour garantir sa créance — se réserve la propriété de la chose vendue jusqu'au paiement intégral du prix par l'acheteur.

Depuis la loi du 12 mai 1980, cette clause est opposable à la masse des créanciers de l'acquéreur mis en règlement judiciaire ou en liquidation de biens, lorsque certaines conditions sont réunies.

Clause de style. — Dr. civ. — Clause que l'on retrouve souvent dans les actes de même genre.

Clearing. — Dr. com. — Procédé de règlement des créances et des dettes entre les banques, par compensation.

« Clearing house ». — Dr. com. — V. *Chambre de compensation.*

Clerc. — Dr. civ., Pr. civ. — Collaborateur d'un notaire, d'un huissier, d'un avoué, chargé de préparer les actes qui entrent dans le monopole du titulaire de l'office, parfois autorisé à les accomplir lui-même (Ex. : le clerc d'huissier assermenté est légalement qualifié pour procéder aux significations à la place et sous la responsabilité de son patron).

Clientèle. — Dr. com. — Ensemble des personnes (clients) qui sont en relations d'affaires avec le représentant d'une profession libérale (avocat, officier ministériel, médecin), ou avec un commerçant dont ils acquièrent la marchandise ou requièrent les services.

Clientèle (droit de). — Dr. civ. — Droit portant sur la valeur représentative de la clientèle habituelle d'un commerçant ou d'une personne exerçant une profession libérale.

« Closed-Shop » (Clause). — Dr. trav. — La clause « closed-shop » (ou entreprise fermée) est une clause restrictive de la liberté syndicale pratiquée parfois dans les Etats Nord-Américains dans les conventions collectives. Le patron qui y souscrit s'interdit d'embaucher des salariés non membres du syndicat signataire. — V. *Clause de sécurité syndicale.*

Coalition. — Dr. trav. — Groupement de patrons ou d'ouvriers en vue d'exercer une pression dans le sens de la baisse ou de la hausse des salaires. Interdites par la loi Le Chapelier (1791), les coalitions ont été érigées en délit par le code pénal. Le délit de coalition a disparu en 1864.

Code. — Ensemble de lois ordonnées regroupant les matières qui font partie d'une même branche du droit (ainsi c. civ., c. com., c. pén., c. proc. civ.).

Les Codes modernes ne constituent plus un tout organique, mais se présentent souvent comme de simples compilations réunissant dans un même texte les dispositions touchant à un ordre de matières déterminé (c. de la pharmacie, c. des Caisses d'épargne, etc.). — V. *Codification*.

Codicille. — DR. CIV. — Acte soumis aux formalités d'un testament et modifiant ou annulant un testament antérieur.

Codification. — DR. ADM. — Regroupement dans un texte d'origine généralement gouvernementale d'un ensemble souvent complexe de dispositions législatives ou réglementaires intéressant une même matière ; celles-ci conservent leur portée et leur force juridique originaires, ce qui pose des problèmes délicats lorsque la codification ne respecte pas strictement les textes qu'elle rassemble. — V. *Code*.

DR. INT. PUBL. — Opération, réalisée sous forme de traités collectifs, consistant à énoncer dans un ordre systématique et en termes précis les règles du du Droit International (en grande partie coutumières) relatives à une matière déterminée. — V. *Commission du Droit International*.

Coexistence pacifique. — DR. INT. PUBL. — Système international consistant dans une tolérance réciproque entre Etats à systèmes économiques et politiques opposés, qui re-noncent à imposer l'un des systèmes par la force pour recourir à des formes pacifiques de compétition (compétition économique, scientifique, etc...). — V. *Guerre froide*.

Cogestion. — DR. TRAV. — Gestion de l'entreprise exercée en commun par le chef d'entreprise et les représentants des salariés, et impliquant pour ces derniers le pouvoir de participer aux décisions sans être nécessairement actionnaires ou bailleurs de fonds de l'entreprise.

L'institution des comités d'entreprise, en France, n'a pas réalisé la cogestion.

Cohabitation. — DR. CIV. — Etat de deux ou plusieurs personnes habitant ensemble.

Devoir des époux d'avoir des relations intimes. — V. *Communauté de vie*.

Colitigants. — PR. CIV. — On appelle colitigants les plaideurs qui se trouvent engagés dans un procès à sujets multiples, quelle que soit leur qualité. — V. *Litigants*, *Litisconsorts*.

Collaboration (contrat de... entre avocats). — PR. CIV. Contrat écrit par lequel un avocat (stagiaire ou inscrit au tableau) s'engage à exercer tout ou partie de son activité dans le cabinet d'un autre avocat, contre une rémunération.

Collatéral. — DR. CIV. — Adjectif qualifiant le lien de parenté existant entre un individu et une ou plusieurs autres personnes descendant d'un auteur commun, mais ne descendant pas les uns des autres.

Le terme est également utilisé comme substantif.

Collectif. — DR. FIN. — Terme autrefois employé pour désigner les lois de finances rectificatives. — V. ce mot.

Collectivités locales (ou territoriales). — DR. ADM. — Expression générique désignant les groupements humains géographiquement situés auxquels l'Etat a reconnu le pouvoir de s'administrer par des autorités élues : département, commune, département d'Outre-mer, territoire d'Outre-mer et, semble-t-il, ensemble urbain. — V. ce mot. — V. *Région.*

Collège des magistrats. — PR. CIV. et PÉN. — Magistrats élus par tous les magistrats d'une Cour d'appel. Ces magistrats ont pour mission de désigner ceux d'entre eux qui seront proposés pour être nommés membres, soit de la Commission d'avancement, soit de la Commission de discipline du parquet.

Collégialité. — PR. GÉN. — Principe en vertu duquel la justice est rendue par plusieurs magistrats (un président et un nombre variable d'assesseurs) qui délibèrent leurs décisions à la majorité absolue des voix. Dans le système à juge unique, au contraire, le pouvoir de statuer appartient à un seul magistrat. — V. *Juge unique.* Exceptionnellement appliqué dans l'ordre administratif, le recours au juge unique est plus fréquent dans l'ordre judiciaire.

Collègue. — DR. GÉN. — Désigne dans leurs rapports entre eux les personnes exerçant des fonctions officielles communes (fonctionnaires de même rang, magistrats, universitaires par exemple) ou remplissant une mission en commun (ministres, députés, membres du conseil d'administration d'une association, d'une société par exemple). — V. *Confrère.*

Collocation. — PR. CIV. — Décision du juge déterminant le rang et les droits d'un créancier qui se trouve en concours avec d'autres lors de la répartition du produit des biens saisis entre les mains d'un débiteur commun.

Colonat partiaire. — DR. CIV. — V. *Métayage.*

Colonisation. — DR. INT. PUBL. — Politique d'expansion politique et économique pratiquée à partir du XVIᵉ siècle par certains Etats à l'égard de peuples moins développés obligés d'accepter des liens plus ou moins étroits de dépendance. — V. *Annexion, Condominium, Protectorat, Cession à bail, Concession, Capitulation, Porte ouverte, Décolonisation.*

Comitas Gentium. — DR. INT. PUBL. — V. *Courtoisie internationale.*

Comité économique et social. DR. ADM. — Organe consultatif de la Région, institué par la loi du 5 juillet 1972 et composé de représentants des « organismes et activités à caractère économique, social, professionnel, familial, éducatif, scientifique, culturel et sportif de la Région ». — V. *Conseil Régional, Préfet de Région, Région.*

Comité électoral. — DR. CONST. — Groupement local de citoyens, membres ou sympathisants d'un parti, en vue de patronner un ou plusieurs candidats et de soutenir leur campagne.

Comité d'entreprise. — DR. TRAV. — Organe de l'entreprise qui réunit le chef d'entreprise et les représentants élus du personnel, en vue d'associer ceux-ci à la marche de l'entreprise.

Comité central d'entreprise : quand une entreprise comporte plusieurs établissements (V. ce mot), il existe un comité central d'entreprise composé des délégués élus par chacun des comités d'établissement, dans la limite de douze.

Comité d'hygiène et de sécurité. — DR. TRAV. — Commission spécialisée du comité d'entreprise chargée principalement de la prévention des accidents du travail.

Command (Déclaration de). DR. CIV., DR. COM. — Faculté réservée par la convention à l'acquéreur de se substituer le véritable bénéficiaire d'une vente amiablement consentie.

PR. CIV. — Déclaration faite dans les vingt-quatre heures d'une adjudication d'immeuble par laquelle l'adjudicataire fait connaître le nom et l'acceptation du véritable bénéficiaire de l'opération.

Commandement. — PR. CIV. Acte signifié au débiteur, par l'intermédiaire d'un huissier de justice, l'invitant à payer sous peine d'être saisi.

Cet acte suppose que le créancier est muni d'un titre exécutoire. Préambule d'une saisie-exécution ou d'une saisie immobilière.

Commandement de l'autorité légitime. — DR. PÉN. — Fait justificatif qui supprime le caractère délictueux d'actes accomplis en exécution d'un ordre légal donné par une autorité publique, compétente et légitime (le soldat qui tue un ennemi en temps de guerre), art. 327 C. pén.

Commanditaire. — DR. COM. Associé d'une société en commandite, simple bailleur de fonds n'ayant pas la qualité de commerçant et n'étant tenu que sur son apport. — V. *Société en commandite (simple et par actions).*

Commandité. — DR. COM. Associé commerçant d'une société en commandite, responsable personnellement et indéfiniment des dettes sociales. — V. *Société en commandite (simple et par actions).*

Commencement d'exécution. — DR. PÉN. — Acte caractéristique de la tentative punissable qui tend directement et immédiatement à la consommation de l'infraction. — V. *Tentative.*

Commencement de preuve par écrit. — DR. PRIV. — Tout titre signé, ' émanant de celui contre lequel la demande est formée, mais qui ne peut, pour des raisons de fond ou de forme, constituer un écrit nécessaire à la preuve des actes juridiques (ex. : une reconnaissance d'enfant naturel faite sous seing privé, et non en la forme authentique n'est qu'un commencement de preuve par écrit) ; la production d'un tel document, s'il rend vraisemblable le fait allégué, autorise l'audition des témoins.

PR. CIV. — Lorsqu'une comparution personnelle a été ordonnée, le juge peut tirer toute conséquence de droit des déclarations des parties, de l'absence ou du refus de répondre de l'une d'elles et en faire état comme équivalent à un commencement de preuve par écrit. V. *Comparution personnelle, Serment supplétoire.*

Commerçant. — DR. COM. Personne qui effectue des actes de commerce et en fait sa profession, agissant en son nom et pour son compte.

Commettant. — DR. CIV. — Personne qui est représentée ou au nom de qui on agit.

Celui qui agit sous la direction du commettant est le préposé.

DR. COM. — V. *Commission (contrat de).*

Comminatoire. — DR. CIV., PR. CIV. — Adjectif qualifiant une mesure révocable destinée à faire pression sur un débiteur. L'astreinte prononcée par le juge est souvent comminatoire. — V. *Astreinte.*

Commissaire aux apports. DR. COM. — Personne chargée dans les sociétés par actions et les S. A. R. L. d'apprécier, sous sa responsabilité, la valeur des apports en nature effectués par un associé, lors de la constitution de la société ou de l'augmentation de son capital, et des avantages particuliers qui peuvent être consentis à un associé ou à un non-associé par la société, en contrepartie des services rendus à l'occasion de ces opérations.

Ces commissaires aux apports sont en principe désignés par les associés à l'unanimité dans la S.A.R.L. et par le Président du tribunal de commerce dans les autres cas.

Commissaire aux comptes. DR. COM. — Personne, physique ou morale, chargée par le législateur de contrôler de façon très stricte la régularité de la gestion de la société anonyme et de tenir informés les organes dc direction et les actionnaires des faits dont elle a eu connaissance et des irrégularités qu'elle a relevées dans la gestion de la société.

COM   COM

La désignation d'un ou plusieurs commissaires aux comptes est également obligatoire dans les S. A. R. L. dont le capital excède 300.000 F.

Commissaire du Gouvernement. — DR. ADM. —
1° Auprès des juridictions administratives et du Tribunal des conflits : fonctionnaire appartenant à la juridiction, chargé en toute indépendance de présenter sous forme de conclusions la solution qui lui paraît appeler, compte tenu du droit positif, le problème juridique posé par le litige.

2° Auprès des sections administratives du Conseil d'Etat : haut fonctionnaire désigné par le Gouvernement pour développer et soutenir le point de vue de l'Administration.

3° Auprès des sociétés d'économie mixte : agent du Gouvernement placé auprès de ces sociétés pour exercer sur leur fonctionnement les contrôles prévus par les textes.

Commissaire de police. — PR. PÉN. — Fonctionnaire de la police nationale investi de la qualité d'officier de police judiciaire lorsqu'il est affecté à un emploi impliquant celle-ci, et lorsqu'il a été habilité par le procureur général à exercer les fonctions correspondantes.

Commissaire-priseur. — PR. CIV. — Officier ministériel chargé, dans son ressort, de procéder à la vente publique de meubles.

Commission. — DR. CIV. ; COM. — 1° Rémunération due à un commissaire, et par extension à tout mandataire.

2° Contrat de commission : contrat par lequel une personne s'engage à accomplir un ou plusieurs actes pour le compte d'un commettant, sans que le nom de ce dernier soit indiqué au cocontractant qui sait pourtant que le commissionnaire agit pour autrui.

PR. GÉN. — Mission donnée par un juge à un agent de l'autorité publique, aux fins de surveillance (juge commissaire dans les procédures collectives de liquidation) de remplacement (magistrat chargé d'instruire, à la place de la juridiction qualifiée, pour cause d'éloignement), de conservation (huissier désigné pour rétablir la minute de la décision au greffe) ou de règlement d'une situation juridique (notaire commis pour liquidation de régime matrimonial). Se dit aussi de l'agrément nécessaire à l'exercice régulier de certaines fonctions, telles celles du garde champêtre qui doit être dûment *commissionné* par le sous-préfet.

Commission (des représentants). — DR. TRAV. — Rémunération des représentants de commerce consistant en un pourcentage du montant des commandes recueillies.

Commission des Communautés Européennes. — Dr. int. publ. — Organe commun à la C.E. C.A., au Marché Commun et à l'Euratom, composé de 14 membres nommés d'un commun accord par les Gouvernements mais indépendants d'eux (2 pour chacun des Etats suivants : France, Grande-Bretagne, Rép. Féd. d'Allemagne, Italie et 1 pour chacun des six autres Etats), et chargé de représenter les intérêts des Communautés en face du Conseil des ministres préposé à la conciliation des intérêts nationaux.

La collaboration Commission-Conseil obéit à des règles complexes. — V. *Communautés européennes, Conseil des ministres* [2].

Siège de la Commission : Bruxelles.

Commission de la concurrence. — Organisme consultatif, composé de magistrats administratifs et judiciaires et de personnalités nommées en raison de leur compétence, intervenant par ses avis dans les procédures ministérielles de répression des ententes illicites et des abus de position dominante ainsi que de contrôle des concentrations d'entreprises pouvant porter atteinte à une concurrence suffisante sur le marché, et pouvant en outre être saisi par le gouvernement de toutes questions concernant la concurrence.

Elle a succédé à la Commission technique des ententes et des positions dominantes.

Commission départementale. Dr. adm. — Emanation du conseil général siégeant au moins une fois par mois et investie de pouvoirs propres de décision (limités), d'instruction des affaires à délibérer par le conseil général, de contrôle du préfet agissant comme ordonnateur du budget départemental, ainsi que des pouvoirs que le conseil général décide de lui déléguer.

Commission départementale des impôts. — Dr. fin. — Organisme composé de représentants du fisc et des contribuables, présidé par un juge administratif, chargé de fixer les forfaits de bénéfices ou de T.V.A. en cas de désaccord entre l'Administration et le redevable, et de rendre un avis — pratiquement déterminant — en cas de litige sur l'application de l'impôt portant sur des questions de fait (comme le taux à retenir pour l'amortissement d'un bien).

Commission du droit international. — Dr. int. publ. Organe subsidiaire (V. ce mot) de l'Assemblée Générale des Nations Unies, composé de 25 juristes indépendants choisis de manière à représenter les différents systèmes juridiques du monde, et chargé « d'encourager le développement progressif du Droit International et sa codification ». Ses travaux ont permis l'adoption de conventions importantes, comme celles de Genève sur le droit de la mer (1958), celles de Vienne sur les relations diplomatiques

(1961) et consulaires (1963), et sur le droit des traités (1969). — V. *Codification*.

Commission européenne des droits de l'homme. — DR. INT. PUBL. — Organe créé par la Convention Européenne des droits de l'homme (V. cette expression) pour :

a) examiner la recevabilité des requêtes étatiques ou (si l'Etat mis en cause les permet) individuelles, formées pour violation des droits reconnus ;

b) tenter un règlement amiable.

Commission mixte paritaire. — DR. CONST. — Commission composée d'un nombre égal de parlementaires des deux chambres et chargée, en cas de désaccord entre celles-ci, d'élaborer un texte transactionnel susceptible d'être adopté par elles (système en vigueur au Parlement français depuis la Constitution de 1958).

Commission des opérations de bourse. — DR. COM. — Organisme public centralisé créé par une ordonnance du 28 septembre 1967 et chargé, d'une part, de contrôler l'information des porteurs de valeurs mobilières et du public sur les sociétés qui font publiquement appel à l'épargne et les valeurs émises par ces sociétés ; d'autre part, de veiller au bon fonctionnement des bourses de valeur. — V. *Bourse de valeurs*.

Commission parlementaire. DR. CONST. — 1° Formation interne du Parlement chargée de la préparation du travail législatif (examen des projets et propositions de lois avant leur délibération en séance plénière).

On distingue : les commissions permanentes et spécialisées : finances, affaires étrangères, etc... (Ex. : France) ; les commissions permanentes mais non spécialisées (Ex. : Grande-Bretagne) ; les commissions spéciales formées cas par cas pour l'examen d'un projet, ou d'une proposition de loi déterminée.

2° Organisme créé par les Chambres avec mission de réunir des éléments d'information sur une question déterminée (commission d'enquête et de contrôle).

Commission de première instance de sécurité sociale. PR. CIV. — Juridiction d'exception du type échevinage compétente pour le contentieux de la sécurité sociale. Il existe 110 commissions.

Présidée par le président du tribunal de grande instance, elle comprend un assesseur représentant les salariés, un assesseur représentant les employeurs, ceux-ci étant désignés par le président sur présentation des organisations représentatives.

Commission de recours gracieux. — SÉC. SOC. — Commission formée au sein du conseil d'administration des caisses locales de sécurité sociale, qui examine les réclamations des particuliers contre les décisions de la caisse. Le recours gracieux précède et peut éviter le recours contentieux.

Commission rogatoire. — PR. CIV., PÉN., DR. INT. PRIV. — Délégation, par un magistrat, de ses pouvoirs à un autre magistrat ou à un officier de police judiciaire, pour qu'il exécute à sa place un acte d'instruction.

Une telle délégation est possible en France à la demande d'un Etat étranger et à l'étranger à la demande de l'Etat français (commission rogatoire internationale).

Commission supérieure des conventions collectives. — DR. TRAV. — V. *Convention collective.*

Commissions d'urbanisme commercial. — DR. ADM. Organes institués en 1973 (loi Royer), constituant un système à deux degrés, degré départemental et degré national, pour essayer de concilier les intérêts des commerces et artisanats locaux (petits et moyens) et des entreprises dites de « grande surface ». Ce système confie aux commissions, composées d'élus locaux, de représentants des activités commerciales et artisanales, et de représentants des usagers, un véritable pouvoir d'autorisation de s'installer à l'encontre des « grandes surfaces ».

Commission de vérification des comptes des entreprises publiques. — DR. FIN. — Organisme non juridictionnel de contrôle financier, supprimé en 1976. Ses attributions ont été confiées à la Cour des Comptes (V. ce mot), dont elle n'était d'ailleurs qu'une émanation de par sa composition.

Commissionnaire. — DR. COM. — Commerçant qui fait des opérations commerciales en son propre nom pour le compte d'un autre commerçant, le « commettant ». — V. *Commission (contrat de).*

Commodat. — DR. CIV. — Prêt à usage ; il a pour objet une chose non consomptible qui doit être restituée par l'emprunteur en nature. — V. *Mutuum ou prêt de consommation.*

Commonwealth. — DR. INT. PUBL. — Association de la Grande-Bretagne et d'anciennes possessions britanniques ayant accédé au rang d'Etats pleinement indépendants. Jusqu'en 1947, le British Commonwealth comportait l'allégeance de tous ses membres (britanniques d'origine et de tradition) à la Couronne ; depuis son extension, il n'y a plus qu'un Commonwealth of Nations, dont les membres reconnaissent la Couronne comme « symbole de libre association ». L'absence d'armature juridique confère au Commonwealth une extrême souplesse.

Communauté. — DR. CONST. Groupement d'Etats cons-

titué par la République
Française et d'anciens Territoires d'Outre-mer ayant
accédé au rang d'Etats.

La Communauté établie
par la constitution de 1958
(Titre XII) conférait à la
République Française une
prépondérance dans la gestion des affaires communes,
mais reconnaissait aux
Etats membres l'autonomie
interne et le droit à l'indépendance. L'usage général
de ce droit dès 1960 a
transformé la nature de la
Communauté qui, de cons-
titutionnelle, est devenue
conventionnelle. En fait,
aujourd'hui, la Commu-
nauté « rénovée » est dé-
pourvue d'unité organique
et n'a qu'une signification
sentimentale.

Communauté de vie. — Dr.
civ. — Devoir imposé aux
époux de vivre ensemble
(communauté de résidence)
et d'avoir des relations intimes (cohabitation).

Communauté entre époux.
Dr. civ. — Régime matri-
monial en vertu duquel une
partie des biens dont disposent les époux est com-
mune et partagée après la
dissolution du régime. Le
régime matrimonial légal,
c'est-à-dire celui qui est
applicable toutes les fois
que les époux n'ont pas
conclu un contrat de ma-
riage, est la communauté
réduite aux acquêts depuis
la loi du 13 juill. 1965.
V. *Acquêt.*

Communautés Européennes.
Dr. int. publ. — Organisations ayant pour but de

réaliser l'unification européenne en soumettant les
souverainetés étatiques, dans
certains domaines, à une
autorité commune.

Les traits caractéristiques
des Communautés (existence
d'organes composés de
personnes indépendantes des
Gouvernements, importance
des compétences concédées
par les Etats, restrictions à la
règle de l'unanimité, rapports
directs avec les particuliers...)
ont permis de parler d'Organisations supranationales. Etats
membres : Allemagne Fédé-
rale, Belgique, France, Italie,
Luxembourg, Pays-Bas, auxquels s'ajoutent, depuis 1973,
la Grande-Bretagne, le Danemark et l'Irlande, et, depuis
1981, la Grèce. Les trois
Communautés sont :

1° **Communauté Econo-
mique Européenne ou Mar-
ché Commun (1957).** A la
fois : *a)* union douanière :
libre circulation des marchandises par la suppression
des barrières douanières et
la disparition des restrictions quantitatives, tarif extérieur commun ; *b)* union
économique : libre circu-
lation des personnes, services et capitaux, rapprochement des législations
(sociale, fiscale), politiques
économiques communes par
secteurs (agriculture, transports, énergie) ou générale
(conjoncturelle, monétaire,
de développement).

2° **Communauté Euro-
péenne du Charbon et de
l'Acier, C. E. C. A. (1951).**
Libre concurrence de la

production et des échanges sous le contrôle de la C. E. C. A. : pouvoirs de police, interventions de conjoncture (sur la production et les prix) et en matière de développement (aide au financement des investissements, à la modernisation des entreprises, à la recherche), compétences sociales (amélioration des conditions de vie de la main-d'œuvre).

3o Communauté Européenne de l'Energie Atomique ou Euratom (1957). Coordination de la recherche et diffusion des connaissances, encouragement des initiatives des entreprises et création d'entreprises communes, organisation d'un marché commun atomique, politique commune en matière d'approvisionnement, protection sanitaire et contrôle de sécurité. V. *Assemblée Parlementaire Européenne, Commission, Conseil Européen, Cour de justice.*

Communauté Européenne de Défense (C. E. D.). — Dr. int. publ. — Organisation prévue par le traité du 27 mai 1951 entre les six Etats déjà membres de la C. E. C. A., mais non effectivement créée à la suite du refus de la France (30 août 1954).

Ce projet, qui tendait à intégrer les forces armées des « Six » sous une autorité supranationale, répondait à la crainte suscitée par la perspective du réarmement allemand envisagé par les Etats-Unis au moment de la guerre de Corée.

Communauté politique européenne. — Dr. int. publ. Organisation prévue par le traité signé le 10 mars 1953 entre les six Etats déjà membres de la C. E. C. A., et qui tendait à l'établissement d'un véritable Etat fédéral. Ce projet ambitieux fut finalement abandonné.

Communauté urbaine. — Dr. adm. — Etablissement public tendant à grouper, dans un souci de plus grande efficience, des communes constituant une même agglomération en vue de l'exécution collective d'un certain nombre de tâches ou de réalisations d'intérêt commun.

Commune renommée. — Dr. civ. — Rumeur publique ou croyance commune tenant pour vrai des faits dont il n'existe aucune preuve directe.

La commune renommée n'est qu'exceptionnellement admise comme moyen de preuve.

Communes. — Dr. adm. — Collectivités territoriales de base de l'organisation administrative française, très inégales par leurs ressources et leur population, gérées selon un régime juridique en principe uniforme par un collège délibérant (conseil municipal) et un maire. Il y a 38.000 communes en France métropolitaine, 23.000 ont moins de 500 habitants, plus de 2.000 en ont moins de 100. Sans apporter de véritables innovations, la loi du 16 juillet 1971 cherche des procédures de fusion et de regroupement des communes. — V. *Décentralisation*.

Communication du dossier. DR. ADM. — Garantie fondamentale de la défense consistant en l'obligation pour l'Administration de mettre à même toute personne liée à elle de prendre connaissance du contenu de son dossier personnel préalablement à toute mesure disciplinaire, ou même seulement prise en considération de sa personne, et ceci à peine de nullité de la procédure engagée.

Communication au ministère public. — PR. CIV. — Il y a communication au ministère public lorsque celui-ci intervient dans une affaire comme partie jointe spontanément, à la demande du tribunal ou sur l'ordre de la loi.

Communication de pièces. PR. CIV. — Les plaideurs doivent se communiquer les pièces dont ils se servent.

Cette communication, si elle n'est pas faite spontanément, peut être exigée par l'intermédiaire du juge ou du tribunal qui peuvent assortir sa non-exécution, dans un certain délai, d'une astreinte. V. *Compulsoire*.

Commutation de peine. — DR. PÉN. — Grâce présidentielle dont l'effet est de substituer à la peine prononcée par la juridiction une peine moins grave. Par ex. : peine de mort commuée en une peine privative de liberté.

Comourants ou « Comorientes ». — DR. CIV. — Personnes qui meurent dans un même événement.

Compagnie. — PR. CIV. — Terme d'usage pour distinguer l'organisation corporative de certaines professions, tels les agents de change et les commissaires-priseurs.

Compagnies Républicaines de Sécurité (C. R. S.). — DR. ADM. — Catégorie d'agents civils de la Force publique, au même titre que les agents de police, mais organisés militairement. Les C. R. S., très mobiles, dont les missions sont diverses et excèdent très largement le maintien de l'ordre au sens courant du terme, sont rattachées au Ministère de l'Intérieur et agissent sur ordre direct des autorités civiles compétentes, auxquelles elles sont hiérarchiquement subordonnées. — V. *Gendarmerie*.

Comparution. — PR. CIV. — Devant les tribunaux de droit commun, comparaître signifie constituer avocat (tribunal de grande instance) ou avoué (cour d'appel) dans le délai fixé par l'assignation.

Devant les tribunaux d'exception, comparaître signifie se présenter soi-même ou envoyer un mandataire à l'audience lors de l'appel de la cause.

Comparution personnelle. — PR. GÉN. — Mesure d'instruction par laquelle les parties sont convoquées devant le tribunal pour y être interrogées sur les faits de la cause.

PR. CIV. — La comparution personnelle ne désigne pas l'obligation où se trouvent les plaideurs de se présenter eux-mêmes devant le juge (la représentation en justice par un mandataire étant la règle), mais la mesure d'instruction consistant à entendre directement les parties ou l'une d'elles.

La comparution personnelle peut être prescrite en toute matière, et même d'office ; elle se déroule en présence des défenseurs et donne lieu à l'établissement d'un procès-verbal.

Elle peut viser une personne morale qui comparaît alors par l'intermédiaire de son représentant légal. — V. *Audition des parties, Mesures d'instruction.*

Compensation. — DR. CIV. — Extinction de deux dettes réciproques jusqu'à concurrence de la plus faible.

La compensation n'est possible que si les dettes sont certaines, liquides et exigibles. — V. ces mots.

Compensation démographique. SÉC. SOC. — Transferts opérés d'un régime de sécurité sociale à un autre pour remédier au déséquilibre financier existant dans certains secteurs en raison d'un rapport défavorable entre le nombre des affiliés actifs et des affiliés inactifs. C'est ainsi que la compensation démographique est pratiquée entre le régime général et le régime des non-salariés.

Compétence. — DR. PRIV.,

DR. PUBL. — Pour une autorité publique ou une juridiction, aptitude légale à accomplir un acte ou à instruire et juger un procès.

Compétence d'attribution ou « ratione materiae ». — PR. CIV. — Compétence d'une juridiction en fonction de la nature des affaires, parfois aussi de leur importance pécuniaire.

Les règles de compétence d'attribution répartissent les litiges entre les divers ordres, degrés et nature de juridiction. — V. *Compétence territoriale. Juridiction.*

Compétence civile. — PR. CIV. — V. *Tribunal de grande instance, Tribunal d'instance.*

Compétence commerciale. — PR. CIV. — V. *Tribunal de commerce.*

Compétence internationale. DR. INT. PRIV. — V. *Conflits de juridiction.*

Compétence exclusive. — PR. CIV. — Il y a, compétence exclusive lorsque la connaissance d'un certain contentieux est absolument réservée à une juridiction déterminée, qu'il s'agisse de compétence d'attribution ou de compétence territoriale. Ainsi, le tribunal de grande instance a compétence exclusive en matière d'état des personnes.

Compétence matérielle ou « ratione materiae ». — PR. PÉN. — Compétence d'une juridiction pénale en fonction de la nature de l'infraction (contraventions, délits, crimes p. ex.).

Compétence nationale (domaine de la). — DR. INT. PUBL. — Selon la terminologie de la Charte de l'O. N. U. (art. 2, § 7), affaires relevant exclusivement des Etats membres et soustraites de ce fait à la compétence des organes de l'O. N. U.

Le contenu du « domaine réservé » n'étant pas déterminé, les organes de l'O.N.U. décident discrétionnairement chaque fois qu'un Etat soulève l'exception de compétence nationale, et ils ont le plus souvent passé outre (principales applications en matière coloniale).

Compétence personnelle ou « ratione personae ». — PR. PÉN. — Compétence d'une juridiction pénale en fonction de la qualité personnelle du délinquant (mineur de dix-huit ans, militaire p. ex.).

Compétence territoriale « ratione loci ». — PR. PÉN. — Compétence d'une juridiction pénale en fonction des circonstances de lieu (lieu de commission de l'infraction, de la résidence ou de l'arrestation du prévenu par ex.).

Compétence territoriale « ratione personae vel loci ». — PR. CIV. — Les règles de compétence territoriale précisent quel est, de tous les tribunaux d'une même catégorie, répartis sur le territoire, celui qui devra connaître de l'affaire. V. *Compétence d'attribution.*

Complainte. — PR. CIV. —

Action permettant d'agir au possessoire lorsque le possesseur et même le simple détenteur précaire est victime d'un trouble actuel. — V. *Action possessoire.*

Complément familial. — SÉC. SOC. — Prestation versée aux ménages ou personnes seules résidant en France, ayant à leur charge soit un enfant de moins de trois ans, soit trois enfants et plus, et dont les ressources sont inférieures à un plafond qui varie avec le nombre des enfants à charge.

Le complément familial s'est substitué à l'allocation de la mère au foyer, à l'allocation de salaire unique, à l'allocation de frais de garde, qui toutefois subsistent encore au titre des droits acquis.

Complicité. — DR. PÉN. — Participation coupable accessoire à un crime ou un délit punissable, antérieure ou concomitante à l'infraction principale et réalisée par des faits strictement déterminés par la loi, à savoir : la provocation à commettre l'infraction par dons, promesses, menaces, abus d'autorité ou de pouvoir, machination ou artifice coupables ; les instructions données ; la fourniture de moyens ; et enfin l'aide et l'assistance dans la réalisation du délit.

Compromis. — DR. CIV. — Terme employé de façon impropre par les praticiens pour désigner la convention provisoire par laquelle les parties constatent leur accord sur les conditions

COM COM

PR. CIV. — Convention par laquelle deux ou plusieurs personnes décident de soumettre un litige concernant des droits dont elles ont la libre disposition à l'arbitrage. L'administration ne peut, sauf cas exceptionnels, signer un compromis. — V. *Arbitrage, Clause compromissoire.*

DR. INT. PUBL. — Accord entre Etats pour soumettre à un règlement arbitral ou judiciaire un conflit qui les oppose.

Comptabilité. — DR. COM. — Procédé permettant d'enregistrer grâce à la tenue permanente de *comptes* toutes les opérations commerciales réalisées par un commerçant individu ou par une entreprise commerciale, et de dégager, soit à tout moment certaines situations partielles (situation de caisse, situation client par exemple), soit, en fin d'exercice, la situation financière générale de cet individu ou de cette entreprise par la présentation du bilan.

Comptabilité publique. — DR. FIN. — 1° Au sens le plus étroit, s'entend de l'ensemble des règles fixant les modalités d'enregistrement comptable des opérations de l'Etat à caractère financier.

2° Au sens large, qui est le plus fréquent, la comptabilité publique comprend en outre l'ensemble des règles déterminant les

obligations et la responsabilité des administrateurs et des comptables.

Comptable assignataire. — DR. ADM. — Comptable public sur la caisse duquel un ordonnateur doit assigner — c'est-à-dire faire effectuer — le paiement d'une dépense d'une personne publique (V. ce mot). Ce comptable est chargé d'effectuer le contrôle de la régularité de la mise en paiement de la dépense par l'ordonnateur (V. ce mot).

Comptable de fait. — DR. FIN. — Terme désignant toute personne se rendant coupable d'un acte constitutif de gestion de fait (V. ce mot).

Comptable principal. — DR. FIN. — Comptable public rendant un compte de gestion à la Cour des Comptes (V. ce mot), après avoir éventuellement intégré dans sa comptabilité les opérations d'autres comptables publics (dits : comptables secondaires). Dans chaque département, seul le Trésorier-Payeur Général (V. ce mot) est comptable principal pour les dépenses et les recettes de l'Etat.

Comptables publics. — DR. FIN. — Catégorie d'agents ayant seuls qualité, sous leur responsabilité civile, pour recouvrer les créances et payer les dettes de la majeure partie des personnes publiques, ainsi que pour manier et conserver les fonds et valeurs appartenant ou confiés à celles-ci.

Les fonctions de comptable et d'ordonnateur sont en principe incompatibles, mais pour les produits fiscaux à caractère indirect les comptables procèdent eux-mêmes à la liquidation de l'impôt.

Compte administratif. — DR. ADM. — En matière de finances des collectivités territoriales et des établissements publics, document voté par le collège délibérant (conseil municipal...) après la clôture de l'exercice budgétaire, afin de comparer les opérations effectuées et les autorisations budgétaires.

Il correspond à ce qu'est pour l'Etat la loi de règlement (V. ce mot).

Comptes consolidés. — DR. COM. — Bilan et comptes d'une société décrivant la situation active et passive et les résultats des filiales et des sociétés dont elle détient une participation.

Compte courant. — DR. CIV., COM. — Contrat par lequel deux personnes qui sont périodiquement créancières et débitrices réciproques, font figurer leurs créances et dettes en articles de compte indivisible, seul le solde étant dû après clôture.

On appelle « remettant » celui qui est bénéficiaire d'une créance, « récepteur » celui qui opère la même inscription à son débit.

Compte courant postal. — DR. COM. — Compte ouvert, sous réserve d'agrément par l'administration des postes, à toute personne physique ou morale, à tout service public et groupement d'in-

térêts sur demande adressée à un bureau postal, et tenu par l'administration des postes.

Compte de dépôt. — DR. COM. — Compte ouvert par une banque à une personne, commerçante ou non commerçante, qui dépose des fonds et les retire par chèque ou par virement.

Compte d'exploitation. — DR. COM. — Document légal de synthèse qui enregistre les charges et les produits de l'entreprise au cours d'une période de référence appelée exercice.

La différence fait apparaître soit un bénéfice soit un déficit d'exploitation.

Ce compte sera fondu avec le compte de pertes et profits dans un compte unique appelé compte de résultat (nouveau Plan Comptable applicable en principe à compter du 1er février 1982).

Compte joint. — DR. CIV., DR. COM. — Compte ouvert au nom de plusieurs personnes, établissant entre elles une solidarité tant active que passive. Se caractérise par la possibilité pour chaque titulaire d'engager la totalité des fonds et par la présomption de copropriété entre tous les déposants. Le compte est joint dans le fonctionnement, disjoint dans la liquidation.

Compte de pertes et profits. — DR. COM. — Document légal de synthèse qui reprend le solde débiteur ou créditeur du compte d'exploitation en y ajoutant les profits et les pertes exceptionnelles ou sur exercice antérieur.

La différence est le résultat net comptable qui sera repris à l'actif ou au passif du bilan.

Compte de résultat. — Dr. com. — Document légal de synthèse qui enregistre tous les produits et les charges de l'entreprise.

La différence est le résultat net comptable qui sera repris à l'actif ou au passif du bilan.

(Nouveau Plan Comptable applicable en principe à compter du 1.02.1982.)

Comptes spéciaux du Trésor. — Dr. fin. — Comptes ouverts dans les écritures du Trésor public en vue d'affecter certaines recettes à certaines dépenses.

Le Parlement autorise dans la loi de Finances les opérations qu'ils retracent, soit dans leurs masses soit dans leur solde.

Compulsoire. — Dr. civ., Pr. civ. — Procédure ancienne grâce à laquelle un plaideur pouvait se faire délivrer copie d'un acte public auquel il n'avait pas participé ou obtenir la représentation de l'original en vue de la collationner avec la copie.

Abrogée et remplacée par le nouveau Code de procédure civile qui aménage des règles plus générales permettant, en cours d'instance, à une partie, d'obtenir des pièces détenues par des tiers.

Computation. — Pr. gén. — V. *Délais.*

Concentration. — Dr. adm. Mode très théorique d'organisation administrative selon lequel tous les pouvoirs de décision seraient rassemblés au profit d'autorités étatiques situées au siège géographique des pouvoirs publics.

Dr. com. — Au sens large, toute opération juridique tendant à créer une unité de décision entre des entreprises, dans le but d'en accroître la puissance économique.

Dans un sens plus strict, opérations juridiques tendant à créer une unité de décision entre des entreprises soit par la création de liens structurels modifiant l'identité juridique des entreprises intéressées (V. *Fusion*), soit par la création de liens financiers laissant subsister l'indépendance juridique des entreprises en cause (V. *Groupe de sociétés*).

Conception. — Dr. civ. — En Droit français, la personnalité juridique de l'enfant né vivant et viable remonte à la date de sa conception qui, sous cet aspect, se confond avec la procréation.

Concert européen. — Dr. int. publ. — Entente des grandes puissances européennes au cours du xixe siècle pour régler en commun, par une suite de réunions intermittentes, les grands problèmes européens.

Concertation. — Dr. adm. — V. *Economie concertée.*

Concession. — Dr. adm. — Mot dont le sens juridique varie de type à type, mais qui recouvre en tous cas un accord de volonté.

1° de service public : mode de gestion d'un service public consistant à confier la gestion à un concessionnaire recruté contractuellement agissant à ses risques et rémunéré par des perceptions prélevées sur les usagers.

2° de travaux publics : procédé de réalisation d'un ouvrage public caractérisé par le mode de rémunération de l'entrepreneur, à qui est reconnu le droit d'exploiter à titre onéreux l'ouvrage pendant un temps déterminé (système du péage).

3° d'occupation du domaine public : contrat de droit administratif conférant à son bénéficiaire, moyennant rémunération, le droit d'utiliser privativement une partie plus ou moins étendue du domaine public.

DR. INT. PUBL. — Affectation d'un quartier de ville aux étrangers qui y résident, avec le droit pour eux d'avoir leur propre administration et leur propre juridiction.

Appliqué en Chine à partir de 1840, le régime des concessions a disparu progressivement après la première guerre mondiale.

Concession commerciale. — DR. COM. — Contrat liant un fournisseur à un commerçant, auquel il réserve la vente de ses produits, à la condition qu'il accepte un contrôle commercial, comptable, voire financier de son entreprise et parfois s'engage à s'approvisionner, dans ce secteur, exclusivement chez le concédant.

Concession immobilière. — DR. CIV. — Contrat par lequel le propriétaire d'un immeuble attribue la jouissance du bien, contre rémunération annuelle, et pendant au moins vingt ans, à un preneur qui peut apporter tous aménagements de son choix et édifier.

A l'expiration du contrat, le propriétaire doit en principe indemniser le concessionnaire pour les constructions effectuées.

Concession de voirie. — DR. ADM. — Contrat administratif autorisant une occupation privative — et donc anormale — d'une portion de la voirie par un particulier, moyennant une redevance. Malgré son caractère contractuel cette autorisation, précaire, peut être révoquée en indemnisant le concessionnaire. — V. *Permission de voirie.*

Conciliateur. — PR. CIV. — Personne privée chargée de favoriser un règlement amiable des conflits, de donner des informations et des conseils. Il y a environ 1 000 conciliateurs (choisis parmi les fonctionnaires ou des membres des professions libérales à la retraite).

Conciliation. — DR. INT. PUBL. — Mode de règlement politique des conflits internationaux consistant dans l'intervention d'une commission chargée, en mettant en œuvre une procédure contradictoire, d'examiner l'affaire et de proposer une solution.

Dr. trav. — 1° Phase obligatoire de l'instance prud'homale qui précède la procédure devant le bureau de jugement, pendant laquelle deux juges essaient de mettre les parties d'accord.

2° Procédé de règlement amiable des conflits collectifs de travail. Tous les conflits collectifs de travail doivent obligatoirement et immédiatement être soumis à une procédure de conciliation.

Pr. civ. — Phase préalable de certains procès, au cours de laquelle le juge essaye d'amener les plaideurs à un règlement amiable (ainsi séparation de corps et divorce). Sauf exception légale (conseil des prud'hommes, tribunal paritaire des baux ruraux), il n'y a pas de tentative obligatoire de conciliation dans les procès civils, commerciaux, sociaux. Mais le juge peut toujours essayer de concilier les parties, à toute hauteur de la procédure.

Conclusions. — Pr. civ. — Acte de procédure par lequel le demandeur expose ses chefs de demande, le défendeur ses moyens de défense. C'est par le dépôt des conclusions que le débat est lié. Le juge a l'obligation de répondre à tous les chefs des conclusions. — V. *Avocat, Avoué, Postulation.*

Dr. adm. — V. *Commissaire du gouvernement.*

Concordat. — Dr. com. — Traité passé entre un débiteur et ses créanciers, par lequel ceux-ci lui consentent des délais de paiement, ou une remise partielle de sa dette (ou parfois les deux). Le concordat peut être amiable ou judiciaire.

Dr. int. publ. — Traité conclu entre le Saint-Siège et un Etat en vue de régler la condition de l'Eglise et du culte dans cet Etat.

Concours. — Dr. adm. — Examen professionnel devant un jury indépendant chargé d'établir une liste d'aptitude en fonction des mérites des candidats. Le recrutement des fonctionnaires est en principe, effectué, en France par voie de concours (ex : Ecole Nationale d'Administration, Ecole Nationale de la Magistrature).

Concours (ou cumul) idéal d'infractions. — Dr. pén. V. *Concours de qualifications.*

Concours (loi du). — Dr. civ. — Règle en vertu de laquelle les créanciers supportent, à proportion de leurs droits, l'insolvabilité de leur débiteur. Son application est exceptionnelle en droit civil où la déconfiture est un état inorganique qui tolère que le paiement soit le prix de la course. N'entre en vigueur que par la procédure de l'opposition au règlement du prix, une fois la saisie opérée. Au rebours, le principe égalitaire de la contribution au marc le franc gouverne la liquidation du passif commercial.

Concours matériel d'infractions. — Dr. pén. — Imputation à un même inculpé de deux ou plusieurs infractions différentes non séparées entre elles par une condamnation devenue définitive.

Concours de qualifications. Dr. pén. — Situation dans laquelle un même fait matériel tombe sous le coup de deux ou plusieurs qualifications légales (ex. : abus des biens sociaux et escroquerie).

Concours au trésor public. Dr. fin. — Prêts consentis en permanence par la Banque de France au Trésor Public pour lui servir de volant de trésorerie. Ils fonctionnent comme une ligne de crédit sur laquelle il peut tirer à concurrence d'un maximum évolutif fixé par une convention passée entre l'Etat et la Banque et approuvée par le Parlement.

Concubinage. — Dr. civ. — Situation d'un homme et d'une femme vivant maritalement alors que l'union conjugale n'a pas été célébrée (ménage de fait).

On dit également union libre ; mais cette expression vise plus spécialement les relations passagères hors mariage.

Concurrence. — Dr. com. — V. *Droit de la concurrence.*

Concurrence déloyale. — Dr. com. — Agissements fautifs commis dans l'exercice d'une profession, commerciale ou non, et de nature à engager la responsabilité civile de leur auteur. Ces agissements doivent tendre soit à attirer la clientèle, soit à la détourner d'un concurrent de manière fautive. — V. *Clause de non-concurrence.*

Concussion. — Dr. pén. — Infraction qui consiste, pour un fonctionnaire ou un officier public, à exiger, de mauvaise foi, une somme présentée comme légalement due, alors qu'elle ne l'est pas (art. 174 C. pén.).

Condition. — Dr. civ. — Modalité d'un acte juridique faisant dépendre l'existence d'un droit d'un événement futur dont la réalisation est incertaine.

Si la condition est suspensive, le droit ne naît, rétroactivement, que si l'événement se produit. Si la condition est résolutoire, la survenance de l'événement fait disparaître le droit rétroactivement. — V. *Terme.*

Condition des étrangers. — Dr. int. priv. et publ. — Ensemble de droits dont peuvent jouir des étrangers en territoire français.

Certaines restrictions, de droit public et de droit privé, frappent les étrangers.

Condition préalable. — Dr. pén. — Circonstance indispensable à la commission d'une infraction, mais en elle-même dépourvue de toute illicéité, contrairement aux éléments constitutifs proprement dits. Par ex. : l'existence de l'un des contrats énumérés à l'article 408 du Code pénal est une condition préalable du délit d'abus de confiance, par opposition aux actes de détournement ou de dissipation, qui en sont les éléments constitutifs.

Condominium. — DR. INT. PUBL. Régime de cosouveraineté de deux ou plusieurs Etats sur un même territoire (Ex. : Condominium franco-britannique sur les Nouvelles-Hébrides jusqu'à leur accession à l'indépendance, en 1980 sous le nom de Vanuatu).

Confédération. — DR. CONST., DR. INT. PUBL. — Association d'Etats indépendants qui ont, par traité, délégué l'exercice de certaines compétences (diplomatie, défense...) à des organes communs, sans constituer cependant un nouvel Etat superposé aux Etats membres (différence fondamentale avec l'Etat fédéral).

Les compétences confédérales sont exercées par un organe de type diplomatique, qui prend à l'unanimité ou à une majorité renforcée des décisions qui ne peuvent atteindre la population qu'indirectement, par l'intermédiaire des Etats confédérés. Ex. : Confédération des Etats-Unis (1781-1787), Confédération germanique (1815-1866).

DR. TRAV. — Groupement réunissant les fédérations professionnelles et les unions interprofessionnelles. Principales confédérations : Confédération générale du travail (C.G.T.), Confédération générale du travail - Force ouvrière (C.G.T. - F.O.), Confédération française des travailleurs chrétiens (C.F.-T.C.), Confédération française démocratique du travail (C.F.D.T.), Confédération générale des cadres (C.G.C.).

Conférence. — DR. INT. PUBL. 1° Réunion internationale de personnes (hommes d'Etat, diplomates, experts, etc...) pour discuter de questions d'intérêts communs à plusieurs Etats (s'oppose à l'Organisation internationale par son caractère épisodique).

2° Terme souvent employé pour désigner l'organe délibérant d'une Organisation internationale (Ex. : Conférence générale de l'UNESCO, Conférence générale de l'O.I.T...)

Conférence administrative régionale. — DR. ADM. — Organisme composé de hauts fonctionnaires en service dans la Région, destiné à donner des avis au Préfet de Région en matière de planification économique régionale.

Conférences de La Haye. — DR. INT. PRIV. — Conférences tenues à La Haye entre 1893 et 1905, reprises depuis 1925 et surtout depuis 1951, dans le but d'élaborer des conventions internationales en matière de conflits de lois.

DR. INT. PUBL. — Conférences internationales tenues en 1899 et 1907 dans le but de codifier et compléter les règles de Droit international, principalement dans le double domaine du règlement pacifique des conflits et de l'humanisation du Droit de la guerre.

Premier exemple d'une grande Conférence internationale réunie dans un but purement normatif, en dehors de tout règlement politique immédiat.

Conférence des présidents. DR. CONST. — Organisme parlementaire composé du Président de l'Assemblée, des Vice-Présidents, des présidents de groupes, des présidents des commissions, du rapporteur général du budget et d'un membre du gouvernement, dont le rôle est d'examiner l'ordre des travaux de l'Assemblée et de faire toutes propositions concernant le règlement de l'ordre du jour en complément des discussions fixées par priorité par le Gouvernement. — V. *Ordre du jour.*

Confirmation. — DR. CIV. — Manifestation de volonté par laquelle le titulaire d'une action en nullité relative renonce à agir et, par un nouveau consentement, valide rétroactivement l'acte.

La confirmation peut être tacite.

PR. GÉN. — Décision par laquelle la juridiction du second degré consolide et maintient la décision des premiers juges. — V. *Infirmation, Réformation.*

Confiscation. — DR. PÉN. — Transfert à l'Etat ou à un établissement public de tout ou partie des biens d'un particulier, à titre de peine accessoire ou complémentaire.

Conflit. — DR. ADM. — 1° Conflit positif d'attributions : procédure tendant à permettre à l'Administration de faire dessaisir, par le Tribunal des Conflits, le tribunal judiciaire qui, selon elle, aurait été saisie à tort d'un litige en arguant de son incompétence au regard des règles de répartition des compétences juridictionnelles entre les deux ordres de juridictions.

2° Conflit négatif d'attributions : procédure tendant à éviter, par l'intervention automatique ou sollicitée du Tribunal des Conflits, qu'un litige ne puisse trouver de juges dans l'hypothèse où chaque ordre de juridictions considérerait que l'autre ordre est seul compétent pour en connaître.

3° Conflit de jugements (plus souvent appelé contrariété de jugements) : procédure tendant à permettre à un plaideur de faire juger par le Tribunal des Conflits le fond d'un litige à l'occasion duquel chaque ordre de juridictions aurait rendu au fond des décisions dont la contradiction juridiquement infondée entraînerait pour lui un déni de justice. V. *Contrariété de jugements.*

Conflit collectif de travail. DR. TRAV. — Différend mettant en jeu un intérêt collectif, qui oppose un ou des employeurs à un groupe de salariés.

Le conflit collectif s'accompagne généralement d'une grève.

Conflit collectif d'ordre juridique : c'est celui qui porte sur l'application ou l'interprétation d'une source de droit.

Conflit collectif d'ordre économique : il a pour objet la création d'une règle juridique nouvelle ou la modification d'une règle existante.

Conflits de compétence. — PR. CIV. — V. *Connexité, Contredit, Déclinatoire de compétence, Litispendance.*

Conflit (ou différend ou litige) international. — DR. INT. PUBL. — Opposition de thèses juridiques ou d'intérêts entre des Etats.

1° Conflits juridiques (ou justiciables parce que leur règlement est normalement effectué par la voie juridictionnelle ou arbitrale) : ceux qui portent sur l'application ou l'interprétation du Droit positif.

2° Conflits politiques (ou non justiciables parce que les Etats préfèrent les soumettre à des modes diplomatiques ou politiques de règlement) : ceux dans lesquels une des parties demande une modification du Droit positif. — V. *Règlement juridique, Règlement politique des conflits.*

Conflit de juridictions. — DR. INT. PRIV. — Concours de deux ou plusieurs juridictions subordonnées à des **souverainetés différentes,** pour connaître d'une instance en justice.

C'est un conflit de compétences juridictionnelles. Ex. : accident de la circulation survenu à des Français en territoire étranger ; le demandeur doit-il porter le litige à la connaissance du tribunal étranger, dans le ressort duquel l'accident s'est produit, ou devant le tribunal français, dans le ressort duquel est domicilié le défendeur ?

Conflit de lois. — DR. INT. PRIV. — Concours de deux ou plusieurs règles juridiques (lois, coutumes, règles établies par la jurisprudence), émanant de souverainetés différentes et susceptibles d'être appliquées à un même fait juridique. On parle aussi de conflits de lois dans l'espace.

C'est un conflit de compétences législatives. Ex. : accident de la circulation survenu à deux Français en territoire étranger : la responsabilité civile doit-elle être appréciée selon la loi de l'Etat où a eu lieu l'accident, ou selon la loi nationale des intéressés ? La solution du conflit de lois permet de déterminer la loi applicable, qui peut être éventuellement une loi étrangère. La solution méthodique des conflits de lois constitue la partie la plus importante du droit international privé.

Conflits de lois dans le temps. — Problèmes que pose la succession dans le

102

temps d'une loi ancienne et d'une loi nouvelle. En principe, la loi nouvelle est immédiatement applicable, sans rétroactivité ; la loi ancienne est immédiatement abrogée, sans prorogation provisoire. Ces deux règles générales comportent des exceptions. On emploie souvent pour désigner ces problèmes l'expression de droit transitoire.

Conflit mobile. — DR. INT. PRIV. Situation dans laquelle un conflit de lois dans l'espace se complique d'un conflit dans le temps. Ex. : un étranger a obtenu la nationalité française ; la loi française admet le divorce, la loi étrangère le refuse ; l'étranger, naturalisé Français, peut-il divorcer, alors que la loi sous l'empire de laquelle il avait contracté mariage interdit le divorce ?

Conflit de nationalités. — DR. INT. PRIV. — Situation d'un individu qui est susceptible soit d'invoquer deux nationalités différentes (conflit positif), soit d'être renié par deux Etats différents qui, l'un et l'autre, ne le considèrent pas comme leur sujet (conflit négatif). — V. *Apatridie*).

La première hypothèse (cumul de nationalités) est fréquente, du fait que les législations des différents Etats n'adoptent pas toutes les mêmes critères pour déterminer la nationalité des individus.

Conflit de qualifications. — DR. INT. PRIV. — Discor-

dance entre les qualifications d'une même institution données par des systèmes juridiques différents. Ex. : la rédaction d'un testament par un officier ministériel est considérée, en droit français, comme une simple question de forme ; aux Pays-Bas, le code civil en fait une condition de fond pour la validité du testament. — V. *Qualification*.

Confrère. — DR. GÉN. — Désigne dans leurs rapports entre eux les membres de certaines professions libérales (avocat, médecin, architecte, etc...) de certaines sociétés scientifiques, littéraires, religieuses (Académie par exemple). — V. *Collègue*.

Confrontation. — PR. GÉN. — Procédé d'instruction consistant pour le juge à mettre en présence plusieurs personnes en vue de comparer leurs dires. Peuvent être confrontés soit les témoins entre eux, soit les parties entre elles, soit les parties avec les témoins. Le cas échéant, il est procédé à l'audition en présence d'un technicien.

Confusion. — DR. CIV. — Mode d'extinction d'une situation juridique par la réunion sur la même tête de deux qualités contraires qui doivent être réparties sur deux personnes pour que la situation juridique demeure. Ex. : si le créancier hérite de son débiteur, il cumule deux qualités opposées qui entraînent confusion et donc extinction du rapport d'obligation.

Confusion des peines. — Dr. PÉN. — Procédure consistant à faire jouer le principe du non-cumul des peines (V. ce mot), lorsque plusieurs infractions non séparées par un jugement définitif sont poursuivies au cours d'instances différentes.

Congé. — Dr. CIV. — Acte par lequel l'une des parties au contrat de louage manifeste à l'autre partie sa volonté de mettre fin au contrat.

Dr. FIN. — V. *Acquit à caution.*

Dr. TRAV. — 1° Suspension organisée du contrat de travail. La notion de congé est plus restrictive que celle de suspension. — V. ce mot.

Congé-éducation : congé non rémunéré de douze jours au maximum accordé aux travailleurs qui veulent participer à des stages d'éducation ouvrière ou de formation syndicale.

Congé de formation : congé de droit, accordé dans la limite de 2 % de l'effectif de l'entreprise, au salarié qui désire suivre un stage de formation. La durée du congé de formation peut atteindre un an.

Congé de maternité : suspension du contrat de travail de la femme en couches (durée légale obligatoire : 8 semaines ; durée légale facultativé : 16 semaines pouvant être prolongées en raison des circonstances d'ordre familial ou pathologique).

Congé de naissance : congé de trois jours accordé à un chef de famille à l'occasion de la naissance d'un enfant.

Congé parental ; Congé de deux ans au maximum à compter de la naissance ou de l'adoption d'un enfant, accordé sur sa demande à l'un des parents de l'enfant né ou adopté. Le bénéficiaire doit avoir un an d'ancienneté et appartenir à une entreprise de 100 salariés au moins.

Congé payé : suspension annuelle du contrat de travail pendant laquelle le salarié reçoit sa rémunération habituelle.

2° Acte qui met fin au contrat de travail à durée **indéterminée.** — V. *Résiliation, Congédiement, Licenciement, Rupture.*

Congédiement. — Dr. TRAV. Renvoi du salarié par l'employeur qui prend l'initiative de la rupture du contrat de travail.

Congrégation. — Dr. CIV. ; Dr. PUBL. — Variété d'association groupant des religieux soumis à une règle.

En France, les congrégations sont soumises à un régime juridique de défaveur. — V. *Association.*

Congrès. — Dr. CONST. — 1° Nom donné au Parlement des Etats-Unis.

2° En France, assemblée résultant de la réunion des deux chambres pour l'adoption d'une loi de révision constitutionnelle (art. 89, al. 3 de la Constitution de 1958).

3° Réunion périodique des délégués d'un parti politique en vue de décider des programmes et des questions politiques et de renouveler les organes dirigeants.

DR. INT. PUBL. — Réunion de Chefs d'Etats, de Ministres des Affaires étrangères ou de plénipotentiaires en vue du règlement de questions politiques importantes.

Connaissement. — DR. MAR. Ecrit par lequel le capitaine d'un navire reconnaît avoir reçu à son bord les marchandises qui y sont énumérées (sur les mentions obligatoires du connaissement, V. d. 31 déc. 1966, art. 33 et s.).

Le connaissement constitue un titre représentatif des marchandises, qui peut circuler, comme un effet de commerce.

Connexité. — PR. CIV. — Il existe une connexité entre deux demandes en justice lorsque celles-ci sont étroitement liées entre elles, si bien qu'en les jugeant séparément, on risque d'aboutir à une contrariété de jugements.

La connexité est, en outre, une condition de recevabilité des demandes incidentes. — V. *Connexité, Déclinatoire de compétence, Litispendance.*

DR. PÉN. — Lien entre plusieurs infractions accomplies avec unité de temps et de lieu, ou unité de dessein, ou par relation de cause à effet, ou encore lien entre le recel de choses et l'appropriation délictueuse initiale de ces choses, ou enfin tout autre lien analogue entraînant jonction facultative des procédures.

Conquête. — DR. INT. PUBL. Acquisition par un Etat du territoire d'un autre Etat à la suite d'opérations militaires qui ont abouti au complet anéantissement de ce dernier.

Consanguins. — DR. CIV. — Se dit des frères et sœurs engendrés par le même père mais nés de mères différentes. — V. *Germains, Utérins.*

Conseil d'administration. — DR. COM. — Organe collectif composé de trois membres au moins et douze au plus, investi des plus larges pouvoirs pour gérer les sociétés anonymes dites « de type classique » qui était celui de la loi de 1867, dans les limites qui lui sont fixées par la loi et par l'objet social.

Conseil d'Assistance Economique Mutuelle (Comecon). — DR. INT. PUBL. — Organisation internationale créée en 1949 pour promouvoir la coopération entre les Etats socialistes dans les domaines économique, scientifique et technique. Siège : Moscou.

Conseil de Cabinet. — DR. CONST. — Formation ministérielle réunissant les membres du Gouvernement sous la présidence du Premier Ministre.

Conseil constitutionnel. — DR. CONST. — Organe institué par la Constitution de

1958 pour assurer le contrôle de constitutionnalité, notamment sur les lois avant promulgation, veiller à la régularité des référendums et des élections législatives ou présidentielles, jouer un rôle consultatif en cas de recours aux procédures exceptionnelles de l'art. 16, constater l'empêchement pour le chef de l'Etat d'exercer ses fonctions, et décider de l'incidence du décès ou de l'empêchement d'un candidat à la Présidence de la République sur le processus électoral.

Composition : 3 membres nommés par le Président de la République, 3 par le Président de l'Assemblée Nationale, 3 par le Président du Sénat (pour 9 ans) ; les anciens Présidents de la République en sont membres de droit.

Conseil Economique et Social. — Dr. const. — Assemblée purement consultative composée de représentants des principales activités économiques et sociales de la Nation. Il est saisi par le Gouvernement obligatoirement (plan) ou facultativement (textes ou problèmes à caractère économique et social) ; il peut aussi se saisir lui-même des questions entrant dans sa compétence.

Dr. int. publ. — Organe de l'O. N. U., composé de 54 membres élus pour trois ans par l'Assemblée générale, et chargé de promouvoir la coopération économique et sociale internationale (études, rapports, préparation de projets de conventions, convocation de conférences internationales, recommandations à l'Assemblée Générale, aux membres de l'O.N.U. et aux Institutions spécialisées).

Conseil de l'Entente. — Dr. int. publ. — Organisation internationale établie en 1959 entre la Côte-d'Ivoire, le Bénin, la Haute-Volta et le Niger, et à laquelle le Togo a adhéré en 1966.

Conseil d'Etat. — Dr. adm. Organe le plus élevé de l'ordre administratif, possédant des attributions juridictionnelles et administratives ;

en matière contentieuse, il est suivant les hypothèses juge de premier ressort, juge d'appel ou juge de cassation ;

en matière administrative, sa principale attribution est d'émettre des avis sur les questions dont il est saisi par le Gouvernement, obligatoirement ou facultativement ; en outre, de nombreux membres du Conseil d'Etat occupent, à titre personnel, d'importantes fonctions dans les Gouvernements ou dans la Fonction Publique supérieure.

Conseil de l'Europe. — Dr. int. publ. — Organisation internationale créée en 1949 et ouverte aux Etats démocratiques d'Europe (actuellement 21 Etats d'Europe Occidentale). Le Conseil de l'Europe exerce son activité dans tous les domaines de la coopération internationale (sauf le domaine militaire), mais n'a pas de pouvoir de décision. Siège: Strasbourg. — V. *Convention Européenne des Droits de l'Homme.*

Conseil européen. — Dr. int. publ. — Réunion trois fois par an depuis 1974 des Chefs d'Etat ou de Gouvernement des Etats membres des Communautés Européennes pour régler les questions non résolues au niveau communautaire (ex. : élection des membres du Parlement Européen au suffrage universel direct, adoptée en 1976) et déterminer des orientations de politique générale. — V. *Communautés Européennes.*

Conseil de l'information sur l'énergie électronucléaire. Comité associant des experts et des représentants de la population, chargé de veiller à ce que le public ait accès à l'information sur les aspects technique, sanitaire, écologique, économique et financier de l'énergie électronucléaire.

A cette fin, il est tenu informé du développement électronucléaire en France et dans le monde, et il peut procéder à des consultations et à des auditions. Il rend chaque année un rapport public.

Conseil de famille. — Dr. civ. — Assemblée de parents et de personnes qualifiées chargée, sous la présidence du juge des tutelles d'autoriser certains actes graves accomplis au nom d'un mineur ou d'un majeur en tutelle, et de contrôler la gestion du tuteur.

Conseil général. — Dr. adm. Assemblée élue chargée d'administrer par ses délibérations les affaires du département en tant que collectivité territoriale.

Conseil des impôts. — Dr. fin. — Organisme consultatif créé en 1971 auprès de la Cour des Comptes, composé de hauts magistrats et fonctionnaires, chargé d'étudier la charge de l'impôt sur le revenu supportée par chaque catégorie socioprofessionnelle et d'en mesurer l'évolution. Le rapport annuel de ses travaux est publié au Journal Officiel.

Conseil interministériel. — Dr. const. — Réunion d'une partie des membres du Gouvernement pour l'examen de problèmes intéressant plusieurs départements ministériels.

Conseil judiciaire. — Dr. civ. — Personne autrefois chargée d'assister les prodigues et les faibles d'esprit. — V. *Curateur.*

Conseil juridique. — Dr. civ., Dr. com., Pr. civ. — Profession juridique, exercée soit à titre personnel, soit dans le cadre d'une société civile professionnelle, consistant à donner des consultations et à rédiger des actes sous seing privé (spécialement dans les matières commerciales et fiscales) et impliquant une qualification attestée par une inscription sur une liste.

Le conseil juridique peut, sauf dans des cas réservés par des textes, assister et représenter les parties devant les administrations et organismes publics et privés, et même devant certaines juridictions et organismes juridictionnels, lorsque la représentation' par mandataire est libre (tribunal de commerce par ex.).

Conseil des Ministres. — DR. CONST. — Formation réunissant l'ensemble des membres du gouvernement sous la présidence du chef de l'Etat (cependant, la pratique est fluctuante sous la Vᵉ République en ce qui concerne la participation des Secrétaires d'Etat). C'est en Conseil des Ministres qu'est arrêtée la politique gouvernementale et que sont prises certaines décisions importantes (nomination des hauts fonctionnaires, décision de poser la question de confiance, etc...).

DR. INT. PUBL. — Conseil des Ministres des Communautés Européennes : organe commun à la CECA, au Marché Commun et à l'Euratom, composé des représentants des Gouvernements des Etats membres, et chargé d'exercer, en collaboration avec la Commission le pouvoir exécutif au sein des Communautés (très schématiquement, le Conseil des Ministres possède le pouvoir de décision, mais sur proposition de la Commission).

Conseil municipal. — DR. ADM. — Assemblée élue

chargée d'administrer par ses délibérations les affaires de la commune.

Conseil National du Crédit. DR. FIN. — Organisme créé en 1945 et composé, sous la direction du Ministre de l'Economie et des Finances, et plus souvent du Gouverneur de la Banque de France, de plus de quarante membres représentant notamment les activités économiques, les syndicats et l'Administration. Il est scindé en Comités dont l'un, le Comité des banques et établissements financiers, a une grande importance.

Dans la pratique de ses attributions, le Conseil réglemente les activités et la profession bancaires et élabore la politique du crédit, le Gouverneur de la Banque de France jouant en fait dans ce second domaine un rôle majeur.

Le Conseil établit chaque année sur les problèmes de la monnaie et du crédit un rapport rendu public qui est une source précieuse d'indications chiffrées.

Conseil de l'Ordre. — Organisme dont les membres sont élus par ceux qui appartiennent à un ordre (v. ce mot).

PR. CIV. — Conseil de l'ordre des avocats. Il existe dans chaque barreau un Conseil de l'Ordre (de 3 à 33 membres) élu par tous les avocats. Il a à sa tête le bâtonnier et est investi d'attributions administratives et disciplinaires.

Conseil de prud'hommes. —

DR. TRAV., PR. CIV. — Juridiction d'exception paritaire chargée de concilier et à défaut, de juger les litiges nés de la conclusion, de l'exécution et de la dissolution du contrat individuel de travail. La loi du 18 juillet 1979 a généralisé l'implantation des Conseils ; il en existe au moins un par Département.

Il y a 293 conseils comportant chacun cinq sections autonomes : Encadrement, Industrie, Commerce et services commerciaux, Agriculture, Activités diverses. Le Conseil de prud'hommes siège en trois formations : *bureau de conciliation, bureau de jugement, référé.* — *V. Bureau de conciliation, Bureau de jugement, Juge des référés.*

En cas de partage des voix dans une formation du conseil, l'affaire est reprise en présence du juge d'instance qui intervient comme juge départiteur.

Conseil Régional. — DR. ADM. — Assemblée délibérante de la Région instituée par la loi du 5 juillet 1972 et composée des députés et sénateurs de la Région, de représentants des collectivités locales élus par les conseils généraux (30 % au moins de l'effectif du Conseil Régional) et de représentants des agglomérations (chefs-lieux des départements, communes de plus de 30.000 habitants, communautés urbaines) désignés en leur sein par les conseils municipaux ou les conseils des communautés urbaines. — V. *Comité Economique et Social, Préfet de Région, Région.*

Conseil de Révision. — DR. ADM. — Organismes rendant des décisions à caractère administratif, chargés principalement de se prononcer sur l'éventuelle affectation — immédiate ou différée — au service militaire des jeunes gens de chaque classe d'âge.

Conseil de Sécurité. — DR. INT. PUBL. — Organe de l'O. N. U., composé de 15 membres (5 permanents et 10 élus pour deux ans par l'Assemblée Générale), et chargé de la responsabilité principale du maintien de la paix : règlement pacifique des conflits (pouvoir de recommandation), action coercitive en cas d'agression ou de menace d'agression, recours à des méthodes d'apaisement des conflits. — V. *Opérations de maintien de la paix, Veto*[3].

Conseil Supérieur de la magistrature. — DR. CONST., PR. CIV., PÉN. — Organe constitutionnel destiné à garantir l'indépendance de l'autorité judiciaire. Présidé par le Président de la République ou par le Ministre de la justice (vice-président) il se compose outre son Président et son Vice-président, de neuf membres désignés ou choisis sur une liste par le Président. Il formule des avis ou des propositions pour la nomination des magistrats du siège. Il constitue le Conseil de discipline des magistrats du siège et est alors présidé par le Premier Président de la Cour de cassation. Il est consulté sur les grâces.

Conseil syndical. — DR. CIV. — Organisme composé de copropriétaires chargé d'assister le syndic et de contrôler sa gestion relative à la copropriété.

Conseil de Tutelle. — DR. INT. PUBL. — Organe de l'O.N.U. chargé sous l'autorité de l'Assemblée Générale, de contrôler l'administration des territoires sous tutelle : examen des rapports annuels des Etats tuteurs, réception et examen des pétitions, visites périodiques. — V. *Tutelle* (territoires sous).

Conseiller. — PR. GÉN. — Magistrat siégeant à la Cour de cassation, à la Cour d'appel, au Conseil d'Etat et dans les juridictions administratives.

Certains magistrats détachés à la Cour de cassation portent le titre de conseiller référendaire.

Conseiller de la mise en état. PR. CIV. — Magistrat de la cour d'appel sous le contrôle duquel l'affaire est instruite au niveau du second degré, comme elle l'est en première instance sous la direction du juge de la mise en état. — V. *Juge de la mise en état.*

Conseillers rapporteurs. — PR. CIV. — Conseillers prud'hommes qui sont désignés soit par le Bureau de conciliation, soit par le Bureau

de jugement (ou par son Président) et qui ont pour mission d'instruire l'affaire et de concilier les parties.

Conseiller du travail. — DR. TRAV. — Travailleur social titulaire d'un diplôme délivré par le Ministère du travail, dont les fonctions consistent à veiller, sur les lieux du travail, au bien-être et à l'adaptation des salariés.

Consensualisme. — DR. CIV. Principe en vertu duquel un acte juridique n'est soumis à aucune forme particulière pour sa validité, le consentement ayant à lui seul le pouvoir de créer des obligations. — V. « *Formalisme* ».

Consensus. — DR. CONST. — Accord général sur les valeurs sociales essentielles et spécialement sur le régime politique établi, ce qui a pour effet de modérer les antagonismes politiques (lutte dans le cadre du régime et non sur le régime lui-même).

DR. CONST., DR. INT. PUBL. — Méthode d'adoption des décisions consistant dans la recherche d'un accord mutuel sans que l'on procède à un vote formel (ou même pour éviter de recourir à un tel vote).

Consentement. — Dans la création d'un acte juridique, adhésion d'une partie à la proposition faite par l'autre. L'échange des consentements entraîne l'accord de volonté qui lie les parties.

Consentement de la victime. DR. PÉN. — Acceptation

par la victime d'une infraction de la réalisation de
celle-ci. En dehors des hypothèses où l'absence de
consentement de la victime
est un des éléments de
l'infraction (viol par ex.),
le consentement de la victime ne met pas obstacle
à la répression qui est faite
dans l'intérêt général de la
société.

Conservation des hypothèques.
DR. CIV. — Bureau dans
lequel sont déposés tous les
actes portant sur les droits
réels immobiliers ainsi que
certains actes générateurs de
droits personnels dont un
immeuble est indirectement
l'objet. Le conservateur assume la garde des pièces
déposées, constitue les fichiers
personnels et réels. Il délivre
copies ou extraits des actes
publiés ainsi que l'état des
inscriptions des droits réels
(hypothèques, privilèges) grevant un immeuble déterminé.
Ainsi est assurée la publicité
des actes relatifs aux immeubles. — V. *Publicité foncière.*

Considérant. — PR. GÉN. —
Synonyme d'attendu. — V.
ce mot — utilisé dans la
rédaction des arrêts de la
cour d'appel, du Conseil
d'Etat et du Tribunal des
conflits.

Consignation. — DR. CIV., PR.
CIV. — Dépôt d'espèces, de
valeurs ou d'objets entre les
mains d'une tierce personne
à charge pour elle de les
remettre à qui de droit. Ainsi
du plaideur qui dépose au
greffe de la juridiction la
somme nécessaire à la couverture des frais et vacations de
l'expert. Ainsi du débiteur
qui se heurte au refus du
créancier de recevoir le paiement et qui s'acquitte en
déposant son dû à la caisse
des dépôts et consignations. —
V. *Exécution provisoire ,
Offres réelles.*

« Consilium fraudis ». —
DR. CIV. — Conscience de
la part d'un débiteur que,
en effectuant un acte, il va
aggraver son insolvabilité.
Conscience de la part d'un
tiers que, en traitant avec
une personne, il va aggraver
la situation de celle-ci au détriment de ses créanciers. —
V. *Action paulienne.*

Consolidation. — DR. CIV. —
Réunion sur la même tête
du droit de propriété et
d'un démembrement de ce
droit (usufruit, servitude).

Consolidation de blessure.
SÉC. SOC. — Stabilisation
de la blessure résultant
d'un accident du travail,
qui marque la fin du ver-
sement des indemnités
journalières et le point de
départ de la rente d'accident du travail.

**Consolidation de la dette
publique.** — DR. FIN. —
Mesure de gestion tendant
à allonger le délai de remboursement, par la substitution de titres à plus long
terme à des titres à court
terme.

Consommateur. — DR. COM. —
Personne qui conclut avec
un professionnel un contrat
lui conférant la propriété ou
la jouissance d'un bien ou
d'un service destiné à un
usage personnel ou familial.

Consommation. — Dr. pén. — Réalisation de l'infraction dans toutes ses composantes, et par la réunion de ses conditions préalables, et par l'accomplissement de ses éléments constitutifs, et par la production de son résultat. L'infraction consommée s'oppose à l'infraction tentée.

Dr. com. — V. *Consommateur*.

Consomptible. — Dr. civ. V. *Choses consomptibles*.

Consorts. — Dr. gén. — Personnes qui, en dépit d'une communauté d'intérêts, ne relèvent pas nécessairement d'un statut juridique identique. Le terme, encore utilisé pour les dénominations sociales, est surtout en usage de nos jours en droit judiciaire dans la locution *litisconsorts*.

Constat d'huissier de justice. — Pr. civ. — Acte par lequel, à la demande du juge ou d'un particulier, un huissier de justice relate les constatations qu'il a faites, cet acte ne valant que comme simple renseignement, la preuve contraire étant réservée. — V. *Constatations*.

Constatation. — Fait d'établir l'état d'une chose, d'un lieu, en le consignant dans un écrit qui ne possède que la valeur d'un simple renseignement.

Constatations. — Pr. civ. — Mesure d'instruction à laquelle recourt le juge qui a besoin d'être éclairé sur une question de fait requérant les lumières d'un technicien (V. ce mot). Elles ne lient pas le juge.

Constitution. — Dr. const.

1° Au sens matériel : ensemble des règles écrites ou coutumières qui déterminent la forme de l'Etat (unitaire ou fédéral), la dévolution et l'exercice du pouvoir.

2° Au sens formel : document relatif aux institutions politiques, dont l'élaboration et la modification obéissent à une procédure différente de la procédure législative ordinaire (ex. assemblée constituante, majorité qualifiée). Ce formalisme, que traduit l'expression de *constitution rigide*, confère donc aux règles qui en bénéficient une force juridique qui les situe à la première place dans la hiérarchie des règles de Droit. Par opposition, une constitution est dite *souple* quand, ne se distinguant pas par sa forme des lois ordinaires, elle occupe le même rang qu'elles dans la hiérarchie des règles juridiques et peut être modifiée par elles.

Constitution d'avocat. — Pr. civ. — Mandat donné par un plaideur à un avocat en vue d'être représenté et assisté dans un procès.

Cette constitution est, en principe obligatoire devant le tribunal de grande instance. Elle emporte élection de domicile. Elle a remplacé la constitution d'avoué. — V. *Constitution d'avoué*.

Constitution d'avoué. — Pr. civ. — Mandat donné par un plaideur à un avoué de le représenter devant la cour d'appel. Obligatoire sauf exception pour les litiges portés devant la cour d'appel. Emporte élection de domicile. — V. *Constitution d'avocat.*

Constitution de partie civile. — DR. PÉN. — V. *Partie civile.*

Constitutionnalisme. — DR. CONST. — Conception des hommes de la Révolution de 1789, comme aussi des fondateurs du Droit Constitutionnel au XIXᵉ siècle, qui lie la notion de constitution à celle de régime libéral (Cf. art. 16 de la Déclaration des Droits de l'homme et du Citoyen).

Constitutionnalité des lois (contrôle de). — DR. CONST. — Contrôle destiné à assurer la conformité des lois à la constitution rigide.

Réservé aux pouvoirs publics ou ouvert aux citoyens, le recours en inconstitutionnalité est formé devant un organe politique ou devant un organe juridictionnel.

1° Contrôle par un organe politique. Ex. : Sénats impériaux.

2° Contrôle par un organe juridictionnel :

par voie d'action, quand la loi est attaquée directement devant un tribunal (Cour suprême ordinaire ou Cour spéciale) en vue de la faire annuler à l'égard de tout le monde (ex. : Suisse, R. F. A...). — V. *Conseil constitutionnel*

par voie d'exception, lorsque, à l'occasion d'un litige devant un tribunal quelconque, une partie se défend contre l'application d'une loi en invoquant son inconstitutionnalité, auquel cas le tribunal, sans pouvoir l'annuler, refusera de l'appliquer dans ce litige s'il la juge inconstitutionnelle (Système en vigueur notamment aux Etats-Unis où il a revêtu à une certaine époque (1880-1936) le caractère d'un « gouvernement des juges »).

Consul. — DR. INT. PUBL. — Agent officiel qu'un Etat établit dans les villes d'un autre Etat avec mission de protéger ses ressortissants à l'étranger et d'exercer à leur égard diverses compétences (état civil, délivrance et visa des passeports, légalisation de signatures, actes notariés, exécution de commissions rogatoires, etc...).

1° Consul de carrière : consul exerçant ses fonctions à titre exclusif en tant que fonctionnaire de l'Etat qui l'a nommé.

2° Consul honoraire (ou marchand) : personne choisie sur place par un Etat, parmi ses nationaux ou parmi les ressortissants de l'Etat de résidence, pour exercer des fonctions consulaires (qui ne sont alors que l'accessoire d'une autre activité professionnelle, commerciale notamment).

Consultation. — PR. CIV. — Mission confiée par le juge ou par le tribunal à un technicien (V. ce mot) et consistant, lorsque l'examen des faits ne nécessite pas des investigations complexes, à donner son opinion verbalement au juge ou éventuellement par écrit, après un examen contradictoire des faits litigieux.

PR. GÉN. — Se dit aussi de l'avis donné par un juriste professionnel dans un cas litigieux.

Consumérisme. — DR. COM. — V. *Consommateur.*

Contenance. — DR. CIV. — Dimension d'un fonds bâti ou non bâti. Le droit sanctionne son inadéquation à la mesure réelle, tantôt par l'ajustement du prix, tantôt par la résolution du contrat.

Contentieux. — Substantif : un contentieux est formé par un ensemble de procès se rapportant au même objet : contentieux privé, pénal, administratif, fiscal, etc...

On parle aussi d'un contentieux des loyers, de la sécurité sociale, de la responsabilité, des transports, etc...

Adjectif : qui fait l'objet d'un désaccord, spécialement juridique. Parfois, synonyme de juridictionnel.

Contentieux administratif. DR. ADM. — Terme susceptible de plusieurs acceptions, toutes fondées sur l'idée de litige.

1° Ensemble des règles d'organisation et de fonctionnement des juridictions administratives.

2° Ensemble des litiges dont la connaissance appartient aux juridictions administratives.

Distinction des contentieux. — Classification

opérée parmi les recours du contentieux administratif, ayant donné lieu principalement :

à un regroupement quadripartite fondé sur les pouvoirs du juge (contentieux de l'annulation, de la pleine juridiction, de l'interprétation et de la répression) ;

à un regroupement bipartite dont le critère est la nature de la situation juridique contentieuse déférée au juge (contentieux objectif et subjectif).

Contentieux de la sécurité sociale. — PR. CIV. SÉC. SOC. — Ensemble des litiges relatifs à l'application de la législation et de la réglementation de la sécurité sociale.

Le contentieux général est jugé par des juridictions spécialisées, suivant une procédure simplifiée et peu coûteuse. Mais il existe des contentieux spéciaux qui échappent aux juridictions ordinaires de sécurité sociale. — V. *Commission de première instance de Sécurité sociale.*

Contingent. — DR. ADM. — 1) Partie d'une classe d'âge incorporée ou susceptible d'être incorporée dans l'Armée. — V. *Conseil de révision.*

2) En matière de finances locales, synonyme de contribution exigée d'une collectivité pour participer au financement de certaines dépenses ; exemple : contingent communal d'aide sociale.

Continuité de l'Etat. — DR. INT. PUBL. — Principe selon lequel un Gouvernement ne peut répudier les obligations souscrites par son prédécesseur.

Contractuel. — DR. ADM. — Terme de plus en plus usité pour désigner de simples particuliers installés, de façon théoriquement provisoire, dans un emploi public, y compris de police.

« Contra non valentem agere non currit praescriptio ». — DR. CIV. — Contre celui qui ne peut agir en justice, la prescription ne court pas. — V. *Prescription*.

Contradiction. — PR. GÉN. — V. *Contradictoire (principe du)* ; *Liberté de la défense*.

Contradictoire (principe du). — Principe essentiel, bien que non formulé pendant longtemps par la loi, commandant toutes les procédures.

Il implique la liberté pour chacune des parties, de faire connaître tout ce qui est nécessaire au succès de sa demande ou de sa défense. Il impose que toute démarche, toute présentation au juge d'une pièce, d'un document, d'une preuve par l'adversaire soit portée à la connaissance de l'autre partie et librement discutée à l'audience. Le respect du principe du contradictoire est la condition indispensable de la liberté de la défense. Le juge doit en toutes circonstances observer et faire observer le principe de la contradiction et ne peut retenir dans sa décision que les explications qu'il a recueillies contradictoirement.

Contrainte. — DR. FIN. — 1° En matière de liquidation des créances des personnes publiques et assimilées, ce terme désigne en certains domaines le titre exécutoire que l'Etat peut se décerner à lui-même par application du privilège du préalable.

2° En matière de recouvrement des créances publiques et assimilées, le terme désigne l'ordre de mettre en œuvre les voies d'exécution contre le débiteur négligent ou récalcitrant, qui est le premier acte de la procédure d'exécution forcée pour les contributions directes et produits recouvrés selon les mêmes règles.

DR. PÉN. — Force physique d'origine interne ou externe, ou force morale d'origine externe, indépendante de toute faute de l'agent, imprévisible par celui-ci, et qui le pousse irrésistiblement à commettre une infraction. La contrainte constitue une cause de non-imputabilité qui exonère l'agent de toute responsabilité pénale.

PR. CIV. — Acte délivré par l'administration des finances ou par une caisse de sécurité sociale, susceptible d'exécution forcée contre le redevable.

Contrainte par corps. — PR. PÉN., CIV. — Incarcération du débiteur défaillant d'une condamnation pénale pécuniaire au profit de l'Etat, pour une durée fixée par le juge répressif dans les limites légales qui sont essentiellement fonction de l'âge du débiteur, de sa solvabilité, du montant et de la nature de la dette garantie.

Contrariété de jugements. PR. CIV. — Inconciliabilité de deux décisions intervenues entre les mêmes parties, sur les mêmes moyens et relativement au même objet, rendant impossible leur exécution respective et donnant lieu à cassation contre le jugement second en date. Lorsque la contradiction est constatée, elle se résout au profit du premier et la cassation est prononcée sans renvoi.

Contrat. — DR. CIV. — Convention faisant naître une ou plusieurs obligations ou bien créant ou transférant un droit réel. — V. *Convention.*

Contrat (établissements d'enseignement privé sous). — DR. ADM. — Etablissements d'enseignement privé, le plus souvent confessionnels, ayant usé des possibilités ouvertes par la loi du 31-12-1959 (« loi Debré ») accordant une aide financière plus ou moins importante en contrepartie d'un contrôle plus ou moins étendu.

On distingue :

— le contrat d'association, ouvert aux établissements d'enseignement du premier et du second degré ainsi que du technique, aux termes duquel l'Etat prend en charge les dépenses de fonctionnement et la rémunération des enseignants, qui peuvent être soit des maîtres de l'enseignement public soit (très généralement) des personnels propres à l'établissement.

— le contrat simple, applicable en principe seulement à l'enseignement du premier degré, qui laisse aux enseignants leur qualité de personnel privé ; mais leur nomination doit également être agréée par l'Etat, qui supporte leur rémunération ainsi qu'une partie des dépenses de fonctionnement de l'établissement.

Dans l'une et l'autre formules, l'établissement tout en conservant son « caractère propre » doit respecter totalement la liberté de conscience et accueillir tous les enfants sans distinction d'opinions ou de croyances.

Contrat administratif. — DR. ADM. — Contrat passé par une personne administrative ou pour son compte et soumis à la compétence et au droit administratifs soit par disposition expresse de la loi, soit en raison de la présence de clauses exorbitantes du droit commun dans ses stipulations, soit parce qu'il confère à son titulaire une participation directe à l'exécution d'une activité de service public.

Contrat d'adhésion. — DR. CIV., DR. PUBL. — Contrat conclu entre deux parties dont l'une ne peut en fait discuter les différentes clauses, et n'a que la liberté d'accepter ou de refuser le contenu global de la proposition de convention (Ex. : contrat d'assurance).

Contrat aléatoire. — DR. CIV. — Contrat à titre onéreux dans lequel l'existence ou la valeur d'une prestation dépend d'un événement futur incertain (Ex. : contrat de rente viagère). — V. *Contrat commutatif*.

Contrat de bière. — DR. COM. — A l'origine, contrat conclu entre un brasseur et un débitant ou revendeur, par lequel, en contrepartie de certains avantages qui lui sont consentis par le premier (bail d'immeubles, prêt de matériel, cautionnement d'un emprunt, etc...), le second s'engage à s'approvisionner en bière exclusivement chez son cocontractant.

Ce terme désigne aujourd'hui, de manière plus générale, toutes les conventions aux clauses d'approvisionnement exclusif par lesquelles une personne s'engage envers une autre à ne s'approvisionner en produits ou marchandises déterminées qu'auprès d'elle. — V. *Concession commerciale*.

Contrat commutatif. — DR. CIV. — Contrat à titre onéreux dont on connaît l'importance des prestations réciproques au moment où il est conclu. V. *Contrat aléatoire*.

Contrat emploi-formation. — DR. TRAV. — Contrat de travail réservé aux jeunes gens de 17 à 25 ans, par lequel l'employeur garantit au jeune salarié une certaine durée d'emploi (au moins 6 mois) et s'engage à lui faire suivre un stage de formation professionnelle. L'employeur reçoit une aide financière de l'Etat.

Contrat d'entreprise. — DR. CIV., COM. — Contrat par lequel une personne se charge de faire un ouvrage pour autrui, moyennant une rémunération, en conservant son indépendance dans l'exécution du travail.

Contrat innomé. — DR. CIV. Contrat qui ne figure pas au nombre des variétés réglementées par la loi.

Contrat instantané. — DR. CIV. — Contrat dont l'exécution est mise en œuvre par une seule prestation sur le simple échange des consentements (Ex. : contrat de vente).

Contrat judiciaire. — PR. CIV. — Convention intervenue en cours d'instance entre les plaideurs et destinée à mettre fin au procès.

Le juge donne acte aux parties de leur accord par une décision qui n'est pas juridictionnelle. — V. *Jugement d'expédient*.

Contrat de licence. — DR. COM. — Contrat par lequel le titulaire d'un droit de propriété industrielle (brevet, marque, dessin ou modèle) concède à un tiers, en tout ou en partie, la jouissance de son droit d'exploitation, gratuitement ou à titre onéreux, moyennant le paiement de redevances ou royalties.

Contrat de mariage. — Dr. civ. — Convention par laquelle les futurs époux fixent le statut de leurs biens pendant le mariage et le sort de ces biens à la dissolution.

L'expression « conventions matrimoniales », souvent utilisée comme synonyme, désigne non seulement le régime matrimonial, mais encore des conventions annexes, telles les libéralités adressées aux futurs époux par leurs parents ou par des étrangers.

Contrat nommé. — Dr. civ., Dr. com. — Contrat d'usage courant, pour cette raison, qualifié et réglementé par la loi (vente, louage, dépôt, assurance...). Par opposition, un contrat est dit innommé lorsqu'il ne fait l'objet d'aucun régime légal spécifique (contrat d'hôtellerie ou de déménagement), quoiqu'il finisse par recevoir de la pratique une dénomination propre.

Contrat pignoratif. — Dr. civ., Dr. com. — Contrat par lequel le débiteur, en garantie de ce qu'il doit, remet à son créancier la possession de tel élément de son patrimoine (antichrèse, gage, endossement d'un effet de commerce...).

Contrat de plan, de ville moyenne, de pays. — Dr. adm. — Formule permettant d'associer à la politique d'aménagement du territoire respectivement les communautés urbaines, certaines villes et des communes rurales, dans le cadre d'un mode d'administration dit « concertation » correspondant d'ailleurs plus pour l'Etat à une attitude nouvelle de dialogue qu'à une véritable restriction de ses prérogatives. Ces conventions énoncent les objectifs et les opérations de la politique d'aménagement local entreprise, ainsi que les apports financiers de l'Etat et des collectivités en cause.

Contrat de programme. — Dr. adm. — Accord passé entre le Gouvernement et des entreprises, publiques ou privées, tendant à ajuster la politique économique de ce Gouvernement et l'évolution de la gestion de ces entreprises. Ces contrats qui, dans le principe, recherchent une stabilisation des méthodes, des buts, pendant une certaine durée, entrent dans les techniques d'ensemble de la planification. — V. ce mot.

Contrat de progrès. — Dr. adm., Dr. trav. — Accord conclu, sous l'impulsion du Gouvernement, entre les organes supérieurs de gestion d'une entreprise ou d'un service public industriel ou commercial d'une part, et les groupements syndicaux les plus représentatifs de salariés d'autre part. Ils tendent à ménager un rythme régulier d'accroissement des salaires en fonction de certaines considérations : hausse des prix de consommation, croissance économique par ex.

Contrat successif. — Dr. civ. — Contrat qui implique pour son exécution l'écoulement d'un certain temps, soit que les prestations aient été échelonnées (contrat d'abonnement à un journal), soit qu'il existe entre les parties un rapport continu d'obligation (contrat de bail ou de travail). — V. *Contrat instantané.*

Contrat synallagmatique. — Dr. civ. — Contrat faisant naître à la charge des parties des prestations réciproques (Ex. : contrat de vente). — V. *Contrat unilatéral.*

Contrat à titre onéreux. — Dr. civ. — V. *Acte à titre onéreux.*

Contrat de transport. — Dr. civ., Dr. com. — Contrat par lequel, moyennant rétribution, un transporteur se charge de faire parcourir un itinéraire déterminé, dans des conditions déterminées, à une chose ou à une personne.

Contrat de travail. — Dr. trav. — Convention par laquelle une personne, le salarié, met son activité professionnelle à la disposition d'une autre personne, l'employeur ou patron, qui lui verse en contrepartie un salaire et a autorité sur elle.

Contrat de travail à durée déterminée : contrat de travail affecté d'un terme.

Contrat de travail à durée indéterminée : contrat de travail résiliable à tout moment, par la volonté unilatérale de l'une des parties, sous réserve, lorsque la rupture émane de l'employeur, de l'existence d'une cause réelle et sérieuse de rupture et de l'observation de la procédure de licenciement (L. 13 juill. 1973).

Contrat de travail entre époux : il se distingue de l'entraide familiale par le fait de la participation professionnelle et constante de l'époux salarié à l'activité exercée par son conjoint et par l'existence d'un salaire au moins égal au S.M.I.C.

Contrat de travail temporaire : contrat de travail écrit d'un type particulier qui lie un salarié à un entrepreneur de travail temporaire. Est entrepreneur de travail temporaire toute personne physique ou morale, dont l'activité exclusive est de mettre à la disposition provisoire d'utilisateurs des salariés qu'elle embauche et rémunère à cet effet, en fonction d'une qualification convenue.

Contrat-type. — Dr. gén. — Variété de contrat d'adhésion, excluant également les pourparlers, s'en distinguant par son origine : le modèle est établi, non par une entreprise isolée, mais par un organisme représentatif de la profession, d'où il résulte une possibilité d'application à tous les cas particuliers. Ainsi le contrat-type de fermage ou de métayage régit la situation du preneur et du bailleur à défaut d'arrangement individuel.

119

Contrat unilatéral. — Dr. civ. — Contrat ne faisant naître de prestations qu'à la charge d'une seule partie (Ex. : contrat de prêt). — V. *Contrat synallagmatique.*

Contravention. — Dr. pén. — Infraction punie d'une peine de simple police, c'est-à-dire d'un emprisonnement de un jour à deux mois et d'une amende de 20 à 6 000 francs (art. 466 C. pén.).

Contravention de grande voirie. — Dr. adm. — Atteintes portées à des dépendances du domaine public, relevant soit des Tribunaux administratifs, soit des juridictions répressives judiciaires.

Contredit. — Pr. civ. — Voie de recours ouverte au plaideur dans un certain nombre de cas :

Contredit de compétence formé par la partie qui refuse de s'incliner devant une décision d'incompétence qui a statué seulement sur la compétence et non sur le fond (dans ce dernier cas, il faudrait recourir à l'appel).

Contredit dans la procédure d'injonction de payer, recours contre la décision accordant une injonction de payer au créancier.

Contredit, critique du règlement provisoire établi par le juge au cours d'une procédure d'ordre ou de contribution.

Dr. com. — Contredit en matière d'état des créances. Réclamation formulée soit par le débiteur, soit par certains créanciers non satisfaits de la décision prise à leur égard en ce qui concerne l'état de leurs créances (admission ou rejet) ou de celles d'autres créanciers, au cours des opérations de règlement judiciaire ou de liquidation des biens.

Contre-enquête. — Pr. civ. — Enquête grâce à laquelle le plaideur peut, sans autorisation du juge, faire entendre ses propres témoins sur les articulats de la partie adverse, admise à prouver ses dires par témoignage. — V. *Enquête.*

Contre-expertise. — Pr. civ. — Mesure d'instruction destinée à faire vérifier par d'autres hommes de l'art les résultats d'une précédente expertise. — V. *Expertise.*

Contrefaçon. — Dr. com., Dr. pén. — Fait pour un autre que le titulaire d'un droit de propriété intellectuelle ou de son licencié de porter atteinte au monopole de ce titulaire.

La contrefaçon est parfois une infraction pénale. Elle constitue toujours un fait générateur de responsabilité civile.

Contre-lettre. — Dr. civ. — Acte écrit et secret entre les parties destiné à modifier le contenu ou les effets d'un acte apparent. V. *Simulation, Acte apparent.*

Contre-passation. — Dr. com. — Technique qui consiste à annuler, par une écriture inverse de la précédente, une opération comptable faite antérieurement : ainsi dans le compte courant, en cas de non-paiement des effets de commerce dont le montant avait été porté au crédit du client.

Contreseing ministériel. — Dr. const. — 1° Signature apposée sur un acte par un ou plusieurs ministres, à côté de la signature du Chef de l'Etat, en vue de l'authentifier, c'est-à-dire de la certifier.

2° Dans le régime parlementaire, le contreseing a pris une autre signification : c'est la formalité de prise en charge par le Cabinet ministériel de la responsabilité politique d'actes dont le Chef de l'Etat, élément irresponsable de l'exécutif, n'est que nominalement l'auteur. Dans un régime (comme celui de la Vᵉ République) où le Chef de l'Etat exerce effectivement les pouvoirs que la Constitution lui confère, le contreseing traduit l'accord nécessaire du Président de la République et du Gouvernement pour certains actes (ou l'accord au sein du Gouvernement quand il s'agit du contreseing des actes du Premier ministre).

Contribution. — Pr. civ. — La procédure de distribution par contribution est celle qui permet de répartir entre des créanciers chirographaires, au marc le franc de leurs créances, les sommes provenant d'une saisie mobilière, ou d'une saisie immobilière en l'ab-sence de créanciers hypothécaires.

Contribution à la dette. — Dr. civ. — Règlement final intervenant, une fois le créancier satisfait (obligation à la dette), entre l'auteur du paiement et le véritable débiteur ou entre l'auteur du paiement et ses coobligés. Marque le deuxième stade dans la procédure de règlement de certains passifs : après le passif provisoire, acquitté en tout ou partie par un répondant, vient le compte définitif qui fait assumer le poids de la dette à celui ou à ceux qui en sont réellement tenus. Ainsi les propres du mari supporteront seuls en définitive la charge des dommages-intérêts personnels dont le règlement avait été poursuivi sur les biens communs. Ainsi l'obligé solidaire, qui a payé le tout, récupérera sur les codébiteurs la part contributive de chacun. — *V. Obligation à la dette.*

Contribution nationale de solidarité. — Séc. soc. — Contribution annuelle basée sur le chiffre d'affaires acquittée par les sociétés au profit des régimes d'assurance vieillesse et d'assurance maladie-maternité des travailleurs non salariés des professions non agricoles.

Contrôle des changes. — Dr. fin. — Ensemble de mesures dérogatoires au principe législatif de la liberté des relations financières entre la France et l'étranger, dont les modalités sont édictées depuis la suppression de l'office

121

des changes par la Banque de France et le ministère de l'Economie et des Finances.

Contrôle de l'emploi. — DR. TRAV. — V. *Emploi.*

Contrôle judiciaire. — PR. PÉN. — Mesure restrictive de liberté qui astreint l'inculpé à se soumettre à une ou plusieurs obligations choisies par le juge d'instruction parmi celles prévues par la loi, en vue des nécessités de l'instruction ou pour des raisons de sécurité. Le contrôle judiciaire a été institué par la loi du 17 juillet 1970 en vue de permettre la limitation des cas de détention.

Contrôleur des dépenses engagées. — DR. FIN. — V. *Contrôleur financier.*

Contrôleur financier. — DR. FIN. — Titre actuel de l'ancien contrôleur des dépenses engagées. Il est le représentant du ministre des Finances auprès de chacun des autres ministres ; chargé de veiller à la régularité budgétaire des opérations d'engagement et d'ordonnancement, il examine en pratique dans toute leur ampleur les incidences financières des projets sans toutefois pouvoir empiéter sur l'appréciation de leur opportunité. En cas de désaccord persistant portant sur une opération, il peut refuser d'apposer son visa, et cette opposition ne peut être levée que par le ministre des Finances.

Dans chaque département fonctionne en outre un contrôle local des engagements de dépenses confié au Trésorier-Payeur Général, portant sur les dépenses de l'Etat et, éventuellement, de la Région.

Contumace. — PR. PÉN. — Procédure criminelle comportant trois stades : *l'état de contumace,* c'est-à-dire la situation d'un accusé ne s'étant pas présenté à l'audience de la Cour d'Assises ou s'étant évadé avant le verdict : *l'ordonnance de contumace,* c'est-à-dire le jugement de l'accusé en son absence ; *la purge de la contumace,* c'est-à-dire l'anéantissement rétroactif de la décision par défaut, opéré par le seul fait matériel de la représentation volontaire ou de l'arrestation du contumax dans les délais de prescription de la peine.

Convention. — DR. CIV. — Accord de volonté destiné à produire un effet de droit quelconque.

Par rapport au contrat, la convention est le genre car ses effets peuvent être autres que ceux qui résultent d'un contrat, lequel n'est qu'une espèce de convention. — V. *ce mot.* — Néanmoins, dans le langage courant, les deux termes sont souvent utilisés l'un pour l'autre.

DR. CONST. — 1° V. *Assemblée constituante.*
2° Aux Etats-Unis, assemblée de délégués de chaque parti pour la désignation des candidats à l'élection présidentielle. Des conven-

tions d'Etat désignent des délégués aux conventions nationales. Ces dernières désignent les candidats de chaque parti à la Présidence de la République.

Convention collective. — DR. TRAV. — Accord conclu entre, d'une part, un employeur ou un groupement d'employeurs et, d'autre part, une ou plusieurs organisations syndicales de salariés possédant un caractère représentatif, en vue de fixer en commun les conditions minima de travail.

Commission supérieure des conventions collectives : Commission comprenant des représentants des pouvoirs publics, des travailleurs, des employeurs et des intérêts familiaux, qui donne son avis sur l'extension des conventions collectives et sur la fixation du S.M.I.C.

Convention Européenne des Droits de l'Homme. — DR. INT. PUBL. — Convention, adoptée le 4 nov. 1950 par les Etats membres du Conseil de l'Europe, qui impose aux Etats signataires le respect de certains droits individuels. Texte de droit positif assorti d'un mécanisme de garantie : Commission et Cour européenne des Droits de l'Homme. — V. ces mots.

Convention internationale de travail. — DR. TRAV. — Convention sur les conditions de travail adoptée à la majorité des deux tiers par la conférence internationale du travail (assemblée délibérante de l'O.I.T.) et qui s'applique dans les Etats membres, après ratification par le Parlement national.

Convention matrimoniale. DR. CIV. — V. *Contrat de mariage.*

Conventionnement. — SÉC. SOC. — Le conventionnement est le fait, pour les praticiens ou auxiliaires médicaux, d'adhérer individuellement à la convention nationale conclue entre les organismes représentatifs de leur profession et la sécurité sociale. Le médecin conventionné, par exemple, doit respecter (sauf droit à dépassement) les tarifs d'honoraires fixés par la convention nationale, mais jouit, en revanche, d'avantages fiscaux et sociaux.

Conversion de la dette publique. — DR. FIN. — Mesure de gestion de la Dette publique tendant à réduire le taux d'intérêt à servir aux prêteurs.

Conversion de rente. — SÉC. SOC. — Transformation d'une rente en un capital.

Coopératives. — Entreprises recherchant pour leurs membres les services les meilleurs aux plus bas prix (production, consommation, agriculture, artisanat, commerce de détail, habitation, reconstruction, crédit...). Leur immense activité à caractère social part du principe, non de la suppression systématique du profit, mais de la réduction de son rôle et surtout de sa répartition entre les adhérents, avec égalité de ceux-ci dans la gestion, abstraction faite du nombre des parts et de l'ancienneté (sauf rares exceptions). L'expérience toute contemporaine montre les difficultés qu'éprouvent les coopératives à n'être pas confondues, même par certains de leurs adhérents, avec les entreprises du type capitaliste ordinaire.

Coopérative ouvrière de production. — Dr. trav. — Société à capital variable, ayant la forme de société anonyme ou de société à responsabilité limitée, constituée par des salariés en vue de l'exercice en commun d'activités de production ou de services. Afin d'obtenir des capitaux, il peut être fait appel, en qualité de sociétaires, à des non-coopérateurs, nécessairement minoritaires, dans les organes de gestion.

Coopérative d'Utilisation de Matériel Agricole (C. U. M. A.). — Dr. civ. — Groupement d'agriculteurs en vue de l'achat et de l'utilisation en commun du matériel de culture. Forme de coopérative permettant aux petits propriétaires de bénéficier d'un matériel qu'ils ne pourraient acheter individuellement.

Cooptation. — Dr. const. — Mode de recrutement des gouvernants consistant dans la désignation des nouveaux gouvernants par ceux qui sont déjà en fonction.

En vigueur dans les dictatures, la cooptation joue aussi un rôle important au sein des partis politiques (même dans les régimes démocratiques).

Dr. adm. — Procédé de recrutement de certains membres ou, successivement, de tous les membres d'un conseil ou d'une assemblée (le plus souvent de nature juridictionnelle ou scientifique) par les membres mêmes de ce conseil ou de cette assemblée, afin d'assurer l'indépendance dans le recrutement et la qualité particulière des personnes choisies.

Copie certifiée conforme (du jugement). — Pr. civ. — Simple copie du jugement affirmé identique à la minute délivrée par le greffier en chef et non munie de la formule exécutoire. — V. *Copie exécutoire, Minute.*

Copie exécutoire. — Pr. civ. — Copie du jugement détenu en minute au greffe, délivrée par le greffier en chef et assortie de la formule exécutoire. — V. *Expédition, Grosse exécutoire.*

Copie exécutoire à ordre. — Dr. civ., Pr. civ. — Copie d'un acte notarié reçu en minute, revêtue de la formule exécutoire, à ordre et transmissible suivant certaines conditions, par endossement. — V. *Endossement.*

Copropriété. — Dr. civ. — Modalité du droit de propriété découlant de la pluralité des titulaires du droit sur la chose d'où il résulte que le droit de propriété de chacun est ramené à une quote-part (1/2, 1/3, 1/4) dont le copropriétaire peut librement disposer, tandis que la gestion du bien indivis lui-même est soumise à l'accord de tous, parce que le droit s'applique, matériellement, à la totalité du bien.

Le terme désigne souvent dans la pratique la situation d'un immeuble construit et divisé en appartements attribués privativement à des personnes déterminées : la copropriété ne porte alors que sur les parties communes et le gros œuvre.

Le règlement de copropriété est un document écrit qui doit obligatoirement déterminer les parties communes et privatives, les quotes-parts des charges, les conditions de jouissance des parties communes et privatives et fixer les règles relatives à l'administration des parties communes.

Corps certain. — Dr. civ. — Chose caractérisée par son irréductible individualité et, par conséquent, insusceptible d'être remplacée par une autre dans un paiement. V. *Choses fongibles*.

Corps diplomatique. — Dr. int. publ. — Ensemble des agents diplomatiques des diverses missions en poste dans un Etat déterminé et placé sous l'autorité morale d'un doyen, chef de mission. V. *Mission diplomatique*.

Corps électoral. — Dr. const. — Ensemble des citoyens qui ont le droit de vote.

« Corpus ». — Dr. civ. — Le corpus (corps) constitue l'élément matériel de la possession, en désignant le pouvoir de fait exercé sur une chose. — V. *Animus*.

Corréalité. — Dr. pén. — Participation à une infraction de manière déterminante et nécessaire qui donne lieu à une poursuite de l'agent comme coauteur, dans les mêmes conditions que les autres auteurs.

Dr. civ., Dr. com. — Synonyme de solidarité.

Correctionnalisation judiciaire. — Pr. pén. — Procédé juridiquement illégal, mais pratiquement très répandu, qui consiste à déférer à la juridiction correctionnelle, un fait qui constitue en réalité un crime ; la disqualification s'opère, par exemple, en négligeant l'existence d'une circonstance aggravante : cas du crime de vol commis par un domestique, poursuivi comme délit, en écartant la circonstance aggravante de domesticité.

Correspondant du Trésor public. — Dr. fin. — Organisme ou particulier déposant auprès du Trésor public, à titre obligatoire ou facultatif, tout ou partie de ses disponibilités.

Corruption (Délit de). — Dr. pén., Dr. trav. — Se rend coupable du délit de corruption le salarié qui, soit directement, soit par personne interposée, a, sans le consentement de son patron, soit sollicité ou agréé des offres ou promesses, soit sollicité ou reçu des avantages pour faire ou s'abstenir de faire un acte de son emploi.

Cote boursière. — DR. COM. Liste officielle des cours des valeurs et marchandises négociées en bourse.

Cote d'impôt. — DR. FIN. — Dans le vocabulaire de la pratique administrative, synonyme d'imposition individuelle à un impôt direct quelconque.

Cotisations de sécurité sociale. — SÉC. SOC. — Versements des assujettis en vue du financement de la sécurité sociale.

Coup d'Etat. — DR. CONST. — Action de force contre les pouvoirs publics exécutée par une partie des gouvernants ou par des agents subordonnés, notamment des militaires (dans ce dernier cas on parle aussi de putsch ou de pronunciamiento), et qui vise à renverser le régime établi (exceptionnellement à le défendre : ex. : les coups d'Etat « en chaîne » du Directoire pour rétablir l'harmonie, souvent rompue, entre les pouvoirs publics).

Coups et blessures par imprudence. — DR. PÉN. — V. *Homicide par imprudence.*

Coups mortels. — DR. PÉN. Crime praeterintentionnel consistant, en portant volontairement des coups à une personne, à provoquer sa mort sans intention de la causer.

Cour d'appel. — PR. CIV., PÉN. — Juridiction de droit commun et de second degré, comprenant plusieurs départements dans son ressort.

Il y a 30 cours d'appel en France métropolitaine, 4 hors métropole. La cour est juge d'appel de toutes les juridictions de l'ordre judiciaire civil et criminel.

Cour d'assises. — PR. PÉN. — Juridiction propre au droit pénal jugeant les crimes et composée de deux éléments distincts, délibérant ensemble, à savoir trois magistrats professionnels formant la cour et neuf citoyens, dont le nom est tiré au sort au deuxième degré sur une liste départementale annuelle, formant le jury. Il y a une Cour d'assises par département (99 en métropole et hors métropole).

Cour de cassation. — PR. CIV., PÉN. — Juridiction placée au sommet de la hiérarchie pour les juridictions civiles et pénales de l'ordre judiciaire.

Elle comprend cinq chambres civiles et une chambre criminelle, peut statuer aussi en chambre mixte et en Assemblée plénière. Chargée de favoriser l'unité d'interprétation des règles juridiques, la Cour de cassation, saisie par un pourvoi, ne peut connaître que des questions de droit et non des questions de fait abandonnées à l'appréciation souveraine des juges du fond.

Cour des Comptes. — DR. FIN. — Juridiction administrative soumise au contrôle de cassation du Conseil d'Etat, chargée d'exercer un contrôle sur pièces ou sur place des finances de l'Etat et de ses démembrements (V. ce mot), de la Sécurité sociale et d'organismes même privés bénéficiant de concours financiers de la puissance publique (V. ce mot). Ses attributions essentielles sont représentées :

1) à l'égard des comptables publics (V. ce mot), par le jugement de leurs comptes en vue de déterminer s'ils sont quittes, en débet (V. ce mot) ou créanciers vis-à-vis des personnes publiques dont ils ont manié les fonds ;

2) à l'égard des ordonnateurs (V. ce mot), par la formulation d'observations non juridictionnelles sur la régularité et l'efficience de leur gestion ; la manifestation la plus solennelle en est représentée par le rapport public annuel au Président de la République, dont la presse rend traditionnellement compte ;

3) depuis une réforme de 1976, par la vérification de la régularité des comptes et de l'appréciation de la gestion des entreprises publiques. Ces investigations, dépourvues également de caractère juridictionnel, aboutissent à un compte rendu aux ministres intéressés et à un rapport d'ensemble biennal. — V. *Commission de Vérification des Comptes des Entreprises Publiques.*

Cour de discipline budgétaire et financière. — DR.

FIN. — Juridiction administrative chargée, sous le contrôle de cassation du Conseil d'Etat, de réprimer les irrégularités budgétaires en prononçant des peines pécuniaires contre les agents d'exécution des budgets de l'Etat, des collectivités territoriales et des établissements publics autres que les ministres et les maires. Son fonctionnement n'a pas correspondu aux espoirs mis en elle.

Cour Européenne des Droits de l'Homme. — DR. INT. PUBL. — Juridiction créée en 1950 par les Etats membres du Conseil de l'Europe et qui peut être saisie par les Etats ou par la Commission européenne des Droits de l'Homme de recours en cas de violation des droits reconnus par la Convention européenne des Droits de l'Homme. Siège : Strasbourg.

Cour Internationale de Justice. — DR. INT. PUBL. — Organe judiciaire principal des Nations Unies, fonctionnant conformément à un Statut annexé à la Charte, et dont la mission est de régler par des arrêts les litiges d'ordre juridique entre Etats et de donner des avis consultatifs aux organes internationaux qualifiés à cet effet. Siège : La Haye. La Cour s'appelait primitivement Cour Permanente de Justice Internationale.

Cour de Justice des Communautés Européennes (C. J. C E.). — DR. INT.

PRIV., DR. INT. PUBL. — Organe juridictionnel commun aux trois Communautés Européennes (V. ce mot) chargé d'assurer le respect du droit dans l'interprétation et l'application des traités. Composée de 10 juges nommés d'un commun accord par les Etats membres, la Cour est compétente, notamment, pour sanctionner les manquements des Etats aux obligations communautaires et l'excès de pouvoir des organes communautaires, et pour interpréter à titre préjudiciel les traités et textes dérivés, sur renvoi des tribunaux nationaux (ce qui assure l'unité du droit communautaire dans l'ordre judiciaire des Etats). Siège : Luxembourg.

Cour Permanente d'Arbitrage. — DR. INT. PUBL. — Institution créée par la première conférence de La Haye (1899) pour favoriser le règlement arbitral des litiges internationaux. La C.P.A. consiste en une liste permanente de jurisconsultes (4 au plus par Etat) parmi lesquels les parties choisissent un ou plusieurs arbitres. Siège : La Haye.

Cour Permanente de Justice Internationale. — DR. INT. PUBL. — V. *Cour Internationale de Justice.*

Cour Supérieure d'arbitrage. — DR. TRAV. — Juridiction d'exception chargée d'examiner les pourvois formés par les parties contre les sentences arbitrales pour excès de pou-voir ou violation de la loi. V. *Arbitrage.*

Cour de sûreté de l'Etat. — PR. PÉN. — Juridiction d'exception, instituée par une loi du 15 janv. 1963, chargée de juger en temps de paix l'ensemble des infractions contre la sûreté intérieure et extérieure de l'Etat. A été supprimée par loi du 4 août 1981.

Cours de bourse. — DR. COM. Prix atteint par une valeur mobilière ou une marchandise au cours d'une séance de la bourse, un jour donné et qui dépend du volume respectif des offres et des demandes d'un titre ou d'une denrée.

Cours forcé. — DR. CIV., COM. — Le cours forcé de la monnaie signifie que les particuliers ne peuvent pas exiger de la Banque de France la conversion en or de leurs billets de banque. L'institution du cours forcé aggrave singulièrement les conséquences du cours légal. — V. *Cours légal.*

Cours légal. — DR. CIV., COM. — Le cours légal de la monnaie impose au créancier l'obligation d'accepter en paiement des billets de la Banque de France. Le pouvoir libératoire de ceux-ci est illimité. V. *Cours forcé.*

Courtage. — DR. COM. — Contrat par lequel une personne appelée *courtier* met en relation deux personnes qui désirent contracter. L'opération de courtage, constitue un acte de commerce.

Courtage matrimonial. — DR. CIV. — Profession qui consiste pour celui qui l'exerce, à mettre en rapport certaines personnes, moyennant une rémunération, afin de faciliter leur mariage.

Courtoisie internationale (comitas gentium). — DR. INT. PRIV., PUBL. — Usages sans caractère d'obligation suivis dans les rapports internationaux simplement pour des raisons d'égards mutuels.

Coutume. — DR. CIV. — Règle qui n'est pas édictée en forme de commandement par les pouvoirs publics, mais qui est issue d'un usage général et prolongé (repetitio) et de la croyance en l'existence d'une sanction à l'observation de cet usage (opinio necessitatis). Elle constitue une source de droit, à condition de ne pas aller à l'encontre d'une loi.
DR. TRAV. — V. *Usage*.

Coutume constitutionnelle. — DR. CONST. — Coutume née à l'intérieur d'un Etat régi par une constitution écrite qu'elle vient interpréter, compléter, voire modifier (Ex. : pratique des décrets-lois sous la III° et la IV° République).

Coutume internationale. — DR. INT. PUBL. — « Pratique juridique acceptée comme étant le droit » (art. 38-§ 2 du Statut de la Cour Internationale de Justice) ; ce qui implique un élément matériel (répétition de précédents constituant un usage continu et général) et un élément psychologique (l'*opinio juris*, c'est-à-dire conviction des Etats qu'en suivant cet usage ils obéissent à une règle de Droit). — V. *Codification*.

Créance. — DR. CIV. — Synonyme de droit personnel ; généralement utilisé pour désigner le droit d'exiger la remise d'une somme d'argent. — V. *Dette, Obligation*.
PR. CIV. — Conditions pour saisir : en principe, un créancier ne peut déclencher une procédure de saisie que si sa créance est *certaine* (ayant une existence actuelle et incontestable), *liquide* (estimée en argent), *exigible* (non affectée d'un terme suspensif). — V. *Saisie-arrêt*.

Créancier. — DR. CIV. — Titulaire d'un droit de créance.

Créancier chirographaire. DR. CIV. — Créancier de somme d'argent ne bénéficiant d'aucune garantie particulière pour le recouvrement de son dû.
Il est donc en concours avec les autres créanciers dans le partage du produit de la vente des biens du débiteur insolvable. — V. *Créancier hypothécaire, Créancier privilégié*.

Créancier hypothécaire. — DR. CIV. — Créancier bénéficiant d'un droit d'hypotèque sur un immeuble du débiteur.
Ce droit constitue une garantie lui permettant

d'obtenir la remise du produit de la vente de l'immeuble sur saisie, par préférence aux autres créanciers.

Créancier privilégié. — DR. CIV. — Créancier qui, en raison de la nature de son droit personnel, peut obtenir paiement avant d'autres créanciers et bénéficie d'un rang déterminé par la loi.

Crédit (opérations de). — DR. COM. — Actes juridiques par lesquels une banque ou un établissement financier avance des fonds à un client, promet d'en avancer ou cautionne un emprunt par lui contracté.

Crédit-bail. — DR. COM. — Technique contractuelle moderne (d'origine américaine où elle porte le nom de leasing) de crédit à moyen terme, par laquelle une entreprise dite de crédit-bail acquiert, sur la demande d'un client, la propriété de biens d'équipement mobiliers ou immobiliers à usage professionnel, en vue de les donner en location à ce client pour une durée déterminée et en contrepartie de redevances ou loyers. A l'issue de la période fixée, le locataire jouit d'une option. Il peut : soit restituer le bien à la société financière, soit demander le renouvellement du contrat, soit acquérir le bien pour un prix qui tient compte, au moins pour partie, des versements effectués à titre de loyers.

Conçu à l'origine pour les biens d'équipement mobiliers, le crédit-bail peut s'appliquer à l'acquisition ou à la construction d'immeubles à usage professionnel. Il est alors pratiqué par des établissements spécialisés appelés sociétés immobilières pour le commerce et l'industrie (S. I. C. O. M. I.), créées par l'ordonnance du 28 sept. 1967, qui bénéficient d'un statut fiscal favorable et doivent distribuer chaque année la plus grande partie de leurs bénéfices aux actionnaires. — V. *Lease-Back*.

Crédit budgétaire. — DR. FIN. — Autorisation de dépenser, limitée dans son montant et spécialisée quant à son objet, inscrite au budget (V. ce mot) d'une personne publique (V. ce mot) et représentant en principe le plafond des dépenses de l'espèce que celle-ci peut effectuer au cours de l'année budgétaire.

Crédit documentaire. — DR. COM. — Opération de banque par laquelle le vendeur de marchandises transportées sur un navire tire une traite sur son acheteur et remet en garantie à son banquier, pour faciliter l'escompte de sa traite, un certain nombre de documents, parmi lesquels le connaissement, qui représente la marchandise transportée.

Crédit d'heures. — DR. TRAV. — Temps dont dispose un représentant du personnel ou un délégué syndical pour l'exercice de son mandat. On dit également « heures de délégation » ; elles sont payées comme temps de travail et prises sur ce dernier.

Crédit d'équipement des Petites et Moyennes Entreprises. — DR. FIN. — Etablissement financier créé par regroupement de la Caisse Nationale des Marchés de l'Etat, du Crédit Hôtelier Commercial et Industriel et du Groupement Interprofessionnel des Petites et Moyennes Entreprises. Fonctionnant depuis 1981, il vise à faciliter l'accès des P. M. E. au crédit (prêts, financement des commandes des personnes publiques et des opérations de crédit-bail).

Crédit Foncier de France. — DR. FIN. — Institution de crédit revêtant la forme juridique d'une société anonyme, dont les dirigeants sont nommés par l'Etat, alimentée par des fonds privés et publics, créée initialement pour consentir des prêts hypothécaires aux propriétaires d'immeubles ; aujourd'hui, le Crédit Foncier finance en outre les investissements des collectivités locales et il joue un rôle important dans le financement de la construction privée par les différents prêts qu'il consent en liaison avec le Comptoir des Entrepreneurs, autre organisme de crédit placé sous la tutelle de l'Etat et qui lui est rattaché.

Crédit d'impôt. — DR. FIN. Technique permettant de concilier l'existence d'une retenue fiscale à la source, effectuée lors du versement des intérêts aux porteurs de valeurs mobilières fran-

çaises à revenu fixe (obligations), avec le principe d'unicité de l'impôt sur le revenu, selon lequel tout revenu n'est soumis qu'une fois à cet impôt.

Dans ce but, le montant de cette retenue constitue pour les obligataires français une créance sur l'Etat, appelée crédit d'impôt, qui vient en déduction de l'impôt sur le revenu dû par eux, ou qui leur est remboursée s'ils ne sont pas imposables.

Crédit municipal (caisses de). — DR. FIN. — Forme moderne des monts-de-piété, ayant la qualité juridique d'établissements publics municipaux d'aide sociale, dont la mission originaire a été de faire échapper aux usuriers des emprunteurs très modestes au moyen de prêts sur gages corporels consentis à des taux favorables.

Aujourd'hui, leurs services s'adressent à une clientèle très large, grâce à l'institution de prêts sur valeurs mobilières, ainsi que sur traitements et pensions publics.

Leur activité est actuellement freinée par l'étroitesse de leurs moyens financiers.

Crédit National. — DR. FIN., DR. ADM. — Institution financière créée en 1919 sous la forme d'une société anonyme rassemblant des capitaux privés en vue d'aider au règlement des dommages de guerre et de prêter aux sinistrés. Ce rôle bancaire s'est hypertrophié et le Crédit National concourt aujourd'hui, essentiellement, à la distribution **directe ou indirecte de crédit à moyen et long terme aux entreprises privées, ainsi qu'aux entreprises publiques ne détenant pas, en droit ou en fait, une situation économique de monopole.** Cet organisme contribue à la bonne exécution du Plan en jouant entre le Trésor Public et les bénéficiaires du Fonds de Développement Economique et Social un rôle d'intermédiaire.

Crédits optionnels. — Dr. fin. — V. *Fonds d'action conjoncturelle.*

Crédits de paiement. — Dr. fin. — Nom donné aux crédits budgétaires ouverts par le Parlement en vue d'autoriser le règlement des dépenses précédemment engagées par l'Etat dans le cadre d'autorisations de programme.

Criées. — Pr. civ. — Audience du tribunal au cours de laquelle a lieu une vente aux enchères d'immeuble.

Crime. — Dr. pén. — Infraction de droit commun ou politique, punie d'une peine criminelle afflictive et infamante comme la réclusion ou la détention à perpétuité ou à temps, ou simplement infamante comme le bannissement ou la dégradation civique.

Criminalistique (La). — Dr. pén. — Ensemble de disciplines scientifiques qui contribuent à permettre aux autorités de police et de justice, de déterminer les circonstances exactes de la commission d'une infraction et d'en identifier les auteurs (ex. : Médecine légale, dactyloscopie (techniques des empreintes digitales)).

Criminalité. — Dr. pén. — Ensemble des infractions à la loi pénale commises pendant une période de référence (en général l'année) dans un pays déterminé. On distingue la criminalité légale (ensemble des infractions sanctionnées par les juridictions pénales), la criminalité apparente (ensemble des faits paraissant constituer une infraction, venue à la connaissance des autorités publiques), la criminalité réelle (ensemble des infractions commises en incluant, par une évaluation, celles demeurées inconnues).

Criminel tient le civil en état (Le). — Pr. pén. Principe de procédure pénale d'après lequel le juge civil, saisi de l'action civile concernant une infraction, doit surseoir à statuer jusqu'à ce que le juge pénal ait lui-même statué sur l'action publique concernant cette infraction.

Criminologie. — Dr. pén. — Au sens étroit : ensemble des doctrines et recherches ayant pour objectif de déterminer quelles sont les causes de la criminalité (criminogénèse). Au sens large, étude scientifique du phénomène criminel dans ses trois composantes : la norme pénale, le crime, la réaction sociale.

Crise ministérielle. — Dr. const. — A la fois accident qui provoque la chute du Gouvernement en régime parlementaire et période pendant laquelle le Gouvernement démissionnaire n'est pas remplacé par un nouveau.

Culpabilité. — Dr. pén. — Vocable équivoque, dont le sens ne peut être défini que d'après son contexte. En un premier sens (p. ex. dans les questions posées à la cour d'assises), la culpabilité désigne à la fois la participation de l'individu au fait et la réalisation de toutes les conditions de la responsabilité pénale (spécialement : intention ou faute, absence de fait justificatif ou de cause de non-imputabilité). En un second sens (plus volontiers utilisé dans la théorie du droit pénal général), la culpabilité s'entend, parfois, de l'ensemble des conditions psychologiques de la responsabilité pénale, parfois de l'attitude psychologique répréhensible (intention ou faute) qui caractérise l'acte infractionnel.

Cumul. — Dr. adm. — 1° Cumul de responsabilités : possibilité reconnue par la jurisprudence administrative à la victime d'un préjudice causé par l'Administration de rechercher indifféremment la responsabilité de l'Etat ou celle de l'agent fautif, quand la faute personnelle (v. ce mot) commise par celui-ci n'est pas dénuée de tout lien avec le fonctionnement du service.

2° Cumul d'emplois : fait, en général interdit ou limité, d'occuper simultanément plusieurs emplois publics, ou un emploi public et une profession privée.

3° Cumul de rémunérations : perception simultanée, en général interdite ou limitée, de rémunérations publiques ou privées dans les hypothèses où le cumul d'emplois est autorisé.

Cumul des infractions. — Dr. pén. — V. *Non-cumul des peines.*

Curatelle. — Dr. civ. — Depuis la loi du 3 janv. 1968, institution permettant d'assister certains majeurs protégés par la loi en raison de déficiences physiques ou psychiques.

Curateur. — Dr. civ. — Personne chargée d'assister un majeur placé sous le régime de la curatelle.

Cure de désintoxication. — Dr. pén. — Mesure de sûreté à caractère thérapeutique dont l'objectif est d'obtenir qu'une personne puisse se désaccoutumer progressivement d'un produit qui agit comme un poison (alcooliques dangereux pour autrui et toxicomanes).

D

« **Damnum emergens** ». — Dr. civ. — Perte éprouvée. En matière de responsabilité civile, l'étendue du dommage matériel et, corrélativement, le montant de l'indemnité de réparation sont déterminés par deux éléments : nécessairement par la perte éprouvée, éventuellement par le manque à gagner (*lucrum cessans*). — V. cette expression.

Date certaine. — Dr. civ. Date d'un titre juridique qui ne peut être contestée par les tiers, tout spécialement par les ayants cause à titre particulier de l'une des parties à la convention.

La date certaine résulte de l'enregistrement de l'acte, de la mention faite du titre dans un acte authentique, du décès de l'une des parties.

Dation en paiement. — Dr. civ. — Remise, à titre de paiement et de l'accord des deux parties, d'une chose différente de celle qui faisait l'objet de l'obligation.

Déballage. — Dr. com. — V. *Vente au déballage.*

Débats. — Pr. gén. — Phase du procès qui, après l'instruction, est réservée aux *plaidoiries* des parties.

Elle débute parfois par le *rapport* d'un magistrat désigné, suivi des plaidoiries du demandeur, puis du défendeur.

En procédure civile, le *ministère public* prend la parole le dernier, lorsqu'il est partie jointe.

En procédure pénale, c'est l'*inculpé* ou l'*accusé* qui a la parole le dernier.

En procédure administrative, le commissaire du gouvernement présente ses *conclusions* après les plaidoiries.

Le Président de la juridiction lorsque les débats sont achevés prononce leur clôture et met l'affaire en délibéré. — V. *Commissaire du Gouvernement, Partie jointe, partie principale.*

Les débats sont publics, sauf lorsque la loi exige ou permet qu'ils aient lieu à huis clos.

Débat restreint. — Dr. const. — Procédure législative abrégée consistant à limiter le nombre des orateurs et leur temps de parole.

Débauchage. — Dr. trav. — Sous ce vocable, on désigne les manœuvres et les comportements déloyaux visés par l'article L. 122-15 du code du travail, par lesquels un nouvel employeur se rend complice d'un salarié qui rompt abusivement son contrat de travail.

Débet. — Dr. fin. — Terme de comptabilité publique, désignant la dette née d'une décision administrative ou juridictionnelle ayant constitué un comptable public, ou un particulier, débiteur à l'égard d'une personne publique.

DR. PRIV. — V. *Reddition de compte.*

Debellatio. — DR. INT. PUBL. V. *Conquête.*

Débirentier. — DR. CIV. — Débiteur d'une rente.

Débiteur. — DR. CIV. — Personne tenue envers une autre d'exécuter une prestation. — V. *Créancier.*

Débits de tabac. — DR. FIN. — Seuls points de vente autorisés des produits du monopole fiscal des tabacs, dont le personnel est soumis à un régime juridique complexe qui en fait des préposés de l'Administration, soumis à son pouvoir disciplinaire.

La débite du tabac en dehors d'un débit autorisé, même à titre gratuit, est une infraction au monopole de production et de commercialisation des tabacs détenu par l'Etat, passible de lourdes sanctions pénales. Certains débits de tabac sont accessoirement chargés du recouvrement d'impôts perçus par voie de timbre ou de vignette. En outre, les débitants peuvent se livrer, et se livrent en fait, à des activités annexes de vente de nature commerciale.

Débours. — PR. CIV. — Dépenses avancées par un avocat, par un officier ministériel ou public au profit d'une partie et qui doivent lui être remboursées (ainsi frais de voyage, de papeterie, de correspondance, de publicité). Ces débours, dans un procès, font partie des dépens. V. *Dépens, Emoluments.*

Débouté. — PR. CIV. — Décision du juge déclarant la demande insuffisamment ou mal fondée.

Débrayage. — DR. TRAV. — Action de se mettre en grève ou grève de courte durée précédant l'heure de sortie du travail.

Débudgétisation. — DR. FIN. Néologisme désignant l'exclusion du budget de l'Etat de certaines aides financières à des entreprises ou à des personnes publiques, accompagnée le plus souvent du transfert de la charge correspondante sur d'autres bailleurs publics de fonds, notamment la Caisse des dépôts et consignations.

Décentralisation. — DR. ADM. — Système d'administration consistant à permettre à une collectivité humaine (décentralisation territoriale) ou à un service (décentralisation technique) de s'administrer eux-mêmes sous le contrôle de tutelle de l'Etat, en les dotant de la personnalité juridique, d'autorités propres et de ressources. V. *supra*, p. VIII, note pour le lecteur.

Décentralisation industrielle. — Politique économique tendant, dans le cadre de l'aménagement du territoire, à inciter les entreprises à s'installer dans les régions géographiques insuffisamment industrialisées.

Déchéance. — Dr. civ. — Perte d'un droit, soit à titre de sanction, soit en raison du non-respect de ses conditions d'exercice.

Dr. const. — Sanction des inéligibilités. V. ce terme. La déchéance du mandat parlementaire est constatée par le Conseil Constitutionnel.

Déchéance et forclusion. — Pr. civ. — Lorsqu'un délai est prévu pour entamer une instance, accomplir un acte, exercer un recours, son expiration entraîne le plus souvent, pour la partie, une forclusion, c'est-à-dire la déchéance de la faculté, d'agir, de former un recours, etc... — V. *Relevé de forclusion.*

Déchéances professionnelles. — Dr. pén. — Sanction ayant pour objectif d'interdire au délinquant l'exercice d'une activité professionnelle. Cette peine peut être principale (substitut à l'emprisonnement), complémentaire (prononcée par le juge en raison d'un lien entre l'infraction et la profession considérée), accessoire (conséquence automatique de la peine principale).

Déchéance quadriennale. — Dr. fin. — V. *Prescription quadriennale.*

Décision. — Pr. gén. — Terme général utilisé en procédure, pour désigner les actes émanant d'une juridiction collégiale ou d'un magistrat unique. — Ce mot s'applique également au résultat des discussions d'un organisme collectif. —

V. *Assemblée Générale.* — *Délibération.*

Dr. const. — Nom officiel des mesures prises (sans contreseing ministériel) par le Président de la République en vertu de l'article 16 de la Constitution. — V. *Pouvoirs exceptionnels.*

Décision gracieuse. — Pr. civ. — La décision gracieuse est celle que prend le juge en vertu de son pouvoir d' « imperium » (par opposition à ses pouvoirs de « jurisdictio ») pour faciliter le fonctionnement du tribunal, favoriser l'instruction, protéger certaines personnes, vérifier ou authentifier certains actes, régler certains problèmes urgents.

La décision gracieuse, qui ne dessaisit pas le juge, est, en principe, dépourvue de l'autorité de la chose jugée, mais elle est susceptible de voies de recours. — V. *Acte juridictionnel « Imperium », « Jurisdictio », Mesure d'administration judiciaire.*

Décision implicite de rejet. Dr. adm. — V. *Silence de l'administration.*

Décision préalable (règle de la). — Dr. adm. — Règle de procédure selon laquelle les juridictions administratives ne peuvent être saisies, en règle générale, que par **voie d'un recours dirigé contre une décision administrative, explicite ou implicite, contraire aux intérêts du requérant.** — V. *Silence de l'Administration.*

« **Decisoria litis** ». — Dr. int. priv. — Eléments de fond d'un litige, par opposition aux éléments de procédure. V. *Ordinatoria litis.*

Cette distinction a été mise en évidence par la doctrine italienne du Moyen Age.

Déclarant. — Dr. gén. — Personne faisant connaître à qui de droit un fait (naissance, décès), une identité (command), une obligation (déclaration affirmative). Sa responsabilité peut être engagée soit à raison de sa carence, soit à raison de l'inexactitude de sa déclaration.

Déclaration. — Dr. adm. — Procédure de police permettant la surveillance de certaines activités en imposant aux particuliers de prévenir l'administration de la naissance de cette activité (ex. : les associations dites déclarées de la loi de 1901).

Déclaration d'appel. — Pr. civ. — Acte par lequel un plaideur manifeste sa volonté d'interjeter appel. — V. *Requête conjointe.*

Déclaration des droits. — Dr. const., Dr. int. publ. — Document, précédant généralement une Constitution, qui énonce les droits des individus face à l'Etat, ainsi que les principes fondamentaux nécessaires à leur garantie. Certaines Constitutions sont plus modestement précédées d'un « Préambule » (ex. Constit. françaises de 1946 et de 1958).

L'affirmation des droits de l'homme s'est élargie au plan international avec la Déclaration Universelle des droits de l'homme votée par l'O.N.U. en 1946, les Pactes Internationaux des Droits de l'Homme (V. cette expression) et la Convention européenne des droits de l'homme adoptée par le Conseil de l'Europe en 1950.

Déclaration de jugement commun. — Pr. civ. — Un des objets de l'intervention forcée : un tiers est mis en cause dans un procès, en vue de lui rendre opposable le jugement sollicité et de lui fermer, ainsi, et l'exception de relativité de la chose jugée et le recours à la tierce opposition. — V. *Intervention.*

Déclaration de politique générale. — Dr. const. — Déclaration par laquelle le Premier Ministre, en cours d'exercice de ses fonctions, présente à l'Assemblée Nationale ses projets politiques, en engageant éventuellement la responsabilité politique du Gouvernement (art. 49, al. 1 de la constit. de 1958). Le Premier Ministre peut aussi demander au Sénat l'approbation d'une déclaration de politique générale, mais le refus d'approbation ne peut entraîner la chute du Gouvernement (art. 49, al. 4).

Déclaration Universelle des Droits de l'Homme. — Dr. int. publ. — Résolution adoptée par l'Assemblée générale des Nations unies le 10 déc. 1948, qui reconnaît aux individus un certain nombre de droits et libertés.

Ce document, qui n'a que valeur de recommandation, a été suivi de l'adoption de Pactes internationaux des Droits de l'Homme (V. cette expression).

Déclaration d'urgence. — DR. CONST. — Selon la constitution de 1958, déclaration du Gouvernement qui, dans la procédure législative, permet au Premier Ministre de demander la formation d'une commission mixte paritaire (V. ce mot) après une seule lecture par chaque Assemblée (au lieu de deux normalement) (art. 45), — ou qui réduit à 8 jours (au lieu d'un mois) le délai dans lequel le Conseil Constitutionnel doit statuer (art. 61).

Déclaration d'utilité publique. DR. ADM. — Acte administratif représentant la phase préliminaire d'une opération foncière projetée par une personne publique (V. ce mot), telle qu'une expropriation pour cause d'utilité publique (V. ce mot) constatant le caractère d'utilité publique qu'elle présente, après qu'ait été recueilli l'avis de la population, et qui est la condition de la poursuite de la procédure engagée.

Déclassement. — DR. ADM. Acte juridique, ou parfois survenance d'un événement, ayant comme but ou comme résultat de transférer juridiquement une dépendance du domaine public dans le domaine privé d'une collectivité, avec toutes les consé-

quences de droit qui en résultent.

Déclinatoire de compétence. DR. ADM. — Acte introductif de la procédure de conflit positif d'attributions, adressé par le préfet au tribunal judiciaire qu'il estime incompétent, et l'invitant à se dessaisir du litige.

PR. CIV. Exception permettant de contester la compétence du tribunal saisi, qui doit être soulevée avant toute conclusion au fond et toute fin de non-recevoir, et contenir l'indication de la juridiction que le plaideur estime devoir être compétente. — V. *Connexité, Litispendance*.

Décolonisation. — DR. INT. PUBL. — Processus (pacifique ou violent, rapide ou par étapes) par lequel une colonie accède au rang d'Etat indépendant. — V. *Colonisation*.

« De commodo et incommodo » (enquête —). — DR. ADM. — Désignation traditionnelle de l'enquête préalable à la déclaration d'utilité publique, premier acte de la procédure d'expropriation pour cause d'utilité publique, et qui a pour but de permettre à tous les intéressés de consigner sur un registre leurs observations sur le caractère d'intérêt général présenté par le projet.

Déconcentration. — DR. ADM. V. *Centralisation*.

Déconfiture. — DR. CIV., PR. CIV. — Etat d'un débiteur

civil qui ne fait plus face à ses engagements.

Décote. — DR. FIN. — Réduction du montant d'un impôt accordée, généralement de façon dégressive, aux redevables de sommes peu importantes, pour éviter que l'on ne passe sans transition de l'absence d'impôt à payer à une imposition au taux plein. V. *Franchise.*

Découpage électoral. — DR. CONST. — V. *Circonscription électorale.*

Découvert (de la loi de finances). — DR. FIN. — Excédent éventuel de l'ensemble des charges inscrites dans une loi de finances sur l'ensemble de ses ressources. — V. *Déficit budgétaire.*

Décret. — DR. ADM., DR. CONST. — Décision exécutoire à portée générale (V. *Règlement*) ou individuelle signée soit par le Président de la République soit par le Premier Ministre.

1° Le Président de la République signe d'une part les décrets qui, aux termes de la Constitution ou des lois organiques, relèvent de sa compétence, d'autre part tous ceux qui sont délibérés en Conseil des Ministres (art. 13). Ces décrets sont contresignés par le Premier Ministre et, « le cas échéant, par les ministres responsables » (sauf dans les cas exceptionnels où il n'y a pas contreseing : art. 19).

2° Le Premier Ministre signe tous les autres décrets. Ils sont contresignés, « le cas échéant, par les ministres chargés de leur exécution » (art. 21). Depuis le début de la Ve République, des décrets relevant de la compétence du Premier Ministre sont aussi signés par le Président de la République (le Conseil d'Etat ne considère pas cette pratique comme illégale).

3° Décret en Conseil d'Etat : Décret adopté après avoir été soumis pour avis au Conseil d'Etat.

Décret d'avances. — DR. FIN. — Crédits supplémentaires que le Gouvernement peut exceptionnellement s'ouvrir à lui-même dans des hypothèses limitativement déterminées, et à charge de ratification ultérieure par le Parlement.

Décret-loi. — DR. CONST. — Décret du Gouvernement pris en vertu d'une habilitation législative dans un domaine relevant normalement de la compétence du Parlement, et possédant force de loi, c'est-à-dire susceptible de modifier les lois en vigueur.

Sous la IIIe et la IVe République, de nombreux décrets-lois ont permis au Gouvernement de réaliser rapidement les réformes nécessaires (souvent impopulaires). — V. *Ordonnance.*

Décret de répartition. — DR. FIN. — Décret pris après le vote des lois de Finances annuelles ou rectificatives, en vue d'en répartir les masses par chapitres entre les différents ministres.

« De cujus ». — DR. CIV. — Premiers mots de la formule « de cujus successione agitur » (celui dont la succession est pendante) ; utilisés de nos jours pour désigner le défunt auteur de la succession : on dit le « de cujus ».

Dédit. — DR. CIV. — Possibilité qu'a un contractant de ne pas exécuter son obligation. Ce mot désigne également la somme d'argent que doit verser le débiteur s'il use de la faculté qui lui est reconnue de ne pas exécuter son obligation.

Dédoublement fonctionnel. DR. INT. PUBL. — Expression employée par G. Scelle pour désigner le phénomène consistant en ce que les organes étatiques agissent non seulement comme agents de leur propre Etat, mais aussi, en raison de la carence institutionnelle de l'ordre international, comme agents de la communauté internationale.

« De facto ». — V. « De jure ».

Défaut. — PR. CIV. — Situation découlant de ce qu'un plaideur (demandeur ou défendeur) ne comparaît pas ou ne dépose pas de conclusions et s'abstient d'accomplir les actes de la procédure. — V. *Opposition.*

Défaut - Congé (jugement de...). — PR. CIV. — Jugement que le tribunal peut prendre, à l'initiative du défendeur, lorsque le demandeur s'abstient d'accomplir les actes de procédure dans les délais requis. Le juge, sans examiner le fond, déclare la citation caduque. Il donne congé au défendeur, en le libérant de l'instance engagée contre lui.

Défendeur. — PR. CIV. — Personne contre laquelle un procès est engagé par le demandeur. — V. ce mot.

Défenses à l'action. — PR. CIV. — On entend par « défenses » tous les moyens qui permettent au défendeur de riposter à l'attaque en justice dont il est l'objet. — V. *Défense au fond, Demande reconventionnelle, Exception, Fin de non-recevoir.*

Défense au fond. — PR. CIV. — Moyen de défense par lequel le défendeur contredit directement la prétention du demandeur.
Peut être présentée en tout état de cause, en première instance et en appel.

Défense (liberté de la). — PR. GÉN. — Le principe de la liberté de la défense, étroitement lié à celui du contradictoire, doit être respecté tant par le plaideur à l'égard de son adversaire, que par le juge. Il constitue une exigence fondamentale de toute procédure. La liberté de la défense postule, outre le respect de la contradiction, la liberté pour les parties de présenter elles-mêmes des observations orales et de choisir librement leur défenseur. Le principe est si fort qu'il justifie, le cas échéant, la réouverture des débats. Il trouve toutefois sa limite dans le pouvoir reconnu au juge qui s'estime écairé, de faire cesser les plaidoiries ou de mettre un terme aux explications des plaideurs. — V. *Contradiction.*

Défenseur. — PR. CIV. — Personne ayant reçu mission d'assister le plaideur, c'est-à-dire de le conseiller et d'argumenter pour lui. Le type en est l'avocat qui a le pouvoir de plaider devant toutes les juridictions, hormis les juridictions suprêmes (Cour de cassation, Conseil d'Etat). — V. *Assistance, Représentation.*

Déficit budgétaire. — DR. FIN. — Au sens précis du terme, excédent éventuel des charges à caractère définitif de la loi de finances (budget général + certains comptes spéciaux du Trésor d'affectation spéciale — V. ces mots) sur les ressources à caractère définitif. — V. *Découvert (de la loi de finances).*

Déflation. — Au sens actif du terme (politique de —), action tendant à réduire la quantité de monnaie — sous toutes ses **formes** — disponible à un moment donné. Ceci se traduit par une réduction de la demande des biens et des services, et l'on parle parfois de situation déflationniste pour caractériser une conjoncture marquée par l'insuffisance de la demande face à l'offre.

Dégradation civique. — DR. PÉN. — Sanction consistant en la déchéance de certains droits.

Tantôt peine principale, criminelle et politique.

Peine accessoire perpétuelle de toutes les peines criminelles.

Peine complémentaire facultative en cas d'emprisonnement correctionnel pour crime. Elle dure alors de 5 à 10 ans.

Degré de juridiction. — PR. GÉN. — Le degré d'une juridiction précise sa place dans la hiérarchie judiciaire.

Depuis 1958, seule la cour d'appel est une juridiction de second degré dans l'ordre judiciaire.

La juridiction d'appel, en droit administratif, est exercée par le Conseil d'Etat.

Degré de parenté. — DR. CIV. — Tout intervalle entre les générations qui sépare, dans une ligne (V. ce mot), deux parents. Entre collatéraux, les degrés se comptent en partant dans une ligne de l'un des parents, en remontant à l'auteur commun, puis en redescendant dans l'autre ligne jusqu'au second parent dont on veut établir par rapport au premier, l'éloignement en degrés.

Dégrèvement. — DR. FIN. Décharge d'impôt totale ou partielle, accordée pour des raisons de légalité ou de bienveillance.

Déguerpissement. — DR. CIV. — V. *Délaissement.*

Déguisement. — DR. CIV. — Simulation dont l'objet est de modifier l'acte apparent, soit en s'en prenant à sa nature (donation cachée derrière le paravant d'une vente), soit en s'en prenant à l'une de ses conditions (dissimulation de prix pour diminuer les droits d'enregistrement).

« **De jure** ». — V. *Juris et de jure.*

« De jure, de facto » (du latin : de droit, de fait). Ces expressions permettent d'opposer des situations juridiques à des situations de pur fait.

Délai. — Certaines formalités de la vie juridique, les actes et formalités de la procédure doivent normalement être accomplis dans le cadre de certains délais. L'inobservation de ces délais entraîne des conséquences de gravité variable (prescription, forclusion, déchéance, V. ces mots).

Les délais peuvent être calculés en jours, en mois, en année ou même d'heure à heure.

Point de départ d'un délai : le jour qui est le point de départ du délai (« *dies a quo* ») n'est pas normalement compté. Pour un acte fait ou un événement survenu le 10 janvier, le délai court à partir du 11.

Point d'arrivée : le jour auquel se termine un délai (« *dies ad quem* ») peut ou non être compté :

Lorsque le délai est *franc*, la formalité peut être accomplie le lendemain du « *dies ad quem* ».

Lorsque le délai n'est *pas franc*, la formalité doit être accomplie le jour même de l'expiration du délai, le « *dies ad quem* ».

Fixés en principe par la loi les délais peuvent être parfois suspendus (moratoire, délai de grâce, V. ces mots). Ils peuvent être fixés par le juge dans certains cas. — V. *Mise en état, Relevé de forclusion.*

Délai de carence. — SÉC. SOC. Délai de trois jours qui s'écoule entre la survenance d'une incapacité de travail et son indemnisation au titre de l'assurance maladie.

Délai-congé. — DR. TRAV. — Période qui doit s'écouler obligatoirement entre l'annonce, par une des parties au contrat de travail à durée indéterminée, de sa décision de mettre fin au contrat et la cessation effective de celui-ci.

Délai franc-délai non franc. — PR. GÉN. — V. *Délai de procédure.*

Délai de grâce. — DR. CIV. Délai supplémentaire accordé par le juge à un débiteur pour exécuter son obligation, compte tenu de sa situation personnelle et des conditions économiques (art. 1244 c. civ.)

Délai préfix. — DR., PR. CIV. — Délai accordé pour accomplir un acte, à l'expiration duquel on est frappé d'une forclusion.

Le délai préfix ne peut, en principe, être ni interrompu ni suspendu. — V. *Prescription.*

Délai de procédure. — PR. CIV. Les délais de procédure civile sont des délais *non francs.*

Le « *dies a quo* » constitue le premier jour du délai quand celui-ci est calculé en mois ou en année. — V. *Délai*.

PR. PÉN. — Pour le calcul des délais en procédure pénale, il est généralement admis que le « *dies a quo* » n'est pas compris dans le délai qui commence donc à s'écouler le lendemain de l'acte, de l'événement ou de la décision qui le fait courir.

Le délai expire normalement le dernier jour à minuit, les formalités ne pouvant pas être reportées au lendemain sauf si le dernier jour est férié ou chômé (art. 801 du CPP).

Par exception, le délai de pourvoi en cassation est franc (art. 568, al. 1 du CPP).

DR. ADM. — La jurisprudence administrative compute les délais selon des règles identiques en fait à celles des délais francs, malgré leur suppression. Pour un acte notifié le 10 janvier, le délai général de recours de deux mois expire le 11 mars au soir. Si ce jour est un samedi, un dimanche, un jour férié ou chômé, le délai est prolongé jusqu'au premier jour ouvrable suivant. En cas de recours contre une décision implicite de rejet (V. ce mot), le délai court dès le lendemain ; recours administratif reçu le 10 janvier ; rejet acquis le 10 mai au soir, délai courant à compter du 11, expirant le 11 juillet au soir.

Délai de viduité. — DR. CIV. — Délai que doit respecter la veuve ou la femme divorcée avant de se remarier ; ce délai a pour but d'éviter la confusion de part, c'est-à-dire

l'incertitude relative à la paternité de l'enfant à naître.

Délaissement. — DR. CIV. Fait pour le détenteur d'un immeuble hypothéqué de l'abandonner au créancier hypothécaire poursuivant.

DR. MARIT. — En cas de sinistre important, droit pour l'assuré de recevoir l'intégralité de l'indemnité, moyennant abandon à l'assureur de la chose ou des restes.

Délation de serment. — PR. CIV., PR. PÉN. — Acte par lequel l'appréciation de la cause est remise à la bonne foi d'une partie qui est invitée, par le juge ou le plaideur, à jurer de la véracité d'un fait ou de la réalité d'un engagement. — V. *Serment*.

Délégation. — DR. ADM. — 1° Délégation de compétence (ou : de pouvoir) : fait, pour une autorité administrative, de se dessaisir dans les limites légales d'un ou plusieurs de ses pouvoirs en faveur d'un autre agent qui les exercera à sa place.

2° Délégation de signature : fait, pour une autorité administrative, d'habiliter dans les limites légales un autre agent à exercer concurremment avec elle un ou plusieurs de ses pouvoirs.

DR. CIV. — Opération par laquelle une personne (le délégant) invite une autre personne (le délégué) à payer en son nom une dette à un tiers (le délégataire).

DR. CONST. — 1° *Délé-*

gation de pouvoirs : transfert partiel de l'exercice du pouvoir législatif au Gouvernement. — V. *Décret-Loi* et *Ordonnance*.

2° *Délégation de vote* : autorisation qu'un parlementaire donne à un de ses collègues de voter à sa place. Comme cette procédure favorise l'absentéisme, la Constitution de 1958 (art. 27) pose le principe du vote personnel ; la délégation de vote n'est permise que dans six cas et nul ne peut en recevoir plus d'une (Ord. du 7-11-1958).

Délégation à l'emploi. — DR. TRAV. — Organisme de l'Administration Centrale du Ministère du Travail chargé des problèmes de l'emploi ; la Délégation dispose à cette fin de l'Agence Nationale pour l'Emploi et de l'Association pour la Formation Professionnelle des Adultes.

« De lege ferenda ». — En se référant à la loi telle que l'on souhaiterait qu'elle fut faite.

« De lege lata ». — En considérant la loi telle qu'elle existe.

Délégués du personnel. — DR. TRAV. — Représentants élus du personnel d'un établissement, chargés de faire observer les conditions de travail, de transmettre les réclamations du personnel à l'employeur et, éventuellement, de remplacer le comité d'entreprise quand celui-ci n'existe pas.

Délégué syndical. — DR. TRAV. Représentant, auprès du chef d'entreprise, d'un syndicat habilité par la loi du 27 décembre 1968 à constituer une section syndicale. Il ne faut pas confondre le délégué syndical avec le représentant syndical au comité d'entreprise. — V. *Représentant syndical.*

Délibération. — DR. ADM., DR. CONST., DR. INT. PUBL.
1° Examen et discussion d'une affaire par un organe collectif avant qu'il prenne une décision.

2° Résultat de cette discussion : la décision prise. Ce terme est spécialement employé pour désigner les décisions prises par les assemblées des collectivités locales. — V. *Vœu.*

Délibéré. — PR. ADM., CIV., PÉN. — Phase de l'instance au cours de laquelle, les pièces du dossier ayant été examinées, les plaidoiries entendues, les magistrats se concertent avant de rendre leur décision à la majorité. Le délibéré est toujours secret.

Délimitation des frontières. DR. INT. PUBL. — Opération consistant à déterminer la frontière entre deux Etats. Conventionnelle ou arbitrale, la délimitation est exécutée sur le terrain par une commission de délimitation composée d'experts, qui procède à l'abornement.

Délinquant. — DR. PÉN. — Personne qui a contrevenu à une règle de droit pénal et peut faire l'objet de poursuites de ce chef.

Délinquant primaire. — DR.

PÉN. — Personne qui n'a pas fait l'objet de condamnation définitive. La loi détermine souvent des conditions qui permettent de considérer comme un délinquant primaire, pouvant bénéficier du sursis, quelqu'un qui n'a fait l'objet que de condamnations mineures.

Délit. — DR. PÉN. — Au sens strict du terme, un délit est une infraction assortie de peines correctionnelles, c'est-à-dire d'une amende de plus de 6 000 F et/ou d'une peine d'emprisonnement de plus de deux mois (art. 1, 9, 465 et 466 C. pén.). — V. *Infraction.*

Délit d'audience. — PR. CIV., PÉN. — Délit commis au cours de l'audience, pour la sanction duquel le président et le tribunal disposent de pouvoirs exceptionnels, à effet immédiat.

Délit civil. — DR. CIV. — Au sens large : tout fait illicite de l'homme engageant sa responsabilité civile (on oppose le délit civil au délit pénal).

Dans une acception étroite : fait de l'homme résultant d'une faute intentionnelle et engageant sa responsabilité civile (par opposition au quasi-délit qui résulte d'une faute non intentionnelle).

Délit d'imprudence. — DR. PÉN. — Infraction causée par une faute non intentionnelle (coups et blessures involontaires, incendie).

Délit praeter-intentionnel. — DR. PÉN. — V. *Infraction praeter-intentionnelle.*

Délivrance. — DR. CIV. — Obligation qui pèse sur le vendeur et en vertu de laquelle il doit mettre la chose vendue à la disposition de l'acheteur.

Demande additionnelle. — PR. CIV. — Demande par laquelle le demandeur, en cours d'instance, formule une prétention nouvelle, mais connexe à la demande initiale.

Demande incidente. — PR. CIV. — L'expression désigne toute demande qui n'ouvre pas l'instance, mais intervient au cours d'un procès déjà engagé. Elle émane du demandeur (*demande additionnelle*) ou du défendeur (*demande reconventionnelle*) ; elle peut aussi provenir d'un tiers (*intervention volontaire*) ou être dirigée contre lui (*intervention forcée*). Voir ces mots.

Demande indéterminée. — PR. CIV. — Demande dont l'objet n'est pas susceptible d'évaluation pécuniaire (question d'état des personnes, par ex.) ou dont la valeur est difficilement déterminable (tableau de famille, par ex.).

Lorsque le taux de ressort dépend du montant du litige, l'indétermination de la demande rend l'appel toujours possible.

Demande initiale. — PR. CIV. — Acte par lequel une prétention est soumise au juge et qui déclenche l'instance, par opposition à la demande incidente qui se greffe sur une procédure déjà commencée. — V. *Demande incidente*.

La demande initiale est formée : en matière contentieuse, soit par assignation de l'adversaire, soit par requête conjointe des parties ; en matière gracieuse par requête unilatérale remise au secrétariat de la juridiction. La loi se contente parfois d'une simple déclaration ou de la présentation volontaire des plaideurs devant le juge.

La demande initiale, en délimitant l'objet du litige, fixe l'étendue de l'office du juge et commande la recevabilité des demandes incidentes. V. *Connexité*.

Demande en intervention. — PR. CIV. — Demande incidente dirigée par l'une des parties contre un tiers, un garant par exemple (intervention forcée), ou demande formée spontanément par un tiers contre l'un des plaideurs (intervention volontaire). L'intervention est autorisée en appel pour la première fois. Le juge a le pouvoir de provoquer l'intervention d'un tiers, par l'intermédiaire de l'un des plaideurs même en vue d'une condamnation de ce tiers. — V. *Intervention, Mise en cause*.

Demande introductive d'instance. — PR. CIV. — Expression de l'ancienne procédure. — V. *Demande initiale*.

Demande en justice. — PR. GÉN. — Acte par lequel une personne soumet au tribunal une prétention. Elle émane normalement du demandeur. V. *Demande additionnelle, incidente, en intervention, reconventionnelle*.

Demande nouvelle. — PR. CIV. — Demande qui diffère de la demande introductive d'instance par l'un de ses éléments constitutifs, parties, objet ou cause, qu'elle soit présentée par le demandeur, par le défendeur ou par un tiers. Le principe de l'immutabilité du litige tendrait à déclarer irrecevable toute demande nouvelle.

Affirmée dans le cadre de l'appel, la règle de l'irrecevabilité des demandes nouvelles, est appliquée sans rigueur, car une prétention n'est pas nouvelle lorsqu'elle tend aux mêmes fins que la demande originaire, mais que son fondement juridique est différent de celle-ci. En première instance, elle l'est avec plus de libéralisme encore, pourvu qu'il existe entre la demande initiale et la demande nouvelle un lien de connexité. V. *Connexité, Demande additionnelle, en intervention, reconventionnelle*.

Demande reconventionnelle. PR. CIV. — Demande formée par le défendeur qui, non content de présenter des moyens de défense, attaque à son tour et soumet au tribunal un chef de demande.

Demandeur. — PR. CIV. — Personne qui prend l'initiative d'un procès et qui supporte en cette qualité, la triple charge de l'allégation, des faits et de leur preuve. — V. *Allégation, Pertinence.*

Démarchage. — DR. COM. — Opération qui consiste à rechercher des clients ou à solliciter des commandes pour le compte d'une entreprise, par des visites à domicile.

Le démarchage en vue du placement de valeurs mobilières est strictement réglementé. — V. *Colportage.*

Démembrement de propriété. — DR. CIV. — V. *Droit réel.*

Démembrements de la puissance publique. — DR. ADM. Expression fréquemment utilisée pour désigner l'ensemble des collectivités territoriales et établissements publics, auquel on ajoute parfois les organismes à façade privée montés par l'Administration en vue de poursuivre son action en échappant aux règles du droit administratif et de la comptabilité publique.

Démence. — DR. PÉN. — Altération des facultés mentales entraînant l'irresponsabilité pénale des personnes qui en sont atteintes.

Demeure. — PR. CIV. — Critère personnel de localisation des litiges déterminant la compétence territoriale des juridictions. La demeure s'entend, pour une personne physique, du lieu où elle a son domicile, à défaut sa résidence, pour une personne morale du lieu où celle-ci est établie.

Démission. — DR. PUBL. —

1. Acte par lequel on renonce à une fonction ou à un mandat. 2. Démission d'office : démission forcée dans les cas définis par les textes juridiques en vigueur. 3. Démission en blanc : démission présentée sous forme d'une lettre signée mais non datée, remise à ses électeurs par le candidat à une élection, à titre de garantie de la fidèle exécution de ses engagements. Pratique contraire au principe de l'interdiction du mandat impératif. — V. *Mandat politique.*

DR. TRAV. — Rupture du contrat de travail par le salarié. — V. *Congédiement.*

Démocratie. — DR. CONST. Etymologiquement, gouvernement du peuple par le peuple, ce qui suppose en théorie l'identification des gouvernants et des gouvernés.

Plus concrètement, régime dans lequel tous les citoyens possèdent à l'égard du pouvoir un droit de participation (vote) et un droit de contestation (liberté d'opposition). Cependant la liberté d'opposition n'est reconnue que dans la démocratie libérale, mais non dans la démocratie autoritaire. — V. *ces expressions,* et aussi *Démocratie politique, Démocratie économique et sociale.*

Démocratie autoritaire. — DR. CONST. — Démocratie qui entend résoudre l'antagonisme entre le pouvoir et la liberté en supprimant la source même de cet antagonisme par l'instauration d'une société unanime où, le pouvoir étant réellement celui du peuple, l'opposition n'a plus de sens et n'est donc pas admise : rejet du pluralisme et monopole du parti unique, répudiation de la séparation des pouvoirs au profit de l'unité du pouvoir d'Etat.

Démocratie directe. — Dr. const. — Forme de démocratie dans laquelle les citoyens exercent eux-mêmes le pouvoir sans intermédiaires.

En usage dans les antiques cités grecques, la démocratie directe ne survit de nos jours que dans quelques communautés, par ex. dans certains Cantons suisses.

La démocratie directe ainsi définie s'oppose à la démocratie représentative. Mais certains auteurs (M. Duverger) emploient l'expression dans un sens nouveau, pour désigner les régimes dans lesquels les citoyens choisissent eux-mêmes le Gouvernement (du moins son chef). Ex. : Etats-Unis (élection du Président au suffrage universel), Grande-Bretagne (le bipartisme permettant aux citoyens de choisir le Premier Ministre — leader du parti majoritaire — à travers l'élection de la Chambre des Communes). Ainsi entendue, la démocratie directe s'oppose à la démocratie « médiatisée ». — V. cette expression.

Démocratie économique et sociale. — Dr. const. — Conception de la démocratie selon laquelle les citoyens ne sont réellement libres que si leur participation au pouvoir s'accompagne d'une action du pouvoir lui-même visant à les libérer des inégalités économiques et sociales.

La démocratie économique et sociale s'accomplit :

soit (dans les démocraties « occidentales ») par le prolongement de la démocratie politique, c'est-à-dire par une socialisation progressive dans le respect des libertés actuelles (participation des citoyens à la direction de l'économie, protection des citoyens contre les puissances économiques, égalisation des conditions sociales) ;

soit (dans les démocraties marxistes) par la révolution prolétarienne, pour qui la libération de l'individu ne peut être que la conséquence d'une transformation de la société par l'élimination de la bourgeoisie capitaliste.

Démocratie libérale. — Dr. const. — Démocratie qui cherche à résoudre l'antagonisme entre le pouvoir et la liberté (antagonisme tenant à l'existence d'une majorité s'imposant à la minorité) au moyen de procédés divers de conciliation et d'équilibre : reconnaissance aux individus de droits opposables à l'Etat (notamment liberté d'opposition), aménagement de la structure de l'Etat de manière à limiter le pouvoir politique (principe de constitutionnalité, séparation des pouvoirs, indépendance du pouvoir judiciaire...).

Démocratie médiatisée. — DR. CONST. — Régime dans lequel la multiplicité des partis politiques empêche que les citoyens puissent choisir directement le chef du Gouvernement à travers l'élection parlementaire ; ce choix dépend des tractations entre les états-majors politiques et des « jeux parlementaires ».

Démocratie politique. — DR. CONST. — Conception de la démocratie selon laquelle les citoyens participent au pouvoir, mais n'ont aucun droit d'exiger de lui des prestations ou des services. La démocratie politique part de l'idée que la liberté est naturelle à l'homme et que l'Etat n'a donc pas à intervenir pour la « créer », mais doit se borner à la reconnaître et à permettre qu'elle puisse s'exercer sans entraves.

En fait la démocratie purement politique revêt un caractère plus ou moins formel, car, si tous les citoyens ont le droit de vote, ils ne pèsent pas tous d'un poids égal sur les décisions politiques, le libéralisme économique tournant très souvent à l'avantage d'une minorité favorisée par la fortune ou la condition sociale.

Démocratie populaire. — DR. CONST. — Régime politique institué au lendemain de la seconde guerre mondiale dans des Etats d'Europe centrale et orientale situés dans la zone d'influence de l'U.R.S.S.

Ces régimes imitent le modèle soviétique, avec cependant des éléments originaux plus ou moins marqués : collectivisation moins avancée, affirmation d'une voie nationale vers le socialisme, tentatives de libéralisation.

Démocratie représentative. DR. CONST. — Forme de démocratie dans laquelle les citoyens donnent mandat à certains d'entre eux d'exercer le pouvoir en leur nom et à leur place. — V. *Mandat impératif* et *Mandat représentatif*.

Démocratie semi-directe. — DR. CONST. — Forme de démocratie qui combine la démocratie représentative et la démocratie directe : le pouvoir est normalement exercé par des représentants, mais les citoyens peuvent dans certaines conditions intervenir directement dans son exercice. — V. *Initiative populaire, Référendum, Révocation populaire, Veto populaire*.

Dénaturation. — DR. CIV., PR. GÉN., DR. INT. PRIV. — Dans un premier sens, action par laquelle le juge du fond interprète, ou refuse d'appliquer, une clause claire et précise d'un document qui lui est soumis, alors que cette clause n'avait pas à être interprêtée, en raison de sa clarté et de sa précision.

Dans un sens plus large, la dénaturation consiste aussi, pour le juge du fond, à donner une mauvaise interprétation d'une clause ambiguë d'un acte juridique ou d'un contrat, ou encore d'une loi étrangère. La dénaturation est un cas d'ouverture à cassation.

Dénégation d'écriture. — Pr. civ. — V. *Vérification d'écriture.*

Déni de justice. — Refus de la part d'un tribunal d'examiner une affaire qui lui est soumise et de prononcer un jugement (sauf dans le cas où il se déclare incompétent).

Le juge n'a pas le droit de se soustraire à sa mission qui consiste à dire le droit. Le déni de justice constitue un délit pénal (art. 4 C. civ.). — V. *Responsabilité de l'Etat du fait d'un fonctionnement défectueux de la justice.*

Se dit aussi de la situation résultant d'une double déclaration d'incompétence de la part des tribunaux de l'ordre judiciaire et de l'ordre administratif successivement saisis. V. *Conflit,* 2°.

Deniers publics. — Dr. fin. Jadis l'une des notions reconnues comme fondamentales en matière de finances publiques, le concept de deniers publics a connu, en droit positif, un déclin parallèle à celui de service public, entraîné par la difficulté croissante d'en cerner les frontières.

Aujourd'hui, le législa-teur évite systématiquement d'en faire usage, mais la notion conserve un intérêt en jurisprudence financière, et en doctrine ; on a pu, récemment encore, ordonner autour d'elle une présentation générale des Finances Publiques, en distinguant :

une notion juridique, correspondant aux fonds appartenant ou confiés aux organismes publics ;

une notion politique, correspondant aux fonds mis en œuvre par un organisme de nature juridique quelconque dans le cadre d'une mission de service public.

Dénonciation. — Dr. int. publ. — Acte par lequel un Etat partie à un traité y met fin (traité bilatéral) ou s'en dégage (traité multilatéral).

La dénonciation n'est valable que dans la mesure et les formes où le traité lui-même la prévoit. — V. *Révision des traités.*

Dr. pén. — Acte par lequel un citoyen signale aux autorités une infraction commise par autrui. La dénonciation est, dans certains cas, ordonnée par la loi.

Dénonciation calomnieuse. Dr. pén. — Délit correctionnel consistant à accuser, de mauvaise foi, autrui d'une infraction qu'il n'a pas commise, devant des autorités, au nombre desquelles les officiers de justice, de police et l'employeur, qui ont compétence pour donner des suites à la dénonciation.

Dénonciation de nouvel œu-

vre. — Dr. civ., Pr. civ.
Action exercée par le possesseur ou même par le simple détenteur d'un immeuble contre le propriétaire d'un fonds voisin qui effectue des travaux dont l'achèvement créera un trouble pour le demandeur.

La « complainte » est exercée par le possesseur en cas de trouble actuel et non éventuel.

Déontologie. — Dr. gén. — La déontologie regroupe, pour les personnes exerçant certaines activités publiques ou privées, les règles juridiques et morales qu'elles ont le devoir de respecter.

Tel est le cas pour les fonctionnaires, les magistrats (obligation de réserve, secret du délibéré par exemple) et pour les membres des professions libérales réglementées (avocat, officier ministériel, médecin par exemple).

Les manquements aux règles de la déontologie qui sont variables d'une fonction à une autre, d'une profession à une autre sont de nature à provoquer des poursuites disciplinaires. — V. *Discipline, Pouvoir disciplinaire, Poursuite disciplinaire.*

Département. — Dr. adm.
1° Fraction du territoire constituant à la fois une circonscription administrative et la plus étendue des collectivités territoriales métropolitaines, immédiatement inférieure à l'Etat. Il y a 96 départements en France métropolitaine. — V. *Conseil général, Préfet, Décentralisation.*

2° Terme parfois employé comme synonyme de ministère pour désigner un compartiment déterminé de l'Administration.

Départements d'Outre-Mer (D. O. M.). — Dr. adm. — Collectivités territoriales créées en 1946 pour resserrer les liens juridiques existant entre la métropole et quatre de ses plus anciennes colonies : la Guyane, la Guadeloupe, la Martinique et la Réunion. En 1976, St-Pierre-et-Miquelon (ex. T. O. M. V. ce mot) est devenu D. O. M.

L'érection de ces colonies en D. O. M. a été marquée par la mise en œuvre d'une politique législative peut-être plus généreuse dans son inspiration qu'heureuse dans tous ses résultats : l'assimilation législative, qui consiste à soumettre ces collectivités au Droit en vigueur dans les départements métropolitains, sous réserve de certaines adaptations nécessitées par leur éloignement géographique. — V. *Territoire d'Outre-Mer.*

Dépendance (du domaine public). — Dr. adm. — Synonyme de bien faisant partie du domaine public.

Dépendance économique. — Dr. trav. — Etat d'un travailleur, salarié ou non, vis-à-vis de la personne qui l'emploie, lorsqu'il tire du travail qu'il exécute pour cette personne ses principaux moyens d'existence.

Dépens. — Pr. civ. — Les

dépens représentent la part des frais engendrés par le procès que le gagnant peut se faire rembourser par le perdant, à moins que le tribunal n'en décide autrement.

Ils comprennent les droits de plaidoirie (non les honoraires de plaidoirie des avocats), les frais de procédure (taxés) dus aux avocats et aux officiers ministériels (huissier, avoué à la cour p. ex.), la taxe des témoins, la rémunération des techniciens. — V. *Fonds d'organisation de la nouvelle profession d'avocat, Gratuité de la justice, Liquidation des dépens, Ordonnance de taxe, Vérification des dépens.*

Dépenses en capital. — DR. FIN. — Catégorie de la classification économique des dépenses de l'Etat, regroupant les crédits destinés aux investissements effectués directement par l'Etat ou subventionnés par lui sous des formes diverses.

Le terme est synonyme de dépenses d'investissement (ou d'équipement).

Dépenses de transfert. — DR. FIN. — Catégorie de la classification économique des dépenses de l'Etat, regroupant les crédits destinés à des paiements effectués sans contrepartie directe de la part des bénéficiaires.

On y trouve essentiellement les subventions économiques, les crédits d'assistance ainsi que les intérêts de la dette publique — qui en comptabilité nationale ne sont pas classés parmi les opérations de transfert.

Déport. — V. *Abstention, Arbitre, Récusation.*

Déposition. — PR. CIV., PR. PÉN. — Déclaration d'un tiers faisant connaître, aux autorités qualifiées (justice, police), ce qu'il a vu ou entendu ou appris relativement à un fait litigieux ou incriminé.

Dépôt. — DR. CIV. — Contrat par lequel une personne (le déposant) remet une chose mobilière à une autre (le dépositaire) qui accepte de la garder et s'engage à la restituer lorsque la demande lui en sera faite.

Dépôt de bilan. — DR. COM. — Formalité consistant, pour un débiteur en état de cessation des paiements, à saisir le tribunal compétent (de commerce ou de grande instance) en vue de faire prononcer son règlement judiciaire ou sa liquidation de biens en fournissant au tribunal certaines pièces comptables dont le bilan.

« Derelictio ». — DR. CIV. — Se dit de l'abandon d'un meuble. — V. *Abandon.*

Désaffectation. — DR. ADM. Synonyme de déclassement. V. ce mot.

Désaveu. — DR. CIV. — Action par laquelle le mari tente de prouver qu'il n'est pas le père de l'enfant de sa femme.

Cette action permet de combattre la présomption de paternité.

Désaveu d'avocat ou d'officier ministériel. — PR. CIV. — Action d'un plaideur soutenant qu'un avocat ou un officier ministériel avait dépassé les limites de son mandat. Justifié, le désaveu provoquait la nullité de l'acte de procédure critiqué.

Le nouveau Code de procédure civile a remplacé (sauf pour les avocats au Conseil d'Etat et à la Cour de cassation) le désaveu par une action en responsabilité personnelle à l'encontre du mandataire infidèle.

Descendant. — DR. CIV. — Individu qui tient sa filiation d'une personne qui l'a précédée dans la suite des générations. Cette parenté en ligne directe fait naître une vocation successorale privilégiée et engendre des rapports d'obligation ou des empêchements réciproques (aliments, témoignage, mariage...).

Descente sur les lieux. — PR. CIV. — V. *Vérifications personnelles du juge.*

Déshérence. — DR. CIV. — Situation d'une succession lorsqu'il n'y a pas d'héritier, c'est-à-dire de parents au degré successible, de conjoint ou de légataires universels.

Désistement. — DR. CONST. Retrait de candidature, après un premier tour de scrutin, en faveur d'un autre candidat.

PR. CIV. — Renonciation du demandeur, soit à *l'instance* actuelle (la demande peut alors être renouvelée) soit à l'*appel* ou à l'*opposition* (le jugement passe alors en

force de chose jugée) soit à un ou plusieurs *actes de procédure* (l'instance se poursuit alors abstraction faite de l'acte retiré) soit encore à la *faculté d'agir* en justice (le droit substantiel est alors perdu).

Désistement volontaire. — DR. PÉN. — Décision prise par l'auteur d'une tentative d'infraction, en dehors de toute pression matérielle ou morale, de renoncer à son projet criminel avant la consommation du délit et qui supprime la responsabilité pénale. — V. *Commencement d'exécution, Tentative.*

Déspécialisation. — DR. COM. Fait, pour le titulaire d'un bail commercial, d'adjoindre à son activité principale des activités connexes ou complémentaires, ou encore d'exercer une ou plusieurs activités différentes de celles prévues au contrat. Les lois du 12 mai 1965 et 16 juillet 1971 ont assoupli les conditions de la déspécialisation.

Dessaisissement du juge. — PR. GÉN. — Lorsqu'un juge rend un jugement possédant le caractère juridictionnel, il est dessaisi (sauf pouvoir d'interprétation, de rectification matérielle de la décision).

Il ne pourrait connaître à nouveau de l'affaire que si elle faisait l'objet d'une voie de recours de rétractation (opposition, recours en révision, par exemple).

Dessins et modèles. — DR. COM. — Créations de forme,

de traits ou de couleurs sur lesquelles le créateur peut obtenir un monopole temporaire d'exploitation, à condition qu'elles présentent un caractère d'originalité. La protection peut être assurée soit par la loi du 14 juillet 1909, soit par la législation sur le droit d'auteur (loi du 11 mars 1957).

Destination. — Dr. civ. — Affectation d'un bien à tel usage déclenchant le régime juridique approprié. La location d'un immeuble constitue, selon la finalité envisagée, un bail commercial, un bail rural, un bail d'habitation... Le meuble rattaché à un fonds pour son service et son exploitation ressortit fictivement de la catégorie des immeubles.

Destination du père de famille. — Dr. civ. — Se dit en matière d'acquisition des servitudes, lorsque le propriétaire de deux fonds établit, entre eux, un état de choses qui constituerait une servitude si ces deux fonds étaient attribués à des propriétaires distincts (ex. Voie de passage sur un fonds en vue de desservir le second) ; ce rapport de fait devient une servitude lorsque les deux héritages viennent à appartenir à deux propriétaires différents, tout spécialement à la suite d'un partage successoral.

Destitution. — Pr. civ. — Sanction disciplinaire. — V. *Poursuite disciplinaire.*

Dr. civ. — Retrait des fonctions de la personne qui a reçu une charge civique (par ex. : tutelle).

Désuétude. — Dr. civ. ; Dr. publ. — Situation d'une règle de droit qui, en fait, n'est pas appliquée.

Certains juristes estiment que la désuétude vaut abrogation implicite.

Détachement. — Dr. adm. Position d'un fonctionnaire placé temporairement hors de son corps d'origine, continuant à jouir dans celui-ci de ses droits à l'avancement et à la retraite, mais non de son traitement.

Dr. trav. — Situation d'un salarié placé provisoirement au service d'une autre entreprise ; le salarié détaché fait partie des effectifs de l'entreprise d'origine qui peut le rémunérer. — V. *Mutation-Transfert.*

Détention. — Dr. civ. — Emprise matérielle sur un bien, indépendamment du titre qui pourrait la justifier.

De façon plus restrictive, la détention est le fait d'avoir une emprise sur un bien en vertu d'un titre attribuant à autrui la propriété du bien. On oppose « détention » et « possession ». — V. ce mot.

Détention criminelle. — Dr. pén. — Peine politique privative de liberté consistant dans l'incarcération du condamné en principe dans un quartier spécial des maisons centrales. — V. *Infraction politique.*

Détention provisoire. — Dr. pén. — Mesure exceptionnelle d'incarcération d'un inculpé pendant l'information remplaçant l'ancienne détention préventive.

La personne qui a fait l'objet d'une détention provisoire *abusive* peut exercer, dans certaines conditions, un recours qui est porté devant une Commission composée de trois magistrats du siège de la Cour de cassation. La décision n'est pas motivée et, si une indemnité est allouée, elle est à la charge de l'Etat.

Détournement. — DR. ADM. Détournement de pouvoir : illégalité consistant pour une autorité administrative, à mettre en œuvre l'une de ses compétences dans un but autre que celui en vue duquel elle lui a été conférée.

Détournement de procédure : forme particulière de l'irrégularité précédente, consistant à substituer à une procédure régulière une autre procédure plus expéditive mais non applicable à l'opération poursuivie.

Détournement de mineur. — DR. PÉN. — Infraction qui consiste à soustraire, avec ou sans déplacement, un mineur de l'un ou l'autre sexe à l'autorité ou à la direction de ceux auxquels il était confié. Cette infraction est un crime si elle est effectuée avec fraude ou violence. C'est un délit si elle est effectuée sans fraude ni violence (art. 354 à 356 C. pén.).

Dette. — DR. CIV. — Synonyme d' « obligation ». — V. ce mot. — Terme utilisé fréquemment pour désigner une prestation de somme d'argent.

Dette publique. — DR. FIN. Ensemble des fonds empruntés par l'Etat ou déposés auprès de lui.

Parmi les principales classifications dont elle fait l'objet, on peut retenir :

Dette flottante : dette constituée par les bons du Trésor de toutes natures, les dépôts des correspondants du Trésor et les avances de la Banque de France. Son montant varie en permanence ;

Dette consolidée : dette représentée par les emprunts à moyen et à long terme, à laquelle on rattache parfois la dette perpétuelle.

De cette Dette publique proprement dite, il convient de distinguer — encore qu'on l'y englobe parfois — la Dette viagère ; celle-ci ne résulte pas d'emprunts ou de dépôts, elle correspond aux diverses pensions (retraite, invalidité...) servies par l'Etat à ses agents passés ou présents.

Devis. — DR. CIV. — Dans le contrat d'entreprise, état détaillé des travaux qui seront exécutés avec indication des matériaux employés et des prix de chaque article.

Devise. — DR. FIN. — Synonyme de monnaie. Mais, encore que l'on pourrait parler de devise nationale pour désigner l'unité monétaire interne (le franc dans le cas de la France), le terme est presque uniquement employé au pluriel et sans adjectif : il désigne alors, de manière collective, l'ensemble des monnaies étrangères par opposition à la monnaie nationale (par exemple : les avoirs de la France en devises).

Devoir juridique. — DR. CIV. — Le devoir juridique constitue une obligation qui pèse sur une personne.

Le respect d'un devoir peut être obtenu par le bénéficiaire à l'aide d'une action en justice. Les devoirs qui sont imposés aux individus trouvent le plus souvent leur source dans les principes généraux du droit (ne pas nuire à autrui, ne pas s'enrichir sans cause à son détriment), dans la loi et dans les usages (droit pénal, organisation de la famille en droit civil).

Devoir moral. — DR. GÉN. — Obligation dont l'exécution ne peut être poursuivie en justice, ne chargeant l'obligé que d'un devoir de conscience. Le concept n'est pas étranger au droit, en ce sens que l'accomplissement d'une telle obligation réalise un paiement, non une libéralité excluant la répétition au titre de l'indû. — V. *Obligation naturelle.*

Dévolution. — DR. CIV. — Au sens large, transfert de l'hérédité aux successibles. Au sens strict en cas de défaillance d'une ligne, report de la vocation héréditaire sur l'autre ligne.

Dictature. — DR. CONST. — Régime dans lequel les détenteurs du pouvoir, qui s'en sont emparé souvent par la force (coup d'état, révolution), l'exercent autoritairement, sans véritable participation du peuple et sans tolérer d'opposition.

La dictature peut être soit une réaction de défense de l'ordre établi insuffisamment protégé par la démocratie (dictatures réactionnaires ou conservatrices. Ex. : dictatures fascistes), soit un instrument de transformation de la société (dictatures révolutionnaires. Ex. : dictature du prolétariat).

« Dies ad quem ». — DR. CIV., DR. COM., PR. CIV. — V. *Délai, Délai de procédure, Dies a quo.*

« Dies a quo ». — DR. CIV., DR. COM., PR. CIV. — V. *Délai, Délai de procédure, Dies ad quem.*

Diffamation. — DR. PÉN. — Délit ou contravention consistant en l'allégation ou l'imputation d'un fait portant atteinte à l'honneur ou à la considération d'une personne ou **d'un corps consti**tué.

Difficultés d'exécution. — PR. CIV. — Obstacles juridiques opposés par une partie ou un tiers à l'exécution de tout titre exécutoire, justifiant, au nom de l'ordre public, la compétence du juge des référés. — V. *Juge de l'exécution.*

Diplomatie. — DR. INT. PUBL. 1. Ensemble des moyens et activités qu'un Etat consacre à la gestion de sa politique étrangère.

2. Carrière ou profession de diplomatie. — V. *Agent diplomatique.*

3. Art des négociations entre Etats. — V. *Relations diplomatiques.*

Dire. — PR. CIV. — Déclaration écrite, par ministère d'avocat, insérée dans le cahier des charges d'une vente judiciaire et soulevant une contestation relative aux conditions de la vente.

Direction du procès. — PR. CIV. — Dans la tradition française, la direction du procès civil appartient aux plaideurs et à leurs conseils. A la suite d'une évolution (réformes de 1935, 1965, 1971) un certain pouvoir de direction a été donné devant le tribunal de grande instance et devant la cour d'appel, à un magistrat de la mise en état qui est devenu le maître de la progression de l'instance et de l'instruction de l'affaire. La même tendance se manifeste dans le nouveau code de procédure civile, pour les procédures suivies devant les juridictions d'exception. — V. *Mise en état des causes.*

Directives. — DR. ADM. — Néologisme désignant des actes généraux par lesquels l'Administration procède à une autolimitation de son pouvoir discrétionnaire (V. ce mot), en arrêtant à l'avance les principes qui fonderont son action dans certaines matières. Leur régime juridique n'est pas homogène, mais elles ont en commun leur opposabilité à l'Administration lors de la prise par celle-ci d'actes individuels dans les domaines auxquels elles s'appliquent.

DR. CONST. — Sous la Ve république, instruction que le Président de la République adresse au Premier Ministre (voire à un ministre) pour lui assigner des objectifs (avec parfois un calendrier de travail). Depuis 1974, certaines directives sont publiées, ce qui les rend plus contraignantes. Le Premier Ministre adresse, lui aussi, des directives aux départements ministériels.

DR. INT. PUBL. — Dans le droit communautaire (V. *Communautés Européennes*), acte liant les Etats membres destinataires quant au résultat à atteindre, tout en leur laissant le choix des moyens et de la forme (dans la C. E. C. A. : « recommandation »). — V. *Règlement.*

Directoire. — DR. COM. — Organe collectif composé de cinq membres au plus, chargé de gérer les sociétés anonymes dites « de type nouveau », dont la création remonte à la loi du 24 juill. 1966, et a été inspirée par la législation allemande.

DR. CONST. — 1° Nom donné à l'organe gouvernemental institué en France par la Constitution de l'an III.

2° Par extension, organe gouvernemental à forme collective, composé d'un petit nombre de membres égaux prenant les décisions à la majorité (Ex. : Conseil fédéral suisse).

Dirigisme. — DR. PUBL. — Système dans lequel l'Etat oriente et contrôle l'activité économique et sociale par une intervention directe ou indirecte (planification, nationalisations, subventions, etc.).

L'Etat dirigiste est aussi qualifié d'Etat-providence parce qu'il est responsable de la prospérité économique et du progrès social.

Discount. — DR. COM. — Vente à un prix anormalement bas par rapport à celui pratiqué sur le marché par les concurrents, pour des produits identiques.

Discipline. — DR. ADM. — V. *Pouvoir disciplinaire.*

PR. CIV. — Les magistrats, les avocats, les officiers ministériels, les divers auxiliaires de la justice sont tenus de respecter certaines règles de déontologie professionnelle. Leur violation les expose à des poursuites disciplinaires dont le régime est adapté à chacune des catégories (ainsi Conseil Supérieur de la magistrature, Conseil de l'Ordre des avocats).

Discipline de vote. — DR. CONST. — Attitude commune imposée aux membres d'un groupe parlementaire, lors d'un vote.

Discrimination. — DR. TRAV. Toute distinction, exclusion ou préférence fondée sur la race, la religion, l'opinion politique, l'ascendance nationale ou l'origine sociale, qui a pour effet de détruire ou d'altérer l'égalité de chances ou de traitement en matière d'emploi ou de profession (Conv. n° 111 de l'O. I. T.).

Discussion. — DR. CIV. — V. *Bénéfice de...*

Disjonction d'instance. — PR. CIV. — Décision par laquelle un tribunal décide l'éclatement d'une instance en plusieurs, parce que les questions litigieuses, groupées dans une même procédure, doivent être instruites et jugées séparément, faute de connexité suffisante entre elles.

Pratiquement, la disjonction se présente comme une disjonction de demandes, le tribunal statuant immédiatement sur la demande principale et reportant l'examen d'une demande reconventionnelle. — V. *Jonction d'instance.*

Disparition. — DR. CIV. — Evénement qui, en raison des circonstances, fait douter de la survie d'une personne. Sa non-représentation, consécutive au péril de mort auquel elle s'est trouvée exposée, conduit à bref délai à un jugement déclaratif de décès. L'absence, au contraire, présume encore la vie et la loi dispose autrement.

Dispense de peine. — DR. PÉN. — Pouvoir accordé, dans le cadre des réformes pénologiques de la loi du 11 juillet 1975, au tribunal correctionnel qui a prononcé une déclaration de culpabilité, de dispenser le coupable de sa peine sous réserve de certaines conditions telles que son reclassement, la réparation du dommage ou la disparition du trouble. — V. *Peines.*

Dispense. — DR. CIV. — Exemption d'une condition de fond ou de forme accordée par les pouvoirs publics ou par la loi, à une personne, avant la conclusion d'un acte, l'attribution d'un état ou d'une fonction. Ainsi, un jeune homme ne peut se marier avant l'âge de 18 ans révolus, sauf dispense accordée par le Procureur de la République.

Disponibilité. — DR. ADM. Position d'un fonctionnaire placé temporairement hors de son corps d'origine, avec suspension de ses droits à l'avancement et à la retraite et, dans la majeure partie des cas, de tout ou fraction de son traitement.

Dispositif (principe du). — PR. CIV. — Principe en vertu duquel les plaideurs conservent la liberté d'entamer le procès, de lui donner le contenu qu'ils désirent (chefs de demande, cause, objet), de le suspendre ou de l'arrêter (acquiescement, désistement).

Le juge est lié par le cadre du procès tel que les parties l'ont tracé. Il ne peut modifier d'office ni les parties ni leurs qualités, ni la cause, ni l'objet de la demande, l'ordre public fût-il en cause.

Dispositif du jugement. — PR. CIV. — Partie d'un jugement contenant la solution du litige et à laquelle

est attachée l'autorité de la chose jugée.

Cette autorité n'existe pas pour les motifs du jugement qui étayent le dispositif.

Disposition à titre gratuit. DR. CIV. — Transfert d'un bien au profit d'un tiers avec une intention libérale, soit par donation entre vifs, soit par testament. — V. *Acte à titre gratuit.*

Dissimulation. — DR. CIV., DR. COM. — Envers de la simulation consistant à tenir secrète la vérité de l'opération juridique, soit en dénaturant, soit en modifiant, soit en supprimant l'acte apparent, soit encore en cachant l'identité du véritable bénéficiaire.

Dissolution. — DR. CONST. Acte par lequel le Chef de l'Etat ou le Gouvernement met fin par anticipation au mandat de l'ensemble des membres d'une assemblée parlementaire.

Le droit de dissolution est un élément essentiel du régime parlementaire, dans lequel il contrebalance le droit pour le Parlement de mettre en jeu la responsabilité politique du Gouvernement. La dissolution peut être prononcée en vue de *a)* faire arbitrer par le peuple un conflit entre Parlement et Gouvernement ; *b)* soumettre au peuple une question importante (équivalent du référendum dans un pays qui ignore cette institution : Ex. : Grande-Bretagne) ; *c)* permettre au Gouvernement de choisir le moment favorable pour consulter les électeurs ; *d*) éviter les périodes de transition politique où les députés, voyant venir la fin de la législature, sont préoccupés par leur réélection et enclins à la démagogie.

La dissolution est soit discrétionnaire (laissée à la libre initiative du Chef de l'Etat ou du Gouvernement. Ex. : Constit. de 1958, art. 12), soit conditionnelle (par exemple liée à la fréquence des crises : Cf. Constit. de 1946, art. 51), soit automatique (l'ouverture d'une crise ministérielle provoquant *ipso facto* la dissolution).

DR. PRIV. — Disparition d'une institution provoquée par l'arrivée d'un événement déterminé. Les causes de dissolution varient selon le type d'institution. Ainsi le décès d'un époux met fin au mariage, alors que celui d'un associé d'une société anonyme laisse subsister la société.

Distinction des contentieux. DR. ADM. — V. *Contentieux administratif*.

Distraction des dépens. — PR. CIV. — Bénéfice accordé à l'avocat ou à l'avoué (en appel) du gagnant lui permettant de se faire payer directement par le perdant les frais qu'il a exposés pour son client sorti victorieux du procès.

Distraction de saisie. — PR. CIV. — Incident de la saisie-exécution ou de la saisie immobilière, par lequel un tiers se prétend

propriétaire de tout ou partie des biens saisis.

Distribution par contribution. — PR. CIV. — V. *Contribution*.

District. — DR. ADM. — Etablissement public tendant à grouper, dans un souci de plus grande efficience, des communes constituant une même agglomération en vue de l'exécution collective d'un certain nombre de tâches ou de réalisations d'intérêt commun.

Divertissement. — DR. CIV. Action par laquelle un héritier ou un époux détourne frauduleusement un bien de la succession de la communauté.

Dividendes. — DR. COM. — Part des bénéfices réalisés par une société, distribuée généralement à la fin de chaque exercice aux actionnaires, par décision de l'assemblée générale annuelle qui tient compte de l'inventaire et du bilan.

Dividende fiscal. — DR. FIN. Accroissement des rentrées fiscales entraîné automatiquement par l'accroissement du montant des revenus et des transactions en période d'expansion économique, et généralement plus que proportionnel à celle-ci, notamment en raison de la progressivité du tarif de l'impôt.

Division. — DR. CIV. — V. *Bénéfice de...*

Divorce. — DR. CIV. — Rupture du lien conjugal, prononcée par un jugement, soit sur la requête conjointe des époux (divorce par consentement mutuel), soit en raison de l'absence de communauté de vie (divorce-remède ou divorce-faillite), soit en raison de la faute commise par l'un des conjoints (divorce-sanction).

Dockers. — DR. TRAV. — Travailleurs employés de façon permanente au chargement et au déchargement des navires dans certains ports.

Les dockers sont titulaires d'une carte professionnelle.

Doctrine. — Pensée des auteurs. Par extension, l'ensemble des auteurs.

Documents. — PR. CIV. — Ecrits susceptibles de contribuer à la preuve des faits du procès. Des documents peuvent être fournis spontanément par les parties : leur communication peut être exigée des parties ou des tiers par le juge ou par le technicien, avec, si besoin est, l'intervention du juge. — V. *Pièces.*

Documents administratifs (accès aux...). — DR. ADM. — Les fonctionnaires sont astreints à une obligation de *discrétion* à l'égard des informations qu'ils possèdent à raison de leurs fonctions, parfois renforcée en *secret professionnel* (V. ce mot) pénalement sanctionné. Cependant, une dérogation importante a été apportée à ce principe, lorsque l'information est contenue dans un document administratif, par la loi du 17 juillet 1978 instituant la règle de la liberté d'accès aux documents administratifs.

Doit. — DR. CIV., COM. — V. *Actif, Avoir, Passif.*

Dol. — DR. CIV. — Manœuvre frauduleuse ayant pour objet de tromper l'une des parties à un acte juridique en vue d'obtenir son consentement.

DR. PÉN. — Attitude psychologique du délinquant consistant de sa part à avoir voulu commettre l'infraction (voir intention). Il y a dol *éventuel* lorsque l'agent n'a pas voulu le résultat dommageable tout en ayant prévu la possibilité de sa réalisation. Dans ce cas il répond d'une simple faute non intentionnelle.

Il y a dol *indéterminé* lorsque l'agent a agi intentionnellement sans se fixer un résultat bien déterminé. Il répondra du résultat effectivement causé. — V. *Intention.*

Domaine privé. — DR. ADM. Partie du patrimoine des collectivités publiques, dont le régime juridique obéit, en principe, aux règles de fond et de compétence du Droit privé.

Domaine public. — DR. ADM. Partie du patrimoine des collectivités publiques qui, soit parce qu'elle est laissée à la disposition du public, soit parce qu'elle est affectée à un service public auquel elle est spécifiquement adaptée par sa nature ou par un aménagement spécial, est soumise à un régime juridique et contentieux de Droit administratif. Le domaine public est inaliénable.

Domaine réservé. — Dr. INT. PUBL. — V. *Compétence nationale.*

Domicile. — Dr. CIV. — Lieu dans lequel une personne est censée demeurer en permanence. C'est la raison pour laquelle les actes judiciaires faits à son domicile lui sont opposables. En droit positif, le domicile est situé au lieu du principal établissement.

Dr. PÉN. — V. *Violation de domicile.*

Domicile élu. — Dr. CIV., Pr. CIV. — Lieu choisi par les parties à un acte juridique pour trancher les difficultés d'exécution et donner éventuellement compétence au tribunal.

Pr. CIV. — V. *Election de domicile.*

Domiciliataire. — Dr. COM. — Personne au domicile de laquelle un effet de commerce doit être présenté au paiement.

Domiciliation. — Dr. COM. — Indication du lieu choisi pour le paiement d'un effet de commerce.

Dominion. — Dr. INT. PUBL. — Nom donné aux anciennes colonies anglaises ayant obtenu de la métropole l'autonomie interne et la personnalité internationale et accédé ainsi à la qualité de membres du Commonwealth.

Le terme n'est plus employé depuis que le British Commonwealth est devenu le Commonwealth of nations. — V. *Commonwealth.*

Dommage. — Dr. CIV. — V. *Préjudice, Préjudice d'agrément, Préjudices de caractère personnel, Préjudice esthétique.* SÉC. SOC. — V. *Préjudice.*

Dommages et intérêts. — Dr. CIV. — Somme d'argent compensatoire du dommage subi par une personne en raison de l'inexécution ou de la mauvaise exécution d'une obligation ou d'un devoir juridique par le cocontractant ou un tiers.

Donation. — Dr. CIV. — Contrat par lequel une personne (le donateur) transfère la propriété d'un bien à une autre (le donataire), qui l'accepte, sans contrepartie et avec intention libérale.

Donation déguisée. — Dr. CIV. — Donation ayant en la forme l'apparence d'un contrat d'une autre nature, spécialement d'un contrat à titre onéreux.

Donation indirecte. — Dr. CIV. — Donation qui résulte d'un acte qui, par sa nature, ne comporte pas nécessairement une libéralité (Ex. : remise de dette).

Donation mutuelle. — Dr. CIV. — Donation caractérisée par une réciprocité essentielle dans l'intention libérale, accidentelle dans l'exécution.

Lorsque les libéralités interviennent entre tiers, la mutualité sort la plénitude de ses effets : chacun est, à la fois, donateur et donataire.

Lorsque la donation mutuelle est consentie entre époux, qu'elle porte sur les biens à venir, la mutualité n'est effective qu'unilatéralement : la libéralité ne profite qu'au seul survivant.

Donation partage. — DR. CIV. — Acte par lequel une personne répartit ses biens de son vivant entre ses héritiers présomptifs qui en deviennent propriétaires.

Le Code civil n'autorise les donations partage qu'au profit des descendants. — V. *Testament-Partage.*

Donation « propter nuptias ». DR. CIV. — Libéralité entre vifs faite en vue du mariage du bénéficiaire soit par le futur conjoint soit par un tiers.

Don manuel. — DR. CIV. — Donation de la main à la main ayant pour objet un meuble corporel.

Donner (obligation de). — DR. CIV. — Au sens technique, obligation de transférer la propriété.

Dossier. — PR. CIV. — Réunion des documents, actes de procédure, jugements relatifs à un litige ouvert devant une juridiction civile, commerciale, sociale, dans un dossier sur lequel se trouvent mentionnés en outre les divers événements de la procédure. — V. *Mention au dossier, Registre d'audience, Répertoire général.*

Dot. — DR. CIV. — Au sens large : donation en vue du mariage.

Au sens strict : sous le régime dotal, biens apportés par la femme qui sont **inaliénables et insaisissables et soumis à l'administration du mari.**

Le législateur a supprimé pour l'avenir le régime dotal (L. 13 juill. 1965). — V. *Biens dotaux.*

Dotation globale de fonctionnement (D. G. F.). — DR. FIN. — Subvention versée par l'Etat aux collectivités locales, représentant leur recette de fonctionnement la plus importante après les impôts directs locaux.

Douaire. — HIST. DR. — Gain de survie de la femme consistant en un usufruit sur les propres de son mari, fixé soit par contrat de mariage (douaire **conventionnel ou préfix**), soit par la coutume (douaire coutumier).

Douane (droits de). — DR. FIN. — Impôts assis, sans préjudice de l'application des impôts nationaux de consommation, sur les marchandises importées, dans le but principalement de protéger les producteurs nationaux.

Exceptionnellement, ils peuvent frapper les exportations. Il n'existe plus actuellement de droits de douane dans les échanges entre Etats membres du Marché Commun, mais pour les produits entrant dans le champ d'application de la politique agricole commune, il est perçu des

« prélèvements ». — V. ce mot.

Double (Formalité du). — DR. CIV. — Nécessité juridique d'établir, pour la preuve d'un contrat synallagmatique, constaté par un acte sous seing privé, autant d'originaux qu'il existe d'intérêts opposés ; les intéressés étant souvent au nombre de deux, l'acte est dressé en deux exemplaires.

PR. CIV. — V. *Double original*, *Exploit d'huissier de justice*.

Double degré de juridiction. PR. GÉN. — Il y a double degré de juridiction lorsqu'après un premier jugement, un appel peut être interjeté. — V. *Degré de juridiction*.

Double incapacité de donner et de recevoir. — DR. PÉN. — Peine accessoire (art. 36 C. pén.) des peines afflictives perpétuelles qui écarte le délinquant du domaine des testaments et des donations. Elle ne disparaît que par une mesure de « relèvement » décidée par le gouvernement.

Double original. — DR. CIV., PR. CIV. — Formalité exigeant, dans sa conclusion, l'établissement de l'acte en plusieurs exemplaires. Ainsi, dans les conventions sous seing privé, un original doit être délivré à chaque partie ayant un intérêt distinct ; ainsi, dans les exploits de justice, le premier original est pour l'huissier, le second pour le requérant. — V. *Exploit*.

Doute (bénéfice du). — PR. PÉN. Principe suivant lequel le juge pénal en l'esprit duquel subsiste un doute sur l'existence de l'infraction, la participation du défendeur à celle-ci, ou la réalisation des autres conditions de la responsabilité pénale, doit prononcer une décision d'acquittement ou de relaxe. — V. « *In dubio pro reo* ».

Douzièmes provisoires. — DR. FIN. — Nom donné sous les 3e et 4e Républiques, en cas de retard dans le vote de la loi de finances, à des autorisations budgétaires valables pour un mois et permettant provisoirement à l'Administration de percevoir les recettes, et de payer des dépenses à concurrence d'un douzième environ des crédits ouverts l'année précédente.

Doyen. — DR. ADM. — Professeur élu par les membres du corps enseignant et placé à la tête d'une Faculté (V. ce mot), dans l'organisation de l'enseignement supérieur antérieure à la loi d'orientation du 12 novembre 1968. Aujourd'hui, le Directeur d'une U. E. R. (V. ce mot) porte parfois ce titre, cette U. E. R. désirant reprendre le nom de Faculté.

Membre le plus ancien dans la fonction (ainsi conseiller Doyen de chaque chambre de la Cour de cassation), ou le plus âgé d'une assemblée (ainsi, doyen d'âge à l'Assemblée Nationale).

Droit. — *Droit objectif :* ensemble des règles régissant la vie en société et sanctionnées par la puissance publique.

Droit subjectif : prérogative attribuée à un individu dans son intérêt lui permettant de jouir d'une chose, d'une valeur ou d'exiger d'autrui une prestation.

Droit acquis. — DR. CIV. En cas de conflit entre deux lois qui se succèdent, se dit d'un droit attribué sous l'empire de la règle antérieure et qui est maintenu malgré les dispositions contraires du nouveau texte.

Parce qu'il est difficile de déterminer ceux des droits qui sont acquis (par opposition aux simples expectatives), la théorie des droits acquis est aujourd'hui combattue. — V. *Conflits de lois dans le temps.*

Droit administratif. — DR. PUBL. — Au sens large, le droit administratif correspond à l'ensemble des règles du droit privé et du droit public qui s'appliquent à l'Administration dans sa gestion des services publics, et dans ses rapports avec les particuliers. Dans un sens plus restrictif, communément admis, le droit administratif s'entend seulement de celles de ces règles qui dérogent au droit privé et qui sont ainsi normalement appliquées par les juridictions administratives.

Droit d'auteur. — DR. CIV. Prérogative attribuée à l'auteur d'une œuvre artistique ou littéraire.

Le droit d'auteur comporte un droit pécuniaire (droit de tirer profit de l'œuvre), et un droit moral. V. *Droit moral.*

Droit cambiaire. — DR. COM. — Ensemble des règles applicables aux effets de commerce et présentant un certain nombre de caractères très importants qui les distinguent des règles du droit commun des obligations.

Droit civil. — Ensemble des règles de droit privé normalement applicables. Il constitue le droit commun par rapport aux règles correspondant à des milieux spéciaux et qui se sont constituées en disciplines propres (droit commercial, droit rural, droit social...). — V. *Droit commun, Droit privé.*

Droits de clientèle. — DR. GÉN. — Catégorie amphibie, plus proche du droit réel que du droit personnel. Sa spécificité se présente comme une trilogie : le droit de clientèle est le fruit du travail de l'homme (source), son support est incorporel (objet), son opposabilité est absolue (effet). Tels le droit de présentation de l'officier ministériel, le droit de l'écrivain sur son œuvre, le droit de l'inventeur sur son brevet, le droit du producteur sur l'appellation d'origine... Le dénominateur commun est d'offrir la possibilité de se constituer et d'exploiter une clientèle. — V. *Droits intellectuels.*

Droit commercial. — Ensemble des règles juridiques applicables aux commerçants dans l'exercice de leur activité professionnelle et régissant aussi, quoique de manière plus exceptionnelle, l'activité commerciale, voire les actes de commerce accomplis par toute personne.

Droit commun. — Au sens large : règles normalement applicables à un ensemble de rapports juridiques.

Au sens strict : règles normalement applicables en droit privé ; le droit civil constitue le droit commun.

Droit de la concurrence. — Dr. com. — Dans une acception étroite, corps de règles qui permettent de réprimer ceux qui, de différentes manières, entravent le libre jeu de la concurrence, notamment en constituant des ententes ou en exploitant une position dominante (V. ces mots).

Au sens large, ensemble des règles juridiques gouvernant les rivalités entre agents économiques dans la recherche et la conservation d'une clientèle.

Droit constitutionnel. — Ensemble des règles juridiques relatives aux « institutions grâce auxquelles l'autorité s'établit, se transmet ou s'exerce dans l'Etat » (M. Prélot).

L'épithète constitutionnel vient de ce que les règles fondamentales de ce Droit sont contenues dans un document spécial : la Constitution.

Droit corporel. — Dr. civ. Se dit d'un droit portant sur une chose corporelle. — V. *Droit incorporel.*

Droit de créance. — Dr. civ. — V. *Créance.*

Droits économiques et sociaux. — Dr. soc. — Droits définis dans le Préambule de la Constitution de 1946.

Droit éventuel. — Dr. civ. Droit subjectif qui peut résulter d'une situation juridique en voie de formation.

Droit extrapatrimonial. — Droit subjectif qui n'entre pas directement dans le patrimoine et qui, par conséquent, n'est pas dans le commerce juridique.

Le droit extrapatrimonial est incessible et insaisissable. Cependant les droits extrapatrimoniaux sont peu nombreux et constituent des exceptions au principe de la patrimonialité des droits subjectifs : citons le droit au nom et le droit moral de l'auteur. La plupart des prérogatives qualifiées à tort « droits » extrapatrimoniaux, ne sont que des libertés (droit au respect, à l'honneur, etc...).

Droit et fait (dans le procès). — Pr. gén. — Dans un procès, les parties doivent alléguer les faits, événements, circonstances matérielles qui soutiennent leurs prétentions juridiques. Le juge a la faculté d'exiger d'elles des justifications à cet égard.

La mission du juge est d'appliquer aux faits du procès les règles de droit qui les régissent. Il doit vérifier les qualifications proposées par les plaideurs et peut soulever d'office un moyen de droit pur.

Les juridictions du fond apprécient souverainement les faits du procès. Seules les questions de droit sont soumises au contrôle du juge de cassation (Cour de cassation, Conseil d'Etat saisis d'un pourvoi). — V. *Allégation, Fond, Forme, Pertinence.*

Droit de gage général. — DR. CIV. — Pouvoir que tout créancier tient de la loi sur l'ensemble des biens de son débiteur, grâce auquel le paiement peut être poursuivi par la saisie de l'un quelconque des éléments du patrimoine de l'obligé. A ne pas confondre avec la sûreté réelle du même nom. — V. *Gage.*

Droit de garde. — DR. CIV. V. *Garde.*

Droit des gens. — Expression synonyme de Droit International Public. — V. cette expression.

Droit d'habitation. — V. *Habitation.*

Droits de l'homme. — DR. CONST. — 1º Selon la conception de la démocratie libérale : droits inhérents à la nature humaine, donc antérieurs et supérieurs à l'Etat et que celui-ci doit respecter non seulement dans l'ordre des buts mais aussi dans l'ordre des moyens. — V. *Déclaration des droits, Garantie des droits. Habeas corpus, Convention Européenne des Droits de l'Homme, Pactes internationaux des Droits de l'Homme.*

2º Selon la conception

de la démocratie autoritaire (marxiste) : droits conquis par l'homme à la suite de l'instauration d'une société sans classes et donc sans exploitation de l'homme par l'homme. Tout ce qui favorise cette libération est bon, même une dictature, car ce qui importe ce ne sont pas les droits et libertés actuels (qui sont abstraits, formels), mais les droits et libertés futurs, seuls authentiques.

Droits hors du commerce. — DR. CIV. — Droits ne pouvant faire l'objet d'une convention.

Droit immobilier. — DR. CIV. Droit portant sur un immeuble. — V. *Immeuble.*

Droit incorporel. — DR. CIV. Droit ne portant pas sur une chose corporelle, tels les droits personnels, les droits intellectuels. — V. *Droit corporel, Droit intellectuel, Droit personnel.*

Droits intellectuels. — DR. GÉN. — Variété de droits de clientèle dont le trait spécifique réside dans ce que l'activité créatrice de clientèle repose sur l'œuvre de l'esprit : droit de l'auteur, de l'artiste, de l'inventeur.

Droit international privé. — Ensemble des règles applicables aux personnes privées dans les relations internationales.

Droit international public. Ensemble des règles juridiques régissant les relations entre les Etats et les autres sujets de la société internationale.

Droit judiciaire. — Pr. gén. — Terme qui tend à supplanter celui, trop étroit, de procédure, pour désigner l'ensemble des règles gouvernant l'organisation et le fonctionnement des juridictions civiles et pénales de l'ordre judiciaire. Certains auteurs désignent sous le nom de droit judiciaire privé la procédure civile (Solus-Perrot).

Droits litigieux. — Dr. civ. — Droits, le plus souvent créances, qui font l'objet d'une contestation en justice. La « litigiosité » du droit a son principal intérêt dans la cession de créance : le débiteur cédé s'acquitte de son obligation en payant le prix de cession qui est toujours inférieur au montant de la créance transmise. On dit qu'il exerce le retrait litigieux.

Droit maritime. — Dr. com. Ensemble des règles juridiques relatives à la navigation maritime, au transport des voyageurs et de marchandises par mer.

Droit mobilier. — Dr. civ. Droit portant sur un meuble. — V. *Meuble.*

Droit moral. — Dr. civ. — Droit de l'auteur d'une œuvre littéraire, artistique ou scientifique de la divulguer, d'en fixer les conditions d'exploitation et d'en défendre l'intégrité.

On oppose le droit moral au droit pécuniaire portant sur les profits obtenus par l'exploitation de l'œuvre.

Droit naturel. — Expression susceptible d'acceptions fort différentes :

1° Recherche du juste par une analyse rationnelle et concrète des réalités sociales, orientée par la considération de la finalité de l'homme et de l'Univers.

2° Principes immuables, découverts par la raison, permettant d'éprouver la valeur des règles de conduite positives admises par le Droit objectif.

Droit objectif. — V. *Droit, Règle juridique.*

Droit patrimonial. — Dr. civ. — Droit subjectif entrant dans le patrimoine : le droit patrimonial est dans le commerce juridique, il est cessible et prescriptible.

En principe, tout droit subjectif est patrimonial. V. *Droit extrapatrimonial.*

Droit pénal. — Dr. pén. — Ensemble des règles de droit ayant pour but la sanction des infractions. En un sens large, le droit pénal englobe également les règles qui tendent à la sanction des états dangereux. Synonyme : droit criminel.

Droits de la personnalité. — Dr. civ. — Ensemble des attributs que la loi reconnaît à tout être humain (droit à la vie et à l'intégrité corporelle, droit à l'honneur et à l'image...) placés en dehors du commerce juridique et dotés d'une opposabilité absolue.

Droit personnel. — Dr. civ. Synonyme de droit de créance. — V. *Créance.*

Le droit personnel est le droit subjectif d'exiger d'une personne une prestation. — V. *Prestation.*

**Droit des peuples à dispo-
ser d'eux-mêmes.** — Dr.
int. publ. — Droit pour un
peuple de déterminer lui-
même sa propre forme de
gouvernement ainsi que de
se rattacher à l'Etat de son
choix (droit de sécession et
droit d'être consulté en cas
d'échange ou de cession).

Droit consacré par la
Charte de l'O.N.U. (art. 1,
§ 2) et divers textes récents.

Droit positif. — Le droit
positif est constitué par
l'ensemble des règles juridiques en vigueur dans un
Etat ou dans la Commu-
nauté internationale, à un
moment donné, quelles que
soient leur source. C'est
le droit « posé », le droit
tel qu'il existe réellement.

Droit de préemption. — Dr. civ.
Dr. publ. — Droit accordé à
certaines personnes d'acheter
un bien par préférence à
toute autre si le propriétaire manifeste la volonté
de vendre.

Droit de préférence. — Dr.
civ. — Droit de certains
créanciers (hypothécaires,
privilégiés. — V. *Privilège,
Hypothèque*) d'obtenir, par
préférence aux autres
créanciers, généralement
chirographaires (V. ce mot),
paiement sur le produit de
la vente du bien saisi.

Droit prétorien. — Règle
juridique qui se dégage de
la jurisprudence.

Droit privé. — Ensemble des
règles régissant les rapports
entre particuliers et les relations juridiques entre l'Administration et les particu-

liers lorsqu'elles ne sont pas
exorbitantes du droit commun. — V. *Droit public,
Droit commun*.

Droit processuel. — Pr. gén.
— Partie du droit judiciaire
consacrée à l'étude des problèmes généraux et à la
comparaison des différentes
procédures (civile, disciplinaire, pénale, administrative).

Pr. civ. — Droit d'ordre
formel, issu de l'exercice
d'une action, se superposant
au droit substantiel, sans
l'absorber. — V. *Droit substantiel, Forme*.

Droit de propriété. — Dr.
civ. — Droit réel conférant
toutes les prérogatives que
l'on peut avoir sur un
bien ; traditionnellement on
distingue trois préroga-
tives : l'*usus*, l'*abusus* et
le *fructus*. — V. ces mots.

Droit public. — Ensemble des
règles organisant l'Etat et
ses démembrements, et ré-
gissant les rapports entre
la puissance publique et les
particuliers. — V. *Droit
privé*.

Droit réel. — Dr. civ. —
Droit qui porte directement
sur une chose. On oppose
le droit réel au droit personnel. — V. ce mot. —
Les droits réels principaux
sont le droit de propriété
et ses démembrements. Le
droit de propriété comporte
trois prérogatives : le droit
d'user de la chose, le droit
d'en percevoir les fruits, le
droit d'en disposer.

Certains droits réels ne
confèrent à leur titulaire

qu'une partie de ces attributs : on les qualifie de démembrements du droit de propriété (ex. : servitude, usufruit).

Par opposition aux droits réels principaux, il existe des droits réels accessoires ; ils sont liés à l'existence d'une créance dont ils garantissent le recouvrement (Ex. : Hypothèque).

Droit de repentir. — DR. CIV., DR. COM. — Faculté de se retirer, unilatéralement, d'un engagement, au mépris du principe de l'irrévocabilité de la promesse (réméré, propriété littéraire et artistique, devis et marchés, démarchage à domicile). Reconnu par la loi ou établi par le contrat, le droit de repentir s'exerce sans contrepartie, sauf stipulation d'arrhes.

Droit de rétention. — DR. CIV. — Droit du créancier qui a en sa détention ou possession un bien appartenant au débiteur de refuser de s'en dessaisir tant qu'il n'est pas payé.

Droit rural. — Ensemble des règles régissant la propriété agricole, ses transferts, les conventions entre propriétaires et locataires, ainsi que les dispositions portant statut des exploitants. Le Droit rural tend à protéger la paysannerie tout en permettant la modernisation de l'agriculture.

Droits simples. — DR. FIN. — Sur un avis d'imposition (V. ce mot), termes désignant le montant brut d'impôt sur le revenu dû par application du barème de l'impôt sur le revenu au revenu net imposable, avant la mise en œuvre des corrections tendant à minorer (ou à majorer) la somme due.

Droit subjectif. — DR. CIV. V. *Droit, Situation juridique subjective, Situation juridique objective, Faculté, Fonction, Liberté, Pouvoir.*

Droit substantiel. — DR. GÉN. — Droit qui constitue la matière du litige (propriété, créance, usufruit...). Dans le contentieux privé, support nécessaire de toute déduction en justice, exigeant, en outre, pour sa mise en œuvre, le droit d'agir dit droit processuel. — V. *Droit processuel, Pr. civ., Fond.*

Droits successifs. — DR. CIV. — Part héréditaire dans une succession ouverte (pas de pacte sur succession future) pouvant faire l'objet d'une cession, sous réserve de la préemption offerte à chaque cohéritier lui permettant de se substituer à tout acquéreur.

Droit de suite. — DR. CIV. Droit permettant au créancier hypothécaire ou privilégié de saisir l'immeuble garantissant le paiement de la dette en quelque main qu'il se trouve, même entre les mains d'un tiers acquéreur.

Plus généralement, prérogative du titulaire d'un droit réel de saisir le bien objet du droit quel qu'en soit le possesseur.

Droit de superficie. — DR. CIV. — Droit de propriété

sur les édifices et plantations reposant sur le terrain d'autrui.

Droit des transports. — Ensemble des règles appli-
cables aux contrats de transport de voyageurs et de
marchandises (transports
ferroviaires, aériens, flu-
viaux, maritimes, routiers)
et portant statut des personnels et matériels, véhicules ou bâtiments.

Droit du travail. — DR. TRAV. —
Ensemble des règles ayant
pour base, dans le secteur
privé, les relations de travail
existant entre un employeur
et un ou plusieurs salariés et
régissant les rapports individuels (salaires, congés payés,
licenciements...) et collectifs
(syndicats, représentation du
personnel, conventions collectives...). Le droit du travail
comporte un certain nombre
de principes qui, par leur
généralité, pénètrent dans le
secteur public (liberté syndicale, droit de grève).

Droit d'usage. — DR. CIV.
V. *Usage.*

Droit de visite. — DR. CIV.
Prérogative reconnue aux
ascendants de recevoir leurs
descendants mineurs (en-
fants ou petits-enfants)
confiés à la garde d'un
parent ou d'un tiers.
    La loi du 4 juin 1970
sur l'autorité parentale autorise les tribunaux à accorder ce droit à d'autres personnes, parentes ou non.

Dualisme. — DR. INT. PUBL.
Conception doctrinale selon
laquelle Droit interne et
Droit international sont

deux ordres juridiques distincts, d'égale valeur et
indépendants. — V. *Mo-
nisme.*

Ducroire. — DR. COM. —
Convention par laquelle le
commissionnaire se porte
garant vis-à-vis du com-
mettant de l'exécution de
l'opération par le tiers avec
qui il traite pour le compte
du commettant.

Dumping. — DR. COM. — A
l'origine pratique qui consiste
à vendre sur les marchés extérieurs à des prix inférieurs à
ceux qui sont pratiqués sur le
marché national.
    Plus généralement pratique
consistant à offrir, dans le but
d'accaparer un marché en faisant disparaître les concurrents, des produits ou des services à un prix inférieur à leur
prix de revient. — V. *Vente à
perte.*

Duplique. — DR. ADM. — V.
Réplique.

« Dura lex, sed lex ». — La
loi est dure, mais elle est
la loi.

Durée du travail. — DR. TRAV.
— Temps pendant lequel un
salarié exerce son activité au
service de l'employeur. La
durée du travail est déterminée en droit positif dans le
cadre de la semaine civile, soit
40 heures réparties selon les
cas entre 4, 5 ou 6 jours. La
durée de travail ne correspond pas nécessairement à un
temps de travail productif
(ex. : entretien des machines) ;
elle se distingue de l'amplitude qui correspond au temps
pendant lequel, dans une jour-

née, le salarié est à la disposition de l'employeur ; l'alternance des temps de travail et des temps de pause augmente l'amplitude et justifie une réglementation.

Dyarchie. — Dr. const. — Gouvernement exercé conjointement par deux personnes (qui ne disposent pas nécessairement des mêmes compétences).

E

Eaux intérieures. — Dr. int. publ. — Eaux maritimes situées en deçà de la ligne de base de la mer territoriale (V. ce mot) sur lesquelles l'Etat riverain exerce sa pleine souveraineté (ports, havres et rades, baies de faible ouverture, etc...).

Echange. — Dr. civ. — Contrat par lequel une personne cède un bien contre la remise d'un autre bien. L'échange est voisin de la vente qui a pour contrepartie, non un bien déterminé, mais une somme d'argent dont la fongibilité est absolue.

Echéance. — Dr. civ. — Date à laquelle le débiteur doit exécuter son obligation.

Echelle mobile des salaires. Dr. trav. — Indexation des salaires sur le niveau général des prix (échelle mobile simple) ou, à la fois sur les prix et le revenu national (échelle mobile double). Sauf en ce qui concerne le S. M. I. C., et avant lui le S. M. I. G. (V. ces mots), l'indexation des salaires est généralement interdite, mais cette inter-

diction est aujourd'hui très controversée.

Echevinage. — Pr. gén. — Mode de composition de certaines juridictions associant un ou plusieurs magistrats de carrière et des personnes issues de certaines catégories socio-professionnelles (tribunal paritaire des baux ruraux, par ex.) ou représentant l'ensemble des citoyens (Cour d'Assises, par ex.).

Ecole classique. — Dr. pén. Courant de pensée criminaliste dans lequel le droit de punir repose sur un contrat social et pour lequel les peines ont un caractère humanitaire et strictement utilitaire.

Ecole de la Défense sociale. Dr. pén. — Courant de pensées criminaliste qui se caractérise par un déterminisme de principe, atténué par l'admission de la notion de responsabilité morale. Cette école préconise, pour la reconstruction du droit criminel, l'utilisation, à des fins d'efficacité, aussi bien des mesures de sûreté que des peines classiques, et elle fonde la condamnation sur l'examen criminologique de la personnalité du délinquant.

Ecole nationale d'administration. — Dr. adm. — Ecole qui, depuis 1945, assure le recrutement (au moyen d'un concours annuel réservé à des candidats ayant certains titres universitaires, et d'un autre concours annuel réservé à des fonctionnaires ayant une certaine ancienneté de services) des corps du Conseil d'Etat, de l'Inspection des Finances, de la Cour des Comptes, des Affaires Etrangères, des Tribunaux Administratifs et des Administrateurs civils de Ministères.

Ecole nationale de la Magistrature. — Dr. adm., Pr. civ., pén. — L'Ecole de la Magistrature (E. N. M.) a succédé au Centre National d'Etudes Judiciaires. Elle est destinée à assurer la formation professionnelle des auditeurs de Justice (recrutés par concours ou sur titre) et à promouvoir le perfectionnement des magistrats.

Ecole positiviste. — Dr. pén. Ecole criminologique qui, partant du postulat du déterminisme absolu, c'est-à-dire de la négation du libre arbitre et de la responsabilité morale, a construit un système de défense sociale à partir de mesures de sûreté adaptées, non à la gravité des infractions, mais à la « temibilità », c'est-à-dire à l'état dangereux de chaque délinquant.

Economats. — Dr. trav. — Magasins de vente à crédit exploités par l'employeur, où les salariés viennent se fournir.

Les économats sont en principe interdits.

Economie concertée. — Système de relations entre l'Etat et l'économie privée, dans lequel la Puissance Publique s'efforce d'engager le dialogue avec les destinataires de ses décisions avant la prise de celles-ci.

Il s'oppose au dirigisme autoritaire.

Economie mixte. — Dr. adm. Système de gestion d'activités industrielles ou commerciales présentant un caractère d'intérêt général, caractérisé par l'association financière de personnes morales de droit public et de droit privé sous la forme de sociétés d'économie mixte soumises au contrôle de l'Administration, mais empruntant assez formellement la majeure partie de leur statut juridique aux règles du droit commercial.

Ecrou. — Dr. pén. — Acte par lequel le Directeur d'une prison constate l'arrivée d'un prisonnier dans l'établissement sur le registre d'écrou. — V. *Levée d'écrou.*

Educateur spécialisé. — Dr. soc. — Personne titulaire d'un diplôme d'Etat dont la mission est de faciliter la rééducation et la « resocialisation » des enfants et adolescents inadaptés, délinquants ou non.

Education ouvrière. — Dr. trav. V. *Congé éducation.*

Education permanente. — Dr. gén., Dr. trav. — Ensemble des moyens et des actions ayant pour fin l'instruction et la formation professionnelle ; elle comprend la formation initiale (scolarité obligatoire, études secondaires et universitaires), l'apprentissage et, pendant l'activité professionnelle, la formation professionnelle continue.

Education surveillée. — Dr. pén. — Ensemble des services du Ministère de la Justice qui s'occupent des problèmes posés par la délinquance juvénile et par l'enfance en danger moral.

Effectivité (principe d'). — Dr. int. publ. — Principe invoqué pour justifier la reconnaissance ou l'opposabilité d'une situation ou d'un fait réellement établis (Reconnaissance d'un Etat ou d'un Gouvernement quelles que soient les circonstances de leur naissance dès lors que cet Etat existe effectivement ou que ce Gouvernement exerce un pouvoir effectif ; opposabilité de la nationalité conférée par un Etat dès lors qu'elle consacre des liens effectifs, etc.).

Effet de commerce. — Dr. com. — Titre négociable qui constate l'existence au profit du porteur d'une créance à court terme et sert à son paiement.

On distingue : la lettre de change ou traite, le billet à ordre, le chèque et le warrant.

Effet de complaisance. — Dr. com. — Lettre de change dépourvue de provision émise par le tireur sur le tiré, à la suite d'une entente frauduleuse avec celui-ci, afin de procurer au tireur un crédit factice et de prolonger son apparente solvabilité. Il arrive que l'opération soit répétée pour permettre le remboursement de la traite précédente, on parle dans ce cas « d'effets ou traites de cavalerie ». Il y a « effets croisés » lorsque deux commerçants, réciproquement gênés dans leurs affaires, se rendent le service de tirer l'un sur l'autre des effets de complaisance.

Effet constitutif. — Pr. civ. V. *Jugement constitutif.*

Effets croisés. — Dr. com. — V. *Effet de complaisance.*

Effet déclaratif. — Dr. civ. Effet attribué à un *acte déclaratif* (cf. ce mot).

En particulier, l'acte déclaratif a un effet rétroactif.

Pr. civ. — V. *Jugement déclaratif.*

Effet dévolutif des voies de recours. — Pr. civ. — Les voies de recours ont, normalement, un effet dévolutif, en ce sens que le litige, dans sa complexité de fait et de droit, est porté devant le juge saisi du recours (le premier juge sur opposition, le juge du second degré sur appel). Le nouveau Code de procédure civile a donné plus d'ampleur qu'auparavant à l'effet dévolutif devant la cour d'appel.

La Cour de cassation ne

connaissant que des questions de droit, le pourvoi n'a pas d'effet dévolutif.

Effet immédiat de la loi (Principe de l'...). — Principe en vertu duquel la loi nouvelle régit immédiatement les situations juridiques constituées après sa promulgation, ainsi que les effets à venir des situations en cours. Les lois nouvelles sont normalement douées de l'effet immédiat. — V. *Non rétroactivité.* — *Rétroactivité des lois.*

Effet relatif des contrats. — DR. CIV. — Principe en vertu duquel les contrats ne peuvent produire des effets qu'entre les parties, tant à l'actif qu'au passif. — V. *Res inter alios acta.*

Effet rétroactif. — DR. CIV. — V. *Rétroactivité.*

Effet suspensif des voies de recours. — PR. CIV. — Les voies de recours ordinaires (opposition et appel) ont un effet suspensif de l'exécution du jugement, sauf lorsque l'exécution provisoire a été ordonnée ou est de droit. L'exécution est suspendue pendant le délai de l'opposition ou de l'appel. Elle l'est, en outre, en cas d'exercice de l'une ou l'autre de ces voies de recours durant tout le temps nécessaire au règlement du recours qui a été formé.

Les voies de recours extraordinaires n'ont pas, en principe, d'effet suspensif.

Egalité fiscale. — DR. FIN. — Principe de politique fiscale selon lequel la charge fiscale supportée par les contribuables devrait être proportionnée à leurs revenus (et à leur fortune pour certains). Il est interprété aujourd'hui comme impliquant non l'égalité des contributions individuelles (impôt proportionnel aux revenus) mais leur progressivité en fonction des revenus.

L'interventionnisme économique et social en réduit notablement la portée effective

« **Electa una via, non datur recursus ad alteram ».** — PR. PÉN. — Une voie ayant été choisie, on ne peut en adopter une autre.

Si la victime d'une infraction a introduit une action en réparation devant la juridiction civile, elle ne peut pas, en principe, se raviser et agir devant la juridiction pénale en mettant en mouvement l'action publique. — V. *Action civile.*

Electeurs inscrits. — DR. CONST. — Electeurs dont les noms figurent sur les listes électorales et qui peuvent donc participer au vote.

Election. — DR. CONST. — Choix par les citoyens de certains d'entre eux pour la conduite des affaires publiques. Ce procédé permet aussi aux électeurs de choisir indirectement une orientation politique. (Ne pas confondre avec votation. — V. ce mot).

1° Elections générales : celles auxquelles il est procédé en cas de fin collective du mandat d'une assemblée (expiration normale des pouvoirs ou dissolution).

2° Election partielle : celle à laquelle il est procédé en cas de vacance individuelle d'un siège. La Constitution de 1958 limite les élections partielles avec l'institution des suppléants V. ce mot ; les deux principaux cas sont la démission et l'annulation d'une élection par le Conseil constitutionnel.

Dr. adm. — En droit administratif, les cas d'élections aux divers corps et conseils délibérants ou consultatifs sont extrêmement nombreux. — V. *Conseil municipal, Conseil général.*

Election de domicile. — Dr. civ. — V. *Domicile élu.*

Pr. civ. — Déclaration par laquelle un plaideur se domicilie en un lieu autre que son domicile réel et grâce à laquelle les actes de la procédure sont valablement notifiés au domicile élu.

La constitution d'avocat, par exemple, emporte élection de domicile chez l'avocat constitué.

Electorat. — Dr. const. — Droit ou fonction d'électeur.

1° Electorat-droit : conception découlant de la souveraineté populaire, selon laquelle le suffrage est un droit appartenant à titre originaire à chaque citoyen et dont celui-ci est libre d'user ou de ne pas user.

2° Electorat-fonction : conception découlant de la théorie de la souveraineté nationale, selon laquelle le suffrage est une fonction publique dont la Nation souveraine peut réserver l'exercice aux plus aptes.

En fait, la discussion sur la conception de l'électorat, très importante lors de la Révolution de 1789, n'a plus qu'un intérêt théorique, les progrès de la démocratie ayant conduit à considérer l'électorat comme un droit malgré la référence à la souveraineté nationale.

Elément de l'infraction. — Dr. pén. — Partie de la conduite, matérielle et psychologique, interdite et punie par le texte de loi qui définit l'infraction. Toute infraction comporte un ou plusieurs éléments matériels et un élément psychologique. La notion d'élément est plus étroite que celle de condition de l'infraction : tout élément est une condition, mais toute condition n'est pas un élément (p. ex. : propriété d'autrui dans le vol). — V. *Condition préalable.*

Eligibilité. — Dr. const. ; Dr. adm. — Aptitude à être élu, qui suppose la réunion de diverses conditions.

Emancipation. — Dr. civ. Acte juridique par lequel un mineur acquiert la pleine capacité d'exercice et se trouve de ce fait assimilé à un majeur.

L'émancipation est légale lorsqu'elle est accordée directement par la loi (Ex. le mariage émancipe de plein droit) ; elle est volontaire lorsqu'elle résulte d'une manifestation de volonté des détenteurs de l'autorité parentale et de l'intéressé.

Depuis la loi du 5 juillet 1974, l'émancipation est judiciaire, et résulte d'une décision du juge des tutelles.

Embargo. — Dr. int. publ.
1° Défense faite par un Etat aux navires étrangers de quitter ses ports.
2° Interdiction d'exporter certaines marchandises (notamment des armes et munitions) vers un Etat déterminé.

Embauchage. — Dr. trav.
Engagement d'un salarié.

Emission. — Dr. civ., Dr. com.
— Moment où se situe, selon l'opinion dominante, la rencontre des volontés dans les contrats conclus entre absents : l'acceptation est supposée donnée à l'instant où le destinataire de l'offre extériorise, d'une manière ou d'une autre, sa volonté d'acquiescer, non à la date où le partenaire vient à être informé.

Emolument. — Dr. civ. —
Part d'actif attribuée à un copartageant.
Pr. civ. — Rémunération des actes effectués par les officiers ministériels (avoués, huissiers...) et les avocats, dont la caractéristique est d'être tarifée par l'autorité publique. — V. *Debours*.

Empêchement. — Dr. civ.
Se dit des obstacles juridiques à la formation du mariage.
Si l'obstacle est tel que

le mariage célébré au mépris de la loi est annulé, l'empêchement est dirimant.
L'empêchement est simplement prohibitif si l'Officier de l'état civil qui le constate, a le devoir de ne pas célébrer l'union, étant admis que s'il passe outre, le mariage n'est pas annulable pour ce motif.
Dr. const. — Impossibilité officiellement constatée pour un gouvernant d'exercer ses fonctions.
Si l'empêchement est définitif, il est nécessaire de pourvoir au remplacement ; s'il est provisoire, une suppléance peut être prévue (Cf. art. 7 de la Constitution de 1958).

Emphytéose. — Dr. civ. —
Bail de longue durée, pouvant atteindre 99 ans, portant sur un immeuble et conférant au preneur un droit réel.

Empire. — Dr. const. —
1. Etat ou ensemble d'Etats soumis à l'autorité d'un Empereur (Empire romain, Premier et Second Empires français...).
2. Ensemble colonial dominé par la métropole.
3. Par extension, Etat qui, en raison de sa puissance économique ou militaire, étend sa suprématie sur d'autres (« empires » américain, soviétique).

Emploi. — Dr. adm. — Dans le Droit de la Fonction publique, terme désignant un poste de travail prévu au budget et doté de crédits.

Dr. civ. — Achat d'un bien avec des capitaux disponibles.

Il y a remploi lorsque l'achat est précédé de la vente d'un bien permettant d'obtenir les capitaux nécessaires à la nouvelle acquisition.

Les contrats de mariage, en vue d'une meilleure administration des patrimoines, comportent souvent des clauses d'emploi ou de remploi. — V. *Subrogation*.

Dr. trav. — Travail salarié. Agence nationale pour l'emploi : Etablissement public créé en 1967 pour coordonner offres et demandes d'emploi et améliorer le placement.

Contrôle de l'emploi : contrôle administratif exercé par l'Inspection du Travail sur les embauchages et les licenciements en vue d'assurer une mobilité de la main-d'œuvre conforme aux nécessités économiques.

Emplois réservés : Emplois publics ou semi-publics attribués à certaines personnes jugées dignes d'intérêt, soit exclusivement, soit par préférence.

Plein emploi : situation d'équilibre entre les ressources en main-d'œuvre et les emplois de main-d'œuvre.

Employé. — Dr. trav. — Salarié chargé de tâches administratives ou de relations avec le public. — V. *Ouvrier, Cadre*.

Employeur. — Dr. trav. — Personne physique ou morale partie à un contrat de travail conclu avec un salarié. L'employeur exerce un pouvoir de direction et de discipline ; il est débiteur de la fourniture de travail et des salaires. Il se distingue du chef d'entreprise qui est une personne physique exerçant en son nom ses prérogatives. La détermination de l'employeur est parfois délicate, lorsqu'une entreprise éclate en plusieurs sociétés : on distingue alors l'employeur de droit (cocontractant) et l'employeur de fait (bénéficiaire direct de la prestation de travail).

Emprise. — Dr. adm. — Fait pour l'Administration de déposséder un particulier d'un bien immobilier, légalement ou illégalement, à titre temporaire ou définitif, à son profit ou au profit d'un tiers.

L'indemnisation des actes constitutifs d'emprise irrégulière relève des seuls tribunaux judiciaires.

Emprisonnement. — Dr. pén. — Peine privative de liberté, de nature correctionnelle ou contraventionnelle, consistant dans l'incarcération du condamné, pendant un temps fixé par le juge dans les limites prévues par la loi.

Encan. — Dr. civ. — V. *Vente à l'*...

Enchères. — Pr. civ. — Offre d'acheter à un certain prix au cours d'une adjudication. V. ce mot.

Enclave. — Dr. civ. — Fonds qui n'a accès à **une voie publique que par**

l'intermédiaire d'un autre fonds qui l'entoure de tous côtés.

Endossement. — Dr. com. Mode normal de transmission des effets de commerce au moyen d'une signature apposée au dos du titre, par laquelle le cédant donne l'ordre au débiteur de payer au cessionnaire le montant de l'effet.

Une loi du 15 juin 1976 a prévu pour les actes notariés la création de copies exécutoires à ordre. — V. *Copie exécutoire à ordre.*

Enfant. — Dr. civ. — Au sens étroit : descendant au premier degré. Au sens large : toute personne mineure protégée par la loi (enfant abandonné, assisté, délaissé...). — V. *Filiation.*
Dr. trav. — En droit du travail est considéré comme un enfant l'adolescent qui n'a pas dépassé l'âge de la fréquentation scolaire (16 ans). Le travail est interdit aux enfants. Toutefois, sous certaines conditions, les enfants de plus de quinze ans peuvent être apprentis. Les enfants peuvent également se livrer pendant les vacances scolaires à des travaux légers ; ils peuvent figurer dans les spectacles moyennant une autorisation préfectorale. — V. *Minorité pénale.*

Enfant à charge. — Dr. fin. Tout assujetti à l'impôt sur le revenu des personnes physiques est admis à déclarer comme étant à sa charge pour la détermination du quotient familial

(V. ce mot) ses enfants légitimes, naturels, adoptifs ou recueillis, même disposant de ressources personnelles. En principe, l'enfant doit être âgé de moins de 18 ans au 1er janvier de l'année de perception des revenus imposables et il compte pour une demi-part dans le calcul du quotient familial.

Séc. soc. — Enfant légitime, naturel, adoptif ou recueilli dont la charge effective et permanente ouvre droit à la personne qui la supporte aux prestations familiales. En principe, l'enfant est considéré comme étant à charge jusqu'à l'expiration de l'obligation scolaire.

L'enfant à charge a droit aux prestations en nature de l'assurance maladie du chef de son auteur, si celui-ci est assuré social.

Engagement. — Dr. fin. — Acte ou fait juridique dont naît à l'encontre d'une personne publique une obligation qui se résoudra en une charge budgétaire.

L'engagement d'une dépense peut être représenté, par exemple, par le recrutement d'un agent public, ou par la signature d'un marché public. V. ce mot.

Engagement à l'essai. — Dr. trav. — Phase du contrat de travail préalable à un engagement définitif, susceptible de se terminer à tout moment sans préavis, et qui permet aux parties d'apprécier si l'engagement projeté est bien conforme à leurs conve-nances respectives.

Engagement par volonté uni-latérale. — DR. CIV. — Théorie selon laquelle la volonté d'une seule per-sonne suffit à faire naître une obligation à la charge de cette personne. — V. *Acte unilatéral.*

Engineering. — DR. COM. — V. *Ingéniérie.*

Enquête. — DR. CONST. — V. *Commission parlementaire*[2].

PR. CIV., PÉN. — Procé-dure incidente ou principale par laquelle est administrée la preuve par témoins. — V. *Témoins.*

DR. INT. PUBL. — Procé-dure ayant pour but d'éta-blir la réalité des faits qui sont à l'origine d'un conflit international, afin de faciliter le règlement de ce dernier grâce à un exa-men moins passionné du problème par les parties. (Ne pas confondre avec l'enquête de l'art. 34 de la Charte de l'O.N.U., effectuée par le Conseil de Sécurité pour découvrir si la pro-longation d'un différend menace la paix et la sécu-rité internationale).

Enquête de flagrance. — PR. PÉN. — Enquête particulière appli-cable pour les crimes et les délits flagrants punis d'em-prisonnement, qui donne à la police judiciaire, en raison de l'actualité de l'infraction, des pouvoirs plus étendus que pour l'enquête ordinaire, afin de rechercher tous renseigne-ments utiles à l'aide de moyens coercitifs.

Enquête de police. — PR. PÉN. — Ensemble d'opéra-tions d'investigation menées, avant ou après l'ouverture d'une information par des officiers et des agents de police judiciaire, en vue de constater les infractions à la loi pénale, d'en rassem-bler les preuves et d'en rechercher les auteurs.

Enquête préliminaire. — PR. PÉN. — Enquête diligentée d'office ou à la demande du Parquet par la police ou la gendarmerie avant l'ouverture de toute information et per-mettant au ministère public d'être éclairé sur le bien-fondé d'une poursuite.

Enregistrement. — DR. CIV., FIN. — Formalité fiscale, obligatoire ou volontaire, consistant en l'analyse ou la mention d'un acte juri-dique sur un registre, don-nant lieu à la perception de droits par l'Etat et confé-rant date certaine aux actes sous seings privés, qui en sont dépourvus.

Enregistrement des traités. DR. INT. PUBL. — Inscrip-tion des traités aux archives du Secrétariat de l'O.N.U., imposée aux Etats membres pour que les traités puissent être invo-qués devant les organes de l'O. N. U. (art. 102 de la Charte de l'O. N. U.).

Enrichissement sans cause. DR. CIV. — Enrichissement d'une personne en relation directe avec l'appauvrisse-ment d'une autre, alors que le déséquilibre des patri-moines n'est pas justifié par une raison juridique.

La personne appauvrie peut exercer l'action « de in rem verso ». V. cette expression.

Enrichissement des tâches. — DR. TRAV. — Ensemble des procédés permettant de supprimer le travail à la chaîne ou d'en atténuer les effets (changements de postes, accomplissement d'opérations multiples, création d'équipes autonomes chargées de réaliser une tâche).

Enrôlement. — DR. ADM. — Dans son sens strict et militaire, le rôle étant le cahier sur lequel on inscrit les noms des nouvelles recrues, au titre volontaire (engagement) ou au titre de l'appel d'une classe d'âge, l'enrôlement est l'acte juridique que réalise cette inscription, acte qui consacre la recrue au service de défense nationale dans les conditions et limites, extrêmement variées, déterminées par la loi.

PR. CIV. — V. *Mise au rôle*.

Enseigne. — DR. COM. — Signe apposé sur un établissement commercial et le distinguant des autres établissements.

Ensemble urbain. — DR. ADM. — Institution que la loi ne qualifie ni d'établissement public ni de collectivité territoriale, dans laquelle on peut voir une forme transitoire (et nouvelle) de collectivité territoriale, destinée à servir de support juridique possible pour la création d'agglomérations nouvelles comptant au moins dix mille logements.

Il est administré par un conseil composé originairement de membres des conseils municipaux et généraux intéressés et progressivement complété par des représentants de la population de la ville nouvelle à mesure de son installation, ainsi que par un président élu en son sein. L'ensemble urbain doit être érigé en commune au terme d'un délai variable.

Entente. — DR. ADM. ; COM. Convention passée entre des entreprises juridiquement indépendantes, ayant pour objet d'accorder tout ou partie de leur activité commerciale ou industrielle.

Les ententes entre entreprises, surtout lorsqu'elles atteignent certaines dimensions, avec des clauses d'exclusivité de plus en plus sévères, sont maintenant soumises à une surveillance judiciaire et administrative assurée, aussi, à la demande du Gouvernement par la Commission de la concurrence. Dans le cadre de la Communauté Européenne et en application du Traité de Rome de 1958, se posent des problèmes identiques, qui peuvent donner lieu à renvoi des juridictions judiciaires devant la Cour de justice des Communautés.

Entiercement. — DR. CIV., DR. COM. — Remise, aux fins de sûreté, d'un objet mobilier à un tiers qui en assume la garde pour le compte d'autrui. L'application la plus courante de ce mécanisme est le warrantage dans les magasins généraux, ainsi que le séquestre d'une chose litigieuse par autorité de justice.

Entraide. — Dr. rur. — Collaboration occasionnelle entre agriculteurs pour l'accomplissement de certains gros travaux (moissons, vendanges). Toutefois, l'entraide peut prendre une forme régulière et permanente (ex. : banques du travail).

Entrave. — Dr. trav. — Délit consistant en un empêchement apporté par l'employeur soit à la libre désignation, soit à l'exercice régulier des fonctions d'un membre du comité d'entreprise ou d'un délégué syndical. Le délit analogue, perpétré envers un délégué du personnel porte le nom « d'atteinte à la libre désignation ou à l'exercice régulier des fonctions des délégués ».

Entrepôt de douane. — Dr. fin. — 1° Terme générique recouvrant plusieurs régimes juridiques, désignant l'institution de droit fiscal qui permet à des produits importés d'être stockés ou transformés sans acquitter provisoirement les droits de douane, et à des produits nationaux destinés à être exportés de bénéficier des avantages réservés aux exportations dès leur placement sous ce régime.

2° Locaux où sont entreposés les marchandises bénéficiant des règles ci-dessus.

Entrepreneur. — Dr. civ. — Dans le contrat de louage

d'ouvrage et d'industrie, ou contrat d'entreprise, partie qui s'engage à exécuter des travaux au profit de l'autre. En droit immobilier, l'entrepreneur est chargé de construire des édifices, à la différence du promoteur qui n'est qu'un intermédiaire.

Entreprise. — Dr. civ. — V. *Louage d'ouvrage et d'industrie.*

Dr. com. — Unité économique qui implique la mise en œuvre de moyens humains et matériels de production ou de distribution des richesses reposant sur une organisation préétablie.

Dr. trav. — Groupe de travailleurs exerçant une activité commune sous l'autorité d'un même employeur. Plusieurs sociétés juridiquement distinctes peuvent, au regard du droit du travail, constituer une seule entreprise.

Chef d'entreprise : celui qui détient le plus haut degré d'autorité dans l'entreprise. C'est généralement le propriétaire de l'entreprise individuelle et, dans une société, le président directeur général. — V. *Pouvoirs du chef d'entreprise, Responsabilité pénale du chef d'entreprise.*

Entreprise nationalisée. — Dr. adm. ; Dr. trav. — V. *Nationalisation.*

Entreprises publiques. — Dr. adm. — Ni la doctrine ni la jurisprudence n'ont encore dégagé l'essence de cette catégorie juridique, et nombreux sont d'ailleurs

ceux qui en nient la spécificité. Cependant il existe
toute une série d'organismes
que l'on désigne sous ce
terme générique et qui ont
en commun une personna-
lité juridique distincte de
celle de l'Etat, l'accomplissement d'activités de nature
industrielle ou commerciale,
et des systèmes de gestion
souvent très proches de
ceux du secteur privé. Mais
cet ensemble est hétérogène
par le statut de ses compo-
sants, qui va de l'établissement public à la société
de droit privé, et par le fait
que, si certaines entreprises
publiques gèrent des ser-
vices publics (V. ce mot,
1°) Air France, E.D.F.,
G.D.F., S.N.C.F..., d'autres
gèrent des activités de type
purement commercial et lucratif : Régie Nationale des
Usines Renault, par exem-
ple.

Entreprises à statut. — DR.
TRAV. — Entreprises natio-
nalisées et établissements
publics à caractère industriel ou commercial dont le
personnel est soumis à un
statut législatif ou réglementaire. Elles sont exclues du
domaine des conventions
collectives de travail. La
liste des entreprises à statut
a été fixée par le décret du
1ᵉʳ juin 1950.

Enveloppe. — DR. FIN. —
Montant global des crédits
budgétaires destinés à être
affectés à un but, ou à
un ensemble de buts déterminés (néologisme).

Environnement. — Mot
brusquement surgi depuis

quelques années au premier
plan de l'actualité journa-
listique, scientifique et politique, mais privé de toute
signification juridique réelle.
On parle de l'environnement
d'une ville, d'une région,
d'un territoire pour désigner l'ensemble des nui-
sances et pollutions (V. ces
mots) qui menacent et parfois accablent cette ville,
cette région, ce territoire,
du fait de l'industrialisation
et des conditions d'habitat
et de circulation. C'est dans
ce sens élémentaire qu'il
convient encore d'utiliser le
mot, de manière devenue
courante.

Mais le mot d'environne-
ment s'est hissé vers les
niveaux de la Science
Politique et des recherches
sociologiques. Aucune. législation ni réglementation,
contrairement à ce qui est
le cas au paragraphe précédent, ne peut alors être
considérée comme tentative
de remède au fardeau de
l'environnement. Le mot
fait image pour désigner,
de façon très vague, le milieu dans lequel un système
soit juridico-politique (institution), soit économique
se trouve installé pour y
durer. Ce sera l'ensemble
des forces qui soutiennent
ce système, forces de tout
genre (traditions, convictions politiques et morales,
données économiques de
fait), mais tout autant l'ensemble des forces qui lui
sont hostiles. Entre système
et environnement peut exister une entente, ou, au
contraire, un contraste par-

fois violent. Les phénomènes d'environnement public (pollution, nuisances, habitat, transport, etc...) font irruption dans l'environnement sociologique et politique, et provoquent alors des tensions particulièrement visibles.

Envoi en possession. — Dr. civ. — Acte par lequel le juge autorise certains légataires universels ou, en cas d'*absence* — V. ce mot — les héritiers présomptifs, à appréhender les biens du défunt ou de l'absent.

Epargne-Logement. — Dr. fin. — Encouragement à la construction, consistant en un mécanisme de crédit différé dans lequel des sommes préalablement épargnées par le futur constructeur lui permettent, après un certain temps, d'obtenir une subvention doublant le montant de ses intérêts, des prêts à un taux privilégié proportionnés à la durée et au montant de l'épargne et consentis par la Caisse d'Epargne ou la Banque ayant collecté l'Epargne, ainsi qu'une priorité pour l'octroi éventuel de prêts du Crédit foncier à taux très modéré.

Epave. — Dr. civ. — Bien mobilier abandonné par son propriétaire qui demeure inconnu.

Epuisement des recours internes (règle de l'). — Dr. int. publ. V. *Recours internes.*

Epuration. — Dr. adm. — Après la seconde guerre mondiale, éviction des services publics de ceux de leurs collaborateurs ayant manifesté une sympathie active à l'égard du régime hitlérien ou du gouvernement de Vichy.

Equilibre (ou balance des forces). — Dr. int. publ. Principe de politique (dont la consécration remonte au traité de Westphalie, 1648) selon lequel le rapport des forces entre Etats doit rester stable, grâce à un jeu de bascule qui empêche la prédominance de l'un par le groupement des moyens politiques, économiques ou militaires de certains autres.

Equité. — L'équité est une réalisation suprême de la justice, allant parfois au-delà de ce que prescrit la loi. « Amour et vérité se rencontrent ; justice et paix s'embrassent » Ps. 84-11.

Dr. int. publ. — Application, pour la solution d'un litige donné, des principes de la justice, afin de combler les lacunes du Droit positif ou d'en corriger l'application lorsqu'elle serait trop rigoureuse. La Cour internationale de justice (art. 38) a la faculté, si les parties sont d'accord, de statuer en équité (*ex aequo et bono*).

Pr. civ. — Le nouveau Code de procédure civile reconnaît à toute juridiction de l'ordre judiciaire le pouvoir de trancher en équité, lorsqu'il s'agit de droits dont les parties ont la libre disposition et qu'un accord exprès des plaideurs a délié le juge de l'obligation de statuer en droit (V. art. 12, al. 5, 58 et 700 N. C.).

Equivalence. — Dr. trav. — V. *Heures supplémentaires*.

« Erga omnes ». — Dr. gén. — « A l'égard de tous », expression signifiant qu'un acte, une décision ou un jugement a un effet à l'égard de tous, et non seulement à l'égard des seules personnes directement concernées. V. « *Inter partes* ».

Erratum. — Dr. gén. — Erreur matérielle dans la reproduction d'un texte, justifiant le redressement par simple rectificatif. Spécialement usité pour les publications au *Journal Officiel*.

Erreur. — Dr. civ. — Appréciation inexacte portant sur l'existence ou les qualités d'un fait, ou sur l'existence ou l'interprétation d'une règle de droit.

Alors que l'erreur de fait peut, si elle est grave, entraîner la nullité de l'acte, l'erreur de droit n'est généralement pas prise en considération.

Erreur de droit. — Dr. pén. — Fausse représentation des lois en rapport avec l'infraction qui laisse en principe subsister la culpabilité (nul n'est censé ignorer la loi).

L'erreur de droit invincible, à laquelle il était impossible d'échapper, écarte la responsabilité pénale.

Erreur de fait. — Dr. pén. — Fausse représentation des faits en rapport avec l'infraction, incompatible avec l'intention lorsqu'elle · porte sur une condition essentielle de ladite infraction.

La faute d'imprudence est indifférente à l'erreur de fait.

Erreur manifeste. — Dr. adm. — Théorie jurisprudentielle imaginée par les juridictions administratives pour étendre leur contrôle sur le pouvoir discrétionnaire de l'Administration, leur permettant face à ce qu'elles considèrent comme des erreurs particulièrement flagrantes de celle-ci, de contrôler l'appréciation des faits à laquelle elle s'est livrée.

« Error communis facit jus ». Une erreur commune fait le droit.

Il est des cas où une croyance commune provoque des conséquences juridiques pourtant contraires au droit. Tel est le cas pour l'héritier apparent.

Escompte. — Dr. com. — 1° Endossement d'un effet de commerce au profit d'un banquier qui en paie le montant à l'endosseur sous déduction d'une somme représentant des intérêts du montant de l'effet à courir jusqu'à l'échéance.

2° Somme déduite par le banquier du montant de l'effet, correspondant à l'intérêt à courir jusqu'à l'échéance.

Escroquerie. — Dr. pén. — Délit correctionnel imputé à une personne qui se fait remettre, en faisant usage d'un faux-nom ou d'une fausse qualité, ou en employant des manœuvres

185

frauduleuses dans le but général de faire croire à l'existence d'un événement chimérique, un objet mobilier appartenant à autrui.

Espace aérien. — Dr. int. publ.

1º Espace aérien *approprié* : l'espace au-dessus du territoire et des eaux territoriales d'un Etat, sur lequel ce dernier exerce sa souveraineté.

2º Espace aérien *libre* : l'espace au-dessus de la haute mer et des zones maritimes étatiques autres que la mer territoriale et les eaux intérieures (V. ces expressions) sur lequel les Etats n'exercent aucune compétence fondée sur la territorialité (mais il existe une réglementation internationale de l'utilisation de l'espace aérien libre).

Espace extra-atmosphérique. — Dr. int. publ. — Espace au-delà de l'espace aérien, dont le régime juridique est fixé pour l'essentiel par un traité de 1967 : insusceptibilité d'appropriation nationale, liberté d'exploration, d'utilisation, démilitarisation. Mais la ligne de démarcation entre espace aérien et espace extra-atmosphérique n'est pas encore précisée par le droit conventionnel.

Espionnage. — Dr. pén. — On qualifie d'espionnage une série d'actes accomplis par un étranger dans le but de nuire à la défense de l'intégrité nationale, tels que le fait d'entretenir des intelligences avec l'étranger, en vue de l'entreprise d'hostilités, ou de livrer des territoires français ou du matériel affecté à la défense ou encore des renseignements ou documents tenus secrets dans l'intérêt de la défense nationale. Ces mêmes actes accomplis par un Français sont qualifiés de trahison. V. *Trahison.*

Essai. — Dr. trav. — V. *Engagement à l'essai.*

Essai professionnel. — Dr. trav. — Technique de recrutement des salariés par laquelle il est demandé aux candidats à un emploi d'exécuter une pièce ou d'effectuer un travail correspondant à la qualification exigée. L'essai professionnel, bien que d'essence contractuelle, ne s'intègre pas dans un contrat de travail et se distingue en cela de l'engagement à l'essai (V. ce mot).

Ester en justice. — Pr. civ. — Participer, comme demandeur, défendeur ou intervenant, à l'exercice d'une action judiciaire, à un procès. — V. *Capacité d'ester en justice.*

« Estoppel ». — Dr. int. publ. — Objection péremptoire qui s'oppose à ce qu'un Etat partie à un procès puisse contredire une position qu'il a prise antérieurement et dans laquelle les tiers avaient placé leur légitime confiance.

Etablissement. — Dr. int. priv. — On désigne par « établissement » d'un étranger l'installation matérielle de cet étranger sur le territoire national, avec l'intention d'y exercer une activité rémunératrice.

Dr. trav. — Unité technique de production pouvant coïncider avec l'entreprise ou, au contraire, n'en constituer qu'une fraction.

Comité d'établissement : organisme analogue au comité d'entreprise, dans le cadre de l'établissement. — V. *Comité d'entreprise.*

Etablissements dangereux, incommodes et insalubres. DR. ADM. — Etablissements dits « classés » (plusieurs catégories), c'est-à-dire, en ce sens là, soumis à une inscription sur des listes spéciales, à cause des inconvénients plus ou moins grands qu'ils présentent pour le voisinage, ou pour des surfaces du territoire de plus en plus vastes, et soumis à un régime de surveillance administrative qui peut ou doit être très sévère.

Etablissement financier. — DR. COM. — Etablissement qui, sans être inscrit sur la liste des banques, fait profession d'effectuer des opérations de commission ou de courtage sur les valeurs mobilières et les effets de commerce, de crédit à court ou à moyen terme, d'escompte des effets de commerce ou d'effets publics.

Les établissements financiers se distinguent des banques en ce qu'ils utilisent des ressources personnelles et non des fonds provenant du public.

Etablissement fondé en titre. DR. ADM. — Institution ayant apporté longtemps une exception notable au caractère précaire des autorisations de prise d'eau sur le domaine public fluvial. Un véritable droit de propriété, survivance historique fondée sur des titres très anciens, antérieurs à la Révolution de 1789, existait au profit de certains « barreurs de chutes », qui durent être expropriés lors de la nationalisation des producteurs d'électricité à la Libération.

Etablissement public. — DR. ADM. — Naguère, catégorie juridique du Droit administratif présentant des traits vigoureux d'originalité : l'établissement public était toute entité de Droit public dotée de la personnalité juridique et chargée de la gestion d'une activité de service public dans le cadre limité de sa spécialité.

Aujourd'hui, cette originalité s'est estompée sous l'influence de trois séries de causes :

— des personnes morales de Droit public innomées se sont ajoutées aux établissements publics traditionnels ;

— les nationalisations ont provoqué la création d'établissements publics qui ne sont pas chargés de gérer un service public ;

— la recherche d'un regroupement des moyens matériels et financiers des communes a entraîné l'apparition d'établissements publics polyvalents dont l'assise est territoriale, très proches par leurs caractères de véritables collectivités locales.

Sous ces réserves, on distingue généralement :

1° Etablissements publics administratifs : ceux chargés de la gestion d'une activité classique de service public ; ils sont régis par les règles du Droit administratif et leur contentieux relève normalement des juridictions administratives.

2° Etablissements publics industriels et commerciaux : catégorie controversée d'E. P. gérant, dans des conditions comparables à celles des entreprises privées, des activités de nature industrielle ou commerciale. Leur fonctionnement et leur contentieux empruntent à la fois au Droit public et au Droit privé. — V. *Décentralisation.*

Etablissement d'utilité publique. — Dr. adm. — Personne morale du Droit privé, gérant une activité présentant un intérêt général et dotée à ce titre d'un régime juridique de faveur.

Etat. — Dr. const., Dr. int. publ. — 1° Au point de vue sociologique : espèce particulière de société politique résultant de la fixation sur un territoire déterminé d'une collectivité humaine relativement homogène — V. *Nation* — régie par un pouvoir institutionnalisé comportant le monopole de la contrainte organisée (spécialement le monopole de la force armée).

2° Au point de vue juridique : personne morale titulaire de la souveraineté.

3° Dans un sens plus étroit et concret : ensemble des organes politiques, des gouvernants, par opposition aux gouvernés (par ex. : quand on dit que l'Etat est envahissant, qu'il faut réformer l'Etat, etc...).

4° Selon la conception marxiste : appareil d'oppression au service de la classe dominante ; en régime capitaliste, instrument de la bourgeoisie en vue de l'exploitation du prolétariat. (Mais l'instauration d'une société sans classes doit **entraîner le dépérissement** de l'Etat).

Etat civil. — Dr. civ. — 1° Situation de la personne en droit privé, spécialement dans les rapports familiaux, telle qu'elle résulte des éléments pris en considération par le droit en vue de lui accorder des prérogatives juridiques.

2° **Service public chargé d'établir et de conserver les actes de l'état civil (acte de naissance, de mariage, de décès).** — V. *Actes de l'état civil.*

Etat dangereux. — Dr. pén. Prédisposition à la délinquance d'un individu dont la situation ne constitue pas en soi une atteinte à l'ordre social et à laquelle ne s'attache aucune réprobation, ce qui explique le défaut de caractère afflictif et infamant de la mesure de sûreté qui sanctionne cet état.

Etat fédéral. — Dr. const..

DR. INT. PUBL. — Etat composé de plusieurs collectivités politiques (Etats fédérés) auxquelles il se superpose.

Il s'agit donc d'un Etat « à double étage ». La Constitution fédérale répartit les compétences entre l'Etat fédéral et les Etats membres (en réservant généralement à l'Etat fédéral le monopole des affaires étrangères), mais les Etats membres ont la garantie d'une participation aux décisions fédérales grâce à l'organisation particulière du pouvoir législatif fédéral, qui comporte une chambre des Etats à côté de la chambre de la population. — V. *Fédéralisme.*

Etat - gendarme. — DR. CONST. — V. *Libéralisme.*

Etats Généraux. — DR. CONST. — Assemblée représentative des trois ordres de la société française sous l'Ancien Régime (clergé, noblesse, tiers-état), convoquée épisodiquement par le roi pour donner des avis ou voter des subsides.

Etat des inscriptions. — DR. CIV. PR. CIV. — V. *Conservation des hypothèques, Publicité foncière.*

Etat des lieux. — DR. CIV. — Acte établi avant l'entrée en jouissance d'un local, objet d'un contrat de bail, et destiné à faire la preuve de l'étendue des obligations respectives du bailleur et du locataire quant aux réparations mises à la charge de l'un ou de l'autre.

Etat de nécessité. — DR. PÉN. — Situation dans laquelle une personne a le choix de commettre une infraction ou, en s'abstenant, de sacrifier une valeur supérieure à celle protégée par la loi pénale. L'état de nécessité constitue en principe un fait justificatif.

DR. CIV. ; DR. ADM. — V. *Nécessité.*

Etat des personnes. — DR. CIV. — Ensemble des éléments de droit privé caractérisant l'existence juridique et la situation familiale de la personne.

Etat - providence. — DR. CONST. — V. *Dirigisme.*

Etat de siège. -- DR. CONST., DR. ADM. — Régime restrictif des libertés publiques pouvant être appliqué par décret sur tout ou partie du territoire en cas de menace étrangère ou d'insurrection, et caractérisé par l'accroissement du contenu des pouvoirs ordinaires de police, par la possibilité d'un dessaisissement des autorités civiles par les autorités militaires, et par l'élargissement de la compétence des tribunaux militaires.

Selon la Constitution de 1958, l'état de siège est proclamé par le gouvernement, mais sa prorogation au-delà de 12 jours doit être autorisée par le Parlement. — V. *Etat d'urgence.*

Etat unitaire. — DR. CONST. Etat comportant un centre unique d'impulsion politique auquel la population est uniformément soumise sur tout le territoire, les circonscriptions territoriales ne jouissant d'aucune autonomie politique.

Etat d'urgence. — Dr. adm. ; Dr. const. — Régime restrictif des libertés publiques pouvant être appliqué par une loi sur tout ou partie du territoire national, caractérisé surtout par l'extension des pouvoirs ordinaires de police des autorités civiles. — V. *Etat de siège.*

Etranger. — Dr. int. priv. et publ. — Aux yeux de la loi française, sont considérés comme étrangers non seulement les individus qui ont une nationalité étrangère, mais également les ressortissants de certains pays, qui ont avec la France des liens étroits (Andorrans, Monégasques), enfin les individus n'ayant aucune nationalité (apatrides).

Etudiants. — Personnes qui, dans le cadre d'une Université ou d'une Grande Ecole, poursuivent des études supérieures.

Séc. soc. — Les étudiants sont assujettis à un régime spécial de sécurité sociale. Sont étudiants au regard de ce régime, les élèves des établissements d'enseignement supérieur, des écoles techniques supérieures, des grandes écoles et classes préparatoires à ces écoles qui, n'étant ni assurés sociaux, ni ayants droit d'assurés sociaux sont âgés de moins de 26 ans.

Euthanasie. — Dr. pén. — Le fait d'aider une personne ir-

rémédiablement atteinte d'une maladie dont elle doit mourir à passer paisiblement et sans souffrance dans l'autre monde. D'une manière plus stricte, elle consiste à ne pas prolonger artificiellement la vie d'un malade.

Evasion fiscale. — Dr. fin. Fait de soustraire le maximum de matière imposable à l'application de la loi fiscale en général ou d'un tarif d'impôt particulier, sans transgresser la lettre de la loi — ce qui correspondrait à la fraude fiscale — en mettant systématiquement à profit toutes les possibilités de minorer l'impôt ouvertes soit par ses règles soit par ses lacunes.

Au plan international, elle peut consister, par exemple pour une entreprise, à localiser tout ou partie de ses profits imposables dans des « paradis fiscaux » par la pratique des prix de transfert. — V. ces mots.

Eviction. — Dr. civ. — Perte d'un droit apparent d'une personne sur une chose en raison de l'existence d'un droit d'un tiers sur cette même chose. Le vendeur d'un bien est garant de l'éviction éventuelle de l'acquéreur.

Evocation. — Pr. civ. — Pouvoir reconnu à la Cour d'appel d'attraire à elle le fond du litige, c'est-à-dire de trancher les points non jugés en première instance, lorsqu'elle se trouve saisie d'un jugement ayant ordonné une mesure d'instruction, d'un jugement ayant mis fin à l'instance sur exception de procédure, d'un contredit de compétence. En toutes circonstances, la Cour doit estimer de bonne justice de donner à l'affaire une solution définitive.

« Ex aequo et bono ». — Juger *ex aequo et bono* signifie juger en équité.

Examen de personnalité. — PR. PÉN. — Enquête à caractère médical, psychologique et social sur la personnalité d'un inculpé, obligatoire, au niveau de l'instruction, en matière de crime, et facultative en matière de délit.

Exception. — PR. GÉN. — Moyen par lequel le défendeur demande au juge, soit de refuser d'examiner la prétention du demandeur parce que l'instance a été mal engagée (incompétence du tribunal, irrégularité d'un acte de procédure), soit de surseoir à statuer jusqu'à la mise en cause d'un garant, l'expiration du délai accordé à un héritier pour faire inventaire et délibérer. Dirigée contre la procédure, seulement, l'exception ne constitue qu'un obstacle temporaire. Après décision sur l'exception, la procédure reprend son cours devant le même Tribunal ou est recommencée devant lui ou devant un autre. — V. *Appel en garantie, Connexité, Incompétence, Litispendance, Nullité, Ordre public.*

Exception d'illégalité. — DR. ADM. — Moyen de défense procédural par lequel une partie allègue en cours d'instance l'illégalité de l'acte administratif qui lui est opposé.

En matière d'actes réglementaires, l'invocation de l'illégalité par voie d'exception échappe à toute condition de délai, alors que cette invocation par voie d'action est très généralement enfermée dans un délai de deux mois. Du point de vue de la compétence juridictionnelle, le principe selon lequel « le juge de l'action est juge de l'exception » est souvent tenu en échec par application du principe fondamental de séparation des autorités administratives et judiciaires.

DR. PÉN. — Moyen de défense consistant à invoquer l'illégalité du texte réglementaire servant de base à des poursuites contraventionnelles. En dépit de la séparation des pouvoirs, les tribunaux répressifs se reconnaissent le droit de contrôler la légalité des textes réglementaires (art. R. 26-15° C. pén.).

Exception d'irrecevabilité. DR. CONST. — Moyen employé par le Gouvernement pour s'opposer à la prise en considération d'une proposition de loi ou d'un amendement contraires à une disposition constitutionnelle. Ex. : Exception d'irrecevabilité soulevée contre une proposition de loi ne rentrant pas dans le domaine législatif (art. 34 de la Constitution de 1958) ou concernant une matière déléguée au Gouvernement (art. 38) ou ayant pour conséquence une diminution des ressources ou un accroissement des charges publiques (art. 40).

« Exceptio non adimpleti contractus », ou exception d'inexécution. — Dr. civ. Dans un contrat synallagmatique, moyen de défense de l'une des parties qui consiste à ne pas exécuter son obligation tant que l'autre contractant n'a pas effectué sa prestation.

Exception préjudicielle. — Pr. pén. — Synonyme de question préjudicielle. — V. cette expression.

Excès de pouvoir. — Dr. adm. — Terme générique désignant indifféremment toutes les formes d'illégalité pouvant vicier un acte administratif. — V. *Recours pour excès de pouvoir.*

Pr. civ. — Une juridiction de l'ordre judiciaire commet un excès de pouvoir lorsqu'elle empiète sur les attributions du pouvoir législatif ou du pouvoir exécutif, lorsqu'elle s'arroge des compétences qu'elle n'a pas ou porte atteinte à des principes fondamentaux de la procédure (liberté de la défense).

L'excès de pouvoir est sanctionné par un pourvoi en cassation.

Exclusivité (Clause d'). — Dr. com. — Clause d'un contrat par laquelle l'une des parties s'engage à ne pas conclure d'autres accords identiques

avec un tiers. — V. *Concession commerciale, Contrat de bière, Contrat de licence.*

Excuse. — Dr. pén. — Faits strictement déterminés par la loi qui, accompagnant une infraction, obligent le juge à atténuer ou à supprimer complètement la peine, selon qu'il s'agit d'excuses atténuantes ou absolutoires.

Dr. civ. — Raison alléguée conduisant, si elle est reconnue légitime, à la décharge d'un devoir civique (tutelle, témoignage), parfois à la dispense d'une exigence légale (comparution personnelle en justice).

Exécuteur testamentaire. — Dr. civ. — Personne chargée par le testateur de procéder à l'exécution du testament.

Exécutif (pouvoir). — Dr. const. — 1° Fonction consistant à assurer l'exécution des lois. En fait, il ne s'agit pas d'une exécution passive : la fonction exécutive est devenue une fonction d'impulsion, d'animation et de direction générale de l'Etat.

2° Organe (ou ensemble d'organes : Chef de l'Etat, Cabinet ministériel) appelé aussi Gouvernement, qui exerce la fonction exécutive et se différencie de l'assemblée ou Parlement par le nombre restreint de ses membres.

L'exécutif peut être monocratique (confié à un seul homme : roi, dictateur, président de la république en régime présidentiel), collégial (ou parfois réduit à deux hommes égaux, ainsi les consuls romains), directorial (confié à un petit groupe d'hommes : Directoire de la Constitution de l'an III, Conseil Fédéral suisse), dualiste (confié à la fois à un homme : le Chef de l'Etat, et à un comité : le Cabinet ministériel ; structure caractéristique de l'exécutif en régime parlementaire).

Exécution forcée. — Pr. CIV. Exécution d'une obligation découlant d'une convention, d'un jugement ou de la loi par recours à la force publique (garde d'un enfant) ou par intermédiaire d'une saisie.

L'astreinte vise à provoquer une exécution ponctuelle et en nature. — V. *Astreinte.*

Exécution d'office. — Dr. ADM. — Pouvoir d'assurer l'exécution physique de ses décisions reconnu à l'Administration soit par la loi dans certaines hypothèses, soit par la jurisprudence administrative, de manière générale, en cas d'urgence ou d'absence de toute autre procédure juridique conduisant au même but.

Exécution provisoire. — Pr. CIV. — Bénéfice permettant au gagnant d'un procès d'exécuter un jugement dès sa signification, malgré l'effet suspensif du délai des voies de recours ordinaires ou de leur exercice.

De nombreuses décisions sont, en raison de leur nature, exécutoires de droit à titre provisoire : ordon-

nances de référé ou sur requête, décisions prescrivant des mesures provisoires ou conservatoires, jugements prud'homaux ordonnant la remise de certificats de travail.

Exécution sur minute. — Pr. CIV. — Exécution qui a lieu, vu l'urgence, sur la seule présentation de la minute (original) de la décision du juge (ainsi ordonnance sur requête, éventuellement ordonnance de référé), sans qu'il soit nécessaire à la partie gagnante de signifier, au préalable, une expédition de la décision revêtue de la formule exécutoire.

Exégèse. — Interprétation et explication des règles de droit, tout particulièrement de celles contenues dans les lois.

L'« Ecole de l'Exégèse » au XIXᵉ siècle reconnaissait à la loi un rôle à peu près exclusif comme source de droit, négligeant la coutume et la jurisprudence.

Exequatur. — Dr. INT. PRIV. Ordre d'exécution, donné par l'autorité judiciaire française, d'une décision rendue par une juridiction étrangère.

En principe, tout jugement rendu par une juridiction étrangère ne peut être exécuté en France sans exequatur. Il peut toutefois produire certains effets qui ne nécessitent aucune contrainte (Ex. : valeur probante).

Dr. INT. PUBL. — Acte qui reconnaît à un consul étranger sa qualité officielle et l'autorise à exercer ses fonctions.

PR. CIV. — Ordre d'exécution, donné par l'autorité judiciaire, d'une sentence rendue par une justice privée, ex. : exequatur des sentences arbitrales.

Exercice. — DR. COM. — Période de la vie d'une société s'étendant généralement sur une année, à l'issue de laquelle les dirigeants de société établissent et présentent aux associés certains documents comptables (inventaire, compte de pertes et profits, bilan) et rédigent un rapport écrit, afin de renseigner les associés sur la vie de la société et de leur faire part des résultats obtenus au cours de la période écoulée et de leur affectation.

Exercice (Système de l'). — DR. FIN. — 1° En matière de comptabilité publique, système d'imputation des opérations consistant à rattacher au budget d'une année toutes les créances et toutes les dettes de l'Etat ayant pris juridiquement naissance au cours de celle-ci, quelle que soit l'année durant laquelle elles sont recouvrées ou payées.

2° En matière de fiscalité indirecte, régime consistant à soumettre le redevable à une surveillance constante de l'Administration et à lui réclamer périodiquement les sommes dues. — V. *Gestion.*

Exhérédation. — DR. CIV. — Action par laquelle le testateur prive les héritiers de leurs droits successoraux. L'exhérédation ne peut porter sur la réserve héréditaire dont bénéficient certains héritiers proches parents du de cujus.

Exigibilité. — DR. CIV. — V. *Créance.*

Expédition. — DR. CIV. — Copie d'un acte authentique délivré par l'officier public dépositaire de l'original.

Expédition de jugement. — PR. CIV. — Copie du jugement détenu en minute au greffe, délivrée par le greffier en chef et assortie de la formule exécutoire.

Cette « grosse exécutoire » ne doit pas être confondue avec une simple copie. — V. *Copie exécutoire*, *Copie certifiée conforme*, *Grosse.*

Expert. — PR. CIV. — Technicien (V. ce mot) à qui le juge demande de donner son avis sur des faits nécessitant des connaissances techniques et des investigations complexes.

Expert de minorité. — DR. COM. — Expert désigné en justice à la demande d'un ou plusieurs actionnaires représentant au moins le dixième du capital social, pour examiner une ou plusieurs opérations de gestion d'une société anonyme et présenter un rapport sur elle(s).

Expertise. — PR. CIV., PÉN. — Procédure de recours à un technicien (V. ce mot) consistant à demander à un spécialiste, dans les cas où le recours à des constatations ou à une consultation (V. ces mots) ne permettrait pas d'obtenir les renseignements nécessaires, d'éclairer le tribunal sur certains aspects du procès nécessitant l'avis d'un homme de l'art.

Exploit d'huissier de justice. — PR. CIV. — Acte rédigé et signifié par un huissier de justice (ex. : sommation, commandement, protêt, constat, assignation) ; en principe, un exploit est établi en double original (sa copie étant remise au destinataire).

Exposé des motifs. — DR. CONST. — Document, le plus souvent non publié, qui précède le texte d'une loi et marque une déclaration d'intention pouvant servir à l'interprétation du texte.

Expropriation. — DR. ADM. Procédure permettant à l'Administration, dans un but d'utilité générale, de contraindre un particulier à céder son bien à titre onéreux soit à elle-même, soit à une personne juridique de Droit privé.

Expropriation indirecte : nom donné au système jurisprudentiel qui permet aux tribunaux judiciaires, lorsque l'Administration se trouve déposséder un propriétaire immobilier dans le cadre d'une opération régulière plus vaste, à la fois d'indemniser le particulier et de transférer la propriété du bien à l'Administration.

Expulsion. — DR. ADM., DR. INT. PRIV. — Ordre donné par le Ministère de l'Intérieur à un étranger de quitter le territoire français. Cet ordre est contenu dans un arrêté d'expulsion.

PR. CIV. — Action consistant à obliger l'occupant sans titre, ou le locataire à fin de bail d'un immeuble à vider les lieux. Même prononcée par une décision de justice, une expulsion peut être suspendue par l'autorité publique. Un texte interdit d'expulser d'un local d'habitation pendant les mois d'hiver.

Extension d'une convention collective. — DR. TRAV. — Elargissement du champ d'application d'une convention collective réalisé par un arrêté du Ministre du Travail.

Exterritorialité. — DR. INT. PUBL. — Fiction du Droit international qui a été utilisée pour expliquer les immunités qui font échapper certaines personnes ou certaines choses (agents et locaux diplomatiques notamment) à l'autorité de l'Etat de résidence, comme s'ils étaient sur le territoire national.

Extinction de l'instance. — PR. GÉN. — L'instance prend normalement fin lors du prononcé du jugement.

Elle s'éteint aussi à titre principal par une péremption, un désistement d'instance, ou la caducité de la citation (V. ces mots).

Elle peut s'éteindre également par voie de conséquence lorsque la faculté d'action a disparu, ainsi à la suite d'un acquiescement, du décès de l'une des parties lorsque l'action n'est pas transmissible, d'un désistement d'action, d'une transaction (V. ces mots).

Extradition. — Dʀ. ɪɴᴛ. ᴘᴜʙʟ. ; ᴘᴇ́ɴ. — Procédure internationale ayant pour objet la remise de l'auteur d'une infraction à la disposition d'un Etat étranger qui le réclame pour le juger, ou pour lui faire exécuter sa peine.

Extrait. — Reproduction partielle d'un acte, délivrée par le dépositaire. Ex. extrait d'un acte de l'état civil.

Extranéité. — Dʀ. ᴄɪᴠ. — Qualifie la situation des personnes qui ne sont ni parties ni représentées à un acte juridique. L'extranéité admet des degrés,

du tiers ordinaire indirectement intéressé (créancier chirographaire) au tiers complètement étranger aux auteurs de l'opération juridique. — V. *Tiers.*

Dʀ. ɪɴᴛ. ᴘʀɪᴠ. — Elément d'une situation juridique mettant en contact deux ou plusieurs systèmes juridiques nationaux et exigeant le règlement d'un conflit de lois ou de juridiction (par ex. nationalités différentes dans le droit familial, lieu étranger de situation d'un bien, de réalisation d'un dommage, de conclusion ou d'exécution d'un contrat). — V. *Condition des étrangers, Conflits de lois, Conflits de juridiction.*

F

Facilités de caisse. — Dʀ. ᴄᴏᴍ. — Avances de courte durée (inférieures à un mois généralement) consenties par une banque à son client pour lui permettre de faire face à ses échéances.

« **Factoring** ». — Dʀ. ᴄᴏᴍ. — V. *Affacturage.*

Facture. — Dʀ. ᴄᴏᴍ. — Ecrit dressé par un commerçant et constatant les conditions auxquelles il a vendu des marchandises, loué des objets ou assuré un certain service.

Facture protestable. — Dʀ. ᴄᴏᴍ. — Créée par une ordonnance du 28 septembre 1967 mais supprimée par une loi du 23 janvier 1981, il s'agissait

d'un titre émis par un créancier, constatant une créance à court terme et assorti d'une procédure de recouvrement rapide et efficace.

Faculté. — Dʀ. ᴄɪᴠ. — Une faculté est une possibilité d'option en vue d'une situation juridique.

Accordée par la loi ou par la convention, elle permet à son bénéficiaire de choisir entre plusieurs partis et de faire naître, ou d'empêcher de naître une situation juridique. Les facultés sont ordinairement conditionnées, ainsi la faculté d'option de l'héritier.

Facultés. — Dʀ. ᴀᴅᴍ. — Eléments essentiels de l'organisation de l'Enseignement supérieur avant la réforme de 1968 ; les Facultés, qui étaient des établissements publics (V. ce mot) avaient à leur tête un Conseil et un Doyen élus et étaient groupées en une Université à l'intérieur de chaque Académie. Actuellement, nombre d'Unités d'Enseignement et de Recherche (V. ce mot) se sont données le nom de « Faculté », mais cette appellation ne correspond à aucune originalité de leur statut. — V. *Doyen, Recteur, Unités d'Enseignement et de Recherche, Universités.*

Faillite personnelle. — DR. COM. — Ensemble des déchéances et interdictions qui peuvent frapper les commerçants individus ou les dirigeants de personnes morales, en état de règlement judiciaire ou liquidation de biens, qui se sont rendus coupables d'agissements malhonnêtes ou gravement imprudents. Ces déchéances et interdictions sont celles qui étaient applicables aux personnes en état de faillite au sens donné de ce terme avant la loi du 13 juill. 1967.

Le prononcé de cette sanction est tantôt obligatoire, tantôt facultatif pour le tribunal qui peut par ailleurs en limiter parfois les effets à l'interdiction de gérer, administrer ou contrôler soit une entreprise commerciale, soit une personne morale. — V. *Liquidation des biens, Règlement judiciaire.*

Fait juridique. — DR. CIV. Tout événement susceptible de produire des effets de droit (décès, accident). — V. *Acte juridique.*

Faits justificatifs. — DR. PÉN. — Permissions légales ou coutumières de commettre, dans certaines circonstances de fait déterminées, des infractions qui, dès lors, perdent leur caractère objectivement délictueux.

Faits du procès. — PR. GÉN. V. *Droit et fait.*

Fait du prince. — DR. ADM. Dans le droit des contrats administratifs, expression désignant toute mesure qui, prise par une autorité publique, aboutit à renchérir le coût d'exécution des prestations contractuelles.

Certaines de ces mesures ouvrent droit à ce titre à indemnisation quand elles émanent de l'Administration qui a contracté.

DR. CIV. — Cas de force majeure consistant dans une prescription de la puissance publique, par exemple une expropriation, une réquisition.

Famille. — DR. CIV. — Au sens large : ensemble des personnes descendant d'un auteur commun et rattachées entre elle par le mariage et la filiation.

Au sens étroit : groupe formé par les parents et leurs descendants, ou même, plus restrictivement encore, par les parents et leurs enfants mineurs.

Faute. — Dr. adm. —
1° Faute du service public : en matière de responsabilité de l'Administration, expression désignant tout défaut de fonctionnement des services publics de nature à engager la responsabilité pécuniaire de l'Administration à l'égard des administrés.

2° Faute de service : en matière de responsabilité de l'agent public, expression désignant toute faute qui, n'ayant pas le caractère de faute personnelle, ne peut engager la responsabilité civile de son auteur que ce soit envers l'Administration ou envers les administrés.

3° Faute personnelle : en matière de responsabilité de l'agent public, expression désignant toute faute qui présente au regard de la jurisprudence tant judiciaire qu'administrative des caractères propres à engager la responsabilité pécuniaire de son auteur. Cette notion de faute personnelle s'est dédoublée : on peut distinguer la faute personnelle classique, qui permet aux administrés de rechercher la responsabilité de son auteur devant les tribunaux judiciaires (et à l'Administration de se retourner contre l'agent si elle a dû indemniser la victime en application de la théorie du cumul des responsabilités : V. ce mot), et la faute personnelle à coloration disciplinaire, intéressant uniquement les rapports de l'agent et de l'Administration, et qui permet à celle-ci d'obtenir de celui-là réparation du préjudice qu'il a pu lui causer.

— V. *Responsabilité du fait du fonctionnement défectueux de la justice.*

Dr. civ. — Attitude d'une personne qui par négligence, imprudence ou malveillance ne respecte pas ses engagements contractuels (faute contractuelle) ou son devoir de ne causer aucun dommage à autrui (faute civile appelée également faute délictuelle ou quasi délictuelle). — V. *Délit civil.*

Dr. pén. — Elément de culpabilité (attitude psychologique répréhensible) de certaines infractions consistant, parfois, en une imprudence, une maladresse, une négligence, une inobservation des règlements, parfois dans le simple fait d'avoir ou de n'avoir pas agi sans y avoir été contraint par la force majeure (faute contraventionnelle).

Dr. trav. — Faute grave : la faute grave du salarié, appréciée par les tribunaux et contrôlée par la Cour de cassation, permet à l'employeur de le renvoyer sans préavis.

Faute lourde : la faute lourde est privative de l'indemnité compensatrice de congés payés ; elle autorise le renvoi du salarié gréviste qui s'en est rendu coupable ; la faute lourde, équipollente au dol, est la seule, d'après la Cour de cassation, qui mette en jeu la responsabilité pécuniaire du salarié qui l'a commise dans l'exécution de ses obligations.

Séc. soc. — Faute inexcusable : en matière d'accidents du travail, la faute inexcusable doit s'entendre d'une faute d'une gravité exceptionnelle, dérivant d'un acte ou d'une omission volontaire, de la conscience du danger que devait en avoir son auteur, de l'absence de toute cause justificative, et qui a provoqué l'accident.

Commise par l'employeur, elle entraîne une majoration des indemnités dues à la victime ; si elle est le fait de la victime, elle diminue sa réparation.

Faute intentionnelle : dans le droit des accidents du travail, la faute intentionnelle est celle qui a été commise volontairement. La faute intentionnelle de la victime lui retire tout droit à réparation ; celle de l'employeur expose celui-ci à un recours de la victime dans les termes du droit commun.

Faute contractuelle. — Dr. civ. — V. *Faute. Dr. civ.*

Faute délictuelle. — Dr. civ. Par opposition à la faute contractuelle, faute qui se situe en dehors du champ contractuel.

Par opposition à la faute quasi délictuelle, fait illicite accompli avec l'intention de causer un dommage à autrui. — V. *Délit civil.*

Faute quasi délictuelle. — Dr. civ. — Fait illicite volontaire, mais non intentionnel, en ce que la volonté qui y est impliquée ne s'est pas portée sur le résultat dommageable. — V. *Délit civil.*

Faux. — Dr. civ., Pr. civ. Procédure principale ou incidente dirigée contre un acte authentique pour montrer qu'il a été altéré, modifié, complété par de fausses indications, ou même fabriqué. Une procédure analogue peut être utilisée à titre principal ou incident contre un acte sous seing privé ayant déjà été l'objet d'une vérification d'écriture si la partie soutient que l'acte a été matériellement altéré ou falsifié depuis sa vérification. — V. *Inscription de faux, Vérification d'écriture.*

Faux en écriture. — Dr. pén. — Crimes et délits prévus et punis par les articles 145 à 152 du Code pénal et consistant, les uns dans la fabrication d'un faux, c'est-à-dire la contrefaçon ou l'altération de signatures ou d'écritures dans un écrit, ou la supposition d'un écrit, telles qu'un préjudice puisse en résulter (faux matériel), soit l'altération consciente de la vérité par supposition de personne, de convention ou de fait, dans un écrit formant titre (faux intellectuel), les autres dans l'usage d'un faux. A côté des faux en écriture publique et authentique, et en écriture privée, de commerce ou de banque, visés par les textes ci-dessus, la loi incrimine de nombreux faux spéciaux (V. notamment art. 153 à 164 C. pén.).

Faux incident. — PR. CIV. — Procédure incidente de preuve.

Dirigée contre un acte authentique, elle permet de démontrer qu'il a été altéré, modifié, complété par de fausses indications ou même fabriqué.

Faux témoignage. — DR. PÉN., PR. CIV. — Infraction de nature hybride, correctionnelle ou criminelle, consistant en un mensonge commis dans une déclaration irrévocable faite en justice sous la foi du serment.

Fédéralisme. — DR. CONST., DR. INT. PUBL. — Mode de groupement structurel des collectivités politiques qui vise à renforcer leur solidarité tout en respectant leur particularisme. Le fédéralisme implique l'autonomie politique des collectivités membres (qui ont une organisation étatique complète) et leur participation à la constitution d'organes communs dotés de compétences plus ou moins étendues selon le degré d'intégration du groupement. — V. *Confédération, Etat fédéral.*

1° Fédéralisme international : celui qui tend à associer les Etats dans des communautés plus vastes et se présente ainsi comme un mode d'organisation de la société internationale.

2° Fédéralisme interne : celui qui vise à conférer une organisation politique aux cadres intermédiaires d'un Etat (régions, pro-

vinces...) et se présente donc comme un procédé de décentralisation étatique poussée.

Fédération. — DR. INT. PUBL. Synonyme d'Etat fédéral (V. ce mot).

DR. TRAV. — V. *Syndicat professionnel.*

Femmes en couches. — DR. TRAV. — Le Code du travail désigne ainsi les femmes enceintes ou récemment accouchées à qui il accorde certaines mesures de protection.

Fente. — DR. CIV. — Partage du patrimoine successoral en deux parties, l'une étant attribuée à la ligne paternelle, l'autre à la ligne maternelle.

Fermage. — DR. CIV. — V. *Bail à ferme.*

Ferme. — DR. ADM. — Mode de gestion des services publics dans lequel une personne privée (fermier), physique ou morale, traite à forfait avec la collectivité publique qui reçoit une somme fixée à l'avance, le fermier conservant le surplus des recettes qu'il réalise ou supportant les pertes éventuelles. L'affermage est assez peu pratiqué.

Fermeture d'établissement. DR. PÉN. — Sanction complémentaire, parfois obligatoire, parfois facultative, analysée ordinairement en une mesure de sûreté, consistant dans la fermeture temporaire ou définitive d'un établissement industriel, commercial ou même civil. Elle présente souvent

LEXIQUE DE TERMES POLITIQUES

États – Vie politique
Relations internationales

Charles DEBBASCH
Président honoraire de l'Université
de Droit d'Economie
et des Sciences d'Aix-Marseille
Doyen honoraire de la Faculté
de Droit et de Science politique

Yves DAUDET
Professeur à l'Université
de Droit d'Économie
et des Sciences d'Aix-Marseille
Directeur de l'Institut
d'Études politiques d'Aix

L'univers politique est, plus que tout autre, bourré de sigles et de notions. Le lexique de termes politiques s'efforce de donner la clé nécessaire pour entrer dans ce domaine.

Avec plus de 2000 définitions qui regroupent les éléments essentiels relatifs

— *aux États, aux organisations internationales, aux partis, aux syndicats, aux forces sociales, aux courants de pensée tant au plan français qu'international,*

il apporte la compréhension d'un événement ou du rôle d'un organe politique, tel renseignement sur un État (tous y figurent) ou une constitution mal connue.

Ce lexique tente d'éclairer un certain nombre de points fondamentaux, de définir les termes les plus fréquemment utilisés dans le domaine qui est le sien afin de faciliter la compréhension des problèmes et d'éviter les contre-sens de départ.

Cette 3ᵉ édition est le livre indispensable à tout citoyen.

- Un volume broché, 11 x 18,
  3ᵉ édition 1981, 374 pages

LEXIQUE
DES SCIENCES SOCIALES

Madeleine GRAWITZ

Professeur émérite à l'Université de Paris I

Ce lexique sélectionne, pour les définir, les principaux
termes des diverses sciences sociales :

*anthropologie, sociologie, histoire, science politique,
linguistique, etc.* (hormis les termes purement techniques propres à chacune).

De format commode, l'ouvrage s'adresse à la fois au
large public de lecteurs susceptibles de buter sur un
terme qu'ils ignorent, mais également aux étudiants et
spécialistes d'une seule de ces sciences.

A côté de simples définitions, on trouvera de plus l'évolution historique des sens de certains mots. L'auteur
tente parfois également (dans les limites étroites de ces
376 pages) de montrer ce que recouvrent quelques
termes du langage courant et qu'une analyse sociologique dévoile.

- Un volume broché, 11 x 18
  1re édition 1981, 376 pages.

DALLOZ
11, rue Soufflot,
75240 PARIS CEDEX 05

572 195 550 B R.C. PARIS   Imp. BEROUD - 9.8

un caractère réel, c'est-à-dire qu'elle peut ou doit être prononcée même si le propriétaire de l'établissement n'est pas l'agent de l'infraction. — V. aussi *Sanctions administratives*.

Feuille d'audience. — Pr. civ. — V. *Registre d'audience*.

Fiançailles. — Dr. civ. — Déclaration réciproque d'un homme et d'une femme qui prennent l'engagement moral d'entrer prochainement dans les liens du mariage.

Fichier immobilier. — Dr. civ. ; Dr. adm. — Ensemble des fiches dont chacune correspond à un immeuble figurant au cadastre ; il regroupe, pour chaque immeuble, les indications qui font l'objet de la publicité foncière.

Fiction. — Procédé de technique juridique permettant de considérer comme existante une situation manifestement contraire à la réalité (Ex. : dans le droit des successions, la fiction de la continuation de la personne du défunt par celle des héritiers) ; la fiction permet de déduire des conséquences juridiques différentes de celles qui résulteraient de la simple constatation des faits (dans l'exemple précédent, la fiction de « survie » du défunt permet d'éviter tout hiatus dans l'existence du droit de propriété sur les biens faisant partie de la succession).

Fidéicommis. — Dr. civ. — Disposition à cause de mort par laquelle le testateur

adresse une libéralité à un bénéficiaire apparent en le chargeant de faire parvenir les biens légués à une autre personne. — V. *Substitution fidéicommissaire*.

Fiducie. — Dr. civ. — Garantie obtenue par un créancier dans un contrat par lequel il est l'acquéreur apparent d'un bien qui lui est transmis par son débiteur, et qui sera restitué à ce dernier lorsque la dette sera éteinte.

Filiale. — Dr. com. — Société dont le capital est possédé pour plus de moitié par une autre, dite société mère, dont elle est juridiquement distincte, mais économiquement et financièrement dépendante.

Ce mot désigne plus fréquemment une société liée par une relation financière à une autre société dont elle dépend.

Le droit fiscal consacre une notion plus large, puisque le régime de faveur des sociétés mères est accordé aux sociétés détenant au moins 10 % du capital d'une autre, et même parfois moins.

Filiation. — Dr. civ. — Lien juridique entre parents et enfants.

Filiation adoptive. — Dr. civ. — V. *Adoption*.

Filiation adultérine. — Dr. civ. — Filiation d'un enfant dont le père ou la mère était, au temps de sa conception, engagé dans les liens du mariage avec une autre personne.

Filiation incestueuse. — Dr. civ. — Filiation caractérisant un enfant né de relations incestueuses. — V. *Inceste*.

Filiation légitime. — DR. CIV. — Filiation caractérisant les enfants conçus ou nés pendant le mariage de leurs parents.

Filiation naturelle. — DR. CIV. — Filiation caractérisant les enfants nés hors mariage. Elle peut être adultérine (V. *Filiation adultérine*) ou simple, lorsque les parents n'étaient pas, à l'époque de la conception, engagés dans les liens du mariage.

Filière. — DR. COM. — Titre à ordre, transmissible par endossement, établi en vue du règlement de marchés à termes successifs passés dans une Bourse de marchandises et portant sur les mêmes quantités des mêmes marchandises jusqu'à l'exécution finale du marché.

Fin de non-recevoir ou de non-valoir. — PR. CIV. — Moyen de défense de nature mixte par lequel le plaideur, sans engager le débat sur le fond, soutient que son adversaire n'a pas d'action et que sa demande est irrecevable (défaut d'intérêt ou de qualité, prescription, forclusion, chose jugée).

Les fins de non-recevoir peuvent être proposées en *tout état de cause*, sans que celui qui les invoque ait à faire la preuve d'un grief.

Finances locales. — DR. FIN. Terme générique désignant les finances des départe-

ments, des communes et de leurs établissements publics.

Fisc. — DR. FIN. — Terme désignant l'ensemble des services chargés d'établir et de percevoir les impôts.

Flagrant délit. — PR. PÉN. Infraction qui se commet actuellement ou vient de se commettre (Intérêts pratiques : enquête de flagrance en matière de crime ou de délit, mode sommaire de saisine du tribunal correctionnel en matière de délit).

Folle enchère. — PR. CIV. — Lors de la vente d'un immeuble, enchère portée par un adjudicataire qui ne fait pas honneur à ses engagements. Si l'adjudicataire ne remplit pas ses obligations, l'immeuble peut être revendu et il est comptable de la différence éventuelle de prix entre la première et la seconde vente aux enchères.

Fonction. — DR. CIV. — On parle de fonction lorsqu'une personne met son activité au service du public, pour remplir une tâche déterminée, soit directement, soit dans le cadre d'une organisation collective publique ou privée.

La fonction peut être exercée d'une façon indépendante (commerçant, industriel, officier ministériel, avocat, médecin). Elle peut être exercée d'une façon dépendante, sous le couvert d'une organisation collective : ainsi un service public, une association, une société civile ou de commerce. On parle alors de pouvoirs. — V. *Pouvoir*.

Fonction publique. — Dr. adm. — 1° Au sens le plus large, et d'ailleurs très flou. ensemble du personnel permanent de l'Administration, composé de catégories d'agents relevant de régimes juridiques variés. On dit : entrer dans la fonction publique.

2° Dans une acception plus étroite généralement retenue par le langage juridique, situation de l'ensemble des agents de l'Administration ayant la qualité de fonctionnaire (V. ce mot).

Fonctionnaire. — Dr. adm. Notion retenue par différents textes pour en définir le champ d'application et dont le contenu varie de l'un à l'autre.

Au regard du Statut général des fonctionnaires de l'Etat, cette qualification s'applique aux agents publics qui, nommés dans un emploi permanent, ont été titularisés dans un grade de la hiérarchie des personnels de l'Etat ou de ses établissements publics administratifs.

Fonctionnaires de fait (théorie des) : Assouplissement jurisprudentiel des règles de compétence relatives à l'édiction des actes administratifs, permettant de considérer comme valables certains actes malgré l'incompétence réelle de leur auteur, en se fondant soit sur la nécessaire continuité du fonctionnement des services publics essentiels (même en période de circonstances exceptionnelles), soit sur l'apparence vraisemblable aux yeux du public de leur qualité pour agir.

Fonctionnaire international. Dr. int. publ. — Agent international exerçant d'une façon continue et exclusive des fonctions pour le compte d'une Organisation internationale, et soumis de ce fait à un statut particulier (comportant notamment l'obligation d'indépendance à l'égard de toute autorité autre que l'Organisation). — V. *Agent international*.

Fond. — Traditionnellement, dans le droit, le fond s'oppose à la forme lorsqu'il s'agit de créer, de maintenir ou d'éteindre une situation juridique, d'assurer le fonctionnement d'une institution juridique. Le fond concerne les éléments qui représentent le contenu, la matière et la substance du droit ou de la situation juridique envisagés : ainsi le consentement des époux ou de leurs parents dans le mariage, l'objet ou la cause dans le contrat.

Proc. générale. — Ce qui fait la matière du procès par opposition à la procédure, aux formes procédurales.

Questions de fait ou de droit qui, humainement ou juridiquement, ont rendu le procès inévitable et que 'le juge doit trancher. Le fond du procès, en ce qui concerne un litige, peut porter sur une question de fond au sens général du terme (annulation d'un mariage pour défaut de consentement) ou sur une question de forme (absence de publication des bans, de publicité de la cérémonie du mariage). — V. *Forme*.

PR. CIV. — V. *Formalisme, Forme, Nullité d'acte de procédure*.

Fondation. — DR. CIV. — *Sens large :* Affectation permanente de biens à une œuvre d'intérêt général, charitable ou désintéressée.
— *Sens plus restreint :* personne morale créée en vue de réaliser ce but.

Fondé de pouvoir. — DR. COM. — Personne liée à l'entreprise par un contrat de travail, mais ayant les pouvoirs d'un mandataire.

Fonds. — DR. CIV. — Terme usuel pouvant désigner un immeuble non bâti, une entreprise commerciale à caractère individuel (fonds de commerce) et plus généralement un capital.
Ce mot n'a aucune portée juridique particulière.

Fonds d'action conjoncturelle. — DR. FIN. — Réserve d'autorisations de programme et de crédits de paiement, constituée sous la forme d'un chapitre du budget des charges communes, pouvant être utilisée en cas de ralentissement de l'activité économique en vue d'en stimuler la relance, et alimentée par des dotations budgétaires dites : crédits optionnels.

Fonds de commerce. — DR. COM. — Ensemble des éléments mobiliers corporels (matériel, outillage, marchandises) et incorporels (droit au bail, nom, enseigne) qu'un commerçant ou un industriel groupe et organise en vue de la recherche d'une clientèle, et qui constitue une entité juridique distincte des éléments qui le composent.

Fonds commun. — DR. ADM., DR. FIN. — Institution assez fréquemment utilisée pour établir une solidarité financière entre des services publics ou des collectivités publiques, avec l'espoir, trop souvent déçu, que des excédents de recettes versés au fonds par les services ou les collectivités prospères aideront les finances déficitaires des autres (exemple célèbre : le fonds commun des réseaux de chemin de fer après la guerre de 1914).

Fonds commun de placement. — DR. COM. — Copropriété de valeurs mobilières et de sommes d'argent placées à court terme ou à vue. Le fonds commun de placement n'a pas la personnalité morale et, n'est pas régi par les dispositions applicables au contrat de société ou à l'indivision.

Fonds de Développement Economique et Social (F. D.E.S.). — DR. FIN. — Compte spécial du Trésor, le plus important parmi les comptes de prêts, destiné à retracer le versement et le remboursement des prêts consentis par l'Etat pour la réalisation du Plan ainsi que pour l'exécution de programmes de productivité, de conversion et de décentralisation industrielles.

Fonds dominant. — Dr. civ. Immeuble bâti ou non bâti au profit duquel est établie une servitude. — V. *Fonds servant.*

Fonds de garantie automobile. — Dr. civ. — Institution destinée à indemniser les victimes d'accidents corporels causés par des véhicules automobiles terrestres à moteur, lorsque l'auteur n'est pas identifié ; le fonds intervient également en cas d'accident de chasse, lorsque l'auteur est inconnu ou insolvable.

Fonds marins. — Dr. int. publ. — Zone qui, en raison des énormes ressources qu'elle recèle, a été déclarée par l'O. N. U. « patrimoine commun de l'humanité » (résolutions de 1967 et 1970). L'exploration et l'exploitation se feront dans l'intérêt de tous et la zone devra être utilisée à des fins exclusivement pacifiques (un traité en vigueur depuis 1972 interdit de placer des armes nucléaires et autres armes de destruction massive sur le fond des mers, au-delà de la limite de 12 milles comptée à partir de la ligne de base de la mer territoriale).

Fonds Monétaire International. — Dr. int. publ. — Institution Spécialisée des Nations unies créée en 1945 en vue de favoriser la coopération monétaire internationale et l'expansion du commerce international. Fournit une aide financière aux Etats membres qui ont des difficultés temporaires de paiements en devises étrangères. Siège : Washington.

Fonds national de l'emploi. Dr. trav. — Ensemble des crédits budgétaires affectés aux diverses actions prévues par la loi du 18 déc. 1963 « pour faciliter aux travailleurs la continuité de leur activité à travers les transformations qu'implique le développement économique » et aux entreprises leur reconversion.

Fonds National de Solidarité. — Séc. soc. — Fonds créé en 1956 pour servir aux personnes âgées indigentes une allocation supplémentaire.

Le Fonds est administré par le ministre de la Sécurité sociale et géré par la Caisse des dépôts et consignations. — V. *Allocation supplémentaire.*

Fonds d'organisation de la nouvelle profession d'avocat. — Pr. civ., pén. — Pour l'indemnisation des anciens avoués de grande instance et des agréés, on avait institué en 1971 une taxe parafiscale acquittée par les plaideurs. Elle alimentait un fonds d'organisation de la nouvelle profession d'avocat.

La loi n° 77-1468 du 30 décembre 1977 instaurant la

gratuité de la justice civile et administrative a supprimé cette taxe acquittée par les plaideurs. Celle-ci est remplacée par une dotation versée annuellement par l'Etat au Fonds d'organisation (art. 13).

Fonds servant. — DR. CIV. Immeuble bâti ou non bâti supportant la charge d'une servitude. — V. *Fonds dominant*.

Fonds spécial d'allocations. SÉC. SOC. — Fonds destiné à servir une allocation spéciale aux personnes âgées qui ne jouissent d'aucun avantage de vieillesse.

Ce Fonds est alimenté par l'impôt et par des contributions de tous les organismes chargés d'allouer des retraites, pensions, rentes ou allocations de vieillesse en application des dispositions législatives ou réglementaires. — V. *Allocation spéciale*.

Fongibilité. — DR. CIV. — Qualité des choses qui sont fongibles et qui peuvent se remplacer indifféremment les unes par les autres. — V. *Choses fongibles*.

« For » ou « forum ». — PR. CIV. — Ce mot désigne un tribunal et par extension, sa compétence. — V. *Lex fori*.

Force exécutoire. — PR. CIV. — Effet attaché aux décisions judiciaires, qu'elles soient juridictionnelles ou gracieuses, aux actes des notaires, à certains actes de l'administration qui permet de pratiquer une saisie contre le débiteur, ou

d'expulser un occupant d'un local, en recourant, s'il le faut, à la force publique. — V. *Formule exécutoire*.

Force majeure. — DR. CIV. Au sens large, tout événement imprévisible et insurmontable empêchant le débiteur d'exécuter son obligation ; la force majeure est exonératoire.

Au sens étroit, la force majeure s'oppose au cas fortuit ; elle est un événement d'origine externe, en ce sens que le fait doit être absolument étranger à la personne du débiteur (force de la nature, fait du prince, fait d'un tiers). — V. *Cas fortuit*.

Force probante. — PR. GÉN. — Efficacité d'un moyen de preuve. Un acte sous seing privé fait foi entre les parties, sauf l'action en vérification d'écriture qui peut aboutir à la constatation judiciaire du fait que le défendeur n'a pas réellement signé le document. L'acte authentique fait foi jusqu'à inscription de faux de sa réalité et des constatations de l'officier public (procédure naguère, coûteuse et périlleuse) ; sa force probante est donc supérieure à celle qui est attachée à l'acte sous seing privé. — V. *Faux, Inscription de faux, Vérification d'écriture*.

Force publique. — DR. ADM., PR. CIV., PR. PÉN. — Ensemble des forces (police, armée) qui sont à la disposition du Gouvernement pour maintenir l'ordre, à la disposition des officiers publics pour obtenir le respect de la loi et l'exécution des décisions de justice.

Force d'urgence des Nations Unies. — Dr. int. publ. — Force armée internationale créée par cas d'espèce, sur recommandation du Conseil de Sécurité ou de l'Assemblée Générale, non pour combattre, mais pour s'interposer entre des adversaires et faire ainsi tomber la tension dans une région déterminée. L'envoi d'une force d'urgence sur le territoire d'un Etat suppose son consentement. Utilisation au Moyen-Orient (1956-1967 et depuis 1973), au Congo (1960-1964), à Chypre (depuis 1964), au Sud-Liban (depuis 1978).

Les forces d'urgence ne doivent pas être confondues avec la force armée préconstituée prévue par le chapitre 7 de la Charte de l'O.N.U., mais qui n'a pu être créée faute d'accord entre les membres permanents du Conseil de Sécurité.

Forclusion. — Pr. civ. — V. *Déchéance, Relevé de forclusion.*

Forfait. — Dr. fin.

1° Mode de fixation approché du montant du bénéfice imposable, ou de l'impôt lui-même (TVA), résultant d'une discussion entre le fisc et le contribuable (parfois les représentants d'une profession : bénéfices agricoles), réservé aux petits et moyens redevables.

2° Montant lui-même du bénéfice ou de l'impôt ainsi déterminé.

Forfait de communauté. — Dr. civ. — Clause d'un contrat de mariage par laquelle l'un des époux est autorisé à prendre la totalité de la communauté lors de sa liquidation moyennant versement d'une somme forfaitaire.

Forfaiture. — Dr. pén. — Crime commis par un fonctionnaire public dans l'exercice de ses fonctions.

Formalisme. — Dr. priv., publ. — Principe juridique en vertu duquel une formalité (par ex. la rédaction d'un écrit) est exigée par la loi pour la validité d'un acte. — V. *Consensualisme.*

Pr. civ. — Ensemble de prescriptions dont la loi exige le respect dans le souci de garantir la liberté de la défense et dont l'inobservation conduit à une déchéance ou à une nullité.

Le formalisme est exigé pour les actes du juge (enquête par exemple) et pour les actes de procédure (ainsi dans une assignation mention de la date, du tribunal compétent, de la signature de l'huissier, par ex...).

Formation continue. — Dr. gén., Dr. trav. — Formation professionnelle post-scolaire, destinée à des personnes engagées dans la vie active, qui se réalise par le moyen des congés de formation (V. ce mot). Elle a pour charte la loi du 16 juillet 1971.

Forme. — La forme dans le droit s'attache aux manifestations extérieures de la volonté, qu'il s'agisse d'un acte juridique fait par un particulier ou par un administrateur, ou bien d'un jugement émanant d'un organe judiciaire.

La forme poursuit des buts très différents selon les cas, ce qui explique que sa méconnaissance n'engendre pas les mêmes effets :

— protéger une personne (donation) ou un justiciable (formes du procès) — Sanction : la nullité.

— prévenir les tiers (publicité d'une vente d'immeuble) — Sanction : l'inopposabilité.

— assurer la sécurité du commerce (effets de commerce) — Sanction : la dégénérescence de l'acte.

— ménager une preuve — Sanction : impossibilité de prouver autrement.

— acquitter les droits fiscaux (timbrage, enregistrement) — Sanction : amende fiscale.

Dans le droit judiciaire privé, les actes de procédure et les actes des juges sont soumis à certaines conditions de forme. — V. *Fond, Formalisme.*

Formel-informel. — Un acte juridique présente un caractère formel, lorsqu'un document en atteste l'existence. Dans le cas contraire, l'acte est dit informel (verbal, implicite, se déduisant d'une attitude par exemple).

Formel, matériel. — Techniques de classification des actes juridiques.

Les classifications for-

melles s'attachent à la distinction des différents organes compétents et aux formes ou procédures suivant lesquelles ces actes sont accomplis.

Les classifications matérielles correspondent à des distinctions fondées sur l'analyse du contenu des actes juridiques.

Dr. int. priv. — Les règles de conflit de lois qui désignent la loi applicable sont qualifiées règles *formelles* ou *indirectes.*

Les règles de droit contenant les dispositions applicables à la situation en cause sont qualifiées règles *matérielles, substantielles, directes.*

Formule exécutoire. — Pr. civ. — Formule insérée dans l'expédition d'un acte ou d'un jugement par l'officier public qui le délivre (notaire, secrétaire-greffier) et permettant au bénéficiaire de poursuivre l'exécution, en recourant si cela est nécessaire, à la force publique. — V. *Force exécutoire.*

Pr. adm. — Il existe une formule spéciale pour les décisions rendues par les juridictions administratives.

Fortune de mer. — Dr. marit. — Cas fortuit, parmi les risques que l'assureur prend à sa charge (V. art. 350 C. com.).

« Forum shopping ». — Dr. int. priv. — Stratagème pour échapper à l'application d'une loi et consistant, pour les plaideurs, à porter leur litige devant une juridiction étrangère, qui ne sera pas obligée d'appliquer cette loi. — V. *Fraude*.

Fractionnement de la peine. — DR. PÉN. — Mesure exceptionnelle d'individualisation judiciaire de la sanction permettant de faire subir une peine prononcée par fractions séparées, lorsqu'il y a des motifs graves d'ordre médical professionnel, familial ou social. Cette possibilité concerne l'amende, l'emprisonnement correctionnel ou de police et les autres peines de même nature non privatives de liberté.

Frais. — PR. CIV. — V. *Dépens*.

Franchise. — DR. COM. — Dans le droit des assurances, part d'un dommage que l'assuré conserve à sa charge. Elle est absolue lorsqu'elle est supportée par l'assuré, quelle que soit l'importance du dommage ; elle est simple, lorsque la fraction du dommage dont elle est l'objet est réparée par l'assureur au-delà d'un certain seuil de préjudice.

Franchise (d'impôt). — DR. FIN. — Technique d'exonération fiscale consistant à ne pas percevoir un impôt lorsque le montant théoriquement dû n'atteint pas un chiffre minimum. — V. *Décote*.

Franchisage. — DR. COM. — Contrat par lequel le titulaire d'un signe distinctif, généralement déposé à titre de marque (le franchiseur), en concède l'usage à un commerçant indépendant (le franchisé) auprès duquel il assume une fonction de conseil et d'assistance commerciale, moyennant le paiement d'une redevance sur le chiffre d'affaires du franchisé ainsi que son engagement de s'approvisionner en tout ou en partie auprès du franchiseur ou de tiers déterminés et de respecter un certain nombre de normes tant pour l'implantation que pour la gestion du point de vente.

Franchising. — DR. COM. — V. *Franchisage*.

Francisation. — DR. MARIT. Formalité conférant à un bâtiment de mer le droit de naviguer sous pavillon français.

DR. CIV. — Procédure consistant à donner le caractère linguistique français à un nom ou prénom étranger, par traduction, suppression de consonance ou modification d'orthographe. S'applique non seulement aux étrangers, mais aux nationaux eux-mêmes.

Francophonie. — Vaste ensemble formé par les Etats francophones débordant largement le cadre des anciennes possessions françaises de la IIIe République. Cette association s'inscrit du côté de la France dans la ligne d'une politique d'expansion de la langue et, plus généralement, du rayonnement de la France dans le monde. Elle a abouti, entre autres réalisations à la création d'une Agence de Coopération Culturelle et Technique des Pays Francophones par la Conférence de Niamey de 1970.

Fraude. — Action révélant chez son auteur la volonté de nuire à autrui (conjoint, cocontractant, copartageant, plaideur) ou de tourner certaines prescriptions légales (fraude fiscale). — V. *Action paulienne, Escroquerie, Prise à partie.*

Dr. int. priv. — Adaptation consciente de moyens licites à des fins contraires à la loi. La fraude à la loi consiste, le plus souvent, à modifier, par des artifices, les circonstances de fait d'après lesquelles est déterminée la règle de conflit. La jurisprudence tient compte non seulement de la fraude commise au détriment de la loi française, mais encore de celle commise au détriment de la loi étrangère. — V. *Forum Shopping.*

« **Fraus omnia corrumpit** ». Dr. civ. — Adage latin (la fraude corrompt tout) exprimant que tout acte juridique entaché de fraude peut être l'objet d'une action en nullité.

Freins et contrepoids (Système des). — Dr. const. En anglais : « Checks and balances ». Système constitutionnel consistant à aménager les rapports entre les pouvoirs publics de manière qu'ils se tiennent mutuellement en équilibre.

Fret. — Dr. marit. — Prix du service rendu pour le transport sur un navire de marchandises d'un point à un autre. Ce terme sert aussi à désigner, dans le langage courant, la marchandise transportée. En ce sens, il est passé dans le vocabulaire de tous les modes de transport (routiers, aériens, etc...).

Fréteur. — Dr. marit. — Propriétaire d'un navire qui, moyennant le paiement d'une somme appelée fret, s'engage à mettre son bâtiment à la disposition d'une autre personne, l'affréteur, pour le transport de marchandises d'un point à un autre.

Front. — Dr. const. — Coalition de partis politiques (Ex. : Front populaire).

Frontière. — Dr. int. publ. Limite du territoire d'un Etat. Frontière artificielle : celle qui consiste en une ligne idéale (parallèle, ligne entre deux points déterminés).

Frontière naturelle : celle qui est formée par un accident géographique (fleuve, lac, mer, montagne).

« **Fructus** ». — Dr. civ. — Mot latin désignant l'un des attributs du droit de propriété sur une chose, le droit d'en percevoir les fruits, au sens large du terme. — V. *Fruits.*

Fruits. — Dr. civ. — Biens produits périodiquement et régulièrement par les choses sans altération de leur substance.

On distingue :
les fruits naturels qui comprennent les produits spontanés de la terre et le croît des animaux.

les fruits industriels qui sont des produits obtenus par le travail de l'homme.

les fruits civils qui sont obtenus grâce à un contrat dont le capital est l'objet, tels les loyers et autres revenus en argent procurés par une chose. — V. *Produits*.

Fuite (Délit de). — Dr. pén. Infraction qui consiste, pour le conducteur d'un véhicule, après s'être rendu coupable d'un délit de coups et blessures ou d'homicide par imprudence, ou même d'un simple accident, à ne pas rester sur les lieux, afin d'empêcher son identification (Article L 2 du Code de la route).

Fusion. — Dr. com. — Opération juridique consistant à regrouper plusieurs sociétés ou entreprises en une seule.

Fusion - regroupement de communes. — Dr. adm. — V. *Commune*.

G

Gage. — Dr. civ., com. — 1° Contrat par lequel un débiteur remet une chose mobilière à son créancier en garantie du paiement de la dette. Le gage entraîne généralement la dépossession du débiteur.

2° Droit pour le créancier de se faire payer, par préférence aux autres créanciers, par la vente à son son profit de la chose remise par le débiteur.

3° La chose remise en garantie.

Garantie. — Dr. civ. — 1° Moyens juridiques permettant de garantir le créancier contre le risque d'insolvabilité du débiteur ; en ce sens, synonyme de sûreté. — V. ce mot.

2° Obligation mise à la charge d'un contractant destinée à assurer la jouissance paisible de fait et de droit de la chose remise à l'autre partie, alors même que le trouble ne résulte pas de son fait (Ex. : garantie par le vendeur des vices cachés de la chose, de l'éviction, etc...).

Dr. int. publ. — Engagement pris par un ou plusieurs Etats de répondre de l'exécution des obligations internationales d'un Etat tiers ou de maintenir une situation juridique donnée.

Garantie (appel en). — Pr. civ. — Action appartenant au plaideur qui a la faculté de se retourner contre un garant.

Le garanti, lorsqu'il n'est obligé qu'en tant que détenteur d'un bien (garantie formelle) peut requérir, avec sa mise hors de cause, que le garant lui soit substitué comme partie principale ; il n'en demeure pas moins soumis à l'exécution du jugement prononcé contre le garant, dès l'instant que ce jugement lui a été notifié.

Le garant peut être appelé dans l'instance principale (intervention forcée). Il peut aussi voir sa garantie mise en œuvre dans un procès distinct et ultérieur.

Garantie des droits. — Dr. const. — Dispositions relatives aux droits de l'homme insérées dans le corps même d'une constitution en vue de leur assurer le maximum de valeur juridique (et le maximum de protection dans l'hypothèse où existe un contrôle efficace de constitutionnalité).

Garantie d'emprunt. — Dr. fin. — Engagement par lequel l'Etat ou une autre personne publique accorde sa caution à un organisme dont il veut faciliter les opérations d'emprunt, en garantissant aux prêteurs le service des intérêts et le remboursement du capital en cas de défaillance de leur débiteur.

Garantie de ressources. — Dr. trav. — Indemnisation du chômage en faveur des salariés perdant ou quittant leur emploi lorsqu'ils ont atteint l'âge de 60 ans. Le montant de l'indemnité correspond à 70 % du salaire antérieur. — V. *Allocation d'aide publique, Assurance-chômage.*

Garde. — Dr. civ. — *Droit de la famille :*
Prérogative reconnue au titulaire de l'autorité parentale de contraindre ses enfants mineurs à vivre sous son toit et de surveiller leurs activités.

Droit des obligations :
Obligation imposée à un contractant de garder et surveiller une chose (Ex. : le dépositaire a une obligation de garde).

Pouvoir de contrôle et de direction sur une chose que l'on utilise. Ce pouvoir est une condition d'existence de la responsabilité civile du gardien si la chose est à l'origine d'un dommage.

Certains auteurs, et quelquefois la jurisprudence, distinguent la garde de la *structure* et la garde du *comportement* ; la première porterait sur la matière composant la chose (pouvoir de contrôle sur les vices de la chose), la seconde sur son fonctionnement du fait de l'utilisation. Le gardien du comportement n'est pas nécessairement gardien de la structure. — V. *Responsabilité du fait des choses.*

Garde des Sceaux. — Synonyme de ministre de la Justice.

Garde à vue. — Pr. pén. — Mesure par laquelle un officier de police judiciaire retient, dans les locaux de la police, pendant une durée légalement déterminée, toute personne qui, pour les nécessités de l'enquête, doit rester à la disposition des services de police.

Gardien. — Dr. civ. — V. *Garde.*
Pr. civ. — V. *Scellés, Saisie exécution.*

G. A. T. T. (Accord général sur les tarifs douaniers et le commerce). — Dr. int. publ. — Accord conclu à Genève en 1947 en vue d'organiser la coopération internationale en matière commerciale (réduction des tarifs douaniers, élimination des restrictions quantitatives et des mesures discriminatoires, règlement des conflits commerciaux entre Etats).

Gendarmerie. — Dr. adm. — Corps militaires aux attributions variées, mais plus spécialement orientées vers la police administrative (maintien de l'ordre) et la police judiciaire. La gendarmerie se compose de la gendarmerie départementale (dite : « la blanche ») implantée de manière stable dans un grand nombre de communes, et de la gendarmerie mobile (« la rouge ») qui constitue des réserves mobiles à l'échelon régional. En tant que force militaire, la gendarmerie ne peut être mise en mouvement par l'autorité civile compétente que par voie de « réquisition », ce qui lui laisse le choix des moyens à mettre en œuvre pour parvenir aux buts que lui a assignés l'autorité civile. — V. *Compagnies républicaines de sécurité.*

« Genera non pereunt ». — Dr. civ., Dr. com. — Les choses de genre ne périssent pas.

Lorsqu'on est débiteur d'une chose de genre, on ne peut s'abriter, pour se soustraire à l'exécution, derrière le fait que des objets que l'on voulait livrer, ont péri. On peut toujours se procurer des biens équivalents pour satisfaire à son obligation.

« Generalia specialibus derogant ». — Les lois de portée générale ne dérogent pas à celles qui ont un objectif spécial. — V. *Specialia generalibus derogant.*

Génocide. — Dr. int. publ. Crime défini par le Droit international (Convention du 9 déc. 1948), consistant en actes accomplis avec l'intention de détruire un groupe national, ethnique ou religieux.

Gens de maison. — Dr. trav. — Salariés attachés au service du foyer.

« Gentlemen's agreement ». Dr. int. publ. — Accord international liant moralement les parties mais dépourvu de force juridique.

Gérance libre. — Dr. com. . V. *Location-gérance.*

Gérance salariée. — Dr. com. — Contrat par lequel le propriétaire d'un fonds de commerce, tout en conservant le contrôle et les risques de l'exploitation charge un tiers appelé « gérant salarié » de gérer le fonds, moyennant une rémunération établie lors de la signature du contrat.

Gérant de société. — Dr. com. — Personne placée à la tête d'une société de personnes ou d'une S.A.R.L. pour la diriger, et investie des pouvoirs les plus étendus pour agir au nom de la société dans les limites de l'objet social.

Germains. — Dr. civ. — Se dit des enfants ayant les mêmes père et mère. — V. *Consanguins, Utérins.*

Gestion (Système de). — Dr. fin. — En matière de comptabilité publique, système d'imputation des opérations consistant à rattacher au budget d'une année toutes les créances et toutes les dettes de l'Etat recouvrées ou payées au cours de celle-ci, quelle que soit l'année durant laquelle elles ont pris juridiquement naissance. — V. *Exercice.*

Gestion d'affaires. — Dr. civ. — Fait pour une personne, le gérant, d'accomplir des actes d'administration dans l'intérêt d'un tiers, le géré ou maître de l'affaire, sans que ce dernier l'en ait chargé. — V. *Quasi-contrat.*

Gestion de fait. — Dr. fin. — Irrégularité constituée par le maniement direct ou indirect, par toute personne n'ayant pas la qualité de comptable public, de fonds destinés à une personne publique (V. ce mot) ou extraits irrégulièrement de sa caisse. Son auteur, passible d'une amende pénale, est soumis aux mêmes obligations et responsabilités que les comptables publics (V. ce mot). — V. *Comptable de fait.*

Gestion privée, gestion publique. Dr. adm. — Distinction jadis opérée parmi les procédés juridiques utilisés par l'Administration dans la gestion de ses services, en vue de délimiter la compétence respective des deux ordres de juridictions.

On dit qu'il y a gestion privée lorsque l'Administration use des mêmes voies juridiques que les particuliers, gestion publique quand elle recourt à des procédés propres à la puissance publique. La compétence serait judiciaire dans le premier cas, administrative dans le second.

Glose. — Note explicative d'un texte.

Glossateurs. — Hist. dr. Ecole de romanistes fondée au xiiᵉ siècle par Irnerius à Bologne et qui étudia les textes de Justinien d'après la méthode exégétique. — V. *Post-glossateurs.*

Gouvernement. — Dr. const. — 1° Au sens large : ensemble des organes (individus, comités, assemblées) investis du pouvoir politique (par ex. : dans les expressions gouvernement républicain, gouvernement parlementaire, présidentiel).

2° Au sens étroit : celui des organes politiques qui est chargé de la fonction exécutive. — V. *Exécutif.*

Gouvernement de fait. — Dr. const. — Gouvernement dépourvu de titre juridique en raison de son origine irrégulière (coup d'Etat, révolution).

Un gouvernement de fait, qui est dans son principe provisoire, se transforme en gouvernement de droit soit en recourant aux procédures d'investiture conformes à l'idée de légitimité en vigueur, soit en inculquant une nouvelle idée de légitimité, soit par l'effet de la durée qui finit par faire oublier l'irrégularité de sa formation. Sur le plan international, des efforts ont été tentés pour sanctionner par la non-reconnaissance les gouvernements de fait. — V. *Tobar* (*doctrine de*).

DR. INT. PUBL. — Gouvernement de fait international : nom donné à l'action de certains Etats (notamment des grandes puissances) lorsqu'ils s'érigent unilatéralement en organe législatif ou exécutif de la société internationale (Ex. : Concert européen au XIXe siècle, directoire des grandes puissances pendant et à la fin des deux guerres mondiales).

Grâce. — DR. CONST., DR. PÉN. — 1° Remise par le Chef de l'Etat de tout ou partie de la peine prononcée contre un individu par un tribunal répressif.

Droit de grâce : droit pour le Chef de l'Etat d'opérer cette remise de peine.

Recours en grâce : recours au Chef de l'Etat en vue d'obtenir une remise de peine.

2° Grâce amnistiante : mesure intermédiaire entre la grâce et l'amnistie (V. ce mot).

La loi définit *in abstracto* les catégories de condamnés susceptibles d'être amnistiés, et c'est le Président de la République qui individualise ensuite par décret les bénéficiaires.

Gracieuse (Décision). — PR. GÉN. — V. *Décision gracieuse.*

Grade. — DR. ADM. — Dans le droit de la fonction publique, titre d'un fonctionnaire lui donnant vocation à occuper un emploi déterminé et le situant à l'intérieur de la hiérarchie administrative.

Gratification. — DR. TRAV. — Somme d'argent remise par l'employeur au personnel pour marquer sa satisfaction du travail accompli ou à l'occasion d'événements familiaux.

Normalement la gratification est une libéralité ; elle peut exceptionnellement constituer un complément de salaire et en avoir la nature juridique.

Gratuité de la justice. — PR. ADM., CIV. — Depuis 1978, a été instaurée devant les juridictions civiles et administratives (non devant les juridictions pénales) la *gratuité de la justice.*

Désormais devant ces juridictions, les plaideurs n'ont plus à supporter une partie importante des anciens frais de justice ; ces frais sont pris en charge par l'Etat. Ont été supprimés, en particulier : le timbre des actes, l'enregistrement des actes et des jugements, les redevances de greffe (sauf au tribunal de commerce), les frais postaux des secrétariats-greffes.

Mais, en dépit de cette réforme, le recours à la justice n'est pas entièrement gratuit et reste coûteux. Le plaideur doit, en effet, comme auparavant, acquitter les frais d'actes et de significations faits par des officiers ministériels (huissiers de justice, avoués), les honoraires d'avocats, les frais de mémoire devant le Conseil d'Etat et la Cour de cassation, les frais d'enquête et d'expertise.

Il peut en être partiellement ou totalement déchargé par l'aide judiciaire. — V. *Aide judiciaire, Dépens, Taxe.*

Gré à gré. — DR. ADM. — Mode limité de conclusion des contrats des personnes publiques, caractérisé par la possibilité ouverte à l'Administration de choisir discrétionnairement un entrepreneur, après une mise en concurrence préalable des fournisseurs possibles.

Greffes. — PR. CIV., PÉN. — V. *Secrétariat-greffe.*

Greffier. — PR. CIV., PÉN. Dans la tradition française, le greffier est un officier public et ministériel placé à la tête d'un greffe.

Depuis 1966, les greffiers titulaires de charge, ainsi que les membres de leur personnel ont dû devenir fonctionnaires. — V. *Secrétaire-greffier.* — Le greffier titulaire de charge a été maintenu au tribunal de commerce.

Greffier en chef. — PR. CIV., PÉN. — V. *Secrétaire-greffier, Secrétariat-greffe.*

Grève. — DR. ADM. ; DR.

TRAV. — Cessation concertée et collective du travail dans le but d'appuyer une revendication professionnelle.

Formellement condamné autrefois par la doctrine et la jurisprudence, le droit de grève des fonctionnaires — sauf interdictions spéciales et limitées — est accepté depuis la Constitution de 1946.

Grève perlée : ralentissement de la cadence du travail sans qu'il y ait arrêt complet.

Grève politique : grève n'ayant pas un but professionnel, destinée à agir sur la puissance publique.

Grève sauvage : grève déclenchée en dehors d'un mot d'ordre d'un syndicat.

Grève de solidarité : grève faite à l'appui de revendications qui ne sont pas propres aux grévistes.

Grève surprise : grève déclarée sans préavis, ni avertissement.

Grève sur le tas : grève sur les lieux de travail pendant les heures de service.

Grève « thrombose » (ou « bouchon ») : grève limitée à un service, un atelier ou une catégorie professionnelle qui paralyse l'ensemble de l'entreprise.

Grève mixte : grève dont l'objectif ou les caractères sont à la fois professionnels et politiques.

Grève tournante : grève qui affecte successivement divers ateliers ou diverses catégories du personnel de l'entreprise.

Grevé. — DR. CIV. — Entendu strictement, qualifie dans le mécanisme de la substitution, le gratifié qui ne reçoit qu'à charge de conserver et de rendre.

Au sens large, désigne la personne (donataire) ou le bien affecté d'une charge (hypothèque).

Grief. — PR. CIV., PÉN. — Préjudice subi par un plaideur du fait de l'irrégularité formelle d'un acte de procédure et lui permettant d'en faire prononcer la nullité. — V. *Nullité d'acte de procédure.*

L'existence d'un grief n'est pas exigé pour soulever victorieusement une fin de non-recevoir. — V. *Fin de non-recevoir.*

Grief (actes faisant). — DR. ADM. — Expression désignant, dans la terminologie du recours pour excès de pouvoir, les actes administratifs de nature à produire par eux-mêmes des effets juridiques et contre lesquels ce recours est ainsi recevable.

Grivèlerie. — DR. PÉN. — Infraction, encore appelée filouterie d'aliments ou de boissons, qui consiste à se faire servir et à consommer des boissons ou des aliments, en sachant qu'on est dans l'impossibilité absolue de les payer (art. 401 C. pén.).

Gros ouvrage. — DR. CIV. En matière de construction immobilière, les gros ouvrages sont les éléments porteurs concourant à la stabilité et à la solidité de l'édifice ainsi que les élé-ments qui assurent le clos, le couvert et l'étanchéité. L'entrepreneur, les architectes et les promoteurs sont responsables pendant 10 ans des vices affectant les gros ouvrages.

Grosse. — PR. CIV. — Ancien terme disparu : expédition revêtue de la formule exécutoire d'un acte authentique ou d'un jugement. — V. *Copie exécutoire, Expédition.*

Groupe parlementaire. — DR. CONST. — Groupe formé de membres d'une assemblée parlementaire partageant les mêmes opinions politiques (sans qu'il y ait nécessairement coïncidence parfaite avec un parti politique déterminé).

L'inscription à un groupe n'est pas obligatoire ; les parlementaires qui ne font partie d'aucun groupe sont dits « non-inscrits ». La formation des groupes parlementaires peut être subordonnée à l'exigence d'un effectif minimum (30 membres à l'Assemblée Nationale, 15 au Sénat). — V. *Apparentement.*

Groupe de pression. — DR. PUBL. — Groupement organisé pour influencer les pouvoirs publics dans un sens favorable aux intérêts de ses membres ou à une cause d'intérêt général. On emploie dans le même sens le mot anglais lobby (pluriel lobbies) qui signifie couloir, vestibule, le lobbying étant l'action qui consiste à faire les couloirs des assemblées ou les antichambres des cabinets ministériels. A l'ori-

217

gine, les lobbies étaient des organismes techniques d'exécution au service des groupes de pression, mais aujourd'hui le mot est employé souvent pour désigner le groupe de pression lui-même.

Groupe de sociétés. — Dr. com. — Ensemble de sociétés juridiquement indépendantes, mais formant une même unité économique en raison de liens financiers étroits.

Groupement agricole d'exploitation en commun (G. A. E. C.). — Dr. civ. — Société civile particulière d'exploitation agricole, dans laquelle les associés conservent leurs avantages individuels mais sont tenus à un certain travail en commun. La constitution d'un G. A. E. C. est soumis à l'agrément d'une commission administrative.

Groupement foncier agricole (G. F. A.). — Dr. civ. — Société civile ayant pour objet de faciliter la gestion des exploitations dont elle est propriétaire. Les associés sont responsables du passif proportionnellement à leur part dans le capital. Le G. F. A. peut exploiter personnellement ou donner à bail.

Groupement d'intérêt économique. — Dr. com. — Groupement de personnes physiques ou morales, de nature juridique originale, distincte de la société et de l'association, dont l'objet est de faciliter l'exercice de l'activité économique de ses membres par la mise en commun de certains aspects de cette activité : comptoirs de vente, services d'importation ou d'exportation, laboratoire de recherche, etc..., le GIE a la personnalité juridique.

Guerre. — Dr. publ. —
1° Lutte armée entre Etats, voulue par l'un d'eux au moins, et entreprise en vue d'un intérêt national.
2° Dans un sens plus large :
Guerre civile : conflit armé ayant éclaté au sein d'un Etat et dépassant, par son extension et sa prolongation, une simple rébellion.
Guerre froide : état de tension politique entre Etats idéologiquement opposés qui cherchent mutuellement à s'affaiblir, mais sans aller jusqu'à déclencher une guerre mondiale (expression forgée à la fin de la seconde guerre mondiale pour caractériser la rivalité entre le bloc occidental et le bloc communiste).
Guerre juste (ou licite) : guerre dont le but est légitime, ce qui est le cas de la guerre de légitime défense et de la guerre — exécution entreprise par l'O. N. U.
Guerre psychologique : guerre de propagande, dans laquelle les moyens mis en œuvre visent à saper le moral de l'adversaire (population et armée) et à diminuer ainsi ou même à briser sa volonté de combattre.
Guerre révolutionnaire ou

subversive : guerre menée à l'intérieur d'un Etat, par une partie de la population contre les autorités politiques en place, en vue de conquérir le pouvoir et d'instaurer un ordre politique et social nouveau. Peut donner lieu à des ingérences étrangères et prendre ainsi une dimension internationale.

Guerre totale : guerre engageant toutes les ressources d'un Etat et s'étendant à toutes les personnes, non-combattants compris.

H

« Habeas Corpus ». — DR. CONST. — (Etymologiquement : que tu aies ton corps ; sous-entendu : *ad subjiciendum,* pour le produire devant le tribunal). Nom d'un des textes les plus célèbres dans l'histoire de la liberté, adopté par le Parlement anglais en 1679.

En vertu de cette loi, toute personne emprisonnée a le droit d'être présentée à un juge pour qu'il statue sur la validité de l'arrestation.

« Habilis ad nuptias, habilis ad pacta nuptiala ». — DR. CIV. — Celui qui a la capacité pour se marier est également capable de donner son consentement au contrat de mariage qui le concerne.

Habitation (droit d'). — DR. CIV. — Droit à l'usage d'une maison reconnu à une personne déterminée, dans la mesure de ses besoins et de ceux de sa famille.

Le droit d'habitation est un droit réel. — V. *Usage.*

Handicapées (Personnes). — SÉC. SOC. — Personnes atteintes d'une incapacité physique, sensorielle ou mentale appelant des mesures de protection. Le législateur a posé en principe que la prévention et le dépistage des handicaps, ainsi que l'aide aux personnes handicapées étaient « une obligation nationale ». Les mesures prises concernent soit les mineurs (éducation, orientation professionnelles, soins), soit les adultes (emploi, garantie d'un minimum de ressources, etc...).

Haute Cour de Justice. — DR. CONST., PR. PÉN. — Organe composé de juges élus par moitié par l'Assemblée Nationale et le Sénat, devant lequel peuvent être mis en accusation par un vote séparé de ces deux Chambres, le Président de la République pour *haute trahison* (V. cette expression), les ministres pour les crimes et délits commis dans l'exercice de leurs fonctions, et leurs complices en cas de complot contre la sûreté de l'Etat.

Haute mer. — DR. INT. PUBL.

Espace marin situé au-delà des juridictions nationales et échappant à la souveraineté des Etats (principe de « la liberté des mers »). V. *Zone économique exclusive.*

Haute trahison. — DR. CONST., PR. PÉN. — Crime pour lequel le Président de la République peut, contrairement au principe de son irresponsabilité, être mis en accusation devant la Haute Cour de Justice (art. 68 de la Constitution de 1958).

La haute trahison n'étant définie par aucun texte, c'est la Haute Cour qui juge si les faits pour lesquels le Président est mis en accusation par les Chambres sont constitutifs ou non de haute trahison.

Herbe (vente d'). — DR. RUR. — Convention entre propriétaire d'un pâturage et preneur, selon laquelle le preneur n'a qu'un droit de jouissance, généralement saisonnier, et ne supporte aucune obligation d'entretien du terrain.

Hérédité. — DR. CIV. — Ensemble des biens que laisse une personne à son décès.

Héritage. — DR. CIV. —
1° Synonyme d'hérédité. V. *Hérédité.*
2° Synonyme d'immeuble. — V. *Immeuble.*

Héritier. — DR. CIV. —
1° Au sens large, celui qui succède au défunt par l'effet soit de la loi, soit du testament.
2° Dans un sens plus précis, celui qui succède au défunt en vertu de la seule loi, par opposition au légataire institué par testament. V. *Légataire.*
3° Parfois, ce mot désigne les seuls successibles qui ont la saisine. V. *Saisine.*

Heures de délégation. — DR. TRAV. — V. *Crédit d'heures.*

Heures légales. — PR. CIV. Heures de la journée pendant lesquelles peuvent et doivent être effectuées les significations et les exécutions d'actes ou de jugements : entre six heures et ving et une heures sauf au juge à accorder, en cas de nécessité, la faculté d'opérer en dehors des heures légales.

Heures supplémentaires. — DR. TRAV. — Heures de travail effectuées en sus de la durée légale du travail, soit 40 heures par semaine. La possibilité d'effectuer des heures supplémentaires est limitée à 50 h. par semaine et, sur une période de douze semaines consécutives, à une moyenne de 46 ou 48 h. par semaine. — La rémunération des heures supplémentaires est majorée et ces heures donnent droit à un repos compensateur.

Compte tenu des temps morts pouvant exister dans l'exercice de certaines activités (ex. : coiffure) la réglementation prévoit que, dans certains secteurs, la durée du travail peut dépasser 40 h. par semaine, cette durée n'étant retenue que pour 40 h. de travail effectif et rémunérée sur cette base : on dit qu'il y a équivalence.

Hoirie. — DR. CIV. — Mot

ancien employé pour succession. — V. *Succession.*

Holding. — Dr. com. — Société dont l'objet est de gérer les participations qu'elle détient dans d'autres sociétés, dans le but d'y exercer un contrôle prépondérant. C'est un instrument de la concentration des entreprises.

Homicide. — Dr. pén. — V. *Assassinat, Infanticide, Meurtre, Parricide.*

Homicide et blessures par imprudence. — Dr. pén. Délits ou contraventions consistant en une faute inintentionnelle (imprudence, négligence ou inobservation de règlements) qui cause la mort d'une personne ou lui occasionne des blessures.

Homologation. — Dr. civ. — Procédure par laquelle les tribunaux approuvent un acte et lui confèrent la force exécutoire.

Honoraires. — Pr. civ. — Rétribution des services rendus par les membres des professions libérales (médecins, architectes par ex.) et parmi eux de certains auxiliaires de justice dont le montant n'est pas tarifé. C'est le cas de l'avocat pour sa plaidoirie. En revanche, lorsque l'avocat représente et postule, il est soumis à la taxe. — V. *Taxes.*

Honorariat. — Dr. adm., Pr. civ. — Condition d'une personne qui conserve le titre et les prérogatives honorifiques d'une fonction qu'elle a exercée. L'honorariat maintient l'appartenance au corps dont

elle faisait partie (par ex. : fonctionnaire, magistrat, juge du tribunal de commerce ou du conseil de prud'hommes, avocat, médecin, officier ministériel, etc...).

Hôpitaux et hospices. — Dr. adm. — Etablissements publics destinés à recevoir des malades, blessés, femmes en couches, vieillards et incurables. Une distinction initiale voulait que les hospices fussent orientés vers l'accueil et l'hébergement, provisoire ou définitif, des personnes ayant besoin de secours, et que les hôpitaux fussent orientés vers la distribution des soins médicaux ou chirurgicaux. Sans disparaître, cette distinction perd de sa valeur administrative à cause de l'amplification des besoins médicaux. Les sanatoriums, dispensaires, maisons de retraite ont des régimes différents.

Horaire variable. — Dr. trav. Modalités de détermination de l'horaire de travail permettant au salarié, en dehors de plages horaires fixes et obligatoires, de choisir son temps de travail de telle sorte qu'au terme de la période de référence (une semaine ou 15 jours généralement), il ait accompli les heures normalement dues. La variabilité qui ne porte que sur la partie mobile de l'horaire, atténue le caractère collectif de l'horaire de travail. On utilise également les expressions « horaire individualisé » ou « horaire flexible ».

Huis-clos. — Pr. gén. — Exception au principe de la

publicité des débats judiciaires en raison de laquelle une juridiction peut interdire au public l'accès du prétoire par une décision motivée, lorsque l'ordre public ou les bonnes mœurs risquent de souffrir de la publicité. — V. *Publicité des débats*.

Huissier de justice. — PR. CIV. — Officier ministériel et officier public chargé des significations (judiciaires et extrajudiciaires) et de l'exécution forcée des actes publics (jugements et actes notariés) ainsi que du service intérieur des tribunaux (huissier audiencier).

Hypothèque. — DR. CIV. — Droit réel accessoire grevant un immeuble et constitué au profit d'un créancier en garantie du paiement de la dette. L'hypothèque n'entraîne pas dessaisissement du propriétaire.

L'hypothèque autorise le créancier non payé à l'échéance à faire saisir et vendre l'immeuble en quelque main qu'il se trouve (droit de suite) et à se payer sur le prix avant les créanciers chirographaires (droit de préférence).

Il existe aussi quelques cas d'hypothèques mobilières (navires, aéronefs).

I

Identité. — DR. CIV. — Ensemble des composantes grâce auxquelles il est établi qu'une personne est bien celle qui se dit ou que l'on présume telle (nom, prénoms, nationalité, filiation...).

Identité judiciaire. — PR. PÉN. — Service et activité de police judiciaire, ayant pour but l'identification des personnes, ainsi que le traitement des traces et indices.

I.G.A.M.E. — DR. ADM. — Sigle naguère utilisé pour désigner les inspecteurs généraux de l'Administration en mission extraordinaire ; ce titre était donné au préfet en fonction dans le département chef-lieu de chaque région militaire, qui disposait de pouvoirs renfor-

cés en vue du maintien de l'ordre en cas de troubles graves. Leurs pouvoirs appartiennent aujourd'hui au préfet de région (V. ce mot).

Immatriculation. — DR. CIV. — Action par laquelle une personne ou une chose est inscrite sur un registre par un numéro d'identification. Ce numéro est complété par des mentions faisant état des caractéristiques de la personne ou de la chose immatriculée ; l'immatriculation permet d'organiser une certaine publicité et d'appliquer un statut.

SÉC. SOC. — Inscription d'une personne sur la liste des assurés sociaux. L'immatriculation se traduit par l'attribution d'un numéro.

Immeuble. — DR. CIV. —
Fonds de terre et ce qui
y est incorporé, ainsi que
les biens mobiliers qui en
permettent l'exploitation
(immeubles par destina-
tion).

Sont également immeu-
bles les droits portant sur
les immeubles ci-dessus
définis. — V. *Meuble.*

Immobilisation des fruits.
PR. CIV. — Effet de la
publication d'un comman-
dement de saisie immobi-
lière.

Les fruits sont ajoutés
au prix d'adjudication et
distribués comme lui aux
créanciers hypothécaires et
privilégiés.

**Immunités diplomatiques
et consulaires.** — DR. INT.
PUBL. — Prérogatives reconnues aux agents diploma-
tiques et consulaires en vue
de favoriser le libre exercice de leurs fonctions :
inviolabilité des agents
(plus réduite pour les consuls), des locaux et de la
correspondance, immunité
de juridiction (limitée aux
actes de la fonction pour
les consuls) et d'exécution,
exemptions fiscales.

**Immunité de l'art. 380 du
Code pénal.** — DR. PÉN. —
Règle selon laquelle des
poursuites pénales ne sont
pas possibles, en matière
de soustraction délictueuse,
entre époux, ascendants et
descendants. Cette règle est
établie pour éviter des procès répressifs entre proches
parents. Elle n'empêche pas
des poursuites sur le plan
civil ou commercial.

Immunité de juridiction. —
DR. CIV., PÉN. — Privilège,
dont bénéficient les agents
diplomatiques étrangers, en
vertu duquel ils ne peuvent
être déférés aux juridictions
de l'Etat où ils résident, ni
en matière pénale ni en
matière civile. Les Etats
étrangers eux-mêmes, en
tant que personnes morales,
bénéficient du même privilège.

Immunités parlementaires.
DR. CONST. — Prérogatives
qui mettent les parlemen-
taires à l'abri des pour-
suites judiciaires, en vue
d'assurer le libre exercice
de leur mandat. — V. *Irresponsabilité, Inviolabilité
parlementaire.*

Immutabilité. — DR. CIV. —
Qualité de ce qui ne doit
pas changer. Avant la loi
du 13 juillet 1965, les conventions matrimoniales
étaient immuables, les parties ne pouvant les modi-
fier d'un commun accord.

**Immutabilité du litige
(principes d').** — PR. CIV.
Principe destiné à favoriser
la loyauté des débats, en
vertu duquel les éléments,
le cadre d'un litige ne devraient pas être modifiés,
dès l'instant que l'instance
a été liée.

Cette règle formulée en
termes exprès pour écarter
les demandes nouvelles en
appel, n'empêche pas, s'il
y a connexité, la présentation de demandes addition-
nelles, reconventionnelles,
en intervention. — V. *Demande nouvelle.*

Impasse budgétaire. — DR.
FIN. — Synonyme de décou-
vert de la loi de finances,
d'usage moins fréquent aujourd'hui. — V. *Découvert
(de la loi de finances).*

Impeachment. — DR. CONST.
Procédure pénale consistant
dans la mise en accusation
d'un membre de l'Exécutif
par l'une des Chambres du
Parlement devant l'autre
Chambre érigée en juge. En
Grande-Bretagne cette procédure a été à l'origine de
la responsabilité politique
des ministres devant la
Chambre des Communes,
celui que menaçait l'impeachment préférant l'esqui-
ver en démissionnant. Aux
Etats-Unis, le Président lui-
même peut être mis en
accusation par la Chambre
des Représentants et jugé
par le Sénat (à la majorité
des 2/3) en cas de « tra-
hison, concussion ou autre
crimes ou délits ».

Impenses. — DR. CIV. —
Dépenses faites pour la
conservation ou l'amélioration ou l'embellissement
d'une chose.

« Imperium ». — PR. GÉN. —
Mot latin exprimant une
prérogative du juge distincte
de la « jurisdictio », ayant
un caractère plus administratif que juridictionnel :
pouvoir de donner des
ordres aux plaideurs et aux
tiers, d'accorder des autorisations, des mesures d'instruction, d'organiser le service du tribunal et des
audiences, etc. Se rapporte
à tout ce qui n'est pas
appréciation du *droit* des

parties (acte de raisonnement) ; désigne les diverses
manifestations du pouvoir
de commandement qui est
dévolu au juge (acte d'autorité). — V. *Acte juridictionnel, Décision gracieuse,
Mesure d'administration judiciaire.*

Impôt. — DR. FIN. — Prestation pécuniaire requise
autoritairement des assu-
jettis selon leurs facultés
contributives par l'Etat, les
collectivités territoriales et
certains établissements
publics, à titre définitif et
sans contrepartie identi-
fiable, en vue de couvrir
les charges publiques ou
d'intervenir dans le do-
maine économique et social.

Impôt de répartition : type
périmé de prélèvement fiscal,
dans lequel le montant d'impôt à percevoir est fixé à
l'avance, puis réparti selon
divers systèmes entre les
contribuables.

Impôt de quotité : type moderne de prélèvement fiscal,
dans lequel seule est fixée à
l'avance la quotité de matière
imposable (revenu, chiffre
d'affaires...) que chaque assujetti devra payer, le montant
exact de la recette finalement
encaissée dépendant alors des
aléas économiques affectant
le volume de la matière imposable.

Impôts directs, indirects. —
DR. FIN. — Distinction dont
le principe est difficile à
définir rigoureusement,
mais dont le droit positif
consacre l'existence par les
effets qu'il lui attache.

Deux critères principaux
sont avancés :

critère administratif : est direct l'impôt recouvré par les agents appelés percepteurs (V. ce mot), généralement par voie de rôle (V. ce mot).

critère économique (dit : de l'incidence) : est direct l'impôt établi directement à la charge de celui qui doit en supporter le prélèvement ; est indirect l'impôt qui, payé par un assujetti, est ensuite répercuté par lui sur un tiers qui est le contribuable effectif.

Impôt négatif sur le revenu. DR. FIN. — Système de transferts sociaux, proposé notamment aux U.S.A. et en Grande-Bretagne, selon lequel les individus, endeçà d'un certain chiffre de revenus fixé en fonction de leurs charges de famille, non seulement ne seraient pas imposés à l'impôt sur le revenu, mais encore percevraient une aide financière de l'Etat.

Impôt sur le revenu. — DR. FIN. — Impôt unique sur le revenu des personnes physiques, frappant à un taux progressif l'ensemble des revenus du contribuable, de sa femme et de ses enfants mineurs. La prise en compte des charges de famille est assurée par le jeu du quotient familial (V. ce mot). — V. *Impôt sur les sociétés.*

Impôt sur les sociétés. — DR. FIN. — Désignation courante de l'impôt sur les bénéfices des sociétés et autres personnes morales, qui frappe à un taux pro-

portionnel — en règle générale 50 % — les bénéfices réalisés par les sociétés de capitaux (V. ce mot). Par le jeu de l'avoir fiscal (V. ce mot) la charge fiscale pesant effectivement sur les bénéfices *distribués* est ramenée à 25 %.

L'imposition des profits des autres entreprises sociétaires est effectuée directement dans la personne des associés au titre de l'impôt sur le revenu (V. *Transparence fiscale*).

Imprescriptibilité. — DR. CIV. — V. *Prescription.*

Imprévision (théorie). — DR. ADM. — Théorie propre au droit administratif, déduite par la jurisprudence administrative de la nécessaire continuité des services publics.

Elle permet au titulaire d'un contrat administratif de demander à l'Administration l'indemnisation partielle du préjudice qu'il subit, au cas où la survenance d'événements imprévisibles et extérieurs aux parties vient bouleverser le prix de revient des prestations.

DR. CIV. — Théorie en vertu de laquelle le juge doit rétablir l'équilibre d'un contrat dont les conditions d'exécution ont été gravement modifiées au détriment de l'une des parties, à la suite d'événements raisonnablement imprévisibles lors de la conclusion de la convention.

Elle est en principe admise par la jurisprudence administrative, mais rejetée par les tribunaux judiciaires sauf si un texte permet cette révision. V. « *Rebus sic stantibus* ».

Impuberté. — Dr. civ. — État d'une personne qui n'a pas l'âge requis pour se marier. L'impuberté est un empêchement dirimant sanctionné par la nullité du mariage.

Imputabilité. — Dr. pén. — Aptitude à rendre compte de ses actes. Apanage des seuls êtres humains dont les facultés mentales sont intactes et qui agissent en dehors de toute contrainte. La démence et la contrainte (art. 64 C. pén.) sont des causes de non-imputabilité.

Imputation. — Dr. civ. — Détermination en quantité ou en qualité de la portion d'une masse de biens (ou d'une valeur) affectée par une opération juridique qui ne porte que sur une partie. C'est ainsi qu'en cas de paiement partiel d'une dette, la somme remise au créancier s'impute d'abord sur les intérêts, ensuite sur le capital.

Inaliénabilité. — Dr. civ. — Qualité de ce qui n'est pas aliénable.

Inaliénabilité du domaine public. — Dr. adm. — Règle selon laquelle les dépendances du domaine public ne peuvent pas être cédées à des tiers avant d'avoir fait l'objet d'une mesure de déclassement.

Inamovibilité. — Dr. adm. — Garantie de leur indépendance reconnue à certains magistrats et fonctionnaires et consistant, non dans l'impossibilité juridique de mettre fin à leurs fonctions, mais dans l'obligation pour l'Administration qui voudrait les exclure du service public, ou les déplacer, de mettre en œuvre des procédures protectrices exorbitantes du droit commun disciplinaire.

Inamovibilité des magistrats. — Pr. civ., pén. — Réaffirmée par la Constitution de 1958, l'inamovibilité protège les magistrats du siège contre toute mesure arbitraire de suspension, rétrogradation, déplacement même en avancement, révocation. L'inamovibilité est instituée pour la garantie des plaideurs, en assurant l'indépendance de la magistrature. Les magistrats du parquet ne bénéficient pas de l'inamovibilité.

Inaptitude (au travail). — Séc. soc. — État d'une personne qui n'est pas en mesure de garder son emploi sans nuire gravement à sa santé et qui présente une incapacité de travail de 50 % médicalement constatée. L'inaptitude permet à l'assuré social de bénéficier à 60 ans d'une pension de vieillesse au taux normalement applicable à 65 ans.

« In Bonis ». — Dr. com. — (du latin) : Maître de ses biens.

Incapable. — Dr. civ. — Se dit d'une personne frappée d'incapacité. — V. *Incapacité*.

Incapacité. — Dr. civ. — Etat d'une personne privée par la loi de la jouissance ou de l'exercice de certains droits.

L'incapacité est dite d'*exercice* lorsque la personne qui en est frappée est inapte à mettre en œuvre elle-même ou à exercer seule certains droits dont elle demeure titulaire. L'incapacité est dite de *jouissance* lorsque la personne qui en est frappée est inapte à être titulaire d'un ou plusieurs droits ; mais elle ne peut pas être générale.

Incapacités et déchéances. — Dr. pén. — Mesures de sûreté, consécutives à des condamnations pénales, ayant pour but d'empêcher que les personnes qui en sont frappées remplissent des fonctions civiques, civiles ou de famille.

Incapacités électorales. — Dr. const. — Situations entraînant la perte du droit de vote :

1° Incapacité intellectuelle : celle qui frappe les interdits judiciaires.

2° Incapacité morale ou indignité : celle qui frappe les individus qui ont subi certaines condamnations.

Incapacité permanente partielle (I. P. P.). — Dr. civ., Séc. soc. — Elément d'appréciation du dommage corporel subi par une personne et qui correspond à une impossibilité partielle d'exercer une activité professionnelle ; elle incluait en outre, jusqu'à la loi n° 73-1200 du 27 décembre 1973, l'indemnisation de la part des préjudices de caractère personnel (V. ce mot) qui était postérieure à la consolidation des blessures ; désormais, ces préjudices font l'objet d'une indemnisation distincte dans leur composante postérieure à cette consolidation.

Incapacité temporaire de travail (I. T. T.). — Dr. civ., Séc. soc. — Etat dans lequel se trouve une personne qui, à la suite d'un dommage corporel subi par elle, ne peut plus exercer d'activité professionnelle pendant une période donnée.

Incessibilité. — Dr. civ. — V. *Cessibilité.*

Inceste. — Dr. civ. — Rapports charnels entre proches parents ou alliés dont le mariage est prohibé par la loi.

Incidents du procès. — Pr. civ. — Questions soulevées au cours d'une instance déjà ouverte et qui ont pour effet soit de suspendre ou d'arrêter la marche de l'instance (incidents proprement dits) soit de modifier la physionomie de la demande (demandes incidentes).

Les incidents proprement dits sont relatifs à la compétence, à l'administration de la preuve, à la régularité de la procédure, aux exceptions dilatoires. Les demandes incidentes visent à introduire les demandes nouvelles entre les mêmes parties ou à appeler en cause des personnes jusque-là étrangères au procès.

Incompatibilités. — DR. CONST. — Interdiction faite au titulaire d'un mandat politique de cumuler celui-ci avec des fonctions qui pourraient en compromettre l'exercice.

Ne pas confondre incompatibilité et inéligibilité : l'incompatibilité ne vicie pas l'élection, mais oblige l'élu à choisir entre le mandat qu'il a sollicité et la fonction incompatible.

Incompétence. — PR. GÉN. — Défaut d'aptitude d'une juridiction à connaître d'une demande introductive d'instance, d'une question préjudicielle, d'une demande incidente.

L'incompétence peut être relative, absolue ou d'ordre public. — V. *Compétence exclusive.*

Incompétence absolue. — PR. CIV. — Inaptitude légale d'une juridiction à connaître d'une demande en raison de sa nature ou de la situation des parties et qui peut être invoquée par l'un et l'autre des plaideurs ; elle ne peut cependant pas être soulevée d'office par le juge. Les règles le plus souvent sanctionnées par une incompétence absolue sont les règles de compétence d'attribution.

Incompétence d'ordre public. PR. CIV. — Lorsque la règle de compétence a un caractère d'ordre public, le ministère public peut soulever le moyen, le tribunal peut aussi se déclarer d'office incompétent. Certaines règles de compétence territoriale sont d'ordre public, mais le tribunal ne peut les sanctionner d'office, en matière gracieuse et en matière contentieuse, que quand le litige touche à l'état des personnes ou relève de la compétence exclusive d'une autre juridiction.

Incompétence relative. — PR. CIV. — Inaptitude légale d'une juridiction à connaître d'une demande en raison de sa position géographique, plus rarement à raison de la nature de l'affaire ; cette incompétence ne peut être invoquée que par le plaideur en faveur de qui elle a été édictée.

Elle sanctionne généralement, mais non exclusivement, des règles de compétence territoriale.

Incrimination. — DR. PÉN. — Textes de réprobation, par lesquels sont définies les infractions.

Inculpation. — DR. PÉN. — Acte par lequel le juge d'instruction décide qu'il sera informé contre telle personne nommément désignée.

Inculpation tardive. — PR. PÉN. Faute commise par un juge d'instruction consistant à entendre comme témoin une personne contre laquelle existent des indices graves et concordants de culpabilité, afin de faire échec aux droits de la défense (art. 105 C. proc. pén.).

Inculpé. — PR. PÉN. — Personne soupçonnée d'une infraction, poursuivie devant les tribunaux répressifs et ayant la qualité de defendeur au procès pénal, au cours de l'instruction préparatoire.

Indemnité. — DR. CIV. — Somme d'argent destinée à réparer un préjudice, ou à rembourser un débours qui n'est pas à la charge du solvens (V. ce mot).

DR. TRAV. — Indemnité de clientèle : indemnité versée par l'employeur au représentant de commerce congédié sans qu'il ait commis de faute, pour rémunérer l'apport, la création ou l'augmentation de la clientèle dus à son activité.

Indemnité compensatrice de congés payés : indemnité due par l'employeur au salarié qui quitte l'entreprise avant d'avoir pris son congé annuel ou sans l'avoir pris complètement.

Indemnité de congés payés : substitut du salaire touché par le salarié pendant son congé annuel et que la jurisprudence analyse en un salaire différé.

Indemnité de licenciement : indemnité versée au salarié congédié sans avoir commis de faute grave, alors qu'il compte une certaine ancienneté dans l'entreprise. L'indemnité est calculée en fonction de cette ancienneté.

Indemnité compensatrice du délai-congé : indemnité due pour inobservation du délai-congé (on dit encore indemnité de préavis).

Indemnité de rupture abusive : dommages et intérêts dus à la victime

d'une rupture abusive du contrat de travail.

SÉC. SOC. — Indemnités journalières : Prestations en espèces de l'assurance maladie ou de l'assurance accidents du travail, versées aux travailleurs pendant leur incapacité temporaire de travail en remplacement du salaire.

Indemnité de caractère personnel. — DR. CIV., SÉC. SOC. — Indemnité destinée à réparer les préjudices de caractère personnel (V. ce mot).

Indemnité d'éviction. — DR. COM. — Indemnité à laquelle peut prétendre le titulaire d'un bail commercial dont le renouvellement est refusé, sans que le bailleur puisse invoquer un droit de reprise.

Cette indemnité, évaluée par les tribunaux selon les indications du législateur, peut être très élevée et la menace de son versement constitue une forte incitation au renouvellement du bail. — V. *Reprise*.

Indemnité parlementaire. — DR. CONST. — Somme d'argent allouée aux parlementaires en vue d'assurer le libre accès du Parlement à tous les citoyens et le libre exercice du mandat à tous les élus.

Indemnité de résidence. — DR. ADM. — V. *Traitement budgétaire*.

Indexation. — DR. CIV., COM. — Clause d'une convention à exécution successive ou à échéance différée en vertu de laquelle la somme portée sur le titre pourra être modifiée au moment du paiement en fonction d'un indice économique ou monétaire.

Dr. fin. — Procédé consistant, pour faciliter le placement d'un emprunt, à garantir le prêteur contre la dépréciation de la monnaie en rattachant le montant des intérêts ou du capital à la valeur d'un bien ou d'un service réputé suivre l'évolution générale des prix.

Indication de provenance. — Dr. com. — Nom géographique qui, à la différence de l'indication d'origine, est sans lien avec la qualité du produit provenant de ce bien.

Indice. — Chiffre utilisé en économie pour indiquer les variations d'une quantité. V. *Indexation*.

Indices. — Dr. civ., Pr. gén. — Ensemble de faits connus à partir desquels on établit, au moyen du raisonnement inductif, l'existence du fait contesté dont la preuve n'est pas directement possible.

Indignité successorale. — Dr. civ. — Déchéance frappant un héritier coupable d'une faute grave prévue limitativement par la loi. Elle entraîne l'exclusion de la succession *ab intestat* de celui envers qui le successible s'est montré indigne.

Indivisibilité. — Dr. civ. — Se dit principalement des obligations dont l'exécution partielle est impossible en raison soit de la nature de l'objet de l'obligation, soit de la volonté des parties.

Dr. pén. — Lien entre plusieurs éléments délictueux, entraînant jonction obligatoire des procédures diligentées pour ces faits indivisibles, soit parce qu'ils ne peuvent se comprendre les uns sans les autres, soit parce que les uns sont la suite nécessaire des autres, soit parce qu'ils sont commis par plusieurs personnes dans le même temps, dans le même lieu et avec les mêmes mobiles.

Pr. civ. — Il y a indivisibilité lorsque la situation juridique, objet du procès intéresse plusieurs personnes, de telle manière que l'on ne puisse la juger sans que la procédure et le jugement retentissent sur tous les intéressés.

Connexité renforcée, l'indivisibilité exerce principalement son influence sur la compétence, sur l'exercice et les effets des voies de recours. — V. *Connexité*.

Indivision. — Dr. civ. — Situation juridique née de la concurrence de droits de même nature exercés sur un même bien ou sur une même masse de biens par des personnes différentes, sans qu'il y ait division matérielle de leurs parts.

Indu. — Dr. civ. — V. *Répétition de l'indu*.

« In dubio pro reo ». — Le doute profite à l'accusé.

Inéligibilité. — Dr. const. Situation qui entraîne l'incapacité d'être élu :

1° Inéligibilité absolue : situation qui rend inéligible dans toutes les circonscriptions électorales (ex. : certaines condamnations, la fonction de Médiateur).

2° Inéligibilité relative : situation qui rend inéligible dans certaines circonscriptions seulement (cas des fonctionnaires d'autorité qui sont inéligibles dans le ressort où ils exercent leurs fonctions).

Inexistence. — DR. ADM. — En droit administratif, où le juge n'est pas lié par la règle civiliste « pas de nullité sans texte », l'intérêt principal de cette théorie se manifeste au plan contentieux.

Elle permet notamment, en présence d'illégalités particulièrement graves, d'assouplir les règles normales relatives aux délais procéduraux et à la compétence limitée des juges judiciaires pour sanctionner l'illégalité des actes administratifs.

DR. CIV. — Théorie en vertu de laquelle l'acte juridique auquel il manque un élément essentiel (par exemple le consentement) doit être considéré comme inefficace par toute personne alors même qu'aucun texte ne le proclame, et sans qu'il soit besoin d'une décision de justice pour le constater. — V. *Nullité.*

PR. CIV. — La sanction de l'inexistence peut être précieuse en procédure civile, s'agissant d'actes de procédure tellement informels qu'ils ne méritent pas ce qualificatif, ou de prétendus jugements rendus sans forme par une parodie de tribunal. L'inexistence n'est pas prononcée, mais seulement constatée, car il n'y a pas d'apparence de régularité à détruire.

« Infans conceptus pro nato habetur quoties de commodis ejus agitur ». — DR. CIV. — L'enfant simplement conçu est considéré comme né toutes les fois que cela peut lui rapporter un avantage.

Infanticide. — DR. PÉN. — Meurtre ou assassinat d'un enfant nouveau-né, au cours du délai, imparti pour faire la déclaration de naissance à l'état civil, des trois jours qui suivent l'accouchement. La mère coupable d'infanticide bénéficie d'une atténuation légale de peine.

Infirmation. — PR. GÉN. — Annulation totale d'une décision judiciaire par la juridiction du second degré. — V. *Confirmation, Réformation.*

Inflation. — Situation de déséquilibre économique et monétaire caractérisée par un excédent de la quantité de monnaie (sous toutes ses formes) disponible sur la quantité des biens et des services pouvant être acquis avec cette monnaie. Cet excédent entraîne la hausse des prix de ces biens et services.

Information. — PR. PÉN. — V. *Instruction.*

Informatique juridique. — Application au droit des

techniques modernes permettant de mettre en mémoire et d'utiliser les divers éléments de l'information juridique. — V. *Nomenclature juridique, Thésaurus.*

« **Infra petita** ». — PR. CIV. (Du latin : en deçà de la demande). Le tribunal statue « infra petita » lorsqu'il ne répond pas à tous les chefs de demande. — V. *Ultra petita.*

Infraction. — DR. PÉN. — Action ou omission, définie par la loi pénale et punie de certaines peines également fixées strictement par celle-ci.

Infraction complexe. — DR. PÉN. — Infraction consommée par l'accomplissement de plusieurs opérations matérielles de natures différentes : le type en est l'escroquerie composée de manœuvres frauduleuses et de la remise d'une chose par la victime au coupable.

Infraction continue. — DR. PÉN. — Infraction caractérisée par un état délictueux consistant dans la persistance de l'activité coupable.

Infraction continuée ou collective par unité de but. PR. PÉN. — Notion doctrinale d'infraction, caractérisée par la répétition d'une activité matérielle unique mais qui, à la différence du délit d'habitude, est isolément incriminée par la loi (Ex. : prélèvements intermittents d'électricité).

Infraction formelle. — DR. PÉN. — Par opposition au délit matériel, l'infraction formelle consiste en l'incrimination d'un comportement délictueux indépendamment de son résultat, qui constituerait seulement un commencement d'exécution si ce résultat matériel était exigé. Ainsi, l'empoisonnement consiste dans l'administration de substances toxiques indépendamment du décès de la victime.

Infraction d'habitude. — DR. PÉN. — Infraction consommée par la répétition d'une opération matérielle unique qui n'est pas, isolément, délictueuse (Ex. : Exercice illégal de la médecine).

Infraction impossible. — DR. PÉN. — Tentative dont l'échec est dû à l'impossibilité d'atteindre le résultat de l'infraction.

Infraction instantanée. — DR. PÉN. — Infraction dont la consommation ne peut se prolonger dans le temps.

Infraction intentionnelle. — DR. PÉN. — Infraction dont l'élément de culpabilité (attitude psychologique répréhensible) ne peut être constitué que par l'intention.

Infraction internationale. — DR. PÉN. — Agissements contraires aux règles du droit international public (commis par un Etat au détriment d'un autre Etat) et réprimés pénalement sur le fondement d'une norme internationale.
   On distingue habituellement trois catégories d'infractions internationales : les cri-

mes contre la paix (agissements pouvant déclencher un conflit : guerre d'agression), les crimes de guerre (agissements contraires aux lois et coutumes de la guerre) ; les crimes contre l'humanité (tous actes inhumains commis contre des populations civiles ; persécutions pour des motifs politiques, raciaux ou religieux).

Infraction militaire. — Dr. PÉN. — Infraction prévue par le Code de justice militaire, dont l'objet est une atteinte aux règles et principes militaires et qui relève de la compétence des juridictions militaires (ex. : désertion, insoumission, mutilation volontaire).

Infraction naturelle ou artificielle. — Dr. PÉN. — L'infraction naturelle est celle punie par la loi en accord avec la conscience collective, l'infraction artificielle celle punie par la loi sans une telle adhésion. La distinction, principalement d'ordre philosophique et sociologique, comporte, sous réserve de controverse, quelques intérêts pratiques.

Infraction obstacle. — Dr. PÉN. — Comportements qui n'engendrent pas en eux-mêmes de trouble pour l'ordre social, mais qui sont érigés en délits autonomes et frappés de sanction pénale, dans un but de prophylaxie sociale, parce qu'ils constituent les signes avant-coureurs de la criminalité.

Infraction permanente. — Dr. PÉN. — Infraction consommée en un trait de temps mais dont les effets, à la différence du délit instantané, se prolongent dans le temps (Ex. : affichage interdit).

Infraction politique. — Dr. PÉN. — L'infraction politique, *sur le plan objectif,* est celle qui porte atteinte directement à un intérêt de nature politique comme le fonctionnement des pouvoirs constitutionnels ou le régime politique ou économique de l'Etat : *sur le plan subjectif,* c'est celle dont les mobiles sont de porter atteinte à ces intérêts.

Infraction praeterintentionnelle. — Dr. PÉN. — Infraction qui développe des conséquences plus graves que celles prévues par l'agent, et qui est punie moins sévèrement que l'infraction volontaire dont les résultats sont identiques (Ex. : coups et blessures volontaires ayant entraîné la mort sans intention de la donner).

Infraction purement matérielle. Dr. PÉN. — Infraction dont l'élément psychologique consiste en une faute présumée, de sorte que l'établissement de la matérialité des faits vaut en soi culpabilité. Les contraventions sont, pour la plupart, des infractions purement matérielles.

Infraction putative. — Dr. PÉN. — Action ou omission consommée, accomplie dans la croyance, erronée en fait, qu'elle constitue une infraction. Ex. : enlèvement sans fraude ni violence d'un majeur de 18 ans, supposé mineur de cet âge.

Ingénierie. — Dr. com. — Contrat par lequel l'une des parties, l'ingénieur, s'engage moyennant rémunération à procéder pour le compte d'une autre, le maître de l'ouvrage, à l'élaboration d'un projet détaillé de construction d'une unité industrielle (Ingénierie de consultation ou consulting engineering) et parfois à sa réalisation (Ingénierie commerciale).

Ingratitude. — Dr. civ. — Cause de révocation des libéralités lorsque le gratifié a attenté à la vie du disposant, ou s'est rendu coupable envers lui de sévices, délits ou injures graves, ou refuse de lui verser des aliments.

Initiative législative. — Dr. const. — Droit reconnu aux parlementaires ou au Gouvernement — ou aux deux concurremment — de déposer des propositions de lois (parlementaires) ou des projets de lois (Gouvernement).

Initiative populaire. — Dr. const. — Procédé de la démocratie semi-directe permettant au peuple, sous forme d'une pétition comportant un nombre déterminé de signatures, de soumettre à l'Assemblée législative un projet qu'elle est contrainte d'examiner. (Selon une autre modalité, le projet est directement soumis à la votation populaire).

Injonction. — Dr. adm. — Ordre de faire qui serait adressé par un juge à une personne publique.

Le principe de séparation des pouvoirs interdit à tous les tribunaux d'adresser des injonctions à l'Administration, sauf en matière d'astreinte (V. ce mot) et en cas de voie de fait.

Pr. civ. — Ordre donné à la requête d'une partie, à l'autre partie ou, dans certaines conditions à un tiers, de produire en Justice un élément de preuve ou un document. Ce pouvoir est reconnu à tout magistrat. L'exécution de la décision peut être assurée grâce à une astreinte (V. ce mot).

Le magistrat de la mise en état, outre ce pouvoir général, peut adresser des injonctions aux avocats (aux avoués devant la cour d'appel) pour provoquer la ponctualité de l'échange des conclusions et de la communication des pièces.

Injonction de payer. — Pr. civ. — Procédure simplifiée à l'extrême permettant de poursuivre le recouvrement des petites créances civiles ou commerciales en obtenant du juge d'instance ou du président du tribunal de commerce la délivrance d'une injonction de payer qui, à défaut de contredit, devient exécutoire.

Injure. — Dr. civ. — Offense envers une personne. Entre époux, l'injure n'est plus une cause spécifique de divorce (loi du 11 juillet 1975) ; elle constitue l'une des fautes éventuellement génératrices du divorce-sanction.

DR. PÉN. — Expression outrageante, terme de mépris ou invective qui ne renferme l'imputation d'aucun fait. Constitue un délit lorsqu'elle est publique et ne se trouve pas excusée par une provocation.

« In limine litis ». — **PR. CIV.** Au seuil du procès.

Le seuil du procès est le moment de l'instance où celle-ci va être liée par le dépôt des conclusions au fond des plaideurs.

Inopposabilité. — **DR. CIV., PR. CIV.** — Se dit d'un acte juridique dont la validité n'est pas affectée mais dont les tiers peuvent écarter les effets. — V. *Nullité.*

« In pari causa, melior est causa possidentis ». — **DR. CIV.** — Lorsqu'aucun des plaideurs ne peut faire la preuve, la préférence est donnée à celui qui tient en sa possession l'objet en litige.

Inquisitoire (Procédure). — **PR. GÉN.** — V. *Procédure inquisitoire.*

Insaisissabilité. — **DR. CIV., PR. CIV.** — Caractère de ce qui ne peut être saisi, c'est-à-dire mis sous main de justice, dans l'intérêt d'un particulier, de sa famille ou de l'ordre public. V. *Biens insaisissables.*

DR. TRAV. — En raison de son caractère alimentaire, le salaire est partiellement insaisissable.

Inscription. — **DR. CIV.** — Formalité par laquelle est obtenue la publicité de certains actes portant sur des immeubles (Ex. : inscription hypothécaire) ou sur certains meubles.

Inscription au rôle. — **PR. CIV.** — V. *Répertoire général.*

Inscription de faux. — **PR. CIV.** — Action judiciaire, intentée par voie principale ou incidente, dirigée contre un acte authentique et visant à démontrer qu'il a été altéré, modifié, complété par de fausses indications, ou même fabriqué. — V. *Faux.*

Inscription maritime. — **DR MARIT.** — Administration chargée de recenser les gens de mer.

Inscription d'office. — **DR. ADM.** — Pouvoir accordé par des textes aux autorités de tutelle d'inscrire elles-mêmes au budget des collectivités territoriales ou des établissements publics des dépenses obligatoires que l'organe délibérant de ces personnes publiques refuserait d'y porter.

Insinuation. — **DR. CIV.** — Mode de publicité des donations sur un registre tenu au greffe du tribunal, avant la promulgation du Code civil.

De nos jours, la publicité des donations est réalisée par le dépôt de l'acte à la conservation des hypothèques et la transcription d'un extrait sur le fichier immobilier.

« In solidum ». — **DR. CIV.** — V. *Obligation in solidum.*

Insolvabilité. — DR. COM. — Etat de celui qui ne peut pas payer régulièrement ses dettes en raison d'un passif excédant l'actif.

Inspection des finances. — DR. FIN. — Corps supérieur d'inspection, directement rattaché au ministre des Finances, compétent à l'origine pour contrôler tous les comptables publics civils, et dont les attributions ont été étendues à la vérification des opérations administratives des ordonnateurs secondaires et au contrôle de la gestion de tous les organismes assujettis à la tutelle du ministre des Finances ou bénéficiaires de subventions publiques.

En outre, ce corps exerce une influence non négligeable sur les principales activités de l'Etat en raison du nombre de ses membres qui occupent des postes de direction dans les ministères ou dans des organismes semi-publics.

Inspection du travail. — DR. TRAV. — Corps de fonctionnaires chargé de contrôler l'application de la législation du travail et l'emploi.

Instance. — PR. CIV. — On entend par instance une suite d'actes de procédure allant de la demande en justice jusqu'au jugement.

Son ouverture fait naître entre les plaideurs un lien juridique particulier : le lien d'instance. Les voies de recours donnent lieu à une instance nouvelle à l'exception de l'opposition.

Institut de développement industriel. — DR. ADM. — Institution de date récente (1-7-70), du type établissement d'économie mixte, destiné à drainer des capitaux pour un soutien financier et à faire des études, suivies de conseils donnés à des entreprises saines, mais momentanément en difficulté.

Institut d'émission. — DR. FIN. — Synonyme de Banque de France. — V. ce mot.

Institut national de la propriété industrielle. — DR. COM. — Etablissement public rattaché au Ministère du Développement Industriel et Scientifique, qui a essentiellement pour rôle de délivrer les brevets d'invention, d'en assurer la conservation, de recevoir le dépôt des marques, ainsi que d'assurer la publicité des actes juridiques ayant ces droits pour objet.

Institut régional d'administration (I. R. A.). — DR. ADM. — Etablissement public chargé de recruter et de former des fonctionnaires de catégorie A chargés de tâches d'administration générale. Il existe un double concours, pour les candidats déjà fonctionnaires et pour les étudiants. La préparation au concours est assurée notamment par des Centres de préparation à l'administration générale (C. P. A. G.) rattachés à l'enseignement supérieur, et qui préparent à d'autres concours administratifs.

Institution. — 1° Au sens courant, terme d'emploi fréquent pour désigner des réalités assez variées, mais caractérisées par l'idée d'une manifestation créatrice, et organisatrice, de la volonté humaine. On distingue habituellement :
les institutions - organes, qui sont des organismes dont le statut et le fonctionnement sont régis par le Droit, comme le Parlement, ou la famille ;
les institutions - mécanismes, qui sont des faisceaux de règles régissant une certaine institution-organe ou une situation juridique donnée, tels que le droit de dissolution, le mariage ou la responsabilité civile.
2° Concept fondamental de la théorie juridique du Doyen Hauriou, qui dans ses éléments essentiels peut se définir comme une organisation juridique sociale, c'est-à-dire destinée à un ensemble d'individus, dont l'autorité est reconnue parce qu'elle est établie en correspondance avec l'ordre général des choses du moment, et qui présente un caractère durable, fondé sur un équilibre de forces ou une séparation de pouvoirs. En assurant une expression ordonnée des intérêts adverses en présence, elle assure un état de paix sociale qui est la contrepartie de la contrainte qu'elle fait peser sur ses membres. L'institution, dans cette perspective, correspond à une partie des institutions-organes définies ci-dessus.

Institution contractuelle. — DR. CIV. — Contrat par lequel une personne, l'instituant, promet à une autre personne, l'institué, de lui laisser à sa mort, tout ou partie de sa succession.
C'est un pacte sur succession future, exceptionnellement autorisé par la loi, dans un contrat de mariage ou entre époux. — V. *Pacte sur succession future.*

Institutions spécialisées. — DR. INT. PUBL. — Organisations internationales pourvues d'attributions déterminées dans les domaines économique, social, culturel, sanitaire, technique, et reliées par des accords à l'O. N. U., qui coordonne leur activité par l'intermédiaire du Conseil économique et social : par ex. UNESCO, OIT, etc.

Institutionnalisation. — DR. CONST. — Processus par lequel le pouvoir est dissocié des individus qui l'exercent et incorporé dans l'institution étatique.

Instruction. — PR. GÉN. — Phase de l'instance au cours de laquelle les parties précisent et prouvent leurs prétentions et au cours de laquelle le tribunal réunit les éléments lui permettant de statuer sur elles.
PR. PÉN. — Phase de la procédure pénale, facultative en matière de délit, obligatoire à deux degrés en matière de crime, au cours de laquelle le juge d'instruction, sous le contrôle de la Chambre d'accusation,

procède aux recherches, rassemble et apprécie les preuves de la culpabilité des personnes poursuivies et décide de la suite à donner à l'action publique.

Instruction (pouvoir d'). — DR. ADM. — Terme susceptible de deux acceptions :

1° Pouvoir appartenant au supérieur hiérarchique d'adresser des directives à ses subordonnés.

2° Compétence dévolue à une autorité de préparer et de mettre en état des affaires sur lesquelles le pouvoir de décision appartient à une autre autorité.

« Instrumentum ». — DR. GÉN. Ecrit authentique ou sous-seing privé contenant la substance de l'acte juridique ou du contrat envisagé par son ou ses auteurs. — V. *Negotium.*

Intégration. — DR. INT. PUBL. — Fusion de certaines compétences étatiques dans un organe superétatique ou supranational.

Intention. — DR. PÉN. — Conscience éclairée et volonté libre de transgresser les prescriptions de la loi pénale.

Interdiction. — DR. CIV. — Situation juridique d'une personne qui se trouve privée de la jouissance ou de l'exercice de ses droits, en totalité ou en partie, en vertu de la loi ou d'une décision judiciaire.

L'interdiction légale résulte automatiquement de certaines condamnations pénales.

L'interdiction judiciaire frappait le dément et résultait d'une décision de justice ; mais elle a été supprimée par la loi du 3 janv. 1968 et remplacée par la tutelle. — V. *Tutelle.*

Interdiction de séjour. — DR. PÉN. — Défense pour un condamné de paraître après l'exécution de sa peine, dans certains lieux fixés par le Gouvernement, et assortie de mesures d'assistance et de surveillance.

Intéressement. — DR. TRAV. Ensemble des techniques permettant d'associer les salariés aux résultats de l'entreprise.

Intérêt (pour agir). — PR. CIV. — Condition de recevabilité de l'action consistant dans l'avantage que procurerait au demandeur la reconnaissance par le juge de la légitimité de sa prétention. Le défaut d'intérêt d'une partie constitue une fin de non-recevoir que le juge peut soulever d'office.

Intérêts. — DR. CIV., PR. GÉN. Somme d'argent représentant le prix de l'usage d'un capital.

Intérêts moratoires : somme d'argent destinée à réparer le préjudice subi par le créancier du fait du retard dans l'exécution par le débiteur de son obligation de se libérer de sa dette.

Intérêts compensatoires : somme d'argent destinée à réparer le préjudice subi par une personne du fait de l'inexécution par un contractant de son obligation ou par un tiers de sa dette. — V. *Dommages et intérêts*.

Intérim. — Dr. adm., Dr. const. — Temps pendant lequel une fonction est remplie par un autre que le titulaire (Ex. : la constitution de 1958 confie l'intérim de la fonction présidentielle au Président du Sénat).

Dr. trav. — V. *Travail temporaire*.

Interlocutoire. — Pr. civ. V. *Jugement avant dire droit*.

Internationalisation. — Dr. int. publ. — Soumission de certains espaces (ville, territoire, fleuve, canal) à un régime d'administration internationale. Ex. : Dantzig, Tanger, La Sarre, le canal de Suez, le Rhin... ont connu ou connaissent un régime d'internationalisation.

Internement. — Dr. civ. — Placement d'un aliéné dont l'état nécessite une protection dans un établissement public ou privé de soins, par l'autorité administrative, éclairée par un avis médical (Loi du 30 juin 1838 modifiée).

Internement administratif. — Dr. adm. — Mesure de police particulièrement grave, prévue par quelques textes, susceptible de revêtir des formes variées (assignation à résidence par exemple), permettant à l'Administration, indépendamment de toute poursuite pénale, de supprimer la liberté d'aller et de venir de personnes considérées comme dangereuses pour l'ordre public.

Un internement effectué en dehors des prévisions des textes serait un agissement si manifestement illégal, qu'il constituerait une voie de fait (V. ce mot).

« Inter partes ». — Dr. gén. — Entre les parties. Expression signifiant que la force obligatoire ou exécutoire d'un contrat ou d'un jugement n'existe qu'entre les parties contractantes ou litigantes. — V. *Partie*, « *Erga omnes* », *Tiers*.

Interpellation. — Dr. const. — Demande d'explication adressée par un parlementaire au Gouvernement sur sa politique générale ou sur une question déterminée.

Selon la tradition parlementaire, l'interpellation donne lieu à un débat sanctionné par le vote d'un ordre du jour entraînant la chute du Gouvernement s'il est rédigé en termes défavorables à ce dernier. En France, depuis 1946, l'interpellation n'est plus un procédé de mise en jeu de la responsabilité gouvernementale (Sous la Ve République, le Conseil Constitutionnel s'est même opposé formellement à son rétablissement).

Interposition de personnes. Situation dans laquelle un acte conclu au bénéfice d'une personne doit profiter en fait à une autre.

Interprétation d'un jugement. — PR. CIV. — En dépit du dessaisissement du juge après le prononcé du jugement, les parties peuvent demander au tribunal l'interprétation de certaines formules du jugement dont le sens n'est pas clair.

Interprétation (d'une norme juridique). — DR. PUBL. En Droit public, l'interprétation ne consiste pas seulement à dégager le sens exact d'un texte qui serait peu clair, mais aussi à en déterminer la portée, c'est-à-dire le champ d'application temporel, spatial et juridique, ainsi que l'éventuelle supériorité vis-à-vis d'autres normes.

C'est grâce à cette étendue de la notion d'interprétation que la Cour de justice des Communautés Européennes a pu poser le principe de la prééminence du Droit communautaire sur les Droits nationaux internes.

Interprétation stricte. — DR. PÉN. Principe d'interprétation qui interdit au juge pénal d'élargir un texte d'incrimination afin de sanctionner un fait qui n'a pas été expressément prévu par la loi.

Interruption. — DR. CIV., DR. PÉN., PR. PÉN. — Incident qui, en matière de prescription, arrête le cours du délai et anéantit rétroactivement le temps déjà accompli, de telle sorte que si, après cet incident, la prescription recommence à courir, il ne sera pas possible de tenir compte du temps déjà écoulé. — V. *Prescription, Suspension.*

Interruption de l'instance. — PR. CIV. — Modification de la situation des parties (décès, arrivée à la majorité) ou de leur représentant (cessation des fonctions de l'avocat ou de l'avoué) intervenant avant l'ouverture des débats. — V. *Ouverture des débats, Reprise d'instance.*

Intervention. — DR. INT. PUBL. — Acte d'ingérence d'un Etat dans les affaires d'un autre pour le contraindre à agir selon sa volonté.

L'intervention est illicite (principe de non-intervention) sauf quand elle est fondée sur un titre (traité par ex.). On peut admettre aussi la licéité de l'intervention d'humanité, entreprise pour protéger la vie de personnes gravement menacées (mais elle a souvent servi d'alibi aux politiques de puissance).

PR. CIV. — Introduction volontaire ou forcée d'un tiers dans un procès déjà ouvert. — V. *Demande en intervention, Garantie.*

Interversion de titres. — DR. CIV. — Situation du détenteur qui, ne pouvant prescrire en raison de son titre précaire, oppose au propriétaire sa prétention d'avoir un droit de propriété, ou fait état d'un titre apparent le rendant propriétaire ; le titre précaire est alors remplacé par un titre nouveau ou par une prétention juridique : il y a interversion de titres.

Intimé. — PR. CIV. — Nom

donné au défendeur en appel. — V. *Appelant*.

Intimité. — Dr. civ. — V. *Atteinte à la vie privée*.

« **Intra vires** ». — Expression signifiant qu'une personne (héritier, légataire, associé) n'est tenu de payer des dettes et un passif que dans la mesure de ce qu'il recueille ou possède dans l'actif correspondant (succession, régime matrimonial, société). — V. *Ultra vires*.

Introduction de l'instance. Pr. civ. — L'instance est entamée par une demande initiale émanant normalement du demandeur.

En matière contentieuse, cette demande est formée par assignation ou par requête conjointe. Elle peut l'être parfois par requête unilatérale, par déclaration verbale au secrétariat-greffe. Il est permis aux plaideurs, dans certains cas, de se présenter volontairement devant le juge.

En matière gracieuse, la demande est formée par requête ou par déclaration verbale au secrétariat-greffe.

Dr. adm. — La procédure devant les juridictions administratives étant une procédure écrite, et le procès administratif se présentant comme un procès fait à un acte administratif et non à l'Administration, l'instance est introduite par le dépôt d'un mémoire dirigé — sauf en matière de travaux publics — contre une décision préalable (V. ce mot) de l'Administration.

Sauf exceptions — nombreuses — le ministère d'un avocat est obligatoire.

« **Intuitus pecuniae** ». — Dr. civ., com. — Considération de l'argent.

Expression signifiant que, dans un contrat (Par ex. : société de capitaux), la considération du capital apportée est plus importante que la qualité de la personne qui l'apporte. — V. *Intuitus personae*.

« **Intuitus personae** ». — Dr. civ., com. — Considération de la personne.

L'expression signifie que, dans la conclusion d'un contrat (Par ex. : travail, société de personnes), les qualités du cocontractant sont surtout prises en considération. — V. *Intuitus pecuniae*.

Invalidité. — Séc. soc. — Incapacité de travail permanente de la victime d'un accident du travail. Incapacité de travail de l'assuré social lorsque son état de maladie ne relève plus de l'assurance maladie.

Inventaire. — Dr. civ. — Dénombrement et évaluation des biens d'une personne.

La loi rend obligatoire l'inventaire dans certaines hypothèses : l'inventaire annuel du commerçant, l'inventaire de succession. V. *Bénéfice d'inventaire*.

Dr. com. — Document comptable décrivant et estimant les éléments actifs et passifs de l'entreprise. Il permet de récapituler, à la clôture de l'exercice, la situation réelle de l'entreprise.

PR. CIV. — Procès verbal dressé par un huissier de justice, lors d'une saisie de meubles, décrivant tous les objets et effets placés sous main de justice.

Inventeur (d'un trésor). — DR. CIV. — Celui, celle, qui découvre un trésor (V. ce mot).

Investiture. — DR. CONST. 1° Désignation par un parti politique du ou des candidats qu'il présentera aux élections.

2° Sous la IVᵉ République (jusqu'à la réforme constitutionnelle de 1954), vote par lequel l'Assemblée nationale accordait sa confiance au Président du Conseil désigné par le Président de la République et l'autorisait à former le Gouvernement.

Inviolabilité parlementaire. DR. CONST. — Privilège qu'ont les parlementaires d'échapper aux poursuites intentées pour des actes étrangers à l'exercice de leur mandat : poursuites pénales pour crimes et délits.

L'inviolabilité n'est jamais absolue : elle ne joue pas en cas de flagrant délit et peut être levée par un vote de l'assemblée à laquelle appartient le parlementaire.

I. P. P. — DR. CIV., SÉC. SOC. — V. *Incapacité permanente partielle.*

Irrecevabilité. — PR. GÉN. — Sanction de l'inobservation d'une prescription légale consistant à repousser, sans l'examiner, une demande qui n'a pas été formulée en temps voulu ou qui ne remplit pas les conditions de fond ou de forme exigées (ex. appel formé hors délai). — V. *Fin de non-recevoir.*

DR. CONST. — V. *Exception d'irrecevabilité.*

Irréfragable. — DR. CIV. — V. *Présomption.*

Irresponsabilité du Chef de l'Etat. — DR. CONST. — Privilège en vertu duquel le Chef de l'Etat échappe à tout contrôle juridictionnel ou parlementaire pour les actes accomplis dans l'exercice de ses fonctions, sauf cas exceptionnels prévus par la Constitution.

Irresponsabilité parlementaire. — DR. CONST. — Privilège qu'ont les parlementaires d'échapper aux poursuites judiciaires pour les opinions et les votes émis dans l'exercice de leur mandat.

I. T. T. — DR. CIV., SÉC. SOC. V. *Incapacité temporaire de travail.*

J

Jeton de présence. — Dr. com. — Somme fixe allouée annuellement aux administrateurs de sociétés anonymes, et de certaines compagnies, en rémunération de leurs fonctions.

Jeu. — Dr. civ. — Le jeu est un contrat aléatoire par lequel les parties s'engagent réciproquement à assurer un gain à celle qui obtiendra un résultat dépendant d'un événement qu'elles peuvent, au moins partiellement, provoquer (Ex. : jeu d'adresse, de hasard). — V. *Loterie, Pari.*

Jeunes adultes. — Dr. pén. *Politique législative* : individus majeurs de 18 ans, mais mineurs de 21 ans ou de 25 ans pour lesquels un important courant de pensée préconise l'instauration d'un régime de responsabilité pénale proche de celui actuellement applicable aux mineurs de 18 ans.

Régime pénitentiaire : condamnés dont la peine doit expirer avant qu'ils aient atteint l'âge de 28 ans, qui peuvent être détenus dans des prisons-écoles (art. 718, al. 2 du C. proc. pén.).

Jeunes travailleurs. — Dr. trav. — Travailleurs de moins de dix-huit ans. En principe, ils ne peuvent être employés plus de 8 heures par jour et 40 heures par

semaine et le travail de nuit leur est interdit. Ils ont droit au repos des jours fériés et, en toutes circonstances, à un congé annuel de 24 jours ouvrables.

Jonction d'instances. — Pr. civ. — Mesure d'administration judiciaire par laquelle un tribunal (ou un juge de la mise en état ou un juge rapporteur) décide d'instruire et de juger en même temps deux ou plusieurs instances unies par un lien étroit de connexité. V. *Disjonction d'instance.*

Jouissance. — Dr. civ. — Utilisation d'une chose dont on perçoit les fruits. — V. *Fruits, Usage.*

Jouissance légale. — Dr. civ. — Usufruit accordé au parent qui a la charge de l'administration sur les biens de son enfant mineur de 16 ans. V. *Administration légale.*

Jour fixe. — Pr. civ. — V. *Assignation, Procédure à jour fixe.*

Journal Officiel (J. O.). — Dr. adm. — Publication gouvernementale dont l'édition « Lois et décrets » assure, par l'insertion qui y est faite, l'information des administrés sur les lois, décrets et arrêtés à portée générale ; ces textes entrent en vigueur un jour franc (V. délai franc) après l'arrivée du J. O. au chef-lieu d'arrondissement.

Une édition publie aussi le compte rendu des débats à l'Assemblée nationale et au Sénat.

Il existe, en outre, publié par les Communautés Européennes, un Journal Officiel diffusant les textes et documents de celles-ci à l'intérieur des Etats-membres.

Journaliste professionnel. — DR. TRAV. — Celui qui a pour occupation principale, régulière et rétribuée l'exercice de sa profession dans une publication quotidienne ou périodique, ou dans une agence française d'information, et qui en tire le principal des ressources nécessaires à son existence.

Jours. — Jours ordinaires du calendrier sans distinction entre les jours ouvrables et les jours fériés.
DR. CIV. — V. *Jours et vues.*

Jours chômés. — DR. TRAV. — Les jours chômés sont des jours pendant lesquels le travail est suspendu. Les jours fériés ne sont obligatoirement chômés que pour les mineurs et les femmes qui travaillent dans des établissements industriels autres que les usines à feu continu.
Le 1er mai est pour les salariés des deux sexes une journée chômée et payée.

Jours fériés. — V. *Jours de fêtes légales.*

Jours de fêtes légales. — Jours de fêtes civiles ou religieuses.

Fixés par la loi, ces jours sont, outre les dimanches, le 1er janvier, le lundi de Pâques, le 1er mai, le 8 mai, le lundi de Pentecôte, le 14 juillet, le 15 août, la Toussaint, le 11 novembre, la Noël.

DR. TRAV. — Le code du travail n'interdit pas de façon générale, le travail pendant les jours fériés, sauf le 1er mai. Mais des régimes plus favorables résultent des usages et des conventions collectives.

PR. CIV. — Il n'est pas permis de signifier ou d'exécuter un acte ou jugement les jours de fêtes légales. Une permission du juge est cependant possible s'il y a péril en la demeure.

Jours ouvrables. — Jours réservés en principe au travail et aux activités professionnelles.

Judicature. — PR. CIV. — Condition judiciaire, dignité du juge et durée de ses fonctions.

Judiciaire (pouvoir). — DR. CONST. — 1° Fonction consistant à juger, c'est-à-dire à assurer la répression des violations du Droit et à trancher, sur la base du Droit, avec force de vérité légale, les contestations qui s'élèvent à propos de l'existence ou de l'application des règles juridiques.
2° Organes qui exercent la fonction judiciaire : les tribunaux. — V. *Autorité judiciaire.*

Juge. — PR. CIV. — Magistrat de l'ordre judiciaire, professionnel ou non.

Le terme désigne plus spécialement le juge du tribunal d'instance, les juges ou premiers juges du tribunal de grande instance et ceux du tribunal de commerce.

Juge de l'application des peines. PR. PÉN. — Juge au tribunal de grande instance chargé de suivre l'exécution des sanctions pénales, d'en aménager le régime et *notamment de statuer sur* les obligations imposées aux probationnaires.

Juge chargé de suivre la procédure. — PR. CIV. — Magistrat responsable de l'instruction devant le tribunal de grande instance, au cours de la période 1935-1971.

Juge - commissaire. — PR. CIV. — Magistrat désigné pour suivre une procédure déterminée, ainsi une enquête, un règlement judiciaire ou une liquidation des biens.

Juge consulaire. — PR. CIV. Nom donné par tradition aux magistrats des tribunaux de commerce.

Juge délégué aux affaires matrimoniales. — DR. CIV. — Magistrat du tribunal de grande instance responsable (comme juge des référés, juge de la mise en état) des procédures de séparation de corps et de divorce. Il est chargé spécialement de la sauvegarde des intérêts des enfants mineurs. Il prononce le divorce par consentement mutuel. Après le divorce, il a compétence exclusive pour statuer sur la garde des enfants et sur les modifications de la pension alimentaire.

Juge départiteur. — PR. CIV. — V. *Conseil de prud'hommes, Partage des voix.*

Juge directeur. — PR. CIV. — Magistrat chargé dans la région parisienne de l'administration d'un tribunal d'instance composé de plus de deux juges. Ce titre a été supprimé en 1981.

Juge des enfants. — PR. CIV., PÉN. — Au tribunal de grande instance, le juge des enfants a des attributions pénales et civiles. Sur le plan civil, il est compétent en matière d'assistance éducative.

Juge de l'exécution. — PR. CIV. — Une loi du 5 juillet 1972 donne compétence à un juge unique du tribunal de grande instance (l'affaire pouvant être renvoyée à la formation collégiale) pour connaître de tout ce qui a trait à l'exécution forcée des jugements et des actes exécutoires. Ce juge peut aussi accorder l'exequatur aux sentences arbitrales françaises et étrangères, aux jugements et actes publics étrangers. Il a le pouvoir d'examiner les problèmes de fond qui se posent au cours d'une exécution portant sur les biens.

Juge de l'expropriation. — PR. CIV. ; DR. ADM. — Juge du tribunal de grande instance chargé de fixer le montant des indemnités d'expropriation.

Juge « ad. hoc. ». — DR. INT. PUBL. — Juge qu'un Etat,

partie à un litige porté devant la Cour Internationale de Justice, peut désigner dans ce litige, lorsque la Cour ne comprend par un juge de la nationalité dudit Etat.

Juge d'instruction. — PR. PÉN. — Magistrat du siège appartenant au tribunal de grande instance et constituant la juridiction d'instruction du premier degré.

Juge des loyers. — PR. CIV. — Les difficultés nées d'un contrat de bail d'immeubles sont confiées, indépendamment de la valeur du litige à certaines juridictions.

Le juge de droit commun en matière de bail est le tribunal d'instance. Il connaît plus spécialement des *baux d'habitation* et *à usage professionnel*.

Baux commerciaux : compétence de principe du président du tribunal de grande instance, éventuellement celle du tribunal.

Baux ruraux. — V. *Tribunal paritaire des baux ruraux.*

Juge de la mise en état. — PR. CIV. — Dans les affaires portées devant les tribunaux de droit commun, un juge de la mise en état ou un conseiller (en appel) est désigné lors de la mise au rôle. Il convoque les parties, exige le dépôt des conclusions dans les délais qu'il fixe lui-même, statue sur certains incidents, veille à la communication des pièces et prononce, lorsque l'affaire est en état une ordonnance de clôture. — V. *Mise en état.*

Juge aux ordres. — PR. CIV. — Juge du tribunal de grande instance désigné pour présider au déroulement d'une procédure d'ordre (V. ce mot).

Juge de paix. — PR. CIV. — Magistrat chargé, avant la création des tribunaux d'instance, de rendre la justice dans le cadre d'une justice de paix (ressort : le canton).

Juge rapporteur. — PR. CIV. Magistrat qui exerce, au sein du tribunal de commerce, les attributions qui sont dévolues au juge de la mise en état devant le tribunal de grande instance et qui est désigné par la formation de jugement, lorsque l'affaire n'est pas mûre pour être jugée. — V. *Rapport 1°.*

Juge des référés. — PR. CIV. — Juge ayant le pouvoir de prendre une décision provisoire et ne préjugeant en rien de la solution qui interviendra plus tard sur le fond.

Les magistrats investis de ce pouvoir sont : *le premier président de la cour d'appel*, *le président du tribunal de grande instance* (urgence, difficultés d'exécution des jugements et actes) dont la compétence s'étend à toutes les matières où il n'existe pas de procédure particulière des référés ; *le juge d'instance* ; *le président du tribunal de commerce* (urgence) ; *le président du tribunal paritaire des baux ruraux* (urgence et difficultés d'exécution d'une décision du tribunal paritaire).

Le *conseil de prud'hommes* a une formation de référé (un

employer, un salarié) avec recours au juge départiteur en cas de partage de voix. — V. *Juge départiteur*, *Partage des voix*, *Référé*, Dr. adm.

Juge des tutelles. — Pr. civ. — Le juge d'instance est chargé d'organiser et de faire fonctionner la tutelle des mineurs ainsi que celles des incapables majeurs et des régimes de protection aménagés en leur faveur (curatelle, sauvegarde de justice).

Juge unique. — Dr. adm. — Le système du juge unique, très rare en matière de contentieux administratif, connaît pourtant quelques applications, notamment, du consentement des parties, en matière de contentieux fiscal.

Pr. civ. — Juge qui exerce ses fonctions seul : le juge d'instance, le juge de la mise en état, le juge des enfants, le juge de l'exécution, le juge délégué aux affaires matrimoniales, le président et le premier président statuant en référé, le juge des loyers exercent ainsi leurs pouvoirs juridictionels ou gracieux.

Le nouveau code de procédure civile, reprenant les dispositions de la loi du 10 juillet 1970, permet de soumettre les affaires civiles relevant d'un tribunal de grande instance (sauf en matière disciplinaire et en matière d'état des personnes) à un juge unique. Mais tout plaideur peut, sans donner de motif, exiger

que le procès soit renvoyé devant la formation collégiale du tribunal.

Pr. pén. — Des pouvoirs de jugement sont de plus en plus souvent accordés à un juge unique en procédure pénale (juge de police, juge des enfants). La loi du 29 décembre 1972 permet de confier à un juge unique du tribunal correctionnel la connaissance de certains délits sans que l'inculpé puisse exiger sa comparution devant une juridiction collégiale.

Le juge d'intruction, le juge de l'application des peines, le juge des enfants exercent leurs fonctions en qualité de juge unique.

Jugement. — Pr. gén. — Terme général pour désigner toute décision prise par un collège de magistrats ou par un magistrat statuant comme juge unique. Désigne plus spécialement les jugements rendus par le tribunal de grande instance, par le tribunal de commerce et par le tribunal administratif. — V. *Arrêt-Sentence*.

Jugement avant dire droit ou avant faire droit. — Pr. civ. — Décision prise au cours de l'instance, soit pour aménager une situation provisoire (jugement provisoire, ainsi : mise sous séquestre d'un bien litigieux, garde des enfants), soit pour organiser l'instruction (jugement relatif à l'instruction, dit interlocutoire ou préparatoire selon qu'il préjuge ou non le fond).

Un tel jugement ne dessaisit pas le juge et n'a pas d'autorité de chose jugée au principal.

Jugement constitutif. — PR. CIV. Lorsque le jugement, au lieu de reconnaître simplement une situation juridique antérieure à l'instance, crée une situation juridique nouvelle, il est dit constitutif.

Ses effets partent alors du jour où il a été prononcé. On peut citer le jugement de divorce, d'adoption, le jugement prononçant le règlement judiciaire ou la liquidation des biens. Ces jugements ont souvent une autorité absolue de chose jugée.

Les décisions gracieuses ont normalement un caractère constitutif.

Jugement contradictoire. — PR. CIV. — Jugement rendu à l'issue d'une procédure au cours de laquelle les parties ont comparu et fait valoir leurs moyens de défense. Ce jugement est insusceptible d'opposition. — V. *Défaut*, *Jugement réputé contradictoire*, *Opposition*.

Jugement réputé contradictoire. — PR. CIV. — Le jugement est réputé contradictoire dans un certain nombre de cas : ainsi, le demandeur ou le défendeur a refusé de conclure, ou encore le défendeur qui n'a pas comparu a été assigné à personne, ou enfin le jugement est susceptible d'appel. Dans ces diverses éventualités, le recours à l'opposition est interdit. — V. *Relevé de forclusion*.

Jugement déclaratif. — PR. CIV. — Le jugement ayant pour objectif de reconnaître, de déclarer quels étaient les droits des parties au moment de l'ouverture du procès possède un caractère déclaratif.

Il consolide les droits des plaideurs et ses effets remontent logiquement au jour de l'exploit d'ajournement.

Jugement par défaut. — PR. CIV. — Un jugement est qualifié par défaut lorsque le défendeur n'a pas comparu, qu'il n'a pas été assigné ou réassigné à personne, lorsque l'affaire est insusceptible d'appel. V. *Jugement réputé contradictoire*. — Contre un jugement rendu par défaut, l'opposition est possible. V. *Relevé de forclusion*.

Jugement définitif. — PR. CIV. — V. *Jugement sur le fond*.

Jugement en dernier ressort. — PR. CIV. — Jugement ou arrêt contre lequel aucun appel ne peut être interjeté, seule restant possible l'introduction de voies de recours extraordinaires (recours en révision ou pourvoi en cassation). — V. *Jugement en premier ressort*.

Jugement étranger. — DR. INT. PRIV. — Jugement rendu au nom d'une souveraineté étrangère.

Un tel jugement ne peut en principe avoir des effets en France et permettre le recours à l'exécution forcée que s'il a bénéficié d'un exequatur préalable. — V. ce mot.

Jugement d'expédient — Jugement convenu. — Pr. civ. — On parle de jugement d'expédient ou de jugement convenu lorsque le juge, après l'avoir constaté, s'approprie l'accord des parties et prononce un véritable jugement comprenant des motifs et un dispositif.

A la différence du contrat judiciaire, il est revêtu de l'autorité de la chose jugée et ne peut être critiqué que par les voies de recours. V. *Contrat judiciaire.*

Jugement gracieux. — Pr. civ. V. *Décision gracieuse.*

Jugement sur le fond. — Le jugement sur le fond ou jugement définitif, statue en principe sur tout ou partie de la question litigieuse, objet du procès.

Un jugement sur le fond peut trancher aussi l'incident consécutif à une exception ou à une fin de non-recevoir (ainsi nullité d'un acte de procédure).

Un tel jugement dessaisit le juge quand il statue sur le fond du procès ; il a l'autorité de la chose jugée, à la différence du jugement avant dire droit.

Jugement en premier ressort. — Pr. civ. — Jugement contre lequel un appel peut être interjeté. — V. *Jugement en dernier ressort.*

Jugement provisoire. — Pr. civ. — V. *Jugement avant dire droit.*

Juridiction.
Dans un sens large, proche de celui du mot anglais identique, compétences et pouvoirs conférés à une autorité publique. On dira par exemple, dans ce sens, qu'un individu relève de la juridiction de tel ou tel Etat.

Pr. gén. — Ensemble des tribunaux du même ordre, de même nature, de même degré.

On distingue l'ordre administratif (tribunaux administratifs) et l'ordre judiciaire (tribunaux repressifs, tribunaux civils). On classe également les juridictions d'après leur nature en juridiction de droit commun et juridiction d'exception. Enfin une juridiction doit toujours être située par le degré qu'elle occupe dans la hiérarchie judiciaire.

Juridiction administrative. Dr. adm. — Ensemble des tribunaux de l'ordre administratif normalement soumis au contrôle du Conseil d'Etat soit par la voie de l'appel, soit par la voie de la cassation.

Juridiction arbitrale. — V. *Amiable compositeur, Arbitrage, Arbitrage international, Arbitre, Clause compromissoire.*

Juridiction d'attribution. — Dr. adm. — Termes ordinairement employés en procédure administrative pour désigner ce que le Droit judiciaire privé nomme plus volontiers juridiction d'exception (V. ce mot). Depuis 1953, le Conseil d'Etat n'est plus en premier ressort (V.

249

ce mot) qu'un juge d'attribution.

Juridiction commerciale. — Pr. civ. — V. *Tribunal de commerce.*

Juridiction de droit commun. — Dr. adm. — Les juridictions administratives de droit commun sont les tribunaux administratifs. Pour le contenu de la notion, V. *infra* : Pr. civ.

Pr. civ. — Les juridictions de droit commun sont le tribunal de grande instance et la cour d'appel. Elles ont une vocation de principe à tout juger, déduction faite des affaires expressément dévolues aux juridictions d'exception. — V. *Plénitude de juridiction, Compétence exclusive.*

Pr. pén. — Sont juridictions pénales de droit commun : le tribunal de police, le tribunal correctionnel, la Cour d'appel, la Cour d'Assises.

Juridiction d'exception. — Pr. civ. — Les juridictions d'exception ont une simple compétence d'attribution et ne connaissent que des affaires qui leur ont été confiées par un texte précis ; tel est le cas pour les tribunaux d'instance, les tribunaux de commerce, les conseils de prud'hommes, les juridictions des loyers (juges des loyers, tribunaux paritaires des baux ruraux).

Pr. pén. — Sont juridictions pénales d'exception : les juridictions pour mineurs, les tribunaux permanents des Forces Armées, les tribunaux

maritimes commerciaux, la Haute Cour de Justice.

Juridiction gracieuse. — Pr. civ. V. *Décision gracieuse.*

Juridiction d'instruction, Juridiction de jugement. Pr. pén. — Les juridictions pénales sont réparties en deux catégories : les juridictions d'instruction dont l'intervention n'est pas toujours obligatoire (juge d'instruction, chambre d'accusation) ; les juridictions de jugement (de droit commun et d'exception).

Juridiction judiciaire. — Pr. civ. Ensemble des tribunaux de l'ordre judiciaire (tribunaux répressifs, tribunaux civils) soumis au contrôle de la Cour de cassation. — V. *Ordre judiciaire.*

Juridiction obligatoire (clause facultative de). — Dr. int. publ. — Clause de l'art. 36, § 2 du Statut de la Cour internationale de Justice prévoyant la faculté pour les Etats d'accepter d'avance, par une simple déclaration unilatérale, la compétence obligatoire de la Cour pour le règlement de litiges d'ordre juridique.

« Juris et de jure ». — Dr. civ. — On dit d'une présomption qu'elle est *juris et de jure* lorsqu'elle est absolue et ne peut être combattue par une preuve contraire. — V. *Juris tantum.*

Jurisconsulte. — V. *Consultation.*

« Jurisdictio ». — Pr. gén. — Expression latine désignant le pouvoir dont est investi le juge de *dire le droit,* en répondant à une situation de fait dont il est saisi, par une déclaration rendue selon les règles légales, la procédure prescrite et les preuves autorisées. L'acte juridictionnel, à l'opposé de l'acte administratif, a pour spécificité le dessaisissement du juge, l'autorité de la chose jugée et le caractère déclaratif du jugement.

Si, d'ordinaire, l'acte de juridiction met fin à un litige, il n'en est pas toujours ainsi. Dans la juridiction gracieuse, il n'y a pas désaccord — tout au moins actuel — ; l'office du juge s'exerce *inter volentes* et la décision prise n'est pas à proprement parler juridictionnelle. L'activité du juge est plus ministérielle que juridictionnelle. — V. *Acte juridictionnel, Décision gracieuse, « Impérium ».*

Jurisprudence. — Dans un sens ancien, la science du Droit.

Dans un sens plus précis et plus moderne, la solution suggérée par un ensemble de décisions suffisamment concordantes rendues par les juridictions sur une question de droit.

« Juris tantum ». — Dr. civ. On dit qu'une présomption est *juris tantum,* lorsqu'elle peut être combattue par la preuve contraire. — V. *Juris et de jure.*

Jury. — Dr. adm. — Institution de l'ancienne procédure d'expropriation pour cause d'utilité publique, conçue pour protéger la propriété privée quant à l'évaluation de l'indemnité.

Pr. pén. — Elément propre à certaines juridictions, formé de jurés, simples citoyens, appelés, à titre exceptionnel et temporaire, à rendre la justice pénale.

« Jus abutendi, jus fruendi, jus utendi ». — Dr. civ. — *Jus abutendi* : expression latine désignant le droit du propriétaire d'un bien d'en disposer. — V. *Abusus.*

Jus fruendi : expression latine désignant le droit du propriétaire de percevoir les fruits de sa chose. — V. *Fructus.*

Jus utendi : expression latine désignant le droit du propriétaire d'un bien de l'utiliser. — V. *Usus.*

« Jus civile ». — Dr. int. priv.

1° Droit privé propre à chaque peuple, par opposition au *jus gentium.* — V. ce terme.

2° Distinction établie par le Droit romain entre les règles applicables aux seuls citoyens romains et celles applicables aux étrangers ou aux peuplades soumises à la domination romaine.

« Jus cogens ». — Dr. int. publ. — « Norme impérative du Droit International général, reconnue par la communauté internationale dans son ensemble en tant que norme à laquelle aucune dérogation n'est permise et qui ne peut être modifiée que par une nouvelle norme du Droit International Général ayant le même caractère » (Art. 53 de la Convention de Vienne sur le Droit des Traités, du 23-5-1969).

« **Jus gentium** ». — Dr. int. priv. — Droit des gens, c'est-à-dire ensemble de règles juridiques ayant leur fondement dans la nature des choses, applicables à tous les peuples et non simplement aux sujets d'un Etat déterminé. — V. *Jus civile, Droit des gens.*

« **Jus sanguinis** ». — Dr. int. priv. — Détermination de la nationalité d'après la filiation de l'individu.

« **Jus soli** ». — Dr. int. priv. Détermination de la nationalité d'après le lieu de naissance de l'individu.

Juste titre. — Dr. civ. — V. *Titre.*

Justice. — 1° La justice est le juste. Rendre la justice consiste essentiellement à dire ce qui est juste dans l'espèce concrète soumise au tribunal.

La justice est dite *distributive* lorsqu'elle vise à répartir entre les personnes les biens, les droits et les devoirs, les honneurs, en fonction de la valeur, des aptitudes de chacun et de son rôle dans la société.

La justice *commutative* est celle qui prétend veiller à une égalité arithmétique dans les échanges.

2° Le mot justice désigne aussi l'autorité judiciaire (V. ce mot), ou l'ensemble des juridictions d'un pays donné.

Justice de paix. — Pr. civ. V. *Juge de paix.*

Justice politique. — Dr. const. — Expression employée pour désigner les juridictions spéciales instituées pour connaître des activités politiques contraires à l'intérêt général de l'Etat (l'intérêt de la magistrature ordinaire exigeant qu'elle ne soit pas mêlée aux controverses politiques). — V. *Haute Cour de Justice.*

K

« **Kennedy Round** ». — Dr. fin. — Nom donné, en hommage au Président des U.S.A., qui en fut l'un des principaux animateurs, à l'ensemble des négociations qui se sont déroulées à Genève de 1964 à 1967, en vue de franchir une nouvelle étape dans la voie de la libération des échanges

commerciaux internationaux.

Le résultat essentiel en a été représenté par les concessions tarifaires consenties par un ensemble de pays effectuant les trois quarts du commerce mondial — dont deux Etats de l'Est : la Tchécoslovaquie et la Yougoslavie — qui ont convenu de réduire progressivement d'environ 50% le montant de leur tarif douanier à l'importation. —

V. *American Selling Price.*

« Know-How ». — DR. COM. V. *Savoir faire.*

L

Label. — DR. TRAV. — Marque syndicale protégée, qui atteste qu'un produit a été fabriqué conformément aux conditions de travail prévues par la loi ou la convention collective.

Laïcité. — DR. PUBL. — Dans son sens véritable, principe selon lequel les services publics, et spécialement celui de l'enseignement, doivent écarter dans leur fonctionnement tout ce qui pourrait être considéré comme la propagation d'une religion par l'Administration.

Pour des raisons historiques, ce principe ne s'applique pas dans les départements d'Alsace-Lorraine.

Laïcité de l'Etat. — DR. CONST. — 1° Expression signifiant que l'Etat est par nature un phénomène non religieux (par opposition par ex. à la Cité antique ou à l'Etat musulman selon la conception stricte du Coran).

2° Expression signifiant que l'Etat adopte à l'égard des Eglises et des religions une attitude sinon d'ignorance du moins d'impartialité, de neutralité.

Lais et relais. — DR. ADM. — Terrains constitués par les apports ou par le retrait de la mer et des cours d'eau.

Langue. — DR. INT. PUBL. — 1° Langue diplomatique : langue commune que des Etats conviennent d'adopter dans leurs relations (rédaction des traités, délibérations dans les organes internationaux) afin d'éviter les inconvénients que présenterait l'emploi par chacun de sa propre langue.

2° Langue officielle : langue dans laquelle doivent être rédigés les actes officiels émanant d'une conférence ou d'un organe international.

3° Langue de travail : expression désignant dans la pratique des Organisations internationales (O.N.U. notamment) celles des langues officielles qui sont employées dans le travail courant : traduction des discours, procès-verbaux, etc.

« Lato sensu ». — Au sens large : utilisation extensive d'une disposition légale, réglementaire, conventionnelle, ou d'un mot. — V. *Stricto sensu.*

« Lease-back ». — DR. COM. — Opération par laquelle le propriétaire d'un immeuble indus-

triel ou commercial le vend à
une entreprise de crédit-bail
qui lui en confère aussitôt la
jouissance par un contrat de
crédit-bail. Concevable pour
les meubles comme pour les
immeubles, le lease-back n'est
utilisé en pratique que pour
les immeubles. C'est une opération qui permet à l'utilisa-
teur de se procurer des fonds.
— V. *Crédit-Bail.*

« Leasing ». — Dr. com. —
V. *Crédit-bail.*

Lecture. — Dr. const. —
Dans la terminologie parlementaire, discussion d'un
projet ou d'une proposition
de loi par une assemblée
législative.

Légalisation. — Dr. civ. —
Procédure par laquelle un
fonctionnaire public cer-
tifie l'authenticité des
signatures d'un acte.

Légalité (principe de). —
Dr. adm. — Principe fondamental de l'action administrative, déduit du libéra-
lisme politique, à titre de
garantie élémentaire des
administrés, et selon lequel
l'Administration ne peut
agir qu'en conformité avec
le Droit, dont la loi écrite
n'est qu'un des éléments.
Dr. pén. — Principe ex-
primé par l'adage latin « nullum crimen, nulla poena sine
lege » selon lequel tout acte
constituant un crime ou un
délit doit être défini avec précision par la loi ainsi que les
peines qui lui sont applicables. Pour ce qui est des
contraventions, leurs définitions relèvent, depuis la Constitution de 1958, du domaine
réglementaire.

Légataire. — Dr. civ. —
Bénéficiaire d'un legs. —
V. *Legs.*

Légation. — Dr. int. publ. —
1° Siège d'une mission
diplomatique.
2° Droit de légation :
droit pour un Etat
d'envoyer des agents diplomatiques à d'autres Etats
(droit de légation actif) ou
d'en recevoir (droit de légation passif).

Législature. — Dr. const.
1° Durée du mandat
d'une assemblée législative.
2° Cette assemblée elle-
même.

Législatif (pouvoir). — Dr.
const. — 1° Fonction
consistant à discuter et
voter les lois. — V. *Loi
ordinaire ou parlementaire.*
2° Organe qui exerce la
fonction législative : le
Parlement.

Légitimation. — Dr. civ. —
Bienfait de la loi par
lequel un enfant naturel
acquiert pour l'avenir la
condition d'enfant légitime.

Légitime défense. — Dr.
pén. — Droit de riposter
par la violence à une infraction actuelle, injuste, dirigée
contre soi-même ou autrui.

Légitimité. — Dr. const. —
Qualité d'un pouvoir d'être
conforme aux aspirations
des gouvernés (notamment
sur son origine et sa forme),
ce qui lui vaut l'assentiment
général et l'obéissance
spontanée. La légitimité
n'est pas immuable :
Légitimité démocratique :
légitimité fondée sur l'in-

LEG **LET**

vesture populaire des gouvernants (élection).

Légitimité monarchique (ou de droit divin) : légitimité fondée sur l'investiture divine (directe ou providentielle) du Roi.

Dr. civ. — Qualité d'enfant légitime. — V. *Filiation légitime.*

Legs. — Dr. civ. — Libéralité contenue dans un testament. — V. *Libéralité.*

Legs particulier : legs qui porte sur un ou plusieurs biens déterminés ou déterminables.

Legs universel : legs qui donne au bénéficiaire vocation à recueillir l'ensemble de la succession.

Legs à titre universel : legs qui porte sur une quote-part des biens laissés par le testateur à son décès.

Legs « de residuo » : legs fait à une personne à charge pour elle de remettre, à son décès, ce dont elle n'aura pas disposé à telle personne désignée par le testateur. A la différence de la substitution fidéicommissaire (V. ce mot), le legs « de residuo » ne comporte pas l'obligation pour le gratifié de conserver le bien.

Lésion. — Dr. civ. — Préjudice contemporain de l'accord de volonté résultant de la différence de valeur entre les prestations d'un contrat synallagmatique ou entre les lots attribués à des copartageants.

Lettre de change. — Dr. com. — Titre par lequel une personne appelée *tireur* donne l'ordre à l'un de ses débiteurs appelé *tiré* de payer une certaine somme, à une certaine date, à une troisième personne appelée *bénéficiaire* ou *porteur,* ou à son ordre.

Lettre de change-Relevé. — Dr. com. — Procédé créé le 2 juillet 1973, selon lequel les lettres de change ne circulent plus entre les banques que sous forme magnétique. Toutefois au moment du paiement, un relevé est adressé au client qui peut ainsi vérifier la régularité des opérations, sans que la banque ait à manipuler les effets. La lettre de change-relevé peut être émise sur papier ou sur bande magnétique. Seule la lettre de change-relevé papier est une véritable lettre de change disposant des garanties du droit cambiaire. En revanche, la lettre de change-relevé bande magnétique ne sert en pratique que comme moyen de recouvrement des créances commerciales.

Lettres de créance. — Dr. int. publ. — Document officiel qui accrédite un agent diplomatique et que celui-ci, arrivé dans son poste, remet au Chef de l'Etat (ou au ministre des Affaires étrangères s'il s'agit d'un chargé d'affaires).

Lettre de crédit. — Dr. com. Lettre adressée par un banquier à un correspondant d'une autre place pour l'inviter à payer une somme d'argent ou à consentir un crédit à l'un de ses clients pendant un certain délai, et jusqu'à concurrence d'une somme déterminée.

Cette lettre créée à la demande du client est parfois destinée à être remise par lui à un bénéficiaire dont il est débiteur. — V. *Accréditif.*

Lettre missive. — DR. CIV. Ecrit adressé à une personne déterminée, de caractère intime et personnel.

Lettres de provision. — DR. INT. PUBL. — Document officiel délivré au consul par l'Etat qui le nomme et transmis au Gouvernement de l'Etat où il doit exercer ses fonctions en vue d'obtenir l'exequatur — V. *Exequatur.*

Lettre recommandée, lettre simple. — PR. CIV. — La lettre recommandée (avec demande d'avis de réception) est utilisée dans certaines procédures pour citer les plaideurs et notifier les jugements. La lettre simple est également utilisée dans certains cas, en matière d'instruction.

Lettre de voiture. — DR. COM. Ecrit formaliste constatant le contrat de transport de marchandises entre l'expéditeur, le transporteur et le destinataire. A la différence du connaissement (V. ce mot), elle ne représente pas la marchandise. La lettre de voiture a été aujourd'hui remplacée, dans la plupart des transports, par un simple récépissé des marchandises remises.

Levée d'écrou. — PR. PÉN. Inscription sur le registre d'écrou de la prison au moment où un prisonnier est libéré.

« Lex fori ». — DR. INT. PRIV. — Loi nationale du tribunal saisi.

Un tribunal statue *lege fori* s'il applique à un litige, pour résoudre un conflit de lois ou un conflit de juridictions, la loi de l'Etat à la souveraineté duquel il est soumis.

« Lex loci ». — DR. INT. PRIV. — Loi locale, c'est-à-dire loi du lieu où s'est produit un fait juridique.

« Lex rei sitae ». — DR. INT. PRIV. — Loi de la situation de la chose.

Certains biens sont régis nécessairement par la loi de l'Etat où ils sont situés, même s'ils appartiennent à des étrangers (Ex. : les immeubles).

Liaison de l'instance. — PR. CIV. — L'instance est liée à la première audience à laquelle sont échangées les conclusions. Lorsque l'affaire est liée, les exceptions ne peuvent plus être proposées.

Libéralisme. — DR. PUBL. — Système selon lequel l'Etat doit se borner à assumer les fonctions indispensables à la vie en société et abandonner les autres activités à l'initiative privée.

L'Etat libéral est aussi qualifié d'Etat-arbitre (puisqu'il n'a pas à s'immiscer dans les rapports entre les individus, mais seulement à veiller au respect des règles du jeu libéral), ou d'Etat-gendarme (son rôle essentiel étant d'assurer le maintien de l'ordre et la défense nationale).

Libéralité. — DR. CIV. — Acte par lequel une personne procure à autrui, ou s'engage à lui procurer un avantage sans contrepartie. V. *Donation et Legs.*

Libération d'actions. — DR. COM. — Versement de la somme d'argent ou remise du bien représentant la valeur nominale de l'action souscrite.

Les actions de numéraires doivent être libérées d'au moins un quart lors de la souscription.

Libération conditionnelle. DR. PÉN. — Mise en liberté anticipée, accordée à un condamné qui a donné des signes d'amendement, lorsqu'une partie légalement déterminée de sa peine a été subie, et sous menace de réincarcération en cas de mauvaise conduite avant l'expiration normale de cette peine.

Liberté civile. — DR. CIV. — La liberté juridique ou civile consiste dans le droit de faire tout ce qui n'est pas défendu par la loi.

Elle se présente comme une prérogative ouvrant à son bénéficiaire, lorsqu'il le désire, un accès inconditionné aux situations juridiques qui se situent dans le cadre de cette liberté. Une liberté est en principe non définie ni causée (susceptible non pas d'abus, mais d'excès) ; elle est éga-

lement, en principe, inconditionnée (ainsi se marier ou non, contracter ou non, acquérir ou aliéner, tester, faire concurrence à d'autres commerçants).

Liberté de la défense. — PR. GÉN. — V. *Contradictoire (principe du)*, *Défense (Liberté de la)*.

Liberté des mers (Principe de la). — DR. INT. PUBL. — V. *Haute-Mer.*

Libertés publiques. — DR. PUBL. — Droits de l'homme reconnus, définis et protégés juridiquement. On peut les classer en trois catégories :

1° Droits individuels, qui assurent à l'individu une certaine autonomie en face du pouvoir dans les domaines de l'activité physique (sûreté personnelle, liberté d'aller et venir, liberté et inviolabilité du domicile), de l'activité intellectuelle et spirituelle (liberté d'opinion, de conscience), de l'activité économique (droit de propriété, liberté du commerce et de l'industrie).

2° Droits politiques, qui permettent à l'individu de participer à l'exercice du pouvoir (droit de vote, éligibilité aux fonctions publiques). Les libertés de la presse, de réunion, d'association, qui débordent certes le domaine politique, peuvent être aussi des « libertés-opposition ».

3° Droits sociaux et économiques, qui sont le droit pour l'individu d'exiger de l'Etat certaines prestations (droit au travail, à l'instruction, à la santé) en même temps que des droits collectifs (droit syndical, droit de grève). — V. *Droits de l'Homme.*

Liberté subsidiée. — Séc. soc. — Régime des organismes mutualistes qui s'autofinancent grâce aux cotisations de leurs membres, mais sont aidés par des subventions de l'Etat.

Liberté surveillée. — Dr. pén. — Mesure de sûreté prise à l'égard d'un mineur délinquant et consistant, sans le priver de sa liberté ni le placer dans un établissement collectif, à le soumettre à la tutelle d'un délégué à la liberté surveillée, sous le contrôle du juge des enfants.

Liberté syndicale. — Dr. trav. — La liberté syndicale a de multiples aspects. Sur le plan individuel, c'est le droit des travailleurs de s'affilier au syndicat de leur choix ou de rester en dehors de tout syndicat. C'est encore celui d'exercer une activité syndicale hors de l'entreprise ou dans l'entreprise. Sur le plan collectif, c'est le droit des syndicats de se constituer et de fonctionner librement.

Liberté du travail. — Dr. trav. — C'est le droit pour les travailleurs et pour les employeurs d'exercer librement l'activité professionnelle de leur choix, d'une part, et, d'autre part, de conclure et de résilier librement les contrats de travail.

La liberté du travail comporte actuellement de nombreuses restrictions.

Atteinte à la liberté du travail : délit prévu et réprimé par les art. 414-415 C. pén., qui consiste en des violences, voies de fait, menaces, manœuvres frauduleuses, dans le but d'obliger des travailleurs à se joindre à un mouvement de grève.

Libre circulation des travailleurs. — Dr. trav. — Droit des travailleurs de chacun des pays membres de la Communauté économique européenne de répondre à tout emploi offert dans un autre pays membre et d'être traités, dans tout pays membre, comme le travailleur national.

Licence. — Dr. adm. — V. *Autorisation.*
Dr. com. — V. *Contrat de licence.*

Licenciement. — Dr. trav. Résiliation du contrat de travail à durée indéterminée à l'initiative de l'employeur. Pour licencier, l'employeur doit observer une procédure et il n'a le droit de le faire que pour une cause réelle et sérieuse. La procédure du licenciement varie, suivant qu'il s'agit d'un licenciement individuel ou d'un licenciement pour motif économique.

Licenciement individuel : Dans un premier sens, licenciement d'un seul salarié, par opposition au licenciement collectif ; dans un deuxième sens, licenciement d'un salarié pour un motif normalement lié à sa personne et indépendant de toute cause économique.

Licenciement pour motif économique : Licenciement d'un ou plusieurs salariés pour un motif économique d'ordre structurel ou conjoncturel entraînant suppression d'emplois. Les motifs structurels sont internes à l'entreprise (réorganisation d'un secteur), alors que les motifs conjoncturels sont liés à la situation économique générale. — V. *Congédiement.*

Licitation. — Dr. civ., Pr. civ. Vente aux enchères d'un immeuble dans l'indivision.

Lien d'instance. — Pr. civ. Lien juridique d'origine légale, qui s'institue entre le demandeur et le défenseur, et se superpose au rapport juridique fondamental dont la reconnaissance est demandée en justice.

L'existence de ce lien investit les plaideurs de prérogatives, de droits, de devoirs, de facultés.

Ligne. — Dr. civ. — Ensemble des personnes qui descendent d'un auteur commun.

Ligne (opérations au-dessus, au-dessous de la). — Dr. fin. — Expression empruntée aux finances britanniques pour désigner les ressources et les charges définitives de la loi de finances (op. au-dessus de la —) et les opérations à caractère temporaire : prêts et avances du Trésor essentiellement (op. au-dessous de la —).

Ligue. — Dr. int. publ. — Alliance entre villes ou Etats pour défendre des intérêts communs ou poursuivre une politique concertée (ligue Hanséatique — ligue d'Augsbourg).

Dr. const. — En France, nom donné à des formations politiques paramilitaires qui, contestant la démocratie, développent leur action hors du cadre électoral et parlementaire en recourant à la propagande et à l'agitation (nombreuses et actives dans les années 1930 : Croix de Feu, Francisme, etc...).

Ligue Arabe. — Dr. int. publ. — Organisation internationale créée en 1945 en vue de resserrer les liens entre les Etats arabes sur les plans politique, économique, social tout en sauvegardant leur indépendance et leur souveraineté.

En fait de profondes divisions politiques contrecarrent l'action de la Ligue. Le siège, fixé au Caire, a été transféré à Tunis à la suite de l'accord israélo-égyptien.

Liquidateur. — Dr. civ., Dr. com. — Personne chargée d'une liquidation. — V. *Liquidation.*

Liquidation. — Dr. civ., Dr. com. — Ensemble des opérations préliminaires au partage d'une indivision, quelle qu'en soit l'origine (succession, dissolution d'une société).

Elle consiste à payer le passif sur les éléments d'actif, à convertir en argent liquide tout ou partie de ces éléments afin que le partage puisse être effectué. Elle permet de dégager l'actif net et de le conserver jusqu'au partage.

DR. FIN. — Opération postérieure à l'engagement consistant à arrêter le montant exact d'une charge à payer, après avoir éventuellement vérifié la réalité de la prestation qui devait être fournie à la personne publique.

En matière de recettes, la liquidation d'une créance consiste de même dans la détermination du montant de la somme à recevoir.

Liquidation des biens. — DR. COM. — Procédure qui s'applique à un débiteur, personne physique commerçante, ou à une personne morale de droit privé, commerçante ou non commerçante, en état de cessation des paiements, en vue du règlement collectif de ses créanciers, lorsque la situation de l'entreprise ne permet pas d'envisager sa survie.

Liquidation des dépens. — PR. CIV. — Opération destinée à déterminer et à vérifier le montant des dépens dont la répartition entre les plaideurs est fixée par le jugement ; la contestation de cette liquidation donne lieu à vérification par le secrétaire de la juridiction et, éventuellement, à une ordonnance de taxe. — V. *Ordonnance de taxe, Vérification des dépens.*

Liquidité. — DR. CIV. — V. *Créance.*

Liste bloquée. — DR. CONST.

Liste de candidats que l'électeur n'a pas le droit de modifier.

Liste électorale. — DR. CONST. — Répertoire alphabétique officiel, révisé chaque année par une commission administrative, des personnes qui, possédant le droit de vote, exercent celui-ci dans la commune.

Litigants. — PR. GÉN. — Expression désignant les différentes parties à un procès (demandeur, défendeur, intervenant). V. *Colitigants, Litisconsorts.*

Litige. — PR. GÉN. — On **parle de** litige lorsqu'une personne ne peut obtenir amiablement la reconnaissance d'une prérogative qu'elle croit avoir et envisage de saisir un tribunal pour lui soumettre sa prétention.

Le terme, bien que très large, est synonyme de procès. — V. ce mot.

Litisconsorts. — PR. CIV. — On appelle litisconsorts des plaideurs qui, dans un procès, se trouvent du même côté de la barre : copropriétaires, codébiteurs, cohéritiers, par exemple. Leurs intérêts peuvent être distincts ou être unis par la solidarité, la connexité ou l'indivisibilité. — V. *Colitigants.*

Litispendance. — PR. CIV. — Il y a litispendance lorsque le même procès que celui dont le tribunal est saisi, est porté devant une seconde juridiction.

La litispendance est soulevée par un déclinatoire,

avant tout débat au fond ;
ce déclinatoire est présenté
au tribunal saisi le second.
Il n'en irait autrement que
si ce tribunal était inférieur
dans la hiérarchie judiciaire
à celui qui a été saisi le premier. — V. *Connexité, Déclinatoire de compétence.*

Livraison. — Dr. civ. — V.
Délivrance.

Livres de commerce. — Dr.
com. — Livres tenus par un
commerçant pour con-
naître la marche de son
entreprise et établir la
comptabilité. Certains sont
facultatifs, d'autres sont
obligatoires.

Livre de paie. — Dr. trav.
Registre tenu par l'em-
ployeur qui reproduit les
mentions des bulletins de
paie.

Livret de famille. — Dr.
civ. — Livret délivré par
l'officier de l'état civil aux
conjoints, lors de la célébration du mariage, et à
toute mère célibataire qui
déclare la naissance d'un
enfant naturel.

Figurent sur ce livret, en
particulier, des extraits de
l'acte de mariage des
parents et de l'acte de
naissance de chaque enfant.

« Lobby ». — Dr. const. —
V. *Groupe de pression.*

Locataire. — Dr. civ. —
Dans le contrat de bail,
celui qui obtient le droit
d'utiliser la chose louée
contre le versement d'une
somme d'argent appelée
loyer. Le locataire est également désigné par le
terme « preneur ».

Location. — Dr. civ. —
Contrat de louage ayant
pour objet un immeuble ou
un fonds de commerce.

Location - gérance. — Dr.
com. — Contrat par lequel
le propriétaire d'un fonds
de commerce, appelé « bailleur » ou « loueur » confie,
en vertu d'un véritable
contrat de location, l'exploitation de son fonds à
une personne appelée
« gérant » qui exploite ce
fonds en son nom, pour
son compte et à ses risques
et périls, et qui paie au
propriétaire un loyer ou
redevance.

Location-vente. — Dr. civ.
Contrat par lequel le propriétaire d'une chose la
loue à une personne qui,
à l'expiration d'un temps
déterminé, a la faculté de
l'acheter.

Lock-out. — Dr. trav. —
Décision par laquelle un
employeur interdit aux salariés l'accès de l'entreprise à
l'occasion d'un conflit collectif du travail. En droit français le lock-out n'est licite que
dans des hypothèses limitées ;
il ne peut en aucun cas être
une mesure de rétorsion à
l'encontre d'une grève licite.

« Locus regit actum ». — Dr.
int. priv. — Formule latine,
inventée par les post-glossateurs, selon laquelle un acte
juridique est soumis aux
conditions de forme édictées
par la législation en vigueur
dans le pays où il a été
conclu.

Logement de fonction. —
Dr. trav. — Logement

fourni au salarié en vertu du contrat de travail et nécessaire à l'exécution de ses fonctions.

Loi. — Règle écrite, générale et permanente, élaborée par le Parlement.

Loi impérative : loi qui ne peut être éludée par celui auquel elle s'applique.

Loi supplétive (ou interprétative) : loi qui ne s'impose à un individu qu'à défaut de manifestation de volonté contraire de sa part. — V. *Acte-règle. Loi ordinaire ou parlementaire.*

Loi d'autonomie. — Dr. INT. PRIV. — Règle de conflit de lois selon laquelle, en matière contractuelle, les conventions sont soumises, quant au fond, aux conditions prévues par la loi à laquelle les parties se sont explicitement ou implicitement référées.

Loi-cadre. — Dr. CONST. Loi qui se borne à poser des principes généraux et laisse au Gouvernement le soin de les développer en utilisant son pouvoir réglementaire.

Loi constitutionnelle. — Dr. CONST. — Loi de révision de la constitution adoptée selon la procédure prévue par cette dernière (Cette expression est aussi employée pour désigner la constitution elle-même).

Loi de finances. — Dr. FIN. — Terme générique désignant les lois qui déterminent la nature, le montant et l'affectation des ressources et des charges de l'Etat ; elles peuvent contenir, outre des autorisations de percevoir les ressources et de payer les charges, un certain nombre de dispositions proprement législatives modifiant le Droit existant. Elles sont votées selon une procédure particulière.

Loi de finances de l'année : loi de finances qui prévoit et autorise l'ensemble des ressources et des charges pour la durée de l'année civile.

Loi de finances rectificative : loi de finances pouvant être adoptée en cours d'année pour adapter à l'état des besoins la loi de finances de l'année.

Loi de règlement : loi de finances permettant ultérieurement au Parlement d'exercer son contrôle sur l'exécution des lois de finances précitées par le Gouvernement, par la comparaison qu'elle nécessite des autorisations contenues dans celles-ci et des opérations réellement exécutées.

Lois fondamentales. — Dr. CONST. — 1° Au singulier ou au pluriel : expression désignant officiellement la Constitution ou l'ensemble des textes formant la Constitution d'un pays (République Fédérale Allemande, Espagne...).

2° Lois fondamentales du royaume : Lois généralement coutumières qui, sous l'Ancien Régime, tenaient lieu en quelque sorte de Constitution (règles de transmission de la Couronne, inaliénabilité du domaine royal, etc.). Ces lois visaient l'intérêt exclusif de l'Etat.

Loi ordinaire. — DR. CONST.
1° Acte voté par le Parlement selon la procédure législative établie par la Constitution. Cette définition, qui fait appel exclusivement à un critère organique et formel, était traditionnelle en France jusqu'en 1958 ; elle ouvrait à la loi un domaine illimité.

2° Acte voté par le Parlement selon la procédure législative et dans l'une des matières que la Constitution lui réserve expressément. Cette définition, qui fait appel à la fois à un critère formel et à un critère matériel, est celle qui découle de la Constitution de 1958 (art. 34).

Loi organique. — DR. CONST. — Loi votée par le Parlement pour préciser ou compléter les dispositions de la Constitution. La Constitution de 1958 prévoit limitativement les cas de recours aux lois organiques et fait de celles-ci une nouvelle catégorie de lois entre les lois constitutionnelles et les lois ordinaires en les soumettant à des conditions particulières d'adoption et de contrôle (art. 46).

Loi personnelle. — DR. INT. PRIV. — V. *Statut personnel*.

Loi plus douce. — DR. PÉN. — V. *Rétroactivité in mitius*.

Loi de programme. — DR.

FIN. — Regroupement en la forme législative de prévisions d'ouverture, par des lois de finances ultérieures, des autorisations de programme nécessaires pour assurer le financement d'un ensemble cohérent de réalisations projetées.

Loi réelle. — DR. INT. PRIV. — V. *Lex rei sitae, Statut réel*.

Loi référendaire. — DR. CONST. — Loi résultant de l'adoption par référendum d'un projet de loi soumis au peuple par le Président de la République, dans les cas et selon la procédure de l'art. 11 de la Constitution de 1958.

Loi de règlement. — V. *Loi de finances*.

Loi uniforme. — DR. INT. PRIV. — On désigne ainsi une législation imposée par une convention internationale et qui réalise, entre les Etats signataires de cette convention, une unification du droit dans les matières visées par le traité, ex. : loi uniforme en matière d'effet de commerce (convention de Genève de 1930).

Loterie. — DR. CIV. — Mise en vente par un organisme d'un certain nombre de billets soumis au tirage au sort, lequel détermine ceux des acheteurs qui auront droit à un objet quelconque, appelé lot.

La loterie n'est ni un jeu, car elle n'implique aucune intervention active des acheteurs, ni un pari, car elle ne suppose pas une prise de position sur une question donnée. — V. *Jeu, Pari.*

Lotissement. — Dʀ. ᴀᴅᴍ. — De façon générale, toute division d'une même propriété foncière qui, qu'elle qu'en soit la cause, a pour effet de porter à plus de deux, sur une période de moins de dix ans, le nombre de terrains issus de ladite propriété, en vue de l'implantation de bâtiments. Cette opération est soumise à une réglementation détaillée.

Immeuble divisé en lots. Ce terme désigne plus précisément la division d'un terrain en parcelles, par un organisme public ou privé, en vue de la construction.

Lots. — Dʀ. ᴄɪᴠ. — Fraction de biens, en nature ou en valeur, revenant à chaque copartageant sur l'ensemble à distribuer. — V. *Lotissement, Partage.*

Louage. — Dʀ. ᴄɪᴠ. — Contrat par lequel l'une des parties s'engage soit à faire jouir l'autre d'une chose, soit à lui procurer ses services ou son industrie, temporairement et moyennant un certain prix. V. les trois mots suivants.

Louage de choses. — Dʀ. ᴄɪᴠ. — Contrat par lequel l'une des parties s'engage à procurer à l'autre, pendant un certain temps, la jouissance d'une chose, moyennant un certain prix.

Louage d'ouvrage et d'industrie. — Dʀ. ᴄɪᴠ. — Contrat par lequel une personne s'engage à exécuter au profit d'une autre et moyennant un certain prix, un travail indépendant.

Ce contrat est aujourd'hui désigné sous le nom de contrat d'entreprise. — V. ce mot.

Louage de services. — Dʀ. ᴄɪᴠ., Dʀ. ᴛʀᴀᴠ. — Contrat par lequel une personne s'engage, moyennant rémunération, à mettre temporairement son activité professionnelle à la disposition d'une autre personne (le patron ou employeur) qui a autorité sur elle. La rémunération est appelée salaire. Ce contrat est aujourd'hui désigné sous le nom de contrat de travail. V. ce mot.

« Lucrum cessans ». — Dʀ. ᴄɪᴠ. Manque à gagner. — V. *Damnum emergens.*

M

Magasin collectif d'indépendants. Dʀ. ᴄᴏᴍ. — Réunion dans une même enceinte, sous une même dénomination, d'un certain nombre de commerçants ou d'artisans désireux d'exploiter leur entreprise selon des règles communes, tout en conservant la propriété de leur fonds. Les magasins collectifs d'indépendants sont régis par une loi du 11 juillet 1972.

Magasins généraux. — Dr.
COM. — Etablissements
commerciaux agréés et con-
trôlés par l'administration
qui reçoivent en dépôt de
la part de commerçants,
d'industriels, d'agriculteurs
ou d'artisans des marchandises ou des denrées qui
sont gardées pour le compte
du déposant ou de celui à
qui est transmis le titre
constatant le dépôt.

Magistrats. — Pr. CIV., PÉN. —
Dans les juridictions de l'ordre judiciaire (V. cette expression) les magistrats de carrière sont chargés de juger
lorsqu'ils sont au siège, et de
requérir l'application de la
loi quand ils sont au parquet.
Recrutés par concours, ils
sont placés dans un statut
distinct de celui des fonctionnaires et jouissent, lorsqu'ils appartiennent au siège,
de l'inamovibilité. Ils siègent
dans les tribunaux de droit
commun et à la Cour de cassation. Dans les tribunaux
d'exception siègent des magistrats élus ou nommés, non
professionnels. La juridiction
est parfois présidée par un
magistrat de carrière. — V.
*Prise à partie, Responsabilité
du fait du fonctionnement défectueux de la Justice, Echevinage, Tribunal paritaire des
baux ruraux, Commission de
Sécurité sociale.*

Magistrature. — Pr. CIV.,
PÉN. — Corps des magis-
trats exerçant leurs fonctions
dans le cadre de l'autorité
judiciaire (V. ce mot).

Main commune. — Dr. CIV.
Clause par laquelle les
époux conviennent que la
communauté sera adminis-
trée conjointement ; tout
acte de disposition ou d'administration, même s'il a
pour objet des biens réservés, est fait sous la signature du mari et de la
femme.

Main-d'œuvre. — Dr. TRAV.
Ensemble des salariés
d'une entreprise, d'une région ou d'un pays.

Mainlevée. — Dr. CIV., PR. CIV.
Acte par lequel un particulier
ou un juge arrête les effets
d'une hypothèque, d'une saisie, d'une opposition.

Maintien dans les lieux. —
Dr. CIV. — Droit que la
loi reconnaît à certains locataires et sous certaines
conditions, de demeurer
dans le local loué, à l'expiration du bail, alors même
que le bailleur s'y oppose-
rait. — V. *Reprise (Droit
de).*

Maire. — Dr. ADM. — Autorité communale élue par le
Conseil municipal en son
sein.
En tant qu'agent de la
commune, le maire exécute
les délibérations du Conseil
municipal et possède des
pouvoirs propres ; il est placé
sous le contrôle de l'autorité
de tutelle. Il remplit également
des fonctions pour le compte
de l'Etat, sous l'autorité hiérarchique d'agents de celui-ci.
V. *supra* p. VIII en tête du
lexique Note pour le lecteur.

Maison d'arrêt. — Dr. PÉN. —
V. *Prison.*

Maison centrale. — Dr. PÉN.
— V. *Prison.*

Maître d'œuvre. — Dr. adm., dr. civ. — Personne, entreprise qui est chargée de réaliser l'ouvrage pour le compte du maître de l'ouvrage. Dans le cas de travail public en régie, maître d'œuvre et maître de l'ouvrage sont confondus.

Maître de l'ouvrage. — Dr. adm. — Personne pour le compte de laquelle un ouvrage, au sens immobilier du mot, est réalisé. — V. *Ouvrage public.*

Dr. civ. — Dans le contrat de louage d'ouvrage et d'industrie, partie contractante qui obtient, moyennant un prix, les services de l'entrepreneur ou locateur.

Maîtrise des armements. — Dr. int. publ. — Démarche nouvelle de lutte contre la course aux armements due à l'initiative des deux super-puissances (Etats-Unis et U. R. S. S.), et consistant en une régulation de l'évolution des armements (notamment nucléaires), de manière à maintenir l'équilibre militaire. Différence avec le désarmement qui consiste dans la destruction de stocks d'armes existants.

Majorations de retard. — Séc. soc. — Majorations appliquées aux cotisations de Sécurité sociale qui n'ont pas été versées à l'époque prescrite.

Elles sont mises à la charge de l'employeur.

Majorité. — Dr. civ. — Age fixé par la loi pour user de ses droits civils ou politiques.

Fixée à 18 ans depuis la loi du 5 juillet 1974, la majorité confère, en droit civil, la capacité d'exercice. V. *Capacité.*

Dr. com. — V. *Assemblée générale.*

Dr. const. — 1° Pluralité des voix dans une élection.

Majorité absolue : plus de la moitié des voix.

Majorité qualifiée : majorité exigeant des conditions plus difficiles à réunir que la majorité absolue (Ex. : majorité des 2/3).

Majorité relative (ou simple) : plus de voix que n'en a obtenues un autre concurrent.

2° Parti ou coalition de partis détenant la majorité des sièges du Parlement et servant d'appui au Gouvernement en régime parlementaire. La majorité est plus ou moins solide selon qu'elle est homogène ou composite.

Dr. pén. — Age auquel un individu est soumis au droit commun de la responsabilité pénale.

Cet âge est fixé à dix-huit ans.

Maladie. — Séc. soc. — La maladie est l'un des risques couverts par la sécurité sociale. Les prestations en nature de l'assurance maladie sont versées dans tous les régimes.

Maladie professionnelle. — Maladie résultant de l'accomplissement de certains travaux et figurant sur une liste limitative établie par décrets, dite « tableaux des maladies professionnelles ». Elle est réparée par la législation des accidents du travail.

Mandat. — Dr. civ. — Acte par lequel une personne est chargée d'en représenter une autre pour l'accomplissement d'un ou de plusieurs actes juridiques.

Le mandat est conventionnel lorsqu'il résulte d'un contrat conclu entre le représenté (ou mandant) et le représentant (ou mandataire). Il peut aussi résulter de la loi ou d'un jugement.

Pr. pén. — Ordre du juge tendant à faire comparaître une personne ou à faire arrêter ou placer en détention un inculpé.

Mandat d'amener. — Pr. pén. Ordre donné par le juge à la force publique de conduire immédiatement un inculpé devant lui.

Mandat d'arrêt. — Pr. pén. Ordre donné à la force publique d'arrêter un inculpé en fuite ou résidant à l'étranger, et de le faire incarcérer.

Mandat de comparution. — Pr. pén. — Mise en demeure adressée à l'inculpé par le juge d'instruction de se présenter devant lui à la date et l'heure indiquées dans le mandat.

Mandat de dépôt. — Pr. pén. — Ordre de faire incarcérer un inculpé.

Mandat domestique. — Dr. civ. — Expression désignant le pouvoir qu'avait la femme mariée, avant la loi du 13 juill. 1965, de représenter son mari pour l'accomplissement des actes nécessaires à la vie du ménage.

Mandat fictif. — Dr. fin. — Mandat de paiement correspondant à une dette inexistante ou autre que celle qu'il mentionne, établi généralement en vue d'alimenter une caisse noire (V. ce mot) ou de régler irrégulièrement une autre dépense. L'auteur et les bénéficiaires d'un mandat fictif font l'objet d'une déclaration de gestion de fait (V. ce mot) par la Cour des Comptes en cas de découverte de son émission.

Mandat de paiement. — Dr. fin. Pièce établie par un ordonnateur et transmise au comptable assignataire (V. ce mot) pour que celui-ci paie une dépense publique à un créancier. Ce document, interne à l'Administration, est accompagné d'un titre de règlement (chèque sur le Trésor, ordre de virement) qui permettra au créancier de percevoir son dû.

Mandat politique. — Dr. const. Mission que les citoyens (mandants) confient à certains d'entre eux (mandataires) d'exercer le pouvoir en leur nom et pour leur compte. En régime démocratique, le mandat politique procède de l'élection.

1° Mandat impératif : conception du mandat politique selon laquelle les élus, tenant leur mandat des électeurs de leur circonscription (V. *Souveraineté populaire*), doivent se conformer à leurs directives et peuvent être révoqués par eux.

2° Mandat représentatif : conception du mandat politique selon laquelle les élus, tenant leur mandat de la Nation elle-même (V. *Souveraineté nationale*), l'exercent en toute indépendance à l'égard de leurs électeurs, dont ils n'ont pas à recevoir d'ordres ou d'instructions et qui ne peuvent les révoquer.

Mandat (territoires sous-). DR. INT. PUBL. — Territoires détachés de l'Empire allemand et de l'Empire ottoman à la fin de la première guerre mondiale et confiés à l'administration de puissances chargées, sous le contrôle de la S.D.N. (Commission des mandats), d'accomplir à leur égard la « mission sacrée de civilisation » consistant à assurer le bien-être et le développement de leurs populations.

Le régime des Mandats a pris fin par suite soit de l'émancipation de la collectivité sous-mandat (Irak, Syrie, Liban, Transjordanie) ou de son rattachement à un autre Etat (Palestine partagée entre Jordanie et Israël), soit de la transformation du mandat en tutelle sous le contrôle de l'O.N.U. (anciennes possessions allemandes d'Afrique et du Pacifique), soit de la révocation du mandat par l'O.N.U. (Sud-Ouest Africain).

Mandatement. — DR. FIN. — V. *Ordonnancement*.

« Manu militari ». — Par la main militaire.

Expression signifiant que l'on a recours à la force publique pour l'exécution d'une obligation ou d'un ordre.

Marc le franc. — DR. CIV., PR. CIV. — Dans la procédure de distribution par contribution (V. ce mot), paiement des créanciers chirographaires proportionnellement au montant de leurs créances.

Marchandage. — DR. TRAV. Contrat par lequel une personne, le sous-entrepreneur, marchandeur ou tâcheron, s'engage envers l'entrepreneur principal à faire exécuter un travail par d'autres personnes payées et commandées par elle.

Lorsque l'opération à but lucratif consiste en une fourniture de main-d'œuvre qui a pour effet de causer un préjudice aux salariés ou d'éluder l'application des lois, des règlements ou des conventions collectives, elle est interdite et sanctionnée pénalement.

Marché au comptant. — DR. COM. — Ensemble des opérations de ventes et d'achats de valeurs mobilières sur un marché boursier, qui s'exécutent immédiatement par le versement de l'argent et la remise des titres, sous réserve du délai nécessaire aux intermédiaires.

Marché à terme. — DR. COM. Ensemble des opérations de ventes et d'achats de valeurs mobilières sur un marché boursier, pour un prix déterminé lors de la conclusion de l'opération, mais qui s'exécutent à une époque fixée par le règlement de la bourse, dite époque de liquidation.

Marché à forfait. — Dr. civ.
Dans le contrat de louage
d'ouvrage et d'industrie,
convention conclue entre le
maître de l'ouvrage et l'entrepreneur, en vertu de laquelle le prix est fixé de
façon définitive pour l'ensemble de l'ouvrage.

Marché Commun. — Dr. int.
publ. — V. *Communautés
Européennes.*

Marchés d'intérêt national.
Dr. adm. — Marchés de gros
destinés à alléger les cir-
cuits de distribution en
diminuant le nombre des
intermédiaires entre le producteur et le consommateur.
Ils sont gérés par des
organismes comprenant des
collectivités territoriales de
leur ressort ; leur efficacité
économique est sauvegardée
grâce à la reconnaissance
d'une situation de monopole
à l'intérieur d'une aire dite
« périmètre de protection ».
Les nécessités des trans-
ports conduisent à les créer
auprès de centres de com-
munications ferroviaires, ce
qui les fait parfois appeler : marchés-gares.

Marchés publics. — Dr. adm.
Contrats écrits passés par
les personnes publiques en
vue de la réalisation de
travaux, de fournitures ou
de services, et assujettis à
des règles précises de fond
et de forme.

Mariage. — Dr. civ. — Union
stable de l'homme et de la
femme résultant d'une dé-
claration reçue en forme
solennelle en vue de la
création d'une famille

Ce terme désigne égale-
ment l'acte juridique créateur de l'union.

Mariage putatif. — Dr. civ.
Mariage nul, mais qui, en
raison de la bonne foi de
l'un au moins des époux,
est réputé valable pour le
passé à l'égard de cet époux.
A l'égard des enfants, le
mariage nul est toujours
putatif, même si les deux
époux sont de mauvaise foi
(Loi du 3 janv. 1972 sur
la filiation).
Les effets de la nullité ne
se produisent donc que
pour l'avenir.

Marque d'appel. — Dr. com. —
V. *Prix d'appel.*

**Marques de fabrique, de
commerce et de services.**
Dr. com. — Signes sen-
sibles apposés sur des produits ou accompagnant des
services afin de les dis-
tinguer de ceux des concurrents.

Marque syndicale. — Dr. trav.
Un syndicat peut avoir un
label ou une marque destinés
à certifier l'origine d'un produit fabriqué ou vendu sous
son contrôle. Les syndicats
ouvriers ont parfois tiré de ce
droit celui de le négocier et de
conclure des accords tendant
à obliger l'employeur à n'embaucher que les adhérents du
syndicat propriétaire de la
marque ou du label ; un tel
accord est nul comme portant
atteinte à la liberté syndicale.
— V. *Clause de sécurité syndicale.*

Masse. — Dr. civ., Dr.
com. — Au sens large, ex-
pression qui désigne le pas-

sif d'une part, l'actif d'autre part, lors d'une liquidation d'une indivision ou d'une entreprise.

La **masse des créanciers** désigne l'ensemble des créanciers qui ont été admis à produire dans le règlement judiciaire ou la liquidation de biens d'un commerçant. — V. *Masse des créanciers*.

La **masse des obligataires** est constituée par l'ensemble des porteurs d'obligations d'une même émission.

La **masse des porteurs de parts de fondateurs** désigne l'ensemble des porteurs de parts d'une société de capitaux.

Masse des créanciers. — Dr. com. — Groupement obligatoire des créanciers d'un débiteur en état de cessation de paiements après le prononcé d'un jugement ouvrant le règlement judiciaire ou la liquidation des biens.

La masse, qui a la personnalité morale, est représentée par le syndic qui seul agit en son nom et peut l'engager.

Matériel. — V. *Formel*.

Maternité. — Dr. civ. — Lien juridique existant entre la mère et son enfant. V. *Filiation, Paternité*.

Matière. — Pr. gén. — Désigne d'abord le *genre du litige*, l'ensemble des affaires comprises dans un même contentieux et correspondant à une branche déterminée du droit (matière civile, commerciale, so-

ciale, prud'homale). Ainsi comprise, la matière constitue un des critères de répartition des compétences entre les différentes juridictions.

Est également utilisée pour exprimer la *nature de la juridiction* exercée et de la procédure qui en découle. En ce sens on oppose la matière contentieuse à la matière gracieuse.

Plus étroitement, la matière évoque *l'objet de la contestation* (matière du procès) qui représente le fond par opposition à la procédure qui serait forme. V. *Fond, Forme*.

Matière mixte. — Pr. civ. V. *Action mixte*.

Matrice. — V. *Cadastre*.

Mauvaise foi. — Dr. gén. — Comportement incorrect qui participe, à des degrés divers, de l'insincérité, de l'infidélité, voire de la déloyauté. Conduit toujours à un régime de défaveur qui se marque, selon les cas, par l'aggravation de la responsabilité, la perte d'un bénéfice ou l'amoindrissement d'un droit. Ex. : à l'inverse du possesseur de bonne foi qui fait les fruits siens, le possesseur de mauvaise foi doit les restituer en intégralité.

Maxime. — Proposition d'origine généralement ancienne, servant de règle juridique ou de mode d'interprétation du droit (ex. : « cessante ratione legis, cessat ejus dispositio »). — V. *Adage*.

Médecin conventionné. — Séc. soc. — Médecin relevant de

l'accord national conclu entre les caisses nationales d'assurance maladie des différents régimes de sécurité sociale et les organisations les plus représentatives des médecins.

— Les honoraires du médecin conventionné sont remboursés à l'assuré par les caisses dans les conditions prévues à la convention nationale. Ils peuvent être conformes au tarif conventionnel ou, depuis la convention de 1980, le dépasser, si le médecin a fait choix, dans les délais, du dépassement de tarif. Ce choix entraîne pour lui la perte des avantages sociaux maladie et vieillesse financés en partie par les caisses, dont jouissent les médecins qui ne dépassent pas les tarifs.

Médecine de caisse. — Séc. soc. Type d'organisation de la médecine dans lequel le paiement du médecin est effectué par les caisses de sécurité sociale, ce système étant susceptible d'aménagement très divers.

Médecine libérale. — Séc. soc. La médecine libérale est celle dont l'organisation repose sur les principes fondamentaux suivants :
— libre choix du médecin par le malade,
— liberté de prescription du médecin,
— secret professionnel,
— paiement direct des honoraires par le malade,
— liberté d'installation du médecin. Ces principes sont reconnus par le code de la sécurité sociale (art. L. 257).

Médecine du travail. — Dr. trav. — Institution destinée à exercer une surveillance sur la santé des travailleurs dans l'entreprise et dont le rôle est uniquement préventif.

Médiateur. — Dr. const., dr. adm. — Institué par la loi du 3/1/1973, à l'exemple de l'Ombudsman (V. ce mot), le Médiateur est une personnalité indépendante chargée, face à une Administration de plus en plus bureaucratique et complexe, de simplifier et d'humaniser la protection et la défense des administrés, sans se substituer aux tribunaux. La loi du 24/12/1976 a renforcé ses pouvoirs. Le Médiateur reçoit les plaintes des administrés, mais par le truchement obligatoire des parlementaires ; ces derniers peuvent également le saisir de leur propre chef, de même que les commissions permanentes et les présidents des assemblées parlementaires. Le Médiateur peut faire une recommandation (règlement en équité d'un dossier, proposition de modification de certains textes), adresser à l'administration une injonction de se conformer à une décision de justice. Le Médiateur établit un rapport annuel d'activité et peut rendre publique une affaire dans un rapport spécial.

Médiation. — Dr. int. publ. Mode de règlement politique des conflits internationaux consistant dans l'interposition d'une tierce-puissance qui ne se borne pas à persuader les parties de s'entendre (comme dans les bons offices), mais leur propose une solution.

Dr. trav. — Procédure de règlement des différends collectifs de travail, qui consiste à demander l'avis d'un tiers qualifié, le médiateur. Celui-ci formule une recommandation dépourvue de force obligatoire. — V. *Conciliation, Arbitrage, Ombudsman.*

Mémoire. — Dr. adm. —

1° Mémoire introductif : requête déposée devant une juridiction administrative par le requérant ou son conseil, pouvant exposer de manière seulement succincte les moyens invoqués, et présentant les conclusions du demandeur.

2° Mémoire ampliatif : mémoire pouvant faire suite au précédent pour développer les moyens qui seraient trop sommairement exposés dans le mémoire introductif.

Pr. civ. — Document écrit contenant l'exposé des prétentions d'un plaideur.

L'échange de mémoires est une des caractéristiques de la procédure devant la Cour de cassation.

Menaces. — Dr. pén. — Délit correctionnel consistant dans l'annonce à quelqu'un d'un mal qu'on dit vouloir lui faire.

Mensualisation. — Dr. fin. — En matière d'impôt sur le revenu, succédané du système de retenue à la source dans lequel le contribuable opte pour le prélèvement d'office mensuel, sur un compte bancaire, postal ou de caisse d'épargne, de sommes à valoir sur son impôt de l'année. Il n'est alors plus soumis à l'obligation de payer des « tiers provisionnels » (V. ce mot). La mensualisation est étendue à d'autres impôts directs (taxe d'habitation).

Dr. trav. — On désigne sous le nom de mensualisation diverses mesures adoptées par voie de négociation collective et par voie légale qui tendent au rapprochement du statut de l'ouvrier manuel, payé à l'heure, et du statut de l'employé payé au mois. Ces mesures peuvent aller de la généralisation du paiement mensuel du salaire à l'extension des avantages sociaux, jusqu'ici réservés au personnel mensuel et tels que : paiement des jours fériés, garantie du salaire en cas de maladie, attribution d'importantes indemnités de licenciement, etc.

Mention au dossier. — Pr. civ. Indication portée par écrit sur le dossier de l'affaire tenu par le secrétariat-greffe. Elle permet de formaliser certaines décisions prises au cours de l'instruction. — V. *Dossier.*

Mention en marge. — Dr. gén. Annotation placée en marge d'un acte, aux fins d'adjonction, de rectification ou de mise à jour. C'est de cette façon que l'acte de naissance se trouve, éventuellement complété par l'indication du mariage ou de la reconnaissance d'enfant naturel, définitivement actualisé par l'inscription du décès.

Menus ouvrages. — DR. CIV. En matière de construction immobilière, les menus ouvrages sont les éléments autres que les gros ouvrages (V. ce mot) façonnés et installés par l'entrepreneur, spécialement les canalisations et les huisseries. La responsabilité de l'entrepreneur, en cas de vices cachés, est encouru pendant deux ans à dater de la réception des travaux.

Mer territoriale. — DR. INT. PUBL. — Bande maritime qui suit le tracé de la côte sur une largeur que les Etats fixent eux-mêmes en l'absence d'une réglementation universelle par le Droit International, et sur laquelle l'Etat côtier exerce sa souveraineté sous réserve du respect de la règle du libre passage inoffensif des navires étrangers. V. *Passage inoffensif (règle du libre...).* Les Etats ont tendance à étendre la largeur de leur mer territoriale que la France a portée de 3 à 12 milles (loi du 24 déc. 1971). — V. *Plateau continental, Zone contiguë.*

Message. — DR. CONST. — Acte par lequel le Président de la République communique avec les assemblées parlementaires.

A la différence du Président des Etats-Unis, le Président de la République Française ne va pas au Parlement lire lui-même son message ; il le fait lire.

Mesure d'administration judiciaire. — PR. GÉN. — Acte relatif au fonctionnement d'une juridiction (règlement des audiences et du rôle des affaires, délégation et roulement des magistrats, désignation des juges de la mise en état ou des magistrats appelés à statuer comme juge unique, etc...). Aucun recours n'est ouvert contre un tel acte (sauf pourvoi en cassation pour excès de pouvoir). — V. *Acte juridictionnel, Décision gracieuse.*

Mesure conservatoire. — PR. CIV. — Mesure ayant pour effet de conserver un droit ou un bien.

Ainsi, est une mesure conservatoire la demande d'autorisation, vu l'urgence, d'inscrire provisoirement un nantissement (sur un fonds de commerce) ou une hypothèque (sur un immeuble) sur un bien appartenant au débiteur.

Mesures d'instruction. — PR. GÉN. — Procédures ordonnées à la demande des parties ou d'office par le juge et tendant à établir la réalité et l'exactitude des faits sur lesquels porte une difficulté juridique ou un litige.

PR. CIV. — Les mesures d'instruction dans le procès civil peuvent être données en tout état de cause, parfois même en conciliation ou au cours du délibéré ; elles ont un caractère incident.

Elles peuvent aussi être ordonnées en dehors de tout procès, par voie principale (requête ou référé), toutes les fois qu'il existe un motif légitime de conserver ou d'établir la preuve de faits dont peut dépendre la solution d'un litige éventuel (enquête, expertise à futur en particulier).

Mesures nouvelles. — DR. FIN. — V. *Services votés.*

Mesure d'ordre intérieur. — DR. ADM. — En contentieux administratif, catégorie juridique dont l'existence s'explique surtout par la crainte d'un encombrement des juridictions, et qui regroupe des décisions administratives mineures dont le juge administratif se refuse à connaître en raison du peu d'importance du préjudice causé aux administrés. Mais, dans quelques cas, cette appellation couvre seulement la volonté de tracer une limite au contentieux administratif.

Mesures préparatoires. — DR. ADM. — En contentieux administratif, catégorie juridique regroupant les actes de l'Administration dont le juge administratif se refuse à connaître parce qu'ils se bornent à préparer une décision sans être, par eux-mêmes, des actes faisant grief. — V. *Grief.*

Mesures provisoires. — PR. CIV. Décisions prises par le juge, souvent le juge des référés, pour la durée d'un procès (ainsi pension *ad litem*, mise sous séquestre d'un objet, garde des enfants).

Mesures de sûreté. — DR. PÉN. — Sanctions à caractère préventif et dépourvues de but rétributif et de caractère afflictif et infamant, fondées sur la constatation d'un état dangereux. Les mesures de sûreté peuvent consister en une neutrali-

sation, un traitement thérapeutique, un traitement rééducatif.

Métayage. — DR. CIV. — Contrat en vertu duquel le propriétaire d'un domaine rural, le loue temporairement à une autre personne appelée métayer, qui l'exploite moyennant partage des fruits et des pertes.

Ce contrat est encore appelé bail à colonat partiaire. — V. *Bail à ferme.*

Méthode de Grenoble. — DR. CIV. — Procédé de construction d'appartements en copropriété caractérisé par l'existence d'une indivision entre les accédants pendant toute la période nécessaire à l'édification. Toute décision ne peut être prise qu'à l'unanimité. — V. *Méthode de Paris.*

Méthode de Paris. — DR. CIV. — Procédé de construction d'appartements en copropriété caractérisé par la création d'une société chargée de mener à bien les travaux. Le gérant peut traiter seul au nom de la société. — V. *Méthode de Grenoble.*

Métropole. — Historiquement parlant, ce mot désigne d'abord la ville où siège un dignitaire ecclésiastique de rang particulièrement élevé (normalement l'archevêque). A l'époque de l'histoire appelée histoire moderne et contemporaine, ce mot devient celui du langage courant et du style juridique pour désigner le territoire auquel sont rattachées les dépendances dites coloniales ou d'outre-mer (V. les mots : *Département* et *Territoire d'outre-mer*). En dernier lieu, le mot prend place dans l'expression de métropole d'équilibre, retrouvant presque son sens originaire de ville, mais appuyé sur la recherche systématique et planifiée des groupements de plusieurs larges agglomérations humaines, avec structuration à grande échelle d'urbanismes de types variés, de zones industrielles, de voies de communications nouvelles. Il s'agit alors de tenter, dans la régionalisation, de compenser l'hypertrophie de la capitale et de lutter contre l'appauvrissement et la désertion de régions entières. Les considérations économiques et humaines locales (population, richesse du sous-sol, voies d'accès, situation dans un ensemble de dimension encore plus vaste) jouent un rôle déterminant en matière de choix dans l'aménagement.

Meuble. — Dr. civ. — Le terme désigne deux catégories de biens :

— les biens corporels « qui peuvent se transporter d'un lieu à un autre, soit qu'ils se meuvent par eux-mêmes, comme les animaux, soit qu'ils ne puissent changer de place que par l'effet d'une force étrangère, comme les choses inanimées » (art. 528 C. civ.). Ce sont les meubles par nature.

— les biens incorporels, qui sont des droits portant sur une chose mobilière par nature (droit réel, droit personnel, action en justice) ou des droits détachés de tout support matériel mais que la loi considère arbitrairement comme des meubles (parts sociales, droits intellectuels...). Ce sont les meubles par détermination de la loi. — V. *Immeuble.*

Meubles meublants. — Dr. civ. — Meubles destinés à l'usage (tables, sièges, lits...) et à l'ornement (tapisseries, glaces) d'un appartement ou d'un local.

Meurtre. — Dr. pén. — Homicide intentionnel. — V. *Assassinat.*

« Micro-Etat ». — Dr. int. publ. Etat à territoire exigu et très peu peuplé. L'admission de très nombreux micro-Etats à l'ONU à la suite de la décolonisation soulève des problèmes délicats sur lesquels le Secrétaire Général a attiré l'attention, les Etats en question n'étant pas toujours en mesure de faire face aux obligations prévues par la Charte des Nations Unies.

Mines. — Dr. adm., Dr. civ. — Gisements de substances minérales ou fossiles que, en raison de leur valeur, la loi a déclaré distincts du sol quant au régime de propriété.

La liste limitative se trouve dans le Code minier. Y figurent les hydrocarbures liquides et gazeux (V. *Pétrole*), l'apparition, sur cette liste de ces derniers minerais ayant entraîné les plus grandes modifications à l'ensemble des régimes juridiques des mines.

Minières. — DR. ADM., DR. CIV. — Catégorie de gisements aujourd'hui supprimée par la loi, comprenant essentiellement les minières de fer, qui figurent aujourd'hui dans la catégorie des mines, et les tourbières, qui figurent aujourd'hui dans la catégorie des carrières.

Minimum familial. — SÉC. SOC. Revenu minimum, fixé par décret et modulé en fonction des charges de famille, en dessous duquel un ménage ou une personne seule a droit à une indemnité différentielle ou à une indemnité forfaitaire versée par les caisses d'allocations familiales.

Ministère. — DR. CONST. — 1° Ensemble des membres composant le Cabinet ministériel ou Gouvernement (Ex. : ministère Chaban-Delmas).

2° Groupe de services publics placés sous l'autorité d'un ministre (Ex. : ministère des affaires étrangères, de la justice, de l'agriculture, etc...). Chaque ministère est composé d'une administration centrale et de services extérieurs situés dans diverses circonscriptions.

Ministère public. — PR. CIV., PÉN. — Le ministère public est formé de magistrats de carrière qui sont chargés, devant certaines juridictions, de requérir l'application de la loi et de veiller aux intérêts généraux de la société.

Indépendants des juges du siège, les magistrats du parquet sont hiérarchisés et ne bénéficient pas de l'inamovibilité.

En matière civile, le ministère public peut être partie principale ou partie jointe (V. ces expressions). En matière pénale, il est toujours partie principale.

Ministre. — DR. CONST. — Membre du ministère ou Gouvernement.

1° Ministre à portefeuille : ministre chargé d'un département ministériel, c'est-à-dire d'un ensemble de services publics.

2° Ministre délégué : ministre ayant reçu délégation du Premier Ministre pour le décharger d'une tâche particulière.

3° Ministre d'Etat : traditionnellement ministre sans portefeuille, nommé seulement pour des raisons de dosage politique. Sous la V° République, les Ministres d'Etat sont chargés de certaines attributions (Ex. : affaires culturelles, relations avec le Parlement) et ne se différencient guère des autres ministres, si ce n'est par un titre plus prestigieux.

Ministre-juge. — DR. ADM. Conception, périmée depuis la fin du siècle dernier, selon laquelle, en matière de contentieux administratif, chaque ministre représentait pour son département une juridiction de première instance, qui devait ainsi être saisie préalablement à tout recours porté devant le Conseil d'Etat. On parlait alors de justice retenue.

Minorité. — DR. CIV. — Etat de celui qui n'a pas encore atteint la majorité légale. — V. *Majorité.*

DR. COM. — V. *Assemblée générale, Expert de minorité.*

Minorité pénale. — DR. PÉN. Etat de celui qui n'a pas encore atteint l'âge de la majorité pénale (18 ans) : mais le statut du mineur pénal varie selon son âge : le mineur de 13 ans ne peut être condamné qu'à une mesure d'éducation ; le mineur âgé de 13 à 18 ans peut être condamné à une peine, auquel cas il bénéficie d'une excuse atténuante de minorité, obligatoire de 13 à 16 ans, facultative de 16 à 18 ans.

Minorités (protection des). DR. INT. PUBL. — Régime de protection de populations distinctes de la majorité nationale au point de vue ethnique, linguistique, religieux.

Principale application : traités imposés sous garantie internationale (S. D. N.) par les Puissances victorieuses à certains Etats (Pologne, Tchécoslovaquie, etc...) après la première guerre mondiale.

Minute. — DR. CIV., PR. CIV. — Original d'un acte rédigé par un officier public, ou d'un jugement conservé au greffe, et revêtu de la signature du

président et du secrétaire-greffier.

Les minutes ne sortent pas de l'étude du notaire ou du greffe. Il en est délivré des copies exécutoires (appelées aussi expédition ou grosse exécutoire), ou de simples copies certifiées conformes. — V. *Copie exécutoire, Copie certifiée conforme, Exécution sur minute.*

Mise en accusation. — PR. PÉN. Décision de renvoi d'un inculpé devant la Cour d'Assises, relevant de la compétence de la Chambre d'accusation.

Mise en cause. — PR. CIV. — Demande en intervention forcée émanant soit du demandeur, soit du défendeur et dirigée contre un tiers dans le but de lui rendre opposable le jugement à intervenir ou d'obtenir une condamnation contre lui. Elle peut parfois être provoquée d'office par le juge du premier ou du second degré. — V. *Intervention, Tierce opposition.*

Mise en délibéré. — PR. GÉN. — V. *Délibéré.*

Mise en demeure. — DR. CIV. — Acte par lequel un créancier demande à son débiteur d'exécuter son obligation. Elle a pour effet principal de faire courir les dommages et intérêts moratoires.

En droit commun, la mise en demeure est faite par exploit d'huissier.

DR. TRAV. — Injonction adressée par l'inspecteur du travail à un employeur de faire cesser une infraction à la réglementation du travail constatée dans son établissement.

Mise en état. — PR. CIV. — Une affaire est en état, lorsque, l'instruction ayant été effectuée, elle est prête à venir à l'audience pour être plaidée.

Dans la procédure dite « de mise en état », laquelle n'intervient que pour les affaires complexes exigeant une préparation poussée, l'instruction est contrôlée et déclarée close par un juge ou par un conseiller de la mise en état. — V. *Juge de la mise en état. Conseiller de la mise en état.*

Mise en garde. — DR. CONST. — Régime exceptionnel applicable par le Gouvernement lorsque les nécessités de la défense nationale l'exigent (Ord. 7 janv. 1959).

Il entraîne un renforcement des pouvoirs du Gouvernement, mais, à la différence de l'état de siège, il n'entraîne pas de transfert de compétences des tribunaux ordinaires aux tribunaux militaires ni de restrictions des libertés publiques.

Mise à l'index. — DR. TRAV. Interdiction faite à une personne d'exercer son activité professionnelle en faisant appel à d'autres personnes, appartenant ou non à la même profession, pour qu'elles fassent pression sur la personne visée et cessent avec elles toutes relations professionnelles.

Mise à pied. — DR. TRAV.

Suspension du contrat de travail de brève durée, décidée par l'employeur soit à titre de sanction (mise à pied disciplinaire), soit pour des raisons économiques (mise à pied économique). La mise à pied économique requiert le consentement du salarié, faute de quoi elle équivaut à un licenciement.

Mise à pied spéciale, mise à pied d'un représentant du personnel qui a commis une faute grave, en attendant que l'inspecteur du travail statue sur la demande de licenciement.

Mise à prix. — PR. CIV. — Fixation du prix à partir duquel les enchères seront portées. — V. *Adjudication.*

Mise au rôle. — PR. CIV. — Acte par lequel l'avocat du demandeur saisit le tribunal de grande instance en remettant au greffe une copie de l'assignation. Devant la cour d'appel, l'avoué de l'appelant remet au greffe une demande d'inscription au rôle.

Mission diplomatique. — DR. INT. PUBL. — Ensemble des agents diplomatiques assurant la représentation d'un Etat auprès d'un autre Etat (Chef de mission, conseillers, secrétaires des affaires étrangères, personnel administratif et technique).

Mission de service public. — DR. ADM. — V. *Service public.*

Mitigation des peines. — DR. PÉN. — Mesure légale tendant à substituer une peine plus douce à la peine ordinaire attachée à l'infraction commise en faveur de certaines catégories de délinquants, pour tenir compte de la faiblesse physique résultant de leur âge ou de leur sexe.

Mitoyenneté. — Dr. civ. — Etat d'un bien sur lequel deux voisins ont un droit de copropriété et qui sépare des immeubles, nus ou construits, contigus.

Mobiles. — Dr. civ. (V. *Cause*), Dr. pén. — Motivation profonde et subjective d'un acte délictueux. Le droit pénal français ne tient pas compte, en principe, des mobiles (le meurtre pour voler, le meurtre par pitié ou le meurtre passionnel sont juridiquement assimilés).

« Mobilia sequuntur personam ». — Dr. int. privé. Règle, inventée par les glossateurs et restée d'application coutumière, selon laquelle les biens mobiliers sont attachés à la personne de leur propriétaire (Ex. : en matière successorale, les meubles sont soumis à la loi du domicile du défunt).

Mobilière (contribution). — Dr. fin. — Impôt direct local remplacé en 1974 par la taxe d'habitation. — V. ce mot.

Mobilisation de créance. — Dr. com. — Opération par laquelle un créancier retrouve auprès d'un organisme (organisme mobilisateur) la disponibilité de fonds avancés.

Plusieurs techniques sont utilisables parmi lesquelles

l'escompte des effets de commerce. — V. ce mot.

Modèles. — V. *Dessins et modèles.*

Monarchie. — Dr. const. Régime politique où un seul gouverne, par droit d'hérédité, mais d'après des lois fixes.

1° Monarchie absolue : celle où le monarque n'est soumis à aucun contrôle positif (il n'y a en dehors de lui que des organes consultatifs). Ex. : Monarchie française de l'Ancien Régime de 1515 à 1789.

2° Monarchie limitée (ou constitutionnelle) : celle où le monarque a consenti à se limiter en établissant une Constitution et en acceptant l'existence à côté de lui d'autres organes subordonnés mais efficients (notamment une assemblée élue). Ex. : Monarchie française sous la Restauration (1814-1830).

Monisme. — Dr. int. publ. Conception doctrinale selon laquelle Droit interne et Droit international sont des manifestations d'un même ordre juridique.

Le monisme avec primat du Droit interne aboutit à ruiner le caractère obligatoire du Droit international, qui se réduit à un Droit public externe, que tout Etat peut unilatéralement modifier. Le monisme avec primat du Droit international est seul à cadrer avec l'état actuel du Droit positif. — V. *Dualisme.*

Monnaie. — Dr. civ. — Instrument légal assurant

l'exécution des obligations de sommes d'argent et servant d'étalon de valeur pour l'estimation des biens n'ayant pas d'expression pécuniaire.

La monnaie est *métallique* lorsqu'elle est constituée par des métaux précieux.

On parle de monnaie *divisionnaire* lorsque des pièces de faible valeur sont fabriquées avec des métaux variés.

La monnaie *fiduciaire* consiste en billets dont la valeur est déterminée impérativement par l'Etat. — V. *Billet de banque, Cours forcé, Cours légal.*

La monnaie *scripturale* n'est pas matérialisée ; elle est représentée par le solde des comptes de dépôts bancaires dont on peut disposer par voie de chèques ou de virements.

Monocamérisme ou monocaméralisme. — Dr. const. Système d'organisation du Parlement consistant dans l'institution d'une chambre unique.

Monocratie. — Dr. const. (Du grec *monos,* seul, et *cratos,* gouvernement). Nom générique des régimes politiques où le pouvoir appartient à un seul.

Monopole de droit. — Dr. adm.

1° Privilège d'exploitation exclusive concédé à une entreprise publique ou privée par une loi formelle. Une des plus lourdes atteintes imaginables à la liberté du commerce et de l'industrie.

2° Tous les monopoles ne sont pas d'ordre industriel et commercial. Il en est de purement administratif, comme la collation des grades universitaires par les établissements d'enseignement d'Etat.

Monopole de fait. — Dr. adm., Dr. com. — Situation économique dans laquelle toute concurrence est éliminée, soit naturellement par la puissance irrésistible d'une entreprise sur le marché, soit conditionnellement par l'intervention de la police qui, pour des raisons d'ordre public, refuse toutes les facilités qu'elle peut donner sur le domaine public à toute entreprise autre que celle de son choix.

Monopoles fiscaux. — Dr. fin. — Monopoles d'Etat portant sur la production ou le commerce de certains produits de large consommation, comme le tabac et les allumettes, créés pour permettre au budget de bénéficier des « surprix » pratiqués par les services du monopole.

Monroe (doctrine de). — Dr. int. publ. — Doctrine, formulée par le Président des Etats-Unis Monroe, en 1823, qui repousse toute ingérence des Puissances européennes sur le continent américain, en contrepartie du désintéressement des Etats - Unis touchant les affaires européennes. Simple règle de conduite politique américaine, périmée d'ailleurs en ce qui concerne l'isolationnisme.

Montants compensatoires. — DR. FIN. — Instrument financier au fonctionnement complexe de la politique agricole commune des Communautés, destiné à corriger les conséquences des différences de niveau des prix agricoles d'Etat à Etat. Mécanismes complémentaires des prélèvements agricoles (V. ce mot), on peut distinguer parmi eux :

— des M. C. « adhésion » : pendant quelques années après l'entrée de la Grande-Bretagne, de l'Irlande et du Danemark dans le Marché Commun, les prix agricoles de ces trois pays peuvent être différents des prix communautaires. Pour rendre possibles les échanges, il a été créé des M. C. à percevoir ou à recevoir, sortes de taxes de péréquation ou de subventions neutralisant ces différences de prix.

— des M. C. « monétaires », destinés à corriger les conséquences du désordre monétaire international. Ces M. C., qui jouent comme les précédents, ont pour but de compenser, quand ils fonctionnent dans le cadre intra - communautaire, les effets des écarts parfois importants qui existent entre la valeur effective d'une monnaie et sa valeur officielle retenue pour la fixation communautaire des prix agricoles (dite « monnaie verte » : « livre verte » par exemple). Ils grèvent lourdement le budget communautaire.

La valeur des M. C., constamment adaptée, est publiée au Journal Officiel des Communautés.

Monuments historiques et sites. — Sont soumis à une procédure de classement qui permet leur conservation dans le patrimoine national, leur maintien en la forme et l'état au moment de ce classement, et interdit, fût-ce de la part du propriétaire, toute modification non autorisée (surveillance du Ministère des Affaires Culturelles).

Moratoire. — DR. CIV., PR. CIV. — Délai qui suspend les poursuites contre tous les débiteurs ou contre certaines catégories seulement, et que la loi accorde lorsque les circonstances générales (une guerre par exemple) rendent difficile ou impossible le paiement des obligations.

Mort. — DR. CIV. — Cessation de la vie. La mort entraîne la disparition de la personnalité juridique (V. cette expression).

Mort (Peine de). — DR. PÉN. — Abolie par la loi du 9 octobre 1981, la peine de mort était une peine principale, criminelle, afflictive et infamante ; la seule peine corporelle que nos lois connaissaient ; elle s'exécutait par décapitation, en droit commun, et par fusillade, en matière politique.

Mort civile. — DR. PÉN. — Mesure frappant autrefois les personnes condamnées à

281

une peine perpétuelle ; par la mort civile, la personnalité juridique disparaissait, la succession du condamné était ouverte et son mariage dissous. La mort civile a été supprimée par la loi du 31 mai 1854.

Motif. — Dr. civ. (V. *Cause*), Pr. civ. — Soutien rationnel de l'argumentation développée par les plaideurs dans les conclusions, et par les magistrats dans les jugements et arrêts.

Le défaut ou la contradiction de motifs constitue un cas de pourvoi en cassation.

Motion. — Dr. const. — V. *Résolution.*

Motion de censure. — Dr. const. — V. *Censure.*

Motivation (des actes administratifs). — Dr. adm. — Obligation instituée à la charge des diverses Administrations et de la Sécurité sociale, en vue de garantir les droits des intéressés, d'informer ceux-ci des motifs de droit et de fait ayant fondé certaines catégories de décisions individuelles défavorables qui les concernent.

Moyens. — Pr. gén. — Les moyens sont le soutien nécessaire de la demande et de la défense. Ce sont eux qui forment le fondement de la cause.

Un moyen nouveau peut être présenté à tout moment en première instance ou en appel, mais non pour la première fois en cassation. Seuls peuvent être invoqués à ce stade des arguments nouveaux. Il n'en va autre-

ment que quand il s'agit d'un moyen de pur droit ou d'un moyen d'ordre public. La Cour de cassation peut même, alors, le soulever d'office. — V. *Arguments, Cause.*

Multinationale. — Dr. int. publ., Dr. com., Dr. int. priv. — Entreprise, firme, société dépassant le cadre national, soit qu'elle exerce des activités (production, prestation de services) dans plusieurs pays, soit qu'elle dispose de capitaux de caractère plurinational, soit que sa direction soit assurée par un état-major composé de personnes de différentes nationalités, ces diverses caractéristiques pouvant être cumulées.

Multipartisme. — Dr. const. — Système où plusieurs partis politiques se disputent le pouvoir, ce qui oblige généralement à former des gouvernements de coalition plus ou moins stables.

Multipropriété. — Dr. civ. Technique juridique permettant à plusieurs associés membres d'une société immobilière d'avoir la jouissance exclusive et successive sur un appartement pour une période limitée de l'année.

Municipalisation des sols. — Dr. adm. — Système actuellement préconisé dans des milieux politiques divers, en vue de lutter contre la spéculation immobilière en milieu urbain, et selon lequel les terrains constructibles deviendraient la propriété des communes, qui les rétrocéderaient à bail aux constructeurs.

Municipalité. — DR. ADM. — Ensemble formé par le maire et ses adjoints.

Mutation. — DR. CIV., DR. COM. Transfert d'un bien d'un patrimoine dans un autre (mutation à titre particulier) ou substitution d'une personne à une autre à la tête d'un patrimoine (mutation à titre universel).

DR. TRAV. — Modification de la situation d'un salarié résultant de son affectation à un autre poste ou à une autre fonction, ou dans un autre service ou établissement de la même entreprise. La mutation est soit une sanction disciplinaire, soit une mesure de réorganisation ; dans le premier cas, elle peut être accompagnée d'uue rétrogradation. V. *Détachement, Transfert.*

Mutation domaniale. — DR. ADM. — Faculté reconnue par la jurisprudence au profit de l'Etat de faire affecter aux besoins de ses services publics des dépendances du domaine public d'autres collectivités de Droit public qui, en conservant la propriété, ne pourront prétendre qu'à une indemnité fondée par la jurisprudence sur la théorie des dommages de travaux publics.

Mutualité. — Mouvement social d'importance considérable prenant pour base juridique le système de l'association, avec : 1° utilisation constante du principe de solidarité et d'entraide, traduit dans la collecte des cotisations ; 2° recherche désintéressée de la prévoyance et de l'assurance au profit des adhérents. On ne peut garder ici de cet immense sujet que ces deux idées : lointainement issues des corporations et des compagnonnages du Moyen Age, les mutuelles sont devenues souvent des organes d'équilibre et de complément de la Sécurité sociale (1946), et assurent à leurs adhérents des prestations complémentaires.

Mutualité sociale agricole. SÉC. SOC. — Ensemble des organismes qui assurent la gestion du régime de protection sociale de l'agriculture.

« Mutuum ». — DR. CIV. — Contrat en vertu duquel une personne, le prêteur, remet à une autre, l'emprunteur, pour qu'elle s'en serve, une chose fongible et consomptible, à charge pour elle d'en restituer une semblable. Ce contrat est aussi appelé prêt de consommation. — V. *Prêt.*

N

Naissance. — DR. CIV. —
Instant qui marque la
sortie de l'enfant du sein
maternel.

La naissance est la
condition de l'acquisition
de la capacité juridique
qui remonte, dans ses
effets, au jour de la
conception.

Nantissement. — DR. CIV.
Contrat par lequel un débiteur remet une chose mobilière ou immobilière à son
créancier pour la garantie
de sa dette.

Le nantissement d'une
chose mobilière s'appelle
gage. — V. *Gage*.

Le nantissement d'une
chose immobilière s'appelle
antichrèse. — V. *Antichrèse*.

DR. COM. — Forme de
gage sans dépossession du
débiteur utilisée en droit
commercial (nantissement
du fonds de commerce, du
matériel et de l'outillage,
des véhicules automobiles).

Le nantissement constitue
en fait une hypothèque
mobilière.

Nation. — DR. CONST. —
Groupement d'hommes
ayant entre eux des affi-
nités tenant à des éléments
communs à la fois objec-
tifs (race, langue, religion,
mode de vie) et subjectifs
(souvenirs communs, senti-
ment de parenté spirituelle,
désir de vivre ensemble)
qui les unissent et les dis-

tinguent des hommes appartenant aux autres groupe-
ments nationaux.

L'intensité des liens de
solidarité nationale a
conduit à la formation de
l'Etat - nation ; il existe
cependant des Etats multi-
nationaux (U. R. S. S., Yougoslavie...) et des nations
divisées entre plusieurs
Etats (Allemagne, Vietnam,
Corée...).

Nationalisation. — DR. ADM.
Expropriation législative
des propriétaires ou actionnaires de firmes indus-
trielles ou commerciales
sous l'impulsion de considérations diverses, avec
transfert du pouvoir de
direction à des organes
généralement censés représenter la collectivité nationale, et, pour la doctrine
dominante, attribution de
leur patrimoine à l'Etat.

Nationalisme. — DR. CONST.,
DR. INT. PUBL. — 1° Doc-
trine selon laquelle la nation
a le droit de pratiquer une
politique dictée par la seule
considération de sa puis-
sance et de sa grandeur
(politique motivée par la
volonté de domination,
l'esprit de revanche ou la
peur de dangers extérieurs).

2° Doctrine et action
politique des individus qui
cherchent à réaliser l'indépendance de leur nation

en la libérant de la domination étrangère.

Nationalité. — Dr. civ., Dr. int. priv. et publ. — Lien juridique et politique qui rattache un individu à un Etat souverain.

Nationalité des personnes morales. — Dr. intern. priv. — Les personnes morales de droit privé (associations, sociétés civiles ou commerciales) sont rattachées au système juridique d'un Etat, celui dans lequel est fixé leur siège social. On dit, d'une manière sujette à discussion, qu'elles ont la nationalité de cet Etat.

Dans certains domaines, on est appelé à rechercher à quelle nationalité appartiennent ceux qui contrôlent effectivement la vie de la personne morale.

Nationalités (principe des). Dr. int. publ. — Principe selon lequel toute nation (V. ce mot) a le droit de se constituer en Etat indépendant. Principe appliqué au xixe siècle (Belgique, 1830 ; Italie, 1859) et surtout par les traités de paix de 1919-1920 pour la constitution des Etats d'Europe centrale.

Naturalisation. — Dr. int. priv. et publ. — Acquisition volontaire d'une nationalité, qui emporte généralement l'abandon de la nationalité d'origine.

En France, la naturalisation est accordée par l'autorité administrative, d'une manière discrétionnaire, aux individus qui l'ont sollicitée et remplissent certaines conditions.

Nature de juridiction. — Pr. civ. — La nature d'une juridiction précise si elle est un tribunal de droit commun ou un tribunal d'exception.

Navette. — Dr. const. — Va et vient d'un projet ou d'une proposition de loi d'une assemblée à l'autre en régime bicaméral, tant que subsiste entre elles un désaccord sur le texte en discussion.

La navette peut être illimitée (Ex. : sous la IIIe République), mais la tendance des constitutions récentes est de prévoir la possibilité d'y mettre un terme par un vote de l'assemblée élue au suffrage universel direct, soit sur l'initiative de celle-ci (Ex. : Constitution de 1946 après la révision de 1954), soit sur celle du Gouvernement (Ex. : Constitution de 1958, art. 45).

Navire. — Dr. marit. — Bâtiment destiné à la navigation maritime. — V. *Bateau.*

Nécessité. — Dr. civ. — Caractère de ce dont on a absolument besoin.

Etat de nécessité : situation dans laquelle se trouve une personne qui, pour éviter un grave péril, cause à autrui un dommage de moindre importance.

Dr. adm. — En considération de la nécessité (associée le plus souvent à l'urgence), des tolérances

sont apportées par la jurisprudence, particulièrement
administrative, dans la rigueur des règles de compétence et de forme en faveur
de nombreux actes publics
indispensables (ex. : état
civil, redevances fiscales,
réquisitions).

PR. CIV. — Circonstance
de fait permettant au juge
d'ordonner l'exécution provisoire d'un jugement, d'autoriser soit une signification,
soit une exécution en dehors
des heures légales et des
jours ouvrables, de procéder
non contradictoirement en
prescrivant une mesure à
l'insu de la partie adverse.
Le plus souvent, la mesure
paraîtra nécessaire par suite
de l'urgence et du péril en
la demeure.

Négligence-clause. — DR. MARIT.
Clause par laquelle l'armateur
exclut toute responsabilité
de la part de ses préposés.

Négociation. — DR. INT.
PUBL. — Discussion en vue
d'aboutir à un accord.

Négociation collective. — DR.
TRAV. — Ensemble des dis-
cussions entre les représentants des employeurs ou des
organisations professionnelles
d'une part, et des syndicats de
salariés d'autre part, en vue de
conclure une convention collective. La négociation est
soumise à un formalisme particulier, lorsque la convention
est susceptible d'être étendue.
Le niveau de la négociation
peut être national, régional ou
local.

« Negotium ». — DR. GÉN. —

Dans un acte juridique ou
dans un contrat, le « negotium » (le mot veut dire
« affaire ») concerne la question de fond que vise cet acte
ou ce contrat, par opposition
à la forme qui traduit la
volonté de l'auteur de l'acte
ou des contractants. — V.
Instrumentum.

**« Nemo auditur propriam
turpitudinem allegans ».**
DR. CIV., PR. CIV. — Per-
sonne n'est entendu (par un
juge) lorsqu'il allègue sa
propre turpitude.
Adage employé pour
refuser éventuellement la
restitution des prestations
après le prononcé de la
nullité d'une convention
contraire à la morale et
aux bonnes mœurs.

**« Nemo censetur ignorare
legem ».** — Personne n'est
censé ignorer la loi. Adage
interdisant à quiconque de
se retrancher derrière son
ignorance du droit pour
échapper à ses obligations.

**« Nemo dat quod non ha-
bet ».** — DR. CIV., DR. COM.
Personne ne peut transférer
la propriété d'une chose qui
ne lui appartient pas.

**« Nemo liberalis nisi libera-
tus ».** — DR. CIV. — Une
personne qui a des dettes
ne doit pas faire de libéralités.

**« Nemo plus juris ad alium
transferre potest quam
ipse habet ».** — DR. CIV.
Une personne ne peut transférer à autrui plus de
droits qu'elle n'en a elle-
même.

Neutralisation. — DR. INT. PUBL. — Régime juridique conventionnel applicable à une partie du territoire d'un Etat et qui consiste en l'interdiction de toute manifestation de puissance militaire dans ce secteur (Ex. : archipel norvégien du Spitzberg, archipel finlandais des îles d'Aland).

Neutralisme. — DR. INT. PUBL. — Position politique de certains Etats (Yougoslavie, nombreux Etats du Tiers Monde) consistant dans un refus de s'affilier à l'un des « blocs » antagonistes, occidental ou communiste.

Neutralité. — DR. INT. PUBL.
1° Neutralité occasionnelle : situation des Etats non belligérants pendant une guerre déterminée (Ex. : Irlande au cours de la Seconde Guerre mondiale).

2° Neutralité permanente : statut des Etats qui sont tenus par traité de ne jamais entreprendre de guerre offensive (Ex. : Suisse (1815), Autriche (1955)).

Noblesse. — DR. CIV. — Dans l'Ancien Droit, élément de l'état des personnes qui, après collation par l'autorité royale d'un titre transmissible, bénéficiaient de certains privilèges.

Par extension, ensemble des personnes bénéficiant de cet état. La noblesse n'est plus une « classe privilégiée » depuis la loi du 4 août 1789.

Nomades. — DR. CIV. — Personnes qui, en raison de leur mode de vie, n'ont pas de résidence stable.

La loi leur impose le rattachement à une localité qui tient lieu de domicile.

Nom commercial. — DR. COM. — Terme qui désigne une entreprise et permet de la distinguer des entreprises concurrentes (Le Louvre, La Samaritaine). Le nom commercial est un des éléments incorporels du fonds de commerce.

Nom-prénom. — DR. CIV. — Nom : vocable servant à désigner une personne.

Nom patronymique (ou nom de famille) : élément du nom qui, attribué en raison de la filiation, est porté par les membres d'une même famille.

Prénom : élément du nom qui permet de distinguer les membres d'une même famille.

Nomenclature juridique. — Une nomenclature juridique est l'ensemble des rubriques ou mots clés permettant, dans les répertoires, recueils, tables des matières, fichiers des bibliothèques, d'effectuer le recensement et l'exposé des diverses sources d'information juridique.

Une informatique juridique et judiciaire suppose l'élaboration de nomenclatures.

Nominalisme monétaire. — DR. PRIV. — Principe en vertu duquel le débiteur ne doit jamais que la somme numérique énoncée au contrat, dans les espèces ayant cours au moment du paiement ; les fluctuations de valeur de la monnaie sont donc juridiquement indifférentes, et la dévaluation profite au débiteur ; en droit, un franc est toujours égal à un franc. — V. *Indexation*.

Non-alignement. — Dr. int. publ. — V. *Neutralisme*.

« Non bis in idem ». — Dr. pén. — Une personne déjà jugée pour un fait délictueux, ne peut être poursuivie à nouveau pour le même fait.

Nonce. — Dr. int. publ. — Ambassadeur du Saint-Siège.

Non-cumul des peines. — Dr. pén. — Principe en vertu duquel un individu, convaincu de plusieurs crimes, délits ou contraventions de 5e classe punies d'emprisonnement, non séparés par une condamnation définitive, ne peut se voir infliger que la seule peine afférente à l'infraction la plus grave.

Non-imputabilité (causes de...). — Dr. pén. — V. *Imputabilité*.

Non inscrit. — Dr. const. V. *Groupe parlementaire*.

Non-lieu. — Pr. pén. — Acte par lequel une juridiction d'instruction, se basant soit sur un motif de droit, soit sur une insuffisance des charges, dit n'y avoir lieu de suivre la procédure, c'est-à-dire de faire comparaître l'inculpé

devant une juridiction de jugement.

Non rétroactivité. — Principe en vertu duquel une norme juridique nouvelle ne peut remettre en cause les situations anciennes nées de l'application de la règle antérieure.

Norme. — Terme synonyme de règle de droit, de règle juridique.

Notaire. — Dr. civ. — Officier public et officier ministériel chargé de conférer l'authenticité aux actes instrumentaires et de conseiller les particuliers.

Note en délibéré. — Pr. civ. — Note que remet au tribunal un plaideur au cours du délibéré.

Une telle note, qui doit être communiquée à l'adversaire, ne peut modifier ni la cause ni l'objet de la demande, ni les moyens sur lesquels elle est fondée. Cette pratique est critiquable.

Notification. — Dr. adm. — Mode de publicité employé normalement en matière d'actes individuels et consistant à informer personnellement l'intéressé de la mesure en cause. — V. *Publication*.

Pr. civ. — Formalité par laquelle un acte extrajudiciaire, un acte judiciaire ou un jugement est porté à la connaissance des intéressés.

La notification peut, selon les cas, être effectuée par un huissier de justice (on parle alors de *signification*, V. ce mot) ou par la voie postale. Cette seconde voie n'est utilisée que quand elle est autorisée par un texte, les parties restant alors libres de lui préférer une signification.

Notification entre avocats ou avoués. — PR. CIV. — Entre avocats et entre avoués, la notification d'un acte peut être faite soit par un huissier audiencier (signification d'acte du Palais), soit par remise directe de l'avocat ou de l'avoué à son confrère. — V. *Visa.*

Notoriété. — DR. CIV. — Caractère de ce qui est connu du plus grand nombre. — V. *Acte de notoriété.*

Novation. — DR. CIV. — Convention par laquelle une obligation est éteinte et remplacée par une obligation nouvelle.

Nue-propriété. — DR. CIV. Droit réel principal, démembrement du droit de propriété, qui donne à son titulaire le droit de disposer de la chose, mais ne lui confère ni l'usage, ni la jouissance, lesquels sont les prérogatives de l'usufruitier sur cette même chose. — V. *Propriété, Usufruit.*

Nuisances. — Par ce néologisme, on désigne les troubles de plus en plus grands qui portent atteinte à la vie collective du fait des moyens modernes de l'industrie (V. *Pollution*) et de ses conséquences sur la société. Nuisances physiques : ex. les fumées, le bruit, surtout auprès des aérodromes. Nuisances intellectuelles : ex. l'abus de publicité, le « matraquage » musical. Nuisances « catastrophiques » : ex. les accidents redoutables par automobiles individuelles, et « poids lourds » chargés de matières explosives et inflammables lancés à grande vitesse.

Nuit. — DR. TRAV. — V. *Travail de nuit.*

Nul ne plaide par procureur... — PR. CIV. — Règle de forme imposant au mandataire judiciaire de révéler, dans toutes les pièces de procédure, le nom de son mandant.

« Nullum crimen, nulla poena sine lege ». — DR. PÉN. — Il n'y a pas de crime, il n'y a pas de peine sans loi.

Nullité. — DR. CIV. — Sanction prononcée par le juge et consistant dans la disparition rétroactive de l'acte juridique qui ne remplit pas les conditions requises pour sa formation.

La nullité est absolue lorsque les conditions imposées par la loi sont essentielles et tendent à protéger l'intérêt général, ou l'ordre public, ou les bonnes mœurs.

La nullité est dite relative lorsqu'elle sanctionne une règle destinée à protéger une partie à l'acte (Ex. : nullité pour incapacité).

Les régimes respectifs des nullités absolue et relative sont différents.

Nullité virtuelle : nullité

qui peut être prononcée alors qu'aucun texte ne la prévoit expressément.

Nullité textuelle : nullité qui ne peut être prononcée que si un texte la prévoit de façon formelle (Ex. : les nullités de mariage).

V. *Inexistence, Inopposabilité, Rescision, Résolution, Résiliation.*

Nullité d'acte de procédure. PR. CIV. — Sanction d'irrégularité commise dans la rédaction ou dans la signification d'un acte de procédure (exception de nullité).

Les conditions d'exercice de la nullité ne sont pas les mêmes selon qu'il s'agit d'un vice de forme ou d'une irrégularité de fond (art. 112 à 121 nouv. C. proc. civ.).

Nullité des jugements. — PR. CIV. — Il est interdit d'introduire une action en nullité contre un acte de juridiction. Le plaideur qui estime que la procédure a été irrégulière ou que le tribunal a mal jugé ne peut attaquer le jugement ou l'arrêt que par les voies de recours classiques. Les décisions gracieuses peuvent être l'objet d'une action en nullité principale ou d'un appel, ainsi les ordonnances sur requête. — V. *Inexistence.*

O

Objecteur de conscience. — DR. ADM., DR. PÉN. — Citoyen qui refuse, par respect d'une règle morale, d'accomplir ses obligations militaires, mais sans se soustraire à la justice de son pays (différence avec l'insoumission ou la désertion). Certains Etats (dont la France depuis 1963) admettent plus ou moins explicitement l'objection de conscience en accordant aux objecteurs un statut qui les dispense du service armé, remplacé par l'affectation à des tâches civiles.

Objet. — DR. CIV. — L'objet du contrat désigne l'opération juridique que les parties ont voulu effectuer (une vente, un prêt, un contrat de travail par ex.).

L'objet de l'obligation désigne la prestation ou la chose que chacune des parties s'est engagée à fournir (le prix pour l'acheteur, la chose pour le vendeur, par ex.). L'objet doit être certain, possible, licite et moral.

PR. CIV. — La demande en justice vise un objet déterminé, dont la nature définit, le plus souvent celle de l'action.

La notion d'objet intervient aussi lorsque, pour savoir s'il y a ou non chose jugée, on confronte une décision déjà rendue et une nouvelle demande en justice.

Objet social. — DR. COM. — Activités qu'une société, une association se propose d'exercer. L'objet social est défini par ses statuts.

Obligataire. — DR. COM. — V. *Obligation.*

Obligation. — DR. CIV. — Au sens large, lien de droit entre deux ou plusieurs personnes en vertu duquel l'une des parties, le créancier peut contraindre l'autre, le débiteur, à exécuter une prestation (donner, faire ou ne pas faire). — V. *Prestation.*

Dans un sens restreint, synonyme de dette (l'obligation est la face négative de la créance). — V. *Créance, Dette, Droit personnel, Obligation à la dette.*

DR. COM. — Titre négociable émis par une société de capitaux qui emprunte un capital important, généralement à long terme et divise sa dette en un grand nombre de coupures.

Chaque obligataire se trouve dans la situation d'un prêteur, titulaire d'une créance productive d'un intérêt.

L'obligation s'oppose à l'action en ce qu'elle assure généralement un revenu fixe indépendant des résultats de l'exercice et ne confère pas à son titulaire le droit de participer à la gestion de la société sauf à être consulté dans certains cas exceptionnels (modification de l'objet ou de la forme de la société, fusion ou scission).

Obligation alimentaire. — DR. CIV. — Obligation mise à la charge d'une personne en vue de fournir des secours, principalement en argent, exceptionnellement en nature, à un proche parent ou allié qui se trouve dans le besoin.

Obligation alternative. — DR. CIV. — Une obligation est alternative lorsque deux prestations étant soumises au rapport de droit, le débiteur peut n'en exécuter qu'une seule. — V. *Obligation facultative.*

Obligation civile. — DR. CIV. — Obligation dont l'inexécution est sanctionnée par le droit.

Obligation conditionnelle. DR. CIV. — Obligation dont l'existence dépend de la réalisation d'une condition.

Obligations conjointes. — DR. CIV. — Obligations qui se divisent de plein droit entre les créanciers ou les débiteurs, de telle sorte que chaque créancier ne peut exiger que sa part ou que chaque débiteur ne peut être poursuivi que pour sa part de dette.

Obligations conjonctives. — DR. CIV. — Obligations contraignant le débiteur à exécuter plusieurs prestations pour être libéré.

Obligations convertibles. — DR. COM. — Obligations susceptibles d'être échangées par la société émettrice contre des actions de ladite société, à la demande de l'obligataire, soit à tout moment, soit lors d'une période d'option déterminée.

Obligation déterminée. — DR. CIV. — V. *Obligation de résultat.*

Obligation à la dette. — Dr. civ. Obligation de se soumettre à la poursuite du créancier et d'acquitter l'intégralité de la dette, quitte à agir, par la voie récursoire, à l'encontre du véritable débiteur ou du co-obligé. — V. *Contribution à la dette.*

Obligation de discrétion professionnelle. — Dr. adm. — V. *Documents administratifs (accès aux...).*

Obligations échangeables. — Dr. com. — Obligations susceptibles d'être, à la demande de l'obligataire, échangées contre des actions de la société émettrice par un tiers, dit tiers souscripteur, qui aura souscrit globalement au moment de l'émission des obligations à une augmentation de capital simultanée, destinée à assurer l'échange.

Ce tiers souscripteur doit être une banque ou un établissement financier.

Obligation facultative. — Dr. civ. — Obligation ayant un objet unique, le débiteur pouvant toutefois se libérer en effectuant une autre prestation. — V. *Obligation alternative.*

Obligation indivisible. — Dr. civ. — Obligation qui, en raison des caractères naturels ou conventionnels de son objet, est insusceptible de division entre les créanciers ou les débiteurs.

Obligation « in solidum ». — Dr. civ. — Obligations de plusieurs personnes tenues chacune pour le tout envers le créancier, alors qu'il n'existe entre elles aucun lien de représentation. L'obligation *in solidum* créée par la jurisprudence, a permis en particulier à la victime d'un dommage d'obtenir réparation de l'intégralité du préjudice en poursuivant l'un quelconque des coauteurs ; sous cet aspect elle constitue une garantie de solvabilité. — V. *Obligation solidaire.*

Obligation de moyens. — Dr. civ. — Obligation en vertu de laquelle le débiteur n'est pas tenu d'un résultat précis. Ainsi le médecin s'engage seulement à tout mettre en œuvre pour obtenir la guérison du malade sans garantir cette dernière. Le créancier d'une telle obligation ne peut mettre en jeu la responsabilité de son débiteur que s'il prouve que ce dernier a commis une faute, n'a pas utilisé tous les moyens promis. — V. *Obligation de résultat.*

Obligation naturelle. — Dr. civ. Obligation dont l'inexécution n'est pas juridiquement sanctionnée et ne contraint qu'en conscience ; son exécution spontanée vaut paiement et n'est pas susceptible de répétition.

Obligation « propter rem ». — Dr. civ. — V. *Obligation réelle.*

Obligation de prudence et de diligence. — Dr. civ. V. *Obligation de moyens.*

Obligation réelle. — Dr. civ. — Obligation pesant sur un débiteur qui est tenu seulement en tant que détenteur d'une chose déterminée.

Le débiteur est quitte par l'abandon de la chose.

Obligation de réserve. — DR. ADM. — Une obligation de réserve pèse sur les fonctionnaires et sur les magistrats (V. pour ces derniers art. 43 et 79 Ord. n° 58-1270 du 22 déc. 1958). Elle impose à celui qui y est soumis, tant dans l'exercice qu'en dehors de ses fonctions, un devoir particulier de loyalisme à l'égard de l'Etat et des autorités publiques, l'interdiction de toute parole, de tout écrit, de toute attitude qui se révèlerait incompatible avec la fonction. Cette obligation doit être respectée même dans l'exercice d'un mandat syndical. Le manquement à l'obligation de réserve est apprécié en fonction du poste occupé par le fonctionnaire ou le magistrat, du caractère et de la forme donnés à la manifestation critiquée.

Obligation de résultat. — DR. CIV. — Obligation en vertu de laquelle le débiteur est tenu d'un résultat précis. Ainsi le transporteur de personnes s'engage envers le voyageur à le déplacer d'un endroit à un autre. L'existence d'une telle obligation permet au créancier de mettre en jeu la responsabilité de son débiteur par la simple constatation que le résultat promis n'a pas été atteint, sans avoir à prouver une faute. — V. *Obligation de moyens.*

Obligation de sécurité. — DR. CIV. — Obligation introduite par la jurisprudence dans certains types de contrat et par laquelle le débiteur est tenu d'assurer, outre la prestation principale, objet du contrat, la sécurité du créancier. Ainsi dans le contrat de transport de personnes, le transporteur doit non seulement déplacer le voyageur d'un endroit à un autre, mais encore faire en sorte qu'il soit sain et sauf à l'arrivée. L'obligation de sécurité peut être une obligation de moyens ou une obligation de résultat (V. ces mots).

Obligation solidaire. — DR. CIV. — L'obligation est solidaire lorsque, dans les rapports avec le créancier commun, chaque débiteur est tenu de payer l'intégralité de la dette. — V. *Solidarité.*

Observateur. — DR. INT. PUBL. — 1° Personne désignée par un Etat et admise à ce titre à assister aux travaux d'un organe international, mais sans droit de vote ni qualité pour souscrire un engagement.

2° Agent chargé par une Organisation internationale de suivre sur place le déroulement d'une opération (ex. : une consultation populaire) ou l'évolution d'une situation.

Obtention végétale. — DR. COM. Création par l'homme, en coopération avec la nature, de nouvelles espèces végétales. Ces créations, après avoir été protégées par les brevets d'invention, font l'objet d'une loi particulière de protection, la loi du 11 juin 1970.

Occupation. — Dr. civ. — Mode d'acquisition de la propriété par la prise de possession d'une chose n'appartenant à personne. V. *Res nullius.*

Dr. int. publ. — Etablissement par un Etat de son autorité sur un territoire, et notamment mode d'acquisition d'un territoire sans maître.

L'Acte de Berlin de 1885 exige que l'occupation soit effective et notifiée aux autres Etats.

Occupation d'usine. — Dr. trav. — Fait, pour des ouvriers en grève, de demeurer sur les lieux du travail. L'occupation est considérée par la jurisprudence comme une atteinte au droit de propriété ; l'employeur peut demander, en référé, l'expulsion des grévistes.

Occupation temporaire. — Dr. adm. — Prérogative permettant à l'exécutant de travaux publics (V. ce mot) de pénétrer sur des terrains privés pour en extraire des matériaux ou pour y entreposer du matériel ou des déblais. Cette occupation, limitée à cinq ans, procède d'une autorisation préfectorale et donne lieu à indemnité.

L'occupation temporaire irrégulière d'une propriété constituerait juridiquement une *voie de fait* ou une *emprise* irrégulière (V. ces mots).

Octroi. — Dr. adm., Dr. fin. Droit qui frappait certaines denrées à leur entrée sur le territoire de villes spécialement autorisées à le percevoir. Administration qui percevait ce droit.

Dr. const. — Mode autocratique d'établissement des Constitutions par décision unilatérale du Chef de l'Etat, qui consent à réglementer l'exercice de son pouvoir (Ex. : Charte de 1814 octroyée par Louis XVIII).

Œuvres sociales. — Dr. trav. Dans une entreprise ou un établissement, ensemble des actions ou institutions non obligatoires et indépendantes du contrat de travail, destinées à l'amélioration des conditions de bien-être des salariés, anciens salariés, et leur famille. Il peut s'agir d'aides temporaires ou de services permanents (cantines, colonies de vacances, bibliothèques, animations culturelles...). Lorsqu'il en existe un, le comité d'entreprise a vocation à gérer ou à contrôler l'ensemble des œuvres sociales déjà existantes ou qu'il peut créer.

Offense. — Dr. const., Dr. pén. — Délit spécial que constituent, lorsqu'ils concernent le Chef de l'Etat, des manques d'égards qui resteraient impunis s'ils concernaient une autre personne.

Office. — Dr. adm. — Terme qui a connu dans l'entredeux guerres une grande fortune, et qui était appliqué à l'origine à des établissements publics à caractère industriel. Aujourd'hui, le mot a perdu sa spécificité et entre dans l'appellation d'une série d'organismes disparates généralement constitués sous la forme d'établissements publics industriels et commerciaux.

Office (Mesures prises d'...). PR. GÉN. — Une décision, une mesure est prise d'office par une juridiction, par un magistrat, par un représentant du Ministère public, lorsque cette autorité, usant de son pouvoir d'initiative, peut le faire sans être sollicitée par une demande préalable des parties, soit en vertu d'une disposition légale ou réglementaire (ainsi ordonner une mesure d'instruction, déclarer caduque une assignation, soulever une incompétence, un moyen de droit pur), soit en vertu des pouvoirs propres de cette autorité (ainsi requérir ou relever une nullité d'ordre public). Le pouvoir d'initiative du juge se développe dans la mesure où la nouvelle procédure civile présente un caractère plus inquisitoire que naguère.

Office du juge. — PR. CIV. L'office du juge définit quel est son rôle dans la direction du procès civil, quels sont ses pouvoirs et leurs limites.

Les réformes récentes, en particulier celle de la procédure de « mise en état des causes », visent à accroître le rôle du juge dans l'instance.

Office national d'immigra- tion. — DR. INT. PRIV., DR. TRAV. — Organisme public chargé de contrôler l'immigration en France des travailleurs étrangers.

Officialité. — DROIT CANONIQUE. — Tribunal ecclésiastique, présidé par l'official, délégué par l'évêque.

Officier de l'état civil. — DR. CIV. — Officier public chargé dans chaque commune de la tenue et de la conservation des actes de l'état civil.

C'est le maire qui est, en principe, officier de l'état civil ; il est placé à ce titre sous le contrôle de l'autorité judiciaire. — V. *Acte de l'état civil.*

Officier ministériel. — PR. CIV. — Personne titulaire d'un office qui lui est conféré à vie par l'autorité publique et pour lequel il a le droit de présenter un successeur. L'officier ministériel jouit d'un monopole : ainsi les avoués ; certains jouissant du droit de faire des actes publics (officiers publics) : ainsi les notaires, les greffiers des tribunaux de commerce, les huissiers de justice, les agents de change, les commissaires priseurs. Le terme de *charge* est aussi employé pour désigner un office ministériel.

Offices publics d'aménagement et de construction (O. P. A. C.). — DR. ADM. Etablissements publics à caractère industriel et commercial, créés en 1971, ayant compétence pour réaliser toutes opérations d'urbanisme ainsi que des constructions répondant ou non aux normes des habitations à loyer modéré. Les Offices publics d'H. L. M. peuvent être transformés en O. P. A. C.

Officiers (et Agents) de police judiciaire. — Pr. pén. Ensemble des fonctionnaires placés sous l'autorité du parquet et le contrôle de la chambre d'accusation ayant pour mission d'accomplir les opérations ressortissant à l'enquête de police (Voir ce mot) à l'enquête de flagrance (V. *Flagrant délit*) et d'effectuer les délégations des magistrats instructeurs (V. *Mandats, Commissions rogatoires*). Les OPJ ont plénitude de pouvoirs ; les APJ se bornent à les seconder.

Officier public. — Dr., Pr. civ. — Qualité conférée aux personnes qui ont le pouvoir d'authentifier des actes (Ex. : le maire en tant qu'officier de l'état civil, le notaire, les greffiers, les huissiers). — V. *Acte authentique, Officier ministériel.*

Offre. — Dr. civ. — Fait par lequel une personne propose à un tiers la conclusion d'une convention.

Offre de concours. — Dr. adm. — Contrat administratif par lequel un particulier, ou une personne publique, s'engage à contribuer aux frais de réalisation d'un travail devant être exécuté par une autre personne publique.

Offre Publique d'Achat (O. P. A.). Offre Publique d'Echange (O. P. E.). — Procédures tendant à assurer un traitement égal de tous les actionnaires lors de la prise ou du renforcement du contrôle de la société par un tiers (personne morale très généralement). Elle consiste pour ce tiers à faire savoir aux actionnaires qu'il est disposé à acquérir leurs titres à un prix déterminé (O. P. A.) ou à les échanger contre d'autres actions ou obligations (O. P. E.).

Offres réelles. — Dr. civ. Procédure par laquelle le débiteur d'une somme d'argent ou d'un corps certain offre au créancier, par l'intermédiaire d'un officier public, le paiement de sa dette ; en cas de refus du créancier de recevoir ce paiement, le débiteur procédera à la consignation (V. ce mot), ce qui aura pour effet de le libérer valablement.

« Off shore » (permis). — Dr. int. publ. — Permis qu'un Etat peut accorder, sur les espaces maritimes relevant de sa juridiction, afin de permettre la recherche et l'exploitation du pétrole.

Oligarchie. — Dr. const. Régime politique où le pouvoir appartient à un nombre restreint d'individus, notamment à une classe (aristocratie) ou aux plus riches (ploutocratie).

« Ombudsman ». — Dr. const. — Terme suédois,

désignant une personnalité indépendante, chargée dans certains pays (pays scandinaves, Grande-Bretagne...) d'examiner les plaintes formulées par les citoyens contre les autorités administratives et d'intervenir, s'il y a lieu, auprès du gouvernement. — V. *Médiateur*.

Omission d'assistance. — Dr. pén. — Délit correctionnel d'omission volontaire, imputé à une personne qui refuse une aide immédiate, sans risque pour elle ni les tiers, afin d'empêcher une atteinte à l'intégrité corporelle d'une personne en danger (art. 63 c. pén.).

O. P. E. P. — Dr. int. publ. — Organisation des pays exportateurs de pétrole, créée en 1960. Siège ; Vienne. Pays membres : Arabie Saoudite, Emirats Arabes Unis, Koweit, Qatar, Irak, Iran, Indonésie, Lybie, Algérie, Gabon, Nigeria, Venezuela, Equateur.

« Onus probandi incumbit actori ». — Dr. civ., Pr. civ. — La charge de la preuve incombe à celui qui allègue tel ou tel fait juridique ou matériel.

Opérations de maintien de la paix. — Dr. int. publ. — Opérations sans caractère coercitif décidées par le Conseil de Sécurité ou l'Assemblée Générale des Nations Unies en vue d'exercer une influence modératrice sur des éléments antagonistes. Consistent dans l'envoi de missions d'observation chargées de contrôler une situation (respect d'une frontière, d'un cessez-le-feu...) ou de troupes armées internationales ayant pour mission seulement de s'interposer entre les adversaires (V. Force d'urgence des Nations Unies). Ces opérations supposent le consentement des Etats sur le territoire desquels elles se déroulent.

Opportunité des poursuites. Pr. pén. — Liberté reconnue au ministère public de ne pas déclencher de poursuites en présence d'un fait offrant toutes les caractéristiques d'une infraction. Le principe s'oppose à celui de la légalité des poursuites qui, en un tel cas, obligerait le parquet à ouvrir un procès.

Opposabilité. — Dr. civ., Pr. civ. — Rayonnement d'un acte ou d'un jugement à l'égard de ceux qui n'ont été ni parties ni représentées : ainsi chaque locataire d'un immeuble doit respecter la situation des autres locataires.

Lorsqu'un jugement a autorité absolue de chose jugée, il est opposable à tous (ainsi jugement de divorce, de nationalité). — V. *Inopposabilité*.

Opposition. — Dr. const. — Le ou les partis qui s'opposent à l'équipe au pouvoir en exerçant une fonction de surveillance et de critique, en informant l'opinion, voire en préparant une équipe gouvernementale de rechange.

Pr. civ. — Voie de recours ordinaire, de droit

commun et de rétractation ouverte au plaideur contre lequel a été rendue une décision par défaut, lui permettant de saisir le tribunal qui a déjà statué, en lui demandant de juger à nouveau l'affaire.

L'opposition n'existe pas pour les décisions rendues par les juridictions de sécurité sociale et les tribunaux paritaires de baux ruraux. Elle est exclue contre certaines décisions : ordonnances de référé, ordonnances du juge de la mise en état, sentences arbitrales. — V. *Jugement par défaut, Relevé de forclusion.*

Option. — Dr. civ. — Faculté ouverte par la loi ou la volonté, permettant à une personne de choisir entre plusieurs partis.

Option de nationalité. — Dr. int. priv. — Faculté offerte par le code de la nationalité de répudier, de renoncer à répudier, de décliner ou de réclamer la nationalité française.

Dr. int. publ. — Droit reconnu aux habitants d'un territoire à céder de choisir individuellement, dans un délai déterminé, entre la nationalité de l'Etat cédant et celle de l'Etat cessionnaire.

« Ordinatoria litis ». — Dr. int. priv. — Règles de procédure proprement dite, par opposition aux règles de fond. — V. *Decisoria litis.*

Ordonnance. — Dr. const.
1° Acte fait par le Gouvernement, avec l'autorisation du Parlement, dans les matières qui sont du domaine de la loi (art. 38 de la Constit. de 1958). Le pouvoir de faire des ordonnances est limité dans sa durée et dans son objet. Avant sa ratification par le Parlement, l'ordonnance a valeur de règlement ; après sa ratification, elle prend valeur de loi. — V. *Décret-loi.*

2° Autres ordonnances :
Celles prises en vertu de l'art. 92 de la Constitution de 1958 pour la mise en place des institutions (et qui tirent directement de cet article valeur législative).

Celles par lesquelles le Gouvernement peut mettre en vigueur son projet de budget lorsque le Parlement ne s'est pas prononcé dans les 70 jours (art. 47).

Celles prises en vertu d'une habilitation donnée par une loi référendaire, intervenue dans l'un des cas prévus par l'art. 11.

Pr. civ., Pr. pén. — Décision rendue par le chef d'une juridiction (ainsi ordonnance sur requête ou en référé du président du tribunal de grande instance ou du premier président de la cour d'appel).

La même qualification est donnée aux décisions rendues par les magistrats chargés de l'instruction (ainsi juge de la mise en état, juge d'instruction). Il est important de savoir si une telle ordonnance est un acte d'administration judiciaire ou un acte juridictionnel (V. ces expressions).

Ordonnance de clôture. — PR. CIV. — Ordonnance qui, devant les tribunaux de droit commun et en matière civile, constate l'achèvement de l'instruction et renvoie l'affaire devant la formation de jugement pour être plaidée.

Ordonnance de taxe. — PR. CIV. — Ordonnance rendue par le président d'une juridiction lorsque des contestations surgissent relativement à la liquidation des dépens. — V. *Liquidation des dépens, Vérification des dépens.*

Ordonnancement. — DR. FIN. Acte administratif donnant, conformément aux résultats de la liquidation, l'ordre au comptable public de payer la dette de la personne publique.

Certaines dépenses peuvent être payées sans avoir été au préalable ordonnancées. Lorsque l'ordonnancement émane non d'un ordonnateur principal de l'Etat (ministre), mais d'un ordonnateur secondaire de celui-ci ou de l'ordonnateur d'une collectivité territoriale, cet acte prend le nom de mandatement.

Ordonnancement juridique (ou ordre juridique). — DR. PRIV. et PUBL. — « Etat social existant à un moment donné d'après les règles de droit s'imposant aux hommes du groupement social considéré et les situations juridiques qui s'y rattachent » (Léon Duguit.

Droit constitutionnel, t. II, 2ᵉ éd., p. 220. — V. Acte juridique).

Ordonnateurs. — DR. FIN. V. *Administrateurs* (Dr. fin.).

Ordre. — PR. CIV. — La procédure d'ordre est suivie lorsqu'il faut distribuer à des créanciers hypothécaires ou privilégiés le prix de vente d'un immeuble (vente amiable ou sur adjudication), en déterminant l'ordre à observer en tenant compte de leur rang respectif.

Ordre administratif et judiciaire. — PR. CIV. — V. *Juridiction, Juridiction administrative, Juridiction judiciaire.*

Ordre des avocats. — PR. CIV. — Organisation corporative réunissant obligatoirement tous les avocats attachés à un même barreau. — V. *Avocat, Barreau, Conseil de l'Ordre, Ordre professionnel.*

Ordre du jour. — DR. CIV., DR. COM. — Ensemble de questions inscrites au programme de la séance d'une Assemblée d'association ou de société.

DR. CONST. — Ensemble des questions inscrites au programme de la séance d'une assemblée.

Selon l'art. 48 de la constit., l'ordre du jour comporte, par priorité et dans l'ordre fixé par le Gouvernement, la discussion des projets de loi déposés par le Gouvernement et des propositions de loi acceptées par lui. — V. *Conférence des Présidents.*

Ordre des héritiers. — DR.
CIV. — Dans le droit des
successions, les héritiers
présomptifs sont classés en
quatre catégories que l'on
appelle des ordres (descendants, ascendants privilégiés et collatéraux privilégiés, ascendants ordinaires,
collatéraux ordinaires). Ces
ordres sont hiérarchisés, et
les héritiers d'un ordre
donné excluent les héritiers
d'un autre ordre. Par exemple, les ascendants n'héritent
que si le défunt n'a pas
laissé de descendant.

Ordre des juridictions. — PR.
GÉN. — Les juridictions sont
groupées dans deux ordres :
ordre judiciaire (civil et pénal),
ordre administratif. Si un
plaideur commet une erreur
en ce qui concerne l'ordre de
juridictions à saisir, l'incompétence est d'ordre public.

Les conflits entre les ordres
judiciaire et administratif sont
réglés par le Tribunal des
conflits. — V. *Tribunal des
conflits.*

Ordre juridique. — Les règles juridiques sont regroupées en secteurs ou ordres
qui comportent en leur sein
l'ensemble des principes et
de la réglementation répondant à une idée juridique
et sociale. Par exemple, le
droit privé, le droit public,
le droit interne, le droit international, sont des ordres
juridiques.

Ordre de la loi. — DR. PÉN. —
Fait justificatif qui supprime
la responsabilité pénale d'un
agent dont l'acte a été ordonné
par la loi ou permis par elle
(art. 327 C. pén.).

Ordre professionnel. — DR.
ADM., DR. CIV., PR. CIV. —
Groupement professionnel
ayant la personnalité juridique, auquel sont obligatoirement affiliés les membres
de la profession et bénéficiant
de prérogatives d'autorité,
telles que le pouvoir réglementaire et le pouvoir disciplinaire. — V. *Pouvoir disciplinaire, Poursuite disciplinaire.*

Ordre public. — Vaste
conception d'ensemble de
la vie en commun sur le
plan politique et administratif. Son contenu varie évi-
demment du tout au tout
selon les régimes. A l'ordre
public s'opposent, d'un point
de vue dialectique, les libertés individuelles dites
publiques et spécialement la
liberté de se déplacer, l'inviolabilité du domicile, la
liberté de pensée, la liberté
d'exprimer sa pensée. L'un
des points les plus délicats
est celui de l'affrontement
de l'ordre public et de la
morale.

DR. CIV. — Caractère des
règles juridiques qui s'im-
posent pour des raisons de
moralité ou de sécurité im-
pératives dans les rapports
sociaux.

Les parties ne peuvent
déroger aux dispositions
d'ordre public.

DR. INT. PRIV. — Notion
particulariste d'un Etat,
ayant pour effet d'éliminer
toute règle juridique étrangère qui entraînerait la

naissance d'une situation contraire aux principes fondamentaux du droit national.

En matière de conflit de lois, le juge français peut s'abriter derrière l'ordre public pour écarter une loi étrangère normalement applicable, lorsque son application porterait atteinte aux règles constituant les fondements politiques, juridiques, économiques et sociaux de la société française.

Pr. gén. — Lorsqu'une règle de procédure est d'ordre public, sa violation peut être invoquée par les deux plaideurs, être relevée d'office par le ministère public et par le tribunal saisi.

Un moyen d'ordre public peut être présenté pour la première fois devant la Cour de cassation ou le Conseil d'Etat.

Ordres (les trois). — Dr. const. — V. *Etats Généraux.*

Organe subsidiaire. — Dr. int. publ. — Organe créé par un organe principal d'une Organisation internationale comme nécessaire à l'exercice de ses fonctions (Ex. : tribunal administratif de l'O. N. U., forces d'urgence de l'O. N. U.).

Organisation pour l'Alimentation et l'Agriculture (sigle anglais : F. A. O.). Dr. int. publ. — Institution spécialisée des Nations unies créée en 1945.

S'efforce d'aider les pays à améliorer en quantité et en qualité leurs ressources alimentaires. Siège : Rome.

Organisation de l'Aviation Civile Internationale. — Dr. int. publ. — Institution spécialisée des Nations unies créée en 1947 en vue d'accroître la sécurité et l'efficacité dans le domaine des transports aériens internationaux. Siège : Montréal.

Organisation Commune Africaine et Malgache. — Dr. int. publ. — Organisation internationale créée en 1965 pour renforcer la coopération des Etats africains francophones. A succédé à l'Union Africaine et Malgache de Coopération Economique.

Organisation de Coopération et de Développement Economique. — Dr. int. publ. — Organisation internationale substituée en 1961 à l'Organisation de Coopération Economique Européenne (OECE). Groupant les pays les plus industrialisés du monde (Europe Occidentale, Etats-Unis, Canada, Japon, Australie, Nouvelle-Zélande), l'OCDE leur permet de confronter leurs politiques économiques et monétaires et de coordonner leurs politiques d'aide aux pays en voie de développement.

Organisation des Etats Américains. — Dr. int. publ. — Organisation internationale résultant de la transformation de l'Union Panaméricaine par la Charte de Bogota (1948).

Comprend la plupart des Etats d'Amérique (le Canada n'en a jamais fait partie, Cuba en a été exclu en 1962). Siège : Washington.

Organisation Européenne de Coopération Economique. DR. INT. PUBL. — Organisation internationale créée en 1947 pour coordonner les plans nationaux d'utilisation de l'aide américaine (Plan Marshall) et développer la coopération économique entre les Etats membres.

Transformée en 1961 en Organisation de Coopération et de Développement Economique (O. C. D. E.). Siège : Paris.

Organisation Intergouvernementale Consultative de la Navigation maritime (sigle anglais : I. M. C. O.). — DR. INT. PUBL. — Institution spécialisée des Nations unies, créée en 1959, dont la mission est de favoriser la collaboration entre les Gouvernements dans les questions techniques intéressant la navigation maritime. Siège : Londres.

Organisation internationale. DR. INT. PUBL. — Groupement permanent d'Etats doté d'organes destinés à exprimer, sur des matières d'intérêt commun, une volonté distincte de celle des Etats membres.

Dans la terminologie de l'O. N. U., les Organisations internationales sont désignées sous le nom d'Organisations intergouvernementales, par opposition aux Organisations non gouver-

nementales (O. N. G.). — V. cette expression.

1° Organisation interétatique : Organisation disposant seulement de pouvoirs de coordination ou de coopération.

2° Organisation politique : Organisation pourvue de compétences générales (Ex. : O. N. U.).

3° Organisation régionale : Organisation dont le champ d'application est limité à des Etats liés par une solidarité géographique (Ex. : Conseil de l'Europe).

4° Organisation superétatique ou supranationale : Organisation pourvue de pouvoirs réels de décision non seulement à l'égard des Etats membres mais aussi à l'égard des ressortissants de ces Etats (Ex. : C. E. C. A.).

5° Organisation technique : Organisation spécialisée dans une activité donnée (Ex. : UNESCO, O. I. T...).

6° Organisation universelle : Organisation ayant vocation à réunir tous les Etats (Ex. : O. N. U., UNESCO...).

Organisation Internationale du Travail (O. I. T.). — DR. INT. PUBL., DR. SOC. Institution internationale créée par le Traité de Versailles en 1919 pour améliorer les conditions de vie et de travail dans le monde. Actuellement, institution spécialisée des Nations unies. Siège : Genève.

Organisation Météorologique Mondiale. — DR.

INT. PUBL. — Institution spécialisée des Nations unies, créée en 1947, dont la mission est de développer les services de prévision météorologique grâce à la coopération internationale. Siège : Genève.

Organisation Mondiale de la Santé. — DR. INT. PUBL. — Institution spécialisée des Nations unies créée en 1948 en vue d'assurer la coopération internationale pour l'amélioration de la santé. Siège : Genève.

Organisation des Nations unies. — DR. INT. PUBL. Organisation internationale à vocation universelle, qui a pris en 1945 le relais de la Société des Nations, et dont les buts sont : le maintien de la paix et de la sécurité internationales (règlement pacifique des conflits, répression des actes d'agression), le développement entre les nations des relations amicales fondées sur le respect du principe de l'égalité des droits des peuples et de leur droit à disposer d'eux-mêmes, la réalisation de la coopération internationale dans tous les domaines (économique, social, culturel, humanitaire) et la protection des droits de l'homme. — V. *Assemblée générale, Conseil de Sécurité, Conseil économique et social, Conseil de tutelle, Secrétariat, Cour Internationale de justice.*

Organisation Non Gouvernementale. — DR. INT. PUBL.

Selon l'art. 71 de la Charte de l'O. N. U., groupement de personnes privées poursuivant, par-dessus les frontières étatiques, la satisfaction d'intérêts ou d'idéaux communs et susceptibles d'être consultées par l'O. N. U. et les Institutions spécialisées (Ex. : Croix-Rouge, Fédération Syndicale Mondiale, Chambre de commerce Internationale...).

Organisation supranationale. — DR. INT. PUBL. — V. *Organisation internationale.*

Organisation du Traité de l'Asie du Sud-Est (O.T. A. S. E.). — DR. INT. PUBL. — Organisation de défense collective créée par le Traité de Manille du 8 sept. 1954 entre l'Australie, la France, la Nouvelle-Zélande, le Pakistan, les Philippines, la Thaïlande, le Royaume-Uni et les Etats-Unis.

Dissoute en 1977. Ne comportait pas de commandement unifié, à la différence de l'O. T. A. N. Siège : Bangkok.

Organisation du Traité de l'Atlantique-Nord. — DR. INT. PUBL. — Organisation internationale créée en 1949 sur la base du pacte régional d'assistance mutuelle dit Pacte Atlantique.

L'O. T. A. N. dispose de contingents militaires nationaux placés sous un commandement unifié. 14 Etats membres (Etats-Unis, Canada, Etats d'Europe Occidentale, Grèce et Turquie). Retrait en 1966 de la

France (qui reste liée par le Pacte Atlantique). Siège : Bruxelles.

Organisation de l'Unité africaine. — DR. INT. PUBL. — Organisation internationale créée en 1963 en vue de renforcer l'unité du continent africain, d'intensifier la coopération entre les Etats membres et d'éliminer le colonialisme sous toutes ses formes. Siège : Addis-Abbeba.

Orientation professionnelle. DR. TRAV. — Techniques ayant pour but de conseiller l'individu dans le choix d'un métier ou d'une profession.

Original. — DR. CIV., PR. CIV. Synonyme de minute. Désigne le document primitif (acte ou jugement) par opposition aux reproductions (copie, extrait, photocopie). Les exploits des huissiers de justice sont faits en double original. — V. cette expression.

Orléanisme. — DR. CONST. V. *Régime parlementaire.*

O. R. S. E. C. (plan). — DR. ADM. — Plan d'Organisation des Secours, consistant en un schéma général des secours en matériel et personnel pouvant être mis en œuvre de manière coordonnée par l'Administration en cas d'événements calamiteux divers mais de quelque envergure.

Otage. — DR. PÉN. — V. *Prise d'otages.*

Outrage. — DR. PÉN. — Expression menaçante, diffamatoire ou injurieuse, propre à diminuer l'autorité morale de la personne investie d'une des fonctions de caractère public désignée par la loi.

Outrage aux bonnes mœurs. DR. PÉN. — Délit correctionnel consistant à porter atteinte à la moralité publique et aux bonne mœurs par des écrits, des dessins, des discours et, d'une façon générale, par tous moyens d'expression ou de reproduction de la pensée.

Ouverture. — PR. CIV. — Terme précisant les cas dans lesquels est ouverte une action (divorce, filiation naturelle par exemple) ou un recours. — V. *Pourvoi en cassation, Recours en révision.*

DR. CIV., DR. COM. — L'expression est également utilisée en droit civil et en droit commercial, marquant le point de départ d'une opération juridique (ainsi règlement d'une succession, procédure de règlement judiciaire ou de liquidation des biens).

Ouverture de crédit. — DR. COM. — Convention expresse par laquelle un banquier s'engage à mettre certaines sommes à la disposition de son client pendant une période déterminée.

Ouverture des débats. — PR. CIV. — L'ouverture des débats se produit à l'audience des plaidoiries, au moment où la parole est donnée à l'avocat du demandeur.

Ouvrage public. — DR. ADM. — Qualification extensive permettant d'appliquer des règles de droit public protectrices des particuliers et du bien en cause, appliquée à des immeubles affectés à la satisfaction de besoins d'intérêt général et qui, dans la majorité des cas, constituent des dépendances du domaine public des personnes publiques, généralement tirant leur origine de la réalisation d'un travail public.

Ouvrier. — Dr. trav. — Salarié qui concourt directement à la production. — *Ouvrier qualifié* : celui qui possède une formation acquise par l'apprentissage, l'enseignement professionnel ou une longue pratique ; on dit aussi ouvrier professionnel (O. P.). — V. *Employé.*

Oyant. — Dr. priv. — V. *Reddition de compte.*

P

« Pacta sunt servanda ». — Dr. gén., Dr. int. publ. — Locution latine affirmant le principe selon lequel les traités et, plus généralement les contrats doivent être respectés par les parties qui les ont conclus (V. *Réserve*).

Pacte. — Dr. civ. — Accord de volontés.

Dr. const. — Procédé monarchique d'établissement de la Constitution par accord entre une assemblée qui la propose et le roi qui l'accepte (Ex. : la Charte de 1830 résulte d'un pacte entre la Chambre des Députés et le futur Louis-Philippe).

Dr. int. publ. — Terme synonyme de traité. — V. *Traité.*

Pacte commissoire. — Dr. civ., Pr. civ. — 1° Convention qui prévoit que la résolution du contrat sera encourue de plein droit en cas d'inexécution totale ou partielle.

2° Clause par laquelle

un créancier gagiste ou hypothécaire obtient de son débiteur qu'il deviendra propriétaire de la chose gagée ou hypothéquée en cas de non-paiement. — V. *Voie parée.*

Pactes internationaux des droits de l'homme. — Dr. int. publ. — Traités, l'un relatif aux droits civils et politiques, l'autre aux droits économiques et sociaux, adoptés par l'ONU en 1966 (et entrés en vigueur en 1976) en vue de mettre en œuvre les dispositions de la Déclaration Universelle des Droits de l'Homme. — V. cette expression.

Pacte « de quota litis ». — Pr. civ. — Convention entre un avocat et son client fixant les honoraires à un pourcentage de la somme accordée au client par le tribunal. Un tel pacte est frappé d'une nullité d'ordre public.

Pacte de préférence. — Dr. civ. — Convention par laquelle le propriétaire d'un bien, pour le cas où il le vendrait, le réserve au bénéficiaire de la clause, de préférence à toute autre personne, pour un prix déterminé ou déterminable.

Pacte sur succession future. DR. CIV. — Contrat dont l'objet est une succession non encore ouverte.

Ces pactes sont en principe prohibés par la loi.

Pacte de Varsovie. — DR. INT. PUBL. — Traité d'amitié, de coopération et d'assistance mutuelle, signé le 14 mai 1955, qui institue entre les Etats de l'Europe de l'Est (communistes) un système de défense calqué sur celui de l'O. T. A. N. — V. *O. T. A. N.*

Paiement. — DR. CIV. — Exécution volontaire d'une obligation, quel qu'en soit l'objet.

Paiement de l'indu. — DR. CIV. — V. *Répétition de l'indu.*

Panachage. — DR. CONST. — Faculté pour l'électeur de composer lui-même sa liste en prenant des candidats sur plusieurs des listes en présence.

Papiers domestiques. — DR. CIV. — Tous documents privés, même non signés, conservés par les familles et susceptibles de constituer, de façon exceptionnelle, un moyen de preuve des situations qu'ils relatent.

« Paradis fiscaux ». — DR. FIN. — Etats qui, en général pour attirer les capitaux étrangers, ont une fiscalité sensiblement plus favorable que celle du reste du monde, alliée souvent avec des mesures connexes. On y trouve d'ordinaire un faible niveau d'imposition, l'absence d'informations fiscales vis-à-vis de l'extérieur, un contrôle des changes inexistant ou très faible et la pratique du secret bancaire. — V. *Evasion fiscale, Prix de transfert.*

Parafiscalité. — DR. FIN. — V. *Taxes parafiscales.*

Parallélisme des formes. — DR. ADM. ; DR. CONST. — Principe d'application générale en droit public, selon lequel une décision prise par une autorité, dans des formes déterminées, ne peut normalement être anéantie par elle qu'en respectant les mêmes formes.

Paraphe. — DR. INT. PUBL. — Signature abrégée d'un traité (simples initiales des négociateurs) qui intervient pour des motifs divers, soit que les négociateurs n'aient pas encore reçu les pleins pouvoirs pour signer, soit qu'on veuille réserver la signature à des personnalités de premier plan au cours d'une cérémonie solennelle.

Parcs naturels. — DR. ADM. — Forme moderne de la protection des sites et monuments. Cette institution est apparue dans les années 1960 en relation avec la découverte de l'importance pour l'homme de la protection de son environnement naturel, menacé par les nuisances et pollutions de toutes sortes (V. ces mots).

Juridiquement, cette institution connaît deux formes :

1° **Parcs nationaux** : la sauvegarde rigoureuse de la faune, de la flore et du paysage l'emporte nettement dans les textes sur les considérations économiques.

2° **Parcs naturels régionaux** : leur inspiration différente entraîne la disparition de cet ordre de priorité. Si l'idée de protection de la nature n'est pas absente des textes, ceux-ci visent aussi largement à animer certains secteurs ruraux, et surtout à ménager à proximité des Métropoles (V. ce mot) des espaces où le citadin puisse se détendre en retrouvant la nature.

Parenté. — Dr. civ. — Lien unissant les personnes par le sang. La parenté est directe lorsque les personnes descendent les unes des autres.

Elle est collatérale lorsque les individus descendent d'un auteur commun.

Parents. — Dr. civ. — Au sens large, personnes unies par un lien de parenté. — V. ce mot.

Au sens restreint, synonyme de père et mère.

Parère. — Dr. com., Pr. civ. — Attestation délivrée par une autorité compétente (chambre de commerce organisme professionnel, syndicat, etc...) pour faire la preuve d'un usage professionnel.

Pari. — Dr. civ. — Contrat par lequel les personnes, qui sont en désaccord sur un sujet quelconque, conviennent que le parieur dont l'opinion sera reconnue exacte recevra des autres une somme d'argent ou telle autre prestation.

A la différence du jeu, le pari n'implique aucune participation des parties à l'événement pris en considération. Le gain escompté dépend uniquement de la vérification d'un fait : fait déjà accompli mais inconnu des parieurs, fait futur étranger à leur action.

Paris (Ville de). — Dr. adm. — Le territoire de la ville de Paris est l'assiette géographique de deux collectivités territoriales distinctes : la commune de Paris et le département de Paris. Depuis 1977 chacune est en principe soumise au droit commun des collectivités de même nature, avec toutefois un certain nombre de particularités. Notamment, le Conseil de Paris — présidé par le maire — exerce également les attributions dévolues dans les autres départements au Conseil Général ; la représentation de l'Etat dans ce département est divisée entre un Préfet de Paris et un Préfet de Police.

Parlement. — Dr. const. — 1. Sous l'Ancien Régime, cour souveraine de justice investie de certaines prérogatives politiques : chargés d'enregistrer les édits et ordonnances royaux, les parlements pouvaient refuser cet enregistrement et formuler à cette occasion des remontrances, d'où leur attitude souvent frondeuse à l'égard du roi.

2. Assemblée délibérante ayant pour fonction de voter les lois et de contrôler le Gouvernement. — V. *Bicamérisme, Monocamérisme.*

DR. INT. PUBL. — Parlement Européen. — V. *Assemblée Parlementaire Européenne.*

Parlementarisme. — DR. CONST. — V. *Régime parlementaire.* Parlementarisme rationalisé : régime parlementaire réglementé de manière à pallier les inconvénients (instabilité gouvernementale notamment) résultant de l'absence d'une majorité cohérente (octroi de prérogatives au Gouvernement dans la procédure législative, réglementation de la mise en jeu de la responsabilité gouvernementale ; délai de réflexion, majorité qualifiée, désignation concomitante du nouveau chef du Gouvernement, etc.). Ex. : Constit. française de 1958, de la R. F. A.

Parquet. — PR. CIV., PÉN. — Nom donné au ministère public attaché à une juridiction de l'ordre judiciaire. V. *Ministère public.*

Parricide. — DR. PÉN. — Meurtre des pères ou mères légitimes, naturels ou adoptifs ou de tout autre ascendant légitime, puni de la peine de mort.

Part (le). — DR. CIV. — Vieux mot désignant, dans quelques expressions, l'enfant nouveau-né. Ainsi, il y aurait *confusion de part*, c'est-à-dire incertitude sur la paternité d'un enfant, si l'on admettait la polyandrie ou si une femme se remariait précipitamment après la dissolution d'un premier mariage. *La suppression de part* désigne la suppression d'enfant et se trouve réalisée, le plus souvent, par inhumation clandestine d'un enfant né vivant, mais décédé peu après sa naissance, de mort naturelle ou violente.

Part bénéficiaire. — DR. COM. — V. *Part de fondateur.*

Part de fondateur. — DR. COM. — Titre négociable émis par les sociétés par actions, destiné à faire participer certaines personnes aux bénéfices réalisés par la société en contrepartie des services rendus généralement lors de la constitution de la société ou d'une augmentation de capital.

L'émission de parts de fondateur a été interdite pour l'avenir par la loi du 24 juill. 1966.

Part sociale. — DR. COM. — Droit, le plus souvent non matérialisé, que l'associé d'une société de personnes ou d'une S. A. R. L. reçoit en contrepartie de son apport. Ce droit représente une fraction du capital social et détermine les prérogatives de l'associé.

Part virile. — DR. CIV., DR. COM. — Dans un groupement, évaluation des droits de chacun des membres obtenue en divisant la valeur totale par le nombre des membres.

Partage. — DR. CIV. — Opération qui met fin à une indivision, en substituant aux droits indivis sur l'ensemble des biens une pluralité de droits privatifs sur des biens déterminés. — V. *Lot*.

Partage d'ascendant. — DR. CIV. — Acte par lequel un ascendant procède lui-même au partage de ses biens entre tous ses descendants, soit par donation (donation-partage), soit par testament (testament-partage).

Partage conjonctif. — DR. CIV. — Acte par lequel les père et mère procèdent ensemble au partage de tous leurs biens entre tous leurs descendants.

Le partage conjonctif ne peut être réalisé que par donation-partage.

Partage des voix. — PR. CIV. — Désigne l'hypothèse où aucune majorité ne se dégage au cours d'un délibéré. — V. *Conseil de prud'hommes*.

Parti dominant. — DR. CONST. Parti principal de gouvernement coexistant avec d'autres partis qui sont hors d'état de le concurrencer sérieusement. Tantôt ce système donne une apparence de pluralisme à un régime de parti unique (par ex. : dans certaines démocraties populaires où le parti communiste tolère quelques organisations politiques mineures, ou dans de nombreux pays sous-développés), tantôt il tempère le multipartisme (Ex. : parti social-démocrate au pouvoir en Suède de 1932 à 1976).

Parti politique. — DR. CONST. — Groupement d'hommes qui partagent les mêmes idées sur l'organisation et la gestion de la société et qui cherchent à les faire triompher en accédant au pouvoir.

1° Parti de cadres : parti composé surtout de notables, c'est-à-dire de personnes influentes sur le plan électoral (Ex. : parti radical).

2° Parti de masses : parti cherchant à encadrer d'une manière permanente le plus grand nombre possible d'adhérents (Ex. : parti communiste).

3° Parti rigide : partie assurant un encadrement rigoureux des élus, astreints notamment à la discipline de vote au Parlement.

4° Parti souple : parti faiblement structuré, dont les élus ne sont pas astreints à la discipline de vote.

Parti unique. — DR. CONST. Parti seul admis et détenant la réalité du pouvoir. Système en vigueur dans les régimes fascistes, les régimes communistes et les régimes autoritaires de nombreux pays du Tiers-Monde.

Participation. — Principe d'aménagement du fonctionnement des institutions politiques et administratives ainsi que de la gestion des entreprises privées, et qui consiste à associer au processus de prise des décisions les intéressés (citoyens, administrés, salariés) ou leurs représentants.

DR. COM. — V. *Société en participation*.

309

DR. TRAV. — En droit du travail, la participation peut s'entendre de deux façons : ce peut être la participation du personnel à la marche de l'entreprise (V. *Cogestion, Comité d'entreprise*) ou la participation du personnel aux profits de l'entreprise. — V. *Actionnariat, intéressement, participation aux fruits de l'expansion*.

Participation aux fruits de l'expansion : on désigne sous cette expression les mécanismes mis en place par l'ordonnance du 16 août 1967 pour assurer aux salariés une part des profits réalisés par leur entreprise en période d'expansion économique. La participation aux fruits de l'expansion est obligatoire dans les entreprises de plus de cent personnes.

Réserve spéciale de participation : somme inscrite au passif du bilan d'une entreprise après clôture de l'exercice et qui représente les sommes destinées aux salariés au titre de la participation.

Participation aux acquêts. — DR. CIV. — Régime matrimonial conventionnel qui tient à la fois d'un régime séparatiste et d'un régime communautaire. Pendant le mariage tout se passe comme si les époux étaient mariés sous un régime de séparation de biens ; à la dissolution chacun des époux a droit à une somme égale à la moitié des acquêts réalisés par l'autre. Ce régime a été introduit en France par la loi du 13 juillet 1965.

Participation criminelle. — DR. PÉN. — V. *Complicité*.

Partie. — DR. CIV. — Personne physique ou morale qui participe à un acte juridique, à une convention, par opposition aux tiers (le vendeur et l'acheteur sont parties au contrat de vente par ex.). — V. *Tiers*.

PR. GÉN. — Personne physique ou morale, privée ou publique, engagée dans une instance judiciaire.

Une partie possède une position procédurale ou « qualité processuelle » (demandeur, défendeur, intervenant, appelant, intimé) qui entraîne de nombreuses conséquences et ne doit pas être confondue avec la qualité en laquelle elle aborde le procès (propriétaire, locataire, créancier, débiteur, garant, caution, etc...). — V. *Colitigants, Litigants, Litisconsorts*.

Partie civile. — PR. PÉN. — Nom donné à la partie lésée par une infraction lorsqu'elle exerce les droits qui lui sont reconnus en cette qualité devant le juge de répression (mise en mouvement de l'action publique, action civile).

Parties communes. — DR. CIV. — Dans le droit de la copropriété, parties d'un immeuble bâti (en particulier le sol, les parcs, les voies d'accès, le gros œuvre des bâtiments, les escaliers, ascenseurs...) qui ne font pas l'objet de jouissance privative.

Partie jointe. — PR. CIV. Position qu'occupe le ministère public lorsqu'il intervient, dans un procès où il n'est ni demandeur ni défendeur, pour présenter ses observations sur l'application de la loi. Son intervention suppose une affaire dont il a communication, que celle-ci procède de son initiative, qu'elle soit imposée par la loi ou décidée par le juge saisi.

Partie principale. — PR. CIV. — Mode d'action du ministère public quand il se présente, dans un procès civil, en qualité de demandeur ou de défendeur. La loi lui fait obligation d'agir dans les cas qu'elle spécifie ; en dehors de ces cas, elle le laisse juge de l'opportunité de se porter partie principale pour la défense de l'ordre public.

Parties privatives. — DR. CIV. — Dans le droit de la copropriété, parties de l'immeuble bâti (tout spécialement les appartements), qui font l'objet d'une jouissance exclusive de chaque copropriétaire attributaire.

Pas-de-Porte. — DR. COM. — Somme d'argent, de montant très variable, versée soit par le locataire d'un bail commercial au propriétaire lors de la conclusion du contrat de bail, soit par le cessionnaire d'un bail commercial au précédent locataire lors de la cession du bail par celui-ci.

Passage inoffensif (règle du libre). — DR. INT. PUBL. Règle coutumière du Droit International, reprise par la Convention de Genève de 1958 (art. 14-1), selon laquelle l'Etat riverain ne peut interdire l'accès de sa mer territoriale (V. ce mot) aux navires étrangers, à conditions qu'ils ne portent pas atteinte à la sécurité, à l'ordre public ou aux intérêts fiscaux de cet Etat.

Passeport. — DR. INT. PUBL. Document d'identité délivré par l'Etat et destiné en particulier à permettre à son titulaire de voyager à l'étranger. — V. *Visa.*

Passif. — DR. COM. — Ensemble des dettes d'un commerçant, d'une entreprise ou d'une société auxquelles il faut ajouter pour la société les sommes investies lors de sa création (c'est le « capital » dans une société), les « *réserves* » et les « *provisions* ». — V. ces mots.
　　Ces éléments figurent dans la partie droite du bilan. — V. *Bilan.*

Patentes (contribution des). DR. FIN. — Impôt direct local remplacé depuis 1976 par la taxe professionnelle. V. ce mot.

« Pater is est quem nuptiae demonstrant ». — DR. CIV. Le mari de la mère est présumé être le père de l'enfant.

Paternité. — DR. CIV. — Lien juridique existant entre le père et son enfant. V. *Filiation, Maternité.*

Patrimoine. — DR. CIV. — Ensemble des biens et des

311

obligations d'une personne, envisagé comme une universalité de droit, c'est-à-dire comme une masse mouvante dont l'actif et le passif ne peuvent être dissociés.

Patrimoines d'affectation (*Théorie des...*). — DR. PRIV. — Théorie selon laquelle, contrairement à la théorie classique d'Aubry et Rau, le patrimoine n'est pas lié à l'idée de personne, ne constitue pas « l'universalité juridique de tous les objets extérieurs sur lesquels une personne a pu ou pourra avoir des droits à exercer », mais correspond à l'affectation d'une masse de biens à un but, ce but pouvant être soit la conservation des biens, soit leur liquidation soit leur administration. L'intérêt de cette théorie est d'admettre qu'une même personne puisse avoir plusieurs patrimoines différenciés par la diversité de leurs affectations.

« Patrimoine commun de l'humanité ». — DR. INT. PUBL. — Formule d'internationalisation de certains espaces : cas des fonds marins (résolution de l'Assemblée Générale des Nations Unies du 17/12/1970) ; l'Antarctique (Traité du 1/12/1959) et l'espace extra-atmosphérique (traité du 27/1/1967) ont aussi des régimes conçus pour que ces espaces servent « l'intérêt de l'humanité tout entière ».

Paulienne (action). — DR. CIV. — Action par laquelle un créancier, agissant en son nom personnel, attaque les actes faits par son débiteur en fraude de ses droits. — V. *Oblique* (*action*).

Pavillon. — DR. INT. PUBL. — Indique la nationalité d'un navire, qui relève en principe de la compétence exclusive de l'Etat du pavillon (principe comportant des exceptions ou limitations). — V. *Franchisation*. Pavillon de complaisance : pavillon libéralement accordé par certains petits Etats (Libéria, Panama...), présentant des avantages pour les armateurs (charges fiscales et sociales moins lourdes), mais ne consacrant pas un lien substantiel entre le navire et l'Etat (lequel ne dispose pas des moyens propres à exercer un contrôle effectif sur sa flotte de commerce considérable).

Pays (ou Etats) en voie de développement. — DR. CONST., DR. INT. PUBL. — Expression plus volontiers utilisée aujourd'hui que celle de pays (ou Etats) sous-développés, mais désignant la même réalité. Ces pays, malgré la diversité de leurs situations individuelles, se caractérisent par l'étendue et l'importance de leurs déficiences :

— Faiblesse du revenu national ;

— Insuffisance des ressources alimentaires ;

— Insuffisance de l'équipement sanitaire, de l'équipement culturel et de la scolarisation ;

— Sous-industrialisation. Le problème de l'aide des

Etats industrialisés à ces pays (V. *Aide aux Pays en voie de développement*) n'a pu jusqu'ici faire l'objet d'une solution satisfaisante malgré sa gravité pour l'équilibre mondial des décennies à venir, en raison des antagonismes d'intérêts entre Etats « riches » et « nations prolétaires », et des dissensions à l'intérieur des deux groupes. Les principales difficultés communes des Etats en voie de développement sont actuellement représentées par l'accumulation écrasante des emprunts contractés et par l'instabilité des cours des produits de base (agricoles ou minéraux) qui sont leur principale ressource. — V. *Tiers Monde*). •

Péage. — DR. ADM. — Droit perçu, pour l'usage d'un ouvrage public par les particuliers, au profit de la personne publique ou du concessionnaire qui, ayant construit l'ouvrage, est chargé de la gestion.

Pécule. — DR. PÉN. — Partie de la rémunération du travail d'un délinquant détenu qui lui est remise au moment de sa libération.

Peines. — DR. PÉN. — Sanctions infligées aux délinquants en rétribution des infractions qu'ils commettent.

Peines principales. — Sanctions obligatoirement attachées par le législateur à une incrimination. Les peines principales sont criminelles, correctionnelles ou de police :

— peines criminelles : elles sont afflictives et infamantes (réclusion criminelle à perpétuité, détention criminelle à perpétuité, réclusion criminelle à temps et détention criminelle à temps) ou seulement infamantes (bannissement, dégradation civique).

— peines correctionnelles : emprisonnement de plus de 2 mois, amende de plus de 6 000 francs, substituts aux courtes peines d'emprisonnement (suspension du permis de conduire par exemple).

— peines de police : emprisonnement de moins de 2 mois, amende de moins de 6 000 francs, confiscation de certains objets saisis.

Peines accessoires. — Sanctions découlant de plein droit du prononcé d'une peine principale.

Peines complémentaires. — Sanctions qui s'ajoutent ou peuvent s'ajouter à la peine principale, selon qu'elles sont obligatoires ou facultatives pour le juge.

Peines politiques. — Sanctions criminelles propres à certaines infractions réputées de ce fait, politiques (détention criminelle à perpétuité ou à temps, dégradation civique, bannissement). On les oppose aux peines de droit commun.

« Penitus extranei ». — DR. CIV. — (Du latin : tout à fait étrangers). Expression par laquelle on désigne les tiers, c'est-à-dire les personnes demeurées étrangères à une convention. — V. *Tiers.*

Pension. — SÉC. SOC. — Allocation régulière versée au titre de l'assurance vieillesse ou de l'assurance invalidité.

Pension alimentaire. — DR. CIV. — Somme d'argent

versée périodiquement pour faire vivre une personne dans le besoin, en exécution d'une obligation alimentaire.

Pension de reversion. — Pension versée au conjoint survivant d'une personne qui avait acquis de son vivant des droits à une retraite ou à un avantage de l'assurance vieillesse.

Percepteur. — DR. FIN. — Bien que le titre n'existe plus aujourd'hui, on continue souvent de nommer ainsi le comptable du Trésor chargé de recouvrer les impôts directs et une grande variété de produits non fiscaux, et de payer de nombreuses dépenses publiques.

Dans les communes rurales, il est également le comptable des communes de sa circonscription.

Péremption. — DR. CIV. — Anéantissement, du fait de l'écoulement d'un délai déterminé, de certains actes, sans retentissement sur le droit qui les justifie. Ainsi l'inscription hypothécaire se périme au bout d'un certain délai, en ce sens que le créancier perd le bénéfice de la date de l'inscription primitive qui fixait le rang en cas de concours avec d'autres créanciers hypothécaires, mais il conserve tout de même son hypothèque après l'expiration du délai.

Péremption de l'instance. — PR. CIV. — Extinction du lien d'instance prononcée, à la demande de l'adversaire quand le demandeur a laissé passer un délai de deux ans sans poursuivre la procédure.

La péremption n'empêche pas de renouveler la demande, si la prescription n'est pas déjà accomplie.

Péremption du jugement. — PR. CIV. — Péremption atteignant les jugements rendus par défaut ou réputés contradictoires, en matière civile lorsqu'ils ne sont pas signifiés dans les six mois de leur prononcé.

Péril en la demeure. — PR. CIV. — V. *Nécessité*.

Période suspecte. — DR. COM. — Période qui s'étend de la cessation des paiements au jugement prononçant la liquidation des biens ou le règlement judiciaire.

En fixant la date de la cessation des paiements, le juge détermine la période suspecte qui, en toute hypothèse, ne saurait excéder 18 mois.

Certains actes accomplis par le débiteur, au cours de cette période, sont inopposables à la masse des créanciers.

Permission de voirie. — DR. ADM. — Autorisation accordée par l'Administration à titre précaire et onéreux, nécessaire aux particuliers pour occuper de manière privative des portions du domaine public normalement affectées à l'usage commun du public.

Permis de conduire. — DR. PÉN. (suspension et retrait). — Sanction consistant en une interdiction provisoire de conduire, prononcée, soit par le préfet à titre de mesure administrative contre un conducteur responsable d'infractions graves aux règles de la circulation routière, soit par le tribunal correctionnel ou de police à titre de peine complémentaire facultative sanctionnant certaines infractions routières ou non. Cette sanction peut également être prononcée à titre de substitut à une courte peine d'emprisonnement.

Le retrait est l'annulation du permis de conduire prononcée par le tribunal.

Permis de construire. — Dr. adm. — Autorisation préalable à la généralité des constructions et travaux connexes, qui a pour but de vérifier que l'édifice respectera les règles d'urbanisme et de construction en vigueur.

Après l'achèvement des travaux, le contrôle des énonciations du permis de construire se matérialise dans la délivrance éventuelle d'un certificat de conformité.

Permission de sortir. — Dr. pén. Mesure accordée dans certaines conditions, au détenu lui permettant de quitter le lieu d'incarcération pour participer à des événements familiaux ou pour entretenir des liens du même genre.

Permission de voirie. — Dr. adm. — Acte administratif unilatéral autorisant une occupation privative — et donc anormale — d'une portion de la voirie (V. ce mot) par un particulier, moyennant une redevance. Cette permission,

précaire, est révocable sans indemnité. — V. *Concession de voierie.*

Perquisition. — Pr. pén. — Recherche policière ou judiciaire des éléments de preuve d'une infraction au domicile d'une personne.

Persona grata. — Dr. int. publ. — Expression latine signifiant « personne agréée », employée pour désigner l'agent diplomatique qui jouit de la confiance du Gouvernement auprès duquel il est ou doit être accrédité. — V. *Agrément.* La désignation comme « persona non grata » équivaut au refus de l'agrément ou à l'invitation au rappel de l'agent diplomatique.

Personnalisation du pouvoir. — Dr. const. — Phénomène d'identification du pouvoir, par les gouvernés, à un gouvernant déterminé.

Ne pas confondre pouvoir personnalisé et pouvoir personnel : celui-ci n'est autre chose que l'omnipotence d'un gouvernant dont l'action ne connaît pas de limites, alors que le pouvoir personnalisé peut s'exercer dans le respect des règles constitutionnelles (Ex. : Adenauer en Allemagne).

Personnalité internationale. Dr. int. publ. — Capacité d'être titulaire de droits et de devoirs internationaux. Les Organisations internationales sont, comme les Etats, des personnes internationales, mais leur capacité juridique est moins complète que celle des Etats : c'est une capacité fonctionnelle, qui dépend des buts et fonctions de l'Organisation.

Personnalité des lois. — DR. INT. PRIV. — Système juridique selon lequel plusieurs lois sont susceptibles d'être appliquées sur un même territoire, en raison de la coexistence de groupes ethniques différents : le rattachement de la personne au groupe ethnique entraîne application à l'individu de la loi qui régit ce groupe.

Personnalité des peines. — DR. PÉN. — Principe selon lequel une peine ne peut frapper une personne autre que l'auteur d'une infraction.

Personnalité juridique. — DR. CIV. — Qualité d'une personne juridique.

Personne à charge. — DR. FIN. — Pour la mise en œuvre du quotient familial (V. ce mot) en matière d'impôt sur le revenu, sont considérés comme personnes à la charge du contribuable, dans la mesure où l'imposition distincte de leurs revenus n'a pas été demandée, son conjoint et ses enfants mineurs ou se trouvant dans certaines situations ainsi que, si le redevable est une femme seule, outre ses enfants, ses ascendants et frères et sœurs remplissant certaines conditions.

D'autres personnes peuvent être également à la charge du contribuable en raison des liens d'obligation alimentaire, notam-

ment, qui les unissent à lui : la prise en compte des dépenses qu'elles entraînent ne se fait pas dans le cadre du quotient familial, mais par voie de déduction des sommes versées de l'ensemble des revenus déclarés.

Personne juridique. — DR. CIV. — Etre titulaire de droits et d'obligations, et qui de ce fait a un rôle dans l'activité juridique.

On dit également : sujet de droits. Tous les êtres humains sont des personnes juridiques.

Personne morale. — DR. CIV. ; DR. PUBL. — Groupement de personnes ou de biens ayant la personnalité juridique, et étant par conséquent, titulaire de droits et d'obligations.

Personne publique. — DR. ADM. — Terme générique désignant une collectivité publique : Etat, collectivité locale (V. ce mot), établissement public (V. ce mot).

Perte de la chose due. — DR. CIV. — V. « *Res perit domino* ».

« Petita ». — PR. GÉN. — V. *Infra petita, Ultra petita.*

Pertinence. — PR. CIV. — Adéquation des moyens à l'objet du litige. S'entend, essentiellement, de la pertinence de *l'allégation des faits* qui doit tomber directement sur l'espèce et de la pertinence de *la preuve* qui doit conduire à une démonstration appropriée. La pertinence est, dans les deux cas, souverainement appréciée par le juge. Mais la reconnaissance de la pertinence d'une allégation ou d'une preuve n'enlève pas au juge sa liberté de décision. — V. *Allégation. Demandeur.*

Pétition. — DR. CONST. — Recours gracieux que les citoyens peuvent adresser par écrit aux Assemblées parlementaires pour dénoncer un abus de l'administration, préconiser une modification législative, etc. Procédé aujourd'hui peu utilisé.

Pétition d'hérédité. — DR. CIV. — Action en justice accordée à l'héritier pour faire reconnaître son titre.

Pétitoire. — PR. CIV. — V. *Action pétitoire.*

Pétrole. — DR. ADM., DR. INT. PUBL. — Mot mentionné ici parce que le régime juridique de cet hydrocarbure (depuis 1926), régime de la production, de l'importation, du raffinage, de la distribution, est sans doute celui qui a exercé la plus profonde influence sur l'ensemble des services publics d'intervention économique, des entreprises nationales et de l'économie mixte.

Les problèmes juridiques du pétrole, aussi bien en matière internationale qu'en matière interne sont absolument innombrables.

Pièces. — PR. GÉN. — Documents utilisés par les plaideurs à l'appui de leurs prétentions ou de leurs dénégations et qu'ils doivent respectivement se communiquer en vue d'une discussion contradictoire. Ces documents qui peuvent avoir une origine officielle ou privée, contiennent le plus souvent des écrits, des éléments de compte, des représentations figuratives (plan, modèle, etc...). — V. *Communication de pièces, Compulsoire, Documents.*

Pigiste. — DR. TRAV. — Journaliste professionnel, collaborateur occasionnel d'une entreprise d'information. Libre de son temps, de la nature de ses articles, il n'est pas placé à ce titre dans un rapport de subordination avec l'entreprise bénéficiaire de ses services ; il est rémunéré à la pige, c'est-à-dire à l'article. Toutefois la loi du 4 juillet 1974 et les conventions collectives rapprochent le pigiste du journaliste salarié.

Piquet de grève. — DR. TRAV. — Rassemblement de grévistes, généralement à l'entrée de l'entreprise où se déroule le conflit collectif. S'il s'agit pour les grévistes d'informer leurs camarades et de les inviter à se joindre au mouvement, le piquet, sous cet aspect, est licite ; s'il s'agit au contraire de faire obstacle à l'exercice de la liberté du travail, il est irrégulier.

Pirate. — Hors la loi qui, au contraire du corsaire, n'avait pas de lettre de marque et se livrait, pour son propre compte, à des actions de pillages sur mer.

Piraterie aérienne. — DR. PÉN. — Appellation courante du crime de détournement d'aéronef, prévu et puni par l'article 462 du Code pénal (loi du 15 juil-

317

let 1970), en exécution de la convention de Tokyo du 14 septembre 1963, qui consiste, pour toute personne se trouvant à bord d'un aéronef en vol, à s'emparer de celui-ci ou à en exercer le contrôle par violence ou menace de violence.

Placement. — DR. TRAV. — Rapprochement de l'offre et de la demande d'emploi. Le placement public jouit en principe d'un monopole. V. *Agence nationale de l'emploi, Bureau de placement.*

PR. CIV. — V. *Mise au rôle.*

Placet. — PR. CIV. — Anciennement acte remis au greffe par l'avoué du demandeur pour l'enrôlement d'une affaire civile.

Plafond. — SÉC. SOC. — Limite de l'assiette des cotisations de Sécurité sociale. Maximum des ressources dont le titulaire d'une allocation d'aide sociale ou de vieillesse peut jouir sans perdre droit à cette allocation.

Plaidoirie. — PR. GÉN. — Exposé verbal, à l'audience, des prétentions et arguments des parties. Devant les tribunaux de droit commun, les avocats jouissent du monopole de la plaidoirie.

Dans certaines procédures, les avocats peuvent accepter de déposer leurs dossiers sans plaider, après avoir donné de brèves explications orales (procédure devant le tribunal de grande instance, devant le tribunal de commerce). L'évolution de la procédure civile tend à réduire le rôle de la plaidoirie.

PR. ADM. — Devant les juridictions administratives en raison du caractère écrit de leur procédure, les plaidoiries ont moins d'importance que devant les tribunaux judiciaires. Au conseil d'Etat, seuls les avocats au Conseil (V. ce mot) peuvent présenter des observations orales, à la différence des tribunaux administratifs où les parties peuvent présenter elles-mêmes leurs observations.

Plainte. — PR. PÉN. — Acte par lequel la partie lésée par une infraction porte celle-ci à la connaissance du Procureur de la République, directement ou par l'intermédiaire d'une autre autorité.

Plainte avec constitution de partie civile. — PR. PÉN. — Acte par lequel la partie lésée par un crime ou un délit met l'action publique en mouvement devant le juge d'instruction et, le cas échéant, exerce l'action civile.

Plan de développement économique et social. — V. *Planification.*

Le VIIIe Plan, actuellement en vigueur, couvre les cinq années 1981 à 1985.

Plan d'épargne d'entreprise. — DR. TRAV. — Système d'épargne collective ouvrant aux salariés de l'entreprise la faculté de participer, avec l'aide de celle-ci, à la constitu tion d'un portefeuille de valeurs mobilières. L'apport des salariés peut résulter des versements au titre de la participation aux fruits de l'expansion (V. cette expression) ; le complément patronal est appelé abondement.

Plan français de Sécurité sociale. — SÉC. SOC. — Ensemble des lois et ordonnances de 1945 et 1946 qui, en France, ont jeté les bases d'un régime général de Sécurité sociale.

Plan d'occupation des sols (P. O. S.). — DR. ADM. — Ensemble de documents arrêtant, conformément au schéma directeur d'aménagement et d'urbanisme (S. D. A. U. — V. ce mot) éventuellement en vigueur, les règles générales et les servitudes d'utilisation des sols dans la commune. Il fixe notamment l'affectation dominante des sols par zones et, pour chacune d'elles, le coefficient d'occupation des sols (C. O. S. — V. ce mot).

Plan social. — DR. TRAV. — Ensemble des mesures prises par l'entreprise à l'occasion d'un licenciement collectif pour motif économique et destinées à éviter de nouveaux licenciements, à indemniser et à reclasser le personnel licencié. Ce plan est soumis au Comité d'Entreprise et au Directeur Départemental du Travail chargé d'autoriser les licenciements.

Plan d'urbanisme. — DR. ADM. — Instrument originaire de la politique administrative d'utilisation des sols dans les agglomérations de plus de 10.000 habitants, aujourd'hui remplacé par les schémas d'aménagement et d'urbanisme et les plans d'occupation des sols (P. O. S.) ; mais les plans d'urbanisme en vigueur continuent de produire leurs effets jusqu'à la publication des P. O. S.

Planche à billets. — DR. FIN. « Faire fonctionner la planche à billets » : expression familière utilisée de manière péjorative pour désigner une création excessive de papier-monnaie par l'Institut d'Emission.

Planification. — DR. PUBL. Procédé d'administration qui se propose d'assurer, selon une progression croissante, la satisfaction des besoins du pays par une utilisation optimale de ses ressources, au moyen de documents prospectifs appelés *Plans*. Ceux-ci recensent, pour une période pluriannuelle, les moyens et les besoins, et ils arbitrent entre ceux-ci en tenant compte de ceux-là, en définissant un certain nombre d'objectifs souvent chiffrés.

A la différence des Plans des Etats socialistes, les Plans français sont dépourvus de force contraignante, ce qui a nécessité la mise en place de techniques très diverses d'incitation ou de dissuasion, tendant à peser sur les taux de profit d'une économie très largement capitaliste pour intéresser les entreprises à la réalisation des objectifs du Plan.

Cette planification économique nationale s'accompagne de Plans économiques régionaux, peu évolués. En outre, l'aménagement du territoire donne lieu également à une mise en œuvre planifiée, aujourd'hui intégrée dans le cadre formel du Plan national économique. — V. *Programmes d'action prioritaire*.

Plateau continental. — DR. INT. PUBL. — Prolongement submergé du territoire sur lequel l'Etat côtier exerce des droits souverains pour l'exploitation des ressources (gisements pétrolifères, bancs d'éponges, etc...). La limite extrême du plateau continental est (selon la Convention de Genève sur le P. C.) le point où la profondeur des eaux ne permet plus l'exploitation des ressources. Mais la Conférence du Droit de la mer (qui siège depuis 1973) a admis, pour le plateau continental, une limite horizontale de 200 milles (avec possibilité d'extension au-delà, dans certains cas).

Plébiscite. — DR. CONST. — Déviation du référendum consistant en ce que les électeurs sont moins appelés à se prononcer sur un texte qu'à témoigner leur confiance à l'homme d'Etat qui le leur soumet (Ex. : plébiscites napoléoniens). — V. *Référendum*.

DR. INT. PUBL. — Consultation collective des habitants d'un territoire à céder pour savoir s'ils acceptent ou non l'annexion (on emploie aussi le mot référendum).

Plein contentieux (recours de —). — DR. ADM. — Synonyme de pleine juridiction. — V. *Recours, Dr adm*.

Plein emploi. — DR. TRAV. — V. *emploi*.

Pleins pouvoirs (loi de). — DR. CONST. — Expression employée pour désigner la loi par laquelle le Parlement habilite le Gouvernement à prendre, pour une durée déterminée, des actes réglementaires dans des matières relevant normalement de la compétence législative. — V. *Décret-Loi*.

Plénipotentiaire. — DR. INT. PUBL. — Personne habilitée, en vertu des pleins pouvoirs dont elle est munie, à représenter un Gouvernement dans une négociation ou pour l'accomplissement d'une mission. Ministre plénipotentiaire : agent diplomatique de la 2ᵉ classe (V. *Rang diplomatique*).

Plénitude de juridiction. — PR. CIV. — Qualité appartenant parmi les juridictions de droit commun en matière civile, à la seule Cour d'appel. Elle lui permet de connaître en appel les affaires qui ont été portées, au premier degré, devant un tribunal qui n'était pas compétent. La Cour d'appel purge le vice d'incompétence.

PR. PÉN. — Compétence inconditionnelle de la cour d'assises pour juger les individus renvoyés devant elle par l'arrêt de mise en accusation.

Ploutocratie. — DR. CONST. Régime où le pouvoir politique appartient aux plus riches (Ex. : ploutocratie censitaire de la Restauration et de la Monarchie de Juillet).

Plumitif. — PR. CIV. — V. *Registre d'audience.*

Plus-value. — DR. FIN. — Accroissement de la valeur réelle ou monétaire d'un bien intervenu entre le début et la fin d'une période. La plus-value, qui est par nature un gain en capital, est néanmoins de plus en plus largement taxée par le fisc au titre de l'imposition des revenus.

Police. — DR. ADM. — Police *administrative* : ensemble de moyens juridiques et matériels ayant pour but d'assurer le maintien de la tranquillité, de la sécurité et de la salubrité publiques.
PR. PÉN. — Police *judiciaire* : organisme qui a pour mission de constater les infractions, d'en rassembler les preuves, d'en rechercher les auteurs et, une fois l'information ouverte, d'exécuter les délégations des juridictions d'instruction.

Police d'assurance. — DR. CIV., DR. COM. — Document signé par l'assureur et par le souscripteur et qui constate l'existence et le contenu du contrat d'assurance.

Politique. — DR. CONST. —
1° Science du gouvernement des Etats.

2° Manière de gouverner (Ex. : politique libérale, autoritaire, réactionnaire...).
3° Ensemble des affaires publiques (Ex. : politique intérieure, politique extérieure...).

Politique contractuelle. — DR. TRAV. — Technique mise en place progressivement depuis une vingtaine d'années dans les entreprises publiques, qui permet de favoriser la concertation relativement aux salaires, et aux conditions de travail, malgré le caractère réglementaire du statut du personnel. Ces accords, dont la nature juridique est discutée, se rapprochent des conventions collectives.

Pollicitation. — DR. CIV. — V. *Offre.*

Pollution. — Effet sur la terre, les eaux, l'atmosphère, des déversements de déchets, de produits résiduaires solides, liquides ou gazeux, et de l'utilisation systématique de substances chimiques qui, au-delà d'une limite de quantité vite atteinte, détruisent la fertilité des sols après l'avoir exaltée ; effet enfin du déséquilibre de la vie naturelle par l'anéantissement de certaines classes de vie (oiseaux, insectes, arbres et plantes), incapables de résister à l'excès des stérilisations et des déjections industrielles. — V. *Nuisances.*

Polyarchie. — DR. CONST. — Système politique caractérisé par une pluralité de centres autonomes de décision, le pouvoir n'étant pas détenu par une élite ou une classe déterminée, mais réparti entre des groupes concurrents contraints à la négociation et au compromis.

Pondération. — DR. INT. PUBL. Système qui tend à donner aux Etats, au sein d'une Organisation internationale, une place proportionnelle à leur importance de fait (pondération de la représentation ou du vote).

Pont. — DR. TRAV. — Jour ouvrable exceptionnellement chômé parce que situé entre deux jours fériés chômés. Les conventions collectives ou les accords d'établissement prévoient fréquemment la rémunération ou la récupération des heures non travaillées. — — V. *Jour chômé.*

Portable (créance). — DR. CIV. Caractère d'une créance que le débiteur doit spontanément acquitter au domicile du créancier ou dans le lieu fixé par la convention. — V. *Quérable (créance).*

Port autonome. — DR. ADM. Etablissement public (V. ce mot) chargé avec le soutien financier de l'Etat de la gestion (constructions, entretien, utilisation des ouvrages et des outillages) de certains ports (Paris, Strasbourg, Bordeaux, le Havre, Marseille...). La personnalité publique et morale devrait permettre une exploitation suffisamment rentable. Les Chambres de commerce ont un rôle très important dans ce système.

Port franc. — DR. FIN. — V. *Zone franche.*

Portefeuille. — DR. CONST.

Département ministériel. Ministre sans portefeuille : ministre qui fait partie du Gouvernement sans être à la tête d'un département ministériel.

Porte-fort. — DR. CIV. — V. *Promesse de porte-fort.*

Porte ouverte. — DR. INT. PUBL. — Régime lié à l'expansion coloniale européenne et consistant dans l'obligation imposée à certains Etats d'assurer la liberté de concurrence économique (absence de discrimination) aux ressortissants de tous les pays. Régime (aujourd'hui disparu) appliqué en Chine, au Maroc, au Congo belge.

Position dominante. — DR. COM. DR. PÉN. — Position d'une entreprise ou d'un groupe d'entreprises sur un marché déterminé qui, compte tenu notamment des potentialités de concurrence, se trouve dans la situation d'agir sans tenir notablement compte des concurrents.

En droit français, comme en droit communautaire, ce n'est pas la position dominante en elle-même qui est condamnable, mais le comportement nocif des entreprises qui la détiennent.

Positivisme juridique. — Le positivisme juridique est une doctrine qui ne reconnaît de valeur qu'aux règles du droit positif. De tendance étatique ou sociologique, il rejette toute métaphysique et toute idée de droit naturel.

Possession. — DR. CIV. —

Maîtrise de fait exercée sur une chose corporelle et correspondant, dans l'intention du possesseur, à l'exercice d'un droit réel. S'oppose à la détention, laquelle implique la reconnaissance du droit d'autrui, bien qu'elle soit identique à la possession dans sa manifestation extérieure (fermier par ex.). — V. *Animus, Corpus, Détention.*

Possession d'état. — Dr. CIV. — Apparence d'un état donné (dans le droit de la famille).

Elle se compose de 3 éléments, désignés par des mots latins : *Nomen* : la personne porte le nom correspondant à l'état dont elle a la possession ;

Tractatus : la personne est considérée par son entourage (sa famille) comme ayant l'état mis en cause ;

Fama : la personne a la réputation aux yeux du public d'avoir l'état dont apparence est donnée.

Possessoire. — PR. CIV. — V. *Action possessoire.*

Post-date. — DR. CIV., DR. COM. — Erreur ou fraude consistant à donner à un écrit juridique une date postérieure à celle de sa signature. — V. *Antidate.*

Post-glossateurs. — HIST. DR. — Ecole de romanistes qui a succédé, au XIVᵉ siècle, en Italie du Nord, à l'Ecole des Glossateurs. — V. *Glossateurs.*

« Post Nuptias » — DR. CIV. (du latin) Après le mariage.

Postulation. — PR. CIV. — La postulation consiste pour l'avocat ou pour l'avoué (en appel), mandataire d'un client, à faire pour lui les actes de procédure que nécessite le procès et à favoriser le déroulement de l'instance.

Pourboire. — DR. TRAV. — Somme d'argent remise par un tiers, client de l'employeur, au salarié, à l'occasion de l'accomplissement de ses fonctions. Le pourboire tend à devenir un élément du salaire.

Poursuite. — PR. PÉN. — Ensemble des actes accomplis par le ministère public, certaines administrations ou la victime d'une infraction, dans le but de saisir les juridictions répressives compétentes et d'aboutir à la condamnation du coupable.

Poursuite disciplinaire. — DR. ADM., PR. CIV., PR. PÉN. — Action exercée contre un fonctionnaire, un magistrat ou un membre d'une profession libérale réglementée, en cas de manquement aux règles de la déontologie. — V. *Déontologie.*

Une poursuite disciplinaire peut aussi être la conséquence d'une infraction pénale ordinaire mettant en cause l'honorabilité et la moralité de celui qui en est l'auteur. — V. *Pouvoir disciplinaire.*

Pourvoi en cassation. — PR. CIV., PÉN. — Recours contre une décision en dernier ressort porté devant la Cour de cassation et fondé sur la violation de la loi, l'excès de pouvoir, l'incompétence, l'inobservation des formes, le manque de base légale, la contrariété de jugements ou la perte de fondement juridique.

DR. ADM. — Recours contre une décision rendue en dernier ressort par une juridiction administrative. Il est porté devant le Conseil d'Etat ou exceptionnellement, devant une juridiction spécialisée (cas des litiges en matière de pensions militaires d'invalidité) qui n'en est d'ailleurs qu'une émanation. Il peut être fondé sur l'un des quatre cas d'ouverture du recours pour excès de pouvoir (V. ce mot), à l'exception du détournement de pouvoir.

Pourvoi incident. — PR. CIV. — Pourvoi émanant de la partie défenderesse au pourvoi principal. Doit être présenté dans le délai de deux mois reconnu au défendeur pour déposer son mémoire en défense. Obéit aux mêmes règles que l'appel incident. — V. *Appel incident.*

Pourvoi provoqué. — PR. CIV. — Pourvoi incident (V. cette expression) formé dans le délai de deux mois reconnu au défendeur pour déposer son mémoire en défense et émanant d'une partie contre laquelle n'avait pas été formé le pourvoi. Obéit aux mêmes règles que l'appel provoqué. V. *Appel provoqué.*

Pourvoi en révision. — V. *Révision*, PR. PÉN.

Pouvoir. — DR. CIV. — Le pouvoir est une prérogative permettant à une personne de gouverner une autre personne publique ou privée

(mandats politiques, autorité parentale, tutelle) ou de gérer les biens d'une autre personne pour le compte de celle-ci (dirigeants de sociétés, représentation légale, judiciaire ou contractuelle). — V. *Fonction.*

PR. CIV. — Aptitude à agir en justice au nom et pour le compte soit d'une personne morale, soit d'une personne atteinte d'une incapacité d'exercice. Ainsi, il est permis au tuteur d'introduire sans autorisation une action relative aux droits patrimoniaux d'un mineur.

A côté du pouvoir *ad agendum* qui confère l'initiative et la direction de l'instance, il existe un pouvoir *ad litem* par lequel une personne confie à un auxiliaire de justice le soin de la représenter et de l'assister dans une procédure à laquelle elle est partie.

Pouvoirs du chef d'entreprise. — DR. TRAV. — Le droit du travail reconnaît trois pouvoirs au chef d'entreprise : le pouvoir réglementaire, le pouvoir disciplinaire et le pouvoir de direction. Le pouvoir réglementaire consiste à établir le règlement intérieur de l'entreprise, le pouvoir disciplinaire à sanctionner les fautes commises par le salarié dans l'exécution de sa prestation de travail, le pouvoir de direction à prendre les mesures nécessaires à la bonne marche de l'entreprise, dans les limites définies par la législation en vigueur, les conventions collectives, le règlement intérieur et les stipulations du contrat de travail.

Pouvoir constituant. — DR. CONST. — Pouvoir qualifié pour établir ou modifier la constitution. 1° Pouvoir constituant originaire : celui qui s'exerce d'une manière inconditionnée pour doter d'une constitution un Etat qui n'en a pas (nouvel Etat) ou n'en a plus (après une révolution).

2° Pouvoir constituant dérivé (ou institué) : celui qui s'applique à la révision d'une constitution déjà en vigueur, selon les règles posées par celle-ci.

Pouvoir disciplinaire. — DR. ADM., PR. GÉN. — Pouvoir plus ou moins étendu d'infliger des sanctions reconnu à certaines autorités administratives à l'égard, soit d'agents hiérarchiquement subordonnés, soit d'autorités décentralisées, soit de collaborateurs ou d'usagers des services publics.

On citera comme exemple le régime applicable aux fonctionnaires et aux magistrats.

Fonctionnaires. — Le pouvoir disciplinaire appartient en principe à l'autorité investie du pouvoir de nomination. Les peines sont : l'avertissement, le blâme, la radiation du tableau d'avancement, la réduction d'ancienneté d'échelon, l'abaissement d'échelon, le déplacement d'office, la rétrogradation, la mise à la retraite d'office, la révocation sans suspension des droits à pen-

sion, la révocation avec suspension des droits à pension.

Magistrats. — Magistrats du *siège* : action disciplinaire portée devant le Conseil Supérieur de la Magistrature présidé par le Premier Président de la Cour de cassation : réprimande avec inscription au dossier, déplacement d'office, retrait de certaines fonctions, abaissement d'échelon, rétrogradation, mise à la retraite d'office, révocation sans pension.

Magistrats du *parquet* : relèvent d'une Commission de discipline du parquet.

Un régime disciplinaire assez strict existe aussi pour les professions libérales et les officiers ministériels. On citera comme exemple les sanctions applicables aux avocats et aux officiers ministériels.

Avocats. — La discipline corporative est assurée par le Conseil de l'Ordre, un recours étant possible devant la Cour d'appel. Sanctions : avertissement, blâme, interdiction temporaire (3 années au plus), radiation, retrait de l'honorariat.

Officiers publics et ministériels. — Discipline assurée par la Chambre de discipline (rappel à l'ordre, censure simple, censure devant la chambre, assemblée). Les peines les plus graves (défense de récidiver, interdiction temporaire, destitution), sont prononcées par le Tribunal de grande instance.

Pouvoir discrétionnaire, lié. DR. ADM. — Classification opérée parmi les pouvoirs de l'Administration par référence à la plus ou moins grande liberté qui lui est reconnue d'apprécier l'opportunité de la mesure à prendre.

La compétence de l'Administration est « liée » si la réunion des conditions légales l'oblige à prendre l'acte. Elle est « discrétionnaire » si cette réunion l'autorise seulement à agir, sans que le contrôle du juge soit d'ailleurs exclu des éléments de légalité de l'acte autres que l'adéquation de celui-ci aux circonstances de fait. — V. *Directive.*

Pouvoirs exceptionnels. — Dr. CONST. — Pouvoirs renforcés reconnus au Président de la République par la constitution de 1958 (art. 16) en cas de circonstances particulièrement graves. Ils répondent à cette idée que l'état de nécessité commande et justifie un droit constitutionnel d'exception. Le Président de la République est seul juge du recours à l'art. 16 et de sa durée d'application. Il prend, sans contreseing ministériel, « les mesures exigées par les circonstances ». Mais il ne peut dissoudre l'Assemblée Nationale ni réviser la Constitution.

Pouvoir hiérarchique. — Dr. ADM. — Pouvoir appartenant au supérieur sur les actes de ses subordonnés, qui comprend traditionnellement un pouvoir d'instruction (V. ce mot, premier sens), un pouvoir de réformation (annulation ou correction) et un pouvoir de substitution d'action, mais dont l'étendue réelle n'est pas uniforme dans toutes les hypothèses.

Pouvoirs implicites. — Dr. INT. PUBL. — Compétences qui, sans être expressément énoncées dans l'acte constitutif d'une Organisation Internationale, doivent être cependant reconnues à celle-ci comme lui ayant été tacitement conférées en tant qu'elles sont nécessaires pour lui permettre d'exercer effectivement ses fonctions.

Pouvoir individualisé. — Dr. CONST. — Pouvoir identifié à son détenteur et disparaissant avec lui.

Ce type de pouvoir correspond à un stade d'évolution sociale antérieur à la formation de l'Etat.

Pouvoir institutionnalisé. — Dr. CONST. — Pouvoir dissocié de la personne des gouvernants et transféré à des institutions juridiques stables et permanentes dont les gouvernants ne sont que les agents provisoires.

Le pouvoir de l'Etat est de ce type.

Pouvoir politique. — Dr. CONST. — Pouvoir qui s'exerce dans le cadre d'une société politique. — V. *Société politique.*

Pouvoir réglementaire. — Dr. CONST., Dr. ADM. — Pouvoir d'édicter des règlements. — V. ce mot.

Préalable. — V. *Privilège du préalable, Question préalable.*

Préambule. — Dr. CONST. — V. *Déclaration des droits.*

DR. INT. PUBL. — Partie préliminaire d'un traité, précédant le dispositif, et contenant notamment l'énumération des parties contractantes, l'exposé des motifs et l'objet du traité.

Préavis. — V. *Délai-congé.*

Préavis de grève. — DR. TRAV. — Délai de prévenance entre la décision de faire grève et la cessation du travail. Le préavis de grève est obligatoire dans les services publics.

Préciput. — DR. CIV. — Droit reconnu à certaines personnes de prélever, avant tout partage, une somme d'argent ou certains biens de la masse à partager.

Précarité. — DR. CIV. — Ce qui caractérise la détention exercée par une personne sur une chose corporelle lorsque cette emprise matérielle est exercée sans l'intention de se comporter comme le titulaire du droit réel qui légitimerait les actes accomplis. — V. *Détention.*

Précompte. — DR. TRAV. — Retenue opérée par l'employeur sur le salaire afin de payer les cotisations ouvrières de Sécurité sociale.

Préemption (Droit de). — DR. ADM. — Droit reconnu dans certains cas à l'Administration, et à certains organismes de droit privé accomplissant une mission de service public, d'acquérir la propriété d'un bien lors de son aliénation par préférence à tout autre acheteur.

Préférences (principe des). — DR. INT. PUBL. — (On dit aussi « préférences généralisées »). Principe consistant à admettre que, dans les relations commerciales entre les pays développés et les pays en voie de développement, les premiers doivent consentir aux seconds plus d'avantages que ceux-ci ne leur en accordent. Adopté sous la pression des pays du Tiers-Monde, dans le cadre de la Conférence des Nations Unies sur le Commerce et le Développement (C. N. U. C. E. D.) et de la Conférence sur la Coopération Economique Internationale (couramment appelée Conférence Nord-Sud), ce principe — qui prend le contrepied du principe classique de réciprocité — est de plus en plus appliqué (Ex. : Convention de Lomé associant à la C. E. E. 57 états d'Afrique, des Caraïbes et du Pacifique).

Préfet. — DR. ADM. — Autorité nommée par le Gouvernement, en fonction dans le département et jouant un triple rôle.

En tant qu'agent de l'Etat, il est le délégué direct du Gouvernement dans sa circonscription ; sauf exceptions limitativement énumérées, les chefs des services extérieurs des diverses administrations n'exercent juridiquement leurs pouvoirs que par délégation du préfet.

En tant qu'agent du département considéré comme collectivité décentralisée, il instruit les affaires devant être portées devant le Conseil Général et il assure l'exécution de ses délibérations. Exceptionnellement, il peut agir pour le compte de communes de son département dans l'exercice de ses pouvoirs de tutelle.

— Préfet de police : à l'exemple de Paris, il a été institué à partir de 1972 dans certaines grandes agglomérations un « préfet délégué pour la police » qui exerce, par délégation du préfet du département, les pouvoirs de police de celui-ci et assure la direction des services de police. V. *supra*, p. VIII du Lexique, Note pour le lecteur.

Préfet de région. — Dr. adm.
1° En tant qu'agent de l'Etat, il détient des pouvoirs propres en matière d'économie régionale et il joue un rôle général d'animation et de contrôle de l'action des préfets et des chefs des services extérieurs (v. ce mot) en fonction dans la Région.
2° En tant qu'organe exécutif de la Région — établissement public, il instruit et exécute les délibérations du Conseil Régional.
La fonction est remplie par le préfet du chef-lieu de la Région.

Préjudice. — Dr. civ., Séc. soc. Dommage matériel (perte d'un bien, d'une situation professionnelle...) ou moral (souffrance, atteinte à la considération, au respect de la vie privée) subi par une personne par le fait d'un tiers.

Préjudice d'agrément. — Dr. civ. Séc. soc. — Autrefois défini comme le préjudice résultant de la privation de satisfactions d'ordre sportif, artistique, social ou mondain, à l'exclusion de la simple atteinte portée aux activités découlant de la vie *ordinaire*, laquelle était indemnisée au titre de l'incapacité permanente. Depuis la loi n° 73-1200 du 27 décembre 1973, le préjudice d'agrément s'entend plus largement de la diminution des plaisirs de la vie causée notamment par l'impossibilité ou la difficulté de se livrer à certaines activités *normales* d'agrément, qu'il y ait incapacité permanente ou simplement temporaire. — V. *Préjudices de caractère personnel.*

Préjudices de caractère personnel. — Dr. civ., Séc. soc. — Expression qui recouvre le préjudice résultant de souffrances physiques ou morales (V. *pretium doloris*), le préjudice d'agrément (V. ce mot) et le préjudice esthétique (V. ce mot).
Depuis la loi n° 73-1200 du 27 décembre 1973, l'action récursoire des caisses de Sécurité sociale en cas d'accident causé à un assuré social par un tiers, ne peut plus s'exercer sur la part d'indemnité, de caractère personnel, correspondant à ces divers préjudices qui doivent, par conséquent, faire l'objet d'une évaluation séparée, distincte notamment de l'indemnisation de l'incapacité permanente partielle.

Préjudice esthétique. — Dr. civ., Séc. soc. — Préjudice tenant à la persistance d'une disgrâce physique chez la victime d'un

accident (cicatrices, déforma-
tions, mutilations, etc...). —
V. *Préjudices de caractère personnel.*

Préjudice au principal. — Pr.
civ. — Il y a préjudice au
principal lorsque la juridiction
saisie aborde le fond du droit.
Les ordonnances de référés
ne pouvaient pas, naguère,
préjudicier au principal. La
formule a disparu : le nouveau
Code de procédure civile fait
seulement allusion aux « mesures qui ne se heurtent à
aucune contestation sérieuse ».

Prélèvement. — Dr. civ. —
Opération par laquelle une
personne prend dans une
masse de biens indivis certains biens avant tout partage, en contrepartie de ce
qui lui est dû sur la masse.

Prélèvements agricoles. —
Dr. fin. — Elément de la
politique agricole commune
de la C. E. E., destiné · à
inciter les négociants de produits entrant dans le champ
d'application de celle-ci à
s'approvisionner en priorité
auprès des producteurs
européens, tout en maintenant artificiellement leurs
prix au-dessus des cours
mondiaux.

Techniquement, les prélè-
vements peuvent être
comparés à des droits de
douane constamment mo-
biles, qui varient en fonction d'éléments de calcul
quotidiennement notifiés
par les autorités euro-
péennes de Bruxelles. Ils
sont perçus par la Direction
Générale des Douanes
et Droits Indirects à des
taux plus ou moins élevés

selon que les importations
proviennent respectivement
de pays extracommunau-
taires ou d'Etat membres
du Marché Commun, et
sont ensuite versés au budget des Communautés.

Prélèvements C. E. C. A. —
Dr. fin. — Impôt perçu par
la C. E. C. A. sur les entreprises charbonnières et sidérurgiques des Etats mem-
bres.

Prélèvement libératoire. — Dr.
fin. — Impôt à taux forfaitaire se substituant, sur option
du contribuable, à l'impôt progressif sur le revenu pour
réaliser une imposition atté-
nuée de certains revenus (profits de construction habituels,
intérêts des placements à
revenu fixe tels que les obligations).

Préméditation. — Dr. pén. —
Circonstance aggravante de
certains crimes par laquelle
l'intention criminelle est mu-
rie et réfléchie pendant un
certain laps de temps.

Premier Ministre. — Dr.
const. — Nom donné dans
certains Etats (France,
Grande-Bretagne) au chef
du Gouvernement.

Autres appellations : Président du Conseil (IIIᵉ et
IVᵉ République), Chancelier
(République fédérale allemande). Longtemps « pri-
mus inter pares », le Premier Ministre est aujour-
d'hui doté de pouvoirs
propres.

**Premier président, prési-
dent de chambre, prési-
dent, vice-président.** — Pr.
civ., pén. — Le premier

président est le magistrat placé à la tête de la Cour de cassation ou d'une cour d'appel. Les chambres de ces juridictions ont à leur tête un président de chambre.

A la tête du tribunal de grande instance est placé un président du tribunal ; les chambres sont présidées par des premiers vice-présidents et par des vice-présidents.

Preneur. — DR. CIV. — V. *Locataire.*

Prénom. — DR. CIV. — Vocable servant à distinguer les membres d'une même famille ou les individus portant un patronyme identique. — V. *Nom.*

Préposé. — DR. CIV. — Personne qui agit sous la direction d'une autre appelée commettant. — V. *Commettant.*

Pré-retraite. — DR. TRAV. — Retraite anticipée offerte aux salariés en période de crise de l'emploi. Les régimes de pré-retraite sont organisés par voie de conventions collectives. Le salarié en pré-retraite touche une fraction importante de son salaire, et l'employeur continue d'acquitter ses cotisations de sécurité sociale et de retraite complémentaire jusqu'à ce que l'intéressé ait atteint l'âge normal de la retraite.

Prérogatives et charges. — DR. CIV. — Dans toute situation juridique, qu'elle soit subjective ou objective, il existe une certaine com-

binaison de prérogatives et de charges.

Les prérogatives l'emportent normalement sur les charges lorsque la situation juridique a un caractère subjectif. En revanche, dans les situations juridiques objectives, les charges l'emportent sur les prérogatives.

Prescription de l'action publique. DR. PÉN. — Principe selon lequel l'écoulement d'un délai (10 ans pour les crimes, 3 ans pour les délits, 1 an pour les contraventions) entraîne l'extinction de l'action publique et rend de ce fait toute poursuite impossible.

Prescription civile. — DR. CIV. — Consolidation d'une situation juridique par l'écoulement d'un délai.

La prescription est acquisitive lorsque l'écoulement du délai a pour effet de faire acquérir un droit réel à celui qui en fait l'exerce. Elle est extinctive lorsqu'elle fait perdre un droit réel ou un droit personnel du fait de l'inaction prolongée du titulaire du droit.

Prescription de la peine. — DR. PÉN. — Principe selon lequel toute peine, lorsque celle-ci n'a pas été mise à exécution dans un certain délai fixé par la loi à 20 ans pour les crimes, 5 ans pour les délits et 2 ans pour les contraventions, ne peut plus être subie.

Le délai commence à courir le jour où la condamnation devient définitive. Il peut être suspendu (peine avec sursis par exemple) ou interrompu (mesure d'exécution).

Prescription quadriennale. — Dr. fin. — Prescription libératoire propre à la majeure partie des personnes publiques, acquise par l'écoulement d'un délai de quatre années partant du premier jour de l'année suivant celle de la naissance de la dette.

Préséance. — Dr. int. publ. V. *Rang diplomatique*.

Présents d'usage. — Dr. civ. Cadeaux faits à l'occasion d'événements importants de la vie (mariage, anniversaire, etc...) mais qui ne doivent pas apparaître comme excessifs par rapport à la situation de fortune de l'auteur de la libéralité. Ainsi définis les présents d'usage échappent aux règles des donations notamment à la révocabilité des donations entre époux et au rapport à fin d'égalité entre les héritiers.

Président du conseil d'administration. — Dr. com. Personne physique élue par le conseil d'administration d'une société anonyme parmi ses membres. Le président est chargé d'assumer sous sa responsabilité, mais dans les limites qui lui sont fixées par la loi et par l'objet social, la direction générale de la société, avec l'assistance facultative d'un ou de deux directeurs généraux.

Président directeur général. Dr. com. — V. *Président du conseil d'administration*.

Président de la République. Dr. const. — Titre du Chef de l'Etat dans une République.

Présidentialisme. — Dr. const. Contrefaçon du régime présidentiel consistant dans l'hégémonie du Président (parfois proche de la dictature) et l'abaissement corrélatif du Parlement, ce qui a pour effet de rompre l'équilibre des pouvoirs. Régime de nombreux Etats sud-américains et africains.

Présidium. — Dr. const. Organe original du régime soviétique, élu par le Soviet Suprême, et faisant fonction à la fois de Chef d'Etat à structure collégiale et d'organe de suppléance du Soviet Suprême dans l'intervalle de ses sessions

Présomption. — Dr. civ. — Mode de raisonnement juridique en vertu duquel, de l'établissement d'un fait on induit un autre fait qui n'est pas prouvé. La présomption est dite de l'homme (ou du juge) lorsque le magistrat tient lui-même et en toute liberté ce raisonnement par induction.

La présomption est légale lorsque le législateur tire lui-même d'un fait établi un autre fait dont la preuve n'est pas apportée. La présomption légale est simple lorsqu'elle peut être combattue par la preuve du contraire. Lorsque la présomption ne peut être renversée, elle est dite **irréfragable** ou absolue.

Les présomptions simples sont dites également *juris tantum* ; les présomptions irréfragables sont désignées parfois par l'expression latine *juris et de jure*. — V. *Preuves*.

Présomption d'innocence. — Pr. pén. — Principe selon lequel, en matière pénale, toute personne poursuivie est considérée comme innocente des faits qui lui sont reprochés, tant qu'elle n'a pas été déclarée coupable par la juridiction compétente. Inscrite dans la Déclaration des droits de l'homme et du citoyen, cette présomption a notamment pour effet de faire bénéficier du doute la personne concernée.

Prestation(s). — Dr. civ. — Ce qui est dû par le débiteur d'une obligation. — V. *Créance*, *Dette*, *Obligation*.

Séc. soc. — Versements ou fournitures qui ont pour objet l'indemnisation d'un risque social.

Prestations en espèces : prestations qui ont pour but de remplacer ou de compléter le salaire.

Prestations en nature : fourniture d'un service ou remboursement de frais.

Prestations familiales : prestations versées dans l'intérêt de la famille aux chefs de famille résidant en France, limitativement énumérées par l'article L. 510 C. séc. soc. — V. *Allocations*.

Prestation compensatoire. — Dr. civ. — Attribution d'un capital ou d'une rente destinée à supprimer la disparité que la rupture du mariage crée dans les conditions de vie respectives des époux divorcés. Elle ne peut exister que dans le cadre du divorce par consentement mutuel ou pour faute et, dans cette dernière hypothèse, ne peut jamais être accordée à l'époux aux torts exclusifs de qui le divorce a été prononcé.

Prêt. — Dr. civ. — Contrat par lequel l'une des parties, le prêteur, met à la disposition de l'autre, l'emprunteur, une chose pour son usage, à charge de restitution.

Le prêt de consommation est dit « *mutuum* ». — V. ce mot.

Le prêt à usage est appelé « *commodat* ». — V. ce mot.

Prête-nom. — Dr. civ. — Personne qui fait figurer son nom dans un contrat, comme si elle agissait pour son propre compte, alors qu'en réalité elle n'intervient que comme mandataire d'une autre, sans que le cocontractant ait connaissance de cette interposition. V. *Simulation*.

Prétentions des plaideurs. Pr. civ. — Questions de fait et de droit que les plaideurs soumettent au juge et qui sont fixées, pour le demandeur par l'acte introductif d'instance, pour le défendeur par les conclusions en défense (exceptions, fins de non-recevoir, dénégations).
Formant l'objet du litige,

elles délimitent l'étendue de
la saisine du juge, ce qui
entraîne l'obligation pour la
juridiction du premier degré
de se prononcer sur tout ce
qui est demandé et seule-
ment sur ce qui est demandé
et l'interdiction pour la juridiction du second degré de
statuer sur des demandes
nouvelles. — V. *Demande
nouvelle, Objet, Petita.*

Pretium doloris. — Dr. civ.,
Séc. soc. — Littéralement, le
« prix de la douleur », qu'une
circulaire du Ministre de la
Justice du 15 septembre 1977
recommande d'appeler « l'indemnisation des souffrances »
et qui correspond aux
dommages et intérêts accordés par les tribunaux au titre
de réparation des souffrances
physiques ou morales éprou-
vées par la victime d'un
accident ou d'un acte criminel, ou par ses proches
parents.

L'indemnité qui tend à
réparer le préjudice résultant
de telles souffrances causées
par un tiers à un assuré social,
constitue, depuis la loi n° 73-
1200 du 27 décembre 1973,
l'une des composantes de
« l'indemnité de caractère personnel » (V. ce mot), créée
par cette loi. Elle devra réparer non seulement les souffrances antérieures à la consolidation, des blessures, mais aussi
celles postérieures à cette consolidation, alors que jusqu'à
l'entrée en vigueur de la loi
précitée, celles-ci étaient in-
demnisées au titre de l'incapacité permanente partielle
(V. ce mot).

Preuve. — Dr. civ. — Dans
un sens large, établissement
de la réalité d'un fait ou
de l'existence d'un acte juridique. Dans un sens plus
restreint, procédé utilisé à
cette fin.

Lorsque les moyens de
preuve sont préalablement
déterminés et imposés par
la loi, la preuve est dite
légale. Dans le cas con-
traire, elle est dite libre.

Preuve (procédures de). —
Pr. gén. — Les plaideurs,
pour l'établissement des
faits du procès, recourent
à des procédures d'instruction particulières : vérification d'écritures, inscription de faux, enquête,
expertise, comparution personnelle, serment, vérifications personnelles du juge,
présomptions.

Prévention. — Dr. trav. et
Séc. soc. — Ensemble
des mesures réglementaires
ou techniques tendant à
éviter les accidents et les
maladies.

Prévenu. — Pr. pén. — Personne soupçonnée d'un délit
ou d'une contravention et
déférée, pour ce fait, devant le tribunal correctionnel ou de police afin d'y
être jugée.

Primaires (primaires). —
Dr. const. — Pré-élections
officiellement organisées
dans certains Etats des
Etats-Unis en vue de per-
mettre aux électeurs de

procéder eux-mêmes à la désignation des candidats aux élections proprement dites (procédé qui tend à démocratiser le choix des candidats en réduisant l'influence des comités de partis).

Prime. — DR. COM. — Somme versée par l'assuré en échange de la prise en charge par l'assureur d'un risque prévu au contrat.

Primes. — DR. TRAV. — Sommes versées par l'employeur au salarié en sus du salaire normal, soit à titre de remboursement de frais, soit pour encourager la productivité, tenir compte de certaines difficultés particulières du travail, ou récompenser l'ancienneté.

Primes à la construction. DR. FIN. — Encouragement à la construction représenté par une subvention accordée par l'Etat pendant vingt ans aux personnes faisant construire ou agrandir des locaux d'habitation en respectant certaines normes.

Ces primes, calculées forfaitairement selon le nombre de pièces, peuvent prendre la forme soit d'une allocation directe au constructeur, soit d'une bonification d'intérêts lorsque celui-ci a obtenu le bénéfice de certains prêts.

Prime d'émission. — DR. COM. — Somme exigée des souscripteurs à une augmentation de capital, en plus de la valeur nominale de l'action. Cette somme destinée à atténuer la perte subie par les titres du fait de l'augmentation de capital s'analyse en un supplément d'apport.

Le montant total des primes d'émission est comptabilisé à un poste spécial : la réserve des primes d'émission.

Principal. — PR. CIV. — Dans une acceptation étroite, désigne, d'une part, le capital dont il est demandé paiement, d'autre part, les intérêts échus au moment de l'introduction de l'instance. L'évaluation de la demande sert (souvent) à déterminer la compétence et à fixer le taux du ressort.

Dans une acceptation plus large, le principal, s'entend de l'objet du litige tel qu'il est déterminé par les prétentions respectives des parties. Il vise le fond du procès, la question de droit substantiel, par opposition aux exceptions de procédure, aux incidents de preuve, aux mesures provisoires. C'est en ce sens que l'on dit, par exemple, que les jugements avant dire droit n'ont pas au principal l'autorité de la chose jugée. — V. *Droit substantiel, Fond.*

Principes généraux du droit. — DR. ADM., DR. CIV., PR. CIV. Principale source non écrite du Droit administratif, représentée par des règles de droit obligatoires pour l'Administration et dont l'existence est affirmée de manière prétorienne par le juge.

Leur respect s'impose à toutes les autorités administratives, même dans les matières où le Gouvernement est investi par la Constitution d'un pouvoir réglementaire autonome non subordonné à la loi. Les principes généraux du droit jouent également un rôle important en droit privé, spécialement en droit civil et en procédure civile.

DR. INT. PUBL. — Source du Droit international constituée par des principes juridiques non écrits mais de portée générale et quasi universelle, les uns communs aux ordres juridiques des Etats civilisés et transposés dans les relations internationales (autorité de la chose jugée, respect des droits acquis, réparation du dommage causé, etc...), les autres nés dans l'ordre international lui-même (respect de l'indépendance des Etats, primauté du traité sur la loi, etc...).

« Prior tempore potior jure ». DR. CIV. — Celui qui est le premier dans le temps, en droit l'emporte.

La priorité entre des créanciers munis d'une garantie sujette à publicité est réglée par l'ordre des publications.

Priorité. — DR. ADM. Droit reconnu par le code de la route au conducteur venant de la droite.

Priorité d'embauchage. — DR. TRAV. — Protection instituée par la loi en faveur de certains travailleurs jugés dignes d'intérêt (invalides de guerre, leurs veuves, leurs orphelins, travailleurs handicapés) et qui consiste à imposer aux employeurs l'emploi d'un certain pourcentage de ces salariés sous peine du paiement d'une redevance.

Prise (droit de). — DR. INT. PUBL. — Droit pour un belligérant de saisir les navires de commerce ennemis et leur cargaison en vue de faire prononcer leur confiscation par sa juridiction des prises.

Prise à partie. — PR. CIV., PÉN. Procédure actuellement abrogée qui permettait en cas de dol, de concussion ou de faute lourde professionnelle, d'agir en responsabilité civile contre un magistrat de l'ordre judiciaire. — V. *Faute, Responsabilité du fait du fonctionnement défectueux de la justice.*

Prises d'otages. — DR. PÉN. — Circonstance aggravante des infractions d'arrestation, détention et séquestration illégales consistant dans le fait de retenir la victime soit pour préparer ou faciliter la commission d'un crime ou d'un délit, soit pour favoriser la fuite ou assurer l'impunité des auteurs ou complices d'un crime ou d'un délit, soit, en un lieu tenu secret, pour répondre de l'exécution d'un ordre ou d'une condition, et du crime d'enlèvement ou détournement de mineur par fraude ou violence, consistant dans l'exigence du versement d'une rançon ou de l'exécution d'un ordre ou d'une condition (articles 343 et 355 C. pén., loi du 9 juillet 1971).

Prisons. — DR. PÉN. — Terme générique qui, dans le langage courant, désigne les établissements dans lesquels sont subies les mesures privatives de liberté. On distingue les maisons d'arrêt, les maisons centrales, les centres de détention et les centres spécialisés.

Privilège. — DR. CIV. — Droit que la loi reconnaît à un créancier, en raison de la qualité de la créance, d'être préféré aux autres créanciers sur l'ensemble des biens de son débiteur ou sur certains d'entre eux seulement.

Privilège de juridiction. — PR. PÉN. — Expression parfois utilisée pour désigner la compétence personnelle de certaines juridictions (juridictions des forces armées, Haute Cour de justice).

Privilège du préalable. — DR. ADM. — Droit conféré législativement à l'Administration dans de nombreuses matières, de prendre des décisions exécutoires par elles-mêmes, c'est-à-dire sans que l'Administration ait à respecter la règle du droit privé selon laquelle nul ne se décerne un titre à soi-même.

Privilège du salarié. — DR. TRAV. — Garantie de paiement accordée au salarié dont l'employeur est en état de règlement judiciaire ou de liquidation des biens : elle lui confère un rang préférentiel par rapport à la masse des créanciers.

Le privilège est général et s'applique aux salaires impayés des six derniers mois des salariés et apprentis et aux salaires impayés de l'année échue et de l'année en cours dus aux gens de service. Il garantit également l'indemnité de préavis, les dommages-intérêts pour rupture abusive et l'indemnité de licenciement dans certaines limites.

Superprivilège : le superprivilège s'analyse en un droit du salarié de recevoir, avant tous les autres créanciers, dans les dix jours du règlement judiciaire ou de la liquidation des biens, le paiement des 60 derniers jours de travail ou, s'agissant des représentants, des 90 derniers jours. Le super privilège ne joue que dans les limites d'un plafond.

Prix. — DR. CIV. — Somme d'argent due par l'acquéreur d'un bien au vendeur ; le langage moderne désigne bien souvent par ce terme toute somme due en échange d'un service (ne parle-t-on pas de la « vente » des services ?).

Prix d'appel. — DR. COM. — Procédé consistant, pour un distributeur, à mener une action publicitaire intense sur un produit de marque, par lequel il adopte un niveau de marge très bas et dont il dispose en faible quantité ; puis à inciter les clients, attirés par cette publicité, à acheter un produit substituable à celui sur lequel elle a porté.

Prix de transfert. — DR. FIN. — Mécanisme d'évasion fiscale des groupes de sociétés, destiné à faire apparaître la plus grande partie des bénéfices du groupe dans un Etat à fiscalité modérée. Dans ce but, les prix des prestations de service et des ventes facturées aux établissements situés dans des Etats à forte pression fiscale sont artificiellement majorés, diminuant leurs bénéfices au profit de ceux de la firme ayant procédé à la facturation. — V. *Evasion fiscale, Paradis fiscaux.*

Probation. — PR. PÉN. — V. *Sursis avec mise à l'épreuve.*

Procédure. — PR. GÉN. — Ensemble des formalités qui doivent être suivies pour soumettre une prétention à un juge.

Procédure abrégée. — PR. CIV. — Procédure particulièrement rapide devant la cour d'appel.

Procédure accusatoire. — PR. GÉN. — Procédure menée dans certains droits archaïques devant des hommes libres, et présentant un caractère *oral, public et contradictoire,* les preuves étant *légales et formelles.*

Si, à la suite d'une longue évolution. ce type de procédure a été conservé par certains systèmes juridiques (par ex. : Angleterre), dans le droit français contemporain, une procédure est dite accusatoire, lorsque le rôle principal dans le déclenchement et dans la conduite de l'instance, dans la recherche des preuves, est réservé aux parties.

Ce trait se retrouve spécialement, bien qu'avec des nuances, dans le procès civil, dans la phase du jugement du procès pénal. — V. *Procédure inquisitoire.*

Procédure administrative. PR. ADM. — Procédure suivie devant les tribunaux administratifs.

Procédure civile. — PR. CIV. Procédure suivie, en matière civile, commerciale et sociale devant les juridictions de l'ordre judiciaire.

Procédure contradictoire. — PR. CIV. — Procédure dans laquelle le demandeur et le défendeur ont déposé des conclusions.

Procédure par défaut. PR. CIV. — Procédure menée contre un défendeur qui n'a pas comparu et n'a été ni assigné ni réassigné à personne, l'affaire étant jugée en premier et dernier ressort (appel exclu).

Procédure générale. — Ensemble de principes généraux dominant toutes les procédures civiles, pénales, administratives et disciplinaires (par ex. respect de la liberté de la défense). — V. *Procédure administrative, civile, pénale.*

Procédure inquisitoire. — PR. GÉN. — Apparue historiquement à un moment où le pouvoir était capable d'imposer aux plaideurs le recours à des auxiliaires qualifiés et à une justice rendue par des magistrats professionnels. la procédure inquisitoire était *écrite secrète* et *non contradictoire,* le juge obéissant à son *intime conviction.*

Dans le droit français

contemporain, la procédure est dite inquisitoire lorsque le juge exerce un rôle prépondérant dans la conduite de l'instance et dans la recherche des preuves : phase d'instruction du procès pénal, procédure administrative.

En fait, des compromis ont été trouvés entre procédure accusatoire et procédure inquisitoire, le caractère contradictoire étant toujours la garantie nécessaire de la liberté de la défense. — V. *Contradictoire (Principe du...)*, *Direction du procès*, *Mise en état*, *Office du juge*, *Procédure accusatoire*.

Procédure ordinaire. — PR. CIV. — Procédure généralement suivie devant le tribunal de grande instance et devant la cour d'appel.

Procédure pénale. — PR. PÉN. — Ensemble des règles qui définissent la manière de procéder pour la constatation des infractions, l'instruction préparatoire et le jugement.

Procédure à jour fixe. — PR. CIV. — Procédure particulièrement rapide qui permet au demandeur d'assigner le défendeur directement à l'audience des plaidoiries, lorsqu'il y a urgence à éviter le cheminement habituel de l'instance.

Fonctionne devant le tribunal de grande instance et devant la cour d'appel où elle a remplacé la procédure sommaire.

Procédure en matière contentieuse. — PR. CIV. — Procédure suivie par une juridiction lorsqu'elle doit répondre par un acte juridictionnel à la question posée.

Il en existe plusieurs types, selon les circonstances de l'affaire et la nature de la juridiction saisie. Le plus souvent elle se décompose, schématiquement, en quelques grandes phases : liaison de l'instance, orientation de la procédure, mise en état, débats oraux. — V. *Acte juridictionnel*.

Procédure en matière gracieuse. — PR. CIV. — Procédure suivie par une juridiction saisie d'une difficulté non contentieuse, mais dont le règlement suppose l'intervention d'un magistrat usant de son pouvoir d'« imperium ». Elle se caractérise d'une part, par la simplicité des formes de la demande (il suffit d'une déclaration de la partie au secrétariat de la juridiction), d'autre part, par la nécessité, devant le tribunal de grande instance et devant la cour d'appel, de communiquer l'affaire au Ministère Public et de désigner un magistrat rapporteur chargé de l'instruire. — V. *Décision gracieuse*.

Procédure sommaire. — PR. CIV. Procédure simplifiée suivie naguère devant les tribunaux de droit commun dans des cas exceptionnels. Remplacée par une procédure à jour fixe. — V. cette expression.

Procès. — PR. ADM., CIV., PÉN. Difficulté de fait ou de droit soumise à l'examen d'un juge ou d'un arbitre. — V. *Litige*.

Procès-verbal. — PR. CIV. — Acte de procédure établi par un officier public et relatant des constatations ou des dépositions (procès-verbal d'enquête, de saisie par exemple). Cet acte a un caractère authentique.

PR. PÉN. — Acte par lequel une autorité habilitée pour ce faire, reçoit les plaintes ou dénonciations verbales, constate directement une infraction ou consigne le résultat des opérations effectuées en vue de rassembler des preuves.

Les procès-verbaux dressés par certains agents publics et constatant des infractions font foi jusqu'à preuve contraire, d'autres jusqu'à inscription de faux.

Procuration. — DR. CIV., PR. CIV. — Pouvoir qu'une personne donne à une autre d'agir en son nom. Mot utilisé aussi pour désigner l'acte qui confère ce pouvoir.

Procureur général. — PR. CIV., PÉN. — Magistrat placé à la tête du ministère public. A la Cour de cassation (il est assisté d'un premier avocat général, d'avocats généraux). A la cour d'appel (il est assisté d'avocats généraux et de substituts généraux).

Procureur de la République. PR. CIV., PÉN. — Magistrat placé à la tête du ministère public près le tribunal de grande instance.

Il est parfois assisté d'un procureur adjoint et presque toujours d'un ou de plusieurs premiers substituts et substituts.

Prodigue. — DR. CIV. — Personne qui se livre habituellement à des dépenses déraisonnables entamant son capital. Les prodigues peuvent bénéficier d'un régime de protection appelé curatelle (V. ce mot).

Production des créances. — DR. COM. — Déclaration faite au syndic par les créanciers d'un débiteur en état de règlement judiciaire ou de liquidation des biens, indiquant le montant de leur créance, accompagnée de la preuve de leurs prétentions. — V. *Admission des créances*.

PR. CIV. — Dans les procédures d'ordre et de contribution, chaque créancier doit demander à figurer dans l'ordre ou la contribution. Sa demande ou production est présentée par requête d'avocat et précise le montant de la créance, la sûreté ou le privilège qui la garantit.

Produit brut (Règle du). — DR. FIN. — Règle de comptabilité publique exigeant, par application du principe budgétaire d'universalité, que soient comptabilisés distinctement les recettes et les frais entraînés par leur perception, ce qui permet une meilleure information. Le système contraire (produit net) conduirait à ne présenter au Parlement que le solde de ces deux masses.

Produits. — Biens qui

résultent de l'exploitation d'une chose dont la substance se trouve de ce fait altérée.

Profession unique. — Pr. civ. — Profession, à l'état de projet, regroupant les activités exercées par les avocats, les avoués, les agréés et les conseils juridiques, en vue d'assurer la protection des usagers du droit par la suppression de tout clivage entre le judiciaire et le juridique.

Profil médical. — Séc. soc. Tableaux statistiques codés, établis trimestriellement par les caisses de sécurité sociale, et faisant apparaître, pour chaque médecin du ressort de la caisse, le nombre et la nature des actes médicaux réalisés, le coût et la nature des prescriptions ordonnancées.

Programmes d'action prioritaire (P. A. P.). — Dr. adm. — Innovation du VIIe Plan, correspondant à un ensemble homogène de mesures complémentaires destinées à la réalisation prioritaire de certains objectifs du Plan. Les crédits d'équipement et de fonctionnement prévus dans chacun des 25 P. A. P. bénéficient d'une priorité d'inscription dans les lois de finances annuelles. En outre, il existe, dans les plans économiques des Régions, des programmes d'action prioritaire d'intérêt régional (P. A. P. I. R.) correspondant à la même inspiration dans ce cadre administratif.

Programmes finalisés. — Dr. fin. — Néologisme consacré par le VIe Plan, désignant un ensemble homogène de mesures complémentaires destinées à la réalisation prioritaire de certains objectifs du Plan que leur caractère suffisamment concret permettait de formuler en termes chiffrés. Les autorisations de programme et les crédits de paiement inclus dans ces programmes bénéficiaient automatiquement d'une priorité d'inscription dans les lois de finances annuelles.

Projet de loi. — Dr. const. Texte de loi en préparation dont l'initiative émane du Gouvernement.

Promesse de mariage. — Dr. civ. — Assurance que donne une personne à une autre de l'épouser. Si la promesse est réciproque, il s'agit de fiançailles. — V. ce mot.

Promesse de porte-fort. — Dr. civ. — Engagement pris par une personne d'obtenir d'un tiers l'exécution d'une obligation résultant d'un acte auquel elle n'est pas partie.

Promesse « post mortem ». Dr. civ. — Clause par laquelle les parties à une convention décident que les obligations qu'elles créent ne seront exécutées qu'au jour du décès de l'une d'elles.

Promesse de vente. — Dr. civ. — Avant contrat par lequel une personne s'engage à vendre un bien à des conditions qui sont acceptées par le bénéficiaire.

Promotion immobilière (contrat de...). — Dr. civ. — Contrat consistant en un mandat d'intérêt commun par lequel un « promoteur immobilier » s'engage envers le maître d'un ouvrage à faire procéder, pour un prix convenu et par des contrats de louage d'ouvrage, à la réalisation d'un programme de construction d'un ou de plusieurs immeubles.

Le promoteur s'oblige également à procéder ou à faire procéder à tout ou partie des opérations juridiques, administratives et financières nécessaires à la réalisation du contrat. — V. *Vente d'immeubles à construire.*

Promotion sociale. — Dr. trav. — Accession d'un travailleur en cours d'emploi à une qualification supérieure ou à une situation indépendante (promotion individuelle) ou formation collective des responsables syndicaux et représentants du personnel (promotion collective).

Promulgation. — Dr. const. Acte par lequel le Chef de l'Etat constate officiellement l'existence de la loi et la rend exécutoire.

Selon la Constitution de 1958, la loi doit être promulguée dans les 15 jours qui suivent sa transmission au Gouvernement, sauf usage par le Président de la République de son droit de demander une nouvelle délibération de la loi ou recours en inconstitutionna-lité devant le Conseil constitutionnel.

Promoteur immobilier. — Dr. civ. — Le promoteur est un intermédiaire, le plus souvent professionnel, qui réalise des constructions collectives ou individuelles au profit d'accédants qui en deviendront propriétaires.

Intermédiaire, le promoteur se charge du plan de financement, des rapports avec l'autorité publique et les corps de métiers. Il effectue toutes les opérations et formalités juridiques, financières et administratives devant assurer l'accession à la propriété. A cette fin, un contrat de promotion immobilière est conclu avec l'accédant.

Le promoteur est garant de l'exécution des obligations mises à la charge des personnes avec lesquelles il a traité au nom du maître de l'ouvrage ainsi que des vices cachés.

Prononcé du jugement. — Pr. civ., pén. — Lecture, en principe à l'audience publique du tribunal, du dispositif du jugement.

Pronunciamiento. — Dr. const. — V. *Coup d'Etat.*

Proposition de loi. — Dr. const. — Texte de loi en préparation dont l'initiative émane d'un parlementaire.

Propres (Biens). — V. *Biens propres.*

Propriété. — Dr. civ. — V. *Droit de propriété.*

Propriété commerciale. — Dr. com. — Droit pour le

commerçant locataire du local dans lequel il exploite son fonds de commerce d'obtenir du bailleur le renouvellement de son bail lorsque celui-ci arrive à expiration, ou en cas de refus injustifié, d'obtenir à certaines conditions une indemnité d'éviction représentant le préjudice causé par la privation des locaux.

Propriété industrielle. — Dr. com. — Branche du droit commercial qui porte sur l'étude des droits de clientèle. Les uns sont des créations nouvelles : brevets d'invention, dessins et modèles ; les autres sont des signes distinctifs : marques, nom commercial, enseigne, appellation d'origine.

On rattache généralement au droit de la propriété industrielle le droit de la concurrence déloyale.

Propriété littéraire et artistique. — Dr. civ. — Ensemble des droits pécuniaires et moraux dont est titulaire un écrivain ou un artiste sur son œuvre.

Propriété spacio-temporelle. Dr. civ. — V. *Multipropriété.*

« Prorata temporis ». — Dr. civ. (du latin) A proportion du temps.

Prorogation de juridiction. Pr. civ. — On parle de prorogation de juridiction lorsqu'un procès est porté devant une juridiction qui ne devrait normalement pas en connaître au point de vue de la compétence d'attribution ou de la compétence territoriale.

Protection diplomatique. — Dr. int. publ. — Protection que l'Etat peut assurer à ses nationaux lorsqu'ils ont été lésés par des actes contraires au Droit international commis par un Etat étranger et qu'ils n'ont pu obtenir réparation par les voies de Droit interne de cet Etat.

L'Etat qui exerce la protection diplomatique endosse la réclamation de son ressortissant et se substitue complètement à lui dans le débat contentieux qui devient un débat entre Etats. — V. *Recours internes.*

Protection fonctionnelle. — Dr. int. publ. — Protection assurée par une Organisation internationale à ses agents (ou à leurs ayants cause) victimes d'un dommage causé par un Etat en violation du Droit International.

Protectorat. — Dr. int. publ. Rapport juridique conventionnel entre deux Etats, dans lequel l'Etat protégé abandonne à l'Etat protecteur, en échange de l'engagement pris par ce dernier de le défendre, le droit de gérer ses affaires extérieures et d'intervenir dans son administration.

Institution liée à l'expansion coloniale, le protectorat a disparu avec l'accession des Etats protégés à l'indépendance.

Protêt. — Dr. com. — Acte authentique dressé par un

huissier ou par un notaire à la demande du porteur d'un effet de commerce pour constater officiellement :

soit le non-paiement à l'échéance de l'effet (c'est le « protêt faute de paiement »).

soit le refus d'acceptation d'une traite par le tiré (c'est le « protêt faute d'acceptation »).

Protocole. — DR. INT. PUBL.
1° Cérémonial diplomatique.

2° Procès-verbal d'une conférence diplomatique.

3° Terme synonyme d'accord entre Etats, de traité, et employé plus spécialement pour désigner un accord qui complète un accord précédent.

Provision. — DR. COM. —
Créance de somme d'argent que possède le tireur contre le tiré d'un effet de commerce.

PR. CIV. — Sommes accordées par le juge du fond ou par le juge des référés — en attendant le jugement définitif — lorsque l'existence de l'obligation n'est pas sérieusement contestable, mais qu'il est impossible d'en déterminer actuellement le montant exact (dommages et intérêts en matière de responsabilité, paiement des salaires en cas de licenciement).

Sommes demandées par un époux à l'autre pour faire face aux frais du procès qui les oppose. — V. *Provision ad litem.*

Sommes qu'une partie dépose au greffe ou entre les mains de son mandataire (avocat, avoué) et qui est à valoir sur les frais et les honoraires de l'auxiliaire de justice (avocat, expert...).

Provision (par). — PR. CIV.
Se dit principalement de ce qui n'est pas définitif et peut être rapporté ou modifié. Ainsi de l'exécution forcée d'une décision que le gagnant poursuit malgré la trêve qu'impose l'effet suspensif du délai et de l'exercice des voies de recours ordinaires ; ainsi de la liquidation, à titre provisoire, des astreintes que le juge des référés a prononcées. La condamnation est sujette à révision en plus ou en moins.

Plus rarement, la locution désigne ce qui est préalable. Par exemple, les parties sont tenues de verser, par provision, au constatant, une avance sur sa rémunération. — V. *Provision.*

Provision « ad litem ». —
DR. CIV., PR. CIV. —
Somme d'argent versée par un époux à son conjoint (le plus souvent par le mari à sa femme) lors d'un procès qui les oppose (divorce, séparation de corps ou nullité) pour qu'il puisse faire face aux frais de l'instance.

La provision s'impute sur la masse des biens à partager.

Provisions en matière de

sociétés. — Dr. com. — Sommes mises de côté dans une société afin de faire face à certains risques précis susceptibles de se réaliser dans l'avenir (ainsi pour faire face au recouvrement litigieux d'une créance).

Les **provisions** figurent au passif du bilan, car, si la société était liquidée, ces sommes devraient être versées aux associés. Il s'agit donc de dettes de la société.

Proxénétisme. — Dr. pén. — Activité délictueuse de celui ou de celle qui favorise la prostitution d'autrui ou en tire profit.

Prud'hommes. — Dr. trav., Pr. civ. — V. *Conseil de prud'hommes.*

Pseudonyme. — Dr. civ. — Vocable de fantaisie qu'une personne utilise pour se désigner dans l'exercice d'une activité, généralement littéraire ou artistique. — V. *Surnom.*

Publication. — Dr. adm. — Mode de publicité employé normalement en matière d'actes réglementaires, et consistant à diffuser la connaissance de l'acte en cause au moyen de modes de communication de masse, en particulier par l'insertion dans un recueil officiel de textes (pour l'Etat, le Journal officiel). — V. *Journal officiel.*

Pr. civ. — V. *Notification.*

Publication du commandement. — Pr. civ. — Dans la procédure de saisie immobilière, c'est en publiant le commandement à la Conservation des hypothèques, que le saisissant opère la saisie.

Publication des condamnations. — Dr. pén. — Sanction autonome s'ajoutant à la peine proprement dite et prévue par certains textes. Elle prend la forme d'un affichage, ou d'une insertion dans la presse. Ne pas confondre avec la publicité de la condamnation.

Publication de mariage. — Dr. civ. — V. *Bans.*

Publication des traités. — Dr. int. publ. — Insertion d'un traité au Journal Officiel afin de le rendre opposable aux individus. — V. *Enregistrement.*

Publicité d'actes juridiques. Dr. civ., Dr. com. — Utilisation de procédés divers (affichage, annonces dans des journaux spécialisés ou non, tenue de registres) afin d'assurer la sécurité des transactions et la justice par l'égalité de tous en présence d'une situation donnée. La publicité est sanctionnée par le législateur.

Publicité des débats. — Pr. gén. — La publicité des débats est conçue comme une garantie de la liberté de la défense et un moyen de contrôle sur la manière dont la justice est rendue. Elle implique que le public ait accès à la salle d'audience. La règle est écartée lorsqu'elle paraît incompatible avec la discrétion que requièrent certaines affaires (familiales notamment) ou susceptibles de compromettre la sérénité des débats. La loi parfois en décide ainsi : c'est le cas des affaires portées devant la chambre du conseil ; parfois, c'est le tribunal qui prononce, pour des motifs d'opportunité, le huis clos.

Publicité foncière. — DR. CIV. — Technique ayant pour but de porter à la connaissance des tiers, et par là même de leur rendre opposables, certains actes juridiques portant sur des immeubles. Avant 1955, la loi employait le mot de transcription. — V. *Conservateur des Hypothèques.*

Publicité des jugements. — PR. CIV. — V. *Prononcé du jugement.* Toute personne peut obtenir du greffe, sauf de rares exceptions, la copie de tout jugement, même si la décision ne la concerne pas.

Publicité de la justice. — PR. GÉN. — V. *Publicité des débats, Publicité des jugements.*

Puissance paternelle. — DR. CIV. — Ensemble des prérogatives des parents sur la personne et les biens de leurs enfants mineurs.
Cette notion a été remplacée depuis la loi du 4 juin 1970 par celle d'autorité parentale. — V. *Autorité parentale.*

Puissance publique. — DR. ADM. — 1° La puissance publique : terme flou, désignant dans son sens le plus général l'ensemble des personnes publiques (V. ce mot).

Le recours à cette terminologie procède des conceptions les plus anciennes en matière d'Etat, qui voient en celui-ci non une organisation de services publics voués à la satisfaction des besoins généraux de la collectivité, mais une entité supérieure par essence aux individus et possédant un pouvoir de souveraineté sur ceux-ci.

2° Activités de puissance publique : analyse des procédés juridiques de fonctionnement de l'Etat, en vue notamment de découvrir un critère de répartition des compétences entre les deux ordres de juridictions, et qui a fait historiquement l'objet de deux interprétations :

dans la conception du XIX° siècle, activités de l'Etat dans lesquelles celui-ci agit unilatéralement par voie de prescriptions ou de prohibitions. Cette conception est liée à celle d'un Etat principalement réduit aux services publics régaliens ;

Aujourd'hui, les défenseurs de cette notion mettent l'accent, par ces termes, beaucoup moins sur l'idée de commandement que sur celle d'un mode possible d'exécution des services publics — qui se sont multipliés et diversifiés — dans des conditions exorbitantes de celles que régit le droit privé, ce qui justifie l'application du droit administratif à ces situations.

Pupille. — DR. CIV. — Enfant placé sous le régime de la tutelle. Se dit également des enfants placés sous le contrôle des services de l'Aide Sociale à l'enfance (pupilles de l'Etat soumis à une tutelle administrative).

Les pupilles de la nation sont les orphelins de guerre.

Purge. — DR. CIV. — Procédure par laquelle le tiers acquéreur d'un immeuble hypothéqué offre aux créanciers hypothécaires de leur verser le montant du prix d'acquisition ou de la valeur de l'immeuble, s'il l'a acquis à titre gratuit, ce qui aura pour effet de libérer l'immeuble des hypothèques qui le grèvent.

Putsch. — DR. CONST. — V *Coup d'Etat.*

Q

« Quae temporalia sunt ad agendum perpetua sunt ad excipiendum ». — DR. CIV., PR. CIV. — Lorsqu'une action en nullité ne peut plus être intentée parce qu'elle a été éteinte par l'écoulement du délai de la prescription, son bénéficiaire peut s'abriter derrière une exception qui, elle, est perpétuelle.

Qualification. — Opération de l'intelligence consistant à rattacher un acte, un fait, une situation juridique à un groupe déjà existant (concept juridique, catégorie, institution).

DR. CIV. — Opération intellectuelle consistant à préciser la nature juridique d'une institution. Ex. : déterminer si un acte juridique est à titre gratuit ou à titre onéreux.

DR. INT. PRIV. — En droit international privé, la qualification consiste à déterminer la nature juridique d'une situation de fait ou d'une question de droit, afin de pouvoir la rattacher à une catégorie typique, ce qui permettra de déterminer la loi qui lui est applicable. Ex. : rechercher si l'acte notarié est une condition de forme ou de fond du testament.

DR. PÉN. — Opération consistant à confronter les faits délictueux avec les diverses variétés de faits réprimés par la loi pénale, en leur donnant l'appellation légale qui leur convient.

PR. CIV. — Classement des faits du procès dans les cadres juridiques correspondants. La qualification formant la jonction entre le fait et le droit est presque toujours l'objet d'un contrôle de la part de la Cour de cassation.

Il entre dans la mission du juge de vérifier, de redresser au besoin, les qualifications proposées par les plaideurs. Il n'en va autrement que si les parties, dans la mesure où elles ont la libre disposition de leurs droits, décident de limiter le débat dans le cadre des points de droit et des qualifications qu'elles ont choisies.

Qualité pour agir. — PR. GÉN. — En règle générale, le pouvoir d'agir n'ayant pas été réservé par la loi à certaines personnes, appartient à tout intéressé, c'est-à-dire à tous ceux qui peuvent justifier d'un intérêt direct et personnel. La qualité se confond alors avec l'intérêt.

Au contraire, lorsque la loi a attribué le monopole de l'action à certains, seules les personnes qu'elle désigne ont qualité pour agir. Ainsi la recherche de paternité naturelle n'appartient qu'à l'enfant et, pendant sa minorité, la mère a, seule, qualité pour l'exercer. Toute autre personne, y aurait-elle intérêt, serait sans droit pour l'introduire.

Qualités du jugement. — PR. CIV. — Partie d'un jugement civil rédigée par l'avoué du gagnant et contenant les noms des parties, la qualité en laquelle elles avaient figuré dans l'instance et leurs conclusions.

Depuis 1958, ces renseignements sont insérés dans le jugement par le magistrat rédacteur.

Qualité substantielle. — DR. CIV. — Caractéristique d'une chose objet d'un contrat, qui a été prise en considération par les parties contractantes, de telle sorte qu'en l'absence de cet élément, l'accord de volonté n'aurait pu se réaliser.

L'erreur sur une qualité substantielle est sanctionnée par la nullité du contrat.

Quasi-contrat. — DR. ADM. Appellation juridiquement incorrecte mais passée dans l'usage, appliquée à des accords intervenant entre le Gouvernement et des industriels en vue de les inciter à mettre en œuvre les directives du Plan, et qui leur ouvrent, en contrepartie d'un programme d'investissement jugé conforme à celles-ci, la perspective de concours matériels, financiers ou fiscaux de l'Etat.

DR. CIV. — Fait licite et volontaire d'où découlent des obligations soumises à un régime s'apparentant à celui des contrats à la charge de son auteur et d'un tiers, non liés entre eux par une convention. — V. *Gestion d'affaires.*

Quasi-délit. — DR. CIV. — Fait de l'homme illicite mais commis sans intention de nuire, qui cause un dommage à autrui et oblige son auteur à le réparer. — V. *Délit civil, Responsabilité.*

Quasi-usufruit. — DR. CIV. Usufruit portant sur une chose consomptible. — V. *Usufruit, Choses consomptibles.*

Quérable (Créance). — DR. CIV. Caractère d'une créance dont le créancier doit aller réclamer l'exécution au domicile du débiteur. — V. *Portable* (*créance*).

Questeur. — Dr. const. — Membre du bureau d'une assemblée parlementaire chargé des problèmes d'administration intérieure de l'assemblée (personnel, locaux, matériel).

Question. — Dr. const. — Procédure permettant à un parlementaire d'interroger les membres du Gouvernement : un des moyens classiques du contrôle parlementaire.

1. Question au Gouvernement : procédure instituée en 1974 (en remplacement de celle des « questions d'actualité ») pour revaloriser le système des questions orales. Elles sont posées de manière impromptu, majorité et opposition disposant d'un temps égal, qu'elles mettent à profit librement, pendant l'heure hebdomadaire qui leur est consacrée.

2. Question écrite : question publiée au *Journal Officiel,* de même que la réponse du ministre qui doit en principe intervenir dans un délai d'un mois.

3. Question orale avec débat : question donnant lieu à un débat général ouvert à tous les orateurs inscrits.

4. Question orale sans débat : question donnant lieu à un simple dialogue rapide entre l'auteur de la question et le ministre concerné.

Question de confiance. — Dr. const — Procédure par laquelle le Gouvernement engage lui-même sa responsabilité devant le Parlement, en lui demandant d'approuver l'ensemble ou un point déterminé de sa politique, faute de quoi il démissionnera.

La question de confiance est un moyen de pression du Gouvernement sur le Parlement, les députés pouvant hésiter à assumer la responsabilité d'une crise ministérielle. En régime parlementaire rationalisé, la question de confiance est réglementée. Ex. : Constit. de 1958, art. 49, al. 1 (question de confiance sur le programme ou sur une déclaration de politique générale), art. 49, al. 3 (question de confiance sur un texte).

Question préalable. — Dr. const. — Question posée par un membre d'une assemblée délibérante et tendant à faire décider qu'il n'y a pas lieu de délibérer sur le sujet inscrit à l'ordre du jour de l'assemblée.

Dr. intern. priv. — En matière de conflit de lois, une question est dite préalable lorsque son examen commande la solution de la question principale. Ainsi, avant de rechercher si un enfant adoptif vient à la succession de l'adoptant, il convient de vérifier la régularité de l'adoption. La doctrine est partagée sur le point de savoir si la question préalable doit, comme la question principale, être résolue par application du système de conflits de lois du juge saisi.

Pr. gén. — Question que le juge doit examiner pour vérifier si certaines des conditions requises pour l'existence de la question principale sont réunies ; ainsi l'action en réclamation d'une succession (question principale) suppose que la qualité d'héritier (question préalable) appartient bien au demandeur. Procéduralement, la question préalable est de la compétence du juge saisi de la question principale, à la différence de la question préjudicielle. V. *Question principale, question préjudicielle.*

Question principale. — Pr. gén. — Dans une instance, la question principale est celle qui porte sur l'objet même de la prétention soumise au juge. — V. *Question préalable, Question préjudicielle.*

Question préjudicielle. — Pr. gén. — La question préjudicielle est celle qui oblige le tribunal à surseoir à statuer jusqu'à ce qu'elle ait été soumise à la juridiction compétente qui rendra à son sujet un acte de juridiction. — V. *Question préalable.*

« Qui auctor est se non obligat ». — Dr. civ. — Celui qui donne son autorisation à un acte juridique n'est point obligé par cet acte.

Quirataire. — Dr. marit. — Propriétaire d'une part dans un navire acheté en copropriété.

Quittance. — Dr. civ. — Acte écrit et remis au débiteur par lequel le créancier reconnaît avoir reçu le montant de sa créance.

Quitus. — Dr. civ. — Acte qui arrête un compte et qui atteste que la gestion de celui qui le tenait est exacte et régulière.

Dr. com. — Acte par lequel la gestion d'une personne est approuvée.

En matière de société, les mandataires des associés doivent recevoir leur quitus à l'expiration de chaque exercice social (il en va de même dans une association).

Quorum. — Dr. civ., Dr. com. — Nombre de participants nécessaire pour qu'une assemblée (d'une association ou d'une société, par exemple) puisse valablement délibérer.

Dr. const., Dr. int. pub. — Nombre de membres dont la présence est nécessaire pour qu'une assemblée, une commission, une conférence, puissent valablement siéger.

Quotient électoral. — Dr. const. — Dans la représentation proportionnelle, nombre de voix qui donne à une liste autant de sièges qu'il est contenu de fois dans le nombre de suffrages recueillis par elle.

Le quotient électoral est, soit déterminé par circonscription (en divisant le nombre total des suffrages exprimés par le nombre de sièges à pourvoir), soit uniforme pour tout le territoire (nombre fixé à l'avance, ou obtenu en divisant le nombre total des suffrages exprimés dans le pays par le nombre total des sièges à pourvoir).

Quotient familial. — DR. FIN. — Technique d'allègement de l'impôt sur le revenu (des personnes physiques) destinée à tenir compte de l'importance des charges de famille du contribuable. Le barème de l'impôt est appliqué non au revenu global du foyer, mais au résultat de la division de celui-ci par un nombre de « parts » dépendant du nombre de personnes vivant de ce revenu. En règle générale, le contribuable lui-même compte pour une part, son conjoint également, et chaque enfant à charge pour une demi-part. V. *Personne à charge.*

Quotité disponible. — DR. CIV. — Portion du patrimoine d'une personne dont elle peut disposer librement par donation ou testament, en présence d'héritiers réservataires (ascendants ou descendants). Déterminée par la loi elle varie en fonction de la qualité et du nombre des héritiers réservataires. — V. *Réserve.*

R

Rachat. — DR. COM. — Dans un contrat d'assurance sur la vie, versement par l'assureur d'une somme d'argent, dite valeur de rachat, à la demande de l'assuré ; l'obligation de l'assureur, qui était conditionnelle ou à terme (décès de l'assuré), est alors transformée en une obligation à échéance immédiate.

Radiation. — PR. CIV. — Sanction disciplinaire. — V. *Poursuite disciplinaire.*

Radiation (des hypothèques). — DR. CIV. — Exécution par le conservateur des hypothèques d'un acte ou d'un jugement de mainlevée d'une hypothèque et qui se réalise par une mention en marge de l'inscription.

Radiation du rôle. — PR. CIV. — Suspension de l'instance sanctionnant le défaut de diligence dans l'accomplissement des actes de procédure. Pour que l'instance soit reprise, il faudra enrôler à nouveau l'affaire.

Raison sociale. — DR. COM. Nom attribué à une société dans laquelle les associés, ou certains d'entre eux, sont personnellement tenus du passif social, et composé exclusivement du nom de ces associés, ou de celui de certains d'entre eux, suivi de la mention « et Cie ».

Cette raison sociale peut coexister, dans certaines conditions, avec une dénomination de fantaisie.

Rang diplomatique. — DR. INT. PUBL. — Ordre de préséance entre agents diplomatiques accrédités auprès d'un Etat.

1re classe : ambassadeurs et nonces ; 2e classe :

envoyés, ministres et inter-nonces ; 3° classe : chargés d'affaires (accrédités auprès d'un Ministre des Affaires Etrangères). A l'intérieur de chaque classe, la préséance est déterminée par l'ancien-neté, c'est-à-dire par la date de remise des lettres de créance (Convention de Vienne de 1961).

Rappel à l'ordre. — DR. CONST. — Sanction disci-plinaire applicable à un parlementaire dans les conditions prévues par le règlement intérieur de l'as-semblée.

Rapport. — PR. CIV. — 1° Exposé par écrit des élé-ments de fait et de droit du procès que le juge de la mise en état présente à l'au-dience avant les plaidoiries, dans les cas où le président de la chambre a estimé que l'affaire le requérait.

2° Document fourni par un expert à l'issue de sa mission, par lequel il rend compte de son activité et donne son avis sur les ques-tions techniques qui ont été soumises à son examen.

PR. ADM. — Devant les tribunaux administratifs et le Conseil d'Etat, présenta-tion orale des éléments de fait et de droit du litige par le magistrat chargé de l'instruction, avant les plai-doiries éventuelles. A la différence du Commissaire du gouvernement, qui pro-pose après celles-ci dans ses conclusions la solution de droit à donner au litige, le juge-rapporteur n'a pas à émettre d'opinion, car il fait

partie de la formation de jugement.

Rapport des dettes. — DR. CIV. — Opération par la-quelle l'héritier, débiteur du défunt ou d'un cohéritier, impute ses dettes sur le lot qu'il est appelé à recevoir ; cela revient également à permettre aux autres cohé-ritiers de prélever, sur la masse, des biens ayant une valeur égale au montant de leurs créances. — V. *Rap-port des dons et des legs.*

Rapport des dons et des legs. DR. CIV. — Opération par laquelle l'héritier qui a reçu du testateur des biens par donation ou legs, les reverse dans la masse partageable. Alors que les donations sont censées faites par avance-ment d'hoirie (V. cette ex-pression), le legs est norma-lement fait par préciput, et n'est donc rapportable que si telle est la volonté du testateur. — V. *Préciput, Rapport des dettes.*

Rapport à succession. — DR. CIV. — Acte par lequel un héritier, appelé à la succession, joint à la masse à partager certains biens ou valeurs provenant du défunt, afin de rétablir l'égalité avec ses cohéritiers.

Rapporteur. — DR. CONST. Personne chargée de faire, à l'intention d'une assem-blée, le compte rendu des travaux et l'exposé des conclusions d'une commis-sion.

PR. ADM., CIV. — V. *Rapport.*

Ratification des traités. — DR. INT. PUBL. — Approbation d'un traité par les organes internes compétents pour engager internationalement l'Etat (le plus souvent le Chef de l'Etat, avec parfois l'autorisation du Parlement : Ex. : art. 53 de la Constitution de 1958).

La ratification, qui est discrétionnaire, doit être communiquée aux cocontractants : échange (traités bilatéraux) ou dépôt (traités multilatéraux) des ratifications.

Ratio. — Dr. com. — Rapport mathématique établi par certains organismes supérieurs du crédit entre les différents postes du bilan d'une banque —, que celle-ci ne doit pas dépasser —, dans un but de saine gestion des fonds qu'elle possède, pour la sécurité des déposants.

On appelle « ratio de liquidité » le rapport fixé entre les avoirs disponibles de la banque et ses dettes exigibles. On parle également de « ratio de sécurité » ou « de solvabilité ».

Rationalisation des choix budgétaires (R. C. B.). — Dr. fin. — Méthode moderne d'aide à la décision, visant à l'optimisation des dépenses publiques par un appel systématique aux méthodes objectives et notamment à l'instrument mathématique ; elle tend, par des analyses du type coûts-avantages, à soumettre au vote des instances budgétaires des alternatives exprimées en termes quantifiés.

Réduit à ses éléments essentiels, ce système comporte la détermination des objectifs à long terme, la présentation des procédés les plus efficients pour les atteindre, et — pour ceux d'entre eux qui ont un caractère financier — leur traduction sous forme de crédits budgétaires à demander dans la prochaine loi de finances.

« Ratione personae, ratione materiae, ratione loci ». — Pr. civ. — En raison de la personne ; en raison de la matière ; en raison du lieu. V. *Compétence*.

Rayon des douanes. — Dr. fin. — Zone frontalière où s'exerce une surveillance douanière renforcée, s'étendant, au-delà des lignes de base de la mer territoriale, jusqu'à douze mille marins et, en deçà des frontières maritimes et terrestres, sur une profondeur de soixante kilomètres.

Le reste du territoire peut faire dans son ensemble l'objet d'investigations du service des douanes.

Réassurance. — Dr. com. — Contrat par lequel un assureur obtient la prise en charge par un autre assureur — dit réassureur — de tout ou partie des risques qu'il supporte à l'égard de ses assurés. La réassurance ne modifie en rien les contrats d'assurance primitifs.

« Rebus sic stantibus » (clause). — Dr. int. publ. — (Etymologiquement les choses restant en l'état.)

Clause qui serait sous-entendue dans tout traité, selon laquelle le changement des circonstances existant lors de la conclusion de ce traité entraînerait sa caducité.

Thèse dangereuse pour la force obligatoire des traités et donc peu admissible. L'inadaptation d'un traité, qui le rend difficilement applicable, doit seulement inciter les parties à le réviser d'un commun accord. — V. *Révision des traités*.

DR. PRIV., DR. PUBL. — Cette thèse a été également soutenue en ce qui concerne les contrats en droit public et en droit privé. Elle n'a jamais été considérée comme exprimant une règle de portée générale. — V. *Imprévision*.

Recel. — DR. CIV. — Fraude consistant à détourner un objet de la communauté, ou un effet de la succession, en vue de se l'approprier et de frustrer les autres ayants droit (conjoint ou cohéritiers) de la part devant leur revenir dans les choses diverties ou dissimulées. Le recel est un délit civil entraînant pour le receleur privation de tout droit dans les biens recélés.

DR. PÉN. — Crime ou délit consistant à détenir sciemment des objets provenant d'une infraction ou à soustraire à la justice des personnes responsables d'infraction.

Récépissé. — DR. COM. — Ecrit par lequel on reconnaît avoir reçu des sommes, des pièces, des marchandises ou d'autres objets en communication ou en dépôt.

Récépissé-warrant. — DR. COM. — La transmission par endossement du récépissé-warrant transfère la propriété de la marchandise.

Si le warrant est endossé seul, il y a création d'un effet de commerce avec constitution d'un gage sur les marchandises. — V. *Warrant*.

Réception. — DR. CIV. — Acte unilatéral par lequel le maître d'ouvrage approuve, dans le cadre d'un contrat d'entreprise, les travaux effectués par l'entrepreneur (V. ce mot).

Recevabilité. — PR. GÉN. — Caractère d'une demande en justice rendant possible son examen au fond par la juridiction saisie. — V. *Bienfondé, Chose jugée, Délai, Fond, Intérêt, Qualité (pour agir)*.

Receveur des finances. — DR. FIN. — Comptable supérieur du Trésor, placé sous l'autorité du trésorier payeur général (V. ce mot), en fonctions au chef-lieu des arrondissements autres que celui du chef-lieu du département.

Receveurs des impôts. — DR. FIN. — Comptables publics rattachés à la Direction Générale des impôts, chargés du recouvrement de l'ensemble des impôts indirects autres que ceux relevant de la Conservation des hypothèques (V. ce mot), et même de certains impôts directs perçus sans émission de rôle (V. ce mot).

Recherche de maternité naturelle. — DR. CIV. —

Action tendant à établir la filiation naturelle maternelle d'un enfant.

Recherche de paternité naturelle. — DR. CIV. — Action tendant à établir la filiation naturelle paternelle d'un enfant. — V. *Filiation naturelle, Action d'état.*

Récidive. — DR. PÉN. — Cause d'aggravation de la peine tenant au fait pour un délinquant de commettre une seconde infraction après une première condamnation définitive.

La récidive est générale ou spéciale, c'est-à-dire qu'elle existe pour deux infractions différentes ou seulement pour deux infractions semblables ; elle est perpétuelle ou temporaire, c'est-à-dire qu'elle existe quel que soit le délai qui sépare les deux infractions, ou seulement si la seconde infraction est commise dans un certain délai qui court depuis l'expiration de la première peine.

Réciprocité. — DR. INT. PRIV. — Condition à laquelle est fréquemment soumise la reconnaissance de certains droits au profit des étrangers (Ex. : un traité reconnaîtra, aux ressortissants de tel Etat, certains avantages en France, à condition que les mêmes avantages soient accordés aux Français établis dans cet Etat).

Réclusion criminelle. — DR. PÉN. — Peine afflictive et infamante de droit commun, perpétuelle ou tem-

poraire, consistant dans la privation de liberté.

Récolement. — PR. CIV. — Lors d'une saisie de meubles, vérification par procès-verbal de l'huissier de justice, avant la vente, qu'aucun des objets saisis n'a été détourné.

Recommandation. — DR. INT. PUBL. — Résolution d'un organe international, dépourvue en principe de force obligatoire pour les Etats membres.

Récompense. — DR. CIV. — Indemnité due, lors de la liquidation de la communauté, par l'époux à cette communauté, lorsque, au détriment de celle-ci, le patrimoine personnel s'est enrichi, due par la communauté à l'époux, lorsque les biens propres de celui-ci ont servi à augmenter la masse commune.

Réconciliation. — DR. CIV. Fait, pour l'époux demandeur en divorce ou en séparation de corps, de pardonner les fautes de son conjoint et de reprendre la vie commune ; la réconciliation interrompt la procédure. Lorsque la séparation de corps est prononcée, la réconciliation est encore possible et le mariage retrouve alors ses pleins effets.

Reconduction. — DR. PRIV. — V. *Tacite reconduction.*

Reconnaissance. — DR. INT. PUBL. — Acte unilatéral et discrétionnaire par lequel un Etat prend position sur une situation ou un fait qui s'est produit en dehors de lui et dont il est disposé à tenir compte.

1° Reconnaissance de belligérance : reconnaissance d'un Gouvernement insurgé tenant une partie du territoire national, ce qui a pour effet de transformer la lutte interne en lutte internationale avec notamment application des lois de la guerre dans les rapports entre le Gouvernement légal et celui des insurgés, et soumission des Etats tiers aux obligations de la neutralité.

2° Reconnaissance *de facto* : reconnaissance comportant une nuance de prudence et de réticence, et marquant la volonté de l'Etat qui y procède de ne pas s'engager complètement (espèce de stage précédant la reconnaissance *de jure* — V. cette expression — la différence étant diplomatique, non juridique).

3° Reconnaissance de Gouvernement : reconnaissance à laquelle procèdent les Etats tiers en cas de changement révolutionnaire de gouvernement dans un Etat (coup d'Etat, révolution...).

4° Reconnaissance *de jure* : reconnaissance normale, c'est-à-dire définitive et plénière. — V. *Reconnaissance de facto.*

5° Reconnaissance de nation : reconnaissance appliquée par les Alliés, pendant la première guerre mondiale, aux comités nationaux polonais et tchécoslovaque formés en France pour lutter contre l'Allemagne (il s'agissait de favoriser la création d'un Etat polonais et tchécoslovaque).

6° Reconnaissance d'Etat : acte par lequel un Etat atteste que l'existence d'un Etat tiers est certaine et manifeste en conséquence sa volonté de le considérer comme membre de la société internationale. Principal effet : l'établissement de relations diplomatiques.

Reconnaissance de dette. — Dr. priv. — Acte par lequel une personne reconnaît unilatéralement devoir une certaine somme ou quantité à une autre personne ; sa validité est subordonnée à la mention, de la main même de celui qui s'engage, de la somme ou quantité en toutes lettres et en chiffres. — V. *Bon pour.*

Reconnaissance d'enfant naturel. — Dr. civ. — Déclaration contenue dans un acte authentique par laquelle une personne affirme être le père ou la mère d'un enfant.

Cette déclaration unilatérale vaut établissement de la filiation naturelle.

Cette déclaration unilatérale vaut établissement de la filiation naturelle.

Reconnaissance d'écriture. — Pr. civ. — V. *Vérification d'écriture.*

Recours. — Dr. adm. — 1° Recours administratifs : par opposition aux recours juridictionnels portés devant des tribunaux, recours portés devant l'Administration elle-même en vue de faire annuler l'un de ses actes prétendu illégal ou de demander une réparation pécuniaire. Ils se divisent en recours gracieux, adressés à l'autorité même dont émane la mesure critiquée, et en recours hiérarchiques, portés devant un supérieur de cette autorité.

2° Recours pour excès de pouvoir : recours juridictionnel dirigé, en vue de les faire annuler pour cause d'illégalité, contre des actes unilatéraux émanant soit d'une autorité administrative, soit d'un organisme privé agissant dans le cadre d'une mission de service public. On distingue traditionnellement quatre « cas d'ouverture » de ce recours : l'incompétence de l'auteur de l'acte, le vice de forme affectant des formalités substantielles, le détournement de pouvoir, la « violation de la loi » comprise comme une illégalité relative aux motifs ou à l'objet même de l'acte.

3° Recours de pleine juridiction : recours juridictionnel par lequel un requérant peut demander au juge, en invoquant tous moyens pertinents, de constater l'existence à son profit d'une créance contre l'Etat ou une autre collectivité publique, et (ou) d'annuler un acte administratif n'entrant pas dans le champ d'application du recours pour excès de pouvoir et notamment un contrat administratif.

PROC. CIV. — V. *Voies de recours.*

Recours en cassation. — PR. CIV., PÉN. — V. *Pourvoi en cassation.*

Recours internes (épuisement des). — DR. INT. PUBL. — Principe selon lequel l'action internationale en responsabilité ne peut être exercée qu'en l'absence de voies de droit internes ou qu'après l'échec de l'action préalablement intentée par le particulier réclamant devant l'autorité locale.

Recours en interprétation. PR. CIV. — V. *Interprétation d'un jugement, Question préjudicielle.*

Recours en révision. — PR. CIV. — Voie de recours extraordinaire et de rétractation par laquelle on revient devant les juges qui ont déjà statué en les priant de modifier leur décision que l'on prétend avoir été rendue par erreur.

Ce recours n'est possible que dans quatre cas (fraude de la partie gagnante, rétention ou falsification de pièces décisives, attestations, témoignages, serments mensongers), et suppose une décision passée en force de chose jugée. Sur un recours en révision, le juge est saisi du fait et du droit.

Recours parallèle (exception). — DR. ADM. — Fin de non-recevoir, aujourd'hui de portée limitée, opposable au recours pour excès de pouvoir quand le requérant dispose devant un autre juge d'un autre recours juridictionnel, aboutissant à une décision d'effet équivalent à celui du recours pour excès de pouvoir.

Recteur. — Dr. adm. — Fonctionnaire nommé à la tête d'une Académie (V. ce mot). Le Recteur, qui porte le titre de Chancelier des Universités de son ressort, exerce à l'égard de celles-ci un pouvoir de tutelle (V. ce mot).

Reçu. — Dr. civ. — V. *Quittance*.

Reçu pour solde de tout compte. — Dr. trav. — Reçu signé par le salarié lors du règlement du salaire et impliquant de sa part renonciation à toute réclamation ultérieure.

Pour éviter les abus, le législateur décide que le reçu peut être dénoncé dans les deux mois ; d'autre part, la jurisprudence restreint sa portée aux seuls éléments du salaire envisagés au moment du règlement.

Reculement. — Dr. adm. — Servitude créée à la charge des terrains bâtis ou clos du fait de l'alignement, lorsque celui-ci se traduit par un élargissement de la voie publique, servitude qui interdit de procéder sur ces immeubles à des travaux pouvant en prolonger la durée.

Cette servitude a été créée dans l'intérêt financier des collectivités publiques, qui n'auront ainsi à payer que la valeur du terrain nu lors de l'entrée effective dans leur domaine public de la portion d'immeuble frappée de reculement.

Récupération. — Dr. trav. — Possibilité pour l'entreprise, dans l'hypothèse d'un arrêt collectif de travail pour un motif autre qu'un conflit, d'exiger des salariés de travailler, au cours des semaines suivantes, au-delà de l'horaire habituel, dans la limite des 40 heures perdues du fait de l'interruption momentanée d'activité. Les heures de récupération sont rémunérées au taux des heures normales.

Récusation. — Pr. gén. — Procédure par laquelle le plaideur demande que tel magistrat s'abstienne de siéger, parce qu'il a des raisons de suspecter sa partialité à son égard. La récusation peut entraîner le renvoi de l'affaire devant une autre juridiction. — V. *Renvoi*.

On peut récuser également un arbitre et un expert. — V. *Abstention*.

Pr. pén. — Droit appartenant au ministère public et à l'accusé de refuser à un juré le droit de siéger en Cour d'assises.

Reddition de compte. — Dr. priv. — Procédure consistant pour celui qui a géré les intérêts d'autrui (le rendant), à présenter à celui auquel il est dû (l'oyant), l'état détaillé de ce qu'il a reçu ou dépensé, dans le but d'arriver à la fixation du reliquat (le débet).

Redevance. — Dr. com. — V. *Contrat de licence*.

Rédhibitoire. — Dr. civ. — V. *Vice rédhibitoire, action rédhibitoire.*

Réduction pour cause d'excès. — Dr. civ. — Action par laquelle une personne placée sous un régime de protection (notamment le majeur sous sauvegarde de justice ou en curatelle) demande en justice de ramener à de justes limites un acte excessif par rapport à sa fortune.

Réduction des libéralités excessives. — Dr. civ. — Action par laquelle un héritier réservataire fait rentrer dans la masse successorale un bien dont le défunt avait disposé par libéralité, alors qu'il dépassait la quotité disponible. — V. *Quotité disponible.*

Réduction de peine. — Dr. pén. — Mesure permettant de raccourcir la durée de la peine temporaire, privative de liberté prononcée contre un délinquant.

La décision est prise discrétionnairement selon qu'il s'agit ou non d'infractions de violence, par la commission d'application des peines ou par le juge de l'application des peines, d'une manière générale en cas de bonne conduite et à titre particulier en cas de réussite à un examen scolaire, universitaire ou professionnel et en cas de gages exceptionnels de réadaptation sociale.

Rééducation professionnelle. — Séc. soc. — Action en faveur des diminués physiques pour leur permettre d'occuper un emploi compatible avec leur état.

Réescompte. — Dr. com. — Opération juridique par laquelle un banquier fait escompter par un autre banquier, ou par la Banque de France, un effet de commerce qu'il a lui-même acquis par la voie de l'escompte.

Réévaluation des bilans. — Dr. com. — Modification de la valeur attribuée aux éléments actifs et passifs de l'inventaire et du bilan de l'entreprise, rendant compte des variations de valeur de ces éléments et des effets de la dépréciation monétaire,

Réfaction. — Dr. com. — Réduction sur le prix de marchandises accordée par le juge lorsque la quantité ou la qualité des choses livrées n'est pas conforme à celle qui avait été convenue lors du contrat.

Dr. fin. — En matière fiscale, synonyme d'abattement, de réduction opérée sur l'assiette (V. ce mot) d'un impôt, qui ne portera ainsi que sur une somme réduite. Le résultat est le même que si l'on avait diminué directement le taux de l'impôt.

Référé. — Pr. civ. — Procédure contradictoire grâce à laquelle une partie peut, dans certains cas, obtenir d'un magistrat unique une décision rapide qui ne se heurte à aucune contestation sérieuse ou que justifie l'existence d'un différend.

Le juge des référés peut

autoriser des mesures conservatoires ou ordonner des remises en état, afin de prévenir un dommage imminent ou de faire cesser un trouble manifestement contraire à la loi.

Lorsque l'existence de l'obligation n'est pas sérieusement contestable, le juge des référés peut accorder au créancier une provision. Il peut prononcer des condamnations à des astreintes et aux dépens.

Dans certaines procédures, il est dit que la procédure suivie sera en la forme des référés. Il s'agit d'un simple emprunt formel, le juge ayant alors le droit d'examiner le fond du débat. — V. *Juge des référés.*

DR. ADM. — Procédure d'urgence, peu usitée au Conseil d'Etat où elle appartient au Président de la Section du Contentieux, plus souvent utilisée devant les Tribunaux Administratifs où elle relève en principe de leur Président. Le juge du référé peut ordonner toutes mesures urgentes autres que le sursis à l'exécution d'une décision administrative. — V. *Sursis à exécution.*

Référé de la Cour des comptes. — DR. FIN. — Communication adressée par la Cour des comptes à un ministre, pour appeler solennellement son attention sur des irrégularités d'une certaine importance commises par ses services, et découvertes par la Cour dans l'exercice de ses fonctions administratives de contrôle sur les ordonnateurs.

Référé fiscal. — DR. FIN. En matière de recouvrement de l'impôt, procédure permettant au contribuable qui a formé une réclamation relative à l'assiette de l'impôt assortie d'une demande de sursis de paiement de faire apprécier, par un juge du Tribunal administratif, que les garanties qu'il a offertes en sûreté de sa dette, et qui ont été refusées par le comptable, répondaient en réalité aux conditions fixées par les textes.

Référendum. — DR. CONST. Procédé de la démocratie semi-directe par lequel le peuple collabore à l'élaboration de la loi, qui ne devient parfaite qu'avec son consentement.

1° Référendum constituant : celui qui porte sur l'adoption ou la révision d'une Constitution. — V. *Référendum législatif.*

2° Référendum de consultation : celui qui porte à titre d'enquête sur le principe d'une mesure envisagée, afin de tenir lieu de directive pour les gouvernants. — V. *Référendum de ratification.*

3° Référendum de ratification : celui qui porte sur un texte complet, qui n'acquerra valeur juridique qu'après l'approbation populaire. — V. *Référendum de consultation.*

4° Référendum facultatif : celui auquel il est

procédé à la demande des gouvernants ou sur pétition d'un certain nombre de citoyens. — **V.** *Référendum obligatoire.*

5° Référendum législatif : celui qui s'applique à une loi ordinaire. — **V.** *Référendum constituant.*

6° Référendum obligatoire : celui que la Constitution impose dans certains cas. — **V.** *Référendum facultatif.*

DR. INT. PUBL. — **V.** *Plébiscite.*

Réformation. — PR. CIV. — Infirmation partielle d'une décision judiciaire par la juridiction du second degré. — **V.** *Confirmation, Infirmation.*

Réformation in pejus. — PR. PÉN. — Règle d'après laquelle un appel formé par un prévenu ne peut avoir pour effet d'aggraver les sanctions prises contre lui (art. 515 C. P. P.).

Refoulement. — DR. INT. PRIV. et PUBL. — Mesure administrative, prise contre un étranger qui s'est vu refuser une carte de séjour en France, consistant à le reconduire à la frontière.

Réfugié. — DR. INT. PRIV. et PUBL. — Personne qui, craignant d'être persécutée du fait de sa race, de sa religion, de son appartenance à un certain groupe social ou de ses opinions politiques, se trouve hors du pays dont elle a la nationalité et ne peut ou ne veut pas se réclamer de la protection de ce pays. — **V.** Convention de Genève du 28 juill.

1951 pour la réglementation.

Refus du dépôt. — DR. CIV. — Fait pour le conservateur des hypothèques de repousser intégralement le dossier qui concerne une formalité dont la publicité est requise, lorsqu'il constate, après un examen sommaire et immédiat de ce dossier, qu'il existe des irrégularités ou des manquements très graves. Après régularisation, la publication ne prendra rang qu'à la date du nouveau dépôt. — **V.** *Rejet de la formalité.*

Refus de vente. — DR. COM., DR. PÉN. — Fait pour un professionnel, et en particulier un commerçant, de refuser de satisfaire à la demande de produit ou de prestation de service d'un client, dans la mesure de ses disponibilités. Ce fait constitue une infraction pénale. Toutefois il existe un certain nombre de faits justificatifs que peut invoquer l'auteur d'un refus de vente, en particulier la mauvaise foi du demandeur ou le caractère anormal de la demande.

Régie. — DR. ADM. — Terme susceptible d'acceptions différentes :

1° Exécution en régie : expression désignant l'exécution d'une activité par les services propres de la personne publique considérée.

2° Régies industrielles et commerciales : l'exploitation d'activités industrielles ou commerciales peut être organisée par l'Etat ou les collectivités territoriales sous la forme de régies qui peuvent être de deux sortes ;

il peut s'agir de simples services de ces collectivités, V. le sens précédent ;

il peut s'agir d'organismes dotés de la personnalité juridique et qui sont alors, malgré leur nom, des établissements publics. La pratique administrative les appelle souvent : régies personnalisées.

3º Régie intéressée : malgré le nom de régie, mode de gestion d'un service public par une personne privée, qui ne supporte pas les pertes éventuelles du service et qui est rémunérée par la collectivité publique sous la forme d'une participation au chiffre d'affaires ou aux bénéfices, la collectivité bénéficiant du reste des bénéfices.

Régie d'avances, de recettes. — DR. FIN. — Assouplissement à l'exclusivité de compétence des comptables publics en matière de maniement des deniers publics, dans lequel des agents dépendant d'un ordonnateur sont habilités à effectuer certaines opérations de dépenses (régie d'avances) ou de recettes (régie de recettes) pour le compte et sous le contrôle d'un comptable public.

Régime communautaire. — DR. CIV. — V. *Communauté*.

Régimes de Sécurité sociale. SÉC. SOC. — Un régime est l'ensemble des règles propres à une institution. La Sécurité sociale n'est pas une institution unitaire. Elle

comporte divers secteurs ou régimes. Dès son origine, une distinction a été établie entre *régime général* et *régime agricole*. Des *régimes spéciaux,* antérieurs à 1945, ont été autorisés à subsister. Les non-salariés ont obtenu des *régimes autonomes* pour l'assurance vieillesse et l'assurance maladie maternité. Enfin, des *régimes complémentaires,* d'origine conventionnelle, servent des prestations qui s'ajoutent à celles du régime général. — La diversité des régimes de sécurité sociale est contraire à l'esprit de l'institution et aux intentions de ses promoteurs. Aussi un programme de généralisation et d'unification de la sécurité sociale est-il en cours de réalisation.

Régime conventionnel. — DR. CONST. — Régime politique dans lequel l'exécutif procède de l'assemblée qui le tient en sujétion sans qu'il puisse la dissoudre ni même menacer de démissionner (Ex. : Constitution de 1793 et Gouvernement de la Convention de 1792 à 1795 ; les régimes soviétique et suisse, théoriquement conformes au schéma du régime conventionnel, s'en écartent en fait par leur fonctionnement).

Régime dotal. — DR. CIV. Régime matrimonial de type séparatiste, caractérisé par l'existence de deux masses de biens appartenant à la femme, l'une composée de biens dotaux, qui est administrée par le mari mais est inaliénable, l'autre composée de biens paraphernaux, qui est administrée par la femme et est aliénable.

Ce régime est prohibé pour l'avenir par la loi du 13 juill. 1965.

Régime matrimonial. — Dr. civ. — Statut qui gouverne les intérêts pécuniaires des époux, dans leurs rapports entre eux, et dans leurs rapports avec les tiers et dont l'objet est de régler le sort des biens actifs et passifs des époux pendant le mariage et à sa dissolution.

Régime parlementaire. — Dr. const. — Régime de collaboration équilibrée des pouvoirs, où le Gouvernement et le Parlement ont des domaines d'action communs (Ex. : initiative des lois) et des moyens d'action réciproques, le Parlement pouvant mettre en jeu la responsabilité politique du Gouvernement (le Chef de l'Etat étant, lui, irresponsable) et le Gouvernement prononcer la dissolution du Parlement.

1° Régime parlementaire dualiste (ou orléaniste, du fait de son fonctionnement en France sous la Monarchie de Juillet avec la branche des Orléans) : variété de régime parlementaire caractérisé par le rôle actif joué par le Chef de l'Etat et la double responsabilité du Gouvernement, à la fois devant le Chef de l'Etat et devant le Parlement. Transition historique entre la Monarchie limitée et le régime parlementaire moniste.

2° Régime parlementaire moniste : celui dans lequel le Gouvernement n'est plus responsable que devant le seul Parlement par suite de l'effacement du Chef de l'Etat. — V. *Parlementarisme.*

Régime politique. — Dr. const. — Mode de Gouvernement d'un Etat.

Le régime politique résulte de la combinaison de multiples éléments, les uns juridiques (cadre constitutionnel, qui forme le régime politique au sens étroit de l'expression), les autres extra - juridiques (système de partis, personnalisation du pouvoir, idéologie, etc...).

Régime présidentiel. — Dr. const. — Régime où l'équilibre des pouvoirs est obtenu par leur séparation (à la fois organique et fonctionnelle) : le pouvoir exécutif est détenu en totalité par un Président élu par le peuple et irresponsable devant le Parlement qui, de son côté, ne peut être dissous par le Président.

Régime séparatiste. — Dr. civ. — V. *Séparation de biens.*

Région. — Dr. adm. — Dans l'état du droit résultant de la loi du 5 juillet 1972, ce terme désigne concurremment deux institutions :

1. Se substituant sur ce point aux 22 anciennes cir-

conscriptions d'action régionale, la Région est l'espace servant de cadre géographique de compétence aux attributions du Préfet de Région en matière d'économie et d'aménagement du territoire.

2. Refusant de créer une nouvelle collectivité territoriale intermédiaire entre l'Etat et les départements, mais innovant par rapport au droit antérieur, la loi de 1972 crée, au sein de la Région, un établissement public portant le même nom et destiné à promouvoir son développement économique et social. Sa compétence essentielle se manifeste dans le domaine des investissements publics, à l'exclusion de toute tâche de gestion. Un récent projet de loi envisage de transformer la région en collectivité territoriale. — V. *Conseil Régional*, *Comité Economique et Social*, *Préfet de Région*.

Registre d'audience. — PR. CIV. Registre tenu dans chaque chambre devant les tribunaux de droit commun et d'exception. Signé par le président et par le secrétaire-greffier après chaque audience, il reçoit tout ce qui s'est passé à une audience déterminée. — V. *Dossier*, *Mention au dossier*.

Registre du commerce. — DR. COM. — Registre tenu par le greffier du tribunal de commerce, ou du tribunal de grande instance ayant compétence commerciale, permettant de dénombrer les commerçants, les sociétés et les groupements d'intérêt écono-

mique installés dans le ressort de ce tribunal.

Chaque personne assujettie reçoit un numéro accompagné d'une lettre : A pour les personnes physiques, B pour les sociétés commerciales, C pour les groupements d'intérêt économique, D pour les sociétés civiles. Un registre national centralise à Paris tous les renseignements existant dans les registres locaux.

Registre des dépôts. — DR. CIV. Registre chronologique qui est tenu dans chaque conservation des hypothèques et sur lequel sont inscrites, au jour le jour, par ordre numérique et selon des règles minutieusement prévues par le législateur, toutes les remises de documents déposés.

Registre du rôle. — PR. CIV. Registre tenu au secrétariat-greffe ou au secrétariat de chaque juridiction, non signé, et destiné à enregistrer les affaires entrantes pour leur enrôlement. — V. *Répertoire général*.

Règle de droit ou règle juridique. — Règle de conduite dans les rapports sociaux, générale, abstraite et obligatoire, dont la sanction est assurée par la puissance publique.

Règle proportionnelle. — DR. CIV. —

— *de capitaux* : règle dont l'application aux seules assurances de dommages conduit à réduire l'indemnité de sinistre accordée à l'assuré pour sanctionner l'insuffisance des capitaux assurés par rapport aux capitaux existants ;

— *de prime* : règle applicable aux assurances de dommages et aux assurances de personnes et dont l'application conduit à réduire l'indemnité de sinistre en proportion du taux des primes qui auraient été dues si les risques avaient été complètement et exactement déclarés. Elle suppose la bonne foi de l'assuré dans l'omission ou les inexactitudes de la déclaration du risque.

Règlement. — Dr. const. — Acte de portée générale et impersonnelle édicté par les autorités exécutives compétentes. La Constitution de 1958 confie le pouvoir réglementaire général au Premier Ministre : art. 21 ; mais le Chef de l'Etat signe les décrets que la Constitution réserve à sa compétence et ceux qui ont été délibérés en conseil des ministres. — V. *Acte-règle, Décret.*

1° Règlement d'application : règlement destiné à assurer l'exécution d'une loi. Il s'appuie sur une loi et ne peut l'enfreindre.

2° Règlement autonome : règlement pris spontanément et à titre exclusif dans les matières autres que celles réservées à la loi. Il est donc directement subordonné à la constitution et aux principes généraux du Droit, mais non à la loi. En restreignant le domaine de la loi, la Constitution de 1958 a considérablement étendu celui du règlement autonome, jusque-là limité à la police et à l'organisation des services publics.

Dr. int. publ. — Dans le droit communautaire (V. *Communautés Européennes*), acte de portée générale, obligatoire dans tous ses éléments et directement applicable dans tout Etat membre (dans la C. E. C. A. : « décision générale »).

Règlement d'administration publique. — Dr. adm., Dr. const. — Décret pris sur l'invitation du législateur après consultation de l'Assemblée Générale du Conseil d'Etat, en vue de pourvoir à l'exécution d'une loi.

Jadis catégorie particulièrement majestueuse de règlement, le R. A. P. avait perdu sa spécificité juridique ; il a été supprimé en 1980 et est désormais remplacé par le décret en Conseil d'Etat, qui avait pris une importance croissante. — V. *Décret en Conseil d'Etat.*

Règlement d'atelier. — Dr. trav. — V. *Règlement intérieur*, Dr. trav.

Règlement de copropriété. Dr. civ. — V. *Copropriété.*

Règlement intérieur. Dr. const. — Résolution par laquelle une assemblée fixe les règles de son organisation interne et de son fonctionnement.

Dr. trav. — Document écrit, émanant du chef d'entreprise, qui contient des prescriptions relatives à la vie intérieure de l'entreprise : organisation du travail, discipline, mesures d'hygiène et de sécurité.

Règlement judiciaire. — Dr. com. — Procédure qui s'applique à un débiteur, personne physique commerçante, ou à une personne morale de droit privé, commerçante ou non commerçante, en état de cessation des paiements, en vue du règlement collectif de ses créanciers, lorsque la situation du débiteur permet d'envisager son rétablissement ainsi qu'un règlement honorable de ses créanciers.

Règlement de juges. — PR. CIV. — Procédure par laquelle, lorsque deux juridictions étaient saisies de la même affaire ou de deux affaires connexes, on pouvait régler le conflit de compétence.

La procédure du règlement de juge modifiée en 1958 et en 1960, a disparu en 1972. Des règles contenues dans le nouveau Code de procédure civile s'appliquent en matière de *connexité* et de *litispendance*. — V. ces mots.

Règlement pacifique des conflits. — DR. INT. PUBL. Règlement des conflits internationaux (V. cette expression) par des procédés exclusifs de tout recours à la force.

1° Règlement arbitral : mode de règlement juridique consistant dans le recours des parties à des juges de leur choix chargés de régler le conflit par une décision obligatoire.

2° Règlement judiciaire : mode de règlement juridique consistant dans le recours des parties à un tribunal préconstitué statuant par une décision obligatoire.

3° Règlement juridique : règlement d'un conflit entre Etats, sur la base du Droit, par une décision arbitrale ou judiciaire obligatoire pour les parties. — V. 1° et 2°.

4° Règlement politique : règlement d'un conflit entre Etats au moyen de procédures diplomatiques ou politiques qui visent, sans aboutir à une décision obligatoire pour les parties, à concilier leurs intérêts opposés. — V. *Bons offices, Conciliation, Enquête, Médiation, Négociation.*

Régularisation. — DR. CIV., DR. COM., PR. CIV. — Mise en conformité d'un acte juridique ou d'un acte de procédure avec les prescriptions légales, opérant validation de l'acte originairement entaché de nullité.

Réhabilitation. — DR. COM. Institution permettant de relever un débiteur, qui a été déclaré en état de cessation des paiements, des déchéances découlant d'une faillite personnelle ou de l'interdiction de diriger, gérer, administrer une entreprise commerciale ; cette réhabilitation peut être de droit ou facultative.

DR. PÉN. — Institution qui permet de faire disparaître une condamnation pénale ainsi que ses conséquences. La réhabilitation peut être judiciaire ou légale.

Réintégrande. — DR. CIV., PR. CIV. — Action possessoire accordée au possesseur ou au détenteur victime d'une voie de fait accompagnée ou non de violence. — V. *Action possessoire, Complainte, Dénonciation de nouvel œuvre.*

Réintégration. — DR. TRAV. Restitution de son emploi à un salarié qui avait cessé de l'occuper. La *loi* a prévu, sous certaines conditions, la réintégration du salarié dont le contrat de travail a été rompu par le service militaire, et celle du salarié congédié par l'employeur en l'absence de cause réelle et sérieuse. La *jurisprudence* ordonne la réintégration de la femme salariée dont le licenciement est nul pour violation des dispositions protectrices de la maternité, et celle des représentants du personnel et délégués syndicaux congédiés sans observation de la procédure spéciale de licenciement qui leur est propre.

Rejet de la formalité. — DR. CIV. Fait pour le conservateur des hypothèques de ne pas insérer dans le registre des formalités un document dont le dépôt avait été accepté (V. *Refus du dépôt*) mais dont le conservateur constate, postérieurement à ce dépôt, qu'il contient une irrégularité. Si une régularisation intervient dans le délai d'un mois qui suit la notification de l'irrégularité à celui qui avait déposé le dossier, la publication produit effet à la date du dépôt initial.

Relais. — DR. CIV. — V. *Lais.*

Relations diplomatiques. — DR. INT. PUBL. — Rapports officiels que deux Etats établissement entre eux et qu'ils entretiennent par l'intermédiaire de missions permanentes. — V. *Mission diplomatique.*

Relativité. — DR. PRIV. — V. *Chose jugée, Effet relatif des contrats.*

Relativité des traités. — DR. INT. PUBL. — Principe selon lequel les traités ne produisent effet qu'entre les parties contractantes et ne peuvent nuire ni profiter aux tiers.

Principe que la pratique internationale s'est efforcée d'assouplir, un traité pouvant énoncer des règles générales utiles à la société internationale tout entière. V. *Adhésion, Clause de la Nation la plus favorisée, Traité-loi.*

Relaxe. — PR. PÉN. — Décision d'une juridiction répressive autre que la Cour d'assises, déclarant non coupable le prévenu traduit devant elle.

Relevé de forclusion. — PR. CIV. — Lorsqu'un jugement est réputé contradictoire ou rendu par défaut, le défendeur peut être relevé dans certaines conditions de la forclusion qui l'atteint, par suite de l'expiration du délai d'appel ou d'opposition, lorsqu'il n'a pas eu connaissance de la décision ou qu'il s'est trouvé dans l'impossibilité d'agir dans le délai de la voie de recours.

Relèvement. — DR. PÉN. — Décision par laquelle le juge, au moment de la condamnation ou après celle-ci, dispense le condamné, en tout ou en partie, y compris en ce qui concerne la durée, des interdictions, déchéances, incapacités ou mesures de publication résultant de la condamnation.

Remembrement. — Dr. ADM. Opération consistant à imposer aux propriétaires urbains ou ruraux, dans le cadre d'un plan d'ensemble, des échanges de parcelles de terrains dispersées, en vue d'aboutir à une nouvelle structure foncière moins morcelée.

Réméré. — Dr. CIV. — Clause d'un contrat de vente, par laquelle le vendeur se réserve le droit de racheter la chose dans un délai maximum de cinq ans, en remboursant à l'acquéreur le prix et les frais.

Remise de dettes. — Dr. CIV. Acte par lequel un créancier accorde une réduction totale ou partielle de la dette à son débiteur.

Remise de peine. — Dr. PÉN. — V. *Grâce.*

Remisier. — Dr. COM. — Commerçant qui reçoit de ses clients des ordres de bourse, les transmet à un agent de change et en surveille l'exécution, moyennant une rémunération de la part du donneur d'ordre et une « remise », c'est-à-dire un pourcentage sur le montant du courtage.

Rémunération mensuelle minimum. — Dr. TRAV. — Tout salarié embauché à temps complet a droit à une rémunération qui, en cas de chômage partiel, ne peut être inférieure au produit du S. M. I. C. horaire par le nombre d'heures correspondant à la durée légale du travail pour le mois considéré.

Remploi. — Dr. CIV. — Achat d'un bien avec des capitaux provenant de la vente d'un autre bien. — V. *Emploi.*

Rendant. — Dr. PRIV. — V. *Reddition de compte.*

Renonciation. — Dr. CIV. — Acte par lequel une personne renonce à un droit, spécialement à un droit portant sur un bien (ex. : renonciation à une succession).

Rénovation urbaine. — Dr. ADM. — Opération complexe d'urbanisme tendant à moderniser et à remodeler les quartiers urbains anciens insalubres, ou ne répondant plus aux normes actuelles d'occupation des sols. La conduite de ces opérations de démolition, de mise en état des sols et de construction peut être confiée à des organismes variés, qui, dans la pratique, sont souvent des sociétés locales d'économie mixte (V. ce mot).

Afin d'éviter l'éloignement systématique des anciens propriétaires et commerçants, il doit leur être proposé de conserver des droits sur les immeubles nouveaux, moyennant la cession amiable de ceux qu'ils occupaient ; en fait, la rénovation urbaine a généralement provoqué, jusqu'ici, une profonde transformation de la structure sociale de la population qu'elle a affecté.

Rente. — Dr. civ. — Arrérages versés au crédit-rentier par le débit-rentier en échange d'un capital reçu. La rente est viagère, lorsque l'obligation de verser les arrérages cesse à la mort du crédit-rentier ou d'une tierce personne ; elle est perpétuelle lorsque le débit-rentier ne peut se libérer qu'en remboursant le capital.

Renvoi. — Dr. int. priv. — Transfert de compétence, qui se réalise :

1° en matière de *conflits de lois,* lorsque la loi étrangère, reconnue compétente par le juge national, décline cette compétence et renvoie la solution du litige à la loi du juge saisi. — Ex. : le juge français estime que la loi applicable à un étranger, résidant en France, est sa loi nationale ; mais cette dernière dispose que, lorsque l'un de ses ressortissants est établi sur le territoire d'un autre Etat. c'est la loi de cet Etat qui doit lui être appliquée.

2° en matière de *conflits de juridictions,* lorsque le tribunal étranger, reconnu compétent par le juge d'un Etat, est obligé (en vertu des règles nationales de procédure) de décliner cette compétence et de renvoyer les plaideurs devant le juge de l'autre Etat. — Ex. : le tribunal français, saisi d'un litige, estime que ce litige devrait être porté à la connaissance des tribu-

naux d'un Etat étranger ; mais ces derniers décident qu'à raison notamment de la résidence des parties, c'est un tribunal français qui est seul compétent.

Le renvoi est dit au second degré lorsque la compétence est déférée à la loi ou au tribunal d'un Etat tiers.

Pr. civ. — Décision par laquelle un tribunal désigne une autre juridiction pour connaître d'une affaire.

Renvoi après cassation : lorsque la Cour de cassation casse un jugement ou un arrêt, elle renvoie devant une juridiction du même ordre, de même nature, de même degré. En matière de compétence, de litispendance ou de connexité, la cour d'appel, dans certaines hypothèses, et parfois même le juge du premier degré, renvoie l'affaire devant la juridiction qu'il estime compétente. Dans la procédure ordinaire devant les tribunaux de droit commun, le président, à l'audience de fixation, décide si l'affaire sera simplement renvoyée à l'audience ou fera l'objet d'une instruction par l'intermédiaire du magistrat de la mise en état. Le juge des référés, le juge unique peuvent décider de renvoyer la difficulté qui leur est soumise à la formation collégiale de leur juridiction.

Renvoi sur contredit ou sur appel en matière de compétence : dans le cas de contredit ou d'appel, en matière de compétence, de litispendance ou de connexité, la Cour d'appel, dans certaines hypothèses, renvoie l'affaire devant la juridiction qu'elle estime compétente.

Un plaideur peut dans certains cas (suspicion légitime, sûreté publique, cause de récusation contre plusieurs juges) demander le renvoi du procès devant une autre juridiction que celle qui est saisie.

Répartition. — Séc. soc. — Technique de financement d'un régime de prévoyance qui consiste à prélever les prestations sur la masse des cotisations.

Repentir actif. — Dr. pén. Fait pour un délinquant de réparer, dans la mesure du possible, les conséquences du délit qu'il a commis, mais qui reste sans influence sur la responsabilité pénale ; le repentir actif peut constituer seulement une circonstance atténuante.

Répertoire civil. — Dr. civ. — Registre, tenu par le greffier du tribunal de grande instance, où sont consignés l'ensemble des extraits des demandes, actes et jugements affectant les pouvoirs des personnes majeures, à la suite de changements survenus dans leur capacité ou dans leur régime matrimonial (mise en tutelle, retrait de pouvoirs entre époux, rejet d'une demande de séparation de biens, etc.).

Ce mode de publicité, destiné à informer les tiers, est complété par un système de mentions en marge de l'acte de naissance comportant une référence numérique audit répertoire.

Répertoire général. — Pr. civ. — Registre unique tenu au Secrétariat-greffe des tribunaux de droit commun et d'exception, sur lequel sont inscrites à leur date, avec un numéro d'arrivée, toutes les affaires introduites devant la juridiction concernée, ainsi que la nature et la date des décisions intervenues (art. 726 Nouv. C. pr. civ.).

Répertoire des Métiers. — Dr. com. — V. *Artisan*.

Répétition de l'indu. — Dr. civ. — Remboursement de ce qui a été payé sans cause.

Réplique. — Dr. adm. — Dans la procédure administrative, qui est écrite et se déroule sous forme d'échange de mémoires, la personne publique en cause répond à la requête introductive d'instance par un mémoire en défense (par des « observations » s'il s'agit d'un ministre pour l'Etat), auquel répond le requérant par un mémoire en réplique puis, au stade suivant, éventuellement, par un mémoire en duplique.

Repos compensateur. — Dr. trav. — Repos obligatoire, payé comme temps de travail, accordé aux travailleurs qui ont accompli un certain nombre d'heures supplémentaires.

Repos hebdomadaire. — Dr. trav. — Repos d'au moins 24 heures consécutives qui doit être accordé chaque semaine à tout salarié. Le repos hebdomadaire est donné, en principe le dimanche. C'est le repos dominical.

Représailles. — DR. INT. PUBL. Mesures de contrainte illicites prises par un Etat pour répondre à des actes également illicites commis à son préjudice par un autre Etat, et obtenir ainsi la cessation et la réparation du dommage (Ex. : internement des étrangers, saisie de leurs biens, etc.).

Représentant de commerce. DR. TRAV. — Intermédiaire travaillant de façon permanente pour une ou plusieurs personnes, pour le compte desquelles il se charge de solliciter la clientèle, de préparer ou conclure des ventes, sans s'engager personnellement. V. *Indemnité de clientèle*.

Représentants du personnel. DR. TRAV. — Expression qui désigne à la fois les membres des comités d'entreprise et les délégués du personnel. Les délégués syndicaux, qui sont les représentants des syndicats dans l'entreprise, sont parfois qualifiés de représentants du personnel.

Représentant syndical. — DR. TRAV. — Au sens strict, et par opposition au délégué syndical (V. ce mot), membre d'un syndicat localement représentatif et désigné par lui en vue de siéger au Comité d'entreprise ou d'établissement avec voix consultative.

Représentation. — DR. CIV. 1° Procédé juridique par lequel une personne, appelée représentant, agit au nom et pour le compte d'une autre personne, appelée représenté. Les effets de l'acte passé par le représentant se produisent directement sur la tête du représenté. La représentation peut être légale (tuteur représentant le mineur), conventionnelle (mandat) ou judiciaire (autorisation accordée à un époux d'agir au nom de l'autre).

2° Fiction de la loi dont l'effet est de permettre aux descendants d'une personne, qui aurait hérité du de cujus si elle lui avait survécu, de prendre la place de cette personne dans la succession.

Représentation des intérêts. DR. CONST. — Système consistant à assurer la représentation des groupes, comme complément ou à la place de la représentation des individus. Trois modalités possibles : assemblée simplement consultative (Ex. : Conseil Economique et Social de la Constit. de 1958), chambre économique et sociale intégrée au parlement (Ex. : Yougoslavie), chambre corporative unique.

Représentation en justice des plaideurs. — PR. CIV. La représentation en justice des plaideurs est, sauf devant le tribunal de commerce, strictement règlementée, une situation privilégiée étant faite, devant les tribunaux d'exception, à l'avocat près le tribunal de grande instance.

Devant les tribunaux de droit commun, les parties ne peuvent comparaître en personne ; elles doivent se faire représenter par un avocat en première instance, par un avoué devant la cour d'appel.

Représentation proportionnelle. — Dr. const. — Mode de scrutin qui répartit les sièges entre les listes au prorata du nombre de voix qu'elles ont recueillies.

1° Représentation proportionnelle approchée : celle qui répartit les restes à l'intérieur des circonscriptions, ce qui entraîne, pour les listes, des voix non représentées dans toutes les circonscriptions où elles ont été en compétition.

2° Représentation proportionnelle intégrale : celle qui opère la répartition des restes au plan national, de sorte que chaque liste a, pour l'ensemble du pays, un nombre de voix non représentées négligeable (inférieur au quotient électoral). — V. *Quotient électoral*.

Représentativité des syndicats. — Dr. trav. — V. *Syndicats représentatifs*.

Reprise (droit de). — Dr. civ. ; Dr. com. — Droit accordé au bailleur, dans certains cas, de reprendre son local à l'expiration du bail, malgré le droit du locataire au maintien dans les lieux ou au renouvellement du bail.

Reprise d'instance. — Pr. civ. — Remise en marche d'une instance interrompue soit amiablement par acte d'avocat, soit sur citation en justice de la partie adverse. — V. *Interruption*.

Reprises. — Dr. civ. — Opération effectuée pendant la liquidation de la communauté, par laquelle chaque époux reprend, avant le partage des biens communs, ses biens propres qui se retrouvent en nature lors de la dissolution.

Reproche. — Pr. civ. — Allégation de certains faits de nature à rendre suspecte la déposition d'un témoin. Les textes sur le reproche d'un témoin ont été abrogés en 1958.

République. — Dr. const. Régime politique où le pouvoir est chose publique (*res publica*), ce qui implique que ses détenteurs l'exercent non en vertu d'un droit propre (droit divin, hérédité), mais en vertu d'un mandat conféré par le corps social. Ainsi définie, la République s'oppose à la Monarchie ou Royauté, mais elle ne se confond pas avec la Démocratie : une Monarchie peut être démocratique (Ex. : Grande-Bretagne), une République peut ne pas l'être (Ex. : Grèce « des colonels ») ; en fait, les mots République et Démocratie sont souvent employés indifféremment.

République Française. — Dr. const. — Ensemble constitué par la France métropolitaine, les départements d'Outre-Mer et les territoires d'Outre-Mer.

Requérant. — Dr. adm. — Dans la procédure contentieuse administrative, qui est écrite, terme général désignant l'auteur de la requête introductive d'instance, c'est-à-dire le demandeur à l'instance.

Requête. — Pr. civ. — Demande écrite adressée directement à un magistrat, sans mise en cause d'un adversaire, dans les cas où la situation à régler est *urgente et où la nécessité commande qu'il soit procédé non contradictoirement.* Il y est répondu par une ordonnance de caractère provisoire, exécutoire sur minute et susceptible de rétractation.

Requête civile. — Pr. civ. — Voie de recours extraordinaire, naguère ouverte dans onze cas, remplacée par le recours en révision. — V. *Recours en révision.*

Requête conjointe. — Pr. civ. — Mode d'introduction de l'instance contentieuse autorisé en toutes matières, devant le tribunal de grande instance, la cour d'appel, le tribunal d'instance, le tribunal de commerce. Elle consiste en la remise au secrétariat-greffe d'un document signé par les avocats des deux parties, dans lequel se trouvent exposées les prétentions respectives, les points (de fait et de droit) litigieux ainsi que les moyens invoqués, et qui porte énumération des pièces produites par chacun des requérants.

Cette requête entraîne la saisine de la juridiction et vaut conclusions.

Réquisition. — Dr. adm. — Procédé permettant à l'Administration, moyennant indemnisation, de contraindre les particuliers à lui accorder leurs services, l'usage de meubles ou d'immeubles, la propriété de meubles, dans des hypothèses énumérées par les textes mais dont le nombre est allé croissant.

Dr. trav. — Ordre de reprendre le travail, donné par les autorités administratives aux travailleurs en grève, lorsque l'ordre public paraît menacé.

Réquisitions. — Pr. civ. — Conclusions présentées par le représentant du ministère public devant toutes les catégories de juridictions de l'ordre judiciaire, lorsqu'une affaire lui est communiquée ou qu'il estime qu'il a le devoir de faire connaître son avis.

Réquisition de paiement. — Dr. fin. — Droit accordé aux ordonnateurs de surmonter le refus de paiement du comptable dont la responsabilité est alors dégagée, lors du contrôle par celui-ci de la régularité des dépenses publiques à payer. Il est écarté dans certains cas où l'irrégularité apparaît manifeste.

Les maires ne le possèdent pas, mais une loi en discussion devrait le leur accorder.

Réquisitoire. — Pr. pén. — *Introductif :* acte écrit par lequel le Ministère public saisit le juge d'instruction au lieu d'opérer par citation directe (V. ce mot).

— *Définitif* : acte écrit par lequel, à la fin de l'instruction, le Ministère Public, soit transmet l'affaire à la Chambre d'Accusation (crime), renvoie devant le tribunal correctionnel (délit), ou le tribunal de police (contravention), soit demande au juge d'instruction un non-lieu.

Devant les juridictions de jugement, les moyens de l'accusation sont présentés verbalement par le représentant du Ministère Public dans un réquisitoire.

— *Supplétif* : Réquisitoire complémentaire pris en général à la demande du magistrat instructeur, lui permettant d'informer sur des faits non visés dans le réquisitoire introductif et découverts en cours d'instruction.

« **Res** ». — DR. CIV. — Mot latin signifiant chose.

« **Res inter alios acta, aliis nec prodesse, nec nocere potest** ». — DR. CIV. — Ce qui a été fait entre certaines personnes ne nuit ni ne profite aux autres.

Ainsi, un contrat passé entre deux personnes ne rend pas des tiers débiteurs ou créanciers. C'est le principe de la relativité des contrats.

« **Res inter alios judicata, aliis prodesse, nec nocere potest** ». — PR. CIV. — Ce qui a été jugé entre certaines personnes ne peut nuire ni profiter à d'autres personnes, Ce qui a été jugé ne concerne, en principe, que les plaideurs engagés dans le litige. La chose jugée n'a, le plus souvent, qu'un effet relatif. V. *Chose jugée.*

« **Res judicata pro veritate habetur** ». — PR. CIV. — La chose jugée est tenue pour vérité.

« **Res mobilis, res vilis** ». — Chose mobilière, chose sans valeur.

Adage que le développement moderne de la fortune mobilière a singulièrement contredit.

« **Res nullius** ». — DR. CIV. Choses qui n'appartiennent à personne.

« **Res perit creditori** ». — DR. CIV. — La perte de la chose est supportée par le créancier de la livraison ; cette règle est exceptionnelle. — V. *Risque, 2ᵉ Théorie des risques.*

« **Res perit debitori** ». — DR. CIV. — Les risques de perte de la chose sont supportés par le débiteur de la livraison. — V. *Risque, 2ᵉ Théorie des risques.*

« **Res perit domino** ». — DR. CIV. — Lorsqu'une chose périt, c'est en principe son propriétaire qui supporte cette perte.

Rescindant, Rescisoire. — PR. CIV. — Termes désignant les deux phases successives de l'ancienne requête civile : la première concernait la recevabilité et l'admission de la requête ; au cours de la seconde, l'affaire était à nouveau examinée et jugée.

Rescision. — DR. CIV. — Terme désignant la destruction, par décision judiciaire, d'un acte lésionnaire.

Réserve. — DR. CIV. — Portion du patrimoine d'une personne dont elle ne peut pas disposer par donation ou testament en présence d'héritiers réservataires (ascendants et descendants). V. *Quotité disponible.*

DR. INT. PUBL. — Déclaration par laquelle un Etat partie à un traité multilatéral exclut de son engagement certaines dispositions de ce traité ou précise le sens qu'il leur attribue.

Réserve (Obligation de). — V. *Obligation de réserve.*

Réserves. — DR. COM. — Prélèvements effectués sur les bénéfices réalisés par une société avant qu'ils ne soient distribués aux associés, dans un but de prévoyance. Les réserves permettront de faire face plus tard à certains risques, ou de faciliter l'extension de l'affaire.

Ces prélèvements, qui figurent au passif du bilan, sont obligatoirement prévus par la loi dans les sociétés anonymes et les S. A. R. L. (« réserves légales ») ; ils peuvent être prévus par les statuts (« réserves statutaires ») ou décidés librement par les associés en assemblées ordinaires (« réserves facultatives ou libres »).

Réserve de propriété. — DR. COM. — V. *Clause de réserve de propriété.*

Résidence. — DR. CIV. — Lieu où se trouve en fait une personne. On oppose la résidence au domicile qui est le lieu où elle est située en droit. — V. *Domicile.*

Résidence forcée. — V. *Assignation à résidence.*

Résident ordinaire. — DR. INT. PRIV. — Etranger qui, ayant passé au moins une année en France, justifie d'une autorisation de travail ou de ressources suffisantes, et obtient de l'autorité administrative une carte spéciale de séjour (validité 3 ans).

Résident privilégié. — DR. INT. PRIV. — Etranger qui bénéficie, en France, d'avantages particuliers, avec assimilation presque totale aux nationaux. La délivrance d'une carte de résident privilégié suppose que son bénéficiaire a résidé déjà d'une manière ininterrompue pendant trois années, au moins, en France (validité 10 ans).

Résident temporaire. — DR. INT. PRIV. — Etranger qui séjourne plus de trois mois en France, sans intention de s'y fixer ; il doit solliciter de l'autorité administrative la délivrance d'une carte spéciale.

Résiliation. — DR. CIV. — Suppression pour l'avenir d'un contrat successif (V. ce mot), en raison de l'inexécution par l'une des parties de ses obligations. — V. *Résolution.*

Résiliation du contrat de travail. — DR. TRAV. — Rupture du contrat de travail à durée indéterminée par la volonté unilatérale d'une des parties.

Résolution. — DR. CIV. — Sanction consistant dans l'effacement rétroactif des obligations nées d'un contrat synallagmatique, lorsque l'une des parties n'exécute pas ses prestations.

Comme la nullité, la résolution a un effet rétroactif, mais à la différence de la première elle sanctionne un défaut d'exécution et non pas un vice existant lors de la formation du contrat. — V. *Nullité, Résiliation.*

Résolution ou motion. — DR. CONST., DR. INT. PUBL. Texte voté par un organe délibérant (assemblée parlementaire, organe international) et qui a trait à son fonctionnement intérieur ou exprime son opinion ou sa volonté sur un point déterminé.

La résolution votée par une assemblée parlementaire se distingue de la loi en ce qu'elle ne comporte pas d'intervention de l'autre assemblée en régime bicaméral et n'est pas soumise à promulgation.

Résolution judiciaire du contrat de travail. — DR. TRAV. — Anéantissement pour l'avenir du contrat de travail, prononcé par le juge en raison de l'inexécution par l'une des parties de ses obligations.

Responsabilité. — DR. CIV. Obligation de réparer le préjudice résultant soit de l'inexécution d'un contrat (responsabilité contractuelle) soit de la violation du devoir général de ne causer aucun dommage à autrui par son fait personnel, ou du fait des choses dont on a la garde (V. *Garde*), ou du fait des personnes dont on répond (responsabilité du fait d'autrui) ; lorsque la responsabilité n'est pas contractuelle, elle est dite délictuelle ou quasi délictuelle. — V. *Délit, Quasi-délit.*

Responsabilité des agents publics. — DR. ADM., PR. GÉN. L'agent public est pécuniairement responsable des dommages qu'il a causés aux administrés ou à l'Administration en cas de faute personnelle, il ne l'est pas s'il a commis une faute de service (V. ces deux termes).

Responsabilité collective. — DR. PÉN. — Règles d'incrimination qui seraient applicables à une personne en raison de son appartenance à un groupe pour les agissements délictueux de ce groupe. Le principe de la personnalité des peines exclut la responsabilité collective.

Responsabilité du fait d'autrui. DR. CIV. — V. *Responsabilité.*

Responsabilité du fait des choses. — DR. CIV. — V. *Responsabilité, Garde.*

Responsabilité du fait du fonctionnement défectueux de la justice. — DR. ADM., PR. CIV., PR. PÉN. — La faculté (assez théorique) ouverte à un plaideur de mettre en jeu directement la responsabilité des magistrats de l'ordre judiciaire (magistrats de carrière, magistrats des juridictions d'exception) par une procédure de prise à partie (V. cette expression) a été supprimée (lois 5 juillet 1972 et 18 janvier 1979).

Un régime nouveau a été institué. L'Etat est tenu de réparer les dommages causés à un plaideur par le fonctionnement défectueux de la justice civile ou pénale (faute de service). Mais sa responsabilité n'est engagée que dans la mesure où un magistrat ou une juridiction collégiale a commis une faute lourde ou un déni de justice. Une faute légère n'entraînerait pas une responsabilité de l'Etat. Ainsi l'Etat garantit dans cette mesure les victimes des dommages causés aux plaideurs.

Mais lorsqu'une faute personnelle se rattachant au service a été commise par un magistrat, l'Etat peut exercer contre lui une action récursoire (portée devant une des chambres civiles de la Cour de cassation). — V. *Détention provisoire.*

Responsabilité pénale. — DR. PÉN. — Obligation de répondre de ses actes délictueux en subissant une sanction pénale dans les conditions et selon les formes prescrites par la loi. Plus spécialement, cette expression est utilisée à propos de certaines personnes en raison d'une qualité qui leur est propre (ex. : responsabilité pénale des médecins) ou d'un mode de participation à l'in-

fraction (ex. : responsabilité pénale de l'instigateur).

Responsabilité pénale pour autrui. — DR. PÉN. — Règles d'incrimination qui seraient applicables à une personne en raison de ses liens avec une autre personne qui a participé à une infraction. Le principe de la personnalité des peines exclut ce type de responsabilité.

Responsabilité pénale du chef d'entreprise. — DR. PÉN., DR. TRAV. — Règles d'incrimination applicables au chef d'entreprise en raison de sa qualité.

En droit du travail, outre la responsabilité pénale de droit commun, le chef d'entreprise supporte la responsabilité des infractions aux règles d'hygiène et de sécurité commises dans l'entreprise si elles sont dues à sa faute personnelle. Il ne peut s'en exonérer qu'en démontrant qu'elles se sont produites dans des services dont il avait délégué la direction à des gérants ou préposés investis par lui et pourvus de la compétence et de l'autorité nécessaires pour veiller efficacement à l'application de la loi.

Par ailleurs, en cas d'accident du travail dû à l'inobservation des règles d'hygiène et de sécurité, le tribunal peut mettre à la charge de l'employeur, tout ou partie, des amendes prononcées contre le préposé coupable d'homicide ou de blessures involontaires.

Responsabilité politique. — DR. CONST. — Obligation pour le titulaire d'un mandat politique de répondre de son exercice (actes, paroles, écrits) devant celui ou ceux de qui il le tient.

Responsabilité politique du Gouvernement devant le Parlement : obligation pour le Gouvernement, en régime parlementaire, de jouir de la confiance du Parlement qui, en la lui refusant, le contraint à démissionner — V. *Motion de censure, Question de confiance.*

Responsabilité de la puissance publique. — DR. ADM. — Les personnes morales de droit public peuvent voir leur responsabilité engagée à l'égard des particuliers ou d'autres collectivités publiques soit pour faute, soit sans faute (responsabilité dite pour risque). Cette seconde cause de responsabilité est souvent rattachée à l'idée d'égalité des citoyens devant les charges publiques.

Dans l'exercice de ses fonctions législative et juridictionnelle, l'Etat bénéficie en jurisprudence d'une assez large irresponsabilité. — V. *Faute, Risque.*

Ressort. — PR. GÉN. — Le ressort précise l'étendue de la compétence d'une juridiction, soit au point de vue géographique, soit en ce qui concerne la valeur du litige.

On parle de ressort, également, pour préciser dans quelle condition une voie de recours peut être formée. Une décision peut être en premier ressort, en premier et dernier ressort, en dernier ressort. —

V. *Jugement en dernier ressort, en premier ressort.*

Circonscription territoriale à l'intérieur de laquelle peut instrumenter un officier ministériel (notaire, huissier de justice par exemple), peut postuler le représentant d'un plaideur (avocat, avoué près la cour d'appel).

Ressortissant. — DR. INT. PRIV. et PUBL. — Individu lié à un Etat dont il n'a pas, cependant, la nationalité. Ex. : les sujets de certains Etats africains ont été, jusqu'au jour de l'accession de ces Etats à une complète autonomie, des ressortissants français.

En pratique, il est fait souvent confusion des termes « national » et « ressortissant », ce dernier mot ayant un sens beaucoup plus large.

« Ressources propres ». — DR. FIN. — Appellation désignant, depuis la réforme de 1970 qui a conféré à la C. E. E. l'autonomie de ses ressources, l'ensemble des recettes propres dont elle dispose, essentiellement représentées par les prélèvements agricoles et assimilés, la « cotisation sucre », les droits de douane sur les importations en provenance d'Etats tiers, et une fraction de la TVA perçue dans chaque Etat membre dans la limite de 1 % de l'assiette de cet impôt. La C. E. C. A. perçoit, depuis l'origine, un impôt levé sur les entreprises sidérurgiques et minières (« prélèvement C. E. C. A. »).

Restes. — DR. CONST. — Dans la représentation proportionnelle, sièges non répartis au quotient électoral (V. cette expression), et voix non représentées correspondant à ces sièges.

Diverses méthodes permettent d'utiliser les restes dans le cadre des circonscriptions électorales (systèmes de la plus forte moyenne et des plus forts restes) ou dans le cadre national. — V. *Représentation proportionnelle.*

Restitutions. — PR. PÉN. — Au sens strict, remise à leurs propriétaires d'objets volés, détournés ou saisis comme pièces à conviction. Au sens large, mesures tendant à rétablir la situation antérieure à une infraction ou à faire cesser un état délictueux.

Rétention. — DR. CIV. — Droit accordé par la loi à un créancier de garder un objet appartenant à son débiteur, bien qu'il ne l'ait pas reçu par un contrat de nantissement, jusqu'au paiement de ce qui lui est dû.

Retenue à la source. — DR. FIN. — Technique de perception de l'impôt sur le revenu, consistant à obliger le débiteur d'une somme imposable à opérer sur celle-ci un prélèvement qu'il versera au fisc à titre d'acompte à valoir sur l'impôt dont sera redevable le créancier.

Réticence. — DR. CIV. — Silence gardé volontairement par une personne sur un point qu'elle devrait révéler. Dans certaines circonstances la réticence émanant d'un cocontractant est constitutive de dol.

Retirement. — DR. CIV. — Nom donné, dans les ventes mobilières, à l'obligation qui pèse sur l'acheteur de prendre livraison de la chose vendue.

Rétorsion. — DR. INT. PUBL. Moyen de contrainte consistant dans le fait pour un Etat de répondre par un usage rigoureux de son droit à des actes eux-mêmes licites mais inamicaux, commis à son égard par un autre Etat (Ex. : expulsion réciproque d'agents diplomatiques ou limitation de leur déplacement dans un rayon déterminé).

Retour (Droit de retour). — DR. CIV. — Droit en vertu duquel une chose, transmise à titre gratuit à une personne, retourne par voie successorale à celui qui l'avait transmise, ou à ses descendants.

Lorsque la donation prévoit, par une clause, le retour du bien au donateur, le retour est conventionnel ; il est légal s'il résulte du seul effet de la loi (c'est un cas de succession anomale).

Retrait. — DR. ADM. — Mise à néant d'un acte administratif unilatéral par son auteur. Du point de vue du régime juridique applicable, il convient de distinguer :

le retrait proprement dit, dont la portée est rétroactive ;

l'abrogation, dont les

effets ne se produisent que du jour de son intervention.

DR. CIV. — Faculté accordée à une personne de se substituer à une autre et de s'approprier le bénéfice d'une opération lorsqu'elle a été conclue.

Se distingue de la préemption, laquelle s'exerce avant la passation du contrat et permet à un tiers de prendre la place du candidat acquéreur. — V. *Préemption,* ainsi que les trois mots suivants.

Retrait d'indivision. — DR. CIV. — Faculté reconnue à la femme mariée de se substituer à son mari, lorsque celui-ci acquiert pour lui-même une part indivise d'un immeuble dont elle était copropriétaire.

Le retrait d'indivision a été supprimé pour l'avenir par la loi du 13 juill. 1965.

Retrait litigieux. — DR. CIV. — Faculté accordée par la loi au débiteur d'une créance contestée de se substituer à l'acquéreur, lorsque le créancier cède son droit.

Retrait successoral. — DR. CIV. — Faculté reconnue par la loi aux cohéritiers de se substituer à l'acquéreur, lorsque l'un d'eux cède sa part indivise à un tiers non successible du défunt.

Retraite. — DR. TRAV. — Situation d'un ancien salarié qui, en raison de l'âge, n'est plus en activité. La nature juridique du départ à la retraite est discutée. La jurispru-

dence considère parfois qu'il s'agit d'un mode autonome de rupture du contrat de travail ; on peut aussi considérer que la mise à la retraite par la seule volonté de l'employeur est un licenciement.

SÉC. SOC. — Prestations régulières de l'assurance vieillesse à laquelle l'assuré social a droit à partir de l'âge de 60 ans. Le versement de la retraite n'implique pas la cessation de l'activité professionnelle. Si la liquidation de la retraite est demandée après 60 ans, celle-ci est plus élevée, son taux plein étant atteint à 65 ans.

Retraite complémentaire. — SÉC. SOC. — Retraite conventionnelle s'ajoutant à la retraite légale de l'assurance vieillesse du régime général en vertu de l'*adhésion obligatoire* des salariés du régime général et du régime agricole à un régime complémentaire de retraite.

Au sens large, toute retraite d'origine conventionnelle s'ajoutant aux prestations légales d'assurance vieillesse.

Retranchement (par). — PR. CIV. Désigne la cassation partielle d'une décision non suivie de renvoi devant les juges du fond. La légalité est rétablie du seul fait de la suppression, dans la décision attaquée, de la seule disposition illégale. Ainsi, la Cour de cassation procède par voie de retranchement lorsqu'elle annule le chef du dispositif d'un jugement condamnant une partie aux frais, alors que la matière litigieuse est de celles où la loi a établi la gratuité (sécurité sociale).

Rétroactivité. — Dr. civ. — Caractère d'un acte juridique qui produit des effets dans le passé (ainsi rétroactivité d'un jugement, d'une condition résolutoire).

Rétroactivité de la loi. — Une loi nouvelle est rétroactive lorsqu'elle régit la validité et les effets passés des situations juridiques nées avant sa promulgation. En principe la loi n'est pas rétroactive (art. 2 C. civ.). Mais cette règle ne lie pas le législateur qui peut déclarer rétroactive une loi nouvelle. — V. *Effet immédiat de la loi.* — *Non-rétroactivité.*

Rétroactivité « in mitius ». — Dr. pén. — Application d'une loi pénale plus douce à des faits commis avant sa promulgation et non définitivement jugée.

« Reus in excipiendo fit actor ». — Pr. civ. — Si le défendeur soulève une exception, il devient pour son exception, comme un demandeur, soumis à la charge de la preuve.

Revendication. — Dr. civ. Action en justice accordée à tout propriétaire pour faire reconnaître son titre.

Révision. — Dr. const. — V. *Loi constitutionnelle.*

Dr. priv. ; Dr. adm. — Procédé de technique juridique par lequel un acte (loi, contrat...) est modifié dans sa forme ou plus fréquemment dans son contenu. En principe, la révision ne peut intervenir que dans les formes qui ont été nécessaires pour son établissement ; c'est ainsi qu'une convention ne peut être révisée que par l'accord des parties ; exceptionnellement, le juge a le pouvoir de réviser les contrats sur demande unilatérale (ex. : bail commercial). — V. *Imprévision.*

Pr. pén. — Procédure particulière prévue par les articles 622 et s. du c. proc. pén. Elle permet de passer outre au caractère définitif d'une décision de condamnation pour faire rejuger l'affaire. Elle suppose l'apparition d'un fait de nature à établir l'innocence du condamné.

Pr. civ. — V. *Recours en révision.*

Révision des traités. — Dr. int. publ. — Modification des dispositions d'un traité en vue de l'adapter à des conditions nouvelles. Le Pacte de la S. D. N. (art. 19) prévoyait que l'Assemblée pouvait inviter les Etats membres à « procéder à un nouvel examen des traités devenus inapplicables » (sorte de soupape de sûreté). Au contraire, la Charte de l'O. N. U. n'aborde pas le problème de la révision des traités.

Révocation. — Dr. adm. — Terme susceptible de deux acceptions :
1° Licenciement d'un agent public pour raison disciplinaire.
2° Mise à néant d'un acte administratif par son auteur, synonyme tantôt de retrait, tantôt d'abrogation.

Dr. civ. — Suppression

d'un acte par effet de la loi ou par décision ou à la demande d'une partie, en raison de l'indignité du bénéficiaire.

Ce terme désigne également le fait, pour une personne, de retirer les pouvoirs accordés à une autre.

Révocation populaire. — DR. CONST. — Procédé de la démocratie semi-directe permettant au peuple de mettre fin à un mandat électif, avant le terme légal. La révocation peut être individuelle (Ex. : le recall en vigueur dans certains Etats des Etats-Unis) ou collective (dissolution populaire d'une assemblée en vigueur dans quelques cantons suisses)

Révolution. — DR. CONST. Soulèvement populaire contre le régime établi.

Rigidité constitutionnelle. DR. CONST. — Expression employée pour signifier qu'une Constitution ne peut être modifiée que selon une procédure spéciale, différente de la procédure des lois ordinaires. En conséquence, la Constitution dite rigide a une valeur juridique supérieure à celle des lois ordinaires. — V. *Constitution.*

Risque. — DR. ADM. — V. *Responsabilité de la puissance publique.*

DR. CIV. — 1. *Théorie du risque* (Droit de la responsabilité).

Système fondant la responsabilité civile sur le fait que celui qui tire un avantage matériel ou moral d'une activité doit en supporter les conséquences dommageables pour les tiers ; cette théorie rejette la faute comme condition de la responsabilité civile.

2. *Théorie des risques* (Droit des contrats). Lorsque, dans un contrat synallagmatique, l'une des parties est exonérée en raison d'un événement de force majeure qui l'a empêchée de fournir sa prestation, la théorie des risques permet de désigner celui des contractants qui supportera les conséquences de l'inexécution ; en règle générale, le débiteur exonéré ne peut recevoir la contrepartie de ce qu'il n'a pu accomplir : le débiteur supporte les risques. → V. « *Res perit debitori* ».

DR. COM. ; SÉC. SOC. — Evénement éventuel, incertain, dont la réalisation ne dépend pas exclusivement de la volonté des parties et pouvant causer un dommage.

Risque professionnel. — DR. TRAV. — Risque inhérent à l'exercice d'une profession. Le risque professionnel a été le fondement de la réparation des accidents du travail par l'employeur, avant l'institution de la sécurité sociale.

Riverain d'une voie publique. — DR. ADM. — Occupant d'un immeuble limitrophe d'une voie publique, qui bénéficie à ce titre de droits particuliers sur cette dépendance du domaine public terrestre. — V. *Aisance de voirie.*

Rôle. — DR. FIN. — Répertoire des contribuables assujettis pour une année donnée à des impôts directs, avec indication de leur imposition individuelle, établi par l'Administration des Contributions Directes et transmis aux comptables publics percepteurs de ces impôts, pour valoir titre exécutoire à l'encontre des redevables.

Un nombre croissant d'impôts directs est aujourd'hui perçu sans émission préalable de rôle, par liquidation et versement spontanés des assujettis.

PR. CIV. — V. *Mise au rôle, Répertoire général.*

Royalties. — DR. COM. — V. *Contrat de licence.*

Rupture du contrat de travail. — DR. TRAV. — Cessation du contrat de travail en dehors du cas de cessation par l'arrivée du terme.

Rupture abusive. — Faisant application de la théorie de l'abus du droit, la jurisprudence a qualifié de ruptures abusives, les ruptures du contrat de travail à durée indéterminée inspirées par des motifs blâmables (intention de nuire, légèreté blâmable) ou contrevenant aux dispositions légales ou conventionnelles particulières à certains licenciements. Elle a ainsi apporté un frein à la liberté de rupture des contrats à durée indéterminée. La loi du 13 juillet 1973, en décidant d'une part que le licenciement individuel du salarié lié par contrat de travail à durée indéterminée doit avoir une cause réelle et sérieuse et respecter une procédure, et, d'autre part, en assortissant ces obligations de sanctions précises, a restreint le champ d'application de la rupture abusive. L'abus du droit trouve encore application en cas de rupture du fait du salarié, et dans les quelques cas où la rupture du fait de l'employeur échappe aux dispositions de la loi du 13 juillet 1973.

S

Saint-Siège. — DR. INT. PUBL. Gouvernement central de l'Eglise Catholique, dont le siège est à la Cité du Vatican.

Saisie. — PR. CIV., DR. CIV., DR. COM. — Voie d'exécution forcée par laquelle un créancier fait mettre sous main de justice les biens de son débiteur, en vue de les faire vendre aux enchères publiques et de se payer sur le prix.

Saisie-arrêt. — PR. CIV. — Voie d'exécution par laquelle un créancier bloque entre les mains d'un tiers les sommes qui sont dues ou les objets mobiliers qui appartiennent à son débiteur, en vue de se faire payer sur ces sommes ou sur le prix de ces objets.

Des règles spéciales existent pour la saisie des rémunérations du travail et pour la saisie effectuée par un époux contre son conjoint, pour le recouvrement des pensions alimentaires, des amendes et de certaines condamnations pénales à caractère pécuniaire, pour la saisie pratiquée entre les mains de personnes morales de droit public. — V. *Créance*. — PR. CIV.

Saisie-brandon. — PR. CIV. Saisie des fruits naturels et industriels, non encore récoltés, par conséquent immeubles par nature, mais à propos desquels on anticipe sur leur séparation et auxquels on applique les règles de la saisie mobilière.

Saisie conservatoire. — PR. CIV. — Procédure rapide et simplifiée, de portée générale tendant à la mise sous le contrôle de l'autorité judiciaire des biens meubles du débiteur, lorsque le créancier justifie d'un péril menaçant le recouvrement de sa créance. Cette saisie n'aboutit pas à la vente des biens saisis et à leur transformation en argent, mais opère simplement le blocage du mobilier jusqu'à ce que la dette reçoive exécution volontaire ou forcée.

Saisie contrefaçon. — DR. COM., PR. CIV. — Procédure destinée à faire la preuve d'une contrefaçon (V. ce mot). Elle se présente sous deux aspects : la saisie réelle de l'objet contrefaisant ou la saisie description qui décrit l'objet ou le procédé contrefaisants.

Saisie-exécution. — PR. CIV. — Saisie des meubles corporels se trouvant entre les mains du débiteur, saisie exigeant la possession d'un titre exécutoire. La saisie est faite par un huissier de justice qui désigne un gardien.

Saisie foraine. — PR. CIV. Saisie conservatoire, pratiquée avec l'autorisation du juge, sur les meubles qu'un débiteur de passage apporte avec lui (voyageur débiteur d'un hôtelier).

Saisie-gagerie. — PR. CIV. Saisie conservatoire pratiquée par le bailleur sur les meubles garnissant les lieux loués. Peut être effectuée sans commandement préalable, avec l'autorisation du juge.

Saisie immobilière. — PR. CIV. — Saisie pratiquée par un créancier muni d'un titre exécutoire sur un immeuble de son débiteur. Elle peut être poursuivie contre un tiers détenteur lorsque le créancier bénéficie d'une hypothèque ou d'un privilège.

Saisie mobilière. — PR. CIV. Saisie pratiquée sur un objet mobilier, sur une créance ou sur une valeur mobilière. Elle peut n'avoir qu'un caractère conservatoire ou viser à la vente forcée des biens saisis. — V. *Saisie-arrêt, Saisie-bran-*

don, Saisie conservatoire, Saisie-exécution, Saisie foraine, Saisie-gagerie.

Saisie de navire. — Dr. MARIT., Pr. CIV. — Procédure spéciale pour saisir conservatoirement ou provoquer la vente forcée d'un navire.

Saisie-revendication. — Pr. CIV. Procédure à caractère conservatoire par laquelle celui qui prétend avoir un droit réel (propriété, gage) sur un meuble détenu par un tiers fait mettre ce bien sous main de justice.

Saisine. — Dr. CIV. — Prérogative reconnue à l'héritier de se mettre en possession des biens successoraux et d'exercer les droits du défunt, sans qu'il ait besoin de solliciter une autorisation préalable.

Pr. CIV. — Formalité par laquelle un plaideur porte son différend devant une juridiction afin que celle-ci examine la recevabilité et le caractère fondé de ses prétentions. La saisine est généralement provoquée par le dépôt au secrétariat-greffe d'une copie de la citation (assignation) ou d'une requête conjointe. La présentation volontaire des adversaires devant le juge emporte parfois saisine de celui-ci.

Saisine directe. — Pr. PÉN. — Modalité de saisine du tribunal correctionnel par le procureur de la République, réservée aux affaires simples ne nécessitant pas une information, et permettant de juger le prévenu dans un délai rapide, qu'il soit poursuivi pour délit flagrant ou non.

Définie et aménagée par la loi du 2 février 1981 (art. 393 à 397-7 C. proc. pén.), la saisine directe n'est pas applicable aux mineurs, de même qu'en matière de délits de presse, de délits politiques et d'infractions relevant de procédures particulières de poursuite. Elle n'est pas applicable non plus aux délits punis d'une peine excédant cinq ans d'emprisonnement, lorsque le prévenu ne comparaît pas librement.

Salaire. — Dr. TRAV. — Prestation versée par l'employeur au salarié en contrepartie de son travail

Salaire de base : fraction du salaire sur laquelle est calculée une cotisation ou une prestation.

Salaire différé : salaire fictif de l'enfant d'un exploitant agricole qui a travaillé à l'exploitation sans être rémunéré, lui valant indemnisation lors du décès de l'ascendant.

Salaire indirect : substituts du salaire touchés en cas d'inactivité.

Salaire au rendement : salaire proportionnel à la production réalisée soit individuellement, soit en équipe.

Salaire au temps : salaire proportionnel à la durée du travail, indépendant d'une production quantitativement déterminée.

Salaire différé. — Dr. CIV. V. *Salaire.*

Salaire minimum de croissance (S.M.I.C.). — Dr. TRAV. — Salaire horaire minimal institué par la loi du 2 janv. 1970 en remplacement du salaire minimum interprofessionnel garanti, « pour assurer aux salariés dont les rémunérations sont les plus faibles la garantie de leur pouvoir d'achat et une participation au développement économique ».

Le salaire minimum de croissance est indexé sur le niveau général des prix à la consommation et fait l'objet d'une révision annuelle pour tenir compte des conditions économiques.

Salaire minimum interprofessionnel garanti (S.M.I. G.). — DR. TRAV. — Salaire horaire minimal commun à toutes les professions, institué en 1950 au moment de la remise en vigueur du régime de la liberté des salaires. Le S.M.I.G. était censé correspondre aux besoins élémentaires du travailleur.

Il a été remplacé en 1970 par le « salaire minimum de croissance ».

S. A. L. T. — DR. INT. PUBL. (Stratégic Arms Limitation Talks). Négociations bilatérales entre les Etats-Unis et l'U. R. S. S. sur la limitation des armements nucléaires stratégiques, ayant déjà abouti à une série d'accords à partir de 1972.

Sanctions administratives. DR. ADM. — Véritables punitions infligées par l'administration active dont le nombre va se multiplient. Le cas le plus connu est celui des sanctions dans le cadre des fraudes fiscales, où joue souvent le pouvoir de « composer ».

Sanction des lois. — DR. CONST. — Dans les monarchies constitutionnelles, acte par lequel le Roi participe à l'œuvre législative, sa volonté étant aussi indispensable à la formation de la loi que celle du Parlement. — V. *Promulgation.*

Sauvegarde de justice. — DR. CIV. — Régime de protection applicable aux majeurs atteints d'une altération temporaire de leurs facultés mentales ou corporelles, et conservant aux intéressés l'exercice de leurs droits, mais justifiant la rescision pour lésion, ou la réduction pour excès, des actes qu'ils ont passés et des engagements qu'ils ont contractés.

Savoir faire. — DR. COM. — Connaissances dont l'objet concerne la fabrication des produits, la commercialisation des produits ou services ainsi que le financement des entreprises qui s'y consacrent, fruit de la recherche ou de l'expérience, non protégées par brevet, non immédiatement accessibles au public et transmissibles par contrat.

Sceau. — DR. GÉN. — Cachet officiel détenu par un représentant de la puissance publique et dont l'empreinte sert à authentifier un acte ou à sceller un objet. — V. *Scellés.*

Scellés. — PR. CIV. — Bande de papier ou d'étoffe fixée par un cachet de cire marqué d'un sceau par le juge d'instance, afin d'empêcher provisoirement l'ouverture d'un appartement, d'une pièce ou d'un meuble. Un gardien est désigné.

Schéma directeur d'aménagement et d'urbanisme (S. D. A. U.). — DR. ADM. — Ensemble de documents prospectif fixant les orientations fondamentales de l'aménagement du territoire des communes concernées, notamment en déterminant la destination générale des sols, les grands équipements d'infrastructure, l'organisation générale des transports, et la localisation des activités les plus importantes. Les S. D. A. U. permettent de coordonner les programmes locaux d'urbanisation avec la politique d'aménagement du territoire (V. ce mot) de l'Etat. — V. *Plan d'occupation des sols.*

Scission. — DR. COM. — Disparition d'une société par transmission de la totalité de son patrimoine social à des sociétés nouvelles ou préexistantes (« fusion-scission »), moyennant attribution aux associés de la société scindée de parts ou actions des sociétés issues de la scission.

Scrutin. — DR. ADM. ; DR. CONST. — Ensemble des opérations de vote.
1° **Mode de scrutin** : modalités selon lesquelles est aménagé l'exercice du vote ou suffrage, et particulièrement modalités de calcul des résultats électoraux.
2° **Scrutin de liste** : celui dans lequel l'électeur est appelé à voter, dans chaque circonscription, pour plusieurs candidats groupés par listes constituées par affinités politiques.
3° **Scrutin majoritaire** : celui dans lequel est déclaré élu le candidat ou la liste qui a obtenu la majorité des voix ;
scrutin majoritaire à un tour : est immédiatement élu le candidat (ou la liste) arrivé en tête ;
scrutin majoritaire à deux tours : est élu le candidat (ou la liste) qui a obtenu la majorité absolue au premier tour ou, à défaut, la majorité relative au second tour.
4° **Scrutin plurinominal** : celui dans lequel l'électeur est appelé à voter, dans chaque circonscription, pour plusieurs candidats. On confond souvent scrutin plurinominal et scrutin de liste, mais si le scrutin de liste est nécessairement plurinominal, en revanche le scrutin plurinominal n'est pas à proprement parler un scrutin de liste dans le cas où les candidats, se présentant isolément, les électeurs composent eux-mêmes leurs bulletins comme ils l'entendent.
5° **Scrutin uninominal** : celui dans lequel l'électeur est appelé à voter pour un seul candidat dans chaque circonscription. — V. *Majorité.*

Séance. — DR. CONST., DR. INT. PUBL. — Réunion d'une assemblée pendant une session.

Secours. — Dr. civ. — Obligations mises à la charge d'un époux de verser des subsides à son conjoint ; le devoir de secours, qui prend la forme d'une dette de somme d'argent, est plus restreint par son contenu que le devoir d'assistance. V. ce mot.

Secret de fabrique. — Dr. trav. — Procédé de fabrication qui n'est pas connu de tous. Sa divulgation par un salarié de l'entreprise est un délit puni par l'article 418 du Code pénal.

Secret professionnel. — Dr. pén. Obligation dont le respect est sanctionné par la loi pénale, imposant à certains professionnels de taire les secrets recueillis au cours de l'exercice de leur profession. V. *Obligation de discrétion professionnelle.*

Secrétaire d'Etat. — Dr. const. Membre du gouvernement venant après les ministres dans la hiérarchie ministérielle. Assiste un ministre auquel il est rattaché ou assure la gestion autonome de certains services (il fait alors fonction de ministre sans en avoir le titre). Les secrétaires d'Etat ne participent plus au Conseil des Ministres depuis 1969, sauf pour les questions relevant de leurs attributions.

Secrétaire-greffier. Greffier en chef, secrétaire-greffier. Pr. civ., pén. — V. *Secrétariat-greffe.*

Secrétariat. — Dr. int. publ. Organe administratif permanent d'une Organisation internationale, composé de fonctionnaires internationaux indépendants de leur Etat d'origine, et chargé de préparer et de mettre en œuvre les décisions des organes délibérants (Cependant le Secrétaire Général des Nations unies joue aussi un rôle politique).

Secrétariat Général du Gouvernement. — Dr. const. — Organisme administratif placé auprès du Premier Ministre pour l'aider dans la direction de l'ensemble de l'activité gouvernementale (centralisation de l'action du Gouvernement dans l'élaboration des lois et des règlements, secrétariat du Conseil des Ministres et des autres conseils, direction des services de documentation).

Secrétariat-greffe. — Pr. civ., pén. — Un secrétariat-greffe comprend l'ensemble des services administratifs du siège et du parquet. Il est dirigé par un greffier en chef, assisté de secrétaires-greffiers.

On trouve un secrétariat-greffe auprès de la Cour de cassation, de la Cour d'appel, du tribunal de grande instance, du tribunal d'instance. Un secrétariat-greffe a été institué auprès du Conseil des prud'hommes.

Le chef et les membres d'un secrétariat-greffe possèdent la qualité de fonctionnaire.

Ils assistent les magistrats à l'audience, dressent les actes du greffe. Le greffier en chef est dépositaire des minutes et archives. Il délivre expédition des jugements.

Le greffier en chef du tribunal de commerce est encore un officier ministériel.

Le secrétariat-greffe du tribunal de grande instance conserve le double des registres de l'état civil. Il est chargé de la tenue du casier judiciaire.

Secteur. — Dr. int. publ. Procédé de répartition des terres polaires selon lequel l'Etat possédant un littoral sur l'Océan glacial arctique est souverain des régions comprises dans un triangle ayant pour base ce littoral, pour sommet le Pôle Nord et pour côté les méridiens passant par les extrémités Est et Ouest de ce littoral.

Secteur de commune. — Dr. adm. — Etablissement public pouvant être créé à titre temporaire pour gérer les services publics nécessaires, en cas de construction de grands ensembles d'habitation.

Cette institution semble être restée assez théorique.

Section. — Pr. gén. — Division intérieure de certaines juridictions. — V. *Conseil d'Etat, Conseil des prud'hommes, Tribunal paritaire des baux ruraux.*

Section de commune. — Dr. adm. — Partie d'une commune possédant, souvent pour des raisons historiques, un patrimoine distinct de celui de la commune.

En vue de sa gestion, la section de commune est dotée d'une personnalité juridique propre.

Section syndicale d'entreprise. — Dr. trav. — Dans l'entreprise, antenne d'un syndicat représentatif. La reconnaissance par la loi du 27 décembre 1968 de la section syndicale marque l'entrée du syndicat dans l'entreprise. Aucune condition de forme particulière n'est exigée pour créer une section qui a un pouvoir d'information auprès des salariés et peut, sous certaines conditions, disposer d'un local et organiser des réunions dans l'établissement.

Sécurité sociale. — Séc. soc. — En tant que concept, la Sécurité sociale est la garantie de l'individu contre le besoin, la garantie d'un minimum social. C'est en ce sens que la Déclaration universelle des droits de l'homme affirme que « toute personne, en tant que membre de la société, a droit à la Sécurité sociale ». Le contenu de la notion est flou et varie avec les époques et les pays.

Sur le plan institutionnel et en droit français, la Sécurité sociale désigne l'ensemble des institutions tendant, par une redistribution économique, à garantir à l'individu les soins médicaux, à le protéger contre les risques de diminution ou de perte de son revenu dûs à la maladie, la maternité, l'invalidité, la vieillesse, le décès et à l'aider à assumer ses charges familiales.

Sécurité syndicale. — Dr. trav. V. *Clause de sécurité syndicale.*

Séduction. — DR. CIV. — Attitude d'un homme ayant conduit une femme à se donner à lui.

Lorsque la séduction résulte de manœuvres fautives, ou lorsqu'elle est accompagnée d'une promesse de mariage, elle permet à la femme d'intenter éventuellement une action, pour son enfant, en recherche de paternité naturelle.

Semi-liberté. — DR. PÉN. — Régime d'exécution des peines privatives de liberté, permettant au condamné d'exercer à l'extérieur de l'établissement pénitentiaire une activité professionnelle, de suivre un enseignement, une formation professionnelle ou un traitement médical, tout autre temps disponible étant nécessairement passé à l'intérieur de la prison.

Sénat. — DR. CONST. — Nom de la seconde chambre du Parlement.

En France, depuis la IIIe République, le Sénat est élu au suffrage indirect et assure la représentation des collectivités territoriales. Le Sénat de la Ve République participe au pouvoir législatif (mais s'il est en désaccord avec l'Assemblée Nationale le Gouvernement peut donner le dernier mot à cette dernière) et possède des pouvoirs de contrôle (questions, enquêtes), mais sans pouvoir mettre en jeu la responsabilité politique du Gouvernement. En revanche, il ne peut être dissous. V. *Assemblée Nationale.*

Sentence. — PR. CIV. — Nom donné aux jugements rendus par les tribunaux d'instance et par les conseils de prud'hommes, ainsi que par les arbitres. V. *Adage.*

Sentence arbitrale. — PR. CIV. — Nom donné à la décision rendue par un arbitre.

Séparation de biens. — DR. CIV. — Régime matrimonial caractérisé par l'absence de biens communs aux deux époux.

Séparation de corps. — DR. CIV. — Simple relâchement du lien conjugal, consistant essentiellement dans la dispense du devoir de cohabitation ; la séparation de corps est prononcée par un jugement et résulte des mêmes causes que le divorce.

Séparation de fait. — DR. CIV. — Situation de deux époux qui vivent séparément sans y avoir été autorisés par un jugement de divorce ou de séparation de corps.

La séparation de fait n'est plus désormais illicite.

Séparation des patrimoines. DR. CIV. — Faveur qui permet aux créanciers de la succession, en cas d'acceptation pure et simple de celle-ci, de se faire payer, par préférence aux créanciers personnels de l'héritier, sur les biens successoraux. V. *Bénéfice d'inventaire.*

Séparation des pouvoirs. — DR. CONST. — Principe qui tend à prévenir les abus du pouvoir en confiant l'exercice de celui-ci non à un organe unique, mais à plusieurs organes, chargés chacun d'une fonction différente et en mesure de se faire mutuellement contrepoids. Principe formulé par Locke et surtout par Montesquieu (Esprit des lois, Livre XI, chap. 6), à qui l'on fait remonter la distinction classique des pouvoirs législatif, exécutif et judiciaire. La séparation des pouvoirs peut être rigide (indépendance des pouvoirs caractéristique du régime présidentiel) ou souple (collaboration des pouvoirs caractéristique du régime parlementaire).

PR. CIV. — Principe affirmé au moment de la Révolution et interdisant à l'autorité judiciaire de s'ingérer dans les domaines du législatif et de l'administratif, et lui reconnaissant en retour une indépendance à l'égard des pouvoirs politiques.

Septennat. — DR. CONST. — Durée du mandat (7 ans) du Président de la République en France sous les IIIe, IVe et Ve Républiques.

Séquestre. — PR. CIV., DR. CIV. Personne désignée par justice ou par des particuliers pour assurer la conservation d'un bien qui est l'objet d'un procès ou d'une voie d'exécution. — V. *Administrateur séquestre*.

Serment. — PR. CIV., DR. CIV. — Procédure d'instruction par laquelle une partie demande à l'autre d'affirmer, en prêtant serment à la barre du tri-

bunal, la véracité de ses affirmations.

Le serment est indivisible. On distingue : le serment *décisoire* déféré par une partie à l'autre et dont la prestation ou le refus termine la contestation ;

le serment *supplétoire*, laissé à l'arbitraire du juge, n'a pas pour effet de lier celui-ci lorsqu'il a été déféré ou refusé. — V. *Témoin*.

Services extérieurs. — DR. ADM. — Expression désignant, par opposition aux bureaux centraux constituant les ministères, les services fonctionnant en dehors de ceux-ci et notamment en province et qui, numériquement les plus importants, sont chargés en pratique de l'exécution de la majeure partie des tâches relevant de chaque ministère.

Service fait (règle du). — DR. FIN. — Règle de la comptabilité publique interdisant de procéder à un paiement avant exécution de la prestation correspondante.

Service national. — DR. ADM. — Sujétion imposée aux citoyens français du sexe masculin par la Défense Nationale, et pouvant prendre la forme :

d'un service militaire de type traditionnel ;

d'un service d'aide ou de coopération technique au profit des départements et territoires d'Outre-Mer et surtout des Etats en voie de développement ;

d'un service de défense,

qui assurerait notamment la protection de la population.

Il existe également, à titre seulement expérimental, un service national féminin, ouvert aux seules Françaises volontaires.

Service public. — DR. ADM.
1° Au sens matériel, toute activité destinée à satisfaire à un besoin d'intérêt général et qui, en tant que telle, doit être assurée ou contrôlée par l'Administration, parce que la satisfaction continue de ce besoin ne peut être garantie que par elle. Objet de nombreuses controverses doctrinales, cette notion n'en est pas moins pour la jurisprudence, aujourd'hui encore, l'un des éléments servant à définir le champ d'application du droit administratif.

2° Au sens formel, ces termes désignent un ensemble organisé de moyens matériels et humains mis en œuvre par l'Etat ou une autre collectivité publique, en vue de l'exécution de ses tâches. Dans cette acception, les termes de service public sont synonymes d'Administration au sens formel.

Mission de service public : notion dégagée par la jurisprudence du Conseil d'Etat dans la première moitié du siècle, mais d'appellation beaucoup plus récente, et dont on trouve des manifestations aussi bien, par exemple, en matière de travaux publics, de fonction publique, que

de contrats administratifs ou d'actes unilatéraux. Cette qualification est décernée de manière prétorienne par le juge à des activités présentant un caractère d'intérêt général, assumées même par des organismes privés ou des particuliers. Le juge veut élargir le champ d'application du droit et du contentieux administratifs à ceux des aspects de l'organisation et du fonctionnement de cette activité qu'il estime techniquement inopportun de soumettre aux règles du droit privé.

Services sociaux. — DR. TRAV. et SÉC. SOC. —
Tous services relevant d'organismes publics ou privés, qui, à titre principal ou accessoire, exercent une activité sociale auprès des individus, des familles ou des collectivités, par l'intermédiaire des assistants, assistantes ou auxiliaires de service social.

Services votés. — DR. FIN.
Dans le projet de loi de finances, partie des demandes de crédits qui représente le minimum de dotations que le Gouvernement juge indispensable pour poursuivre l'exécution des services publics dans les conditions approuvées l'année précédente par le Parlement.

Les services votés, qui constituent les quatre cinquièmes du montant du budget général, sont ainsi adoptés selon une procédure accélérée.

L'autre partie des demandes de crédits, qui correspond à des décisions nouvelles entraînant augmentation (ou diminution, éventuellement) des services votés porte le nom de mesures nouvelles.

Servitudes. — DR. ADM. — De nombreuses obligations grevant les propriétés privées au profit du domaine public ou dans un but d'intérêt général sont appelées sommairement servitudes administratives.

DR. CIV. — Charge imposée à un immeuble, bâti ou non bâti (le fonds servant. V. ce mot), au profit d'un autre immeuble appartenant à un propriétaire distinct (le **fonds dominant.** V. ce mot). Elle est apparente lorsqu'un signe extérieur la révèle. Elle est continue lorsqu'elle s'exerce sans l'intervention de l'homme. Elle est personnelle lorsqu'elle existe au profit d'une personne déterminée. Elle est réelle lorsqu'elle s'exerce au profit de tout propriétaire du fonds dominant. Elle est dite de « cour commune » lorsqu'il s'agit d'une interdiction de bâtir ou de dépasser une certaine hauteur en construisant, imposée par l'administration sur un terrain voisin d'un autre fonds pour lequel le permis de construire a été demandé·

La servitude de cour commune est contrôlée par le juge judiciaire.

Servitudes prédiales. — DR. CIV. Expression synonyme de servitudes réelles et qui est utilisée pour mieux les distinguer des anciennes servitudes féodales et par opposition aux servitudes personnelles ; celles-ci étant désignées habituellement par leurs noms particuliers d'usufruit et d'usage, l'utilisation du qualificatif « prédiales » se fait de plus en plus rare.

Session. — DR. CONST., DR. INT. PUBL. — Période de l'année pendant laquelle une assemblée est en droit de siéger.

Dans l'intervalle des sessions ordinaires, une assemblée peut se réunir en session extraordinaire, dans les conditions fixées par les textes. Ne pas confondre session et séance. V. ce mot.

PR. CIV., PÉN. — Certaines juridictions (Cour d'assises, tribunal paritaire des baux ruraux) siègent par sessions.

Sévices. — DR. CIV. — Mauvais traitements physiques exercés sur quelqu'un. Entre époux, les sévices constituent l'une des fautes justifiant un éventuel divorce (divorce-sanction). — V. *Divorce.*

Siège social. — DR. COM. — Lieu précisé dans les statuts d'une société, qui constitue son domicile et qui détermine, le plus souvent, sa nationalité.

Signature des traités. — DR. INT. PUBL. — Formalité qui constate l'accord intervenu au terme de la négociation sur le texte d'un traité, mais qui ne lie pas normalement l'Etat. V. *Ratification, Accord en forme simplifiée.*

Signification. — PR. CIV. — Formalité par laquelle un plaideur porte à la connaissance de son adversaire un acte de procédure (assignation, conclusions) ou un jugement. Elle est toujours effectuée par un huissier de justice. — V. *Notification.*

Silence de l'Administration. DR. ADM. — Dans l'intérêt des administrés, et pour leur permettre de saisir les juridictions administratives, le silence gardé pendant quatre mois par l'Administration sur une réclamation est assimilé procéduralement à une décision de rejet.

Simulation. — DR. CIV. — Accord entre contractants tendant à faire croire à l'existence d'une convention (acte apparent ou simulé) ne correspondant pas à leur volonté véritable exprimée par un autre acte, celui-ci secret, dénommé contre-lettre. Si la simulation porte sur l'existence même de l'acte apparent, elle rend le contrat fictif ; si elle sert à en maquiller la nature juridique, il y a un déguisement ; si elle a pour objet d'en déplacer les effets, elle réalise une interposition de personne.

Situation juridique. — ECOLE CIVILISTE. — On oppose souvent le *droit objectif* et les *droits subjectifs*. Il est plus juste d'opposer *la règle de droit,* générale et abstraite et les *situations juridiques* individuelles et concrètes.

On parle de situation juridique pour exprimer la situation dans laquelle se trouve une personne vis-à-vis des autres sujets de droit, sur le fondement des règles de droit.

Ainsi, un fait (accident, mort), un état (époux, enfant), un acte juridique (vente, donation), favorisent la naissance d'un faisceau de droits et de devoirs, de prérogatives et de charges au profit ou à l'encontre de la personne.

Parmi les situations juridiques, certaines sont *subjectives,* d'autres sont *objectives* (Roubier). — V. *Situation juridique objective, Situation juridique subjective, Prérogatives et charges.*

Situations juridiques objectives. — ECOLE CIVILISTE. — Une situation juridique possède un caractère objectif toutes les fois qu'elle confère à ceux qui en sont investis davantage de devoirs que de droits ; ainsi en va-t-il pour la situation résultant d'un mariage, d'une filiation, d'une incapacité (tutelle, curatelle).

Ces situations sont plus fréquentes en droit public et en droit pénal qu'en droit privé civil ou commercial.

ECOLE PUBLICISTE. — Dans l'analyse du Doyen Duguit : situations juridiques procédant directement de la norme juridique légale ou réglementaire, soit immédiatement, soit après intervention d'un acte-condition (V. ce mot).

Ces situations juridiques sont générales quant à leurs titulaires et permanentes. On les rencontre aussi bien en Droit public (situation de l'électeur par ex.), qu'en Droit privé (situation d'époux par ex.).

Situations juridiques subjectives. — ÉCOLE CIVILISTE. — Les situations juridiques subjectives sont des situations d'où découlent pour leurs bénéficiaires des prérogatives qui sont à leur avantage et auxquelles ils peuvent en principe renoncer.

Ces situations sont établies soit par un acte volontaire (un contrat par exemple), soit par la loi (ainsi l'usufruit légal, le droit de l'héritier).

Les situations subjectives correspondent aux droits réels, aux droits de créance, aux droits d'entreprise et de clientèle, aux droits universels portant sur l'ensemble d'un patrimoine, à certains droits extrapatrimoniaux, tels que le droit de réponse ou le droit moral sur une œuvre.

Les droits de la personnalité ne sont pas des droits subjectifs.

ÉCOLE PUBLICISTE. — Dans l'analyse du Doyen Duguit : situations juridiques procédant d'un acte à portée individuelle, qui peut être aussi bien un acte unilatéral qu'un contrat. Elles sont spéciales quant à leurs titulaires, et en règle générale, temporaires : après exécution des devoirs ou des droits qu'elles renferment, elles disparaissent.

Sociétaire. — DR. CIV. — Membre d'une association. V. *Associé*.

Société. — DR. CIV., DR. COM. Contrat par lequel deux ou plusieurs personnes décident de mettre quelque chose en commun pour en partager les bénéfices, les économies ou les pertes qui pourront en résulter.

Ce mot désigne aussi la personne morale créée par ce contrat et dont le patrimoine est constitué par les biens apportés par chaque associé.

Société d'acquêts. — DR. CIV. — Clause parfois incluse dans un régime de séparation de biens et dont l'effet est de créer une masse commune administrée par le mari, composée des économies réalisées par les époux et partagée entre eux à la dissolution du régime.

Société d'Aménagement Foncier et d'Etablissement Rural (S.A.F.E.R.). DR. ADM., DR. CIV. — Société d'économie mixte pouvant être créée en vue d'améliorer les structures agraires et de faciliter l'exploitation agricole du sol au moyen de l'acquisition de terres, destinées à être rétrocédées à des agriculteurs après aménagement éventuel.

Société anonyme. — DR. COM. — Société commerciale dont le capital est constitué par voie de souscription d'actions et dont les associés ne sont responsables du paiement des dettes sociales qu'à concurrence de leurs apports.

La société anonyme est une société par actions et une société de capitaux.

Société à capital variable. — DR. COM. — Société dont le capital n'est pas intangible. La variabilité du capital permet l'admission de nouveaux associés et la souscription de nouveaux apports, le retrait d'associés et la reprise de leurs apports. — V. *Capital social.*

Société civile. — DR. CIV. ; DR. COM. — Société dont l'objet constitue une activité non commerciale et qui n'a pas adopté la forme anonyme, à responsabilité limitée, en nom collectif ou en commandite.

La société civile peut être seulement une société de moyens. — V. *Société civile professionnelle.*

Sociétés civiles professionnelles. DR. CIV., DR. COM., PR. CIV. Depuis 1966, l'activité de certaines professions libérales peut être exercée dans le cadre de sociétés civiles professionnelles dont les parts sociales sont cessibles sous certaines conditions : avocats, conseils juridiques, officiers publics ou ministériels.

Pour les offices publics ou ministériels, la société peut soit regrouper plusieurs professionnels, soit être titulaire de l'office.

Société en commandite par actions. — DR. COM. — Société de capitaux compre-

nant deux groupes d'associés : les commandités, dont la situation juridique est la même que celle des commandités d'une société **en commandite simple**, et les commanditaires qui reçoivent des actions librement négociables et ne sont responsables que dans la limite de leurs apports.

Société en commandite simple. — DR. COM. — Société de personnes composée de deux groupes d'associés : les commandités, assimilables à des associés en nom collectif (commerçants, personnellement et solidairement responsables de tout le passif social) ; les commanditaires, qui ne sont pas commerçants et ne sont responsables que dans la limite de leurs apports, et dont les parts sociales sont rarement cessibles et transmissibles, en raison de l'*intuitus personae.*

Société commerciale de capitaux ou par actions. DR. COM. — Société constituée en considération des capitaux apportés, dans laquelle les parts d'associés appelées actions sont négociables et peuvent être librement transmises entre vifs et à cause de mort. Les actionnaires ne sont tenus du passif social que jusqu'à concurrence de leurs apports (Exemples : la société anonyme et la société en commandite par actions).

Société commerciale de personnes ou par intérêt.

DR. COM. — Société constituée « *intuitu personae* » c'est-à-dire en considération de la personne des associés, dans laquelle la part de chaque associé appelée part d'intérêt est en principe personnelle à l'associé et n'est pas cessible entre vifs ou ne l'est que dans certaines conditions (EX. : société en nom collectif, société en commandite simple).

Société coopérative. — DR. COM. Société civile ou commerciale dont les associés ont la qualité de salarié ou de client de cette société.

Société coopérative ouvrière de production. — DR. TRAV. — V. *Coopérative ouvrière de production.*

Société créée de fait. — DR. COM. Société résultant du comportement de personnes qui ont participé ensemble à une œuvre économique commune dont ils ont partagé les profits et supporté les pertes, et se sont en définitive conduits comme des associés sans en avoir pleine conscience.

Sociétés de développement régional. — DR. ADM. — Institutions de crédit créées sous la forme de sociétés anonymes, en vue de pallier l'insuffisance de l'apport des capitaux privés ou bancaires dans le financement des entreprises dont les programmes d'activité sont conformes aux objectifs de la politique d'aménagement du territoire.

Ces sociétés collectent des fonds au moyen d'emprunts garantis par l'Etat, utilisés pour des prêts, des participations et l'octroi de garanties aux emprunts lancés par les entreprises.

Conçue originairement comme complémentaire du Fonds de développement économique et social (V. ce mot), leur activité a tendu vers un fonctionnement assez proche de celui des banques traditionnelles.

Société d'économie mixte. DR. ADM. — V. *Economie mixte.*

Société entre époux. — DR. CIV., DR. COM. — Société comprenant parmi les associés deux conjoints. En raison des dangers qu'elle peut comporter, la société entre époux fait l'objet, dans certains cas, d'une réglementation ; parfois, elle est nulle.

Société de fait. — DR. CIV. ; COM. — Une société de fait est une société qui a fonctionné en dépit d'une cause de nullité qui menaçait son existence.

On emploie également cette expression lorsque deux ou plusieurs personnes, sans avoir fondé entre elles une société, se comportent en fait comme des associés (cela est fréquent pour des concubins).

Société Financière Internationale. — DR. INT. PUBL. Institution spécialisée des Nations unies (filiale de la B. I. R. D.), créée en 1956 en vue de contribuer au développement économique en investissant des fonds sans garantie gouvernementale dans des entreprises privées de régions sous-développées. Siège : Washington.

Société d'Intérêt Collectif Agricole (S. I. C. A.). — Dr. civ. — Société agricole, qui peut prendre une forme commerciale ou civile, ayant pour objet soit de créer ou de gérer des installations, soit d'assurer des services dans l'intérêt des agriculteurs d'une région rurale.

Société Interprofessionnelle de Compensation des Valeurs Mobilières (SICOVAM). — Dr. com. Organisme créé par un décret du 4 août 1949, modifié en 1964, pour le dépôt, facultatif à l'origine, des actions au porteur et des titres étrangers.

Inscrits dans un compte courant les titres au porteur perdaient leur individualité et devenaient des choses fongibles. Ce régime a été étendu à toutes les valeurs mobilières au porteur. Tout établissement affilié à la SICOVAM (banque, établissement financier, agent de change...) qui reçoit en dépôt des valeurs mobilières au porteur d'un client, doit les remettre à son compte courant d'actions auprès de la SICOVAM, sauf indication contraire de la part du déposant.

Société d'investissement. — Dr. com. — Société dont l'objet est de gérer un portefeuille de valeurs mobilières, composé de titres émanant de multiples so-

ciétés, en respectant le principe de division des risques. Elle peut être constituée à capital variable (S. I. C. A. V.).

Société Mixte d'Intérêt Agricole (S. M. I. A.). — Dr. civ. — Société agricole, de forme commerciale, cherchant à associer des intérêts agricoles et commerciaux, et ayant pour objet la transformation et la commercialisation des produits.

Société des Nations. — Dr. int. publ. — Organisation internationale à vocation universelle créée à la fin de la guerre de 1914-18 en vue d'assurer la sécurité collective (limitation du recours à la guerre, désarmement, règlement pacifique des conflits, sanctions en cas d'agression).

Société en nom collectif. — Dr. com. — Société constituée entre deux ou plusieurs personnes ayant la qualité de commerçantes, tenues personnellement et solidairement de toutes les dettes sociales et auxquelles sont attribuées des parts d'intérêt, en principe incessibles.

Cette société est désignée par une raison sociale composée des noms de tous les associés ou de quelques uns d'entre eux suivis des mots : « et compagnie ».

Société en participation. — Dr. com. — Mode de collaboration économique par création d'une société sans personnalité morale, non soumise à publicité et pouvant demeurer occulte.

Société à participation ouvrière. DR. TRAV. — Variante de société anonyme dans laquelle les salariés sont associés à la fois aux bénéfices et à la gestion de l'entreprise ; les salariés reçoivent des actions et sont regroupés en une coopérative ; ils participent par leurs représentants au Conseil d'Administration de la Société, mais ils ne sont pas majoritaires, à la différence des coopératives ouvrières de production. Prévue par une loi de 1917, modifiée depuis, cette forme de société ne s'est pas développée.

Société politique. — DR. CONST. — Société recouvrant les autres groupes sociaux (familles, entreprises, etc.) et dans laquelle le destin des hommes est envisagé globalement.

Les sociétés politiques ont revêtu diverses formes (cité, seigneurie, empire...). Aujourd'hui la forme dominante est l'Etat-nation.

Société à Responsabilité Limitée (S. A. R. L.). — DR. COM. — Société commerciale dans laquelle la responsabilité pécuniaire des associés est limitée au montant de leurs apports.

Ceux-ci sont représentés par des parts sociales qui ne sont pas négociables et ne sont cessibles qu'à certaines conditions.

Soit-communiqué (ordonnance de). — PR. PÉN. — Acte par lequel le juge d'instruction transfère le dossier d'une affaire au procureur de la République, afin d'obtenir de lui ses réquisitions.

Solennel (acte). — DR. CIV. Acte juridique qui n'est valable que si la manifestation de volonté est accompagnée de l'accomplissement de certaines formalités exigées par la loi.

Solidarité. — DR. CIV. — On distingue la solidarité active et la solidarité passive.

Il y a solidarité active lorsque l'un quelconque des créanciers d'un même débiteur peut exiger de ce dernier le paiement de la totalité de la dette, sans avoir reçu mandat des autres.

Il y a solidarité passive lorsque le créancier peut exiger de l'un quelconque de ses débiteurs le paiement de la totalité de sa créance, sauf le recours entre les débiteurs.

PR. CIV. — En cas de solidarité entre plusieurs parties, l'appel formé par l'une d'elles, dans les délais, conserve le droit d'appel des autres ; mais celles-ci doivent se joindre à l'instance.

L'appel dirigé contre un codébiteur solidaire, dans les délais, réserve à l'appelant la faculté d'amener à l'instance les autres codébiteurs.

La Cour peut ordonner d'office la mise en cause de tous les cointéressés.

Solidarité ministérielle. — DR. CONST. — Principe du régime parlementaire qui veut que, les décisions importantes étant délibérées en commun par les ministres, chacun d'eux supporte la responsabilité des décisions arrêtées par le Gouvernement (même s'il les a combattues) et ne peut l'éluder qu'en démissionnant.

Solidarité pénale. — Dr. pén. — Règle selon laquelle les participants à une infraction (crime délit-contravention de cinquième classe) sont tenus de plein droit, chacune pour la totalité, des conséquences civiles (dommages-intérêts, restitutions) de leurs agissements délictueux. Les amendes pénales restent personnelles et les dépens doivent être partagés en autant de parts égales qu'il y a de condamnés.

Néanmoins, la juridiction répressive peut par décision spécialement motivée décider qu'il y aura solidarité pour les amendes et les frais et dépens lorsque le prévenu s'est entouré de coauteurs ou de complices insolvables.

Solvabilité. — Dr. civ. — V. *Insolvabilité.*

« Solvens ». — Dr. civ. — Celui qui effectue le paiement d'une obligation. — V. *Accipiens.*

Sommation. — Pr. civ. — Acte d'huissier enjoignant à un débiteur de payer ce qu'il doit ou d'accomplir l'acte auquel il s'est obligé.

Souche. — Dr. civ. — Auteur commun à plusieurs personnes dans le droit des successions ; en cas de représentation (V. *Représentation.* — Dr. civ. — 2ᵉ sens), les représentants

d'un même héritier prédécédé qui constitue la souche, recueillent collectivement sa part.

Soulte. — Dr. civ. — Somme d'argent que doit verser un copartageant ou un échangiste aux autres parties, lorsque les lots ou les biens échangés sont inégaux en valeur.

Sources du droit. — Terme générique, souvent employé, désignant l'ensemble des règles juridiques applicables dans un Etat à un moment donné. Dans nos pays de droit écrit, les principales sont des textes, tels que les traités internationaux, les constitutions, les lois, les règlements ; mais d'autres, telles que la coutume, les principes généraux du droit consacrés par la jurisprudence — parfois inspirée par la doctrine des auteurs — jouent un rôle plus ou moins grand selon la matière.

Souscription. — Dr. com. — Acte juridique de nature controversée par lequel une personne s'engage à faire partie d'une société par actions en apportant une somme en principe égale au montant nominal de son titre.

Sous-location. — Dr. civ. — Contrat par lequel le locataire d'un immeuble le donne à bail à un tiers appelé sous-locataire ; le premier preneur est dit locataire principal.

Sous-ordre. — Pr. civ. —

Procédure par laquelle les créanciers d'une personne bénéficiaire d'une collocation dans un ordre, se partagent le montant de cette somme.

Sous-préfet. — DR. ADM. — Autorité administrative nommée par le pouvoir central à la tête des arrondissements autres que celui du chef-lieu du département, et exerçant ses fonctions sous l'autorité du préfet de ce dernier.

Sous-traitance. — DR. COM. — Opération par laquelle un entrepreneur (donneur d'ordre) recourt à un tiers (soustraitant) pour réaliser, sur ses ordres et spécifications, tout ou partie des biens, objets ou marchandises qu'il doit fournir ou vendre à ses propres clients.

DR. TRAV. — Technique de production ou de fourniture de services par laquelle une entreprise principale conclut un contrat avec un sousentrepreneur ou sous-traitant, qui s'engage à effectuer tout ou partie de la prestation avec une main-d'œuvre qu'il recrute. Afin d'éviter certains abus au préjudice des salariés, le Code du Travail réglemente la sous-traitance et parfois la sanctionne par assimilation au marchandage (V. *Marchandage*).

Souveraineté de l'Etat. — DR. CONST., DR. INT. PUBL.
1° Sens initial : caractère suprême du pouvoir étatique.

2° Sens dérivé : le pouvoir étatique lui-même, pouvoir de droit (en raison de son institutionnalisation) originaire (c'est-à-dire ne dérivant d'aucun autre pouvoir) et suprême (en ce sens qu'il n'a pas d'égal dans l'ordre interne ni de supérieur dans l'ordre international, où il n'est limité que par ses propres engagements et par le Droit International). La doctrine classique, aujourd'hui contestée, fait de la souveraineté le critère de l'Etat.

Souveraineté nationale. — DR. CONST. — Souveraineté dont le titulaire est la Nation, entité collective indivisible et donc distincte des individus qui la composent. Conception consacrée par la Révolution de 1789 dans le but de restreindre le rôle des citoyens, mal préparés à la vie politique : ne détenant comme tels aucune parcelle de la souveraineté, ils n'ont aucun droit propre à participer à son exercice (possibilité d'établir le suffrage restreint, condamnation du mandat impératif). — V. *Electorat, Mandat politique*.

Souveraineté populaire. — DR. CONST. — Souveraineté dont le titulaire est le peuple considéré comme la totalité concrète des citoyens, qui en détiennent chacun une fraction. Conception formulée par J.-J. Rousseau dans le Contrat social, et dont les conséquences sont le suffrage-droit (nécessairement universel) et la démocratie directe (l'élection de députés n'étant qu'un pis-aller qui doit être corrigé par l'admission du mandat impératif et le recours aux procédés de la démocratie semi-directe). — **V.** *Electorat, Mandat politique.*

Speaker. — DR. CONST. — Nom donné au Président de la Chambre des Communes en Grande-Bretagne et au Président de la Chambre des Représentants aux Etats-Unis.

« **Specialia generalibus derogant** ». — DR. GÉN. — Les lois spéciales dérogent aux lois qui ont une portée générale. — **V.** *Generalia specialibus non derogant.*

Spécialité (principe de). — DR. ADM. — Principe selon lequel les personnes publiques autres que l'Etat n'ont vocation à prendre en charge que les activités en vue desquelles elles ont été créées.

Ce principe est interprété souplement pour les collectivités locales, et beaucoup plus étroitement pour les établissements publics, d'ailleurs qualifiés parfois de « personnes morales spéciales ».

« **Spoliatus ante omnia restituendus** ». — DR. CIV., PR. CIV. — Celui qui a été spolié, dépouillé, doit, avant tout, être remis en possession.

Staries. — DR. MARIT. — Nombre de jours stipulés dans la convention passée entre un fréteur et un affréteur pour le charge-ment et le déchargement de marchandises, au-delà desquels l'affréteur devra verser au fréteur une indemnité par jour de retard : les « surestaries ». **V.** *Surestaries.*

Statuts. — DR. CIV., DR. COM. — Acte constitutif d'une société ou d'une association rédigé par écrit comportant un certain nombre de mentions obligatoires qui posent les objectifs ainsi que les règles de fonctionnement de la société ou de l'association.

Statut consultatif. — DR. INT. PUBL. — Statut conféré par une Organisation Intergouvernementale (O.N.U. et Institutions spécialisées notamment) à une Organisation Non Gouvernementale qu'elle veut associer à titre consultatif à ses travaux. — **V.** *Organisation Non Gouvernementale.*

Statut personnel. — DR. INT. PRIV. — Ensemble de règles juridiques concernant l'état et la capacité des personnes.

Statut réel. — DR. INT. PRIV. — Ensemble de règles juridiques régissant la condition des biens immobiliers.

Stimson (doctrine de). — DR. INT. PUBL. — Du nom de son promoteur, Secrétaire d'Etat des Etats-Unis. Doctrine préconisant la non-reconnaissance des situations de fait établies contrairement au Droit International. Formulée en

401

1932 lors de la création du Mandchoukouo par le Japon au cours de la guerre sino-japonaise et approuvée par la S. D. N., la doctrine Stimson s'est dans l'ensemble soldée par un échec.

Stipulation. — Dr. priv. — Expression de la volonté énoncée dans une convention. Le législateur dispose et les parties stipulent.

Stipulation « post mortem ». V. *Promesse post mortem.*

Stipulation pour autrui. — Dr. civ. — Contrat par lequel une personne, appelée stipulant, obtient d'une autre, le promettant, qu'elle exécute une prestation au profit d'une troisième appelée tiers bénéficiaire.

« Stricto sensu ». — Au sens étroit.
Utilisation stricte et littérale d'une disposition légale, réglementaire, conventionnelle ou d'un mot. — V. *Lato sensu.*

Stupéfiants (Usage et trafic de). — Dr. pén. — L'usage de stupéfiants, consistant dans la consommation de certaines substances de nature très variée, vénéneuses ou excitantes, énumérées par décret, est un délit pénal entraînant des mesures de sûreté sanitaires, comme des cures de désintoxication obligatoire et des peines à l'égard de l'usager récalcitrant. Constitue aussi un délit pénal puni plus sévèrement, le trafic de ces drogues, c'est-à-dire le fait de tirer profit de la toxicomanie d'autrui.

Subordination. — Dr. trav. Etat d'une personne qui travaille conformément aux directives d'un employeur, sans indépendance dans l'exécution de sa tâche. Ainsi entendue la subordination est souvent qualifiée de subordination juridique (Cf. dépendance économique) et elle constitue un élément caractéristique du contrat de travail.

Subornation de témoin. — Pr. civ., Pr. pén. — Action sur un témoin pour l'inciter à ne pas dire la vérité. Elle constitue une infraction pénale.

Subrogation. — Dr. civ. — Opération qui substitue une personne ou une chose à une autre (subrogation personnelle et subrogation réelle) le sujet ou l'objet obéissant au même régime juridique que l'élément qu'il remplace.

Subrogation des poursuites. — Pr. civ. — Faculté, lorsque le créancier saisissant est inactif, appartenant à un autre créancier du débiteur, de se substituer à lui (saisie exécution, saisie immobilière) et de continuer les poursuites.

Subrogé tuteur. — Dr. civ. — Personne chargée de la surveillance, et éventuellement de la suppléance du tuteur.

Subsides. — Dr. civ. — V. *Action à fins de...*

Substituts à l'emprisonnement. Dr. pén. — Mesures que le législateur met à la disposition du juge qui peut les prononcer en remplacement de la peine principale d'emprisonnement

(par ex. : retrait ou suspension du permis de conduire, retrait du permis de chasse).

Substitut général-Substitut. PR. CIV. — V. *Procureur général, Procureur de la République.*

Substitution fidéicommissaire. — DR. CIV. — Disposition par laquelle l'auteur d'une libéralité impose à la personne gratifiée (le grevé), l'obligation de conserver sa vie durant les biens donnés ou légués, afin de les transmettre à sa mort à une seconde personne nommément désignée (l'appelé). Elle est en principe prohibée.

La substitution vulgaire, au contraire, n'implique pas deux libéralités devant produire successivement leur effet. Elle n'est qu'une institution en sous-ordre permettant au second légataire, en cas de défaillance du légataire gratifié en première ligne, de recueillir le bénéfice du legs. Cette substitution est valable. — V. *Fideicommis.*

Substitution (pouvoir de). DR. ADM. — Pouvoir conféré aux autorités hiérarchiques ou de tutelle de prendre certaines mesures à la place et pour le compte des autorités qui leur sont soumises, et qui en demeurent responsables.

Substitution de motif. — PR. CIV. — La Cour de cassation a la faculté pour justifier une décision attaquée devant elle, de substituer à un motif erroné un motif de droit pur. Mais ce motif substitué doit avoir été implicitement invoqué, en raison de la manière dont les prétentions des parties ont été exposées en fait et en droit. — V. *Moyen de droit pur.*

Succession. — DR. CIV. — Dans un premier sens, transmission des biens d'une personne décédée. Dans un deuxième sens, le patrimoine transmis.

La succession *ab intestat* est celle qui est réglée par la loi en l'absence de testament, voire même contre la volonté du défunt.

La succession *testamentaire* est celle qui est dévolue selon la volonté du défunt, volonté exprimée dans un testament.

La succession *anomale* est celle dans laquelle certains biens du défunt sont dévolus en fonction de leur origine, contrairement à la règle de l'unité de la succession.

Succession d'Etats. — DR. INT. PUBL. — 1° Substitution d'un Etat à un autre sur un territoire à la suite d'une annexion ou de la création d'un Etat nouveau.
2° Substitution d'un Etat dans les droits et obligations de l'autre résultant de cette situation.

Succursale. — DR. COM. — Etablissement commercial créé par une entreprise ou une société, qui jouit d'une certaine autonomie par rapport à l'entreprise ou à la société créatrice, sans en être juridiquement distinct.

Suffrage. — DR. CONST. — V. *Vote.*

1° Suffrage censitaire : suffrage subordonné à des conditions de fortune.

2° Suffrage direct : celui par lequel les citoyens élisent eux-mêmes, sans intermédiaires, leurs représentants. — V. *Suffrage indirect.*

3° Suffrage égal : celui qui confère à chaque électeur le même pouvoir électoral : un homme, une voix. — V. *Suffrage plural.*

4° Suffrage indirect : celui qui comporte deux ou plusieurs degrés d'élection, les citoyens élisant certains d'entre eux qui éliront eux-mêmes les représentants.

5° Suffrage individuel : celui qui appartient au citoyen en tant que tel, et non en tant que membre d'un groupe. — V. *Suffrage social.*

6° Suffrage familial : système de vote qui accorde au chef de famille un nombre de voix correspondant à l'importance de cette dernière.

7° Suffrage multiple : celui qui permet aux électeurs remplissant certaines conditions de voter dans plusieurs circonscriptions lors d'une même consultation (en vigueur en Grande-Bretagne jusqu'en 1951).

8° Suffrage plural : celui qui confère une ou plusieurs voix supplémentaires aux électeurs qui ont un intérêt spécial dans les affaires de l'Etat (diplômés, propriétaires, chefs de famille, etc.). — V. *Suffrage égal.*

9° Suffrage restreint : celui qui n'est reconnu qu'à certains citoyens sélectionnés au moyen de divers critères (fortune, race, etc.). V. *Suffrage universel.*

10° Suffrage social : celui qui appartient au citoyen en tant que membre d'un groupe économique ou social. — V. *Suffrage individuel.*

11° Suffrage universel : celui qui est reconnu à tous les citoyens, sous les seules conditions d'usage concernant l'attachement à la chose publique (âge, nationalité, capacité mentale...). — V. *Suffrage restreint.*

Suffrages exprimés. — DR. CONST. — Votes valablement émis. Leur nombre est égal au nombre des votants moins les bulletins blancs et nuls. — V. ces expressions.

Sujet de Droit. — DR. CIV. V. *Personne juridique.*

« Summum jus, summa injuria ». — Poussé jusqu'au bout, le droit peut entraîner les injustices les plus graves.

Superficie (droit). — DR. CIV. — V. *Droit de superficie.*

« Superficies solo cedit ». — DR. CIV. — La surface cède au sol : tout ce qui s'incorpore à un immeuble (végétaux, bâtiments) est censé en faire partie et appartient au propriétaire.

Suppléant. — Dr. const. Personne élue en même temps qu'un parlementaire qu'elle est appelée à remplacer dans certains cas de vacance du siège : décès, désignation du parlementaire comme membre du Gouvernement ou du Conseil Constitutionnel, prolongation au-delà de six mois d'une mission temporaire confiée par le Gouvernement.

Supranationalité. — Dr. int. publ. — V. *Organisation internationale, Communautés Européennes.*

Suppression de part. — Dr. pén. V. *Part.*

Surenchère. — Pr. civ. — Incident de la saisie immobilière. Après une adjudication, toute personne peut, dans les dix jours, former une surenchère qui oblige à procéder à une seconde adjudication.

Surestaries. — Dr. marit. Indemnité due par l'affréteur au fréteur pour chacun des jours dépassant les « staries » (V. ce mot), lors du chargement ou du déchargement des marchandises.

Sûreté. — Dr. adm. — Une des directions du Ministère de l'Intérieur, chargée de l'information et de la surveillance policière.

Dr. civ. — Garantie accordée au créancier pour le recouvrement de sa créance.

— *Sûreté personnelle :* la garantie résulte de l'engagement d'une autre personne au côté du débiteur.

— *Sûreté réelle :* la sûreté est réelle lorsque certains biens du débiteur garantissent le paiement, de sorte que, en cas de défaillance, le produit de la vente de ces biens est remis au créancier par préférence aux créanciers chirographaires (v. ce mot).

Dr. cons. — L'un des droits naturels et imprescriptibles de l'homme énumérés dans les déclarations des Droits de la Révolution française.

Sûreté publique. — Pr. civ. Le renvoi d'un procès devant une autre juridiction que celle qui est normalement compétente peut être demandée lorsqu'on craint que le procès ne soit localement la cause ou le prétexte de troubles publics. V. *Renvoi.*

Surnom. — Dr. civ. — Vocable de fantaisie donné à une personne par un tiers ; encore appelé sobriquet. — V. *Pseudonyme.*

Sursalaire. — Séc. soc. — Au moment de leur apparition, on a analysé les allocations familiales en un « sursalaire », c'est-à-dire en un salaire supplémentaire accordé aux pères de famille. Elles ont perdu ce caractère puisqu'elles sont maintenant attribuées sans considération de l'activité professionnelle. — V. *Allocations familiales.*

Sursis. — Dr. adm. — Mesure que peut prononcer le Tribunal Administratif pour retarder jusqu'à sa décision au fond l'exécution d'un acte administratif attaqué devant lui, quand cette exécution aurait des conséquences difficilement réparables. Le Conseil d'Etat peut sous la même condition ordonner en outre le sursis à l'exécution des jugements qui lui sont déférés. Les décisions de toutes les juridictions administratives montrent qu'elles n'usent de ce pouvoir qu'avec beaucoup de circonspection.

Sursis simple. — DR. PÉN. — Mesure de suspension totale ou partielle de l'exécution d'une peine d'emprisonnement, d'amende ou d'un substitut à l'emprisonnement pouvant être ordonné par le juge à l'égard de certains délinquants et dont le bénéfice est soumis à révocation en cas de nouvelles condamnations à certaines peines dans le délai de 5 ans.

Sursis avec mise à l'épreuve. — DR. PÉN. — Mesure de suspension totale ou partielle de l'exécution d'une peine d'emprisonnement combinée avec certaines obligations consistant pour le condamné à respecter diverses contraintes (surveillance, assistance, obligations particulières). Le bénéfice de ce sursis est susceptible de révocation tant en cas de nouvelles condamnations à certaines peines dans le délai d'épreuve qu'en cas de non-respect des obligations imposées.

Sursis à statuer. — Décision du juge opérant suspension provisoire du cours de l'instance. Par exemple, si un incident de faux est sou-

levé devant une juridiction autre que le tribunal de grande instance ou la Cour d'appel, il est sursis à statuer jusqu'au jugement sur le faux.

Le sursis à statuer ne dessaisit pas la juridiction ; il peut être révoqué ou réduit dans sa durée.

Suscription. — DR. CIV. — Dans les actes juridiques, partie de l'acte où la personne qui l'a rédigé indique son nom, ses titres et qualités.

Suspect. — PR. PÉN. — Individu contre lequel pèsent des indices ou des soupçons de culpabilité.

Suspension. — DR. CIV., PR. PÉN. — Incident qui, en matière de prescription (V. ce mot), arrête le cours du délai sans anéantir rétroactivement le temps déjà accompli, de telle sorte que si, après cet incident, la prescription recommence à courir, il sera possible de tenir compte du temps déjà écoulé. — V. *Interruption.*

DR. TRAV. — Interruption momentanée des effets du contrat de travail, sans qu'il y ait rupture. La grève, la maladie de courte durée, la maternité, les périodes militaires, les congés, suspendent le contrat de travail.

PR. CIV., PR. PÉN. — Sanction disciplinaire. — V. *Poursuite disciplinaire.*

Suspension de l'exécution des peines. — DR. PÉN. — Mesure exceptionnelle d'individualisation judiciaire de la sanction

permettant de différer l'exécution d'une peine lorsqu'il y
a des motifs graves d'ordre
médical, professionnel, familial ou social. Cette mesure
concerne l'emprisonnement
correctionnel ou de police
ainsi que les autres peines de
même nature non privatives
de liberté.

Suspension de l'instance. —
PR. CIV. — Obstacle mo-
mentané à la poursuite de
l'instance ayant sa source
dans le jeu d'une exception
(d'incompétence ou de nullité, par ex.) ou dans l'existence d'une question préjudicielle. Une fois l'incident
réglé, la procédure peut
être continuée sans formalités particulières. L'instance peut aussi être suspendue par une décision de
sursis à statuer. — V. *Sursis
à statuer.*

Suspension des poursuites. — DR.
COM. — Conséquence du
règlement judiciaire et de la
liquidation des biens qui
interdit aux créanciers de procéder à des poursuites individuelles contre le débiteur.

**Suspension provisoire des pour-
suites.** — DR. COM. — Procédure spéciale instituée par une
ordonnance du 28 sept. 1967
permettant au tribunal de
commerce de prendre, sans
l'accord des créanciers, des
mesures de redressement d'une
entreprise, une suspension des
poursuites accompagnant la
mise en œuvre des mesures
envisagées qui peuvent s'étendre sur trois années.

Cette procédure n'est applicable qu'à des entreprises en
situation financière difficile,

mais non irrémédiablement
compromise, dont la disparition serait de nature à causer
un trouble grave à l'économie
nationale ou régionale.

Suspension (pouvoir de). —
DR. ADM. — Pouvoir accordé
à des autorités administratives soit de différer temporairement l'exécution d'un
acte juridique pris par une
autre autorité, soit de priver
provisoirement de leurs
fonctions certains agents ou
autorités.

Suspicion légitime. — PR.
CIV. — Un plaideur qui a
des motifs sérieux de pen-
ser que ses juges ne sont
pas en situation de se prononcer avec impartialité, en
raison de leurs tendances
ou de leurs intérêts, peut
demander que l'affaire soit
renvoyée devant une autre
juridiction. — V. *Renvoi.*

Synallagmatique. — DR.
CIV. — Se dit d'un contrat
qui fait naître à la charge
des parties des prestations
réciproques.

Syndic. — DR. CIV. — Dans
le droit de la copropriété
des immeubles bâtis (v. ce
mot), mandataire du syndicat de copropriétaires chargé
d'exécuter ses décisions, de
le représenter dans tous les
actes civils, et de façon générale d'administrer l'immeuble.

PR. CIV. — Auxiliaire de
justice désigné par le tribunal lorsqu'un débiteur est
l'objet d'un règlement judiciaire ou d'une liquidation
des biens.

Syndicat de communes. —

Dr. adm. — Etablissement public pouvant être créé par les communes en vue de gérer collectivement une ou plusieurs tâches de leur compétence.

Cette forme, la plus ancienne de coopération intercommunale, a connu des applications nombreuses et fructueuses, surtout en milieu rural pour les adductions d'eau et d'électricité.

Syndicat de copropriétaires. Dr. civ. — Organisme collectif ayant la personnalité civile et chargé de la conservation de l'immeuble, de sa défense, et de l'administration des parties communes. V. *Copropriété.*

Syndicats de fonctionnaires. Dr. adm. — Groupements de même nature, dans les faits, que les syndicats professionnels, dont la légalité fut longtemps contestée en droit administratif (accordée depuis la loi du 19 octobre 1946). Certains fonctionnaires n'ont pas le droit syndical, et non plus le droit de grève. — V. *Associations.*

Syndicat professionnel. — Dr. civ. ; Dr. trav. — Groupement constitué par des personnes exerçant une même profession, ou des professions connexes, pour l'étude et la défense de leurs intérêts communs. Le syndicat jouit de la personnalité civile.

Fédération de syndicats : groupement de syndicats représentant le même métier ou la même branche d'industrie.

Syndicat représentatif : syndicat répondant à certains critères légaux qui garantissent son importance et son influence, et jouissant de prérogatives exorbitantes du droit commun syndical.

Union de syndicats : groupement des syndicats d'un même lieu (union locale, union départementale).

T

Tableau de l'ordre. — Pr. civ. — V. *Barreau, Ordre.*

Tacite reconduction. — Dr. civ. — Renouvellement d'un contrat entre les parties à l'arrivée du terme, sans qu'il soit besoin d'un écrit ou de paroles expresses, du seul fait de la poursuite ou du maintien des relations contractuelles préexistantes.

Tantièmes. — Dr. com. — Somme variable prélevée sur les bénéfices nets réalisés par une société et allouée aux administrateurs de sociétés anonymes en rémunération de leurs fonctions. Supprimés par loi du 31 décembre 1975.

« **Tantum appellatum quantum judicatum** ». — Pr. civ. — Il ne peut être appelé que dans la mesure où il a été jugé. L'acte d'appel ne peut pas porter sur des points qui n'ont pas été soumis aux premiers juges.

« **Tantum devolutum quantum appellatum** ». — Pr. civ. — L'effet dévolutif de l'appel ne se produit que dans la mesure de l'acte d'appel. — V. *Appel*.

« **Tarde venientibus ossa** ». Dr. civ. — A ceux qui ne sont pas vigilants, il ne reste que les os. Il faut être vigilant pour conserver ses droits (*jura vigilentibus, tarde...*).

Tarif. — Dr. adm. — Disposition réglementaire fixant le montant de la redevance payée par le particulier usager d'un service public.

Dr. fin. — Barème de calcul de l'impôt.

Tarif de frais et dépens. — Pr. civ. — V. *Dépens, Taxes*.

Tarifs médicaux. — Séc. soc. — Tarifs des soins médicaux fixés conventionnellement par les syndicats représentatifs des praticiens et la Sécurité sociale, d'après lesquels sont calculés les remboursements de la Sécurité sociale.

Taux. — Dr. civ. ; Com. ; Fin. — Montant de l'intérêt produit par une somme de cent francs au cours d'une année (taux d'intérêt). Prix d'une valeur mobilière (par ex. : taux de la rente) ou d'une monnaie étrangère (taux de change).

Taux de l'impôt : pourcentage à appliquer à la base d'imposition (base de calcul) pour trouver le montant de l'impôt dû au fisc.

Taxation des prix. — Dr. adm. — Mesure consistant à fixer par voie administrative un maximum au prix de certains produits ou services.

Taxes. — Dr. fin. — Qualification donnée aux perceptions opérées par une collectivité publique à l'occasion de la fourniture à l'administré d'une contrepartie individualisable, à la différence de l'impôt (V. ce mot) qui couvre globalement l'ensemble des charges occasionnées par le fonctionnement des services publics. Suivant leurs caractères, les taxes peuvent présenter un caractère fiscal (elles ne peuvent alors être créées que par une loi) ou administratif.

L'intitulé des diverses perceptions opérées par les collectivités publiques ne donne pas d'indication décisive sur leur nature juridique (la taxe sur la valeur ajoutée (V. ce mot) est un impôt, et non une taxe).

Pr. civ. — Les différents actes accomplis par un officier ministériel ou par un avocat pour le compte d'un plaideur sont tarifés.

Pour chaque profession, un texte fournit, par type d'acte, la tarification. Le juge vérifie l'état des frais dressé par l'avocat ou par l'avoué (en appel).

En matière d'enquête, la taxe désigne l'indemnité à laquelle peut prétendre le témoin. — V. *Honoraires*.

Taxes sur le chiffre d'affaires. — DR. FIN. — Appellation générique désignant, dans son sens large, un ensemble d'impôts indirects — voire de taxes parafiscales — présentant le caractère commun d'être calculés en pourcentage du prix des produits et des services imposés. La TVA en est, de loin, le plus important. Employé au singulier, le terme est parfois utilisé dans les milieux d'affaires comme synonyme de la TVA elle-même.

Taxe d'habitation. — DR. FIN. — Impôt direct perçu, depuis 1974, au profit des collectivités territoriales, sur toute personne non indigente disposant à un titre quelconque de locaux d'habitation meublés. Son montant est établi en fonction de leur valeur locative estimée, selon des taux variant de commune à commune. V. *Mobilière*.

Taxes parafiscales. — DR. FIN. — Prélèvements obligatoires perçus dans un intérêt économique ou social au profit d'une personne de droit public ou privé autre que l'Etat, les collectivités territoriales et leurs établissements publics administratifs.

La liste en est annuellement donnée par un état annexé à la loi de finances, qui ne mentionne pas la parafiscalité sociale (Sécurité sociale, Allo-cations familiales), pourtant la plus importante par son volume, mais qui obéit à des règles particulières. Les taxes parafiscales proprement dites, créées par décret ont un régime juridique qui les rapproche de la fiscalité, notamment en ce qui concerne la nécessité d'une autorisation parlementaire pour permettre la prolongation de leur perception au-delà du 31 décembre.

Taxe professionnelle. — DR. FIN. — Impôt direct perçu, au profit des collectivités territoriales, sur les personnes physiques ou morales exerçant une profession industrielle, commerciale, libérale ou artisanale. Son assiette est représentée pour chaque assujetti par la somme de la valeur locative des locaux professionnels et d'une fraction des salaires versés. — V. *Patente*.

Taxe sur la valeur ajoutée (T. V. A.). — DR. FIN. — Impôt indirect général sur la dépense, frappant selon des taux différenciés la production de biens et la prestation de services relevant d'une activité de nature industrielle ou commerciale. Incorporée dans les prix, la T. V. A. est payée à chaque stade de la production sur la valeur monétaire que l'entrepreneur ajoute au produit. Principal impôt français, la T. V. A. est perçue dans tous les Etats membres des Communautés européennes, qui en recevront prochainement une part (minime) au titre des « ressources propres ».

L'application par la France d'une Directive des Communautés Européennes conduira à une révision de son domaine (inclusion de nombreuses professions libérales) et de son régime juridique.

Technicien. — PR. CIV. — Simple particulier (indépendant ou présenté par une personne morale) chargé par un juge ou par un tribunal de procéder à des constatations, de donner une consultation ou de fournir un avis technique dans le cadre d'une expertise, lorsque l'analyse des faits du procès requiert le recours aux connaissances d'un spécialiste. — V. *Constatations, Consultation Expertise.*

Technique juridique. — Ensemble des moyens juridiques (formulation de la règle, application par les praticiens) permettant la réalisation du droit dans un but déterminé.

Technocratie. — DR. CONST. Régime où les techniciens et fonctionnaires supplantent en fait ou en droit les hommes politiques dans l'exercice du pouvoir.

Témoignage. — PR. GÉN. — Acte par lequel une personne atteste l'existence d'un fait dont elle a eu personnellement connaissance.

Témoin. — PR. CIV., PR. PÉN. Simple particulier invité à déposer, dans le cadre d'une enquête, sur les faits dont il a eu personnellement connaissance, après avoir prêté serment de dire la vérité.

Les personnes frappées d'une incapacité de témoigner peuvent cependant être entendues mais sans prestation de serment.

Les témoins doivent faire connaître, s'il y a lieu, leur lien de parenté ou d'alliance avec les parties, de subordination à leur égard, de collaboration ou de communauté d'intérêts avec elles.

Tentative. — DR. PÉN. — Activité tendant à la perpétration d'une infraction caractérisée par un commencement d'exécution et non suspendue par un désistement volontaire.

Terme. — DR. CIV. — Modalité d'un acte juridique faisant dépendre l'exécution ou l'extinction d'un droit d'un événement futur dont la réalisation est certaine. V. *Condition.*

Terme de grâce : synonyme de délai de grâce. V. ce mot.

Territoire non autonome. — DR. INT. PUBL. — Territoire dont la population ne s'administre pas encore complètement elle-même et à l'égard duquel la Puissance administrante a des obligations définies par le Chapitre XI de la Charte de l'O. N. U.

Territoires d'Outre-Mer (T. O. M.). — DR. ADM. — Catégorie de collectivités territoriales de la République française créée en 1946. Les actuels T. O. M. originaires, qui représentaient l'ensemble des colonies françaises — et notam-

ment africaines et mal-
gache — de la IIIᵉ Répu-
blique à l'exception des départements algériens et des
Départements d'Outre-Mer
(V. ce mot). Aujourd'hui,
tous les grands T. O. M.
sont devenus des Etats indépendants. Seuls ont con-
servé leur statut de T. O.
M. : les Terres Australes
et Antarctiques, la Nou-
velle-Calédonie, la Polyné-
sie française, Wallis et Fu-
tuna, Mayotte. Le Droit
applicable dans les T. O. M.
provient de deux sources :
— Un droit d'origine
métropolitaine ; mais tous
les textes adoptés par le
Parlement et le Gouverne-
ment ne s'y appliquent que
sur mention expresse (système de la spécialité législative), sauf pour ceux,
assez nombreux, qui sont
applicables de plein droit ;
— Un Droit élaboré par
les organes décentralisés du
T. O. M. ; chacun d'eux voit
son autonomie réglée par le
statut qui le régit. — V.
Département d'Outre-Mer
(D. O. M.).

Testament. — DR. CIV. —
Acte juridique unilatéral
par lequel une personne, le
testateur, exprime ses dernières volontés et dispose
de ses biens pour le temps
qui suivra sa mort.

Le testament *authentique*
est celui qui est reçu par
deux notaires ou un notaire
et deux témoins.

Le testament *mystique* ou
secret est celui qui est
écrit par le testateur ou un
tiers, signé par le testateur,
présenté clos et scellé à

un notaire qui dresse un
acte de suscription en présence de deux témoins.

Le testament *olographe*
est celui qui est entièrement écrit, daté et signé de
la main du testateur.

Le testament est dit
conjonctif ou conjoint
lorsque deux ou plusieurs
personnes testent dans le
même acte, au profit d'un
tiers ou réciproquement les
uns au profit des autres.
Cette forme est prohibée
par la loi.

Thesaurus. — Dictionnaire
destiné à faciliter la
recherche en informatique
juridique et contenant, pour
chaque mot clé de la
nomenclature, les expres-
sions apparentées par simi-
litude, synonymie ou ana-
logie.

Ticket modérateur. — SÉC.
SOC. — Fraction des frais
médicaux laissée à la
charge de l'assuré social.

Tierce opposition. — PR.
GÉN. — Voie de recours
extraordinaire, de rétractation ou de réformation,
ouverte aux personnes qui
n'ont été ni parties ni
représentées dans une instance et leur permettant
d'attaquer une décision qui
leur fait grief. — V. *Chose
jugée, Mise en cause.*

Tierce personne. — SÉC. SOC. —
Personne assistant un invalide
incapable d'accomplir seul les
actes de la vie courante. Le
recours nécessaire à l'assistance d'une tierce personne
est une cause de majoration
de la pension d'invalidité ou
de vieillesse.

Tiers. — DR. CIV. — Personne étrangère à un acte juridique.

PR. CIV. — Une personne est un tiers par rapport à un procès lorsqu'elle n'est ni demanderesse ni défenderesse. Un tiers peut cependant être introduit dans l'instance par la voie de l'intervention.

Un tiers peut être sollicité aussi, sur requête d'une partie, de fournir une attestation écrite ou un témoignage ou de communiquer des documents nécessaires à la connaissance des faits litigieux, à la condition qu'il n'existe pas d'empêchement légitime.

Tiers arbitre. — PR. CIV. — Arbitre nommé naguère en cas de partage des voix entre les arbitres en nombre pair pour faire prévaloir l'une des opinions. A disparu dans la nouvelle procédure, le tribunal arbitral étant obligatoirement composé d'arbitres en nombre impair.

Tiers-Monde. — DR. INT. PUBL. — Néologisme désignant l'ensemble des Etats en voie de développement, souvent issus du mouvement de décolonisation consécutif à la seconde guerre mondiale, et représentant environ les deux tiers de la population mondiale.

Le tiers-monde, dont les représentants occupent par leur nombre une place importante à l'O. N. U., a affirmé dans sa plus grande part son individualité par rapport aux blocs américain et soviétique. — V. *Pays ou Etats en Voie de développement, Neutralisme*).

Tiers payant (système du). — SÉC. SOC. — Paiement direct par l'organisme assureur des sommes dues par l'assuré. Le système du tiers payant est utilisé pour la réparation des accidents du travail, en matière d'aide personnalisée au logement.

« Tiers provisionnels ». — DR. FIN. — Appellation courante des deux acomptes que doivent verser en cours d'année les assujettis à l'impôt sur le revenu imposés l'année précédente pour un certain montant (actuellement 750 francs), et dont chacun représente le tiers de cet impôt. Ces acomptes s'imputent sur l'impôt sur le revenu dû pour l'année en cours. — V. *Mensualisation*.

Timbre (Droits de). — DR. FIN. — Catégorie d'impôts extrêmement hétérogènes auxquels il n'est pas possible de découvrir un dénominateur commun, l'ancienne caractéristique, représentée par le fait matériel que l'impôt donnait lieu à délivrance d'une vignette ou d'une feuille de papier, ou à l'apposition d'une empreinte, ayant disparu avec le paiement sur états.

Quand l'impôt du timbre est perçu à l'occasion d'un acte juridique et de l'écrit qui le constate, il ne confère pas date certaine à cet acte, à la différence de l'enregistrement ; de plus, sauf exception législative, l'omission du timbre entraîne des pénalités mais n'est pas une cause de nullité de l'acte.

Le timbre de dimension, perçu sur les actes juridiques énumérés par la loi, peut être payé de diverses manières (emploi de papier timbré, visa pour timbre, machine à timbrer, paiement sur états par ex.).

« Time-charter ». — DR. MARIT. — Reprise d'un navire, pour un certain temps, à un affréteur qui l'exploitera lui-même.

T.I.R. — V. *Transit International Routier.*

Tiré. — DR. COM. — Personne contre qui est émise une lettre de change ou un chèque.

Tireur. — DR. COM. — Personne, qui émet une lettre de change ou un chèque.

Titre. — DR. CIV. — Ecrit constatant un acte juridique. On dit également « instrumentum ». — V. ce mot.

Titres exécutoires. — DR. CIV., PR. GÉN. — Titres ou actes permettant à leur bénéficiaire de recourir à l'exécution forcée : ainsi les titres revêtus de la formule exécutoire (actes notariés, jugements, accords de conciliation), les contrats administratifs et les contraintes.

Titre (juste). — DR. CIV. Acte juridique qui n'a pu transférer la propriété d'un immeuble parce que n'émanant pas du véritable propriétaire. — V. *Titre putatif.*

Le juste titre permet

l'usucapion abrégée. — V. ce mot.

Titre nobiliaire. — DR. CIV. Distinction conférant la noblesse et attribuée par un souverain.

Titre nominatif. — DR. COM. Titre qui mentionne le nom de son titulaire, et dont la négociation s'effectue par la formalité dite du transfert (V. ce mot) sur les registres de la société.

Titre au porteur. — DR. COM. — Titre ou valeur mobilière ne mentionnant pas le nom de son titulaire, mais portant simplement un numéro d'ordre. Un tel titre est considéré comme une chose corporelle mobilière dont la négociation s'effectue par la tradition. — V. ce mot.

Titre putatif. — DR. CIV. Titre qui n'existe que dans la croyance du possesseur d'un bien.

Il ne permet pas la prescription abrégée.

Titre-restaurant. — DR. TRAV. Bon de paiement émis par l'employeur ou par une entreprise spécialisée grâce auquel l'employeur s'acquitte de l'indemnité de repas due aux salariés. Sous certaines conditions, le titre restaurant est exonéré des charges fiscales et sociales. On dit aussi « chèque restaurant ».

Tobar (doctrine de). — DR. INT. PUBL. — Doctrine formulée en 1907 par le ministre des Affaires Etrangères de l'Equateur, selon laquelle un Etat devrait refuser de reconnaître un nouveau Gouvernement formé inconstitutionnellement. Quelques applications en Amérique Centrale.

Tolérance (acte de simple). — DR. CIV. — Acte accompli sur le fonds d'autrui, mais avec la permission expresse ou tacite du propriétaire qui peut y mettre fin à tout moment. Un tel acte ne peut fonder ni possession, ni prescription, spécialement en matière de servitudes.

Tontine. — DR. CIV. — Opération par laquelle plusieurs personnes constituent, par des versements, un fonds commun qui sera capitalisé pendant un certain nombre d'années et réparti, à l'échéance convenue, entre les survivants, déduction faite des frais de gestion de la société qui s'est chargée de cette opération (société tontinière). Ainsi entendue, elle constitue l'ébauche de l'assurance-vie.

Dans la pratique notariale, la tontine, encore appelée clause d'accroissement ou de réversion, est un pacte conclu entre plusieurs personnes lors de l'acquisition d'un bien et en vertu duquel seul le survivant de tous sera considéré comme propriétaire, chaque acquéreur conservant la jouissance du bien sa vie durant. — V. *Accroissement*.

Totalitarisme. — DR. CONST. Système dans lequel l'Etat établit son emprise sur la totalité des activités humaines (politiques, économiques, sociales, culturelles, religieuses, etc.), l'individu étant entièrement subordonné à l'idéal exclusif formulé par le pouvoir.

Toxicomanie. — DR. PÉN. — V. *Stupéfiant*.

« Traditio ». — DR. CIV. — Mot latin qui désigne la remise de la chose faisant l'objet d'un contrat. On dit également tradition.

Tradition. — DR. CIV. — V. *Traditio*.
  DR. COM. — Mode de transmission propre aux titres au porteur qui s'effectue par la simple remise matérielle du titre de la main à la main.

Trahison. — DR. PÉN. — V. *Espionnage*.

Traite. — DR. COM. — V. *Lettre de change*.

Traitement budgétaire. — DR. ADM. — Elément de la rémunération d'un fonctionnaire correspondant à son indice de traitement, et sur le montant duquel est calculée à son départ sa pension de retraite. Pendant que le fonctionnaire est en activité, cet élément est toujours assorti d'une indemnité de résidence, variable suivant l'importance de la commune d'affectation, et il est souvent majoré de primes très inégales suivant les Administrations, et généralement mal connues, qui aboutissent à fausser largement les comparaisons entre les rémunérations des différents fonctionnaires.

Traité. — DR. INT. PUBL. — Accord conclu entre Etats ou autres sujets de la société internationale (comme le Saint-Siège ou les Organisations internationales) en vue de produire des effets de droit dans leurs relations mutuelles.

Termes pratiquement synonymes : convention, pacte, accord, arrangement, protocole...

1° Traité bilatéral : traité résultant de l'accord de deux contractants seulement. — V. *Traité multilatéral.*

2° Traité-contrat : traité générateur de situations juridiques subjectives, les contractants stipulant des prestations réciproques, comme dans un contrat privé (Ex. : traité de commerce). — V. *Traité-loi.*

3° Traité-loi (ou traité normatif) : traité — généralement multilatéral — dont l'objet est de poser une règle de Droit, c'est-à-dire d'établir une situation juridique impersonnelle et objective (par ex. : un mode d'organisation de la société internationale, un statut territorial, etc.). — V. *Traité-contrat.*

4° Traité multilatéral (ou collectif) : traité résultant de l'accord de plus de deux contractants. — V. *Traité bilatéral.*

Traités inégaux. — DR. INT. PUBL. — Traités reflétant le déséquilibre des rapports de force entre les Etats signataires, l'une des parties ayant profité de la faiblesse de l'autre pour lui imposer des clauses désavantageuses (Ex. : la Chine se plaint de subir les conséquences des traités inégaux conclus avec l'U. R. S. S. au 19° siècle et réclame une rectification équitable de la frontière sino-soviétique).

Transaction. — DR. CIV. — Contrat par lequel les parties terminent ou préviennent une contestation en se consentant des concessions réciproques. Ce mot est aussi utilisé dans le langage courant pour désigner une opération commerciale.

PR. CIV. — Lorsqu'une transaction est intervenue entre deux personnes, celle-ci a la même valeur qu'une décision passée en force de chose jugée.

Transcription. — DR. CIV. Formalité de publicité de certains actes juridiques, qui consiste à recopier totalement ou partiellement l'acte sur un registre officiel. — Terme désignant, avant 1955, les opérations de publicité foncière. — V. ce mot.

Transfert. — DR. COM. — Mode de transmission des titres nominatifs qui s'effectue par l'inscription sur un registre tenu par le débiteur du titre (en l'espèce la société émettrice ou la collectivité publique) du nom du cessionnaire, cette inscription étant accompagnée de la radiation du nom du cédant.

DR. TRAV. — Situation d'un salarié dont le contrat de travail est rompu avec l'entreprise qui l'emploie et qui passe au service d'une autre entreprise par convention con-

clue par les trois parties intéressées. — V. *Mutation-Détachement*.

Transit. — Dr. com. — Passage d'une marchandise à travers un Etat sans être dédouanée.

Transit International Routier (T.I.R.). — Dr. adm. V. *Transports sous douane*.

Transitaire. — Dr. com. — Commissionnaire spécialisé dans l'importation et l'exportation des marchandises, qu'elles circulent ou non en transit. Il effectue les formalités matérielles et juridiques de la douane (transitaire en douane).

Transmission à titre particulier. Dr. gén. — Transmission d'un ou plusieurs biens déterminés ou déterminables.

Transmission à titre universel. — Dr. gén. — Transmission d'une quote-part de biens.

Transmission universelle. — Dr. gén. — Transmission de tout le patrimoine d'une personne (actif et passif). Elle ne peut se réaliser que pour cause de mort.

Transparence fiscale. — Dr. fin. — Néologisme désignant une manifestation particulière de l'autonomie du droit fiscal, selon laquelle celui-ci accepte d'ignorer la personnalité juridique de certaines sociétés. Celles-ci ne sont pas assujetties à l'impôt sur les bénéfices des sociétés, leurs profits étant imposés dans la personne de leurs associés au titre de l'impôt sur le revenu comme s'ils avaient été réalisés directement par eux et non par la société. La charge fiscale globale est ainsi allégée du montant de l'impôt sur les bénéfices qu'aurait eu à payer la société si elle n'avait pas été fiscalement « transparente ».

Transport sous douane. — Dr. fin. — Institution fiscale permettant soit de traverser le territoire douanier français, soit d'acheminer les importations vers des entrepôts de douane ou des centres de dédouanement dans l'intérieur du territoire sans remplir à la frontière les formalités de dédouanement, pour tenir compte de l'accroissement des échanges internationaux, notamment par transports routiers.

Le Transit International Routier (T. I. R.) en est l'une des modalités.

Travail. — Dr. trav. — Travail par équipes : travail pratiqué dans un établissement de façon continue ou prolongée et assuré par des équipes successives. — V. *Travail par roulement*.

Travail noir : travail effectué par un individu au-delà de la durée maxima fixée par les lois et les règlements et dont la rémunération échappe aux cotisations sociales et à l'impôt.

Travail de nuit : le travail de nuit est interdit en principe aux femmes et aux jeunes travailleurs dans certains établissements. Le mot « nuit » n'a pas le même sens dans les deux cas ; pour les femmes, c'est la période comprise entre 22 h. et 5 h. du matin, pour les jeunes travailleurs, c'est celle allant de 22 h. à 6 h. du matin. En outre, le travail de nuit est interdit aux ouvriers boulangers et pâtissiers de 10 heures du soir à 4 h. du matin. — V. *Jeune travailleur.*

Travail par roulement : organisation du travail dans laquelle les travailleurs d'un même établissement, n'appartenant pas à des équipes successives, n'accomplissent pas tous leur travail et ne prennent pas tous leur repos aux mêmes heures.

Travailleur à domicile : celui qui exécute, soit seul, soit avec son conjoint, ses enfants à charge ou un auxiliaire, le travail confié par un donneur d'ouvrage lui procurant les matières premières, moyennant une rémunération forfaitaire. Le travailleur à domicile est assimilé au salarié par la loi.

Travailleur handicapé : Celui dont les possibilités d'acquérir ou de conserver un emploi sont effectivement réduites, par suite d'une insuffisance ou d'une diminution de ses capacités physiques ou mentales.

Travailleur indépendant : Personne qui exerce son activité sans occuper de personnel salarié, exception faite de son conjoint, ses enfants mineurs, ou des apprentis ayant conclu un contrat régulier d'apprentissage.

Travail temporaire. — DR. TRAV. — V. *Contrat de travail.*

Travaux forcés. — DR. PÉN. — Peine criminelle temporaire ou perpétuelle qui n'a été abrogée qu'en 1939. — V. *Transportation.* Ceux qui la subissaient étaient des forçats. Les travaux forcés ont été remplacés par la réclusion. — V. *Réclusion.*

Travaux préparatoires. — DR. CONST. — Ensemble des documents officiels (rapports des commissions spécialisées, procès-verbaux des débats au sein des Assemblées, communiqué du Conseil des Ministres...) qui précèdent l'établissement de la règle de droit écrit et qui permettent de mieux connaître la volonté du Pouvoir qui a posé la norme.

Travaux publics. — DR. ADM. Travaux exécutés sur un immeuble, dans un but d'utilité générale, soit pour le compte d'une personne publique quel qu'en soit le maître d'œuvre, soit plus rarement pour le compte d'une personne privée, s'ils sont effectués par une personne publique agissant dans le cadre d'une mission de service public.

Tréfonds. — DR. CIV. — Ce qui est situé au-dessous d'un terrain.

Trésor. — DR. CIV. — Chose cachée ou enfouie sur laquelle personne ne peut justifier d'un droit de propriété, et qui est découverte par le pur effet du hasard.

Trésorier-Payeur Général. — DR. FIN. — Dans chaque département, le Trésorier-Payeur Général est le seul comptable principal de l'Etat — c'est-à-dire rendant un compte de gestion à la Cour des Comptes, après avoir intégré dans ses écritures celles d'un grand nombre d'autres comptables publics ; il est chargé de percevoir ou de centraliser les impôts directs (recouvrés par les « percepteurs » — V. ce mot) et un grand nombre de produits non fiscaux de l'Etat, et de suivre le contentieux de leur recouvrement. Il contrôle la mise en paiement des dépenses de l'Etat et pourvoit au règlement des créanciers. Il est le comptable du département considéré comme collectivité territoriale.

Le Trésorier-Payeur Général assiste en outre la Cour des Comptes dans sa vérification des comptes des collectivités locales, et il joue aujourd'hui un rôle important de conseiller financier du Préfet de Région en matière d'économie et d'investissements régionaux.

Il a gardé de ses origines historiques le droit de tenir des comptes de dépôts de fonds comparables à des comptes bancaires (« comptes de fonds particuliers »). V. *Contrôleur financier.*

Trésor public. — DR. FIN. Service public de l'Etat investi d'attributions :

financières : il tient la caisse de l'Etat, des collectivités territoriales et de nombreux établissements publics, et il joue un rôle de banquier en dégageant à leur profit les ressources supplémentaires nécessaires pour ajuster le montant de leurs disponibilités à celui des charges à régler, et en distribuant à l'économie privée des capitaux d'investissement ;

administratives : il participe à l'exercice de la tutelle de l'Etat sur le marché monétaire et le système bancaire.

Tribunal administratif. — DR. ADM. — Juridiction administrative de droit commun, dont le ressort comprend un nombre variable de départements, et qui rend des jugements susceptibles d'appel devant le Conseil d'Etat. Il existe 25 Tribunaux administratifs en Métropole.

Tribunal administratif international. — DR. INT. PUBL. — Tribunal chargé de statuer sur les litiges concernant la situation des fonctionnaires des Organisations Internationales (Tribunaux administratifs de l'O. N. U., de l'O. I. T. et des Institutions Spécialisées).

Tribunal de commerce. — PR. CIV. — Juridiction composée de juges élus par les commerçants et chargée de statuer sur les contestations entre commerçants, sur les litiges relatifs aux actes de commerce entre toutes personnes, ainsi qu'en matière de règlement judiciaire, de liquidation des biens et de faillite personnelle. On appelle parfois ce tribunal la juridiction consulaire. Il en existe 228.

Tribunal des conflits. — DR. ADM., PR. CIV., PÉN. — Juridiction la plus haute après le Conseil Constitutionnel, placée au-dessus des deux ordres pour juger les conflits (V. ce mot), composée paritairement de membres du Conseil d'Etat et de la Cour de cassation et présidée par le ministre de la justice.

Celui-ci siège en pratique seulement dans les cas où il faut départager des opinions qui s'opposeraient en nombre égal (« vider le conflit »).

Tribunal correctionnel. — PR. PÉN. — Formation du tribunal de grande instance compétente en matière de délit pénal. Il en existe 184.

Tribunal de grande instance. — PR. CIV. — Tribunal siégeant en principe au chef-lieu du département. Juridiction de droit commun de première instance, substituée en 1958 au tribunal civil de première instance qui avait pour ressort l'arrondissement. Il en existe 184 en métropole et hors métropole.

Tribunal d'instance. — PR. CIV. Juridiction à juge unique ayant en général pour ressort l'arrondissement. A succédé, en 1958, au juge de paix qui avait pour ressort territorial le canton. Il en existe 469.

Tribunal militaire international. — DR. INT. PUBL.

Tribunal institué après la seconde guerre mondiale pour juger les dirigeants allemands (tribunal de Nuremberg) et japonais (tribunal de Tokyo) responsables de crimes de guerre contre l'humanité. Consécration d'une responsabilité pénale des individus par le Droit International.

Tribunal paritaire des baux ruraux. — PR. CIV. — Tribunal d'exception, présidé par le juge d'instance assisté de deux assesseurs représentant les bailleurs et de deux assesseurs représentant les fermiers ou métayers, assesseurs élus. Cette juridiction est compétente en matière de bail rural. Il y a 409 tribunaux paritaires.

Tribunal permanent des forces armées. — PR. PÉN. **Tribunal composé de deux magistrats civils et de trois juges militaires, connaissant des infractions d'ordre militaire et des infractions de droit commun commises par des militaires. Son ressort territorial englobe plusieurs régions militaires.**

Tribunal de police. — PR. PÉN. Formation du tribunal d'instance compétente en matière de contravention. Il a été créé à Paris, à Lyon et à Marseille, un tribunal de police qui n'a que des attributions pénales.

Trust. — DR. COM. — Coalition d'intérêts financiers et économiques grâce auxquels une société-mère possède la totalité ou la majorité des titres de plusieurs sociétés filiales dont elle assure le contrôle.

L'objectif visé est d'avoir un monopole sur un marché donné.

Tutelle. — DR. ADM. — Institution très différente de l'institution de même nom du droit civil. En droit administratif, la tutelle est un contrôle exercé par l'Etat, moins dans l'intérêt de la collectivité à laquelle elle s'applique qu'en vue de la sauvegarde de l'intérêt général ou de la légalité.

Elle est exercée par des agents de l'Etat sur les autorités et sur les actes des personnes de droit public décentralisées, qui peuvent former des recours juridictionnels contre les décisions auxquelles elle donne lieu.

Les personnes publiques décentralisées se voient en outre imposer dans des matières de plus en plus nombreuses l'intervention des organismes auxquels elles sont contraintes financièrement d'emprunter, ou celle des fonctionnaires des différents ministères. Ces interventions sont souvent qualifiées de « tutelles techniques », par opposition à la tutelle générale, exercée pour les collectivités territoriales par le préfet ou le sous-préfet. V. *supra*, p. VIII du Lexique, Note pour le lecteur.

DR. CIV. — Institution permettant de protéger par voie de représentation, certains mineurs ainsi que les majeurs dont les facultés mentales sont gravement altérées.

Tutelle des organismes. — SÉC. SOC. — Contrôle exercé par l'Etat sur le fonctionnement des caisses de Sécurité sociale (contrôle des décisions, agrément donné à la nomination des directeurs des caisses locales). Il est justifié par le fait que si les caisses — à l'exception des caisses nationales — sont des organismes privés, elles gèrent un service public.

Tutelle aux prestations sociales. — SÉC. SOC. — Désignation d'un tiers pour recevoir les prestations sociales lorsque l'attributaire normal ne les utilise pas conformément à leur fin. Cette tutelle a d'abord existé pour les prestations familiales ; elle a été étendue aux allocations d'aide sociale, aux avantages de vieillesse, à l'allocation supplémentaire. C'est le juge des enfants dans le premier cas, le juge d'instance dans le second qui décide de la tutelle.

Tutelle pénale. — DR. PÉN. — Mesure temporaire, d'une durée maximale de 10 ans, remplaçant la relégation (mesure d'élimination définitive), tendant au reclassement des multirécidivistes, et exécutoire en fin de peine soit dans un établissement pénitentiaire aménagé à cet effet, soit sous le régime de la liberté conditionnelle. Sanction supprimée par la loi du 2 février 1981.

Tutelle (territoire sous). — DR. INT. PUBL. — Territoire confié à l'administration d'un Etat, sous le contrôle de l'O. N. U., afin d'assurer son développement et de le

faire évoluer vers l'autonomie interne ou l'indépen-
dance. Simple adaptation
du **régime des mandats**
(V. ce mot), le régime de
tutelle a été appliqué aux
territoires encore sous mandat à la fin de la seconde
guerre mondiale et à la
Somalie (détachée d'un Etat
vaincu en 1945). Tous les
territoires sous tutelle sont
devenus des Etats indépendants, sauf les Iles du Pacifique (Carolines, Marshall,
Mariannes sous tutelle des
Etats-Unis). — V. *Conseil
de Tutelle.*

Tutelle stratégique : ré-
gime spécial de tutelle pour
un territoire ayant le caractère de zone stratégique
(existence de bases mili-
taire) ; le contrôle de
l'O. N. U. est confié au
Conseil de Sécurité. Une

seule application : les îles du
Pacifique sous tutelle des
Etats-Unis (Carolines, Mar-
shall, Mariannes).

Tuteur. — Dᴿ. ᴄɪᴠ. — Personne chargée de repré-
senter un mineur ou un
majeur placé sous le régime
de la tutelle.

Tuteur « ad hoc ». — Dᴿ. ᴄɪᴠ.
Personne spécialement chargée d'un acte déterminé
pour le compte d'un inca-
pable, lorsque le tuteur ne
peut agir du fait de l'existence d'un intérêt personnel
dans l'affaire en cause.

Tyrannie ou despotisme. —
Dᴿ. ᴄᴏɴsᴛ. — Gouverne-
ment monocratique arbi-
traire : « un seul, sans
loi et sans règle, entraîne
tout par sa volonté et par
ses caprices » (Montes-
quieu).

U

**« Ubi lex non distinguit, nec
nos distinguere debemus ».**
Il n'y a pas lieu de distinguer lorsque la loi ne distingue pas.

« Ultra-petita ». — Pʀ. ᴄɪᴠ
Au-delà de la demande.

Le tribunal statue « ultra
petita » lorsqu'il accorde
plus qu'il n'a été demandé
ou juge des points qui ne
lui ont pas été soumis. —
V. *Infra petita.*

« Ultra vires ». — Dᴿ. ᴄɪᴠ., Dᴿ.
ᴄᴏᴍ. — Expression signifiant
qu'une personne (héritier, légataire, associé) est tenu de

payer des dettes et un passif
au-delà de ce qu'il recueille ou
possède dans l'actif correspondant (succession, régime
matrimonial, société). — V.
Intra vires.

U. N. E. S. C. O. (Organisation des Nations unies
pour l'Education, la
Science et la Culture).
— Dᴿ. ɪɴᴛ. ᴘᴜʙʟ. — Institution
spécialisée des Nations
unies fondée en 1946, en
vue de contribuer au maintien de la paix et de la
sécurité internationales en
resserrant, par l'éducation,
la science et la culture, la

collaboration entre les nations et en favorisant leur compréhension mutuelle. Siège : Paris.

Union. — Dr. trav. — V. *Syndicat professionnel.*

Union administrative. — Dr. int. publ. — Nom générique désignant les Organisations internationales non politiques qui se sont développées dans la deuxième moitié du XIXᵉ siècle, sous l'influence des progrès techniques, pour coordonner les services des différents Etats dans des domaines divers (communications et transports, intérêts économiques, sociaux, scientifiques, etc.). Ex. : Union Télégraphique Universelle, Union Internationale pour la protection de la propriété industrielle, etc.

Union douanière. — Dr. int. publ. — Groupement d'Etats qui ont convenu de supprimer entre eux les barrières douanières pour ne former qu'un seul territoire douanier, et d'établir vis-à-vis des Etats tiers un tarif extérieur commun. — V. *Zone de libre échange.*

Union économique. — Dr. int. publ. — Groupement d'Etats qui ont convenu d'unifier leurs politiques économiques en les soumettant à des institutions et à une législation communes.

Union de l'Europe Occidentale. — Dr. int. publ. — Organisation internationale créée en 1954 comme solution de rechange après l'échec de la C. E. D. (Communauté Européenne de Défense) et dont le rôle essentiel est de contrôler les limitations imposées à l'Allemagne en matière d'armement. Etats membres : France, Grande-Bretagne, Allemagne Fédérale, Italie, Belgique, Hollande, Luxembourg. Siège : Londres.

Union libre. — Dr. civ. — V. *Concubinage.*

Union personnelle. — Dr. int. publ. — Union de deux Etats qui, tout en restant distincts et indépendants l'un de l'autre, se trouvent avoir, à la suite d'un hasard historique (coïncidence des lois de succession monarchique), le même souverain (Ex. : Union Personnelle de l'Angleterre et du Hanovre de 1714 à 1837).

Union Postale Universelle. Dr. int. publ. — Organisation internationale créée en 1874, aujourd'hui Institution Spécialisée des Nations unies. A pour tâche d'améliorer par la collaboration internationale le fonctionnement des services postaux internationaux. Siège : Berne.

Union de recouvrement. — Séc. soc. — Organisme chargé du recouvrement des cotisations de sécurité sociale et d'allocations familiales dans une circonscription correspondant à celle d'une ou plusieurs caisses de sécurité sociale. Les Unions de recouvrement sont coiffées par l'Agence centrale des organismes de sécurité sociale.

Union réelle. — Dr. int.
publ. — Union de deux
Etats consistant non seulement dans l'unité de Chef
d'Etat, mais aussi dans
l'existence d'organes communs (départements ministériels, etc.) chargés de la
gestion d'affaires communes
(politique étrangère, défense
nationale, finances) (Ex. :
Union réelle austro-hongroise de 1867 à 1918).

Unité. — Dr. fin. — Principe de Droit budgétaire
dont la portée est double :
comme règle de fond, il
exige que soit soumise à
l'approbation du Parlement
la totalité des ressources et
des charges prévisibles de
l'Etat pour l'année à venir ;
comme règle de forme, il
postule qu'elles lui soient
toutes présentées simultanément, afin qu'il puisse
arrêter ses options en
pleine connaissance de
cause, et qu'elles soient
groupées dans un même
document afin qu'il puisse
apprécier l'équilibre ou le
déséquilibre réel de leurs
masses.

**Unités d'Enseignement et de
Recherche (U. E. R.).** —
Dr. adm. — Nom générique donné aux cellules
élémentaires de la nouvelle
organisation de l'Enseignement Supérieur, qui peuvent dans la pratique se
donner la dénomination de
leur choix (Département,
Institut, voire Faculté), et
qui sont gérées par un conseil et un directeur élus par

un collège composé essentiellement de leurs enseignants et étudiants.
Les U. E. R., en général
dépourvues de la personnalité juridique, sont groupées
en universités (V. ce mot).

Universalité. — Dr. fin. —
Principe de droit budgétaire
possédant, dans son acception la plus compréhensive,
une double portée :
d'un point de vue comptable, il interdit toute
compensation entre les ressources et les charges de
l'Etat en vue de faire apparaître seulement le solde
d'une opération génératrice
de recette ou de dépense ;
d'un point de vue juridique, il s'oppose à ce
qu'une ressource soit
affectée au financement
privilégié d'une charge
particulière (règle de la
non-affectation).

Universalité de droits. —
Dr. civ. — Ensemble d'éléments composés de droits
et d'obligations et qui sont
soumis à un système juridique global.

Université. — Dr. adm. —
Dans l'ancienne organisation de l'Enseignement Supérieur, Etablissement public regroupant les Facultés d'une même Académie,
mais qui ne jouait qu'un
rôle effacé dans leur fonctionnement.
Dans l'organisation actuelle, Etablissement public à caractère scientifique
et culturel, investi dans
ses attributions de toutes
les fonctions relevant de
l'enseignement supérieur et

disposant, juridiquement, d'une large autonomie financière et de gestion. Les Universités articulées en Unités d'Enseignement et de Recherche, en nombre variable selon chacune, sont administrées par un conseil et un président élus par un collège représentant les différentes U. E. R. et regroupant enseignants, chercheurs, étudiants et membres du personnel administratif, technique et de service.

Urbanisme. — DR. ADM. — Ensemble des mesures juridiques et des opérations matérielles qui tendent à réaliser un développement ordonné des agglomérations, en fonction des différentes sortes de besoins auxquels elles doivent satisfaire.

Urgence. — PR. CIV. — Circonstance de fait permettant de demander au juge une décision par ordonnance sur requête, par la procédure de référé ou par la procédure à jour fixe.

Les urgence justifiera parfois une exécution provisoire du jugement, une autorisation de signifier un acte ou d'exécuter en dehors des heures légales et des jours ouvrables. L'urgence suppose que tout retard entraînerait un grave préjudice pour celui qui s'en prévaut. V. *Nécessité.* PROC. CIV.

DR. ADM. — V. *Nécessité.*

Usage. — DR. CIV. — 1° Règle coutumière spéciale à une région ou à une profession que les particuliers suivent habituellement dans leurs actes juridiques, sans s'y référer expressément. — V. *Coutume.*

2° Utilisation d'une chose. V. *Usus.*

DR. TRAV. — Pratique professionnelle ancienne et constante, qui, dans l'esprit de ceux qui l'observent, correspond à une obligation.

Les usages sont parfois consacrés par la loi. Il en a été ainsi pour le délai de préavis.

Usage (droit d'). — DR. CIV. — Droit réel principal, démembrement du droit de propriété, qui confère à son titulaire, l'usager, le droit d'utiliser la chose et d'en percevoir les fruits mais dans les limites de ses besoins et de ceux de sa famille.

Usucapion. — DR. CIV. — Synonyme de prescription acquisitive. — V. ce mot.

Usufruit. — DR. CIV. — Droit réel principal, démembrement du droit de propriété, qui confère à son titulaire le droit d'utiliser la chose, et d'en percevoir les fruits, mais non celui d'en disposer, lequel appartient au nu-propriétaire. — V. *Fructus, Nue-propriété, Usus.*

Usure. — DR. CIV., COM., PÉN. — Intérêt excessif stipulé du débiteur d'un capital. Pour ne pas être usuraire, le taux prévu ne doit pas être supérieur au maximum fixé pour l'opération envisagée par les dispositions légales en vigueur. L'usure est un délit pénal.

« **Usus** ». — Dr. civ. — Parmi les prérogatives attachées à la propriété, droit de détenir et d'utiliser une chose sans en percevoir les fruits. — V. *Fructus, Habitation, Usage*.

Utérins. — Dr. civ. — Se dit des frères et sœurs qui sont nés de la même mère mais qui n'ont pas le même père. — V. *Consanguins*.

« **Ut singuli, ut universi** ». — Dr. civ., Dr. com., Pr. civ. — Lorsque l'on considère une personne, un bien, l'exercice d'une action en justice, à titre individuel, on emploie l'expression « ut singuli ». En revanche, l'expression « ut universi » indique que l'on envisage des biens ou des actions dans le cadre d'une universalité (ainsi d'une succession).

V

Vacance. — Dr. const. — Temps pendant lequel une fonction reste sans titulaire (Ex. : vacance de la Présidence de la République par suite de son décès, de sa démission ou de sa destitution par la Haute Cour de Justice). — V. *Intérim*.

Dr. civ. — Vide juridique créé par l'inexistence ou le refus des personnes appelées à occuper telle situation et dont la conséquence est la prise en charge par l'Etat. C'est ce qui p. ex. se produit pour la succession qui n'est réclamée par personne, que les héritiers soient inconnus ou que les héritiers connus y aient renoncé. Etat provisoire prenant fin, soit par la représentation d'un héritier acceptant, soit par la liquidation du patrimoine au profit des créanciers, l'éventuel surplus allant à l'Etat par voie de déshérence. — V. *Déshérence*.

Vacation. — Pr. civ. — Au singulier, période de temps au cours de laquelle un professionnel (notaire, expert) exerce ses fonctions. Au pluriel, honoraires correspondant à cette période.

Pendant les vacances judiciaires, une chambre dite « des vacations » examinait les affaires urgentes, dans les tribunaux de grande instance et les cours d'appel avant la réforme réalisée par le décret du 27 février 1974 (continuité de la justice).

Vagabonds. — Dr. pén. — Individus sans domicile certain, sans moyens de subsistance, n'exerçant habituellement ni métier ni profession, punissables de ce seul fait de peines correctionnelles, ou susceptibles d'être pris en charge, avec leur consentement, par le service de l'aide sociale.

Vaine pâture. — Dr. civ. — Droit qu'ont les propriétaires de terrains situés dans une localité de laisser

426

paître librement les animaux, après l'enlèvement des récoltes.

Valeur fournie. — DR. COM. Créance que possède le bénéficiaire contre le tireur.

Valeur nominale. — DR. COM. — Valeur inscrite sur une action ou sur une obligation.

Valeurs mobilières. — DR. CIV., DR. COM. — Titres négociables représentant des droits d'associés (actions) ou de prêteurs à long terme (obligations). Les droits sont représentés par le titre qui les mentionne : le transfert du titre comporte cession de ces droits.

Les titres peuvent être établis au nom d'un propriétaire déterminé (titres nominatifs) ou au porteur.

Valise diplomatique. — DR. INT. PUBL. — Mode de transport du courrier diplomatique, qui le soustrait à toute inquisition douanière ou policière. — V. *Immunités diplomatiques.*

Vassalité. — DR. INT. PUBL. Rapport de hiérarchie de type féodal entre deux Etats, l'Etat vassal devant tribut et assistance à l'Etat suzerain qui, de son côté, assure sa protection militaire et diplomatique.

Ce régime, devenu anachronique, a été appliqué dans la deuxième moitié du XIXᵉ siècle à des provinces détachées de l'Empire Ottoman (Serbie, Roumanie, Bulgarie, Egypte), pour lesquelles il a été une étape vers l'indépendance.

Vatican. — DR. INT. PUBL. Territoire de 0,44 km² dans la ville de Rome (comprenant essentiellement la place Saint-Pierre, la Basilique, le palais et les jardins qui s'étagent sur les pentes de la colline du Vatican), sur lequel le Saint-Siège (V. ce mot) exerce une autorité exclusive et une juridiction souveraine (Traité du Latran du 11 févr. 1929).

Vénalité. — DR. CIV., PR. CIV. — Caractéristique essentielle d'un office ministériel qui consiste pour le titulaire d'une charge à se faire payer un prix par la personne qu'il propose pour nomination au Garde des Sceaux en rémunération de cette présentation. — V. *Officier ministériel.*

Vente. — DR. CIV. — Contrat par lequel une personne, le vendeur, transfère ou s'engage à transférer un bien à une autre personne, l'acheteur, qui a l'obligation d'en verser le prix en argent.

Lorsque le droit transféré est un droit personnel, on parle généralement de cession (Ex. : cession de créance).

Vente à la boule de neige. — DR. PRIV. — Vente pratiquée par un procédé consistant à offrir des marchandises au public en lui faisant espérer l'obtention gratuite ou avantageuse de ces marchandises et en subordonnant cette vente au placement de bons ou tickets à des tiers ou à la collecte d'adhésions ou inscriptions. Ce procédé

427

est interdit et réprimé pénalement.

Vente C. A. F. — Dr. com. — Type de vente dans lequel le vendeur, pour le compte de l'acheteur, assure le transport et fait assurer la marchandise pour un prix global qui comprend : le *coût* de la marchandise (C.), le prix de l'*assurance* (A.) et le montant du *fret* (F.). On dit aussi vente C. I. F.

Vente à crédit. — Dr. civ. — Vente dans laquelle la chose est livrable immédiatement, mais le prix payable à terme.

Vente au déballage. — Dr. com., Dr. pén. — Vente de marchandises neuves, présentant un caractère réellement ou apparemment occasionnel ou exceptionnel, précédée ou accompagnée de publicité.

Vente à l'encan. — Dr. civ. — Vente aux enchères publiques.

Vente à l'essai. — Dr. civ., Dr. com. — Contrat de vente par lequel le transfert de propriété ne devient effectif qu'après que l'essai de la chose vendue ait donné satisfaction ; ce n'est qu'à cette date que l'acheteur supporte les risques de perte de la chose.

Vente F.O.B. (Free on board). — Dr. com. — Type de vente dans lequel la livraison de la marchandise a lieu à bord du navire (*free on board*). En conséquence le vendeur ne s'occupe ni de l'assurance, ni du transport de la marchandise, et le prix ne comprend que le coût de la marchandise et les frais de mise à bord.

Vente d'immeuble à construire. — Dr. civ. — Contrat par lequel le vendeur s'oblige à édifier un immeuble dans un certain délai. Il est susceptible de deux modalités :

Dans la *vente à terme,* le prix est payé lors de la livraison. Le transfert de propriété s'effectue au moment où l'état d'achèvement de l'immeuble est constaté par acte authentique et rétroagit au jour du contrat.

Dans la *vente en l'état futur d'achèvement,* le prix est payé au fur et à mesure de l'exécution des travaux. La propriété du sol est immédiatement transférée à l'acquéreur, celle des constructions à venir au fur et à mesure de leur exécution. V. *Promotion immobilière.*

Vente à perte. — Dr. com., Dr. pén. — Revente d'un produit à un prix inférieur au prix d'achat, diminué des remises sur factures et augmenté de la T. V. A. ainsi que, le cas échéant, du coût du transport.

Sous réserve de certaines exceptions, cela constitue une infraction pénale. — V. *Dumping.*

Vente à tempérament. — Dr. civ. — Variété de vente à crédit dans laquelle le paiement du prix est fractionné en plusieurs versements échelonnés sur une certaine durée.

Ventilation. — Pr. civ. — Opération consistant, lorsque plusieurs biens sont vendus pour un prix unique (plusieurs immeubles, tous les éléments d'un fonds de commerce), à déterminer la partie du prix total correspondant à chacun d'eux.

« Verba volant, scripta manent ». — DR. CIV. — Les paroles s'envolent (il n'en reste aucune trace) ; les écrits restent et font preuve.

Verdict. — PR. PÉN. — Réponses données par la cour et le jury d'assises aux questions posées à la suite des débats.

Vérification des dépens. — PR. CIV. — Le nouveau Code de procédure civile a confié aux secrétaires-greffiers le soin de vérifier le montant des dépens en délivrant un certificat de vérification. Si celui-ci est contesté par une partie, elle demandera une ordonnance de taxe. — V. *Liquidation des dépens, Ordonnance de taxe.*

Vérification d'écriture. — PR. CIV. — Incident provoqué par la dénégation ou la méconnaissance d'écriture ou de signature d'un acte sous seing privé, et qui oblige la partie désireuse d'utiliser dans un procès l'acte désavoué ou méconnu à établir qu'il émane bien de celui à qui elle l'oppose ou de l'auteur auquel l'adversaire succède.

Il est possible d'introduire une action principale aux mêmes fins, en dehors de tout procès actuel. — V. *Faux (Procédure de).*

Vérification d'identité. — PR. PÉN. — Modalité d'investigation policière consistant à soumettre les personnes physiques à des contrôles sur leur identité.

Généralisés par la loi du 2 février 1981 (art. 76 à 79) ; les contrôles d'identité sont désormais possibles, tant pour couvrir les besoins de la police judiciaire, que pour répondre à ceux de la police administrative. Non seulement le refus de se soumettre à un contrôle est une infraction pénale, mais encore, en cas de nécessité, l'intéressé peut être conduit dans un local de police et y être retenu pendant six heures.

Vérification des pouvoirs. DR. CONST. — Contrôle par les assemblées parlementaires de la régularité de l'élection de leurs membres (validation ou invalidation).

Système en vigueur en France jusqu'à la Constitution de 1958, qui a transféré cette compétence au Conseil Constitutionnel.

Vérifications personnelles du juge. — PR. CIV. — Procédure de preuve. Dans ce but, le juge, les parties présentes ou appelées, se transporte éventuellement avec le secrétaire-greffier sur les lieux où se trouve l'objet du litige et procède aux constatations, évaluations, appréciations ou reconstitutions qu'il estime nécessaire.

Veto. — DR. CONST. — 1° Veto royal ou présidentiel : pouvoir reconnu au Chef de l'Etat (Roi ou Président de la République), dans certains régimes, de s'opposer aux lois votées par l'assemblée législative.

2° Veto populaire (ou référendum facultatif) :

procédé de la démocratie semi-directe qui permet au peuple, sur pétition formulée dans un certain délai par un nombre déterminé de citoyens, d'opposer son refus à une loi régulièrement votée par le Parlement. A défaut d'opposition populaire dans le délai imparti, la loi entre en vigueur.

DR. INT. PUBL. — Dans les organisations internationales :

faculté, pour l'un quelconque des Etats membres, lorsqu'une décision doit être prise à l'unanimité, d'y faire obstacle par un vote négatif ;

privilège de chacun des cinq Etats membres permanents du Conseil de Sécurité de l'O. N. U. de paralyser les décisions de cet organe portant sur des questions autres que des questions de procédure (Privilège découlant de la règle selon laquelle la majorité requise pour ces décisions — 9 voix sur 15 — doit comprendre les voix de tous les membres permanents du Conseil).

Viabilité. — DR. CIV. — Se dit d'un enfant qui au moment de sa naissance est apte à vivre.

Vices cachés. — DR. CIV. Défauts de la chose vendue qui à premier examen ne se révèlent pas et qui la rendent impropre à l'usage auquel l'acheteur la destinait.

Vices du consentement. —

DR. CIV. — Faits de nature à entraîner l'altération du consentement et, par voie de conséquence, la nullité de l'acte juridique. Les vices du consentement sont : l'erreur, le dol, la violence. V. *Vices cachés.*

Vices rédhibitoires. — DR. CIV. — Synonyme de vices cachés dont l'existence donne lieu à garantie. — V. *Garantie, Vices cachés.*

Viduité. — DR. CIV. — V. *Délai de viduité.*

Vignette-auto. — DR. FIN. — Désignation familière de l'imposition frappant les véhicules automobiles dont le paiement est constaté par la délivrance d'une vignette que le conducteur doit apposer sur son pare-brise.

Viol. — DR. PÉN. — Acte de pénétration sexuelle, de quelque nature qu'il soit, commis sur la personne d'autrui par violence, contrainte ou surprise. L'état vulnérable de la personne (grossesse, maladie, infirmité, déficience mentale), la minorité de 15 ans de la victime, la menace par arme, la commission en réunion, la qualité d'ascendant de la victime de l'auteur constituent des circonstances aggravantes.

Violation de domicile. — DR. PÉN. — Délit qui consiste pour un fonctionnaire de l'ordre administratif ou judiciaire, un officier de police ou de justice, un commandant ou agent de la force publique ou un particulier à s'introduire dans le domicile d'un citoyen contre le gré de celui-ci. Lorsque le délit est commis par un particulier, il est nécessaire que l'introduction soit effectuée à l'aide de manœuvres, menaces, voies de fait ou contraintes.

Violation de la loi. — PR. CIV. — La violation de la loi est l'une des principales causes d'ouverture à cassation. Le mot loi est entendu d'une manière extensive et peut viser une règle prétorienne.

Violence. — DR. CIV. — Fait de nature à inspirer une crainte telle que la victime donne son consentement à un acte que, sans cela, elle n'aurait pas accepté. — V. *Vice du consentement.*

Virement. — DR. COM. — Technique permettant de transférer une somme d'argent d'un compte sur un autre par un simple jeu d'écritures.

Visa. — DR. INT. PUBL. — Mention portée sur un acte par l'autorité compétente à l'effet de lui reconnaître certains effets. Ex. : visa d'un passeport, autorisant le titulaire à entrer dans le pays dont un fonctionnaire a délivré le visa, ou à en sortir.

PR. CIV. — Simple mention datée et apposée sur l'original et sur la copie d'un acte de procédure ou d'une pièce ou document communiqué, attestant qu'une formalité exigée par les textes a bien été accomplie.

Visa en matière de chèque. DR. COM. — Procédé par lequel le tiré, en apposant sa signature au recto ou au verso du chèque sous

les mots « visé » ou « visa » pour la somme de..., atteste l'existence et la disponibilité de la provision à la date de la signature.

Visite domiciliaire. — PR. PÉN. V. *Perquisition.*

Vœu. — DR. ADM. — Nom donné, pour les opposer aux délibérations, aux simples manifestations d'opinion comportant un souhait, émises sous forme de votes par les assemblées des collectivités locales. Les vœux politiques leur sont interdits ; il n'en sont pas moins assez fréquents.

DR. CIV. — Disposition contenue dans une libéralité par laquelle le disposant souhaite seulement que le bénéficiaire accomplisse une prestation, sans la lui imposer en droit.

Voies d'exécution. — PR. CIV. — Ensemble de procédures permettant à un particulier d'obtenir, par la force, l'exécution des actes et des jugements qui lui reconnaissent des prérogatives ou des droits.

Voie de fait. — DR. ADM. — Théorie d'origine jurisprudentielle, qui se veut protectrice des intérêts des administrés, destinée à sanctionner des irrégularités particulièrement flagrantes de l'Administration par la perte de la majeure partie de ses privilèges traditionnels. La voie de fait est constituée dès lors que l'Administration procède à une opération matérielle dans des conditions manifestement insusceptibles de se rattacher à l'exercice d'un de ses pouvoirs, et portant atteinte soit à une liberté publique, soit à la propriété mobilière ou immobilière. Les juges judiciaires deviennent alors compétents pour connaître de cette irrégularité, à titre exclusif pour connaître de l'action en responsabilité, et concurremment avec la juridiction administrative pour prononcer l'annulation de l'acte.

« **Voies de nullité n'ont lieu contre les jugements** ». — Pr. civ. — Adage signifiant qu'un acte de juridiction ne peut être critiqué que par une voie de recours. — V. *Nullité.*

Voie parée. — Dr. civ. — Clause par laquelle un créancier gagiste ou hypothécaire obtient de son débiteur l'autorisation de vendre la chose gagée ou hypothéquée sans observer les formalités requises par la loi. Elle est, en principe, illicite. — V. *Pacte commissoire.*

Voies de recours. — Pr. gén. — Moyens mis à la disposition des plaideurs pour leur permettre d'obtenir un nouvel examen du procès (ou d'une partie de celui-ci) ou de faire valoir les irrégularités observées dans le déroulement de la procédure. On distingue voies de recours ordinaires (opposition et appel) et extraordinaires (tierce opposition, recours en révision, pourvoi en cassation), voies

de rétraction (opposition, recours en révision) et de réformation (appel).

Voirie. — Dr. adm. — Dépendance du domaine public (V. ces mots) comprenant principalement les voies et places publiques, mais aussi les arbres qui les bordent et les égouts. La voirie fait l'objet d'un régime juridique très détaillé, tendant à concilier les intérêts de ses usagers avec les prérogatives de la Puissance Publique (V. ce terme). — V. *Aisances de voirie, Permission de voirie, Concession de voirie.*

Vol. — Dr. pén. — Soustraction frauduleuse de la chose d'autrui. — V. *Immunités de l'article 380 C. pén.*

« **Volenti non fit injuria** ». — Dr. civ. — Il n'est pas fait de tort à celui qui a consenti.

Voyageurs, Représentants, Placiers (V. R. P.). — V. *Représentant.*

Votants. — Dr. const. — Electeurs qui, ayant le droit de voter, ont effectivement pris part à un scrutin. Le pourcentage des votants par rapport aux électeurs inscrits est l'indice de la participation électorale. — V. *Electeurs inscrits.*

Votation. — Dr. const. — Délibération directe des citoyens sur un problème déterminé. — V. *Démocratie directe, Démocratie semi-directe.*

Vote. — Dr. const. — Acte par lequel un citoyen participe, en se prononçant dans un sens déterminé, au choix de ses représentants ou à la prise d'une décision. — V. *Suffrage.*

1° Vote facultatif : vote que le citoyen est libre d'émettre ou de ne pas émettre.

2° Vote obligatoire : vote imposé par la loi, sous peine de sanction en cas d'abstention.

3° Vote par correspondance (supprimé en France par la loi du 31 déc. 1975).

4° Vote par procuration : vote par l'intermédiaire d'une personne désignée par l'électeur. Admis en France pour diverses catégories d'électeurs.

5° Vote préférentiel : faculté pour l'électeur de modifier l'ordre de présentation des candidats sur une liste.

6° Vote public : celui dans lequel le sens du vote émis par chacun est connu de tous.

7° Vote secret : celui qui est organisé de manière que le choix de chacun soit ignoré tant des autorités que des autres électeurs (enveloppe, isoloir, interdiction des signes sur les bulletins). Le secret du vote est la garantie de son indépendance.

Vote bloqué. — DR. CONST. Procédure qui permet au Gouvernement d'obliger l'Assemblée à se prononcer par un seul vote sur tout ou partie du texte en discussion, en ne retenant que les amendements proposés ou acceptés par lui.

Vote par délégation. — DR. CONST. — V. *Délégation* DR. CONST.

Vues et jours. — DR. CIV. Ouvertures qui peuvent être pratiquées dans les murs séparant deux fonds.

Les *jours* sont des ouvertures pratiquées dans un mur séparatif qui n'appartient qu'à un seul des propriétaires voisins, et qui doivent laisser passer la lumière sans qu'il soit possible de voir au dehors.

Les *vues* sont des ouvertures qui ne peuvent être pratiquées que dans des murs situés à une certaine distance du fonds voisin.

W

Warrant. — DR. COM. — Billet à ordre souscrit par un commerçant et garanti par des marchandises déposées dans un magasin général ou qu'il s'engage à conserver chez lui. — V. *Récépissé-Warrant.*

Z

Zone d'aménagement concerté (Z. A. C.). — Dr. adm. — Zone foncière à l'intérieur de laquelle une personne publique intervient en vue d'aménager et d'équiper les terrains pour y réaliser des constructions et/ou des équipements collectifs ou privés, soit afin de les utiliser elle-même, soit afin de les rétrocéder après équipement à des constructeurs publics ou privés.

A l'intérieur des Z. A. C. il peut être dérogé aux règles habituelles d'urbanisme telles que plan d'occupation des sols et taxe locale d'équipement, au profit des règles propres à chacune.

Zone d'aménagement différé (Z. A. D.). — Dr. adm. — Zone généralement située en secteur péri-urbain, à l'intérieur de laquelle existe un droit de préemption au profit d'une personne publique ou d'une société d'économie mixte d'aménagement permettant, en cas d'aliénation d'immeubles bâtis ou non bâtis, de payer seulement le prix du bien un an avant la création de la Z. A. D. Cette institution a pour but de prévenir la spéculation foncière sur des secteurs urbains à créer ou sur des zones d'activité à équiper.

Zone contiguë. — Dr. int. publ. — Bande maritime s'étendant au-delà de la mer territoriale (dans la limite maximum de 12 milles pour l'ensemble de ces deux espaces marins) sur laquelle l'Etat côtier exerce des compétences fragmentaires pour sa protection douanière, fiscale, sanitaire, militaire.

Zone économique exclusive. — Dr. int. publ. — Zone, d'une largeur de 200 milles marins, à partir de la côte, revendiquée par un nombre croissant d'Etats pour l'exercice de droits souverains sur les ressources renouvelables ou non de ladite zone. Le principe de la zone économique n'est pas encore consacré par un accord international et le statut de cet espace maritime demeure empreint d'incertitudes.

Zone Franc. — Dr. fin. — Zone monétaire regroupant autour de la République Française (V. ce mot) des Etats reliés à celle-ci par des liens historiques ; elle est constituée essentiellement de la métropole, des départements d'Outre-Mer et de la quasi-totalité des territoires d'Outre-Mer et des Etats africains et malgache qui furent des T.O.M.

La Zone Franc se caractérise par la convertibilité réciproque illimitée et à des parités fixes de l'ensemble des monnaies de ses membres, par une réglementation financière uniforme vis-à-vis des Etats non-membres, et par la mise en commun des avoirs en devises (V. ce mot).

Zone franche. — DR. FIN. — Portion de territoire plus ou moins étendue pouvant se réduire à une ville portuaire (port franc) soustraite, en vue de favoriser le négoce et la transformation des produits étrangers, à l'application des droits de douane. Ce régime est réglementé dans un esprit restrictif par des dispositions du Code des Douanes demeurées inappliquées.

Ce que l'on appelle en France, dans la pratique, Zones franches est représenté par des territoires peu étendus à l'intérieur desquels des produits originaires ou à destination d'un Etat limitrophe circulent à des conditions fiscales privilégiées (par ex. Pays de Gex, à la frontière franco-helvétique).

En métropole, il n'existe pas de port franc ; le port de Djibouti avait reçu ce statut afin de faciliter son rôle de débouché maritime de l'Ethiopie.

Zone d'influence. — DR. INT. PUBL. — Zone réservée par traité à l'influence politique exclusive d'un Etat déterminé.

Pratique liée à l'expansion coloniale (particulièrement en Afrique à la fin du XIX\ :superscript:`e` siècle) ou à l'impérialisme dans le cadre de la politique des blocs (Ex. : l'Europe de l'Est fait partie de la zone d'influence soviétique depuis les accords de Potsdam et de Yalta en 1945).

Zone d'intervention foncière (Z. I. F.). — DR. ADM. — Zone urbaine à l'intérieur de laquelle existe un droit de préemption au profit de la commune en cas d'aliénation d'immeubles bâtis ou non bâtis, dont le prix sera calculé de manière favorable pour la commune. Ce droit qui permet à la commune d'acquérir à prix réduit des immeubles qui l'intéressent, ne peut être exercé qu'en vue d'objectifs énumérés. Une Z. I. F. existe, notamment, dans tout secteur couvert par un plan d'occupation des sols (V. ce mot).

Zone de libre échange. — DR. INT. PUBL. — Zone comprenant le territoire de plusieurs Etats, qui ont supprimé entre eux les barrières douanières mais ont conservé chacun la liberté de leur tarif douanier vis-à-vis des pays tiers (à la différence de l'union douanière, qui comporte un tarif extérieur commun). Un traité du 22 juillet 1972 établit une zone de libre échange industrielle entre la C. E. E. et cinq pays de l'A. E. L. E. V. *Association Européenne de Libre Echange.*

Zone à urbaniser par priorité (Z. U. P.). — DR. ADM. — Zone foncière délimitée par l'Administration en vue de la construction d'immeubles d'habitation. Cette zone devant recevoir tous équipements de viabilité nécessaires, des mesures étaient prises pour concentrer sur elle les principales constructions à réaliser dans la commune. Afin de prévenir la spéculation sur les terrains qui y étaient compris, l'Administration était investie d'un droit de préemption en cas d'aliénation, à un prix correspondant à leur valeur un an avant la création de la Z. U. P.

Cette institution s'est effacée derrière celle de zone d'aménagement concerté (V. ce mot).

SIGLES ⁽¹⁾

A. D. E. P. T. A.	Association pour le Développement des Echanges de Produits et Techniques Agroalimentaires.
A. D. I. J.	Association pour le développement de l'Informatique Juridique.
A. D. S. E. A.	Association Départementale pour l'aménagement des Structures des Exploitations Agricoles.
A. E. L. E.	Association Européenne de Libre-Echange (Genève).
A. E. M. O.	Action éducative en milieu ouvert.
A. F. A.	Association française d'arbitrage.
A. F. L.-C. I. O.	American Federation of Labor-Congress of Industrial Organisations.
A. F. N. O. R.	Association Française de Normalisation.
A. F. P.	Agence France-Presse.
A. F. P. A.	Association pour la Formation Professionnelle des Adultes.
A. G. R. E. F.	Association Générale des Représentants des Entreprises Françaises.
A. I. D.	Association Internationale de Développement (Washington).
A. I. D. A.	Association internationale du droit de l'assurance.
A. I. E. A.	Agence Internationale de l'Energie Atomique (Vienne).
A. I. P. P. I.	Association internationale pour la protection de la propriété.
A. M. E. X. A.	Assurance Maladie des Exploitants Agricoles.
A. M. G.	Aide Médicale Gratuite (appelée primitivement Assistance...).
A. N. A. H.	Agence Nationale pour l'Amélioration de l'Habitat.
A. N. D. A. F. A. R.	Association Nationale pour le Développement de l'Aménagement Foncier Agricole et Rural.

(1) Seuls ont été retenus les sigles les plus usuels. Ceux-ci ne sont cependant pas tous repris dans le Lexique, en raison de leur très grande diversité qui déborde le cadre d'un vocabulaire intentionnellement sommaire. — V. H. Gendrel, *Dictionnaire des principaux sigles utilisés dans le monde juridique, de A à Z*, préface J. Carbonnier, Les Cours de Droit, 1980.

A. N. P. E.	Agence Nationale Pour l'Emploi.
A. N. V. A. R.	Agence Nationale de Valorisation de la Recherche.
A. P. C. A.	Assemblée Permanente des Chambres d'Agriculture.
A. P. C. M.	Assemblée Permanente des Chambres des Métiers.
A. P. J.	Agent de police judiciaire.
A. S. E. A. N.	Association des Nations du Sud-Est Asiatique.
A. S. P. I.	Association des spécialistes en propriété industrielle.
A. S. S. E. D. I. C. ..	Association pour l'Emploi dans l'Industrie et le Commerce.
A. T. T.............	A titre temporaire (magistrat par exemple).
A. U. P. E. L. F.	Association des universités partiellement ou entièrement de langue française.
B. A. J.............	Bureau d'aide judiciaire.
B. A. L. O.	Bulletin des Annonces Légales Obligatoires.
B. A. P. S. A.	Budget Annexe des Prestations Sociales Agricoles.
B. A. S.	Bureau d'aide sociale.
B. A. T.	Bureau de l'Assistance Technique (O. N. U., New York).
BENELUX	Union économique : Belgique, Nederland, Luxembourg.
B. F. P.	Bon pour francs.
B. I. C.	Bénéfices Industriels et Commerciaux.
B. I. M. A.	Bulletin d'Information du Ministère de l'Agriculture.
B. I. R. D.	Banque Internationale pour la Reconstruction et le Développement (Washington).
B. I. T.	Bureau International du Travail (Genève).
B. O. P. I.	Bulletin officiel de la propriété industrielle.
B. R. I.	Banque des Règlements Internationaux (Bâle).
B. R. P.	Bureau de Recherche des Pétroles.
B. U. M. I. D. O. M.	Bureau pour le Développement des Migrations intéressant les D. O. M. d'où D. O. M. = Départements d'Outre-Mer.
C. A. F. ou C. I. F. en anglais	Vente de marchandise à un prix global comprenant le Coût, l'Assurance et le Fret.
C. A. P.	Certificat d'Aptitude Professionnelle.
C. A. P. A.	Certificat d'Aptitude à la Profession d'Avocat.
C. A. P. E. S.	Certificat d'Aptitude Pédagogique pour l'Enseignement Secondaire.
C. A. P. E. T.	Certificat d'Aptitude (degré) Pédagogique pour l'Enseignement Technique.
C. A. R. P. A.	Caisse autonome des règlements pécuniaires des avocats.

C. A. T.	Centre d'aide par le travail.
C. C.	Corps Consulaire.
C. C. D. V. T.	Caisse Centrale de Dépôts et de Virements de Titres.
C. C. E. S.	Comité Consultatif Economique et Social (District parisien).
C. C. I.	Chambre de Commerce Internationale (Paris).
C. D.	Corps Diplomatique.
C. E. A.	Centre de l'Energie Atomique.
C. E. C. A.	Communauté Européenne du Charbon et de l'Acier.
C. E. C. L. E. S.	Centre Européen pour la Construction de Lanceurs d'Engins Spatiaux. (Sigle anglais E. L. D. O.).
C. C. P.	Compte Courant Postal.
C. E. D.	Communauté Européenne de Défense.
C. E. D. I. J.	Centre de Recherche et de Développement en Informatique Juridique.
C. E. E.	Communauté Economique Européenne (Bruxelles) ou Marché Commun.
C. E. E. A.	Communauté Européenne de l'Energie Atomique (Bruxelles) ou EURATOM.
C. E. G.	Collège d'Enseignement Général.
C. E. J.	Certificat d'Etudes Judiciaires.
C. E. M. T.	Conférence Européenne des Ministres des Transports (Paris).
C. E. P. A. L.	Commission Economique pour l'Amérique Latine, O. N. U. (Santiago).
C. E. R. C.	Centre des Etudes des Revenus et des Coûts.
C. E. R. C.	Centre d'Etude et de Recherche de la Consommation.
C. E. R. N.	Centre Européen pour la Recherche Nucléaire (Genéve).
C. E. T. A.	Centre d'Etudes Techniques Agricoles.
C. E. T. I. J.	Centre d'études techniques de l'informatique judiciaire (Montpellier).
C. F. D. I. P.	Comité français de droit international privé.
C. F. P. A.	Centre de formation professionnelle des avocats.
C. F. P.	Compagnie Française des Pétroles.
C. F. P. C.	Centre Français du Patronat Chrétien.
C. F. D. T.	Confédération Française Démocratique du Travail.
C. F. P. M.	Centre de Formation Professionnelle des Maîtres.
C. F. T.	Confédération Française du Travail.
C. F. T. C.	Confédération Française des Travailleurs Chrétiens.
C. G. A.	Confédération Générale de l'Agriculture.
C. G. C.	Confédération Générale des Cadres.

C. G. I.	Code Général des Impôts.
C. G. T.	Confédération Générale du Travail.
C. G. T.	Compagnie Générale Transatlantique.
C. G. T.-F. O.	Confédération Générale du Travail-Force Ouvrière.
C. H. U.	Centre Hospitalier Universitaire.
C. I. A.	Central Intelligence Agency.
C. I. A. T.	Centre Interministériel d'Aménagement du Territoire.
C. I. C. R.	Comité International de la Croix Rouge (Genève).
C. I. D. J.	Centre d'Information et de Documentation de la Jeunesse.
C. I. J.	Cour Internationale de Justice (La Haye).
C. I. S. C.	Confédération Internationale des Syndicats Chrétiens.
C. I. S. L.	Confédération Internationale des Syndicats Libres.
C. J. C. E.	Cour de Justice des Communautés Européennes.
C. J. P.	Centre des Jeunes Patrons.
C. N. C.	Centre National du Cinéma.
C. N. A. M.	Centre National des Arts et Métiers.
C. N. A. R.	Confédération Nationale pour l'Aménagement Rural.
C. N. E.	Caisse Nationale d'Epargne.
C. N. E. S.	Centre National d'Etudes Spatiales.
C. N. E. S. E. R.	Conseil National de l'Enseignement Supérieur et de la Recherche.
C. N. E. T.	Centre National d'Etude des Télécommunications.
C. N. I. L.	Commission nationale de l'informatique et des libertés.
C. N. J. A.	Centre National des Jeunes Agriculteurs.
C. N. M. E.	Caisse Nationale des Marchés de l'Etat.
C. N. P. F.	Conseil National du Patronat Français.
C. N. R.	Compagnie Nationale du Rhône.
C. N. R. S.	Centre National de la Recherche Scientifique.
C. N. T. E.	Centre National de Télé-Enseignement.
C. N. O. U. S.	Centre National des Œuvres Universitaires et Scolaires.
C. N. U. C. E. D. ...	Conférence des Nations Unies sur le Commerce et le Développement. (Sigle anglais U. N. C. T. A. D.)
C. O. B.	Commission des Opérations de Bourse.
C. O. D. E. F. I.	Comité départemental d'examen des problèmes de financement des entreprises.
C. O. E.	Conseil Œcuménique des Eglises.
C. O. M. E. C. O. N.	Conseil d'Assistance Economique Mutuelle (Moscou).

C. O. S.	Coefficient d'Occupation des Sols.
C. P. A. G.	Centre de Préparation à l'Administration Générale.
C. R. C.	Centre de Recherche et d'Etudes des Chefs d'entreprise.
C. R. E. A. I.	Centre régional pour l'enfance et l'adolescence inadaptées.
C. R. E. D. O. C. ...	Centre de Recherches, d'Etudes et de Documentation sur la Consommation.
C. R. E. P.	Centre de Recherches Economiques et de l'Epargne.
C. R. F.	Croix-Rouge Française.
C. R. I. D. O. N. ...	Centre de recherches, d'information et de documentation notariales.
C. R. S.	Compagnie Républicaine de Sécurité.
C. R. O. U. S.	Centre Régional des Œuvres Universitaires et Scolaires.
C. S. C. U.	Conseil supérieur des corps universitaires.
C. S. M.	Conseil Supérieur de la Magistrature.
C. U. M. A.	Coopérative d'Utilisation de Matériel Agricole.
D. A. T. A. R.	Délégation à l'Aménagement du Territoire et à l'Action Régionale.
D. D. A. S. S.	Direction Départementale d'Action Sanitaire et Sociale.
D. D. A.	Direction Départementale de l'Agriculture.
D. D. E.	Direction Départementale de l'Equipement.
D. E. A.	Diplôme d'Etudes Approfondies.
D. E. F. A.	Diplôme d'état relatif aux fonctions d'animation.
D. E. S.	Diplôme d'Etudes Supérieures.
D. E. S. S.	Diplôme d'Etudes Supérieures Spécialisé.
D. E. U. G.	Diplôme d'Etudes Universitaires Générales.
D. G. I.	Direction Générale des Impôts.
D. G. R. S. T.	Délégation Régionale à la Recherche Scientifique et Technique.
D. I. C. A.	Direction des Carburants.
D. O. M.	Département d'Outre-Mer.
D. R. A. S. S.	Direction Régionale de l'Action Sanitaire et Sociale.
D. S. T.	Direction de la Surveillance du Territoire.
D. T. S.	Droits de Tirage Spéciaux.
D. U. T.	Diplôme Universitaire de Technologie.
E. C. U.	Européan Currency unit (Unité de compte européenne).
E. D. F.	Electricité de France.
E. G. F.	Electricité-Gaz de France.
E. L. D. O.	EUROPEAN Launching Development Organization. Voir C. E. C. L. E. S.

E. M. O.	Education en milieu ouvert.
E. N. A.	Ecole Nationale d'Administration.
E. N. M.	Ecole Nationale de la Magistrature.
E. N. S. I.	Ecole Nationale Supérieure d'Ingénieurs.
E. R. A.	Equipe de Recherche Associée.
E. R. A. P.	Entreprise de Recherches et Activités Pétrolières.
E. S. C. A. E.	Ecole Supérieure de Commerce et d'Administration des Entreprises.
E. S. R. O.	European Spatial Research Organization. Voir O. E. R. S.
E. S. S. E. C.	Ecole Supérieure des Sciences Economiques et Commerciales.
E. U. R. A. T. O. M.	Voir C. E. E. A.
E. V. A. M.	Groupement de Vulgarisation Agricole et Ménagère.
F. A. O.	Food and Agriculture Organization. Voir O. A. A.
F. A. S.	Fonds d'Action Sociale.
F. A. S. A. S. A.	Fonds d'Action Sociale pour l'Aménagement des Structures Agricoles.
F. B. I.	Federal Bureau of Investigation (Washington).
F. C. P.	Fonds commun de placement.
F. D. E. S.	Fonds de Développement Economique et Social.
F. D. N. A.	Fonds National de Recherche Agricole.
F. E. D.	Fonds Européen de Développement.
F. E. N.	Fédération de l'Education Nationale.
F. E. O. G. A.	Fonds Européen d'Orientation et de Garantie Agricoles.
F. G. A.	Fonds de garantie automobile.
F. G. E. N.	Fédération Générale de l'Education Nationale.
F. I. D. A.	Fonds International de Développement Agricole.
F. I. D. A. R.	Fonds Interministériels de Développement et d'Aménagement Rural.
F. I. N. U. L.	Force Intérimaire des Nations Unies au Liban.
F. I. S. E.	Fonds International des Nations Unies pour le Secours à l'Enfance (New York). (Sigle anglais : U. N. I. C. E. F.)
F. J. T.	Foyer de jeunes travailleurs.
F. M. I.	Fonds Monétaire International (Washington).
F. N. C. A.	Fédération Nationale du Crédit Agricole.
F. N. C. L.	Fédération Nationale des Coopératives Laitières.
F. N. E. F.	Fédération Nationale des Etudiants de France.

F. N. O. S. S.	Fédération nationale des Organismes de Sécurité Sociale.
F. N. S. E. A........	Fédération Nationale des Syndicats d'Exploitants Agricoles.
F. O. B.	(Free On board ou Franco bord). Livraison sans frais par le vendeur des marchandises vendues à bord du navire qui les transportera.
F. O. N. A. I. T. A. P.	Fonds National de Recherche Agronomique.
F. O. R. M. A.	Fonds d'Organisation et de Régularisation des Marchés Agricoles.
F. P. A.	Formation Professionnelle Accélérée.
F. S. M.	Fédération Syndicale Mondiale.
F. U. N. U.	Force d'Urgence des Nations Unies.
G. A. E. C.	Groupement Agricole d'Exploitation en Commun.
G. A. M.	Groupement d'Action Municipale.
G. A. T. T.	General Agreement on Tariffs and Trade (en français : Accord général sur les tarifs douaniers et le Commerce. Genève).
G. D. F.	Gaz de France.
G. F. A.	Groupement Foncier Agricole.
G. I. C.	Grand Invalide Civil.
G. I. G.	Grand Invalide de Guerre.
G. I. E.	Groupement d'Intérêt Economique.
H. B. M.	Habitation à Bon Marché.
H. C. R.	Haut Commissariat des Nations Unies pour les Réfugiés.
H. E.	Hors échelle (pour un fonctionnaire).
H. E. C.	Hautes Etudes Commerciales.
H. H...............	Hors hiérarchie (par exemple magistrat).
H. L. M.	Habitation à Loyer Modéré.
H. T.	Hors Taxes.
I. A. E.	Institut d'Administration des Entreprises.
I. A. T. A.	Association Internationale des Transports Aériens.
I. D. I.	Institut de Développement Industriel.
I. D. I.	Institut de Droit International (Genève).
I. E. J.	Institut d'Etudes Judiciaires.
I. E. P.	Institut d'Etudes Politiques.
I. F. A. C.	Inspections Fusionnées d'Assiette et de Contrôle.
I. F. O. P.	Institut Français d'Opinion Publique.
I. F. P.	Institut Français du Pétrole.
I. G. N.	Institut Géographique National.
I. G. R. E. F.	Ingénieurs du Génie Rural, des Eaux et Forêts.

I. M. L.	Institut médico-légal.
I. M. P.	Institut médico-pédagogique.
I. M. Pro.	Institut médico-professionnel.
I. N. A.	Institut National de l'Audiovisuel.
I. N. C.	Institut National de la Consommation.
I. N. E. D.	Institut National d'Etudes Démographiques.
I. N. P. I.	Institut National de la Propriété Industrielle.
I. N. R. A.	Institut National de la Recherche Agronomique.
I. N. S.	Institut National des Sports.
I. N. S. E. E.	Institut National de la Statistique et des Etudes Economiques.
I. N. S. E. R. M.	Institut National de la Santé et de la Recherche Médicale.
I. N. T. E. L. S. A. T.	Organisation internationale des télécommunications par satellites.
I. R. A.	Institut Régional d'Administration.
I. R.	Impôt sur le Revenu (des personnes physiques).
I. R. E. P. S.	Institut Régional d'Education Physique et Sportive.
I. R. E. T. I. J.	Institut de recherche pour le traitement de l'information juridique (Montpellier).
I. S. A.	Imprimés Sans Adresse.
I. U. T.	Institut Universitaire de Technologie.
I. V. D.	Indemnité Viagère de Départ.
I. V. G.	Interruption volontaire de grossesse.
J. O.	Journal Officiel.
J. A. M.	Juge aux affaires matrimoniales.
J. A. P.	Juge de l'application des peines.
J. I.	Juge d'instruction.
J. M. E............	Juge de la mise en état.
L. A.	Laboratoire Associé.
L. C. R.	Lettre de Change-Relevé.
M. A. C. J.	Magistrat à l'administration centrale du ministère de la justice.
M. J. C.	Maison des Jeunes et de la Culture.
M. N. E. F.	Mutuelle Nationale des Etudiants en France.
M. G. E. N.	Mutuelle Générale de l'Education Nationale.
M. O. D. E. F.	Mouvement de Défense des Exploitations Familiales.
M. R. A. P.	Mouvement contre le Racisme, l'Antisémitisme et pour la Paix.
N. A. S. A.	National Aeronautics and Space Organization. Organisation Nationale de l'Aéronautique et de l'Espace (U. S. A.).
N. A. T. O.	National Atlantic Treaty Organization. Voir O. T. A. N.

O. A. A.	Organisation des Nations Unies pour l'Alimentation et l'Agriculture (Rome).
O. A. C. I.	Organisation de l'Aviation Civile Internationale (Montréal).
O. C. A. M.	Organisation Commune Africaine et Malgache.
O. C. D. E.	Organisation de Coopération et de Développement Economique (Paris).
O. E. A.	Organisation des Etats Américains (Washington).
O. E. B.	Office Européen des Brevets.
O. E. R. S.	Organisation Européenne de Recherches Spatiales. Sigle anglais : E. S. R. O.
O. E. R. S.	Organisation des Etats Riverains du Sénégal.
O. I. A.	Organisation Interprofessionnelle Agricole.
O. I. T.	Organisation Internationale du Travail (Genève).
O. J. D.	Office de la Justification, de la Diffusion (journaux).
O. M. C. I.	Organisation Intergouvernementale Consultative de la Navigation Maritime (Londres).
O. M. M.	Organisation Météorologique Mondiale (Genève).
O. M. O.	Observation en milieu ouvert.
O. M. P. I.	Organisation Mondiale de la Propriété Industrielle.
O. M. S.	Organisation Mondiale de la Santé (Genève).
O. N. F.	Office National des Forêts.
O. N. I.	Office National d'Immigration.
O. N. I. S. E. P.	Office National d'Information Sur les Enseignements et les Professions.
O. N. N.	Office National de la Navigation.
O. N. P. I.	Office National de la Propriété Industrielle.
O. N. U.	Organisation des Nations Unies (New York).
O. N. U. D. I.	Organisation des Nations Unies pour le Développement Industriel (Vienne).
O. O. A.	Organisation des Nations Unies pour l'Alimentation et l'Agriculture.
O. P.	Ouvrier Professionnel.
O. P. A.	Offre Publique d'Achat.
O. P. A. C.	Office Public d'Aménagement et de Construction.
O. P. B.	Organisation Professionnelle des Banques.
O. P. E.	Offre Publique d'Echange.
O. P. E. P.	Organisation des Pays exportateurs de Pétrole.
O. P. H. L. M.	Office Public d'Habitation à Loyer Modéré.
O. P. J.	Officier de police judiciaire.
O. R. E. A. M.	Organisation d'Etude d'Aménagement de l'Aire Métropolitaine de (Ex. : Nancy,

	Metz, Thionville et autres métropoles d'équilibre).
O. R. G. E. C. O. ...	Organisation Générale des Consommateurs.
O. R. S. E. C.	Organisation des Secours.
O. R. S. T. O. M. ...	Office de la Recherche Scientifique et Technique d'Outre-Mer.
O. R. T. F.	Office de Radiodiffusion-Télévision Française.
O. S.	Ouvrier Spécialisé.
O. T. A. N.	Organisation du Traité de l'Atlantique Nord (Bruxelles). Sigle anglais : N. A. T. O.
O. U. A.	Organisation de l'Unité Africaine (Addis-Abéba).
P. A. P.	Programme d'Action Prioritaire.
P. A. P. I. R.	Programme d'Action Prioritaire d'Intérêt Régional.
P. A. Z.	Plan d'Aménagement de Zones.
P. D. G.	Président directeur général.
P. E. L.	Plan d'épargne logement.
P. I. C.	Prêts Immobiliers Conventionnés.
P. J.	Police Judiciaire.
P. L. D.	Plafond Légal de Densité.
P. M. A.	Pays les moins avancés.
P. M. E.	Petites et Moyennes Entreprises.
P. M. E.	Plan de Modernisation et d'Equipement de chaque Région dans le cadre du 7e Plan national.
P. M. I.	Protection Maternelle et Infantile.
P. M. S.	Préparation Militaire Supérieure.
P. N. B.	Produit National Brut.
P. N. U. D.	Programme des Nations Unies pour le Développement.
P. O. S.	Plan d'Occupation des Sols.
P. et T.	Postes et Télécommunications.
P. U. D.	Plan d'Urbanisme de Détail.
P. V. D.	Pays en Voie de Développement.
R. A. T. P.	Régie Autonome des Transports Parisiens.
R. C. B.	Rationalisation des Choix Budgétaires.
R. D.	Route Départementale.
R. D. A.	République Démocratique Allemande.
R. E. R.	Réseau Express Régional.
R. F. A.	République Fédérale Allemande.
R. G.	Renseignements Généraux.
R. N.	Revenu national.
R. T. L. N.	Réunion des Théâtres Lyriques Nationaux.
S. A.	Société Anonyme.
S. A. C. E. M.	Société des Auteurs, Compositeurs et Editeurs de Musique.

446

S. A. F. E. R.	Société d'Aménagement Foncier et d'Etablissement Rural.
S. A. R. L.	Société à Responsabilité Limitée.
S. A. L. T.	Négociations sur la Limitation des Armements Stratégiques.
S. C. E. S. S.	Service National des Enquêtes et Etudes Statistiques.
S. C. I.	Société Civile Immobilière.
S. D. A. U.	Schéma Directeur d'Aménagement et d'Urbanisme.
S. D. D. S.	Schéma Directeur Départemental des Structures (L. 4 juill. 1980).
S. D. E. C. E.	Service de Documentation Extérieure et de Contre-Espionnage.
S. D. N.	Société des Nations (Genève).
S. D. R.	Société de Développement Régional.
S. E. I. T. A.	Service d'Exploitation Industrielle des Tabacs et Allumettes.
S. F. I.	Société Financière Internationale (Washington).
S. G. F.	Statistique Générale de la France.
S. H. A. P. E.	(Supreme Headquarter of Allied Powers in Europe) Etat-Major des Forces de l'O. T. A. N. en Europe.
S. I. C. A.	Société d'Intérêt Collectif Agricole.
S. I. C. A. V.	Société d'Investissement à Capital Variable.
S. I. C. O. M. I.	Société Immobilière pour le Commerce et l'Industrie.
S. I. C. O. V. A. M. .	Société Interprofessionnelle pour la Compensation des Valeurs Mobilières.
S. I. R. E. N. E.	Système informatique pour le répertoire des entreprises et établissements.
S. I. V. O. M.	Syndicat Intercommunal à Vocations Multiples.
S. M. A. G.	Salaire Minimum Agricole Garanti.
S. M. E.	Système Monétaire Européen.
S. M. I.	Surface Minimum d'Installation.
S. M. I. A.	Société Mixte d'Intérêt Agricole.
S. M. I. C.	Salaire Minimum de Croissance.
S. M. I. G.	Salaire Minimum Interprofessionnel Garanti.
S. N. C. F.	Société Nationale des Chemins de fer Français.
S. N. E. P.	Société Nationale des Entreprises de Presse.
S. N. I. A. S.	Société Nationale Industrielle Aérospatiale.
S. N. P. A.	Société Nationale des Pétroles d'Aquitaine.
S. O. F. I. R. A. D. .	Société Financière de Radiodiffusion.
S. O. F. R. E. S.	Société Française d'Enquête par Sondage.
S. Y. D. O. N. I.	Système de documentation national informatique.

T. C.	Taxe Complémentaire.
T. G.	Trésorerie Générale.
T. I. R.	Transit International Routier.
T. N. P.	Théâtre National Populaire.
T. O. M.	Territoire d'Outre-Mer.
T. P. G.............	Trésorier payeur général.
T. T.	Immatriculation des véhicules en Transit Temporaire.
T. T. C.	Toutes Taxes Comprises.
T. V. A.	Taxe sur la Valeur Ajoutée.
U. E. O.	Union de l'Europe Occidentale (Londres).
U. E. R.	Unité d'Enseignement et de Recherche.
U. I. P. P. I.	Union Internationale pour la Protection de la Propriété Industrielle (Paris Union).
U. I. T.	Union Internationale des Télécommunications (Genève).
U. N. A. F.	Union Nationale des Associations Familiales.
U. N. C. A. C.	Union Nationale des Coopératives Agricoles de Céréales.
U. N. C. A. F.	Union Nationale des Caisses d'Allocations Familiales.
U. N. C. T. A. D. ...	United Nations Conference on Trade and Development. Voir C. N. U. C. E. D.
U. N. E. D. I. C. ...	Union Nationale des A. S. S. E. D. I. C.
U. N. E. S. C. O. ...	Organisation des Nations Unies pour l'Education, la Science et la Culture (Paris). United Nations Educational, Scientific and Cultural Organization.
U. N. I. C. E. F.	United Nations International Children's emergency Fund (New York). Voir F. I. S. E.
U. N. R. R. A.	Administration des Nations Unies pour le Secours et le Relèvement.
U. P. U.	Union Postale Universelle (Berne).
U. R. S. S.	Union des Républiques Socialistes Soviétiques.
U. R. S. S. A. F.	Union pour le Recouvrement de la Sécurité Sociale et des Allocations Familiales.
U. S. A.	United States of America.
U. T. A.	Union des Transports Aériens.
V. D. Q. S.	Vin Délimité de Qualité Supérieure.
V. R. P.	Voyageurs, Représentants, Placiers.
Z. A. C.	Zone d'Aménagement Concerté.
Z. A. D.	Zone d'Aménagement Différé.
Z. A. N.	Zone d'Agglomération Nouvelle.
Z. A. R.	Zone d'action rurale.
Z. I. F.	Zone d'Intervention Foncière.
Z. U. P.	Zone à Urbaniser par Priorité.

TABLE DES MATIÈRES

PRÉCIS DALLOZ
**Classification par grandes disciplines
et par ordre alphabétique**

DROIT — (couverture rouge)

DROIT ADMINISTRATIF,
— Données juridiques fondamentales. Organisation administrative. Formes de l'action administrative.
   par J. RIVÉRO.

DROIT ADMINISTRATIF,
— Fonction publique. Biens publics. Travaux publics.
— Expropriation. Urbanisme. Aménagement du territoire,
   par J. M. AUBY et R. DUCOS-ADER.

AIDE SOCIALE. ACTION SOCIALE,
   par E. ALFANDARI.

DROIT DES ASSURANCES,
   par Y. LAMBERT-FAIVRE.

ASSURANCES DES ENTREPRISES ET DES PROFESSIONS,
   par Y. LAMBERT-FAIVRE.

DROIT BANCAIRE,
   par R. RODIÈRE et J. L. RIVES-LANGE.

DROIT CIVIL,
— Introduction générale,
— Les personnes. La famille. Les incapacités,
— Les biens,
— Les obligations,
— Les sûretés. La publicité foncière,
   par A. WEILL et F. TERRÉ.

DROIT COMMERCIAL,
— Actes de commerce et commerçants,
    par R. HOUIN et M. PÉDAMON.

DROIT COMMERCIAL,
— Effets de commerce. Contrats commerciaux. Faillites,
— Les groupements commerciaux,
    par R. RODIÈRE et B. OPPETIT.

DROIT COMMERCIAL EUROPÉEN,
    par B. GOLDMAN.

DROIT DE LA CONSOMMATION,
    par J. CALAIS-AULOY.

CONTENTIEUX ADMINISTRATIF,
    par Ch. DEBBASCH.

CRIMINOLOGIE ET SCIENCE PÉNITENTIAIRE,
    par G. STEFANI, G. LEVASSEUR et R. JAMBU-MERLIN.

DROIT FISCAL DES AFFAIRES,
    par F. GORÉ et B. JADAUD.

LES GRANDS SYSTÈMES DE DROIT CONTEMPORAINS,
    par R. DAVID.

DROIT DE L'INFORMATION,
    par J. M. AUBY et R. DUCOS-ADER.

INSTITUTIONS ADMINISTRATIVES,
    par J. M. AUBY et R. DUCOS-ADER.

DROIT INTERNATIONAL PRIVÉ,
    par Y. LOUSSOUARN et P. BOUREL.

DROIT INTERNATIONAL PUBLIC,
    par Ch. ROUSSEAU.

LIBERTÉS PUBLIQUES,
    par Cl. A. COLLIARD.

DROIT MARITIME,
par R. RODIÈRE.

DROIT PÉNAL GÉNÉRAL,
par G. STEFANI, G. LEVASSEUR et B. BOULOC.

DROIT PÉNAL INTERNATIONAL,
par Cl. LOMBOIS.

DROIT PÉNAL SPÉCIAL,
— Les infractions contre les biens, les personnes, la famille, les mœurs et la paix publique,
par M.-L. RASSAT.

PHILOSOPHIE DU DROIT,
— Définitions et fins du droit,
— Les moyens du droit,
par M. VILLEY.

PROCÉDURE CIVILE,
par J. VINCENT et S. GUINCHARD.

PROCÉDURE PÉNALE,
par G. STEFANI, G. LEVASSEUR et B. BOULOC.

DROIT DE LA PROMOTION IMMOBILIÈRE,
par Ph. MALINVAUD et Ph. JESTAZ.

DROIT DE LA PROPRIÉTÉ INDUSTRIELLE,
par A. CHAVANNE et J.-J. BURST.

PROPRIÉTÉ LITTÉRAIRE ET ARTISTIQUE,
par C. COLOMBET.

DROIT PUBLIC ÉCONOMIQUE,
par A. de LAUBADÈRE.

DROIT ROMAIN ET ANCIEN DROIT FRANÇAIS,
— Droit des obligations,
par R. VILLERS et A.-E. GIFFARD.

DROIT ROMAIN ET ANCIEN DROIT FRANÇAIS,
— Régimes matrimoniaux. Successions. Libéralités,
   par P.-C. TIMBAL.

DROIT DE LA SÉCURITÉ SOCIALE,
   par J.-J. DUPEYROUX.

DROIT SOCIAL INTERNATIONAL ET EUROPÉEN,
   par G. LYON-CAEN et A. LYON-CAEN.

LA THÉORIE DES OBLIGATIONS,
   par R. SAVATIER.

DROIT DES TRANSPORTS TERRESTRES ET AÉRIENS,
   par R. RODIÈRE.

DROIT DU TRAVAIL,
   par G. H. CAMERLYNCK et G. LYON-CAEN.

VOIES D'EXÉCUTION ET PROCÉDURES DE DISTRIBUTION,
   par J. VINCENT.

GESTION D'ENTREPRISE — (couverture jaune)

ÉLÉMENTS D'INFORMATIQUE APPLIQUÉE À LA GESTION,
   par P. BINET et H. LESCA.

GESTION COMMERCIALE DES ENTREPRISES,
   par A. MICALLEF.

GESTION DE L'ENTREPRISE ET COMPTABILITÉ,
   par P. LASSÈGUE.

SCIENCES ÉCONOMIQUES — (couverture verte)

COMPTABILITÉ NATIONALE,
   par J. MARCZEWSKI et R. GRANIER.

ÉCONOMIE ET INSTITUTIONS FINANCIÈRES,
— Institutions financières,
— Economie financière,
  par A. BARRÈRE.

ÉCONOMIE POLITIQUE,
— Introduction générale. Analyse micro-économique. Analyse macro-économique.
  par H. GUITTON et D. VITRY.
— La monnaie. La répartition. Les relations internationales,
  par H. GUITTON et G. BRAMOULLÉ.

ESPACE RÉGIONAL ET AMÉNAGEMENT DU TERRITOIRE,
  par J. LAJUGIE, C. LACOUR et P. DELFAUD.

HISTOIRE DES FAITS ÉCONOMIQUES DE L'ÉPOQUE CONTEMPORAINE,
  par A. GARRIGOU-LAGRANGE et M. PENOUIL.

LA MONNAIE,
  par H. GUITTON et G. BRAMOULLÉ.

LES MOUVEMENTS CONJONCTURELS,
  par H. GUITTON et D. VITRY.

PENSÉE ÉCONOMIQUE ET THÉORIES CONTEMPORAINES,
  par A. PIETTRE.

POLITIQUES DE DÉVELQPPEMENT,
  par R. PASSET.

RELATIONS ÉCONOMIQUES INTERNATIONALES,
  par G. DESTANNE de BERNIS.

SOCIO-ÉCONOMIE DU SOUS-DÉVELOPPEMENT,
  par M. PENOUIL.

STATISTIQUE,
  par H. GUITTON.

SYSTÈMES ET STRUCTURES,
  par A. GARRIGOU-LAGRANGE.

SCIENCE POLITIQUE — (couverture bleue)

PRINCIPES DE COMPTABILITÉ PUBLIQUE,
     par G. MONTAGNIER.

SCIENCE ADMINISTRATIVE,
     par Ch. DEBBASCH.

SOCIOLOGIE POLITIQUE,
     par M. PRÉLOT.

MATHÉMATIQUE — (couverture orange)

ALGÈBRE DE BASE,
     par L. GUERBER.

ALGÈBRE LINÉAIRE 1,
     par L. GUERBER.

ALGÈBRE LINÉAIRE 2,
     par M. DESPLAS.

STATISTIQUE DESCRIPTIVE,
     par L. GUERBER.

PROGRESSION, EXPONENTIATION, ACTUALISATION,
     par Z. M. BERREBI.

GRAPHES, CHAINES DE MARKOV,
     par G. KREWERAS.

ANALYSE MATHÉMATIQUE POUR L'ÉCONOMIE, I. TOPOLO-
GIE,
     par L. A. GÉRARD-VARET, M. PRÉVOT, J. F. THISSE.

MÉMENTOS DALLOZ

DROIT PRIVÉ — (couverture rouge)

DROIT DES AFFAIRES,
>   par E. ALFANDARI.

DROIT DES ASSURANCES,
>   par Cl.-J. BERR et H. GROUTEL.

DROIT CIVIL,
— Introduction à l'étude du droit civil,
— Les personnes et les droits de la personnalité. La famille. Les incapacités.
— Les biens,
— Les obligations,
— Sûretés. Privilèges et hypothèques. Publicité foncière.
— Principaux contrats,
— Contrat de mariage et régimes matrimoniaux. Successions. Libéralités.

>   par P. DUPONT-DELESTRAINT.

DROIT DU COMMERCE INTERNATIONAL,
>   par B. JADAUD et R. PLAISANT.

DROIT COMMERCIAL,
— Les effets de commerce. Les contrats commerciaux. Renflouement et liquidation des entreprises,
— Droit fiscal des affaires,
— Règles applicables aux commerçants. Sociétés commerciales. G.I.E. Banque et bourse.

>   par J. P. LE GALL.

COMPTABILITÉ PRIVÉE,
>   par B. JADAUD et S. PASSERON.

CRIMINOLOGIE ET SCIENCE PÉNITENTIAIRE,
    par J. LARGUIER.

FISCALITÉ IMMOBILIÈRE,
    par B. JADAUD.

DROIT INTERNATIONAL PRIVÉ,
    par J. DERRUPPÉ.

DROIT PÉNAL GÉNÉRAL ET PROCÉDURE PÉNALE,
    par J. LARGUIER.

DROIT PÉNAL SPÉCIAL,
    par J. LARGUIER.

PROCÉDURE CIVILE (Droit judiciaire privé)
    par J. LARGUIER.

DROIT DE LA SÉCURITÉ SOCIALE,
    par J.-J. DUPEYROUX.

DROIT DU TRAVAIL,
    par J.-M. VERDIER.

VOIES D'EXÉCUTION,
    par J. VINCENT et J. PRÉVAULT.

GESTION — (couverture jaune)

CONTRÔLE DE GESTION,
    par J. BOURDIN.

ÉCONOMIE D'ENTREPRISE,
    par P. GRAND-JEAN.

ÉLÉMENTS DE MARKETING,
    par P.-H. POTTIER.

SCIENCES ÉCONOMIQUES — (couverture verte)

ANALYSE MICROÉCONOMIQUE,
    par R. GOFFIN.

CAS ET EXERCICES AVEC SOLUTIONS — STATISTIQUE ET ÉCONOMÉTRIE,
par B. PIGANIOL, L. GEFFROY et J. SAUDUBRAY.

COMPTABILITÉ NATIONALE,
par G. PIERROT.

DÉMOGRAPHIE,
par M. PENOUIL.

ÉCONOMIE EUROPÉENNE,
par G. PIERROT.

ÉCONOMIE FINANCIÈRE,
par R. LE DUFF.

ÉCONOMIE MONÉTAIRE,
— I. Institutions et mécanismes,
— II. Théorie et politiques monétaires,
par M. de MOURGUES.

ÉCONOMIE MONÉTAIRE INTERNATIONALE,
par A. SAMUELSON.

ÉCONOMIE POLITIQUE,
— Objet et méthodes de la science économique. Facteurs et cadres de l'activité économique. Prix et production,
— Monnaie. Répartition. Relations internationales,
par A. PAGE.

ÉLÉMENTS DE DYNAMIQUE ÉCONOMIQUE,
par G. ABRAHAM-FROIS.

GRANDS PROBLÈMES ÉCONOMIQUES CONTEMPORAINS,
par G. CHAMBON.

HISTOIRE DE LA PENSÉE ÉCONOMIQUE,
(des origines à la révolution marginaliste),
par J. CÉDRAS.

INITIATION À LA VIE DE L'ENTREPRISE,
par G. CHAMBON.

MACROÉCONOMIE,
   par C. BORDES-MARCILLOUX.

MATHÉMATIQUES,
I. Algèbre élémentaire, Algèbre linéaire. Fonctions numériques. Intégration.
II. Compléments d'algèbre. Nombres réels. Séries, Fonctions de plusieurs variables,
   par J.-L. BOURSIN.

PLANIFICATION,
   par G. CAIRE.

RELATIONS FINANCIÈRES INTERNATIONALES,
   par A. SAMUELSON.

RELATIONS INDUSTRIELLES,
   par G. CAIRE.

STATISTIQUE,
I. Moyens d'expression de la statistique descriptive. Techniques de base de l'analyse statistique élémentaire.
II. Bases du calcul des probabilités. Lois de probabilité fondamentales. Echantillons et sondages.
   par A. PASQUIER.

STATISTIQUE et ÉCONOMÉTRIE,
— Corrélation et régression. Modèles économétriques. Tests usuels. Techniques de prévision court terme,
   par B. PIGANIOL.

THÉORIE DE L'ÉCHANGE INTERNATIONAL,
   par J. CÉDRAS et N. PORQUET.

THÉORIE DES STRUCTURES ET DES SYSTÈMES ÉCONOMIQUES,
   par I. CHRISTIN.

DROIT PUBLIC — (couverture bleue)

DROIT ADMINISTRATIF,
— Actes administratifs. Organisation administrative. Police. Service public. Responsabilité. Contentieux,
— Fonction publique. Domaine public. Expropriation. Travaux publics. Aménagement du territoire. Urbanisme. Construction,

  par G. PEISER.

ADMINISTRATION RÉGIONALE, LOCALE ET MUNICIPALE,

  par J. MOREAU.

AMÉNAGEMENT DU TERRITOIRE ET DÉVELOPPEMENT RÉGIONAL,

  par Cl. LACOUR.

DROIT CONSTITUTIONNEL ET INSTITUTIONS POLITIQUES,

  par B. JEANNEAU.

CONTENTIEUX ADMINISTRATIF,

  par G. PEISER.

FINANCES PUBLIQUES,
— Budget et pouvoir financier,
— Droit fiscal,

  par F. DERUEL.

GRANDS SERVICES PUBLICS ET ENTREPRISES NATIONALES.

1. Théorie générale des services publics,
2. Etude particulière des principaux services publics,

  par A. DEMICHEL.

HISTOIRE DES IDÉES POLITIQUES DEPUIS LE XIXᵉ SIÈCLE,

  par D.-G. LAVROFF.

HISTOIRE DES INSTITUTIONS PUBLIQUES ET DES FAITS SOCIAUX (XIᵉ-XIXᵉ siècles),

  par J. HILAIRE.

HISTOIRE DES INSTITUTIONS PUBLIQUES DE LA FRANCE (de 1789 à nos jours),

  par P. VILLARD.

Imprimé en France
Imprimerie JOUVE, 18, rue Saint-Denis, 75001 PARIS
Dépôt légal : 4e trimestre 1981